M.-H. Carcanague/MICHELIN

Périgord Dordogne Lot

Direction	David Brabis
Rédaction en chef	Nadia Bosquès
Mise à jour	Sybille d'Oiron
Informations pratiques	Isabelle Foucault, Catherine Rossignol, Marie Simonet
Documentation	Eugenia Gallese, Marion Desvignes-Canonne
Cartographie	Alain Baldet, Geneviève Corbic, Thierry Lemasson
Iconographie	Cécile Koroleff, Stéphane Sauvignier
Secrétariat de rédaction	Jacqueline Pavageau, Pascal Grougon, Danièle Jazeron
Correction	Juliette Dablanc
Mise en page	Marie-Pierre Renier, Michel Moulin, Alain Fossé
Conception graphique	Christiane Beylier
Maquette de couverture	Agence Carré Noir
Fabrication	Pierre Ballochard, Renaud Leblanc
Marketing	Cécile Petiau, Ana Gonzalez
Ventes	Gilles Maucout (France), Charles Van de Perre (Belgique), Philippe Orain (Espagne, Italie), Nadine Audet (Canada), Stéphane Coiffet (Grand Export)
Relations publiques	Gonzague de Jarnac
Régie publicitaire	michelin-cartesetguides-btob@fr.michelin.com

Pour nous contacter

Le Guide Vert Michelin
46, avenue de Breteuil
75324 Paris Cedex 07
☎ 01 45 66 12 34
Fax : 01 45 66 13 75
www.ViaMichelin.fr
LeGuideVert@fr.michelin.com

Parution 2006

Note au lecteur

L'équipe éditoriale a apporté le plus grand soin à la rédaction de ce guide et à sa vérification. Toutefois, les informations pratiques (prix, adresses, conditions de visite, numéros de téléphone, sites et adresses Internet...) doivent être considérées comme des indications du fait de l'évolution constante des données. Il n'est pas totalement exclu que certaines d'entre elles ne soient plus, à la date de parution du guide, tout à fait exactes ou exhaustives. Elles ne sauraient de ce fait engager notre responsabilité.
Ce guide vit pour vous et par vous ; aussi nous vous serions très reconnaissants de nous signaler les omissions ou inexactitudes que vous pourriez constater. N'hésitez pas à nous faire part de vos remarques et suggestions sur le contenu de ce guide. Nous en tiendrons compte dès la prochaine mise à jour.

À la découverte du Périgord et du Quercy

Voilà deux régions où il fait bon vivre et donc séjourner. La nature y est généreuse en délicieux produits : truffes, foie gras, noix, fraises, cèpes, châtaignes... toute une palette de saveurs que l'on retrouve sur les marchés et dans de fameux mets qui s'accompagnent de vins de Monbazillac ou de Cahors.

Cependant, le plaisir ne se limite pas à la pure gourmandise : noir, vert, pourpre, blanc, le Périgord est un bouquet de couleurs, tout comme le Quercy. Les paysages sont splendides : de riches forêts alternent avec des causses chaotiques, et les rivières aux parcours sinueux permettent de parcourir la région en kayak ou en canoë pour en admirer la beauté. Qui n'a jamais entendu parler des vallées de la Dordogne et du Lot ou des gorges de la Vézère ? Sous terre également la magie opère : impressionnants gouffres de Padirac ou Proumeyssac, monde féerique des grottes de Villars ou Lacave, entre autres.

Dès la préhistoire, les hommes ont trouvé refuge en ces lieux, laissant derrière eux d'émouvants témoignages : Lascaux, Pech-Merle, Font-de-Gaume abritent de remarquables peintures rupestres. Puis au fil du temps sont apparus des villages perchés tels Rocamadour, la Roque-Gageac ou St-Cirq-Lapopie, et des bastides telle Domme ou Monpazier ; des villes se sont développées : Sarlat-la-Canéda et ses ruelles médiévales, Périgueux avec sa villa gallo-romaine d'un côté et de l'autre sa cathédrale byzantine, Brantôme et son abbaye, Cahors connu pour son pont Valentré. Sans oublier les fiers châteaux comme Castelnaud, Bonaguil ou Montal, les chapelles romanes, pigeonniers et moulins en Quercy. Ce patrimoine varié soigneusement entretenu s'enrichit à présent de jardins en tout genre, rivalisant de créativité.

Amateur de vieilles pierres ou de nature, le choix des visites à faire entre deux bonnes tables est ici multiple.

L'équipe du Guide Vert Michelin
LeGuideVert@fr.michelin.com

Sommaire

Cartes et plans 6
Légende 8
Carte « Les plus beaux sites » 10
Carte « Circuits de découverte » 12

Informations pratiques

Avant le départ 16
Hébergement, restauration 18
Propositions de séjour 22
Circuits de découverte 26
Itinéraires à thème 28
Découvrir autrement la région 30
Sports et loisirs 34
Souvenirs 38
Kiosque 40
Cinéma 41
Calendrier festif 42

Invitation au voyage

Une terre plurielle, une terre féconde 48
Grottes et gouffres 52
Du terroir à la table 54
De Lascaux à Pech-Merle 62
Architecture rurale 68
Quelques faits historiques 70
ABC d'architecture 74
L'art en Périgord et en Quercy 80

J. Damase/MICHELIN

Noblesse des maisons à pans de bois à Saint-Céré.

Promenade en gabare au fil de la Dordogne, à La Roque-Gageac (Gabares Norbert).

Villes et sites

Les Arques 88 – Assier 89 – Aubazine 92 – Aubeterre-sur-Dronne 94 – Abbaye de Beaulieu-en-Rouergue 95 – Beaulieu-sur-Dordogne 97 – Beaumont-du-Périgord 101 – Belvès 104 – Bergerac 107 – Beynac-et-Cazenac 114 – Château de Biron 117 – Château de Bonaguil 118 – Bourdeilles 120 – Brantôme 124 – Brive-la-Gaillarde 128 – Le Bugue 136 – Cadouin 142 – Cahors 143 – Capdenac 155 – Carennac 156 – Château de Castelnau-Bretenoux 158 – Château de Castelnaud 160 – Caussade 162 – Caylus 163 – Château de Cénevières 166 – Abbaye de Chancelade 168 – Collonges-la-Rouge 169 – Château de Commarque 172 – Curemonte 173 – Domme 174 – Donzenac 178 – Vallée de la Dordogne 181 – Excideuil 186 – Eymet 188 – Jardins d'Eyrignac 189 – Les Eyzies-de-Tayac 191 – Figeac 198 – Grottes de Foissac 206 – Gourdon 208 – Château de Hautefort 212 – Issigeac 215 – Jumilhac-le-Grand 216 – Labastide-Murat 217 – Grottes de Lacave 220 – Château de Lanquais 221 – Grotte de Lascaux 222 – Luzech 225 – Site de la Madeleine 230 – Marcilhac-sur-Célé 231 – Château de Mareuil 232 – Jardins de Marqueyssac 233 – Martel 235 – Château de Monbazillac 239 – Monpazier 240 – Château de Montaigne 242 – Château de Montal 243 – Site de Montfort 245 – Montignac 246 – Montpezat-de-Quercy 251 – Château de Montréal 253 – Najac 254 – Neuvic 256 – Nontron 259 – Gouffre de Padirac 262 – Grotte du Pech-Merle 264 – Le Périgord noir 266 – Périgueux 271 – Château de Puyguilhem 284 – Le Quercy blanc 285 – Ribérac 291 – Rocamadour 293 – La Roque-Gageac 303 – Rouffignac 304 – Saint-Amand-de-Coly 306 – Saint-Antonin-Noble-Val 308 – Saint-Céré 312 – Saint-Cirq-Lapopie 317 – Saint-Jean-de-Côle 319 – Saint-Léon-sur-Vézère 320 – Saint-Robert 322 – Sarlat-la-Canéda 324 – Sorges 332 – Souillac 333 – Tourtoirac 335 – Turenne 336 – Vendoire 339 – Villefranche-de-Lonchat 340

Index 343

S. Sauvignier/MICHELIN

Toit de lauzes typique du Périgord noir.

S. Sauvignier/MICHELIN

Foie gras, truffes... : des spécialités régionales de renommée nationale.

Cartes et plans

Les cartes routières qu'il vous faut

Comme tout automobiliste prévoyant, munissez-vous de bonnes cartes. Les produits Michelin sont complémentaires : ainsi, chaque ville ou site présenté dans ce guide est accompagné de ses références cartographiques sur les différentes gammes de cartes que nous proposons.

Les **cartes Local**, au 1/150 000 ou au 1/175 000, ont été conçues pour ceux qui aiment prendre le temps de découvrir une zone géographique plus réduite (un ou deux départements) lors de leurs déplacements en voiture. Elles disposent d'un index complet des localités et proposent les plans des préfectures. L'assemblage de ces cartes est présenté ci-dessous avec les délimitations de leur couverture géographique. Pour ce guide, consultez les cartes Local **329** et **337**.

Les **cartes Régional**, au 1/200 000, couvrent le réseau routier secondaire et donnent de nombreuses indications touristiques. Elles sont pratiques lorsqu'on aborde un vaste territoire ou pour relier des villes distantes de plus de cent kilomètres. Elles disposent également d'un index complet des localités et proposent les plans des préfectures. Pour ce guide, utilisez les cartes **521, 522, 524, 525**.

Et n'oubliez pas, la **carte de France n° 721** vous offre la vue d'ensemble de la région Périgord-Quercy au 1/1 000 000, avec ses grandes voies d'accès d'où que vous veniez.

Enfin sachez qu'en complément de ces cartes, le site Internet **www.ViaMichelin.fr** permet le calcul d'itinéraires détaillés avec leur temps de parcours, et offre bien d'autres services. Le Minitel **3615 ViaMichelin** vous permet d'obtenir ces mêmes informations ; les **3617** et **3623 Michelin** les délivrent par fax ou imprimante.

L'ensemble de ce guide est par ailleurs riche en cartes et plans, dont voici la liste :

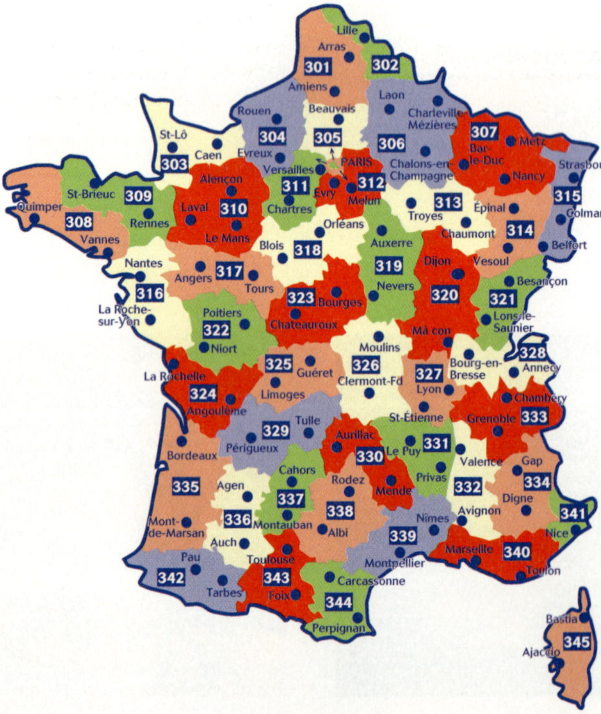

Cartes thématiques

Les plus beaux sites 10
Circuits de découverte 12
Lieux de séjour 20
Relief 50
Le vignoble de Bergerac 58
Possessions des Anglais 71
Les bastides 84

Plans de villes

Bergerac 110
Brive-la-Gaillarde 132
Cahors 148
Collonges-la-Rouge 170
Domme 175
Les Eyzies-de-Tayac 195
Figeac 201
Gourdon 209
Martel 237
Périgueux 276
Rocamadour 299
Saint-Céré 313
Sarlat-la-Canéda 328
Turenne 338

Plans de monuments

Fort de Bonaguil 119
Gouffre de Padirac 263
Grotte du Pech-Merle 265

Cartes des circuits décrits

Bastides, châteaux et moulins (depuis Beaumont) 102
Le Périgord vert (depuis Brantôme) 127
Sur les terres de M. de Turenne (depuis Brive-la-Gaillarde) 134
Le Causse corrézien (depuis Brive-la-Gaillarde) 134
Basse vallée de la Corrèze (depuis Brive-la-Gaillarde) 134
De la Vézère à la Dordogne (depuis Le Bugue) 140
À la confluence du Célé et du Lot (depuis Cahors) 152
Gorges de la Vézère (depuis Donzenac) 179
La vallée quercynoise (depuis Souillac) 182
Le Sud du Périgord noir (depuis Domme) 184
La vallée de la Beune (depuis Les Eyzies) 197
D'une vallée à l'autre (depuis Figeac) 204
La Bouriane (depuis Gourdon) 211
Les « cingles » du Bas Pays (depuis Luzech) 229
Forêt de la Double (depuis Neuvic) 256
De la Dordogne au pays d'Artaban (depuis Sarlat) 268
Le pays de Serres (depuis Lauzerte) 286
Églises et moulins du Quercy Blanc (depuis Castelnau) 287
Le val de Dronne (depuis Ribérac) 292
Vallée de la Bave (depuis Saint-Céré) 315
L'Yssandonnais (depuis Saint-Robert) 323

Légende

Monuments et sites

- Itinéraire décrit, départ de la visite
- Église
- Temple
- Synagogue - Mosquée
- Bâtiment
- Statue, petit bâtiment
- Calvaire
- Fontaine
- Rempart - Tour - Porte
- Château
- Ruine
- Barrage
- Usine
- Fort
- Grotte
- Habitat troglodytique
- Monument mégalithique
- Table d'orientation
- Vue
- Autre lieu d'intérêt

Signe particulier

Bastide : dans le Sud-Ouest de la France, ville neuve créée aux 13e-14e s. et caractérisée par son plan régulier.

Sports et loisirs

- Hippodrome
- Patinoire
- Piscine : de plein air, couverte
- Cinéma Multiplex
- Port de plaisance
- Refuge
- Téléphérique, télécabine
- Funiculaire, voie à crémaillère
- Chemin de fer touristique
- Base de loisirs
- Parc d'attractions
- Parc animalier, zoo
- Parc floral, arboretum
- Parc ornithologique, réserve d'oiseaux
- Promenade à pied
- Intéressant pour les enfants

Abréviations

A	Chambre d'agriculture
C	Chambre de commerce
H	Hôtel de ville
J	Palais de justice
M	Musée
P	Préfecture, sous-préfecture
POL.	Police
	Gendarmerie
T	Théâtre
U	Université, grande école

	site	station balnéaire	station de sports d'hiver	station thermale
vaut le voyage	★★★			
mérite un détour	★★			
intéressant	★			

Autres symboles

	Information touristique
	Autoroute ou assimilée
❶ ❶	Échangeur : complet ou partiel
	Rue piétonne
	Rue impraticable, réglementée
	Escalier - Sentier
	Gare - Gare auto-train
S.N.C.F.	Gare routière
	Tramway
	Métro
	Parking-relais
	Facilité d'accès pour les handicapés
	Poste restante
	Téléphone
	Marché couvert
	Caserne
	Pont mobile
	Carrière
	Mine
B F	Bac passant voitures et passagers
	Transport des voitures et des passagers
	Transport des passagers
③	Sortie de ville identique sur les plans et les cartes Michelin
Bert (R.)...	Rue commerçante
AZ B	Localisation sur le plan
►►	Si vous le pouvez : voyez encore...
	Conditions de visite en fin de volume

Carnet pratique

	Catégories de prix :
	À bon compte
	Valeur sûre
	Une petite folie !
20 ch. : 38,57/57,17 €	Nombre de chambres : prix de la chambre pour une personne/chambre pour deux personnes
demi-pension ou pension : 42,62 €	Prix par personne, sur la base d'une chambre occupée par deux clients
6,85 €	Prix du petit déjeuner ; lorsqu'il n'est pas indiqué, il est inclus dans le prix de la chambre (en général dans les chambres d'hôte)
120 empl. : 12,18 €	Nombre d'emplacements de camping : prix de l'emplacement pour 2 personnes avec voiture
12,18 € déj. - 16,74/38,05 €	Restaurant : prix menu servi au déjeuner uniquement – prix mini/maxi : menus (servis midi et soir) ou à la carte
rest. 16,74/38,05 €	Restaurant dans un lieu d'hébergement, prix mini/maxi : menus (servis midi et soir) ou à la carte
repas 15,22 €	Repas type « Table d'hôte »
réserv.	Réservation recommandée
	Cartes bancaires non acceptées
P	Parking réservé à la clientèle de l'hôtel

Les prix sont indiqués pour la haute saison

ANGOULÊME
LIMOGES
Bussière-Badil
PARC
NATUREL
RÉGIONAL
PÉRIGORD - LIMOUSIN
Varaignes
Nontron
Saut du Chalard
St-Pardoux-la-Rivière
CHARENTE
Villars
Jumilhac-le-Gr
Mareuil
Puyguilhem
Vendoire
Thiviers
St-Jean-de-Côle
Pays de Bourzac
Périgord Vert
Brantôme
la Tour-Blanche
Lusignac
Bourdeilles
Excideuil
Sorges
Vallée de l'Au
Aubeterre-sur-Dronne
Grand-Brassac
Agonac
Merlande
Tourtoirac
Haut
Ribérac
St-Privat-des-Prés
Chancelade
les Bories
Pays
Grand Étang de la Jemaye
Périgueux
St-Astier
la Double
Neuvic
Grignols
Château de l'Herm
Lascaux
Mo
Plazac
le Tho
Rouffignac
Losse
Isle
Mussidan
DORDOGNE
Vergt
Chabans
Montréal
la Roque St-Christophe
la Madeleine
Villefranche-de-Lonchat
les Eyzies-de-Tayac
Comma
le Bugue
Puymartin
Paunat
Limeuil
Montaigne
Jardins de Sardy
Bergerac
Cingle de Trémolat
Proumeyssac
VALLÉE DE LA DORDOGNE
Beyn
Caze
Maxanges
les Milandes
Montcaret
Dordogne
Lanquais
Cadouin
Castelnaud
Monbazillac
Beaumont-du-Périgord
St-Avit-Sénieur
Marquess
Belvès
la Ro Gag
GIRONDE
Issigeac
la Bessède
Prats du Périgord
Eymet
Monpazier
Biron
Bonaguil
Marmande
LOT-ET-GARONNE
GARONNE
Lot
Villeneuve-sur-Lot
Lastou
Roquecor
Quercy B
Lauzerte
TARN-ET-GARONN
GARONNE
BORDEAUX
TARBES
TOULOUSE
D 939
N 21
D 96
D 75
D 83
D 98
D 707
D 78
D 93
D 100
D 705
D 68
D 106
D 3E
D 20
D 17
D 710
D 5
D 8
D 67
A 89
D 43
D 3
D 38
N 89
D 21
D 32
D 703
D 35
D 6
D 11
D 660
D 936
D 2
D 933
D 911
A 52
D 41
D 7
D 953
A 62
ROCAMADOUR ★★★ Vaut le voyage
Cahors ★★ Mérite un détour
St-Geniès ★ Intéressant
Donzenac Autre site décrit dans ce guide
Itinéraire décrit dans ce guide: rechercher dans l'index en fin de guide un des sites du parcours pour retrouver la description détaillée de l'ensemble du circuit.
0
20 km

Les plus beaux sites

ANGOULÊME
LIMOGES
CHARENTE
Bussière-Badil
le Bourdeix
Varaignes
Augignac
Teyjat
Nontron
PÉRIGORD - LIMOUSIN
St-Pardoux-la-Rivière
Saut du Chalard
Villars
Jumilhac-le-Grand
Mareuil
Vendoire
St-Jean-de-Côle
Thiviers
Puyguilhem
Brantôme
Bourdeilles
Aubeterre-sur-Dronne
Ribérac
Sorges
Agonac
Chancelade
St-Aulaye
St-Privat-des-Prés
St-Astier
Périgueux
Neuvic
Grignols
Montignac
Lascaux
St-Léon
la Roque St-Christophe
les Eyzies-de-Tayac
Mussidan
Montpon-Ménestérol
Carsac-de-Gurson
Montréal
la Gaubertie
Montpeyroux
Montaigne
Bergerac
Montastruc
Cingle de Trémolat
le Bugue
Préhistoire de Tursac
Beynac
Castelnaud
Cadouin
Lanquais
Ste-Foy-la-Grande
GIRONDE
DORDOGNE
VALLÉE DE LA DORDOGNE
Monbazillac
Beaumont-du-Périgord
St-Avit-Sénieur
Belvès
Issigeac
Monpazier
Eymet
Biron
Puy-l'Évêque
Bonaguil
Fumel
Lot
Montaigu-de-Quercy
Lauzerte
TARN-ET-GARONNE
GARONNE
BORDEAUX
1
2
3
8
D 92
D 3
D 75
D 675
D 707
D 83
D 98
D 82
N 21
D 78
D 20
D 17
D 710
D 5
D 43
D 44
D 107
D 38
D 39
D 21
D 708
D 936
D 660
D 17
D 18
D 993
D 14
D 25
D 31
D 28
D 706
D 703
D 2
D 53
D 102
D 41
Site antique
Aquarium
Édifice religieux
Château
Chemin de fer touristique
Curiosité naturelle
Fortification
Grotte
Jardin
Loisirs sportifs
Panorama
Promenade en bateau
Site remarquable
Ville ancienne
Vignoble
Village pittoresque
Musée
Dégustation

Circuits de découverte

Pour de plus amples explications, consulter la rubrique du même nom dans la partie "Informations pratiques" en début de guide.

Séchage du tabac.

S. Sauvignier/MICHELIN

Informations pratiques

Avant le départ

adresses utiles

Ceux qui aiment préparer leur voyage dans le détail peuvent rassembler la documentation nécessaire auprès des professionnels du tourisme de la région. Outre les adresses indiquées ci-dessous, sachez que les coordonnées des offices de tourisme ou syndicats d'initiative des villes et sites décrits dans le corps du guide sont précisées au début de chaque chapitre (paragraphe « La situation »).

Un numéro pour la France : le 3265 – Un nouvel accès facile a été mis en place pour joindre tous les offices de tourisme et syndicats d'initiative en France. Il suffit de composer le 3265 (0,34€/mn) et de prononcer distinctement le nom de la commune. Vous serez alors directement mis en relation avec l'organisme souhaité.

S. Sauvignier/MICHELIN

Ruelle à Monpazier.

Comités régionaux de tourisme

Aquitaine – Cité Mondiale - 23 parvis des Chartrons - 33074 Bordeaux Cedex - ☎ 05 56 01 70 00 - www.tourisme-aquitaine.info

Il propose deux brochures : « L'Aquitaine, le bon côté du Sud » brosse le portrait de la région en images et réunit l'ensemble des renseignements utiles pour organiser son périple ; « L'Aquitaine autour du vin » entend bien démontrer que toute l'Aquitaine est un vignoble, de Blaye à Saint-Émilion et de Jurançon à Buzet, où chacun peut trouver un vin à son goût.

Limousin – 27 bd de la Corderie - 87031 Limoges Cedex - ☎ 05 55 45 18 80 ou 0 810 410 420 (appel local) - www.tourismelimousin.com

Midi-Pyrénées – 54 bd de l'Embouchure - BP 2166 - 31022 Toulouse Cedex 2 - ☎ 05 61 13 55 55 - www.tourisme-midi-pyrenees.org

Comités départementaux de tourisme

Corrèze – 45 quai Aristide-Briand - 19000 Tulle - ☎ 05 55 29 98 78 - www.vacances-en-correze.net

Dordogne-Périgord – 25 r. du Prés.-Wilson - BP 2063 - 24002 Périgueux Cedex - ☎ 05 53 35 50 24 - www.dordogne-perigord-tourisme.fr

Lot – 107 quai Eugène-Cavaignac - BP 7 - 46001 Cahors Cedex 9 - ☎ 05 65 35 07 09 - www.tourisme-lot.com

Tarn-et-Garonne – 7 bd Midi-Pyrénées - BP 534 - 82005 Montauban Cedex - ☎ 05 63 21 79 09 - www.tourisme82.com

Maisons de pays

Maison Aquitaine – ☎ 01 55 35 31 42 - 21 r. des Pyramides - 75001 Paris - Située entre le Louvre et l'Opéra (M° Pyramides, Tuileries ou Palais-Royal), elle présente les savoir-faire, l'art de vivre et les cultures de la région à travers des expositions, une bibliothèque, un espace multimédia. Des spécialistes du tourisme sont bien sûr présents pour vous aider à la préparation d'un séjour en Aquitaine.

Maison du Limousin – 30 r. Caumartin - 75009 Paris - ☎ 01 40 07 04 67 - Située dans le quartier de l'opéra Garnier, à deux pas de la station RER Auber, elle propose documentation touristique sur les départements du Limousin (Corrèze, Creuse, Haute-Vienne), librairie régionale, boutique, informations sur les gîtes ruraux, expositions, service affaire.

Adresses électroniques

Internet – Certains sites Internet sont prêts à vous faire découvrir la région d'un point de vue plus historique, plus artistique ou encore plus archéologique : www.arachnis.asso.fr et www.lenoir.nom.fr/perigord

Minitel – Pianotez sur le 3615 Périgord et 3615 Quercy.

Villes et Pays d'art et d'histoire

Sous ce label décerné par le ministère de la Culture et de la Communication sont regroupés quelque 130 villes et pays qui œuvrent activement à la mise en valeur et à l'animation de leur architecture et de leur patrimoine. Dans les sites appartenant à ce réseau sont proposées des visites générales ou insolites (1h30 ou plus), conduites par des guides-conférenciers et des animateurs du patrimoine agréés par le ministère (voir également « La destination en famille »). Renseignements auprès des offices de tourisme des villes ou sur le site www.vpah.culture.fr

Les Villes et Pays d'art et d'histoire cités dans ce guide sont : Cahors, pays de la vallée de la Dordogne, Figeac, Périgueux et Sarlat.

météo

Quel temps pour demain ?

Les services téléphoniques de Météo France – Taper 3250 suivi de :

1: toutes les prévisions météo départementales jusqu'à 7 jours (DOM-TOM compris).

2 : météo des villes.

Accès direct aux prévisions du département – ☎ 0 892 680 2 suivi du numéro du département (0,34 €/mn).

Prévisions pour l'aviation ultra-légère (vol libre et vol à voile) – ☎ 0 892 681 014 (0,34 €/mn).

Toutes ces informations sont également disponibles sur **3615 météo** et **www.meteo.fr**

Climat

La région bénéficie grâce à sa localisation d'un climat tempéré qui en fait une région agréable à vivre en toutes saisons. Le **printemps** et l'**automne** sont doux mais pluvieux (c'est souvent en avril et mai qu'il pleut le plus) ; ces précipitations sont très bien accueillies par la population, car elles favorisent alors la « venue » des cèpes... La pluie est souvent précédée du vent d'autan, qui arrive du Sud-Est. Les températures relèvent à la fois de la sécheresse continentale du Massif Central et de l'humidité de l'Atlantique.
L'**été** est la saison idéale pour voyager : le beau temps est souvent au rendez-vous avec des températures oscillant entre 25 °C et 35 °C. Il y tombe alors moins de 70 mm d'eau par mois. En août, les orages viennent parfois rafraîchir l'atmosphère.
L'**hiver** est relativement doux et les températures descendent rarement en dessous de zéro, même s'il arrive qu'on note des records à moins 19 °C ! Dans cette région, la neige est peu fréquente, en moyenne moins de six jours par an.
Sur la route de Paris aux Pyrénées, à égale distance du pôle et de l'équateur, la Dordogne est traversée par le 45e parallèle.

transports

Par la route

Principaux accès – Par le Nord : Paris-Orléans (A 10), Orléans-Vierzon (A 71), Vierzon-Châteauroux-Limoges-Brive-Souillac-Cahors (A 20). Par le Sud : Toulouse-Montauban (A 62), Montauban-Cahors (A 20). Par l'Ouest : Bordeaux-Périgueux-Brive (N 89) ; Bordeaux-Bergerac (D 936), Bergerac-Sarlat (D 660, D 29, D 25, D 703 et D 57) ; Bergerac-Cahors (D 660 et D 911). Par l'Est : Clermont-Ferrand-Brive (N 89).

Informations sur Internet et Minitel – Le site Internet www.ViaMichelin.fr offre une multitude de services et d'informations pratiques d'aide à la mobilité (calcul d'itinéraires, cartographie : des cartes de pays aux plans de ville, sélection des hôtels et restaurants du Guide Michelin...) sur la France et d'autres pays d'Europe.
Les calculs d'itinéraires sont également accessibles sur Minitel (3615 ViaMichelin) et peuvent être envoyés par fax (3617 ou 3623 Michelin).

Informations autoroutières – 3 r. Edmond-Valentin - 75007 Paris - informations sur les conditions de circulation sur les autoroutes au ☎ 0 892 681 077 - www.autoroutes.fr

En train

Les liaisons avec Périgueux s'effectuent à partir de Bordeaux, Libourne, Limoges ou Agen ; celles avec Cahors se font à partir des gares de Brive, Limoges, Montauban ou Toulouse. La ligne Paris (gare d'Austerlitz) / Rodez dessert les villes de Limoges, Brive, Saint-Denis-lès-Martel, Rocamadour, Gramat, Assier, Figeac et Capdenac, Viviez, Decazeville, Aubin, Cransac et Saint-Christophe. Aucun TGV ne dessert la région. Si vous voulez descendre rapidement de Paris, prenez le TGV (gare Montparnasse) jusqu'à Bordeaux (3h) ou Libourne (3h), ou un train Corail (gare d'Austerlitz) jusqu'à Limoges (3h) où de nombreuses correspondances vous attendent ! Pour un Paris-Périgueux en train il faut compter entre 4h et 4h30.

Informations générales, réservation, vente : 36 35 - www.voyages-sncf.com et dans les gares.
Si vous voulez descendre rapidement de Paris, prenez le **TGV** (gare Montparnasse) jusqu'à Bordeaux (3h) ou Libourne (3h), ou un **train Corail** (gare d'Austerlitz) jusqu'à Limoges (3h) où de nombreuses correspondances vous attendent ! Pour un Paris-Périgueux en train il faut compter entre 4h et 4h30.

Informations générales – ☎ 08 92 35 35 35 ou 36 35. www.voyages-sncf.com

S. Sauvignier/MICHELIN

Pigeonnier dans le Lot.

Informations sur le réseau régional – www.ter-sncf.com ; 3615 ou 3616 TER.

En avion

La région, dotée de plusieurs aéroports, est reliée (via Paris) aux principales villes françaises et européennes.

Airlinair – La compagnie assure quotidiennement la liaison Paris-Brive au départ de l'aéroport d'Orly-Sud - renseignements et réservations : ☎ 0 870 478 478 - www.airlinair.com

Aéroports qui desservent la région :

Aéroport de Bergerac-Roumanière – Route d'Agen - 24100 Bergerac - ☎ 05 53 22 25 25 - www.bergerac.aeroport.fr - à 5 km au Sud-Est de Bergerac.

Aéroport de Périgueux-Bassillac – 24330 Bassillac - ☎ 05 53 02 79 71 - à l'Est de Périgueux.

Aéroport de Brive-Laroche – Cie Airtlinair - 19100 Brive - ☎ 05 55 86 88 36.

tourisme et handicapés

Un certain nombre de curiosités décrites dans ce guide sont accessibles aux handicapés. Elles sont signalées par le symbole ♿.
Pour de plus amples renseignements au sujet de l'accessibilité des musées aux personnes atteintes de handicaps moteurs ou sensoriels, consulter le site http://museofile.culture.fr

Guide Rousseau H... comme Handicaps – Édité par l'association France Handicaps (SARL Bernic Éditions, 5 allée des Ajoncs, 78280 Guyancourt, ☎ 01 49 59 05 04, diffusion Blay Foldex), il donne de précieux renseignements sur la pratique du tourisme, des loisirs, des vacances et des sports accessibles aux handicapés.

Le Guide Michelin France et le Guide Camping Michelin France – Révisés chaque année, ils indiquent respectivement les chambres accessibles aux handicapés physiques et les installations sanitaires aménagées.

Hébergement, restauration

Le Périgord et le Quercy sont « un royaume de gueule ». Leurs noms évoquent truffes, foies gras, pâtés et confits, des spécialités qui comptent parmi les gloires culinaires de la France. Les fermes du pays assurent une sélection savante, un élevage et un gavage minutieux, restant fidèles à des savoir-faire plusieurs fois séculaires. Ce sont elles que les gastronomes et gourmands en herbe doivent se faire un devoir de découvrir : en plus de leurs produits, elles proposent souvent un gîte et un accueil aussi inégalables que leurs recettes...

les adresses du guide

Pour la réussite de votre séjour, vous trouverez la sélection des bonnes adresses de la collection LE GUIDE VERT. Nous avons sillonné la région pour repérer des chambres d'hôte et des hôtels, des restaurants et des fermes-auberges... En privilégiant des étapes, souvent agréables, au cœur des villes, des villages ou sur nos circuits touristiques, en pleine campagne ou les pieds dans l'eau ; des maisons de pays, des tables régionales, des lieux de charme et des adresses plus simples... pour découvrir la région autrement : à travers ses traditions, ses produits du terroir, ses recettes et ses modes de vie.
Le confort, la tranquillité et la qualité de la cuisine sont bien sûr des critères essentiels ! Toutes les maisons ont été visitées et choisies avec le plus grand soin, toutefois il peut arriver que des modifications aient eu lieu depuis notre dernier passage : faites-le nous savoir, vos remarques et suggestions seront toujours les bienvenues !
Les prix que nous indiquons sont ceux pratiqués en **haute saison** ; hors saison, de nombreux établissements proposent des tarifs plus avantageux, renseignez-vous...

Mode d'emploi

Au fil des pages, vous découvrirez nos carnets pratiques : toujours rattachés à des villes ou à des sites touristiques remarquables du guide, ils proposent une sélection d'adresses à proximité. Si nécessaire, l'accès est donné à partir

J. Damase/MICHELIN

Calme et confort dans les chambres d'hôte de la Métairie Haute, près de Sarlat.

du site le plus proche ou sur des schémas régionaux.
Dans chaque carnet, les maisons sont classées en trois catégories de prix pour répondre à toutes les attentes :
Vous partez avec un budget inférieur à 40 € ? Choisissez vos adresses parmi celles de la catégorie ⊖ : vous trouverez là des hôtels, des chambres d'hôte simples et conviviales et des tables souvent gourmandes, toujours honnêtes, à moins de 14 €.
Votre budget est un peu plus large, jusqu'à 65 € pour l'hébergement et 30 € pour la restauration. Piochez vos étapes dans les adresses ⊖⊖. Dans cette catégorie, vous trouverez des maisons, souvent de charme, de meilleur confort et plus agréablement aménagées, animées par des passionnés, ravis de vous faire découvrir leur demeure et leur table. Là encore, chambres et tables d'hôte sont au rendez-vous, avec également des hôtels et des restaurants plus traditionnels, bien sûr.
Vous souhaitez vous faire plaisir, le temps d'un repas ou d'une nuit, vous aimez voyager dans des conditions très confortables ? Les catégories ⊖⊖⊖ et ⊖⊖⊖⊖ sont pour vous... La vie de château dans de luxueuses chambres d'hôte pas si chères que cela ou dans les palaces et les grands hôtels : à vous de choisir ! Vous pouvez aussi profiter des décors de rêve de lieux mythiques à moindres frais, le temps d'un brunch ou d'une tasse de thé... À moins que vous ne préfériez casser votre tirelire pour un repas gastronomique dans un restaurant renommé. Sans oublier que la traditionnelle formule « tenue correcte exigée » est toujours d'actualité dans ces élégantes maisons !

L'hébergement

Les hôtels

Nous vous proposons un choix très large en terme de confort. La location se fait à la nuit et le petit-déjeuner est facturé en supplément. Certains établissements assurent un service de restauration également accessible à la clientèle extérieure.

Les chambres d'hôte

Vous êtes reçu directement par les habitants qui vous ouvrent leur demeure. L'atmosphère est plus conviviale qu'à l'hôtel, et l'envie de communiquer doit être réciproque : misanthropes, s'abstenir ! Les prix, mentionnés à la nuit, incluent le petit-déjeuner. Certains propriétaires proposent aussi une table d'hôte, en général le soir, et toujours réservée aux résidents de la maison. Il est très vivement conseillé de réserver votre étape, en raison du grand succès de ce type d'hébergement.
NB : certains établissements ne peuvent pas recevoir vos compagnons à quatre pattes ou les accueillent moyennant un supplément, pensez à le demander lors de votre réservation.

La restauration

Pour répondre à toutes les envies, nous avons sélectionné des restaurants régionaux bien sûr, mais aussi classiques, exotiques ou à thème...
Et des lieux plus simples, où vous pourrez grignoter une salade composée, une tarte salée, une pâtisserie ou déguster des produits régionaux sur le pouce.
Quelques fermes-auberges vous permettront de découvrir les saveurs de la France profonde. Vous y goûterez des produits authentiques provenant de l'exploitation agricole, préparés dans la tradition et généralement servis en menu unique. Le service et l'ambiance sont bon enfant.
Réservation obligatoire !
Par ailleurs, si vous souhaitez déguster des spécialités régionales dans une auberge ou mitonner vous-même de bons petits plats avec les produits du terroir, le **Guide Gourmand Michelin Sud-Ouest** vous permettra de trouver les boutiques de bouche reconnues, les adresses des marchés, la liste des spécialités culinaires régionales et leurs recettes, des adresses de restaurants aux menus inférieurs à 28 €.
Enfin, n'oubliez pas que les restaurants d'hôtels peuvent vous accueillir.

Ville et nature : Brantôme.

J.-P. Clapham/MICHELIN

... et aussi

Si d'aventure, vous n'avez pu trouver votre bonheur parmi toutes nos adresses, vous pouvez consulter les Guides Michelin d'hébergement ou, en dernier recours, vous rendre dans un hôtel de chaîne.

Le Guide Michelin France

Pour un choix plus étoffé et actualisé, Le Guide Michelin France recommande hôtels et restaurants sur toute la France. Pour chaque établissement, le niveau de confort et de prix est indiqué, en plus de nombreux renseignements pratiques. Les bonnes tables, étoilées pour la qualité de leur cuisine, sont très prisées par les gastronomes. Le symbole sélectionne les tables qui proposent une cuisine soignée à moins de 26 € (prix d'un repas hors boisson).
Le symbole « **Bib Hôtel** » signale des hôtels pratiques et accueillants offrant une prestation de qualité avec une majorité de chambres à moins de67 € en province et à moins de 83 € dans les grandes villes et stations touristiques importantes (prix pour 2 personnes, hors petit-déjeuner).

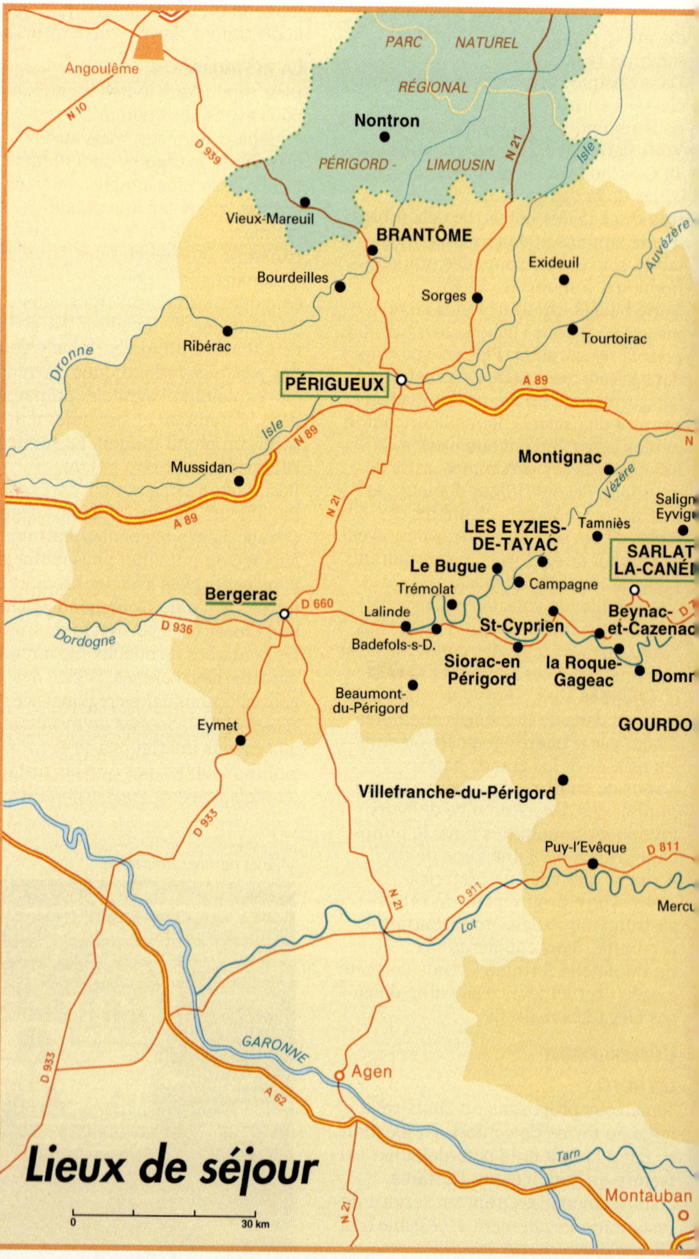

Lieux de séjour

Le Guide Camping Michelin France

Le Guide Camping Michelin France propose tous les ans une sélection de terrains visités régulièrement par nos inspecteurs. Renseignements pratiques, niveau de confort, prix, agrément, location de bungalows, de mobile homes ou de chalets y sont mentionnés.

Les chaînes hôtelières

L'hôtellerie dite « économique » peut éventuellement vous rendre service. Sachez que vous y trouverez un équipement complet (sanitaire privé et télévision), mais un confort très simple. Souvent à proximité de grands axes routiers, ces établissements n'assurent pas de restauration. Toutefois, leurs tarifs restent difficiles à concurrencer (moins de 45 ¤ la chambre double). En dépannage, voici donc les centrales de réservation de quelques chaînes :

Akena – ☎ 01 69 84 85 17.
B&B – ☎ 0 892 782 929.
Etap Hôtel – ☎ 0 892 688 900.
Villages Hôtel – ☎ 03 80 60 92 70.

Enfin, les hôtels suivants, un peu plus chers (à partir de 60 € la chambre), offrent un meilleur confort et quelques services complémentaires :

Campanile – ☎ 01 64 62 46 46.
Kyriad – ☎ 0 825 003 003.
Ibis – ☎ 0 825 882 222.

Locations, villages de vacances, hôtels...

Fédération nationale des services de réservation Loisirs-Accueil – 280 bd St-Germain - 75007 Paris - ☎ 01 44 11 10 44 - www.resinfrance.com ou www.loisirsaccueilfrance.com - la Fédération propose un large choix d'hébergements et d'activités de qualité, édite un annuaire regroupant les coordonnées des 62 services Loisirs-Accueil et, pour tous les départements, une brochure détaillée.

Fédération nationale Clévacances – 54 bd de l'Embouchure - BP 52166 - 31022 Toulouse Cedex - ☎ 05 61 13 55 66 - www.clevacances.com - cette fédération propose près de 23 500 locations de vacances (appartements, chalets, villas, demeures de caractère, pavillons en résidence) et 2 800 chambres dans 22 régions réparties sur 79 départements en France et outre-mer, et publie un catalogue par département (passer commande auprès des représentants départementaux Clévacances).

Hébergement rural

Maison des gîtes de France et du tourisme vert – 59 r. St-Lazare - 75439 Paris Cedex 09 - ☎ 01 49 70 75 75 - www.gites-de-france.com - cet organisme donne les adresses des relais départementaux et publie des guides sur les différentes possibilités d'hébergement en milieu rural (gîtes ruraux, chambres et tables d'hôte, gîtes d'étape, chambres d'hôte de charme, gîtes de neige, gîtes de pêche, gîtes d'enfants, camping à la ferme, gîtes Panda).

Fédération des Stations vertes de vacances et Villages de neige – BP 71698 - 21016 Dijon Cedex - ☎ 03 80 54 10 50 - www.stationsvertes.com - situées à la campagne et à la montagne, les 588 Stations vertes sont des destinations de vacances familiales reconnues tant pour leur qualité de vie (produits du terroir, loisirs variés, cadre agréable) que pour la qualité de leurs structures d'accueil et d'hébergement.

Le guide Bienvenue à la ferme, édité par l'assemblée permanente des chambres d'agriculture (service Agriculture et Tourisme - 9 av. George-V - 75008 Paris - ☎ 01 53 57 11 44), est aussi en vente en librairie ou sur www.bienvenue-a-la-ferme.com. Il propose par région et par département des fermes-auberges, campings à la ferme, fermes de séjour, mais aussi des loisirs variés : chasse, équitation, approches pédagogiques pour enfants, découverte de la gastronomie des terroirs en ferme-auberge, dégustation et vente de produits de la ferme.

Hébergement pour randonneurs

Les randonneurs peuvent consulter le guide Gîtes d'étapes, refuges, par A. et S. Mouraret (Rando Éditions La Cadole, 74 r. A.-Perdreaux, 78140 Vélizy, ☎ 01 34 65 11 89 - www.gites-refuges.com - cet ouvrage est principalement destiné aux amateurs de randonnée, d'alpinisme, d'escalade, de ski, de cyclotourisme et de canoë-kayak.

Auberges de jeunesse

Ligue française pour les Auberges de la jeunesse – 67 r. Vergniaud - bâtiment K - 75013 Paris - ☎ 01 44 16 78 78 - www.auberges-de-jeunesse.com - la carte LFAJ est délivrée en échange d'une cotisation annuelle de 10,70 € pour les moins de 26 ans et de 15,25 € au-delà de cet âge. La carte LFAJ est délivrée contre une cotisation annuelle de 10,70 € pour les moins de 26 ans et de 15,25 € au-delà de cet âge.

sites remarquables du goût

C'est un label dotant des sites dont la richesse gastronomique s'appuie sur des produits de qualité et, ce qui ne gâte rien, un environnement culturel et touristique intéressant. En Périgord-Quercy, en bénéficient Martel-en-Quercy pour son huile de noix,

Culture de la fraise.

Lalbenque pour son marché de la truffe, Objat pour son marché aux veaux de lait sous la mère, Najac pour sa fouace promenée dans le village le jour de la Saint-Barthélemy. Pour en savoir plus : www.sitesremarquablesdugout.com

choisir son lieu de séjour

Faire un tel choix, c'est déjà connaître quel type de voyage vous envisagez. La carte que nous vous proposons p. 20 fait apparaître des **villes-étapes**, localités de quelque importance possédant de bonnes capacités d'hébergement, et qu'il faut visiter. Les **lieux de séjour traditionnels** sont sélectionnés pour leurs possibilités d'accueil et l'agrément de leur site. Enfin Périgueux et Sarlat-la-Canéda méritent d'être classées parmi les **destinations de week-end**.
Les offices de tourisme et syndicats d'initiative renseignent sur les possibilités d'hébergement (meublés, gîtes ruraux, chambres d'hôte) autres que les hôtels et terrains de camping décrits dans les publications Michelin, et sur les activités locales de plein air, les manifestations culturelles ou sportives de la région.

Propositions de séjour

Si vous avez décidé de passer votre temps à goûter tous les produits du terroir : parfait ! La région le permet. Devant les mille plaisirs qu'elle propose, il serait vraiment dommage de ne pas faire sienne la devise d'Épicure : « Dépêchons-nous de céder à la tentation avant qu'elle ne s'éloigne ! »

idées de week-end

Périgueux

Rendez-vous place de Claustre où se tient le marché pour goûter quelques produits, avant ou après la visite de la cathédrale de St-Front aux formes byzantines, qui recèle un monumental retable baroque en bois. Ensuite, allez flâner dans les rues piétonnes du vieux centre-ville au gré de vos envies : vous trouverez toujours un trésor d'architecture en chemin. Vous passerez inévitablement devant des boutiques de produits régionaux qui vous ouvriront l'appétit, d'ailleurs la balade vous aura mené à l'heure du déjeuner. Au programme de ce samedi après-midi, la visite des vestiges de l'antique cité bâtie à proximité de la source sacrée de la Vésone, avec un arrêt au musée gallo-romain. À la belle saison, profitez des rayons du soleil pour arpenter les rives de l'Isle : guinguette, sentiers ou promenades en bateau... Consacrez votre dimanche matin à la visite du musée du Périgord riche d'innombrables œuvres médiévales, objets d'art du 16e au 20e s., et d'une section sur la préhistoire. L'après-midi, sortez de Périgueux pour découvrir l'abbaye de Chancelade, et, non loin, le petit prieuré de Merlande, niché dans un site rafraîchissant à l'écart des grands axes touristiques.Pour bien commencer ce week-end, mettez-vous tout de suite en bouche en visitant la Maison des vins, sise dans l'un des plus beaux lieux de la ville : le cloître des Récollets. Ensuite faites un petit détour par le musée du Tabac, tout proche. Puis, partez à la recherche de la terrasse de vos rêves pour un repas bien mérité. Après, reprenez votre découverte du vieux Bergerac sur les pas du héros local, Cyrano, jusqu'aux portes de l'église Notre-Dame. Vous pourrez finir cette journée comme vous l'avez débutée, par le vin, en visitant son intéressant musée, également consacré à la batellerie et à la tonnellerie. Le lendemain, quittez Bergerac aux aurores pour parcourir le vaste vignoble du Bergeracois : rosette, montravel, saussignac, pécharmant... Faites vos jeux ! (avec modération, bien sûr) sans oublier l'incontournable visite du château de Monbazillac et de ses caves, havre de fraîcheur aux heures chaudes de la journée.

Sarlat et ses environs

Le samedi matin, un petit-déjeuner sur la place de la Liberté avant de parcourir les rues et ruelles du vieux Sarlat, de l'ancien évêché à l'hôtel Plamon en passant par le Présidial. Après l'effort, le réconfort : voici l'heure de se sustenter dans un des nombreux restaurants du centre. L'après-midi, rendez-vous au moulin de la Tour, situé à une poignée de kilomètres de la ville. Après vous être familiarisé avec la fabrication de l'huile de noix, poussez jusqu'aux magnifiques frondaisons des jardins d'Eyrignac. Les uns y trouveront matière à disserter sur l'art paysager, les autres profiteront du calme du lieu pour se laisser aller à quelques pensées vagabondes... Le lendemain rejoignez la vallée de la Dordogne à hauteur de Carlux (à proximité, les jardins de Cadiot méritent un détour) pour contempler la silhouette du château de Fénelon (et pourquoi ne pas le visiter ? Il abrite un mobilier intéressant.) et la beauté du cingle de Montfort par la route de la falaise. En fin d'après-midi, vous aurez gagné La Roque-Gageac et Beynac pour parcourir ces deux petits bourgs qui étalent leurs belles maisons de pierre ocre sur les berges de la rivière.

S. Sauvignier/MICHELIN

L'exceptionnel pont Valentré à Cahors.

Cahors

Privilégiez la fraîcheur matinale pour parcourir ses rues et ruelles animées entre l'îlot Fouillac au Nord et la rue Lastié au Sud. Quant aux heures chaudes du jour, vous les consacrerez aux édifices religieux de Cahors : la cathédrale St-Étienne (son auguste portail Nord, son cloître et la chapelle St-Gausbert), l'église St-Urcisse, et à l'écart du centre, l'église St-Barthélemy. Les amateurs d'art contemporain apprécieront le musée Henri-Martin. Le dimanche, après un petit-déjeuner en terrasse, rien de tel qu'une balade pour se dégourdir les jambes, les sites excentrés de la ville vous attendent : le magnifique pont Valentré qui toise de ses hautes tours les eaux du Lot, la barbacane et la tour St-Jean, comme les nombreux points de vue des environs qui embrassent le cingle du Lot et la ville. Après la pause déjeuner, quittez Cahors en direction des vignobles de l'AOC, en suivant vers l'Ouest les flots tranquilles du Lot qui se frayent un chemin à travers le causse. Poussez jusqu'à Luzech, voire Puy-l'Évêque, petite cité épiscopale blottie à flanc de colline.

Rocamadour et sa région

C'est à un véritable pèlerinage que cette proposition vous convie. Celui-ci vous fera découvrir le site somptueux de Rocamadour, le vieux bourg animé par ses chalands, ses terrasses ombragées, et son musée de la Miniature qui occuperont votre matinée. Réservez l'après-midi pour découvrir la magnifique verticalité de la cité religieuse, du parvis des églises au musée d'Art sacré, avant d'aller admirer un spectacle de vol de rapaces au Rocher des Aigles, près des remparts. Consacrez votre dimanche matin à l'Hospitalet et à ses sites : la grotte des Merveilles, la Féérie du rail, ou encore la forêt des Singes, ou profitez tout simplement des nombreux magasins de souvenirs. L'après-midi, la tendance n'est plus à l'élévation spirituelle, mais à la descente dans les entrailles de la terre : le gouffre de Padirac n'est qu'à une poignée de kilomètres de Rocamadour. Un voyage inoubliable, teinté de folklore, pour découvrir l'un des plus fameux sites des causses du Quercy.

idées de séjour de 3 à 4 jours

Le Périgord blanc et le Périgord vert

Après la visite de Périgueux, le premier jour *(voir « idées de week-end »)*, partez le long de l'Isle pour Chancelade (abbaye), Neuvic (château et jardin botanique), ville-porte de la Double que vous traverserez jusqu'à St-Aulaye (église Ste-Eulalie). Puis, remontez sur Aubeterre-sur-Dronne (église troglodytique). Le troisième jour, parcourez le Ribéracois et le pays de Bourzac à la découverte des églises à coupoles : St-Privat-des-Prés, Cumond, Ribérac, Lusignac, St-Martial-Viveyrol jusqu'à Vendoire (écomusée de la Tourbe) pour regagner Bourdeilles. Le quatrième jour sera consacré à la découverte du Brantômois et de la gastronomie périgourdine avec la cité de Brantôme, Puyguilhem (château), les grottes de Villars, St-Jean-de-Côle (village médiéval), Thiviers (Maison de l'oie et du canard) et Sorges (Maison de la truffe).

S. Sauvignier/MICHELIN

L'art pariétal reconstitué au Roc de Cazelle (Dordogne).

Le Périgord noir, de la Vézère à la Dordogne

Le séjour débute par la visite de Sarlat *(voir « idées de week-end »)*. Le deuxième jour, parcourez les limites orientales du Périgord : Temniac et Carlucet pour leurs églises, Salignac-Eyvigues (château médiéval), les jardins d'Eyrignac, le moulin de la Tour et le cingle de Montfort en regagnant la vallée de la Dordogne. Le troisième jour, vous avez rendez-vous avec l'histoire en Périgord sur les sites de Domme (bastide), Castelnaud (forteresse), les Milandes (château Renaissance), La Roque-Gageac et Beynac (villages pittoresques). Le quatrième jour sera consacré à la préhistoire en visitant quelques-uns des nombreux sites de la vallée de la Vézère autour du Bugue, des Eyzies-de-Tayac, voire de Montignac (Lascaux II).

La Dordogne quercynoise, les causses et le pays de St-Céré

Commencez par découvrir l'époustouflant site de Rocamadour et le petit moulin de Cougnaguet, pour ensuite gagner la vallée de la Dordogne et les grottes de Lacave. Le deuxième jour, arpentez les rues de Souillac et de Martel (ville aux sept tours), sur le causse du même nom. Poursuivez par la découverte des nombreux sites et villages de charme de la vallée le troisième jour, pour enfin visiter Carennac (village pittoresque et église St-Pierre) et Padirac (gouffre). Au programme du quatrième jour, site naturel (cirque d'Autoire), vieux villages (Autoire et Loubressac) et enfin châteaux et forteresses (Montal et Castelnau-Bretenoux) après une petite pause à St-Céré.

Cahors, les vallées du Lot et du Célé et Figeac

Après la visite de Cahors *(voir « idées de week-end »)*, le deuxième jour sera placé sous le signe d'architectures étonnantes avec, au programme, le village perché de St-Cirq-Lapopie, le château de Cénevières, le bourg de Cabrerets et la grotte du Pech-Merle. Le troisième jour sera l'occasion de parcourir les deux vallées, de Cajarc à St-Pierre-Toirac en passant par le saut de la Mounine (panorama) dominant le Lot, aux vestiges de Marcilhac (ancienne abbaye) et autres villages de Brengues et Espagnac-Ste-Eulalie sur le Célé. Le quatrième jour sera moins chargé : déambulez dans les vieilles rues de Figeac sur les pas de Champollion à la découverte de l'Égypte ancienne.

La Bouriane, la basse vallée du Lot et le Quercy blanc

Le séjour débute au Nord du Lot, par le vert pays de Bouriane : découvrez Gourdon, sa capitale, Cougnac (grottes), et Le Vigan (église gothique), et l'après-midi, les villages de Salviac (vitraux de l'église), des Arques (musée Zadkine), de Lherm et des Junies. Le deuxième jour peut être consacré à la visite de Cahors *(voir « idées de week-end »)* d'où débutent les pérégrinations du troisième jour : descendez le cours du Lot à la découverte des bourgs de Luzech (site), de Puy-l'Évêque (ancienne ville épiscopale) et de Bonaguil (forteresse), situés aux marches du Quercy. Le quatrième et

S. Sauvignier/MICHELIN

'mposant : le château de Castelnaud.*

lernier jour, changement de décor : vous parcourrez le Quercy blanc, paysage mamelonné parsemé de bastides (Montcuq, Castelnau-Montratier, Montpezat...) et de moulins à vent, après une halte rafraîchissante au plan d'eau de Malivert (Molières).

idées de séjour d'une semaine

Le Périgord

Départ de Bergerac où vous passerez la journée, puis (2e jour) gagnez les fraîches frondaisons de la forêt de la Double pour rejoindre le Ribéracois et ses églises saintongeaises avant de poser vos valises à Brantôme, la Venise du Périgord. Le lendemain (3e jour), visitez la ville, excellent point de départ d'une petite excursion en Brantômois. Au programme : Puyguilhem, abbaye de Boischaud, grottes de Villars et St-Jean-de-Côle. Après une nuit à Périgueux, prenez le temps de découvrir les nombreux charmes de ses vieux quartiers, blottis au pied des dômes de la cathédrale St-Front, ainsi que les vestiges gallo-romains de la cité antique (4e jour). Le 5e jour, traversez le pays d'Ans pour visiter le château de Hautefort, rejoignez ensuite la vallée de la Vézère à Montignac. Non loin, visitez le site de Lascaux II, remarquable introduction à la journée suivante. En effet, le 6e jour vous descendrez la vallée de la Vézère sur les traces des hommes du paléolithique et de grottes magnifiquement décorées (fresques et concrétions naturelles : stalagmites, stalactites, excentriques...). Pour clore ce séjour (7e jour), offrez-vous une visite du vieux centre de Sarlat-la-Canéda, puis rendez-vous sur les bords de la Dordogne, de Beynac (vieux village et château) au cingle de Montfort par La Roque-Gageac, Castelnaud (forteresse) et Domme (bastide).

Les causses du Quercy

Au départ de Cahors que vous visiterez le premier jour, suivez (2e jour) le cours du Lot en direction de l'ancienne ville épiscopale de Puy-l'Évêque et de la forteresse de Bonaguil. Gagnez ensuite Les Arques afin de vous arrêter, en fin de journée, à Gourdon. La 3e journée ne sera pas de trop pour parcourir les causses de Gramat et de Martel. Au programme : Rocamadour, Souillac, Martel et la Dordogne quercynoise. Soufflez un peu le lendemain (4e jour), en découvrant le gouffre de Padirac et le pays de St-Céré où vous poserez vos valises le temps d'une nuit. Le 5e jour, prenez la route en direction d'Assier, courte halte avant de gagner Figeac. L'après-midi sera consacré aux trésors de cette riche cité médiévale. À l'ordre du jour de la 6e journée, la vallée du Célé en matinée et celle du Lot l'après-midi, avec deux visites impératives : la grotte du Pech-Merle et le bourg de St-Cirq-Lapopie. Pour finir (7e jour), parcourez les confins du Quercy et du Rouergue où vous découvrirez les bourgs de Caylus, St-Antonin-Noble-Val et les gorges de l'Aveyron, l'abbaye de Beaulieu-en-Rouergue, et le site médiéval du village de Najac.

Collégiale St-Martin de Montpezat-du-Quercy.

S. Sauvignier/MICHELIN

Circuits de découverte

Pour visualiser l'ensemble des circuits proposés, reportez-vous à la carte p. 12 du guide.

1 Périgord blanc et Périgord vert

Circuit de 280 km au départ de Périgueux – Ce circuit relie les plateaux calcaires aux paysages verdoyants, en passant par des villes renommées pour la gastronomie, l'architecture ou l'artisanat. Périgueux d'abord, l'incontournable capitale du Périgord dominée par l'altière silhouette de la cathédrale St-Front, puis Sorges, haut lieu de la truffe où vous dégusterez, à la morte saison, le champignon en salade et autres omelettes savoureuses, vous donneront un aperçu du Périgord blanc. Vous entrerez ensuite dans le Périgord vert à Thiviers, porte du Parc naturel régional du Périgord-Limousin. Arrêtez-vous à Nontron, capitale régionale du couteau, avant de descendre la vallée de la Dronne à la rencontre de l'écrivain Brantôme et des puissants seigneurs de Bourdeilles pour joindre Ribérac et ses marchés au gras réputés.

S. Sauvignier/MICHELIN

Église de Collonges-la-Rouge.

2 Forêt, vignoble et châteaux du Bergeracois

Circuit de 230 km au départ de Bergerac – C'est au pays des gens d'esprit et de lettres que vous emmène en premier lieu cet itinéraire : sur les pas de Montaigne, aux confins du Périgord et de la Guyenne, et sur ceux de Cyrano, le plus célèbre des Bergeracois au fameux appendice nasal. Du nez toujours, celui du vin de la région, ou plutôt, des vins, tant le vignoble alentour décline de nuances : pécharmant, rosette, montravel, saussignac, mais surtout monbazillac, dont vous visiterez les caves du château. Des châteaux encore, pour tous les goûts, ponctueront votre route, mais aussi la bastide de Beaumont-du-Périgord.

3 Le Périgord noir

Circuit de 185 km au départ de Montignac – Autour des vallées de la Vézère et de la Dordogne, parcourez 30 000 ans d'histoire de l'humanité. Partez à la rencontre des premiers hommes dans la vallée de la Vézère, de Lascaux au Bugue, en passant par Les Eyzies, « capitale de la préhistoire ». De Monpazier à Domme, c'est avec l'époque des chevaliers que vous avez rendez-vous : forteresses, bastides et abbayes racontent ici les terribles heures de la guerre de Cent Ans. Quittez la vallée de la Dordogne pour vous enfoncer au cœur du Périgord noir, où Sarlat-la-Canéda déploie ses charmes de belle cité Renaissance. Vous y dégusterez foie gras et vins de Bergerac dans les nombreuses échoppes de la ville.

4 Les portes du Périgord

Circuit de 195 km au départ de Brive-la-Gaillarde – Ce n'est plus tout à fait le Berry, sans être vraiment le Périgord : dans un paysage de collines verdoyantes entrecoupées de peupliers et de cultures maraîchères, découvrez les portes du Périgord. Au programme, le monastère d'Aubazine, la vieille ville de Brive-la-Gaillarde, les puys de l'Yssandonnais (St-Robert, mont d'Ayen...) et surtout, les trésors de la vicomté de Turenne : le superbe village de Collonges-la-Rouge serti des châteaux de Curemonte et de Turenne. Un magnifique voyage à travers l'histoire qui vous emmènera jusqu'à Beaulieu-sur-Dordogne, aux confins de la Corrèze (superbe église romane St-Pierre).

5 Les causses du Haut Quercy

Circuit de 125 km au départ de Padirac – Un séjour magique tout en verticalité. Dans les entrailles de la terre d'abord, au gouffre de Padirac, pour un étonnant voyage qui vous emmènera jusqu'à 100 m sous le niveau du sol. Vers le ciel ensuite, à Rocamadour, haut lieu de pèlerinage où la Vierge noire intercédera peut-être en votre faveur. La route vous conduira alors aux portes du Périgord noir, à la rencontre des villes de Souillac et de Martel sur le causse du même nom. Vous parcourrez ensuite la vallée de la Dordogne, enserrée entre ses hautes falaises pour gagner le pays de St-Céré, jardin de collines verdoyantes que dominent les silhouettes des châteaux de Castelnau et de Montal.

6 Les vallées du Lot et du Célé

Circuit de 120 km au départ de Figeac – Entre St-Cirq-Lapopie, capitale haute en couleur et en saveurs du Quercy, et Figeac, où l'on cultive le souvenir de Champollion, l'enfant du pays, les deux rivières ont entaillé le causse en larges méandres. À chaque virage, un paysage différent vous attend, tour à tour torturé par la pierre d'abruptes falaises, ou champêtre, parcouru d'un camaïeu de verts. Au programme, la grotte du Pech-Merle et ses extraordinaires peintures rupestres, le village perché de St-Cirq-Lapopie, ou encore le gros bourg de Cajarc, le temps d'un rafraîchissement en terrasse, mais aussi les châteaux de Cénevières, Laroque-Toirac, sans oublier les églises de St-Pierre-Toirac et de Marcilhac...

7 Du causse de Limogne au Rouergue

Circuit de 145 km au départ de Cahors – Une superbe invitation au voyage à travers une région encore méconnue. Au Sud-Est, les portes du Rouergue, marquées dans le paysage par les magnifiques gorges de l'Aveyron : découvrez le bourg de St-Antonin-Noble-Val et le village perché de Najac. Vers le Nord-Ouest, parcourez le causse de Limogne à travers des paysages arides de l'abbaye cistercienne de Beaulieu-en-Rouergue jusqu'au bourg de Lalbenque, étape renommée pour ses marchés de truffes.

8 Le vignoble du Lot et le Quercy blanc

Circuit de 185 km au départ de Cahors – Ample et majestueux, le Lot s'épanouit ici dans de larges méandres dominés par les alignements du fameux vignoble de Cahors. Les bourgs de Luzech, de Belaye, perché au sommet d'une falaise et de Puy-l'Évêque, étagé sur les berges de la rivière, animeront ce parcours de leur attachante beauté jusqu'aux vestiges de Bonaguil, étonnante forteresse plantée aux confins du Périgord et du Quercy. Au-delà de la vallée du Lot et de son vignoble s'ouvre le fameux Quercy blanc. Ici, vous ressentirez les premières influences du Sud vers lequel s'écoulent rivières et ruisseaux. Vous y visiterez des bastides aux toits roses et des moulins à vent que l'on actionnera pour vous.

Itinéraires à thème

routes thématiques

Routes à thème historique

Route des mille et un châteaux du Périgord – Renseignements au Comité départemental du tourisme de la Dordogne, à Périgueux, ☎ 05 53 35 50 24.

Routes de Saint-Jacques en Limousin – Renseignements : Comité départemental de tourisme de la Corrèze, à Tulle - ☎ 05 55 29 98 78 - elles vous entraînent sur les pas des pèlerins d'autrefois, sans vous conduire toutefois jusqu'en Espagne.

Portail de l'église St-Amand-de-Coly.

S. Sauvignier/MICHELIN

Route des marches du Quercy – De Capdenac jusqu'à Brive en passant par Souillac et St-Céré, cette route parcourt trois régions riches en châteaux et en édifices religieux depuis le haut Moyen Âge, autrefois aux confins du duché d'Aquitaine et des possessions du comte de Toulouse. Renseignements : comité départemental de tourisme de la Corrèze à Tulle, ☎ 05 55 29 98 78.

Route des comtes de Toulouse – 43 r. du Parc-de-Clagny - 78000 Versailles - ☎ 01 39 54 79 85 s'adresser à M. Lyonel de Lastic-Saint-Jal - Elle comprend les châteaux de Cas, Belcastel, Cénevières, Cieurac, Pruines, St-Projet, la forteresse de Najac et les abbayes de Loc-Dieu, Beaulieu-en-Rouergue et la Collégiale de Villefranche de Rouergue.

Routes de l'Art roman

Route des églises romanes du Ribéracois – De part et d'autre de la vallée de la Dronne, allez visiter les églises romanes à coupoles. Route mise en place par les syndicats d'initiative intercommunaux du val de Dronne. Renseignements à l'Office du tourisme de Riberac, ☎ 05 53 90 03 10. www.valdedronne.com

Circuit de l'Auvézère en Périgord – Mis en place par les syndicats d'initiative intercommunaux du pays de Hautefort, d'Excideuil et de Lanouaille, ☎ 05 53 62 34 64.

Sentiers romans en Quercy blanc – Une sélection d'églises romanes invite à la découverte du Quercy blanc dans son ensemble. Documentation disponible à l'Office du tourisme de Castelnau-Montratier - ☎ 05 65 21 84 39, ou du pays de Montcuq - ☎ 05 65 22 94 04 - Guide des sentiers romans en Quercy blanc - 3,50 €.

Routes des Bastides

Renseignements à Villeréal - ☎ 05 53 36 09 65 - découvrir, le long des routes et des chemins, foies gras et bastides, artisanat d'art et châteaux. Cinq circuits thématiques sont proposés par les Offices du tourisme du haut Agenais : « Sur les chemins de l'art », « Il était une fois le patrimoine », « Route des bastides et cités médiévales », « Escapade des saveurs gourmandes », « Trois petits tours dans les musées et châteaux ».

Routes des Métiers d'art

La route des métiers d'art en Périgord – ☎ 05 53 35 87 00 - mise en place par la chambre de métiers d'artisanat Dordogne-Périgord, le conseil général de Dordogne et l'association Valoris'art - www.cm-perigueux.fr - elle propose de partir à la rencontre des « métiers d'art et de création » : la route regroupe 60 ateliers d'artisans (horloger, luthier, relieur-doreur, tailleur de pierre, dinandier, souffleurs de verre, potiers, couteliers, maroquiniers, etc.) - demandez le guide auprès des services de la CM 24.

La route des métiers d'art dans le Lot –Animée par la chambre des métiers du Lot - ☎ 05 65 35 13 55 - www.rm-art46.org - Elle propose de partir à la rencontre des métiers d'exception : la route regroupe 50 ateliers d'artisans d'art (potiers, ébénistes, sculpteurs, vitraillistes..).

Et encore

La vallée de la Dordogne – L'Office du tourisme du pays de Souillac propose des circuits à la découverte de ses environs - ☎ 05 65 37 81 56 - www.tourisme-souillac.com

La route des vins – Informations à la Maison des vins de Bergerac - ☎ 05 53 63 57 55.

Route de la noix du Périgord – Corne, marbot, grandjean ou franquette, à vous de voir laquelle vous préférez en parcourant les quatre itinéraires proposés. Informations auprès du Comité départemental du

S. Sauvignier/MICHELIN

Ramassage du tabac.

tourisme de la Dordogne, ☎ 05 53 35 50 24 et du Comité départemental du Lot, ☎ 05 65 35 07 09.

Patrimoine en Périgord-Limousin – Préhistoire, protohistoire, histoire, expression artistique, gastronomie, environnement, géographie, anciens métiers et savoir-faire. Une démarche pédagogique pour découvrir une région, ses atouts et sa richesse ethnologique d'une façon originale et adaptée à tous. Forfaits d'une demi-journée à 5 jours et plus. Renseignements et documentation : Centre permanent d'initiative pour l'environnement du Périgord-Limousin / CEDP - Château - 24360 Varaignes - ☎ 05 53 56 23 66.

Le Périgord préhistorique – Visite des principaux sites de la vallée de la Vézère et du Périgord noir, en axant les visites sur l'art pariétal et ses superbes fresques ou sur le magnifique spectacle des concrétions minérales, ou tout simplement, en conjuguant les deux.

Principaux sites	Concrétions remarquables ●	Fresques ou dessins gravés ⌂
Bara-Bahau (Périgord)		⌂
Bernifal (Périgord)		⌂
Combarelles (Périgord)		⌂
Cougnac (Quercy)	●	⌂
Domme (Périgord)	●	
Foissac (Quercy)	●	
Font-de-Gaume (Périgord)		⌂
Grand Roc (Périgord)	●	
Gr. des Merveilles (Quercy)	●	⌂
Lacave (Quercy)	●	
Lascaux II (Périgord)		⌂
Padirac (Quercy)	●	
Pech-Merle (Quercy)	●	⌂
Proumeyssac (Périgord)	●	
Rouffignac (Périgord)		⌂
St-Cirq (Périgord)		⌂
Villars (Périgord)	●	

Découvrir autrement la région

sur terre

En train touristique

Autorail Espérance – ☎ 05 53 59 55 39 - un petit tour dans cet autorail qui relie Sarlat à Bergerac en 1h satisfera votre appétit pour la culture comme pour les plaisirs de la table - commentaire des paysages et sites, et dégustation de produits régionaux - réservation obligatoire.

Quercyrail – Survivra-t-il ? Cet autorail des années 1950, surnommé « Le Train Buissonnier », empruntait l'ancienne voie ferrée Cahors-Carjac-Capdenac (71 km), pour faire découvrir autrement les méandres et les principaux sites pittoresques de la vallée du Lot. Aux dernières nouvelles, il attendait des fonds pour la restauration de son parcours. Renseignements : pl. de la Gare - 46000 Cahors - ☎ 05 63 40 11 93 (réserv. recommandée).

Chemin de fer touristique du Haut Quercy « Le Truffadou » – ☎ 05 65 37 35 81 - Un sifflement, un gros panache de fumée à l'odeur familière, et vous voici transportés 50 ans en arrière à bord d'un vrai train à vapeur ou diesel, de Martel à St-Denis-lès-Martel. Circulant sur les falaises à plus de 80 mètres de haut en corniche, il vous fera découvrir la vallée de la Dordogne et ses châteaux, et la riche histoire de cette ligne, devenue concurrente des gabares de la rivière Espérance en 1889. Visite commentée (1h env.). Train à vapeur : juil.-août : dim.-jeu. 11h, 14h30, 16h. ; avr.-juin et sept. : dim. et j. fériés 11h, 14h30, 16h ; Train diesel : juil.-août : vend. 11h, 14h30, 16h., sam. 14h30 ; avr.-juin et sept. : mar. et jeu. 14h30.
Train vapeur : juil.-août : mer., dim. et j. fériés 11h, 14h30 et 16h ; avr.- sept. : dim. et j. fériés 11h, 14h30 et 16h.
Train diesel : juil.-août : lun., mar., jeu. et ven. 11h, 14h30 et 16h. ; avr.-juin et sept. : mar. et jeu. 14h30.

En roulotte

Amateurs de nature et de retour aux sources, vous pouvez louer une roulotte et découvrir une région au rythme de la foulée du cheval (5 km/h), en empruntant des voies secondaires. La vie de nomade peut durer de 2 à 7 jours suivant le type de circuit organisé par le loueur.

Équitation et roulottes du Périgord – Métairie du Roc - 24560 Faux - ☎ 05 53 24 32 57 ou 06 83 30 83 63 - équitation et roulottes - Poney-club à l'année.

Château d'Aynac (Castel SARL) – Château d'Aynac - 46120 Aynac - ☎ 05 65 11 08 00 - www.castel-aynac.fr

En calèche

Le Périgord en calèche – Le Bourg - 24550 Mazeyrolles - ☎ 05 53 29 98 99 - www.perigord-en-caleche.com - promenades en calèche à l'heure, demi-journée ou journée (avec repas compris).

Calèche de Dordogne – Ferme de Charmonteil - 24350 Lisle - ☎ 05 53 03 58 35 - promenades (1h, 1/2 j ou journée) en voiture à cheval avec un cocher. Possibilité de pique-nique ou de repas en ferme-auberge.

Les Attelages du Haut Repaire – Haut Repaire - 24390 Coubjours - ☎ 05 53 50 32 79. Promenades à l'heure, demi-journée, journée (avec pique-nique) ou w.-end, en attelages traditionnels.

À dos d'âne

Pour randonner sans les contraintes du poids du sac à dos, l'âne est le compagnon idéal. Pouvant porter des bagages de 40 kg, il emboîte le pas à la famille et motive les enfants à la marche. L'ânier loue ses animaux à la journée ou à la semaine (possibilité de randonnées accompagnées) et propose de nombreuses prestations pour faciliter la découverte du pays.

Fédération nationale ânes et randonnées (Fnar) – 16 rte de Canlers - 62310 Ruisseauville - ☎ 03 21 41 21 97 - www.ane-et-rando.com - la Fnar fournit la liste de ses prestataires, dans toutes les régions de France, proposant des randonnées à pied en compagnie d'ânes bâtés.

Arcâne – Lieu-dit « Ravary » - 24250 Cenac - ☎ 05 53 59 63 79 ou 06 07 75 90 84 - www.arc-ane.com - possibilité de gîte d'étape.

vue du ciel

Si l'élévation du corps est semblable à l'élévation de l'âme, alors n'hésitez pas : vu du ciel, le Périgord dévoile toutes ses couleurs.

Montgolfière du Périgord – St-Donat - 24250 La Roque-Gageac - ☎ 05 53 28 18 58 - www.montgolfiere-du-perigord.com - préparatifs et vols (3h minimum) tous les jours, en début de matinée et en fin de journée - à partir de 190 €

Aéroclub de Brive – Ce club vous propose des baptêmes de l'air en avion et en planeur. ☎ 05 55 86 88 37.

Aéroclub du Quercy – Aérodrome de Cahors-Lalbenque - 46230 Cieurac - ☎ 05 65 21 05 96 - promenades aériennes, école de pilotage.

Aéroclub du Sarladais – Aérodrome de Sarlat-Domme - 24250 Domme - ☎ 05 53 28 32 95 - baptêmes de l'air en avion ou en ULM, école de pilotage et vols d'initiation avec un instructeur.

Association Rocamadour Aérostat – Hôtel de ville - b 05 65 33 71 50 - survol de Rocamadour (45mn à 1h) tte l'année sur réserv. - 150 €/pers.

au fil de l'eau

LOCATION DE BATEAUX HABITABLES

La location de « bateaux habitables » (sans permis) aménagés en général pour six à huit personnes permet une approche insolite des sites parcourus sur les canaux. Diverses formules existent : à la journée, au week-end ou à la semaine.

S. Sauvignier/MICHELIN

Rives paisibles de la Dordogne.

BabouMarine – Port St-Mary - 46000 Cahors - ☎ 05 65 30 08 99 - www.baboulene-jean.fr

Crown Blue Line – Le Moulinat - 46140 Douelle - ☎ 05 65 20 08 79 - www.crownblueline.com

Lot navigation Nicols – Le Bourg - 46330 Bouziès - ☎ 05 65 24 32 20 - centrale de réservation : rte du Puy-St-Bonnet - 49300 Cholet - ☎ 02 41 56 46 56 - www.nicols.com

Avant de partir, il est conseillé de se procurer les cartes nautiques et cartes-guides :

Éditions Grafocarte-Navicarte – 125 r. Jean-Jacques-Rousseau - BP 40 - 92132 Issy-les-Moulineaux Cedex - ☎ 01 41 09 19 00.

Éditions du plaisancier – 43 porte du Grand-Lyon, 01700 Neyron, ☎ 04 72 01 58 68.

PROMENADES EN BATEAU

Bateaux Safaraid – 297 r. St-Géry - 46000 Cahors - ☎ 05 65 35 98 88. Départ des bateaux au port de Bouziés. Location de gabarres de 12 places : 175 € la journée. Location de barques à moteur 6 places : 25 € l'heure.

PROMENADES EN GABARE

Vous pouvez également découvrir le Périgord à bord d'une gabare, et revivre l'épopée de la batellerie sur la Dordogne au siècle dernier, immortalisée par le feuilleton télévisé *La Rivière Espérance.*

Gabarres de Beynac – 24250 St-Martial-de-Nabirat - ☎ 05 53 28 51 15 - www.gabarre-beynac.com - juil.-août : dép. parking automobile (1h, ttes les 30 mn) 10h-12h30, 14h-18h ; mai-juin et sept. : 10h30-12h30, 14h-18h ; de mi-mars à fin avr. et oct. : sur demande préalable - 6,50 € (-12 ans 4 €, gratuit le matin).

Gabares Norbert – 24250 La Roque-Gageac - ☎ 05 53 29 40 44 - www.norbert.fr - promenade commentée (1h) avec découverte de 5 châteaux - avr.-oct. : dép. ttes les h - 7,50 € (enf. 4,50 €).

Croisières Les Caminades – 24250 La Roque-Gageac - ☎ 05 53 29 40 95 - promenade commentée (1h) sur la Dordogne en gabare - découverte de la faune, la flore et la vallée des Cinq Châteaux - des Rameaux à la Toussaint : 10h-18h - 7,50 € (enf. 4,50 €).

Périgord Gabares – ☎ 05 53 24 58 80. De Pâques à la Toussaint : croisière commentée (1h), dép. du vieux port toutes les 1/2h (sais.), toutes les heures (hors sais.). 5,34€ (enf. : 3,81€).

dans les élevages d'oies et de canards

Domaine de Barbe – Famille Kuster - 24150 Badefols-sur-Dordogne (région de Bergerac) - ☎ 05 53 73 42 20 - visite commentée de l'élevage (oies et canards), des installations de gavage et plumaison, de l'atelier de fabrication et dégustation - juil. : mar., jeu. 10h30 et 17h30 ; août : mar., jeu. 10h30 et 17h30, merc. 10h30, 15h30 et 17h30 - les autres j. visite libre.

Élevage d'oisons.

S. Sauvignier/MICHELIN

Ferme de Puygauthier – 24750 Marsaneix (région de Périgueux) - ☎ 05 53 08 87 07 - élevage, gavage, conserves fermières - accueil tous les jours.

Ferme du fort de la Rhonie – Famille Coustaty - Boyer - 24220 Meyrals (région de Sarlat) - ☎ 05 53 29 29 07 - visite libre de l'élevage ou visite guidée sur réservation - dégustation - 4 €.

Foie gras Jacquin – 46350 Lamothe-Fénelon (à 25 km de Sarlat et de Rocamadour) - b 05 65 37 65 67 - médaille d'argent au concours général de Paris 2004 - visite tlj sf w.-end 18h : élevage de canetons, démonstration de gavage traditionnel, visite de la conserverie artisanale, dégustations gratuites.

en préparant le foie gras

Les stages de préparation du foie gras se déroulent le week-end ou en semaine sur une durée de 2 à 3 jours (voire plus), pendant la saison du gras, généralement d'octobre à mars. Les personnes désirant apprendre à confectionner le foie gras, le confit, le cou farci, etc., sont reçues dans des fermes, gîtes ou hôtels. Le prix du stage comprend l'initiation (découpe, transformation et conservation), les repas et l'hébergement, mais pas l'achat de l'oie ou du canard.

La Maurinie – Famille Alard - Eyliac - 24330 St-Pierre-de-Chignac - ☎ 05 53 07 57 18 - préparation du foie gras de canard ; un minimum de stagiaires est demandé pour débuter le stage (2 nuits et 4 repas).

Loisirs-Accueil Dordogne – 25 r. du Prés.-Wilson - BP 2063 - 24002 Périgueux Cedex - ☎ 05 53 35 50 24/ 50 05 - stages de préparation du foie gras, mais aussi stages de cuisine, stages de connaissance de la truffe et des champignons.

Loisirs-Accueil Lot – Pl. François-Mitterrand - 46000 Cahors - ☎ 05 65 53 20 90 - www.reservation-lot.com - liste détaillée des stages (préparation du foie gras, découverte de la truffe, du vignoble et du terroir) et inscription.

Loisirs-Accueil Corrèze – Quai Aristide-Briand - 19000 Tulle - ☎ 05 55 29 98 70 - du vend. midi au dim. ap.-midi - de fin nov. à déb. mars - à partir de 320 € par personne en pension complète.

avec vos enfants

Dans la partie « Villes et sites », le pictogramme ☺ signale les parcs, musées et autres attractions susceptibles d'intéresser vos chères têtes blondes.

Réseau Villes et Pays d'art et d'histoire

Le réseau des Villes et Pays d'art et d'histoire (voir la rubrique « Visite guidée ») propose des visites-découvertes et des ateliers du patrimoine aux enfants, les mercredis, samedis et pendant les vacances scolaires. Munis de livrets-jeux et d'outils pédagogiques adaptés à leur âge, ces derniers s'initient à l'histoire et à l'architecture, et participent activement à la découverte de la ville. En atelier, ils s'expriment à partir de multiples supports (maquettes, gravures, vidéos) et au contact d'intervenants de tous horizons : architectes, tailleurs de pierre, conteurs, comédiens, etc.

Ces activités sont également proposées pendant la visite des adultes - en juillet-août, dans le cadre de l'opération « LÉté des 6-12 ans ». Les Villes d'art et d'histoire citées dans ce guide sont Cahors, Figeac, Périgueux, Sarlat et Souillac.

Sports et loisirs

canoë-kayak

Les eaux paisibles des rivières périgourdines et quercinoises se prêtent bien à la découverte du canoë-kayak.
Le **canoë** (d'origine canadienne) se manie avec une pagaie simple. C'est l'embarcation pour la promenade fluviale en famille, à la journée, en rayonnant au départ d'une base, ou en randonnée pour la découverte d'une vallée à son rythme.
Le **kayak** (d'origine esquimaude) se déplace avec une pagaie double. Les lacs et les parties basses des cours d'eau offrent un vaste choix de parcours.
La descente de la Dordogne ou du Lot se révèle idéale pour une initiation. Le débutant peut aussi améliorer sa technique sur des parcours de faible difficulté inscrits dans des sites remarquables : bas Célé (Lot), Dordogne, Lot, basse Vézère. Bien que paisibles, ces eaux nécessitent le respect des règles de sécurité.
Pour sortir des eaux calmes, le sportif confirmé pourra descendre la Corrèze, l'Elle (Corrèze) ; l'Auvezère, le Céou, la haute Dronne, la haute Isle (Dordogne) ; le haut Célé (Lot).

Les bases de location accueillent les débutants comme les pratiquants confirmés et proposent la descente ou la randonnée libre (parfois accompagnée), ainsi que d'autres prestations (VTT, spéléologie, etc.). *Voir les coordonnées de loueurs dans les carnets pratiques de la partie « Villes et sites ».*

Fédération française de canoë-kayak – 87 quai de la Marne - BP 58 - 94344 Joinville-le-Pont - ☎ 01 45 11 08 50 - www.ffcanoe.asso.fr - la Fédération édite un livre France canoë-kayak et sports d'eaux vives et avec le concours de l'IGN une carte « Les rivières de France », avec tous les cours d'eau praticables.

Comité départemental de canoë-kayak de Corrèze – 23 bis r. Sajueix - 19130 Voutezac - ☎ 05 55 84 19 03.

Comité départemental de canoë-kayak de Dordogne – Philippe Vallaeys - 83 r. du 8-Mai-1945 - 24430 Marsac-sur-l'Isle - ☎ 05 53 04 13 00.

Comité départemental de canoë-kayak du Lot – 314 route de Laroque - 46000 Cahors - cdck@wanadoo.fr.

Comité départemental de canoë-kayak de Tarn-et-Garonne – M. Pierre Delpon - BP 45 - 82800 Nègrepelisse - ☎ 06 30 55 64 96.

Promenade en canoë sur le Lot.

Comité régional de canoë-kayak d'Aquitaine – 119 bd Prés.-Wilson - 33200 Bordeaux - ☎ 06 83 36 23 58.

golf

Nombreux dans la région, les golfs sont situés dans un agréable cadre de verdure, au relief vallonné, parfois entourés de forêts.

Fédération française de golf – 68 r. Anatole-France - 92309 Levallois-Perret Cedex - ☎ 01 41 49 77 00 ou 0 892 691 818 - www.ffgolf.org

pêche

La région propose à l'amateur un riche réseau de rivières et de ruisseaux, de vastes étangs et de plans d'eau classés en deux catégories :
Eaux à salmonidés (truites). Classées en 1re catégorie, elles occupent le cours supérieur de rivières importantes. Vous en trouverez entre autres au lac du Tolerme, à Sénaillac-Latronquière, et au plan d'eau de Dégagnac.
Eaux à cyprinidés (ablette, barbeau, brème, carpe, gardon, tanche). Classées en 2e catégorie, elles occupent les cours moyen et inférieur des rivières, le lac du Causse (Lissac-sur-Couze), le lac du Rosier (Coursac), et le lac de St-Sernin (Montcuq).
Même s'ils ne sont pas classés, certains plans d'eau présentent un intérêt puisqu'ils vous proposent à la fois les loisirs de la baignade, de la pêche et de la planche à voile : plan de Rouffiac (Angoisse), lac de Gurson (Carsac-de-Gurson), étang de St-Estèphe, barrage de Mauzac à Trémolat, plan d'eau de Cazal, lac de Gourdon, lac de Brugale à Laval-de-Cère, base de Caix (Luzech), lac de Malivert (Molières) et lac de Parisot.

Réglementation

Quel que soit l'endroit choisi, il convient d'observer la réglementation nationale ou locale, de s'affilier (pour l'année en cours) à une association de pêche et de pisciculture agréée, d'acquitter les taxes afférentes au mode de pêche pratiqué, etc. Pour certains étangs ou lacs, des cartes journalières sont délivrées.

Conseil supérieur de la pêche – Immeuble Le Péricentre - 16 av. Louison-Bobet - 94132 Fontenay-sous-Bois Cedex - ☎ 01 45 14 36 00.

Syndicat d'initiative du pays de Lanouaille en Périgord vert – ☎ 05 53 62 17 82 ou 05 53 52 60 21 - www.lanouaille.com

Fédération départementale de pêche de Dordogne – Jacques Laguerre - 16 r. des Prés - 24000 Périgueux - ☎ 05 53 06 84 20.

Fédération départementale de pêche du Lot – 182 quai Cavaignac - 46000 Cahors - ☎ 05 65 35 50 22 - www.pechelot.com

Fédération départementale de pêche du Tarn-et-Garonne – Claude Dejean - 275 av. de Beausoleil - 82000 Montauban - ☎ 05 63 63 01 77.

R. Corbel/MICHELIN

Carpe et truite fario.

randonnée cycliste

S'il n'existe pas de pistes cyclables en Périgord et Quercy, des milliers de kilomètres de routes et de chemins, en partie épargnés par l'intense trafic automobile de saison, sont en revanche à la disposition des cyclistes.

Cyclotourisme

Fédération française de cyclotourisme – 12 r. Louis-Bertrand - 94207 Ivry-sur-Seine Cedex - ☎ 01 56 20 88 87 - www.ffct.org

Comité départemental de cyclotourisme de Dordogne – M. Hubert Prévost - 14 rte de Montbreton - 24340 Mareuil - ☎ 05 53 04 86 74.

M.-H. Carcanague/MICHELIN

Balade en vélo dans la vallée du Lot.

Comité départemental de cyclotourisme du Lot – Rés. Soulhol - A423 - 46400 Saint-Céré - ☎ 05 65 10 98 90 - www.randocyclovtt46.com

Comité départemental de cyclotourisme du Tarn-et-Garonne – 3 r. Cyprien-Portal - 82000 Montauban - ☎ 05 63 66 15 58.

Ligue régionale de cyclotourisme du Limousin – F.F.C.T. - 6 r. Léon-Tolstoï - 87100 Limoges - ☎ 05 55 38 26 11.

Ligue régionale de cyclotourisme de Midi-Pyrénées – 7 r. André-Citroën - 31130 Balma - ☎ 05 61 99 86 46.

VTT

Quelques circuits balisés ont été mis en place, notamment autour de Lalinde (Dordogne) et de Cahors (Lot), où les sentiers proposés varient en distance, permettant à chacun de partir pour quelques heures ou pour la journée.

Fédération française de cyclisme – 5 r. de Rome - 93561 Rosny-sous-Bois Cedex - ☎ 01 49 35 69 24 - www.ffc.fr - la Fédération propose 46 000 km de sentiers balisés pour la pratique du VTT, répertoriés dans un guide annuel.

randonnée équestre

La région dispose de centaines de kilomètres d'itinéraires équestres disséminés à travers les forêts, les causses et les vallées des principales rivières.

Comité national de tourisme équestre – 9 bd Macdonald - 75019 Paris - ☎ 01 53 26 15 50 - cnte@ffe.com - le comité édite une brochure annuelle, Cheval nature, l'officiel du tourisme équestre, répertoriant les possibilités en équitation de loisir et les hébergements accueillant cavaliers et chevaux.

Comité départemental de tourisme équestre de la Corrèze – Mairie - 19470 Lelonzac - ☎ 06 11 41 35 39 (M. Bossoutrot).

Comité départemental de tourisme équestre de la Dordogne – 25 rue Wilson - 24002 Perigueux - ☎ 05 53 56 05 04.

Comité départemental de tourisme équestre du Lot – Denis Letartre - BP 103 - 46002 Cahors Cedex 9 - ☎ 05 65 35 80 82 - www.cheval-lot.com

Comité départemental de tourisme équestre du Tarn-et-Garonne – Didier Thouron - St-Cernin - 82300 Caussade - ☎ 05 63 93 26 51.

Association régionale de tourisme équestre d'Aquitaine – Hippodrome du Bouscat - BP 95 - 33492 Le Bouscat Cedex - ☎ 05 53 48 02 28.

Association régionale de tourisme équestre de Midi-Pyrénées – Jean Bergrager - 31 chemin des Canalets - 31400 Toulouse - ☎ 05 61 14 04 58.

Itinéraires balisés

Dordogne : 850 km – La carte *Sentiers et relais équestres du Périgord* est disponible auprès du comité départemental de tourisme équestre de la Dordogne.

Lot : 1 500 km – Une *Carte départementale de la randonnée* (échelle 1/200 000), reprenant le tracé des sentiers de Grande Randonnée et de pistes équestres, est disponible auprès du comité départemental de tourisme équestre du Lot.

Promenades en calèche et en roulotte

Voir le chapitre « Découvrir autrement la région », dans les Informations pratiques.

randonnée pédestre

Des sentiers de **Grande Randonnée (GR)**, jalonnés de traits rouges et blancs horizontaux, permettent de découvrir la diversité des paysages de la région.

GR 6 – Le Périgord et le Quercy de Monbazillac à Figeac, via Les Eyzies.

GR 36 – La « Traversée du Périgord » sillonne les routes de Dordogne de Mareuil à Monbazillac (départ de Puymoyen), puis celles du Lot de Castillonnès à Cahors.

GR 46 – Le « Tour des gorges de l'Aveyron » emprunte les routes du Lot de Cahors à Beauregard, puis celles du Tarn-et-Garonne et du Tarn de Loze à Penne (vers Mazamet).

GR 65 – Le « Sentier de St-Jacques » traverse la partie Sud-Est du Quercy, de Montredon à Cahors (départ de Conques) ; puis la partie Sud-Ouest, de Cahors à Moissac (vers Roncevaux).

Les sentiers de **Petite Randonnée (PR)** sont destinés aux marcheurs d'un jour. Au départ des circuits, des balisages de couleurs indiquent la durée de la promenade :

Bleu – jusqu'à 2h.

Jaune – de 2h15 à 3h45.

Vert – de 4h à 6h.

Renseignements

Fédération française de la randonnée pédestre – 14 r. Riquet - 75019 Paris - ☎ 01 44 89 93 93 - www.ffrp.asso.fr - la Fédération donne le tracé détaillé des GR, GRP et PR ainsi que d'utiles conseils.

Comité départemental de la randonnée pédestre de Corrèze – La Chassagnite - 19200 Mestes - ☎ 05 55 72 53 90.

Comité départemental de la randonnée pédestre de Dordogne – 46 r. Kléber - 24000 Périgueux - ☎ 05 53 45 51 21.

Comité départemental de la randonnée pédestre du Lot – BP 7 - 46001 Cahors Cedex 9 - ☎ 05 65 35 80 82.

Comité départemental de la randonnée pédestre du Tarn-et-Garonne – Maison de la randonnée - 5 sente du Calvaire - 82200 Moissac - ☎ 05 63 04 73 25 - cdrt82@wanadoo.fr

Comité régional de la randonnée pédestre en Aquitaine – 153 r. David-Johnston - 33000 Bordeaux - ☎ 05 56 00 99 26 - www.sentiers47.com - tout sur la pratique et les itinéraires.

Comité régional de la randonnée pédestre en Midi-Pyrénées – Maison des sports - rue Buissonnière - BP 81908 - 31319 Labège Cedex - ☎ 05 62 24 18 77 - www.randonnees-midi-pyrenees.com

Ces anciens abris des bergers rendent aujourd'hui service aux randonneurs surpris par la pluie !

ANGERS

Circuits

En Périgord – L'Office du tourisme de Sarlat édite *Promenades et Randonnées en Périgord noir* ; sous forme d'un guide ou de fiches, qui propose 73 circuits de 2,5 à 24 km.
L'Office du tourisme du Ribéracois organise des randonnées pédestres accompagnées, le merc. et certains sam. en matinée, de juin à sept. - ☏ 05 53 90 03 10.

En Quercy – Le comité départemental du tourisme du Lot publie *Promenades et randonnées*, dans lequel vous trouverez plus de 50 randonnées pédestres ou balades à VTT.

ski nautique

Eh oui ! Cela peut surprendre, mais on peut faire du ski nautique dans le Périgord : à Trémolat, un bassin nautique international a été aménagé sur la Dordogne (retenue de Mauzac).

Fédération française de ski nautique – 27 r. d'Athènes, 75009 Paris, ☏ 01 53 20 19 19. www.ffsn.asso.fr

spéléologie

Le Périgord et le Quercy, aux reliefs calcaires truffés de grottes et de cavités, se prêtent à merveille à la pratique de la spéléologie.

Fédération française de spéléologie – 28 r. Delandine - 69002 Lyon - ☏ 04 72 56 09 63 - www.ffspeleo.fr

Comité départemental de spéléologie de la Dordogne – Les Crouzilles - 24250 Grolejac - ☏ 05 53 31 27 30.

Comité départemental de spéléologie du Lot – Mairie - 46240 Labastide-Murat - ☏ 06 77 81 06 98 (M. Andrieu) - http://cds46.free.fr

Comité régional de spéléologie d'Aquitaine – Maison des comités - 46 r. Kléber - 24000 Périgueux - ☏ 06 81 96 89 26 ou 05 53 35 40 92 (répondeur) - www.ffspeleo.fr

Comité régional de spéléologie Midi-Pyrénées – 7 r. André-Citroën - 31130 Balma - ☏ 05 61 11 71 60 - http://comite.speleo.midipy.free.fr

Souvenirs

Que rapporter d'un séjour dans le Périgord et le Quercy ? Tous les produits du terroir que vous avez appréciés sur place et que vous aimeriez goûter une fois de plus, histoire de confirmer votre jugement : l'incontournable foie gras, les gésiers de canard ou d'oie, les magrets, les cèpes, les truffes, les escargots, les châtaignes, les noix, les pruneaux et pourquoi pas quelques fraises, si vous passez au printemps. Enfin tout en prévenant contre l'abus dangereux d'alcool, apéritifs, vins et liqueurs marient à leur manière salé et sucré...
Et comme un couteau peut être très utile pour ce genre de souvenirs, n'hésitez pas à aller en acheter plusieurs à Nontron. Sans oublier que de retour à la maison vous aurez envie de vous sentir bien dans vos pantoufles, alors passez par Varaignes pour choisir des charentaises !

que rapporter ?

Douceurs

La **noix** s'utilise sous de multiples formes dans cette région, surtout dans les pâtisseries. Il existe plusieurs variétés de gâteaux aux noix suivant la région. Nous vous conseillons particulièrement les croquants aux noix (on en trouve à Rocamadour), les arlequines de Carlux (cerneaux de noix enrobés de chocolat et poudrés de cacao), les bouchées aux noix (noix et chocolat noir), les nogaillous du Périgord (cerneaux de noix enrobés de chocolat brillant)...
Ne comportant pas de noix mais tout aussi appréciés par les gourmands : coque de Cahors (pâte briochée au cédrat confit, parfumée à la fleur d'oranger) ; pastis quercynois (feuilletage badigeonné d'huile, fourré de pommes) ; ségala (gâteau à la broche, spécialité de Figeac).

Fromage

Impossible de passer à côté du cabécou, célèbre petit fromage de chèvre du Quercy, qui depuis 1996 bénéficie d'une AOC sous le nom de **rocamadour**. Il peut se déguster frais, sec ou crémeux.

Foie gras et confits

Ces spécialités du Sud-Ouest sont particulièrement bien implantées dans la région. Laissez-vous tenter par un foie gras d'oie ou de canard, truffé ou non, par des cuisses de confits ou par d'autres spécialités telles que le cou farci, les fritons, le magret fumé...

S. Sauvignier/MICHELIN

Le foie gras à cuisiner ou tout préparé.

Truffes

Cet « or noir » parfumera le moindre de vos plats, même si son coût exorbitant vous fera peut-être acheter seulement des pelures. Il s'agit de la peau de la truffe qui, bien que portant un nom peu engageant, dégage un parfum et un goût prononcés. Ces pelures rehausseront vos plats à un coût nettement inférieur à celui de la truffe elle-même.

Boissons alcoolisées

La gastronomie rime avec produits du terroir et dans le Périgord comme dans le Quercy, le vin est de la partie. Vous aurez donc le plaisir de déguster ceux de Bergerac et de Cahors. Le **vignoble du Bergeracois** riche de ses douze AOC propose toute une gamme de vins (blancs, rouges et rosés), dont le monbazillac, vin liquoreux si souvent vanté et associé au foie gras. Le **vignoble de Cahors**, également AOC, offre des vins rouges de caractère. Plus au Sud, le Quercy offre une petite production de vin des coteaux. *Voir le chapitre « Du terroir à la table ».*

Maison des vins de Bergerac – Quai Salvette - 2 pl. Cayla - 24104 Bergerac Cedex - ☎ 05 53 63 57 57 - présentation et dégustation - elle propose aussi un large choix de visite de propriétés viticoles, répertoriés dans le guide de la route des vins, ainsi que l'exposition « Le vin est voyage ».

Cave coopérative de Monbazillac – Rte de Mont-de-Marsan - 24240 Monbazillac - ☎ 05 53 63 65 00 - dégustations gratuites.

Union interprofessionnelle du vin de Cahors – 430 av. Jean-Jaurès - 46000 Cahors - ☎ 05 65 23 22 24 - Édite un livret avec adresses des producteurs (également disponible auprès des offices de tourisme) - pas de commercialisation de vins.

Cave coopérative des vignerons de Quercy –82270 Montpezat-de-Quercy - ☎ 05 63 02 03 50.

Lors de votre périple, vous pourrez également vous arrêter à Carlux dans le Périgord noir pour acheter **Béquinoix** (apéritif), **cerneaux de noix à la liqueur** et **Carlnoix** au domaine de Béquignol. De Brive-la-Gaillarde, vous rapporterez **Denoix** (liqueur) et **Quinquinoix** (apéritif) de la maison Denoix. Dans le Lot, vous ferez une halte à Souillac où la distilleric Louis Roque produit une vieille prune (eaux-de-vie). *Reportez-vous au « carnet pratique » des villes pour connaître les coordonnées.*

sur les marchés

Les producteurs fermiers diffusent leurs spécialités en se regroupant sur des marchés, assurant ainsi eux-mêmes la promotion de produits de qualité. De la bourgade à la ville, les marchés sont la vitrine du savoir-faire périgourdin comme à Mussidan, Le Bugue, St-Astier, Terrasson, etc. *Reportez-vous au « carnet pratique » des villes pour connaître les jours de marché.*

Marchés de producteurs de pays

Disposant d'une charte de qualité, ces marchés se tiennent le matin ou en fin d'après-midi en saison (entre la mi-juin et la mi-septembre) avec parfois une animation folklorique. Rendez-vous à St-Amand-de-Coly, Jumilhac-le-Grand, La Roque-Gageac ou Rocamadour entres autres.

S. Sauvignier/MICHELIN

Le célèbre marché aux truffes de Lalbenque se prépare...

Marchés spéciaux

Les marchés aux noix, aux châtaignes et aux champignons se tiennent généralement en octobre et novembre, les marchés aux gras (volailles grasses, foies gras...) de novembre à mars, les marchés aux truffes de décembre à mars, les marchés aux fraises entre avril et novembre.
Les principaux marchés sont répertoriés ci-dessous :

Marchés spéciaux	gras	truffes	cèpes	noix	châtaignes	fraises
Belvès				●		
Bergerac	●					
Brantôme	●					
Brive-la-Gaillarde	●					
Cahors	●					
Excideuil	●	●				
Lalbenque		●				
Martel		●		●		
Montpazier			●			
Montignac				●		
Périgueux	●	●				
Ribérac				●		
Sarlat	●	●		●	●	
Sorges		●				
Thiviers	●					
Vergt	●					●
Villefranche-du-Périgord			●		●	

dans les fermes

Les fermes sont le lieu idéal pour faire les meilleurs achats de produits à déguster dès votre retour. Certaines d'entre elles proposent par ailleurs des visites accompagnées que l'on effectue avec son propre véhicule. Ces visites sont organisées par certains offices de tourisme. Vous pourrez y goûter tous les produits de vos rêves, assister à un gavage ou encore aller sur les traces d'une truffière...

Brantôme – ☎ 05 53 05 80 52 - visites proposées par l'Office de tourisme en juil. et août : merc. apr.-midi - circuit auto-guidé « Fermes et petit patrimoine ».

Pays ribéracois – ☎ 05 53 90 03 10 - visites gratuites proposées par l'Office de tourisme mar. ap.-midi en juil. et août - goûter à la ferme en fin de visite.

Kiosque

OUVRAGES GÉNÉRAUX - TOURISME

Les Couleurs de la Dordogne, S. Gayet, Les Créations du Pélican, 2002.

Le Périgord des jardins, H. Brunaux, A. Devise, Ouest-France, 2002.

Le Périgord, J.-F. Di Meglio, Ouest-France, 1995.

Lot, La Bouriane, Les Éditions du Laquet., coll. « Tourisme et Patrimoine », 1996.

Vallée du Lot et Célé, Les Éditions du Laquet., coll. « Tourisme et Patrimoine », 1993.

Les Causses du Quercy, Les Éditions du Laquet., coll. « Tourisme et Patrimoine », 1995.

Le Quercy blanc, Les Éditions du Laquet., coll. « Tourisme et Patrimoine », 1996.

Le Quercy, M. Binet, J.-L. Aubardier, Ouest-France, 1992.

Brantôme, P. Dubuisson, Ouest-France, 1989.

Rocamadour, Collectif, Ouest-France, 1988.

Sarlat, F. Lasfargue, J.-C. Aubarbier, Ouest-France, 1998.

Cahors, C. Chantraine, Ouest-France, 1995.

ARCHITECTURE - ART - ARCHÉOLOGIE

Les Châteaux du Périgord, M. Binet, J.-L. Bouchard, Ouest-France, 1996.

Sites préhistoriques en Périgord, J.-L. Aubarbier, M. Binet, Ouest-France, 1996.

Les Bastides du Périgord, J.-L. Aubarbier, M. Binet, J.-L. Bouchard, Ouest-France, 1989.

Jazz à Souillac, S. Copans et R. Peyrillou, Les Éditions du Laquet.

HISTOIRE ET CIVILISATION

Le Périgord de Jacquou le Croquant 1800-1850, G. Fayolle, Hachette Littératures, 2002.

Contes de Dordogne*, M. Cosem, Éditions Fanlac, 2002.

Gabariers et bateliers de la Dordogne, J. Reix, Éditions Fanlac.

GASTRONOMIE - NATURE

Recettes traditionnelles du Périgord, J. Leymarie, Ouest-France, 2000.

Recettes du Périgord, C. Duluat et J.-G. Modin, Les Éditions du Laquet.

Recettes du Quercy, C. Duluat et J. Pouget, Les Éditions du Laquet.

Truffes et trufficulture, J.-C. Savignac, J.-M. Olivier, P. Sourzat, Éditions Fanlac.

LITTÉRATURE

Le Déjeuner de Sousceyrac, P. Benoît, Le Livre de Poche.

La Grâce et le Venin, M. Jeury, Le Livre de Poche.

Des grives aux loups, C. Michelet, Pocket.

J'ai choisi la terre, C. Michelet, Pocket.

Contes et histoires du Quercy, E. Pouvillon, Pocket.

Jacquou le Croquant, E. Le Roy, Pocket.

La Rivière Espérance, C. Signol, Pocket.

Adeline en Périgord, C. Signol, Pocket.

Le bonheur à Souillac, D. Tillinac, La Petite Vermillon.

S. Sauvignier/MICHELIN

Collonges-la-Rouge : le tympan de l'église.

LOISIRS SPORTIFS

Balades Périgord/Dordogne, Collectif, Les Créations du Pélican, 2000.

Les Plus Belles Balades autour de Brive, M.-F. Couppey, B. Barbarin, Perrier, Les Créations du Pélican, 1996.

Balades Cahors - Montauban, M.-F. Couppey et B. Barbarin, Les Créations du Pélican, 1996.

Le Lot, promenades et randonnées, Les Éditions du Laquet, 2001.

Cinéma

Le Périgord est un décor de choix, et le septième art ne s'y est pas trompé. Y ont été tournés :

Le Pacte des loups (2001) de Christophe Gans, avec Samuel Le Bihan, Émilie Dequenne, Vincent Cassel, Monica Belluci : à Jumilhac-le-Grand et Puyguilhem (Dordogne).

Jeanne d'Arc (2000) de Luc Besson, avec Milla Jovovich, Dustin Hoffman, John Malkovich : au château de Beynac (Dordogne).

Château de Hautefort.

J.-P. Clapham/MICHELIN

La Rivière Espérance (1995), de Josée Dayan, avec Manuel Blanc, J.-C. Drouot et Claire Nebout : à Carennac (Lot).

La Fille de d'Artagnan (1994) de Bertrand Tavernier, avec Philippe Noiret et Sophie Marceau : au château de Beynac et à Sarlat (Dordogne).

Les Bois noirs (1989) de Jacques Deray, avec Béatrice Dalle et Stéphane Freiss : à Clermont-de-Beauregard et St-Martin-des-Combes (Dordogne).

Périgord noir (1989) de Nicolas Ribowski, avec Roland Giraud, Jean Carmet et Odette Laure : à Sarlat (Dordogne).

Champ d'honneur (1987) de J. P. Denis, avec Cris Campion et Pascale Rocard : à Périgueux, St-Astier, St-Aulaye et St-Léon-sur-l'Isle (Dordogne).

Plenty (1985) de Fred Schepisi avec Meryl Streep et Sam Neill : à Hautefort (Dordogne).

La Palombière (1983) de J.-P. Denis avec J.-C. Bourbault et Christiane Millet : à St-Léon-sur-l'Isle (Dordogne).

Les Misérables (1982) de Robert Hossein, avec Lino Ventura, Michel Bouquet, Évelyne Bouix et Jean Carmet : à Monpazier, Sarlat et Sireuil (Dordogne).

Elle voit des nains partout (1981) de J.-C. Sussfeld, avec Zabou et Christian Clavier : à Sarlat (Dordogne).

Histoire d'Adrien (1980) de J.-P. Denis, avec Bernard Sautereau et Serge Dieuaide : à St-Léon-sur-l'Isle (Dordogne).

Duellistes (1977) de Ridley Scott, avec K. Carradine, H. Keitel : à Sarlat et Sireuil (Dordogne).

Le Vieux Fusil (1975) de Robert Enrico, avec Philippe Noiret et Romy Schneider : au château de Bruniquel (Tarn-et-Garonne).

Collinot Trousse-Chemise (1974) de Nina Companeez, avec Brigitte Bardot et Francis Huster : à Sarlat (Dordogne).

Le Boucher (1970) de Claude Chabrol, avec Jean Yanne et Stéphane Audran : à Trémolat (Dordogne).

Le Tatoué (1968) de Denys de La Patellière, avec Jean Gabin et Louis de Funès : à Domme et Sarlat (Dordogne).

Le Capitan (1960) d'André Hunebelle, avec Jean Marais et Bourvil : à Biron, Hautefort et Monpazier (Dordogne).

Le Destin exécrable de Guillemette Babin (1949) de G. Radot, avec Jean Davy et Héléna Bossis : à Sarlat et à Castelnaud (Dordogne).

Vautrin (1943) de Pierre Billon, avec Michel Simon et Madeleine Sologne : à Sarlat et à Castelnaud (Dordogne).

Pontcarral, colonel d'empire (1942) de Jean Delannoy, avec Pierre Blanchard et Simone Valère : à Sarlat (Dordogne).

Calendrier festif

De nombreuses associations adhèrent à la Fédération française des fêtes et spectacles historiques. Un guide est disponible sur le site www.loriflamme.com

festivals

D'avril à décembre

L'aura des Arts : musique sacrée (des Rameaux à Noël). ☎ 05 55 84 24 74. www.lauradesarts.org — **Aubazine**

Juillet

Les chemins de l'Imaginaire (2e sem.), spectacles de rue. ☎ 05 53 50 13 80. — **Terrasson-Lavilledieu**

Festival de Blues (mi-juil.). ☎ 05 65 35 99 99. www.cahors.bluesfestival.free.fr — **Cahors**

Assier dans tous ses états (mi-juil.) : théâtre, musiques. ☎ 05 65 40 42 42. — **Assier**

Festival de Jazz « Sim Copans » (3e sem. du mois). ☎ 05 65 37 81 56. www.souillacenjazz.net — **Souillac**

Festival de musique de chambre (3e sem. du mois). ☎ 05 65 41 20 06. — **Gourdon**

Festival Danse et musique du monde (dernière sem. du mois). ☎ 05 53 50 14 00. — **Montignac**

Festival Musique et Paroles en Ribéracois (fin du mois). ☎ 05 53 92 52 30. — **Ribérac**

Juillet-août

Festival de la Vézère : manifestations diverses dans des lieux du patrimoine (églises de village, cathédrale, château du Saillant...). ☎ 05 55 23 25 09. www.festival-vezere.com — **Brive-la-Gaillarde**

La truffe de Périgueux : concours de la jeune chanson française (jeudi). ☎ 05 53 08 69 81. — **Périgueux**

Concerts de musique classique, théâtre et musiques du monde. ☎ 05 55 25 21 01. — **St-Robert**

Festival des jeux du théâtre de Sarlat (de mi-juil. à déb. août). ☎ 05 53 31 10 83. www.festival-theatre-sarlat.com
Sarlat

Festival du pays d'Ans en Périgord noir (de mi-juil. à déb. août) : musique classique, jazz, théâtre. ☎ 05 53 51 13 63.
Tourtoirac, Badefols, Hautefort

Festival de la chanson (déb. août). ☎ 05 53 28 67 00.
Domme

Festival du Quercy blanc (de fin juil. à mi-août) : musique de chambre. ☎ 05 65 31 83 12.
Cahors, Castelnau, Lauzerte, Montratier, Montcuq

Festival de St-Céré (de fin juil. à mi-août) : opéras, théâtre musical, concerts... ☎ 05 65 38 29 08. www.festival-saint-cere.com
St-Céré

L'été musical en Bergerac (de fin juil. à mi-août) : musique classique, jazz, ballets. ☎ 05 53 74 30 94.
Bergerac, château de Biron, abbaye de Cadouin, Monpazier, abbaye de St-Avit-Sénieur

Août

Festival musical du Périgord noir. ☎ 05 53 51 95 17.
St-Léon-sur-Vézère, Montignac, St-Amand-de-Coly

Les Nuits de Lauzerte (1er ven. et sam) : festival pluri-artistique. ☎ 05 63 94 61 94. www.lesnuits.quercy-blanc.net
Lauzerte

Rencontres de violoncelles (1re sem.). ☎ 05 65 29 18 75.
Belaye

Festival de théâtre (1re sem.). ☎ 05 53 71 17 17.
Château de Bonaguil

Musique en Périgord (1re quinzaine). ☎ 06 07 97 01 23.
Audrix, Le Bugue, Les Eyzies-de-Tayac, St-Cyprien

Orchestrades universelles (mi-août). ☎ 05 55 92 39 39. www.orchestrades.com
Brive-la-Gaillarde

Août-septembre

Sinfonia en Périgord (de fin août à déb. sept.) : festival de musique baroque. ☎ 05 53 04 78 78.
Périgueux, Brantôme, Chancelade

Novembre

Salon international du Livre gourmand (les années paires) : 3 jours de conférences, d'expositions autour des arts de la table, rencontres d'éditeurs, écrivains et grands chefs. ☎ 05 53 05 94 60.
Périgueux

foires

Janvier

Foire des Rois (janv. et fév.).
Brive-la-Gaillarde

Foire des Rois (mercredi le plus proche du 6).
Périgueux

Foire des Rois (2e sam.).
Thiviers

Avril

Foire aux chèvres (dim. après la St-Georges).
Aubazine

Mai

Foire à la latière (30 avril-1er mai). ☎ 05 53 90 81 33.
St-Aulaye

J.-F. Amelot

Illumination du château du Saillant, lors du festival de la Vézère.

S. Sauvignier/MICHELIN

Casser des noix : tout un savoir-faire à redécouvrir.

Pentecôte

Fête des fromages fermiers (dim.). ☏ 05 65 33 22 00. **Rocamadour**

Marché des tisserands : le dernier en France (w.-end). **Varaignes**

Juillet

Foire à la laine (fin du mois). **Martel**

Août

Foire aux vins et aux produits régionaux (les 14-15). **Duravel**

Fête du melon (le 15). **Belfort-du-Quercy**

Septembre

Foire à la latière (2e w.-end). ☏ 05 53 90 81 33. **St-Aulaye**

Novembre

Foire du livre (début du mois) : sous la halle Georges-Brassens. **Brive-la-Gaillarde**

Foire aux dindons (le 11). **Varaignes**

fêtes traditionnelles

Dimanche de Pentecôte

Fête de la Ringueta : jeux traditionnels (les années paires). ☏ 05 53 31 45 45. **Sarlat**

Juin

Fête de la Saint-Clair (1er w.-end) : fêtes folkloriques, bal et feu d'artifice. **Domme**

Juillet

La Félibrée (1er dim.) : fête de la langue et de la civilisation occitanes. Chaque année, une ville différente du Périgord accueille cette fête. ☏ 05 53 09 57 64. **Périgord**

Fête du livre (dernier dim.) : ateliers liés aux métiers du livre, dédicaces, bouquinistes. ☏ 05 53 22 68 59. www.pays-des-bastides.com **Monpazier**

Août

Fête du couteau (1er w.-end). ☏ 05 53 56 25 50. www.pays-nontronnais.com **Nontron**

Les Médiévales de Gourdon (1er w.-end et lun.) : animations de rues. ☏ 05 65 27 52 50. **Gourdon**

Fête de l'Assomption : procession aux flambeaux (le 14 au soir). **Rocamadour**

Messe de St-Hubert, avec trompes de chasse (15 août). ☏ 05 53 51 04 56. **St-Amand-de-Coly**

Septembre

Pèlerinage annuel. **Rocamadour**

Grotte de Pech-Merle.

R. Delon/CASTELET, mairie de Cabrerets

Invitation au voyage

Paysage verdoyant de la vallée du Lot.

Une terre plurielle, une terre féconde

Jules Verne vous a fait rêver avec ses voyages au centre de la Terre, vous aimez l'histoire avec un grand « H », les paysages façonnés par la lente érosion de l'eau, les petites églises nichées au cœur de vallons verdoyants ? En Périgord et en Quercy, plusieurs millénaires d'humanité s'égrènent au cœur d'un paysage de causses ponctués de grottes et de gouffres, et de vallées profondes décrivant de larges méandres.

S. Sauvignier/MICHELIN

Noix.

S. Sauvignier/MICHELIN

Châtaignes.

S. Sauvignier/MICHELIN

Séchage de feuilles de tabac.

Les quatre couleurs du Périgord

C'est au pluriel qu'il faut parler du Périgord tant la région présente de paysages variés, tant la nature s'est plu ici à brouiller les cartes. Point de vastes plaines, ni de grands plateaux, mais une mosaïque de pays individualisés.

Le Périgord vert

De Nontron à Excideuil, le Périgord vert (nom que l'on doit à Jules Verne) reste le domaine d'une polyculture soignée, colorée par les carrés de tournesols, qui annoncent déjà le Limousin. Symbole de cette parenté, la création d'un **Parc naturel régional Périgord-Limousin**. Mareuil, Jumilhac-le-Grand, Bussière-Badil, Varaignes : la poignée de cités jalonnant cette marche verdoyante du Massif Central associe la petite industrie (charentaises, couteaux de Nontron) à la commercialisation de la production agricole.

Prolongement de la Saintonge, le **val de Dronne** correspond au Ribéracois, grenier à blé du Périgord, et au Brantômois. Au gré du cheminement de la rivière se succèdent vallons verdoyants et plateaux calcaires aux sols blanc et gris. Aux importantes cultures céréalières s'ajoutent l'élevage des vaches laitières et celui des veaux blancs. Ribérac, capitale de la région, est un important marché agricole.

S. Sauvignier/MICHELIN

Le Périgord blanc

Autour de Périgueux, les paysages de collines et de coteaux présentent des prairies entrecoupées de taillis de chênes et de châtaigniers. Cette région est traversée par les rivières de Beauronne et de Vern. La **vallée de l'Isle**, la plus importante, est jalonnée de petites villes à vocation industrielle ; les terrains alluviaux se partagent entre la prairie temporaire, le maïs, le tabac et le noyer.
Au Sud de Périgueux, les sables riches en minerais de fer qui recouvrent le calcaire s'avèrent un terrain de choix pour la culture de la fraise dont le gros bourg de Vergt se dit la capitale. Au Nord-Est de la ville, le Périgord central vient buter sur le causse périgourdin. Ce bloc de calcaire jurassique, taillé par les vallées de l'Isle, de l'**Auvézère** et de la Loue, présente une végétation maigrichonne, caractéristique des causses. C'est au pied des chênes rabougris qui le parsèment que l'on trouve la truffe la plus parfumée.
La Double, entre le val de Dronne et la vallée de l'Isle, présente de vastes forêts de chênes pédonculés, de châtaigniers et de pins maritimes qui se sont constituées sur les dépôts sableux provenant du Massif Central. Autrefois très insalubre, cette région ponctuée d'étangs est aujourd'hui exploitée pour le bois et le gibier. Au Sud de l'Isle, le **Landais**, moins sauvage, est recouvert d'une forêt de pins maritimes et sur ses limites, de vignobles et de prairies.

Le Périgord pourpre

Autour de Bergerac, plusieurs entités se dessinent, profitant chacune d'un climat très doux propice aux cultures méridionales : dans la vallée de la Dordogne, particulièrement large à cet endroit, des parcelles produisent du tabac, du maïs et du tournesol grâce à la fertilité des alluvions ; à l'Ouest du **Bergeracois** domine l'arboriculture, alors que sur les coteaux s'étendent les vignobles de Bergerac et de Monbazillac. Au Sud, des petits terrains vallonnés et coupés de massifs forestiers sont voués aux céréales et au prunier d'ente (c'est-à-dire greffé).

Périgord noir

Découpé au quaternaire par les vallées de la Vézère et de la Dordogne, il doit son nom au taux de boisement très élevé et à la présence largement répandue du chêne vert ou yeuse, au feuillage dense, sombre et persistant, très abondant dans le **Sarladais**. Sur le limon des vallées, les cultures sont variées : blé, maïs, tabac, noyers. Les marchés prospères proposent des noix excellentes, des champignons, des truffes et des foies gras.

Bassin de Brive

Coincée entre le plateau d'Uzerche et les corniches calcaires des causses du Quercy, la dépression de Brive est drainée par les eaux de la Corrèze et de la Vézère. Les vallons coupés de peupliers, les pentes douces des collines bien exposées portent de riches cultures fruitières. Au Sud s'étend le causse corrézien où s'égrènent truffières, élevages d'oies à gaver et parcs à agneaux.

S. Sauvignier/MICHELIN

Cerneaux de noix.

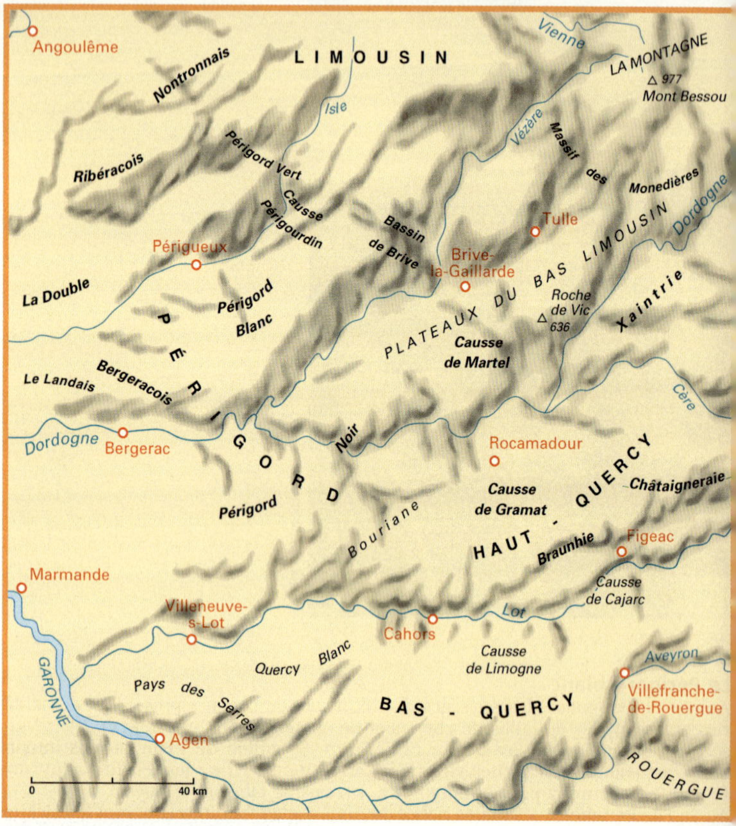

Causses et vallées du Quercy

Né il y a 260 millions d'années de dépôts de sédiments marins, le Quercy appuie ses vastes étendues calcaires au flanc Sud-Ouest du Massif Central. Loin de la monotonie des étendues languedociennes, le causse quercynois est une terre à la végétation clairsemée où l'eau n'est jamais loin, travaillant sans relâche la roche qui affleure à tous endroits.

Plus que d'un causse, il convient de parler des causses, tant les nuances sont nombreuses entre le bassin de Brive au Nord et les gorges de l'Aveyron au Sud. Les causses sont à présent regroupés sous l'appellation de « Parc naturel régional des Causses du Quercy ».

Les causses de Gramat, Martel et Limogne

Entaillées de vallées sèches, les « combes » sont le domaine du genévrier, du chêne, de l'aubépine, du caroubier et... des brebis aux yeux cerclés de taches noires, qui paissent au milieu d'enclos de pierre sèche. Ce mouton caussenard, dit « à lunettes », est apprécié pour sa laine et pour la délicatesse de sa chair très peu enrobée de graisse. Les agnelles et les jeunes béliers font l'objet d'une sélection très rigoureuse.

Au Nord du Quercy, coincé entre le Limousin et la vallée de la Dordogne, le **causse de Martel**, du nom de sa principale localité, est plus riche que ses voisins en vallées sèches et en cultures.

Entre les vallées de la Dordogne et du Célé s'étend le **causse de Gramat**. Cet énorme bloc de calcaire est entaillé de magnifiques gorges, tour à tour vallées sèches qui accueillent un vert ruban de prairies, ou vallées « actives » comme les canyons de l'Ouysse et de l'Alzou aux falaises duquel s'accroche Rocamadour. Entre les étroites coupures de l'Alzou et du Célé s'étend la Braunhie (prononcer « Brogne »), région aride criblée de gouffres et de grottes.

S. Sauvignier/MICHELIN

Le bonheur des oies est dans le pré...

Plus au Sud, le **causse de Cajarc**, de faible étendue, est enserré par les rives du Célé et du Lot dont les méandres serpentent parmi de riches cultures.
Le **causse de Limogne**, bordé par le Lot au Nord, est parsemé de champs de lavande et, expression du renouveau d'une activité ancestrale, de safran, assiégés par les taillis de chênes blancs. Ici et là, des gariottes construites en bordure d'anciennes vignes servent d'abri aux bergers. Deux gros bourgs, Limogne-en-Quercy et Lalbenque, se sont implantés sur ce causse essentiellement rural et constituent encore aujourd'hui des marchés agricoles actifs.
Enfin, le **causse de Caylus** que la présence d'un camp militaire rendit longtemps inaccessible. Son habitat présente déjà quelques influences méditerranéennes, en particulier avec ses toits de tuiles canal.

Les vallées

S'encaissant dans les calcaires durs, les rivières descendues du Massif Central ont creusé patiemment leur vallée, dessinant des méandres qui s'élargissent vers l'aval pour devenir d'amples cingles. Ces vallées de la Dordogne, du Célé, du Lot sont le domaine du maïs, de la vigne avec le vignoble de Cahors dans la vallée du Lot, et des arbres fruitiers.
Les villes s'y sont installées : Souillac dans la vallée de la Dordogne, Figeac dans celle du Célé et Cahors dans un méandre du Lot.

Les Marges du Haut-Quercy

À l'Est, une zone fertile sépare les causses des terrains cristallins du Massif Central. Il s'agit du **Limargue** et du **Terrefort**. Les terrains qui s'étalent en bassins et vastes plaines favorisent les cultures les plus variées : reines-claudes et fraisiers entre Carennac et Saint-Céré, vignes, noyers, tabac voisinant avec de grandes prairies.
Sur ses confins orientaux, le **Haut-Quercy** englobe, prise entre les gorges vertigineuses de la Cère et du Lot, la partie occidentale de la Châtaigneraie, haut pays de terres froides cristallines appartenant au Massif central, domaine du châtaignier et du bouleau. Autour des fermes et hameaux dispersés sur les lourdes croupes, on se consacre à la culture de céréales de printemps, ainsi qu'à l'élevage des porcs et des veaux blancs.

S. Sauvignier/MICHELIN
Stockage du maïs.

À l'Ouest de la N 20, une couverture de sable et d'argile, déposée à l'époque tertiaire, il y a 65 millions d'années, donne naissance à une végétation composée de landes de bruyère, de taillis et de bois : c'est la **Bouriane** et son moutonnement de collines, qui s'apparente plus au Périgord voisin qu'au Quercy. Autour de Gourdon, sa capitale, s'organisent, entre autres activités économiques, l'exploitation de la résine, le commerce du bois, les marchés de châtaignes, de noix et de bestiaux.

Le Quercy blanc

Au Sud-Ouest de Cahors, le causse devient *planhès*, grandes surfaces mamelonnées blanchâtres qui ont valu à cette région le nom de Quercy blanc. Ces plateaux, découpés en lanières (les serres), portent des pâturages à moutons, des bois de chênes et, lorsque le sol devient argileux, de belles cultures. Entre ces serres, les vallées ouvertes dans la molasse sont des couloirs fertiles où les prairies bordées de peupliers produisent fruits, vignes, céréales et tabac.
Les principaux bourgs – Montcuq, Lauzerte, Castelnau-Montratier et Montpezat-de-Quercy – ont trouvé refuge sur des *puechs*, sortes de petits pitons, où ils s'animent les jours de marché.

Grottes et gouffres

Présent aux marches du Périgord où il tranche par son aridité dans un paysage très verdoyant, le causse l'est également dans le Quercy où il déroule à perte de vue ses solitudes pierreuses. Cette sécheresse s'explique par la nature calcaire du sol qui absorbe comme une éponge les eaux de pluie. À cette aridité de surface correspond une intense activité souterraine.

L'infiltration des eaux

Chargées d'acide carbonique, les eaux de pluie dissolvent le carbonate de chaux contenu dans le calcaire. Se forment alors des dépressions généralement circulaires et de dimensions modestes appelées **cloups**, terme local désignant les **dolines**. La dissolution des roches calcaires produit une terre arable propice aux cultures : lorsque les cloups s'agrandissent, ils forment de plus vastes dépressions fermées, les **sotchs**. De la taille des fissures dans les roches calcaires dépend l'importance du travail d'érosion et de corrosion de l'eau de pluie qui s'infiltrera alors plus profondément dans le sol. Affaiblie par ce patient travail de sape, de creusement et de dissolution, la couche calcaire s'effondre, donnant naissance à des puits naturels ou abîmes, que l'on appelle **igues** en Quercy, **edzes** ou **eidges** en Périgord.

Les rivières souterraines

Les eaux d'infiltration finissent par former d'importantes galeries souterraines et se réunissent en rivières à circulation plus ou moins rapide. Parfois chargées de matériaux abrasifs, elles élargissent leur lit et se précipitent en torrents souterrains. Lorsqu'elles s'écoulent lentement, elles forment, en amont, des barrages naturels ou **gours** qui s'édifient peu à peu par les dépôts de carbonate de chaux. Il arrive qu'au-dessus des nappes souterraines la dissolution de la croûte calcaire se poursuive : des blocs se détachent de la voûte, un dôme se forme, dont la partie supérieure se rapproche irrémédiablement de la surface du sol. C'est le cas du Grand Dôme de Padirac que quelques mètres seulement séparent de la surface du causse de Gramat. Lorsque la voûte du dôme devient très mince, un éboulement découvre la cavité et ouvre un **gouffre**.

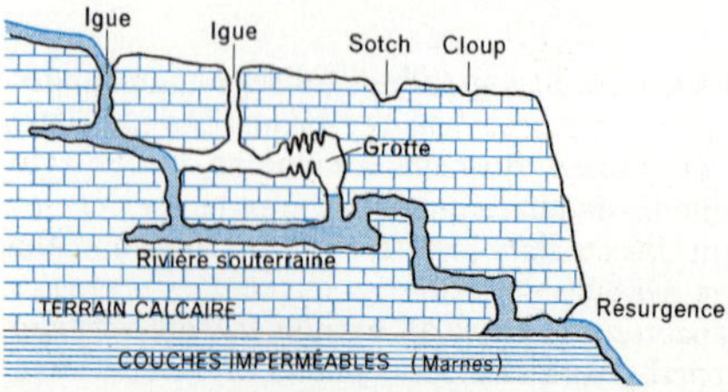

Formation d'une résurgence

Formation des grottes

Au cours de sa circulation dans les fissures et les interstices, l'eau abandonne lentement (à l'échelle géologique, soit des milliers d'années) le calcaire dont elle s'est chargée en pénétrant dans le sol. Elle façonne ainsi de magnifiques concrétions aux formes fantastiques. Dans certaines grottes, le suintement des eaux donne lieu à des dépôts de calcite

Merveilles des grottes de Lacave.

blanchâtre (carbonate de chaux) qui constituent des cônes, des pendeloques, des pyramides, des draperies, dont les représentations les plus connues sont les stalactites, les stalagmites et les excentriques.

Les **stalactites** se forment à la voûte. Chaque gouttelette qui suinte au plafond y dépose, avant de tomber, une partie de la calcite dont elle s'est chargée. Peu à peu s'édifie ainsi la concrétion le long de laquelle d'autres gouttes d'eau viendront couler et déposer leur calcite.

Les **stalagmites** sont des formations de même nature qui s'élèvent du sol vers le plafond. Les gouttes d'eau tombant toujours au même endroit déposent leur calcite qui forme peu à peu un cierge. Celui-ci s'élance à la rencontre d'une stalactite avec laquelle il finira par se réunir pour constituer un **pilier** reliant le sol au plafond. La formation de ces concrétions est extrêmement lente : elle est, actuellement, de l'ordre de 1 cm par siècle sous nos climats.

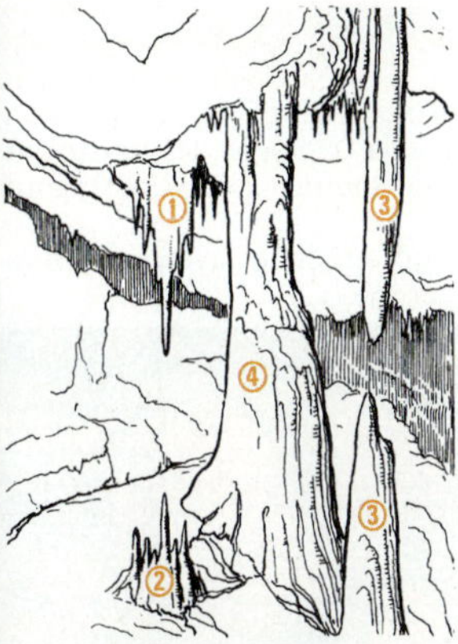

Grotte à concrétions :
① Stalactites ② Stalagmites
③ Colonne en formation
④ Colonne formée

Les **excentriques** sont de fines protubérances en forme d'aiguille, dépassant rarement 20 cm. Elles se développent dans une apparente anarchie sous forme de minces rayons ou d'éventails translucides. Formées par cristallisation, elles n'obéissent pas aux lois classiques de la pesanteur. Beaucoup plus rares mais tout aussi étonnants sont les **disques** (Pech-Merle), dont la forme spectaculaire s'explique aussi par quelques lois physiques de cristallisation.

Les résurgences

Les circulations souterraines s'alimentent soit avec les pertes d'un cours d'eau dans une igue du causse, soit par accumulation des eaux d'infiltration atteignant le niveau des couches imperméables (marnes ou argiles). Elles s'écoulent par conduite forcée ou par gravité, suivant l'inclinaison des couches jusqu'à réapparaître à l'air libre au flanc d'un versant : c'est une résurgence.

Du terroir à la table

« Le meilleur guide de ma santé à table, c'est la volupté que j'éprouve en mangeant », se plaisait à dire Montaigne qui donna à la gastronomie périgourdine le titre de « science de gueule ». La cuisine du Quercy n'est pas en reste, qui propose aussi nombre de plats, tour à tour subtils et copieux. Une bonne table bien garnie, telle semble être la maxime que ces deux gastronomies ont adoptée et sur laquelle elles ont assis leur réputation... Jugez plutôt.

Les fruits de la terre

Le Périgord et le Quercy sont par excellence des pays où l'on mène de front les cultures les plus variées. Trois productions symbolisent cette région : les noix, les fraises et le tabac.

La noix

La noix marbot, variété la plus courante dans le Lot, très précoce, est souvent vendue comme noix fraîche. La noix grandjean, produite dans les régions de Sarlat et de Gourdon, fournit une grande partie des cerneaux (noix vertes tirées de leurs coques) du Périgord et du Quercy. La noix corne est répandue dans la région de Hautefort et sur les meilleurs sols du causse : c'est une noix de qualité mais de petites dimensions ; elle rencontre quelques difficultés de commercialisation. On trouve la noix franquette dans les nouvelles plantations. Ces quatre variétés sont depuis 2002 réunies sous l'AOC Noix du Périgord.

Toutes ces noix, cultivées au Nord du Périgord, dans le Sud de la Corrèze et dans une grande partie du Quercy, sont encore récoltées en abondance bien que leur production tende à décliner.

La fraise, la belle de mars

La Dordogne se classe parmi les premiers départements producteurs de fraises en France. Cultivées d'abord dans les vallées du Lot et de la Dordogne, les fraises ont peu à peu gagné les plateaux de la région de Vergt et de Rouffignac dans le Périgord central.

On cultive les fraisiers sous des bandes de plastique qui strient le paysage de longs rubans argentés au printemps. On laisse ensuite les fruits mûrir sur ces mêmes bandes de plastique avant de les ramasser pour les expédier sur les grands marchés de la région parisienne et du Nord de la France où les fraises du Périgord, pour un bon tiers d'entre elles des gariguettes, sont particulièrement appréciées.

Gariguettes du Périgord.

J. Damase/MICHELIN

Gastronomie et convivialité périgourdines.

Le tabac

Il trouve en Périgord et en Quercy, comme dans tout le Sud-Ouest de la France, des conditions particulièrement favorables à sa culture. Cette plante vigoureuse, importée d'Amérique au 16e s., fut à l'origine utilisée pour ses propriétés médicinales (*voir le musée du Tabac à Bergerac*). Exigeant des soins minutieux et une main-d'œuvre nombreuse, la production du tabac n'en assure pas moins des revenus substantiels pour les exploitations familiales qui s'adonnent à sa culture. Elle se pratique surtout sur les sols alluviaux des vallées de la Dordogne et du Lot et sur les terres limoneuses des replats des collines du Périgord et du Quercy.

Récolte des plants de tabac blond.

A. Cassaigne/MICHELIN

Les variétés traditionnelles, qu'elles soient brunes (destinées à la Seita) ou claires (traitées à l'usine de Sarlat), connaissent un même cycle de production : les semis de graines sélectionnées sont réalisés fin mars ; durant la fin du printemps et l'été ont lieu les travaux de repiquage, de binage, d'étêtage et d'ébourgeonnement. La récolte traditionnelle s'effectue tige par tige, chacune étant couverte de 10 à 12 feuilles atteignant 60 à 90 cm de longueur. Le séchage, d'une durée d'un mois et demi, a lieu dans des hangars aérés, constructions typiques des régions tabacoles. Triées, les feuilles séchées sont acheminées vers les dépôts de la coopérative. Le Lot a la quasi-exclusivité de la production de tabac à priser.

M.-H. Carcanague/MICHELIN

Cèpes du Périgord.

Le marché du tabac – La demande de produits dits de « goût américain », fabriqués à partir du tabac blond, ne cesse de croître. Cette situation a rendu nécessaire la mise en œuvre d'un programme de recherche et de développement de ces variétés de tabac blond (*virginie*) ou clair (*burley*) à l'Institut du tabac de Bergerac.
L'exploitation du *virginie* nécessite des équipements spéciaux (fours de séchage), mais ces variétés sont cependant en constante expansion.
Fort de plusieurs centaines de producteurs, le département de la Dordogne occupe le premier rang en France (environ 15 % de la production française).

Et les autres...

Le tableau ne serait pas complet s'il n'évoquait les melons du Quercy gorgés de soleil, les productions de prunes comme la *reine-claude*, les châtaignes, les cèpes, mais aussi le safran utilisé depuis des millénaires dans le Lot...

Le foie gras s'affiche sur de nombreuses enseignes de boutiques à Sarlat.

Foies, truffes et confits

Voici, dans le désordre, le tiercé gagnant sur lequel le Périgord a assis sa réputation de région gastronomique : des spécialités qui comptent parmi les gloires culinaires de la France.

Les foies gras

Cette spécialité régionale a entraîné un essor de l'élevage des palmipèdes, où les canards, plus rentables, dominent les oies dans les basses-cours du Périgord et du Quercy. Cet élevage, orienté vers la préparation de foies gras et de confits, ne suffit pas à la production locale et doit être complété par l'importation de foies d'Israël ou de Hongrie.

Le gavage – Dès que l'emplumement est suffisant (environ un mois), canards et oies sont élevés en plein air. Pour les préparer au gavage, ils reçoivent une nourriture composée de céréales et de luzerne, favorisant la dilatation de leur système digestif. Après trois mois de pâturage, les volailles sont installées dans des épinettes (cages individuelles) pour une période de claustration de quinze à dix-huit jours. Progressivement suralimentés, les palmipèdes ingurgitent (à l'aide d'une gaveuse pneumatique) de la semoule, puis des grains entiers de maïs, 2 à 3 fois par jour ; pendant ce traitement, un canard recevra de 10 à 15 kg de maïs contre 15 à 20 kg pour l'oie. En fin de gavage, leur foie doit avoir triplé, voire quadruplé, pour atteindre un poids idéal de 450 à 500 g pour un canard et de 800 à 900 g pour une oie.

La préparation – Le foie gras convient bien à la conserve qui se commercialise sous diverses formes, aussi convient-il de bien distinguer l'appellation du produit : un foie gras entier consiste en un ou plusieurs lobes simplement dénervés et assaisonnés, puis stérilisés (la version mi-cuit doit être conservée à +3 °C et consommée rapidement) ; un bloc de foie gras est une reconstitution de fragments de lobe malaxés à très grande vitesse puis émulsionnés par adjonction d'eau. Le foie gras est aussi présenté sous forme de parfait (75 % de foie gras), de mousse, de pâté, de médaillon ou de galantine (50 % de foie gras).

La dégustation – Les foies gras se servent frais (compter 50 g par personne) et se coupent avec un couteau trempé dans l'eau chaude ; ils s'accompagnent volontiers d'un verre de monbazillac.

Foie gras d'oie ou foie gras de canard ? – Tout dépend de la finalité du produit : le foie gras d'oie occupe une place privilégiée dans le cœur des gourmets. Plus cher que le foie de canard, il est apprécié pour ses saveurs délicates, sans préparation de préférence. Quant au second, il aura connu un notable développement, le canard étant plus facile à élever que l'oie. Les connaisseurs se délectent de son goût rustique et de sa facilité à être cuisiné.

Foies gras.

S. Sauvignier/MICHELIN

Les confits

Fond rituel des cuisines périgourdine et quercynoise, le confit était avant tout un procédé qui permettait aux paysans de conserver les différentes parties de l'oie après avoir récupéré les foies gras. Aujourd'hui spécialité gastronomique, les confits sont toujours préparés de manière traditionnelle. Les morceaux découpés sont cuits dans leur graisse pendant trois heures, puis conservés dans des pots de grès, les tupins. Ce

Le marché au gras de Brive s'anime.

S. Sauvignier/MICHELIN

J.-D. Sudres/PHOTONONSTOP

procédé est utilisé pour l'oie, le canard, la dinde et aussi la viande de porc (les confits de porc sont appelés « enchauds »). La graisse d'oie pure remplace le beurre dans la cuisine périgourdine (Curnonsky la disait en conséquence « sans beurre et sans reproche »...) et sert entre autres à faire revenir les pommes de terre sarladaises.

Les truffes

Étrange production du règne végétal, la truffe est un champignon souterrain qui se développe à partir du mycélium, réseau de filaments, autour du noisetier, du tilleul et du chêne.

Elle aime les terrains calcaires secs, une bonne exposition au soleil et des saisons marquées. D'une grande exigence en matière d'éléments nutritifs et d'eau, la truffe monopolise toutes les ressources alentour, si bien qu'en surface la végétation disparaît, décrivant les fameux « ronds de sorcière » ou « brûlés » aux allures dénudées. Elle naît au printemps, se développe pendant tout l'été, parvient à maturité en automne pour être « récoltée » entre les mois de novembre et février. Le caveur, accompagné d'une truie ou d'un chien dressé au cavage, laisse l'animal creuser le sol pour récolter les truffes lorsqu'elles sont mûres et bien parfumées. Une autre technique consiste à repérer l'emplacement de la truffe grâce à une « mouche à truffe » *(Suilla gigantea)* : cherchant un lieu de ponte, celle-ci se pose avec précision à l'endroit où se trouve la truffe.

Il existe une trentaine d'espèces de truffes, mais la plus intéressante est la variété connue sous le nom de « truffe du Périgord » ou, plus exactement, *Tuber melanosporum*.

Les principaux centres de production et de vente en Périgord sont Brantôme, Thiviers, Excideuil, Périgueux, Thenon, Terrasson, Sarlat, Domme, Sorges, et, dans le Quercy, Limogne et surtout Lalbenque.

La truffe, considérée jadis comme une production d'appoint, n'a pas toujours été cet or noir que les « orpailleurs des causses » se disputent aujourd'hui. Il fut même un temps où les vignerons tentaient de l'éloigner de leurs alignements de vignes et creusaient des tranchées autour du vignoble. Un malheur peut avoir des effets secondaires bénéfiques : c'est le phylloxéra qui, en détruisant le vignoble, laissa le champ libre au champignon dont l'explosion de la production ouvrit de nombreux appétits. Délaissée au début du siècle dans la tourmente de la Première Guerre, abandonnée par les nouvelles générations et l'exode rural, la production connaît un déclin régulier depuis plusieurs décennies. Pire, le Périgord n'est plus la première région de production de ce curieux champignon. Des plantations de chênes truffiers entretiennent cependant l'espoir d'améliorer le rendement en ce domaine.

Les truffes : un véritable trésor.

S. Sauvignier/MICHELIN

Comment choisir ses truffes ?

Elles doivent être très fermes au toucher. Si elles suintent quand on les presse, elles ont subi les assauts du froid. Si elles paraissent sèches et légères, elles ont été immodérément exposées au soleil. Si elles n'ont pas d'arôme, elles ne sont pas forcément mauvaises, mais tout simplement pas assez mûres. Inversement, une truffe pourrie exhale une odeur nauséabonde qui ne trompera personne.

J.-D. Sudres/PHOTONONSTOP

Enseigne d'une boutique de vins régionaux.

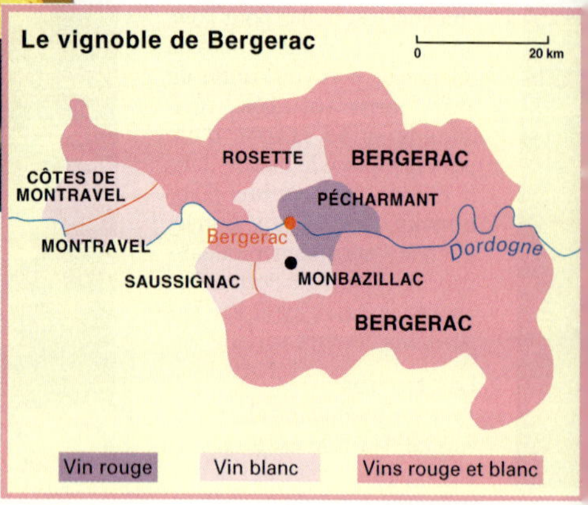

Les vins

Les vignobles de Cahors et de Bergerac, déjà renommés à l'époque gallo-romaine, ont connu de nombreuses vicissitudes, dont la catastrophe du phylloxéra qui a totalement anéanti le vignoble lotois au 19e s. Aujourd'hui, ils retrouvent un nouvel essor et donnent des vins d'appellation d'origine contrôlée de qualité.

Le vignoble de Bergerac

Le vignoble de Bergerac, sur lequel une large part est faite au cépage sauvignon, recouvre près de 13 000 ha répartis sur 90 communes. S'étalant en terrasses au-dessus de la vallée de la Dordogne, il se répartit en plusieurs zones donnant des crus différents : les bergerac et côtes de bergerac, le monbazillac, le montravel et les côtes de montravel, le pécharmant – dont le nom viendrait de Pech Armand –, le saussignac et le rosette.

Les vins blancs secs – Il s'agit des **montravels**, dont le terroir, berceau de Montaigne, est situé à proximité du St-Émilionnais, sur la rive droite de la Dordogne, autour de Vélines, et des **bergeracs**. Aromatiques, veloutés, fins et fruités, ils accompagnent parfaitement fruits de mer et poissons. Montravel et bergerac sont tous deux issus d'un assemblage de cépages sauvignon (essentiellement), sémillon et muscadelle.

Les vins blancs moelleux – Sous cette même désignation cohabitent des vins nuancés très agréables en apéritif, sur les viandes blanches et les fromages forts : les **côtes de bergerac** et **les côtes de montravel** conjuguent fraîcheur et rondeur ; la discrète appellation **rosette** se caractérise par des vins à la robe légèrement paillée ; quant aux **saussignacs**, récoltés aux limites de la « surmaturation », ils présentent une grande élégance.

Les vins blancs liquoreux – Le **monbazillac** occupe une place à part. Doré, onctueux, parfumé, ce vin se sert en apéritif ou avec le foie gras, les viandes blanches, poissons en sauce et les desserts. Issu de trois cépages (sémillon, sauvignon, muscadelle), il doit son bouquet particulier à la pourriture noble qui réduit l'acidité du raisin. Le procédé date de la Renaissance : la vendange (« tries ») s'effectue comme pour le sauternes en plusieurs fois ; on ne récolte à chaque passage que les grains parvenus à l'état souhaité. Le monbazillac acquiert toute sa saveur après deux ou trois années et peut se conserver trente ans. Son terroir s'étend sur 2 700 ha et cinq communes : Pomport, Rouffignac, Colombier, St-Laurent-des-Vignes et Monbazillac.

Les vins rouges – Les **bergeracs**, souples et fruités, se consomment jeunes (deux ou trois ans après la récolte), tandis que les **côtes de bergerac**, plus structurés, sont des vins de garde. Le **pécharmant**, excellent vin corsé et généreux, n'acquiert toutes ses qualités qu'après un long vieillissement. Ce dernier accompagnera idéalement un gibier en sauce ou un carré de bœuf.

Les vins rosés – Seul le **bergerac** se décline en rosé. Récemment développé pour satisfaire une demande croissante, ce vin complète une gamme de vins d'appellation déjà très diversifiée. Issu de vinifications courtes, il se distingue par sa fraîcheur et sa vivacité. À découvrir...

Le vignoble de Cahors

Fort célèbres au Moyen Âge, les vins de Cahors, transportés par gabares jusqu'à Bordeaux, puis par navires vers les différentes capitales d'Europe, étaient très recherchés. On raconte aussi que le roi François Ier aurait exigé d'en faire trans-

Vieux crus de monbazillac et eau de vie La Vieille Prune, de Souillac.

J. Damase/MICHELIN

S. Sauvignier/MICHELIN

Avant le vin, le raisin !

planter des ceps au château de Fontainebleau. Mais, en 1868, le vignoble, alors en pleine prospérité, fut complètement détruit par le phylloxéra. Le sol fut laissé à l'abandon et les viticulteurs émigrèrent. Après la Seconde Guerre mondiale, il fut décidé de reconstituer le vignoble de Cahors essentiellement avec le cot noir (cépage rouge – connu aussi sous le nom d'auxerrois), sur les versants ensoleillés de la vallée du Lot entre Cahors et Fumel. La véritable renaissance de ce vignoble eut lieu dans la décennie 1960-1970 et s'est poursuivie depuis. D'une superficie de 208 ha en 1962, l'aire de production est à présent limitée et s'étend sur 5 500 ha. Le vignoble s'asseoit sur deux terroirs : la vallée du Lot où les terrasses sont constituées de sous-sols calcaires enrichis d'alluvions, et le causse calcaire, composé de pierrailles argileuses et marneuses.

J. Damase/MICHELIN

Vignoble de Cahors.

Le cahors est un vin « noir », très tannique, ample en bouche, au goût corsé. Le vin du plateau est plus tonique et plus rude que celui de la vallée. La classification en AOC fut attribuée en 1971.

Un vin de Cahors jeune (à partir de trois ans) accompagnera avantageusement viandes en sauce, foie gras et charcuteries. Un vin plus vieux (une dizaine d'années), aux arômes plus subtils et raffinés, se mariera avec les viandes rouges aux cèpes, les truffes, les gibiers et le fromage.

Entre Cahors et Montauban, s'étend sur 400 ha le vignoble des **coteaux du Quercy**. Bénéficiant d'une appellation VDQS, ces rouges en majorité se boivent jeunes (entre 2 et 5 ans) ; les rosées s'apprécient dans l'année.

Liqueurs et eaux-de-vie

Dans la région, on ne fait pas pousser que de la vigne ! Prunes, noix, genièvre, noisettes sauvages, châtaignes, framboises, mais aussi... truffes sont, depuis des générations, le centre d'intérêt de liquoristes et autres brûleurs de crus locaux comme la famille Roque, originaire de Sarlat et installée à Souillac depuis le début du siècle. Un travail scrupuleux pour respecter la tradition familiale, une sélection des fruits en fonction de leurs qualités et de leur provenance, un vieillissement en barriques et voilà la vieille prune, le fleuron de la maison qui titre à 42 % volume d'alcool, devenue ni plus ni moins l'un des symboles gastronomiques du Quercy.

S. Sauvignier/MICHELIN

Liqueur de noix.

Omelette aux truffes.

La cuisine par le menu

Comment peut-on passer ici à côté de la gastronomie, alors que presque chaque ville et chaque village du Périgord comme du Quercy possède son marché au gras ? Quand, n'en déplaise aux Lyonnais et aux Bourguignons, dans l'esprit des Français, gastronomie rime avec Périgord ? Talleyrand, fort de ses attaches périgourdines, n'a-t-il pas gagné ses plus rudes batailles diplomatiques autour d'une table somptueusement servie faisant du pâté truffé et du monbazillac ses plus sûrs alliés ? De nos jours, Périgord rime avec art de vivre, fumets délicats et produits du terroir : ces truffes, cèpes, noix et surtout oies, canards et porcs qui font la fierté des fermes du pays.

La soupe

Le repas commence immanquablement par le traditionnel **tourin** quercynois, soupe à l'ail ou à l'oignon, à la graisse d'oie saupoudrée d'une cuillère de farine et généralement liée au jaune d'œuf, enrichie d'oseille ou de tomate.

Les entrées

Puis vient le foie gras ou le pâté de foie ou de perdrix, le gésier de canard en salade, l'omelette aux cèpes ou à la truffe. Cette dernière, considérée par le gastronome Curnonsky comme « l'âme parfumée du Périgord » ponctue tous les plats de ses larges taches sombres et règne sur les foies gras, les pâtés, les volailles, les ballottines et les galantines. Elle embellit tout ce qu'elle touche grâce à son arôme qui imprègne les aliments. Ne dit-on pas que le secret d'une bonne brouillade aux truffes consiste à enfermer œufs et truffe dans une boîte hermétique le temps que les puissants arômes du champignon traversent la coquille ?

Haricots blancs à la périgourdine.

Mais elle ne peut donner toute satisfaction au gastronome que si elle est proposée fraîche ou en très bonne conserve artisanale. Elle peut alors se consommer en salade, ou encore, luxe suprême, entière, seulement cuite sous la cendre.

Les plats de résistance

Bien sûr, il n'y a pas d'œufs sans volatiles. Les **volailles** constituent une des bases de la gastronomie périgourdine et quercynoise. Incontournable, le confit d'oie aux pommes sarladaises – pommes de terre sautées à cru, à la graisse d'oie, saupoudrées d'un hachis d'ail et de persil – mais aussi, le magret de canard aux

Soupe au petit salé.

Le tourin ségalain

Dans une sauteuse, faire revenir 80 g de lard finement coupé. Ajouter 3 oignons émincés, 2 tomates pelées et concassées. Laisser mijoter quelques instants, puis mélanger 20 g de farine. Cuire 5mn, déglacer avec 10 cl de vin blanc et laisser réduire. Verser ensuite 1 l de bouillon de volaille. Saler, poivrer ; ajouter du thym et du laurier. Laisser mijoter 45mn à feu doux, à couvert. Servir en soupière.

cèpes ou aux morilles, la poularde en estouffade... Les **sauces** les plus fréquemment employées sont la « rouilleuse », qui accompagne et colore la fricassée de volaille, et la sauce Périgueux, sauce Madère mijotée à partir de carcasses de ces mêmes volailles, à laquelle on incorpore des truffes bien fraîches.

Le Quercy résonne du bêlement des **moutons** de race caussenarde dont les producteurs ont adhéré au label « Païs Midi-Pyrénées » (Label rouge depuis 1991), garantissant des agneaux élevés sous leur mère, et non en batterie. Résultat : une viande tendre et goûteuse, légèrement teintée de rouge, et tour à tour fondante ou croustillante selon le mode de cuisson. Les recettes ne manquent pas : épaule farcie, rouelles de gigot fermier à la persillade, ris d'agneau aux cèpes, daube au vin de Cahors...

Les **poissons**, ne sont pas en reste : le sandre est accommodé à l'oseille, les écrevisses en soupe, le saumon au foie et aux cèpes... Curieusement, le poisson accompagne souvent le porc comme dans la préparation du brochet aux lardons ou de la carpe au confit.

La **farce** est fréquemment utilisée dans la cuisine locale : onctueuse et relevée, parsemée de foie et de truffes, elle garnit les volailles – comme le fameux cou d'oie farci – le gibier, et les cochons de lait. Les **huiles** jouent aussi un rôle important dans les préparations culinaires du Périgord et du Quercy. Tout particulièrement l'huile de noix, toujours fabriquée à l'ancienne dans de magnifiques moulins : une grosse meule de pierre réduit les cerneaux en une pâte mise à chauffer au four à bois. Enveloppée dans une toile, cette pâte est ensuite pressée. Les résidus, appelés « tourteaux », serviront d'appât aux pêcheurs. L'huile très parfumée sera alors coupée avec une huile moins aromatique pour pouvoir servir d'assaisonnement.

Le fromage

Nul n'ignore l'existence du cabécou, petit fromage de chèvre emblématique du Quercy qui se décline aussi sur la table de différentes façons : pané ou rôti sur un lit de salade, nappé de miel, ou tout simplement frais, de préférence crémeux, c'est-à-dire après neuf jours d'affinage. Ceux qui apprécient les arômes plus puissants le choisiront sec.

Ce petit palet affiche depuis 1996 une AOC sous le nom de « rocamadour », s'imposant ainsi dans le cercle très fermé des fromages protégés des terroirs de France.

Les desserts

Les desserts de la région sont tout aussi généreux que les autres préparations, avec les gâteaux ou les tartes aux noix, les tourtières aux pruneaux, mais surtout, le pastis. Loin de celui de Marseille, le pastis du Quercy, croustillant et parfumé, se mange à pleine bouche. Rappelant pour certains la pastilla marocaine, ce dessert feuilleté se gorge de beurre et de pommes marinées dans le rhum et l'eau de fleur d'oranger.

Les digestifs

Le **vin de noix** reste un digestif très apprécié. On l'élabore à partir des noix de juillet, cueillies encore vertes et mises en macération dans du bon vin et un doigt d'eau-de-vie. Au bout de trois mois, le jus obtenu est filtré.

Tourte aux pruneaux.

De Lascaux à Pech-Merle

La richesse et la diversité des sites souterrains du Périgord et du Quercy ont fait la réputation de la région. Habitués que nous sommes à l'échelle de l'histoire chrétienne, le dépaysement est ici total : se côtoient, dans un même foisonnement de cavernes, l'œuvre patiente de Dame Nature, mesurable en millions d'années, et celle de nos lointains et habiles ancêtres, il y a « quelques » dizaines de millénaires...

Le grand taureau noir de Lascaux

L'évolution du genre humain au cours de la préhistoire

L'ère quaternaire, dans laquelle nous vivons encore actuellement, commence vers -1,8 million d'années. Elle est caractérisée par une grande instabilité climatique où des phases glaciaires alternent avec des phases plus clémentes, par l'apparition de la faune animale moderne et, surtout, par le développement du genre humain né à la fin de l'ère tertiaire. C'est au cours du quaternaire que se déroulent les principales étapes de la préhistoire en Périgord et en Quercy.

L'apparition de l'homme

L'homme est né en Afrique de l'Est, aux alentours de la région des Grands Lacs et de la vallée du Rift, vers -4 millions d'années (voire plus), vraisemblablement à partir d'une espèce d'australopithèque, dont les chercheurs discutent encore pour savoir laquelle.

L'arrivée de l'homme en Europe

De plus en plus de spécialistes admettent que le continent européen est « colonisé » en plusieurs fois : les plus anciennes traces dont on soit sûr remontent à -1,8 million d'années, découvertes en Géorgie pour les premières, sur le site de Dmanisi, puis en Espagne, à Atapuerca, Gran Dolina, vers -780 000 ans. Une dernière vague de peuplement, située vers -500 000 ans, apporterait à l'Europe la domestication du feu (Menez-Dregan, en Bretagne, Terra Amata, dans le Var) et la taille du biface (acheuléen). Cette ultime colonisation aurait évolué sur place, pour donner l'homme de Neandertal, il y a de cela environ -100 000 ans.

Crâne de l'homme de Neandertal.

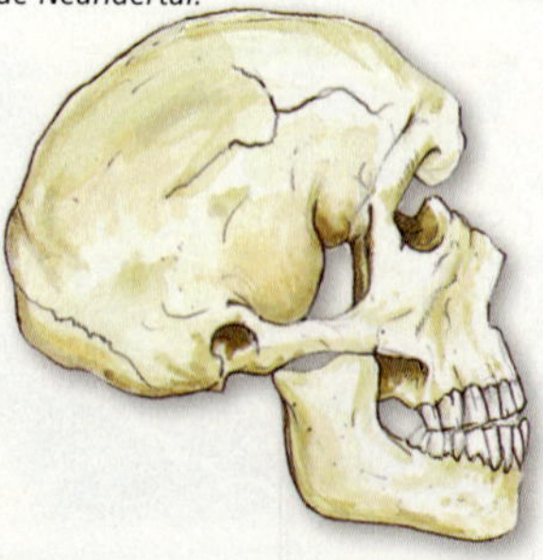

R. Corbel/MICHELIN

L'homme de Neandertal

Cet homme fait montre d'une certaine spiritualité : il enterre ses morts (comme le confirment les sites périgourdins de **La Ferrassie**, **du Moustier** et **du Regourdou**), collectionne les fossiles, les belles pierres et, peut-être, s'essaie à des œuvres d'art encore très frustes (les cupules de **La Ferrassie**). Ses outils sont malgré tout très élaborés, apportant quelques nuances sur les jugements portés à son encontre : bien qu'il ait eu à subir des phases de refroidissement du climat très intenses, cet homme n'est certainement pas la bête brute que certains voudraient voir en lui !

M. Ruspoli/Centre des Monuments Nationaux

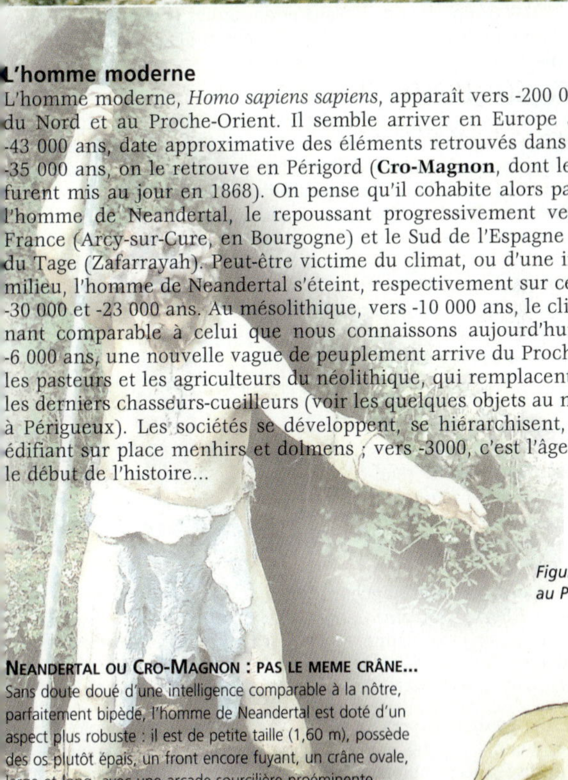

L'homme moderne

L'homme moderne, *Homo sapiens sapiens*, apparaît vers -200 000 ans en Afrique du Nord et au Proche-Orient. Il semble arriver en Europe au plus tard vers -43 000 ans, date approximative des éléments retrouvés dans les Balkans. Vers -35 000 ans, on le retrouve en Périgord (**Cro-Magnon**, dont les premiers restes furent mis au jour en 1868). On pense qu'il cohabite alors pacifiquement avec l'homme de Neandertal, le repoussant progressivement vers le Nord de la France (Arcy-sur-Cure, en Bourgogne) et le Sud de l'Espagne au-delà du fleuve du Tage (Zafarrayah). Peut-être victime du climat, ou d'une inadaptation à son milieu, l'homme de Neandertal s'éteint, respectivement sur ces deux sites, vers -30 000 et -23 000 ans. Au mésolithique, vers -10 000 ans, le climat évolue, devenant comparable à celui que nous connaissons aujourd'hui. Plus tard, vers -6 000 ans, une nouvelle vague de peuplement arrive du Proche-Orient ; ce sont les pasteurs et les agriculteurs du néolithique, qui remplacent progressivement les derniers chasseurs-cueilleurs (voir les quelques objets au musée du Périgord à Périgueux). Les sociétés se développent, se hiérarchisent, se sédentarisent, édifiant sur place menhirs et dolmens ; vers -3000, c'est l'âge des métaux, puis le début de l'histoire...

Figure de nos ancêtres, au Préhistoparc de Tursac.

Neandertal ou Cro-Magnon : pas le meme crâne...

Sans doute doué d'une intelligence comparable à la nôtre, parfaitement bipède, l'homme de Neandertal est doté d'un aspect plus robuste : il est de petite taille (1,60 m), possède des os plutôt épais, un front encore fuyant, un crâne ovale, large et long, avec une arcade sourcilière proéminente et un fort développement des sinus frontaux. Ces caractéristiques physiques sont peut-être à mettre en rapport avec ses dures conditions d'existence (périodes glaciaires). L'homme moderne, qui vient d'Afrique, pays sensiblement plus chaud, dispose d'une anatomie plus gracile : son crâne est plus haut et la réduction de sa mandibule a fait saillir un menton (à l'image du crâne de Néandertalien de **La Ferrassie** et du crâne d'homme moderne du site de **Cro-Magnon**).

Crâne de l'homme de Cro-Magnon.

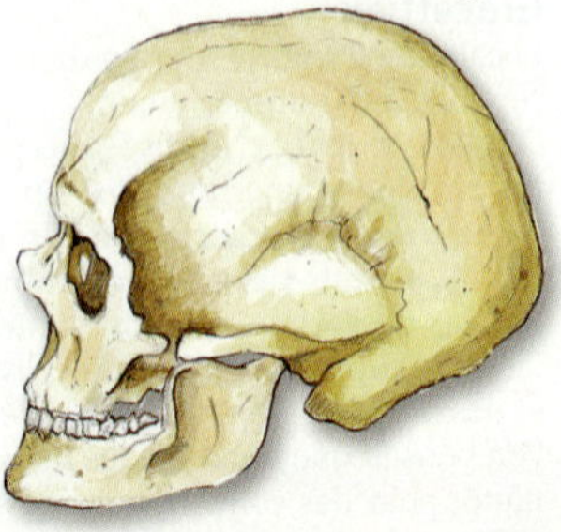

R. Corbel/MICHELIN

Les cultures de l'homme préhistorique

Avant le paléolithique supérieur

On divise le paléolithique en plusieurs périodes dites archaïque, ancien, moyen et supérieur. Le paléolithique archaïque correspond aux premiers temps de l'évolution humaine, de -4 à -1,5 million d'années ; il est essentiellement africain. Le paléolithique ancien (de -1,5 million d'années à -100 000 ans) est caractérisé par l'acheuléen, industrie avec bifaces, et le tayacien, industrie sur éclats et sans biface (site de **La Micoque**). Progressivement, les bifaces prennent des formes plus variées donnant naissance au micoquien, du nom du site des premières découvertes. Le moustérien qui lui succède est une culture extrêmement complexe aux multiples formes, définissant par son apparition et sa disparition le paléolithique moyen. On le rencontre en Périgord, entre autres, sur les sites du **Moustier**, **La Ferrassie** et **Le Regourdou**. Le moustérien fut pratiqué surtout par l'homme de Neandertal, mais aussi par l'homme moderne. Vers -40 000 ans (date controversée) débuterait le paléolithique supérieur. Depuis -100 000 ans, la Terre connaît une phase glaciaire, avec quelques épisodes de courts réchauffements. Le paysage est celui d'une steppe d'un genre particulier, ponctuée de rares arbres et parcourue par des troupeaux de chevaux et de rennes ; on y rencontre aussi des bouquetins, des mammouths et des rhinocéros laineux. Dans les bois circulent des cerfs et des sangliers.

R. Corbel/MICHELIN

Biface acheucéen.

Pointe Levalloi

Châtelperronien et aurignacien

Aux alentours de - 40 000 ans, le climat est relativement clément, mais se dégrade très vite. Deux humanités et deux datations cohabitent alors en Périgord et en Quercy. D'un côté, le châtelperronien et l'homme de Neandertal (site de **La Ferrassie**). Aux outils typiquement moustériens s'ajoute la taille de lames et de « couteaux ». Cantonné à la France et au Nord de l'Espagne, ce châtelperronien disparaît de ces régions avec l'homme de Neandertal, vers - 30 000 ans.

De l'autre, l'homme moderne, de type aurignacien, culture que l'on retrouve dans toute l'Europe depuis -36 000 ans. L'outillage est fait de grandes lames, parfois « étranglées », et de sagaies (**abri Pataud**). La parure est bien développée (perles, pendeloques, retrouvées à **Cro-Magnon**), mais curieusement, alors qu'ailleurs l'art est très élaboré (Sud-Ouest de l'Allemagne, grotte Chauvet en Ardèche), il reste dans ces régions assez frustes, fait de gravures sur blocs de cupules, symboles féminins et animaux schématiques (en Périgord, les abris Blanchard et Castanet, à **Castel-Merle**, et aussi au musée du Périgord à Périgueux, abri Cellier, au musée national de Préhistoire des Eyzies). L'aurignacien s'efface ensuite, en Périgord et en Quercy, devant le gravettien vers -25 000 ans.

Lame aurignacienne.

Lame aurignacienne.

Lame étranç aurignacien

Gravettien

Localement appelé périgordien supérieur, le gravettien est uniformément répandu en Europe, depuis -28 000 ans. En Périgord, il dure jusque vers -22 000 ans. Les outils sont principalement des pointes à dos, pointes pédonculées, ainsi que des burins de formes particulières (**abri Pataud**, **La Ferrassie**, **Laugerie-Haute**). L'art se développe, les styles se diversifient (abri Labattut, **Castel-Merle**, **abri du Poisson**), l'art pariétal se développe (débuts de l'ornementation de **Cougnac** et **Pech-Merle**) notamment dans sa façon de représenter la femme, avec une forte poitrine, un ventre proéminent et des hanches généreuses. Au début du siècle, on les appelait les « Vénus » et l'on pensait que c'étaient des représentations réalistes. Aujourd'hui, on penche plutôt pour des conventions stylistiques exprimant la fécondité.

Pointe la Grav

E. Larribère/MICHELIN

Main négative, grotte du Pech-Merle.

Feuille de laurier.

R. Corbel/MICHELIN

Solutréen

Il est présent seulement en France et en Espagne, alors que la période glaciaire est à son paroxysme (-21 000 ans). Le travail de la pierre est de toute beauté, ayant acquis, grâce à la retouche par pression, une très grande finesse : feuilles de laurier et pointes à cran sont parmi les outils les plus caractéristiques. Ce sont les Solutréens (Solutré, Saône-et-Loire) qui ont inventé l'aiguille à chas. Outre sa finesse, cet art solutréen offre un mélange très intéressant de naturalisme et d'archaïsme : si les figures commencent à s'animer, l'ensemble reste massif et très stylisé (voir le bouquetin de l'**abri Pataud** et le bloc du Fourneau du Diable, exposé au musée national de Préhistoire des Eyzies). Selon le préhistorien Jean Clottes, des signes abstraits très particuliers en forme d'accolades,

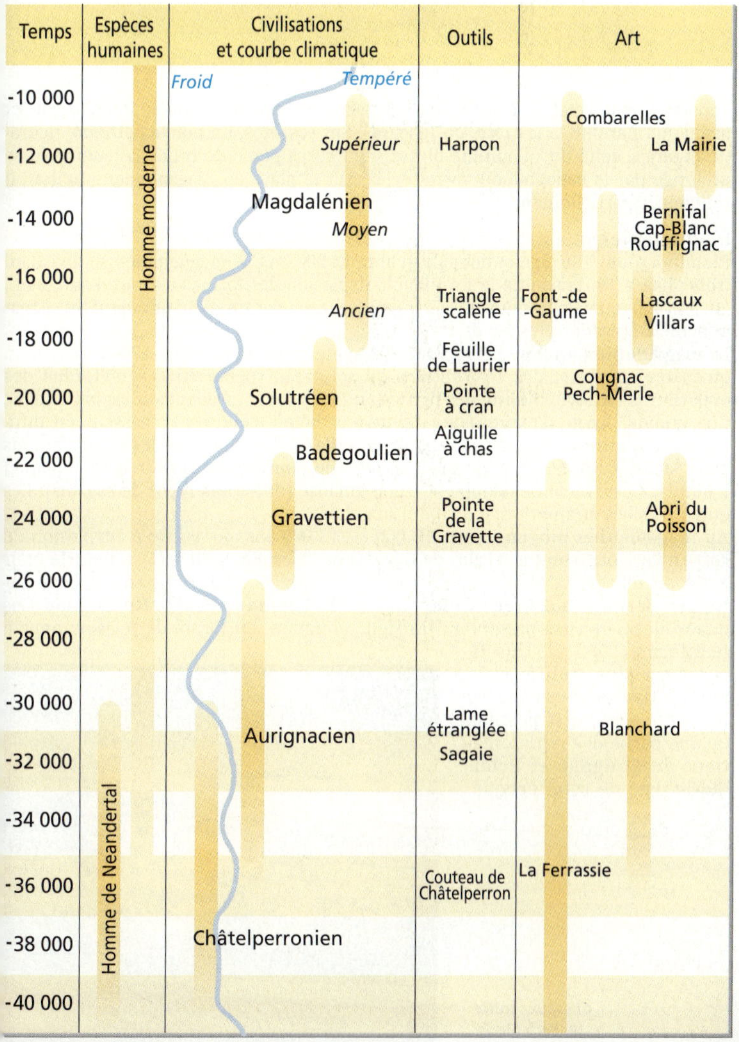

J. Grelet/SEMITOUR PÉRIGORD

Cheval bichrome de Lascaux.

appelés « aviformes », datent aussi de cette époque (**Cougnac**, **Pech-Merle** et jusqu'en Charente, à la grotte du Placard). Sur ces sites, un nouveau thème figuratif apparaît, celui de « l'homme blessé », au corps percé de traits. Le solutréen se prolonge par le badegoulien, avant de laisser la place au magdalénien, qu'il a pu influencer partiellement.

Magdalénien

Étendu à toute l'Europe et débutant vers - 18 000 ans, le magdalénien se divise en trois phases, en raison de la formidable explosion des formes d'art et d'outillage : ancien, moyen et supérieur. Il se caractérise aussi par un réchauffement du climat ponctué d'épisodes plus froids.

Le **magdalénien ancien** correspond à l'époque de **Lascaux** (vers -17 000 ans). Bien qu'encore empreint des conventions du solutréen (perspective semi-tordue des encornures), le style montre des figures animées qui gambadent sur les parois avec une grande liberté d'expression. Un même thème, celui du « chasseur en difficulté », se retrouve tant à Lascaux qu'au **Villars**. Il semble que les magdaléniens aient aussi commencé à orner la grotte de **Font-de-Gaume** à cette époque. L'outillage osseux se développe et se régionalise (différents types de sagaies). Les outils en silex prennent une forme triangulaire.

Au **magdalénien moyen**, entre -16 000 et -13 000 ans, on assiste à l'explosion de l'art en Périgord, comme à l'abri du **Cap-Blanc**, l'abri Reverdit, à **Castel-Merle** (voir aussi au musée national de Préhistoire des Eyzies), **Bara-Bahau**, **St-Cirq-du-Bugue**, **Bernifal**, aux **Combarelles**, à **Font-de-Gaume** ou encore **Rouffignac**. Ces quatre derniers sites présentent un signe commun, en forme de maison, appelé tectiforme. Le style des figures est plus réaliste et la perspective des encornures est respectée. Il est possible qu'une partie des représentations de **Cougnac** et **Pech-Merle** date de cette époque.

E. Larribère/MICHELIN

Chevaux, grotte de Pech-Merle.

Parallèlement, l'art mobilier sur objets en os, bois de cervidés et ivoire atteint une grande maîtrise (**Laugerie-Basse**).
Le **magdalénien supérieur**, de - 13 000 à - 10 000 ans, voit la fin de la phase glaciaire. Un nouvel outil apparaît alors : il s'agit du harpon. L'art a évolué vers un style hyperréaliste, presque « photographique », évolution très visible sur l'art mobilier (**la Madeleine**, **Laugerie-Basse**, voir au musée national de Préhistoire des Eyzies) et dans l'art pariétal (grotte de la Mairie, à **Teyjat**, et peut-être certaines figures des **Combarelles**). À partir de - 10 000 ans, le climat devient semblable à ce qu'il est aujourd'hui ; les mammouths, bouquetins, rhinocéros laineux, chevaux et rennes disparaissent. Le magdalénien fait place au mésolithique ; l'art change de forme, se fait plus schématique : c'est la culture de l'azilien (voir le musée du Périgord à Périgueux).

R. Corbel/MICHELIN

Harpon magdalénien.

R. Delon/CASTELET

Bison polychrome, Font-de-Gaume.

Les pionniers de la recherche

Depuis la plus haute Antiquité, le mythe de « l'homme sauvage » accompagne la pensée occidentale. Il revient à **Jacques Boucher de Perthes** (1788-1868) d'avoir créé la préhistoire, science de l'étude de l'humanité et de son environnement avant l'invention de l'écriture.
C'est surtout dans la région des Eyzies que cette science se développe : à la suite des prospections de E. Lartet et H. Christy, à la fin du 19e s., de nombreuses fouilles sont conduites dans cette région, notamment par les abbés A. et J. **Bouyssonie**, L. **Capitan**, E. **Cartailhac**, G. **Chauvet**, O. **Hauser**, l'abbé **Lemozi** et D. **Peyrony**. Le docteur H. **Martin** (1864-1936) invente alors la taphonomie, c'est-à-dire l'étude des altérations des ossements après leur dépôt. Mais il faut attendre la découverte de la grotte de La Mouthe par E. **Rivière**, en 1895, pour faire admettre l'existence de l'art pariétal. Les travaux de l'abbé H. **Breuil** (1877-1961) mettront alors de l'ordre dans les classifications chrono-stratigraphiques, et contribueront à faire connaître l'art paléolithique par ses relevés.

La préhistoire moderne

F. **Bordes** (1919-1981) perfectionne la typologie des industries lithiques et définit précisément le moustérien. H.-L **Movius** († 1987), par ses fouilles à l'**abri Pataud**, permet d'affiner la succession des cultures du paléolithique supérieur en Périgord. A. **Leroi-Gourhan** (1911-1986) élabore enfin une nouvelle méthode de fouilles, plus précise et plus fine ; avec A. **Laming-Emperaire**, il construit un système d'analyse des associations de figures dans l'art paléolithique, nuancé depuis par D. **Vialou** et G. **Sauvet**, mettant également sur pied une classification stylistique évolutive, mais qui n'est plus utilisée aujourd'hui qu'à titre indicatif.

Architecture rurale

Solides et élégantes, les architectures rurales du Périgord et du Quercy comptent parmi les plus belles de France. Murs ocre jaune, toits abrupts recouverts de tuiles roses ou brunes, pigeonniers massifs perchés sur pilotis, caselles perdues au milieu du causse..., l'habitat local revêt une identité ancrée dans la terre à peine mâtinée d'influences méridionales.

L'habitat traditionnel

De nombreuses maisons rurales ont été sauvées de la ruine à laquelle les vouait l'exode rural par des citadins épris de vieilles pierres. Plus de la moitié des maisons du Lot sont ainsi des résidences secondaires.

Le Périgord

La maison du Périgord noir se présente sous la forme d'un édifice d'aspect massif en calcaire jaune coiffé d'un haut toit pentu couvert de tuiles plates brunes ou de lauzes (petites dalles de calcaire très lourdes). Dans les demeures les plus riches, de petits pigeonniers-tours à pans de bois encadrent la maison.

Dans le Périgord blanc, les maisons basses en calcaire blanc ou gris sont percées de fenêtres surmontées d'œils-de-bœuf. Le toit plat couvert de tuiles romaines a déjà un aspect très méridional.

Dans la Double, pays de forêt et de bois, les maisons étaient traditionnellement construites en torchis maintenu par des colombages.

Dans la « vinée » de Bergerac, la maison vigneronne est reconnaissable en particulier à son système de chais construit en U ou sur deux cours successives. Au milieu des vignes, on peut encore apercevoir les masures des « bordiers » (ouvriers agricoles).

Dans les villes du Périgord, comme en Bouriane, les anciennes maisons bourgeoises présentent encore de jolies lucarnes ornées de coquille ou soleil.

Maison de maître apparue au 17e s., la chartreuse se répand au siècle suivant et connaît encore une grande vogue jusqu'à la fin du 19e s. Cette maison rurale sans étage est souvent liée à l'exploitation de la vigne. Ses éléments architecturaux extérieurs, la recherche de symétrie, les mouluration ou les terrasses à balustres les différencient de la maison paysanne classique. Un couloir aménagé au Nord dessert les pièces disposées en enfilade. Les chartreuses, surtout construites entre 1650 et 1850, manifestent, plutôt qu'une condition sociale ou un désir ostentatoire, un certain art de vivre.

Le Quercy

Constructes en moellons de calcaire blanc noyés dans du mortier de chaux, les solides demeures du Quercy présentent un ensemble de volumes et de décrochements, de tours, d'ouvertures qui en font un type très séduisant de maisons rurales.

Caselle.

S. Sauvignier/MICHELIN

Traditionnellement, le rez-de-chaussée, légèrement en sous-sol (appelé la « cave »), abrite l'écurie, les remises, les magasins. Le premier étage sert d'habitation. On y accède par un escalier extérieur en pierre qui donne sur une terrasse sous auvent, le « bolet », supporté par des colonnes de pierre ou de bois. Deux sortes de toit sont courants : le toit à

Pigeonnier cylindrique près de Molières.

M.-H. Carcanague/MICHELIN

forte pente (également appelé toit celtique) couvert de tuiles plates, parfois de lauzes à ses extrémités, et le toit à faible pente, couvert de tuiles romaines roses, dont les limites fluctuent entre le Lot et la Dordogne.

Les constructions annexes

Les dépendances

Celles de la ferme comprennent parfois, en Haut-Quercy notamment, un fournil. Ce bâtiment bas terminé par une abside renferme le four à pain. Les plus jolis puits sont couverts d'une voûte en tas de charge ou d'une toiture appareillée pyramidale.

Sur les serres du Bas-Quercy subsistent des moulins-tours à calotte tournante.

Le Périgord vert et la châtaigneraie quercynoise conservent quelques séchoirs à châtaignes appelés « clédiers ». Sur toute la marche auvergnate du Périgord et du Quercy, on rencontre des granges à montoir (Braunhie), plan incliné qui facilite le stockage du foin au premier étage, le rez-de-chaussée étant réservé aux animaux.

Maison de Sarlat.

J. Damase/MICHELIN

Les pigeonniers

Ils sont très nombreux, et souvent élégants : tantôt tourelles flanquant la maison, tantôt isolés, parfois surmontant un porche ou montés sur colonnes. Avant 1789, le droit de pigeonnage était en principe réservé aux grands propriétaires terriens, mais le Quercy et, à un degré moindre, le Périgord faisaient exception. Les colombidés étaient élevés surtout pour leur fiente, la « colombine », dont l'importance se mesurait à l'heure des successions : elle était partagée entre les héritiers, au même rang que la terre et le bétail. Excellent engrais, elle était aussi prisée en boulangerie (pour aromatiser les petits pains), en pharmacie (pour, entre autres, ramollir les goitres...). Après 1850, l'apparition d'engrais chimiques entraîna le déclin de cette production. Les pigeonniers isolés les plus anciens sont de type « suspendu », posés sur des colonnes pour les protéger de l'humidité où des « capels », chapiteaux circulaires créant un surplomb, dissuadent les rongeurs d'entreprendre l'ascension. Les exemples de plan carré ou circulaire sont en général plus récents et destinés au stockage du grain. À l'approche de la vallée de la Garonne, la toiture se chapeaute d'un lanterneau d'envol parfois très effilé.

Les cabanes en pierre sèche

On rencontre encore, isolées dans les champs, au milieu du causse ou plus rarement groupées en hameau, comme les cabanes du Breuil (*voir ce nom*), ces petites constructions bâties en pierre sèche du sol au faîte du toit, toujours conique. Appelées gariottes, **caselles**, « cabanes », etc., leur utilisation passée reste incertaine. Quelques-unes sont encore utilisées comme granges ou remises à outils.

Charme fleuri des vieilles pierres...

S. Sauvignier/MICHELIN

Quelques faits historiques

Dès le paléolithique moyen, le Périgord et le Quercy sont habités par l'homme.

Gaulois et Romains

Avant J.-C.

Le territoire actuel du Périgord est occupé par les Pétrocores, celui du Quercy par les Cadurques.

- **59-51** – Conquête romaine. La dernière résistance du peuple gaulois a lieu à Uxellodunum que les historiens situent dans le Quercy.
- **16** – L'empereur Auguste crée la province d'Aquitaine. Le pays des Pétrocores a pour capitale Vesona (Périgueux) et celui des Cadurques, Divona (Cahors).

Après J.-C.

- **1er-3e s.** – La Paix romaine. Pendant trois siècles, les villes se développent, de nombreux monuments publics sont édifiés. Dans les campagnes, autour des villes, de nouvelles cultures sont introduites : noyer, châtaignier, cerisier et surtout la vigne.
- **235-284** – Les invasions (Alamans et Francs) ravagent la région. En l'an 276, plusieurs villes sont rasées. Vesona se protège derrière un épais rempart élevé à la hâte avec les pierres de bâtiments publics romains démantelés.

Mérovingiens et Carolingiens

- **486-507** – Clovis, roi des Francs, conquiert la Gaule jusqu'aux Pyrénées après avoir défait le roi wisigoth Alaric II en 507 à Vouillé (près de Poitiers).
- **8e s.** – Les deux comtés du Quercy et du Périgord sont rattachés au royaume d'Aquitaine.

Fondation de l'abbaye de Brantôme.

- **9e s.** – Les vallées de l'Isle et de la Dordogne, ainsi que Périgueux sont dévastés par les Normands.
- **10e s.** – Les quatre baronnies du Périgord se mettent en place : Mareuil, Bourdeilles, Beynac et Biron, ainsi que les châtellenies d'Ans, Auberoche, Gurson...

Le comté du Périgord passe à la maison des Talleyrand.

De puissantes familles se partagent le Quercy : les Gourdon, les Cardaillac, les Castelnau, les Turenne et les Saint-Sulpice.

- **Vers 950** – Début du pèlerinage de St-Jacques-de-Compostelle qui traverse la région.

Guerres entre l'Angleterre et la France

- **12e s.** – Fondation d'abbaye dans le Périgord : Cadouin, Sarlat, Boschaud, Chancelade... et dans le Quercy : Rocamadour, Figeac, Souillac et Carennac.
- **1137** – Mariage du prince Louis, fils du roi de France, et d'Aliénor, fille unique du duc d'Aquitaine, qui lui apporte en dot la Guyenne, le Périgord, le Limousin, le Poitou, l'Angoumois, la Saintonge, la Gascogne et la suzeraineté sur l'Auvergne et le comté de Toulouse. Mariage mal assorti : Louis, devenu Louis VII, mène une vie monacale, tandis que la reine est de caractère frivole. Après quinze ans de mésentente conjugale, le roi, de retour de croisade, fait prononcer son divorce par le concile de Beaugency.
- **1152** – Outre sa liberté, Aliénor recouvre sa dot qu'elle apporte en remariage à Henri Plantagenêt, comte d'Anjou et suzerain du Maine, de la Touraine et de la Normandie. Pour les Capétiens, c'est une catastrophe politique : les domaines réunis d'Henri, futur roi d'Angleterre sous le nom d'Henri II, et d'Aliénor sont aussi vastes que ceux du roi de France. Cette fois l'équilibre est rompu et la lutte franco-anglaise qui s'engage durera trois siècles. Elle se double des conflits entre Aliénor et son second mari, entre le roi et ses fils. Elle se complique par les pressions exercées sur les populations et la versatilité des grands féodaux.
- **1190** – Philippe Auguste cède aux Anglais le Quercy à l'exception de deux abbayes : Figeac et Souillac.

Aliénor d'Aquitaine et la Belle Rosamonde, *tableau de Sir Edward Burne-Jones.*

- **1199** – Mort de Richard Cœur de Lion à Châlus.
- **Début 13e s.** – Croisade des albigeois. Simon de Montfort fait des incursions dans le Quercy et le Périgord.

Développement des bastides.

- **1229** – Le traité de Paris, entre Louis IX, roi de France et Raymond VII, comte de Toulouse, met fin à la croisade des albigeois et reconnaît que le Quercy appartient au comte de Toulouse.
- **1259** – Par le traité de Paris (autre), Saint Louis abandonne le Périgord et le Quercy aux Anglais. Ce traité doit mettre fin aux luttes franco-anglaises et permettre aux populations de vivre en paix. Mais rapidement, ce traité signé avec Henri III d'Angleterre s'avère caduc et les conflits reprennent.
- **1331** – Fondation de l'université de Cahors.
- **1340** – Édouard d'Angleterre se proclame roi de France. Avec l'appui des Flamands, Bretons et Normands, il impose sa suprématie militaire et s'empare de l'Aquitaine.
- **1345** – Début de la guerre de Cent Ans en Aquitaine, Jean le Bon cherche à reprendre les terres d'Aquitaine. En 1356, il est vaincu à Poitiers par le Prince Noir.
- **1360** – Le traité de Brétigny donne toute l'Aquitaine aux Anglais.
- **1369** – Le Quercy et le Périgord sont repris par Charles V, roi de France. Du Guesclin participe à la libération du Périgord. Par la suite, les seigneurs du Nord du Périgord seront fidèles au roi de France tandis que ceux du Sud prendront le parti des Anglais, passant parfois des uns aux autres en fonction de leurs intérêts.
- **1429-1439** – Des bandes de routiers travaillant indifféremment pour les deux partis dévastent la région.
- **1453** – La bataille de Castillon met fin à la guerre de Cent Ans.

Pendant la seconde moitié du 15e s., période de paix et de prospérité, les villes se reconstruisent. Au 16e s., de nouveaux châteaux s'élèvent en Périgord et en Quercy (Carennac, Puyguilhem), d'autres sont complètement remaniés (Biron, Beynac, Castelnaud...). La vie littéraire est brillante et les ateliers d'imprimerie se multiplient à Périgueux, Cahors et Bergerac.

Guerres de Religion

Dès 1540, un premier foyer protestant se développe à Ste-Foy-la-Grande ; quatre ans plus tard, la Réforme atteint Bergerac. Le protestantisme devient alors l'affaire des grands, il est soutenu dans le Périgord par les princes de

Le massacre de Cahors en novembre 1562, gravure

Bourbon-Albret (dont Jeanne d'Albret, mère de Henri de Navarre) et les Caumont-Laforce, et dans le Quercy par Jeanne de Genouillac, les Gourdon et les Cardaillac. Bergerac et Ste-Foy-la-Grande deviennent alors des bastions de la Réforme, tandis que Périgueux et Cahors soutiennent la Ligue.

• **1544** – Mort dans la solitude du Cadurcien Clément Marot (1496-1544), aimable poète qui excella dans les épigrammes et les sonnets, et qui séduisit par cet art le roi. Il fut le valet de chambre de Marguerite d'Alençon, future reine de Navarre, puis du roi François Ier avant d'être nommé poète officiel. Sa brillante vie de cour fut entrecoupée de passages en prison dus à ses sympathies pour la Réforme.

• **1548** – L'humaniste Étienne de La Boétie (1530-1563), ami de Michel Eyquem de Montaigne (1533-1592), achève la rédaction de son *Discours de la servitude volontaire* qui s'élève contre la tyrannie.

• **1553** – Olivier de Magny (1529-1561), Cadurcien lié d'amitié à Du Bellay, fait ses débuts poétiques à travers le brillant recueil de sonnets intitulé *Amours*.

• **1562** – Massacre de protestants à Cahors.

• **1569** – Massacre de La Chapelle-Faucher : l'amiral de Coligny, chef huguenot, fait enfermer 300 paysans dans le château et y met le feu en représailles d'attaques subies par l'armée protestante.

Pierre de Bourdeille (1535-1614), plus connu sous son pseudonyme de Brantôme (nom de l'abbaye dont il fut l'abbé), bouleversé par ce massacre, dénonce dans ses écrits cette guerre civile et ces luttes fratricides.

• **1572** – Massacre de la Saint-Barthélemy au cours duquel Clermont de Piles, chef des armées huguenotes en Périgord, trouve la mort. Homme de guerre rusé, Geoffroi de Vivans prend la tête des armées protestantes et met la région à feu et à sang, cherchant à tout prix à s'emparer des villes fidèles à la Ligue.

• **1575** – Les troupes de Geoffroi de Vivans s'introduisent un soir de carnaval à Sarlat et s'emparent de la ville.

• **1577** – Paix de Bergerac qui annonce l'édit de Nantes (1598).

• **1580** – Prise de Cahors par Henri de Navarre.

• **1584** – Pierre de Bourdeille se retire sur ses terres. Il décrit sa société contemporaine dans *Vie des hommes illustres et des grands capitaines* et *Vie des dames illustres et des dames galantes*, des œuvres qui seront éditées à titre posthume.

• **1588** – Geoffroi de Vivans s'empare de la bastide de Domme, un exploit qui est resté dans les annales.

• **1589** – Avènement de Henri IV qui se convertit au catholicisme en 1593 et est sacré roi en 1594. Sous Henri IV le comté du Périgord est rattaché au domaine royal.

• **1594-1595** – Révolte des croquants. Les luttes paysannes secouent les campagnes par intermittence pendant deux siècles. La misère et la famine sévissent, redoublant pendant les périodes de troubles, et les paysans ne peuvent plus payer les taxes de plus en plus lourdes. En 1594, les croquants se révoltent alors que les guerres de Religion ont laissé la région exsangue. Ils se réunissent pour rédiger des doléances à transmettre au roi, se donnent une structure militaire, refusent de travailler pour les seigneurs et organisent des expéditions punitives contre leurs « exploiteurs ». La noblesse réagit rapidement, une armée est organisée sous les

Taillefer/IMAGES TOULOUSE

Michel Eyquem de Montaigne.

ordres du sénéchal de Bourdeilles. Un combat à St-Crépin-d'Auberoche en août 1595, puis un autre à Condat-sur-Vézère défont l'armée des paysans. Ceux-ci, plus misérables que jamais, retournent alors à leurs terres.

- **1598** – Édit de Nantes. Après l'avènement de Henri IV, le protestantisme se renforce : les protestants obtiennent la liberté de culte, ainsi que des places de sûreté.
- **1610** – Assassinat de Henri IV, début du règne de Louis XIII ; Richelieu, Premier ministre, amenuise l'importance politique du protestantisme.
- **1637** – Nouvelle révolte des croquants contre le gouvernement de Louis XIII et de Richelieu. La condition des paysans n'a pas changé, les taxes n'ont fait que s'alourdir et une levée extraordinaire de blé pour le ravitaillement des troupes déclenche l'insurrection. Des « gabeleurs » chargés de percevoir les impôts sont assassinés. Un gentilhomme du nom de La Mothe La Forêt prend alors la tête d'une armée paysanne de plusieurs milliers d'hommes, tente d'investir Périgueux le 1er mai et s'empare de Bergerac le 11. La résistance de Ste-Foy-la-Grande arrête cette armée dans sa progression sur Bordeaux. Le gouverneur de Guyenne lève alors une armée qui écrase les croquants à La Sauvetat. La Mothe La Forêt obtient une reddition honorable et dissout ses troupes. Dans les mois qui suivent, la guérilla se propage dans les campagnes. Des bandes, constituées d'anciens « soldats » de l'armée des croquants, parviennent à repousser les troupes royales. En 1642, le pouvoir royal vient enfin à bout des rebelles.
- **1646** – François Maynard (Toulouse 1582-Aurillac 1646), disciple de Malherbe, publie *La Belle Vieille*. Ces vers, dédiés à Cloris, frappent par leur beauté pleine de mélancolie sereine et d'espoir. L'auteur quercynois laisse aussi à la postérité des odes, des épîtres, des sonnets et des épigrammes non dépourvus de grâce.
- **1685** – Révocation de l'édit de Nantes par Louis XIV. De nombreux Périgourdins protestants s'expatrient.
- **1699** – Fénelon (1631-1715), originaire du Périgord, voit paraître, sans son accord, son *Télémaque*, ouvrage pédagogique rédigé à l'intention de son élève le duc de Bourgogne, dauphin de France et dans lequel il critique la politique de Louis XIV.

Du 18e s. à nos jours

- **1707** – Nouvelle révolte paysanne, dite des Tard-Avisés (nom déjà donné aux révoltés de 1594). Elle éclate dans le Périgord et le Quercy mais est très vite étouffée par l'armée du gouverneur de Guyenne.
- **1743-1757** – Tourny, intendant de la généralité de Bordeaux, est le promoteur de nombreux aménagements dans les villes du Sud-Ouest, dont les allées qui portent son nom à Périgueux.
- **1789** – Réunion des états généraux ; Assemblée constituante ; prise de la Bastille ; abolition des privilèges. Dernier sursaut des révoltes paysannes, quelques jacqueries accompagnent la Révolution dans les campagnes.
- **1790** – Formation du département de la Dordogne.
- **1812-1814** – Le Périgord est un fief bonapartiste. Plusieurs généraux et maréchaux de Napoléon sont originaires de cette région : Murat, Fournier-Sarlovèze, Daumesnil.
- **1838** – Naissance de Léon Gambetta à Cahors.
- **1868** – La crise du phylloxéra détruit le vignoble de Cahors et de Bergerac et entraîne un véritable exode rural.
- **1899** – Eugène Le Roy publie *Jacquou le Croquant*.
- **1940** – Découverte par quatre jeunes gens de la grotte de Lascaux.
- **1960** – Création des régions : la Corrèze est rattachée à la région Limousin, la Dordogne à la région Aquitaine et le Lot à la région Midi-Pyrénées.
- **1983** – Ouverture du site de Lascaux II au public.

ABC d'architecture

Architecture religieuse

CADOUIN – Plan de l'église abbatiale (1119-1154)

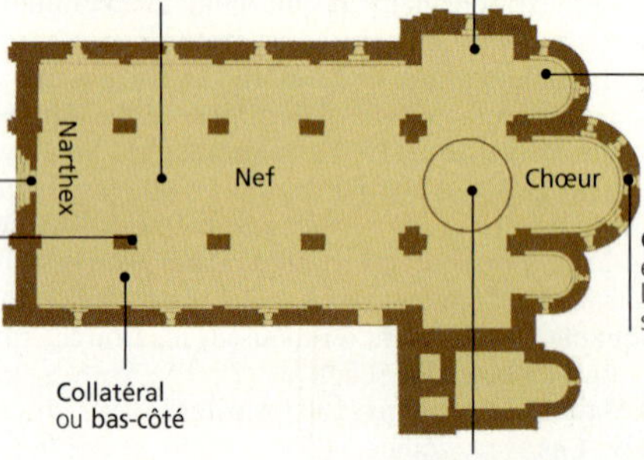

CARSAC-AILLAC – Voûtes de l'église Saint-Caprais (12e-16e s.)

BESSE – Portail de l'église Saint-Martin (fin du 11e-début du 12e s.)

SOUILLAC – Chevet de l'ancienne abbatiale Sainte-Marie (12e s.)

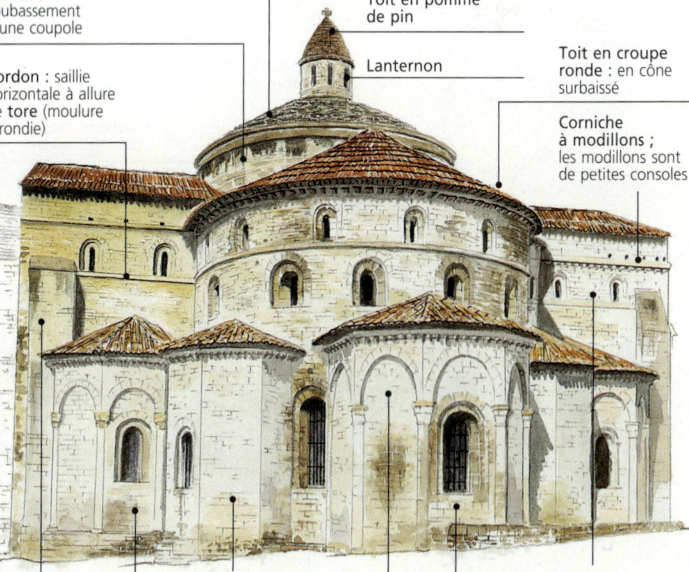

BRANTÔME – Clocher de l'ancienne abbatiale Saints-Pierre-et-Sicaire (11e s.)

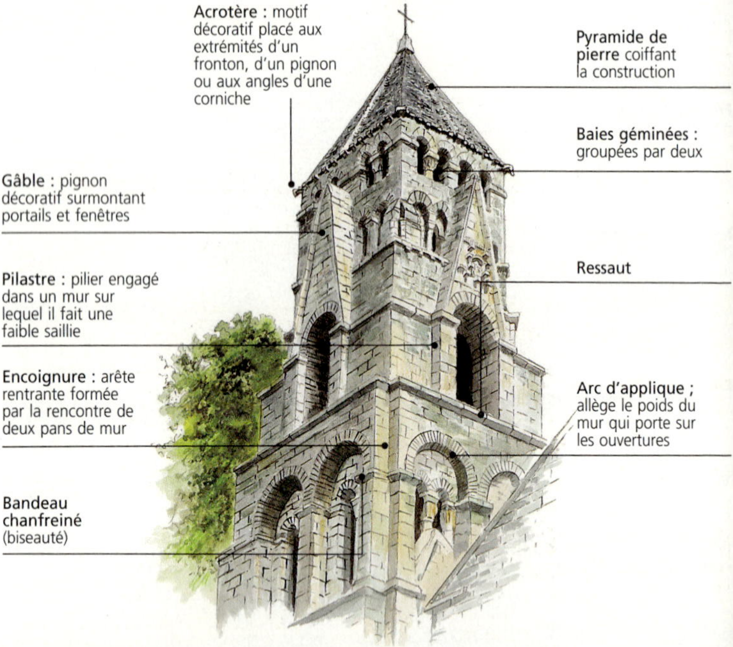

SAINT-AMAND-DE-COLY – Église fortifiée (12e et 13e s.)

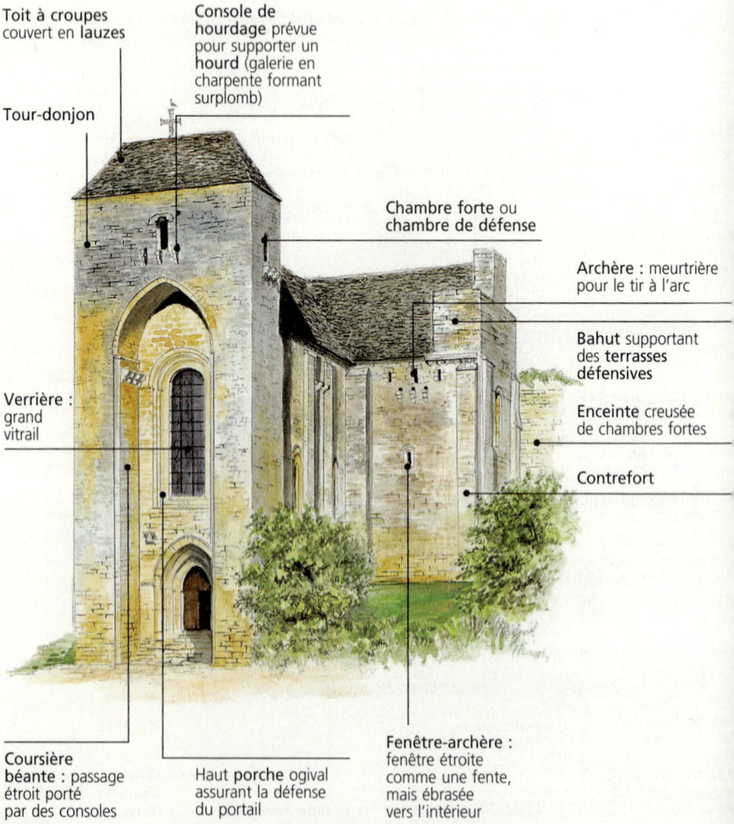

Châteaux

Château de BONAGUIL (13e s.-début du 16e s.)

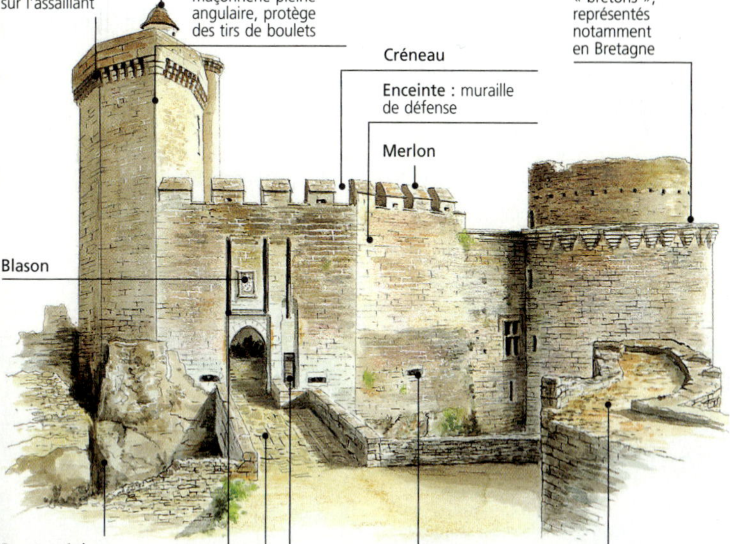

Château de MONTAL (millieu du 16e s.)

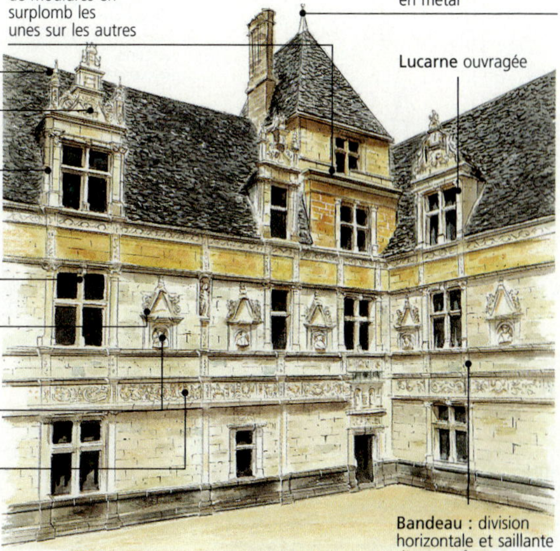

Architecture des bastides

DOMME – Porte des Tours (fin du 13e s.)

MONPAZIER – Place centrale de la bastide (fin du 13e s.-14e s.)

R. Corbel/MICHELIN

Constructions fonctionnelles

FIGEAC - Hôtel de la Monnaie (fin du 13e s.)

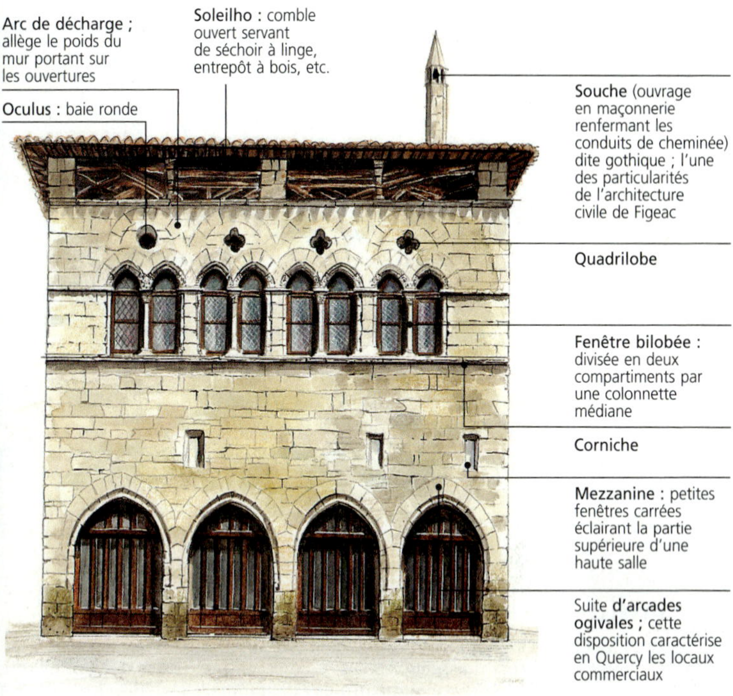

CAHORS – Pont Valentré (14e s.)

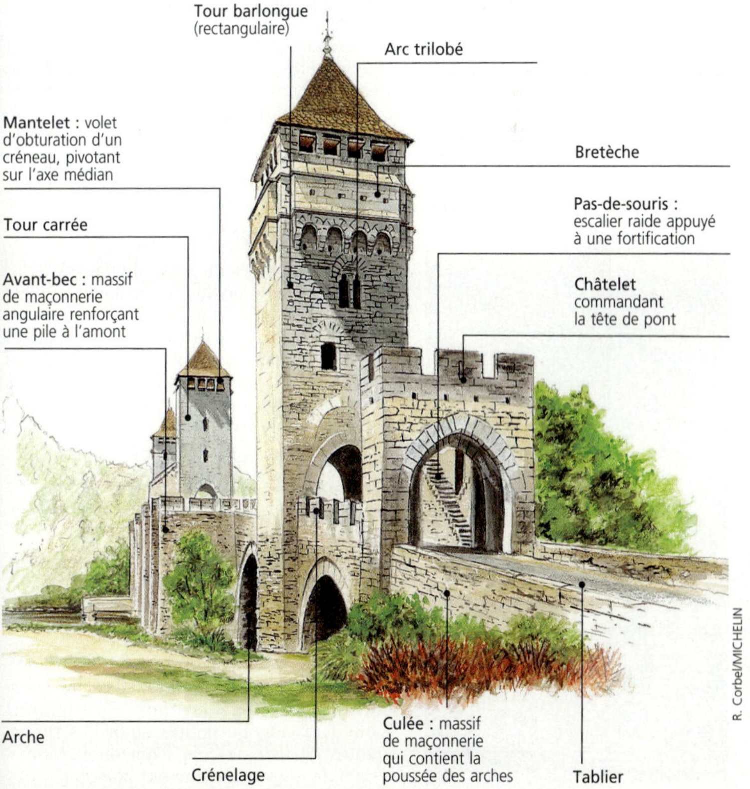

J. Damase/MICHELIN

Détail du tympan de l'église de Collonges-la-Rouge.

S. Sauvignier/MICHELIN

L'art en Périgord et en Quercy

Aux périodes de paix, riches en constructions nouvelles, Pax romana, 12ᵉ s. et ses nombreux monastères... puis celle qui s'étend de la fin du 14ᵉ au 16ᵉ s., succèdent des époques troublées par la guerre de Cent Ans et les guerres de Religion où la principale préoccupation des habitants est de se protéger et de fortifier villes, châteaux et églises.

Art gallo-romain

Des édifices qu'élevèrent Gaulois et Romains, bien peu ont résisté à l'épreuve du temps. Le souvenir de l'époque gauloise survit dans plusieurs sites du Quercy qui se disputent l'honneur d'avoir été le théâtre de la bataille d'Uxellodunum, dernier sursaut de la résistance des Gaules devant la conquête de César. Il s'agit de **Capdenac-le-Vieux**, de **Murcens** dans la vallée du Vers, de l'**Impernal** au Nord de Luzech et enfin du **puy d'Issolud**.

Pendant l'occupation romaine, la capitale des Pétrocores, Vesona (Périgueux), et celle des Cadourques, Divona (Cahors), étaient des villes importantes où s'élevaient de nombreux édifices publics. À Périgueux quelques vestiges, tels l'imposant temple de Vésone, les fouilles d'un vaste *domus* (résidence urbaine) des 1ᵉʳ et 2ᵉ s., les restes des arènes et les mosaïques, stèles, autels présentés au musée de Périgueux témoignent encore de la richesse de l'antique cité. À Cahors, on reconnaît dans le plan quadrillé du quartier ancien l'influence gallo-romaine. L'arc de Diane, dernier vestige des thermes, est le seul élément architectural encore visible. Le musée de Cahors conserve aussi un sarcophage du 3ᵉ s. et un linteau sculpté.

Portail de l'église de Carennac.

E. Larribère/MICHELIN

Art roman

Après les troubles du haut Moyen Âge, l'an mille marque le début d'un renouveau dans l'art de la construction. En même temps que s'affermit le pouvoir royal, un vaste élan de foi se développe en France : on remplace les édifices carolingiens par des églises de plus vastes dimensions construites selon des techniques plus hardies.

Architecture religieuse

En Périgord – La région est riche en églises romanes dont l'aspect austère valorise l'emploi d'un beau calcaire doré aux chaudes tonalités.

L'extérieur frappe par l'extrême sobriété de la décoration : les portails sans tympan s'ornent de voussures sculptées de tores, de festons en dents de scie...

Le plan de l'édifice reste simple : une nef, deux croisillons, un chœur, mais les collatéraux restent rarissimes. Si le chœur s'ouvre parfois de petites chapelles rayonnantes (St-Jean-de-Côle, Tourtoirac, Montagrier), le chevet est souvent plat.

Cathédrale Saint-Front, Périgueux.

L'architecture périgourdine se singularise par l'originalité de sa voûte, disposée en coupole. Importée d'Orient selon les uns, création originale de l'art français selon les autres, elle offre plusieurs avantages sur la voûte en berceau qui nécessite de puissants contreforts. La coupole sur pendentifs permet de répartir le poids de la voûte sur les murs latéraux mais aussi sur les arcs doubleaux de la nef. La première réalisation de ce style (St-Étienne-de-la-Cité à Périgueux) inaugure une succession d'autres constructions : Trémolat, Agonac, Grand-Brassac, Cherval... Ce procédé est aussi utilisé dans la nef qui est alors divisée en plusieurs travées carrées surmontées d'une coupole sur pendentifs, le rôle des pendentifs étant de permettre le passage du plan carré au plan circulaire. L'église St-Front de Périgueux avec son plan en croix grecque couverte de cinq coupoles reste un exemple unique.
Certaines églises répondent à une autre forme de construction : nef bordée de collatéraux (St-Privat, Cadouin), voûte en plein cintre et en berceau brisé. Dans le Ribéracois notamment, de nombreuses façades influencées par l'art de la Saintonge et de l'Angoumois, s'ornent de registres d'arcatures.

En Quercy – L'art roman quercynois présente de nombreuses similitudes avec son voisin : même plan simple, même utilisation de la coupole (St-Étienne de Cahors, Souillac), même matériau : le calcaire. Cependant, les églises du Quercy sont plus riches en décoration sculptée illustrant l'influence de Moissac et de l'école languedocienne. Des ateliers de cette école – puisant leur inspiration dans l'art byzantin, les enluminures et l'Antiquité – sortirent de remarquables portails sculptés qui comptent parmi les plus beaux réalisés à cette époque : vestiges du portail de Souillac avec l'admirable prophète Isaïe, tympans de Cahors, Carennac, Martel et de Collonges-la-Rouge, à la limite du Quercy et du Limousin.

Architecture civile et militaire

Il reste peu de témoignages de l'architecture civile. Parmi eux, l'ancien hôtel de ville de St-Antonin-Noble-Val, en Quercy, bien que très remanié, demeure un intéressant exemple d'architecture municipale du 12e s. Les forteresses médiévales édifiées aux 10e et 11e s. ont largement été modifiées aux siècles suivants et n'ont guère résisté aux guerres et aux destructions. Il subsiste tout de même quelques donjons, généralement carrés. En Périgord, les châteaux de Biron, Beynac, Bourdeilles, Mareuil, Commarque, Castelnaud... ont conservé des parties romanes. En Quercy, le château de Castelnau-Bretenoux, au donjon puissamment fortifié, est un bon exemple de construction féodale bâtie sur une colline.

Château de Mareuil.

J. Damase/MICHELIN

Rosace de l'abbaye de Beaulieu-en-Rouergue.

Art gothique

Né dans la première moitié du 12e s. en Île-de-France, l'art gothique supplante peu à peu l'art roman. Parvenu assez tardivement en Périgord et en Quercy, il s'y prolonge tout de même jusqu'au 16e s.

Art religieux

Architecture – Voûte sur croisée d'ogives et emploi systématique de l'arc brisé sont les deux caractéristiques essentielles de l'art gothique qui va connaître des évolutions différentes selon les régions. Le Midi de la France n'a pas adopté les principes de l'architecture gothique septentrionale et le nouveau style y reste étroitement lié aux traditions romanes. Ainsi l'art gothique proprement méridional, dit « languedocien », se caractérise par une nef unique très large, sans collatéraux (autrement appelés bas-côtés), se terminant par une abside polygonale et la subsistance de contreforts massifs, entre lesquels se logent les chapelles, pour assurer la butée des voûtes (dans le Nord, les arcs-boutants jouent ce rôle).

Cloître, Cadouin.

Du fait de leur position géographique à la jonction des deux mondes (oïl et oc), le Périgord et le Quercy subissent les influences du Nord et du Sud, représentées parfois dans le même édifice. La cathédrale de **Sarlat**, par exemple, présente une nef à bas-côtés et des arcs-boutants aériens typiques du gothique septentrional, alors que les chapelles latérales montrent l'influence méridionale.

Dans le Quercy, l'école languedocienne inspire le plan des églises de **Gourdon** (église St-Pierre), **Martel** (St-Maur), **Montpezat-du-Quercy** (collégiale St-Martin, richement ornée) et **St-Cirq-Lapopie** (construite sur un premier édifice roman), qui présentent une nef unique presque aussi large que haute, sans bas-côté et pourvue de nombreuses chapelles latérales.

Monastères – L'architecture monastique est représentée par des ensembles qui n'ont pas toujours résisté aux épreuves du temps. Les hommes y ont souvent apporté des remaniements : tel est le cas de l'ancienne abbaye cistercienne de **Beaulieu-en-Rouergue** dont l'abbatiale, reconstruite au 13e s., reste remarquable par ses voûtes d'ogives et son élégante abside à sept pans. Cet édifice est d'autant plus intéressant que les ouvertures respectent les prescriptions du chapitre général de l'ordre qui prévoit des vitraux « blancs et sans image », baignant le vaisseau de pierre d'une douce lumière. **Cadouin** et **Cahors** ont conservé leur cloître de style flamboyant, et **Périgueux** un cloître dont la construction s'est échelonnée du 12e au 16e s.

Églises fortifiées – Pendant les 13e et 14e s., tandis que les églises gothiques s'élèvent dans d'autres régions de France, les Périgourdins, vivant dans l'insécurité permanente, fortifient leurs églises romanes (**St-Amand-de-Coly**) ou élèvent de véritables forteresses avec clocher-donjon, chemin de ronde, tours crénelées et archères... utilisées comme sanctuaires (églises de **Rudelle**, de **St-Pierre-Toirac**).

Tour du pont Valentré à Cahors.

J. Damase/MICHELIN

Ces églises constituent pour les villageois le refuge le plus sûr pour échapper aux violences des troupes armées qui parcourent le pays, qu'elles soient françaises ou anglaises.

Sculpture et peinture – De la deuxième moitié du 13e s. au 15e s. furent exécutées quelques œuvres remarquables comme le tombeau de saint Étienne à **Aubaine** (Corrèze), la Mise au tombeau de **Carennac** (16e s.), le tombeau des Cardaillac à **Espagnac-Ste-Eulalie** et les gisants du cardinal Pierre Des Prés et de son neveu Jean Des Prés, dans la collégiale St-Martin de **Montpezat-du-Quercy**.

J. Damase/MICHELIN

Tapisserie, Montpezat-de-Quercy.

Les fresques, peintures murales exécutées à l'eau sur une couche de mortier frais, à laquelle elles s'incorporent, décorent de nombreuses chapelles et églises. La coupole occidentale de la cathédrale de Cahors est entièrement couverte de fresques du 14e s. À **Rocamadour**, les chapelles ont reçu une décoration à l'intérieur et sur les façades extérieures. Dans les chapelles de **St-André-des-Arques**, de **Martignac**, de **Soulomès** (scène de la Résurrection dans un décor d'époque), dans celles de **St-Geniès**, et du petit cimetière à **Montferrand-du-Périgord** (situé à l'écart du village), les fresques naïves des 14e et 16e s. évoquent l'Histoire sainte. Œuvres de piété des populations locales attachées à leurs croyances en des temps parfois difficiles, elles offrent aussi de merveilleux défilés de mode de la gent seigneuriale et paysanne de l'époque.

Architecture civile et militaire

De nombreux châteaux du Périgord et du Quercy ont été élevés pendant l'époque gothique – qui coïncide avec l'augmentation de l'insécurité et la montée de petits potentats locaux – et en comportent des éléments architecturaux caractéristiques. Citons pour exemple **Bourdeilles** et ses deux châteaux, l'un médiéval, l'autre Renaissance ; le château épiscopal de **Château-l'Évêque** ; le nid d'aigle de **Beynac** perché sur sa falaise et dont l'austère donjon est flanqué d'un manoir seigneurial ; la forteresse de **Castelnaud**, lieu d'une vaste campagne de travaux pendant la seconde moitié du 15e s. ; l'impressionnante citadelle de **Castelnau-Bretenoux**, siège d'une puissante baronnie ; le château des Gontaut-Biron, à **Cabrerets**.

S. Sauvignier/MICHELIN

Château de Castelnaud.

Le **château de Bonaguil**, situé aux confins du Quercy et de l'Agenais, présente un cas particulier : bien que construit à la fin du 15e s. et au début du 16e s. – époque où se développe une volonté d'ouvrir les murs trop épais, de faire pénétrer la lumière dans des édifices jugés lugubres et froids –, il montre toutes les caractéristiques des forteresses médiévales.

Dans les villes, un élan de construction important suit la fin de la guerre de Cent Ans. La paix stimule l'activité, les affaires reprennent de plus belle et les riches artisans et commerçants de la ville dépensent pour s'installer dans de riches demeures joliment décorées. À Sarlat, Périgueux, Bergerac, Cahors, Figeac, Gourdon, Martel... les façades des maisons s'ornent de grands arcs d'ogive au rez-de-chaussée où s'ouvre l'échoppe, de fenêtres en tiers-point (simples, doubles ou triples) ou à rosaces, de tourelles et d'échauguettes. Les familles de marchands, de magistrats, de dignitaires et autres édiles ornent leur façade d'écussons frappés de leurs armes ou de leur nom. Parmi les édifices les plus remarquables de cette époque, citons l'hôtel de la Raymondie à **Martel**, l'hôtel de la Monnaie à **Figeac**, l'hôtel Plamon à **Sarlat**... et le célèbre pont **Valentré** de Cahors.

Bastide de Monpazier.

Les bastides

Ces villes neuves, *bastidas* en langue d'oc, plus ou moins fortifiées, se sont multipliées au 13e s. pour connaître, au 14e s., une évolution de leur système défensif.

Création – Les principaux fondateurs furent Alphonse de Poitiers (1249-1271), comte de Toulouse et frère de Saint Louis, et, à partir de 1272, les sénéchaux agissant pour le compte des rois de France, Philippe le Hardi et Philippe le Bel, ou sur ordre du roi d'Angleterre, Édouard Ier Plantagenêt, duc d'Aquitaine.

Développement – La création des bastides répond à des besoins financiers et économiques ou à des préoccupations politiques et militaires.

Les fondateurs fixent sur les terres choisies des colons intéressés par les avantages d'un contrat : charte de franchise, garantie du droit d'asile, exemption du service militaire, droit à l'héritage... pour le prix d'une parcelle de terrain à bâtir et d'une autre à cultiver. La bastide est gérée par le bayle (bailli) qui représente le roi, rend la justice et perçoit les impôts, tandis que les consuls choisis par les habitants assurent l'administration. Les objectifs politiques et militaires apparaissent au lendemain de la croisade contre les albigeois, lors de la fondation d'une quarantaine de bastides à l'initiative du comte de Toulouse Raimond VII. La nouvelle rivalité franco-anglaise fait bientôt peser d'autres menaces sur la région. Ainsi s'échelonnent les bastides **d'Eymet**, **Castillonnès** et **Villeréal** le long du Dropt et celles de **Villefranche-du-Périgord** et **Ste-Foy-la-Grande**, à l'initiative d'Alphonse de Poitiers. Le roi d'Angleterre répond à ces constructions en créant **Beaumont-du-Périgord** (1272), **Molières**, **Lalinde** et **Monpazier** (1285), créations entre lesquelles s'intercale **Domme** (1281), due à Philippe le Hardi.

Urbanisme – Le plan des bastides se rapproche de l'échiquier carré ou rectangulaire (Ste-Foy-la-Grande, Monpazier), mais s'en éloigne souvent en raison de la

nature du site, choisi pour ses possibilités de peuplement ou de défense (Domme). La bastide se développe parfois autour d'un élément préexistant : une église fortifiée comme à Beaumont ou un château.

Le plan de **Monpazier** est le plus caractéristique : un quadrilatère aux rues rectilignes se coupant à angle droit et ruelles *(carreyrous)* ; les façades latérales des maisons sont séparées par les *andrones*, interstices de 0,25 m environ qui formaient pare-feu et servaient d'égouts, voire de latrines. Au centre, une place carrée, entourée de galeries couvertes (cornières ou couverts), renferme une halle en bois utilisée pour le marché. L'église est située près de la place.

La plupart des bastides, dont le nom évoque parfois le fondateur (Villeréal = ville du roi), les privilèges (Villefranche), le rattachement à un château (Castelnau), ont perdu leur aspect primitif : les mieux conservées dans le Périgord et le Quercy sont Monpazier, Domme et Eymet.

L'âge d'or des châteaux : la Renaissance

Au début du 16e s., les arts subissent une forte influence italienne. La découverte des trésors artistiques de la péninsule éveille chez le roi François Ier et les nobles de sa suite le désir d'introduire chez eux, en utilisant les services d'artistes italiens, ces procédés nouveaux.

Les moyens financiers croissent fortement après la guerre de Cent Ans : meilleur rapport de la terre avec le développement du métayage, libération du négoce sur la Dordogne, exploitation du minerai de fer, récompenses et offices rémunérateurs attribués par le roi aux guerriers émérites. Le très faible coût de la main-d'œuvre et la répartition de la dépense sur plusieurs générations rendent l'entreprise supportable.

Architecture

À **Assier**, château et église sont élevés au début du 16e s. par Galiot de Genouillac, grand maître de l'artillerie de François Ier. Le château, remarquable réalisation comparable aux plus beaux châteaux du Val de Loire, est malheureusement aux trois quarts démoli. Les châteaux de **Montal** et de **Puyguilhem**, par leur grâce et leur architecture, s'apparentent aussi aux châteaux de la Loire.

La plupart des autres châteaux élevés au 16e s. montrent un aspect défensif important malgré des fenêtres, des lucarnes, des cheminées et autres éléments de pur style Renaissance (**Monbazillac**, **Losse**...). Ceux de **Cénevières**, **Bourdeilles**, **Lanquais** et les Bories, ainsi que l'église de **Rouffignac**, furent partiellement transformés dans ce style. L'architecture civile porte aussi la marque de cette grâce italianisante : maison de Roaldès à **Cahors**, maison des Consuls à **Périgueux**, hôtel de Maleville à **Sarlat**, hôtel de Labenche à **Brive**.

Sculpture

En Quercy, les remarquables frises ornées d'attributs guerriers qui décorent le pourtour de l'église d'**Assier** et la façade intérieure du château comptent parmi les réalisations les plus originales de la Renaissance.

La cour intérieure du château de **Montal** offre un bel exemple du style italianisant avec ses bustes en haut relief, chefs-d'œuvre d'un réalisme parfait ; à l'intérieur, le remarquable escalier peut rivaliser avec ceux des châteaux de la Loire.

Dans la chapelle de Biron, les tombeaux à gisants des Gontaut-Biron sont décorés de sculptures influencées par le Quattrocento (15e s. italien).

Château de Monbazillac.

S. Sauvignier/MICHELIN

La période classique (17e-18e s.)

Elle n'a pas été très prolifique dans cette région. Aux confins du Limousin et du Périgord, le beau château de Hautefort et son hôpital sur plan centré sont un des rares exemples de l'architecture classique.

La Roque-Gageac.

B. Kaufmann/MICHELIN

Villes et sites

Les Arques★

Se restaurer

⊖⊖ La Récréation – *☎ 05 65 22 88 08 - fermé oct.-31 mars et w.-ends, merc. et jeu. - 16/26 €.* L'heure a sonné pour vous offrir une petite « récré » dans cette ancienne école. L'atmosphère n'est plus à l'étude dans la salle de classe transformée en restaurant. Elle serait plutôt à l'école buissonnière autour d'un repas sympathique, sous le préau en été.

Ce village de la Bouriane est paisible : c'est sans doute pour cela qu'en 1934 le sculpteur Ossip Zadkine choisit de s'y établir. Cette atmosphère particulière, propice à son œuvre, vous enveloppera sûrement durant la visite des Arques ou du moins celle du musée consacré à l'artiste.

La situation

Carte Michelin Local 337 D4 – Schéma p. 211 – Lot (46). Les Arques est situé à 1 km à l'Est de la D 45 qui longe la Masse, et à 6 km au Sud-Est de Cazals.

Le nom

Il faut rechercher les origines des Arques dans les dérivés de *arca* (arche), sous-entendu « un pont ».

Les gens

Ossip Zadkine (1890-1967), d'origine russe, arrive à Paris en 1909. En 1934, il acquiert une maison aux Arques où il réalise des sculptures marquantes comme *Diane*, la *Pietà*, *le Grand Christ*, caractérisées par leur expression monumentale et une construction parfaite de leurs formes.

visiter

Musée Zadkine

☎ 05 65 22 83 37 - avr.-sept. : 10h-13h, 14h-19h ; oct.-mars. : 14h-17h - possibilité de visite guidée (1h30) - 3 € (enf. 1,50 €). Trois salles montrent un éventail de l'œuvre de l'artiste : lithographies, tapisseries, bronzes (*Trio musical*, 1928 ; *Formes féminines...*) et bois monumentaux (*Diane*, 1927 ; *Orphée...*). Un montage audiovisuel présente un long entretien de Zadkine.

S. Sauvignier/MICHELIN/ADAGP, Paris 2004

Une forte charge émotionnelle semble rayonner dans la crypte voûtée de l'église St-Laurent... Descendez contempler la « Pietà » de Zadkine vous comprendrez !

Église St-Laurent★

Située au cœur du village, cette église est le seul vestige d'un prieuré bénédictin fondé au 11e s. par l'abbaye de Marcilhac. La nef, autrefois plus large et plus longue, a été restaurée au 20e s. à l'instigation de Zadkine. L'abside et les absidioles ont conservé toute la pureté de leur architecture romane. Certains archaïsmes apparaissent, tel l'oculus du bras Sud du transept, reste des traditions carolingiennes, et les bases à bourrelet des colonnes des arcs doubleaux. L'aspect le plus original de l'édifice est le cintre de ses arcs. Deux œuvres poignantes de Zadkine ornent cette église : le **Grand Christ★**, au revers de la façade, et la **Pietà★** dans la crypte.

alentours

Église St-André

Descendre vers la Masse, traverser la D 45. Même conditions de visite que le musée Zadkine - ☎ 05 65 22 83 37.

Située dans une clairière au milieu des bois, cette église présente un ensemble assez remarquable de **fresques murales★** de la fin du 15e s. découvertes par Zadkine en 1954. La fenêtre du chœur est encadrée par l'Annonciation, puis, de part et d'autre, par les apôtres. Au-dessus, sur la voûte constellée d'étoiles rouges, le Christ en majesté assis sur un trône en forme d'arc-en-ciel bénit d'une main et tient un globe dans l'autre. Il est entouré des attributs des quatre évangélistes. Sur les piliers de l'abside soutenant l'arc triomphal, on reconnaît saint Christophe et de l'autre côté l'Enfant Jésus l'attendant pour passer la rivière.

Symbolisme

Les apôtres tiennent soit les instruments de leur supplice : croix en diagonale de saint André, hallebarde de Matthias, soit l'objet qui les symbolise : clef de saint Pierre, long bâton de pèlerin de saint Jacques, équerre d'architecte de saint Thomas.

Assier★

Dans ce village du Quercy, à la limite d'un pays verdoyant et du causse aride, un grand homme, s'il faut en croire les frises qui racontent ses exploits, les deux monuments magnifiques qu'il a fait réaliser, son tombeau et sa devise qui se répète à l'envi, un homme haut en couleur donc, Galiot de Genouillac, a imprimé sa marque.

Jeu de mots
La devise de Galiot, sieur d'Assier, « J'aime Fortune » (qui pouvait aussi s'écrire « J'aime Fort Une »), se retrouve en divers endroits du château et de l'église.

La situation

Carte Michelin Local 337 H3 – Lot (46). Par la D 653, on accède au cœur d'Assier. Le château se situe derrière la mairie, au Sud du bourg.
46320 Assier, ☎ 06 65 40 50 60.

Le nom

Aussi loin que remontent les chroniques du pays, c'est-à-dire à... 1339 (seulement), on évoque le nom d'Assier sans en connaître l'origine ni le sens. Au vu de l'histoire du village, le nom pourrait venir du latin *assidere*, racine d'« asseoir », « établir solidement ».

Les gens

535 Assiérois. Après une incursion dans le village, Brantôme écrivit : « Bien qu'élevé en fort laide assiette, en fort laid pays montagneux et raboteux, le château d'Assier égale en splendeurs les palais du val de Loyre. »

Galiot de Genouillac (1465-1546)
Page de Louis XI, écuyer de Charles VIII, capitaine général de l'artillerie de Louis XII en 1512, enfin grand écuyer de France sous François Ier, Jacques Galiot de Genouillac aimait à dire qu'il avait servi quatre rois. Il contribua largement à la victoire de Marignan, reçut le collier de chevalier de l'ordre de St-Michel, fut nommé sénéchal du Quercy, puis gouverneur de Guyenne. Enfin, il organisa le fameux camp du Drap d'or où François Ier rencontra Henri VIII d'Angleterre. Cet homme d'armes, qui montra un véritable génie tactique, était tellement imbu de ses exploits guerriers qu'il les fit reproduire en frise sur son château et son église.

visiter

Château

☎ 05 65 40 40 99 - visite guidée (30mn, dernière entrée 45mn av. fermeture) - juil.-août : 10h-12h30, 14h-18h45 ; mai-juin : tlj sf mar. 10h-12h30, 14h-18h30 ; sept.-avr. : tlj sf mar. 10h-12h30, 14h-17h30 - fermé 1er janv., 1er Mai, 1er et 11 Nov., 25 déc. - 4,60 €, gratuit 1er dim du mois (oct.-mai).
Du château bâti entre 1525 et 1535, Brantôme disait qu'il était « mieux meublé que maison de France, tant en vaisselle d'argent qu'en tapisseries et ciels de soye d'or et d'argent ». Galiot de Genouillac voulait une demeure

In extremis
On doit à Prosper Mérimée d'avoir fait classer Monument historique, en 1841, les vestiges de ce château alors à l'abandon.

carnet pratique

Se loger et se restaurer

⊖⊖ Les Moynes – *Les Moynes de St-Simon - 46320 St-Simon - ☎ 05 65 40 48 90 - www.les.moynes.free.fr - fermé 15 nov.-15 mars - ⊭ - 5 ch. et 2 gîtes 50/60 € - repas 19 €.* Cette maison quercynoise (1885) nichée sur une exploitation agricole dédiée aux canards est entièrement rénovée. Couleurs vives, poutres anciennes, vieilles pierres et salles de bains bien équipées caractérisent les douillettes chambres. Jolie salle à manger agrémentée d'un *cantou* et de mangeoires. Piscine.

Faire une pause

Pastis Quercynois – *La Borie Grande - 46120 Aynac - ☎ 05 65 11 20 95.* Ici, vous pourrez vous fournir en pastis, dessert fait d'un feuilletage badigeonné d'huile, fourré de pommes.

Le toit du château d'Assier, autrefois en forme de carène et recouvert de lauzes, était percé de plusieurs lucarnes comme celle qui subsiste.

somptueuse digne de son rang, souhait exaucé si l'on en juge d'après l'aquarelle de Gaignières montrant le château en 1680. Malheureusement, la propriété fut vendue par les descendants dès 1766, puis démantelée par quelques vendeurs de pierres. Seule a été conservée l'aile du corps de garde, plus simple et plus sobre que les trois autres ailes au somptueux décor Renaissance.

« Fenêtres sur cour »
Cette installation présente le plan des façades du château à l'emplacement des fenêtres d'origine.

Façades – La **façade extérieure** garde des traces de mâchicoulis entre ses deux tours rondes. Au centre, l'entrée monumentale, encadrée par deux colonnes, est surmontée par une niche qui abritait une statue équestre de... Galiot, bien entendu ! et d'un fronton où l'on voit la salamandre de François Ier. La **façade intérieure★** montre une grande pureté de lignes. Elle est ornée de frises à compartiments courant au-dessus de chaque étage. De nombreuses scènes de la légende d'Hercule font allusion à la toute-puissance du capitaine, des canons crachant des flammes rappellent sa charge de grand maître de l'artillerie.

Intérieur – Les salles du bas, voûtées d'ogives, contiennent des éléments architecturaux du château et un remarquable gisant du 17e s. représentant Anne de Genouillac. Un bel escalier de transition gothique-Renaissance donne accès à l'étage. Sur le palier, un **pilier★** sculpté dans un calcaire pur représente sur une face la Fortune, sur une deuxième les trophées de Galiot de Genouillac et sur la troisième Hercule luttant contre le lion de Némée.

Église★

Construite de 1540 à 1550, elle nous est parvenue intacte. L'ornementation extérieure est un long panégyrique des exploits et des titres de Galiot de Genouillac qui souhaitait en faire son mausolée. Une **frise** d'une centaine de mètres fait le tour de l'église. Les sujets qui y sont traités : sièges de villes et combats, cavaliers, fantassins, artilleurs, surprennent le visiteur peu habitué à rencontrer tant de sujets belliqueux dans la décoration d'un édifice religieux. Le **portail** a une allure classique : au tympan, deux angelots offrent à la Vierge les insignes de Galiot, l'épée de grand écuyer et le collier de Saint-Michel. Le portique, formé de deux colonnes surmontées d'un fronton triangulaire, supporte une niche à dôme. N'oubliez pas le **tombeau** du grand capitaine dont le gisant repose sur un sarcophage de marbre : il est représenté en costume de cour ; au-dessus, un haut-relief montre Galiot entouré de ses attributs militaires et de deux canonniers. La **voûte** de la chapelle, taillée en étoile, forme un dôme soutenu par des trompes, un procédé remarquable et rarissime.

J. Damase/MICHELIN

L'insolite frise de l'église d'Assier, quelque peu usée par les siècles, constitue un précieux document sur les armes et les costumes du 16e s.

·igeonnier
;itué au Nord du bourg, ce pigeonnier du 16e s. est un ›el exemple de l'architecture rurale. Sa tour cylindrique 9 m de diamètre) et son toit conique surmonté d'un lanernon d'envol (11 m de hauteur en tout) en font l'un les plus grands du Quercy.

:ircuit

:NTRE CAUSSE ET LIMARGUE
:ircuit de 40 km – environ 2h. Quitter Assier par le Nord-)uest en empruntant la D 11, puis la D 38 (à droite). À Théminettes, prendre à droite.

₹udelle
=ondée au 13e s., l'**église fortifiée**, la plus surprenante lu Quercy, est en fait un ancien bastion féodal, dont le niveau inférieur, de plan ovale, a été aménagé en chapelle. L'accès à la chambre de défense se fait par l'escaier de bois montant à la tribune, une échelle, une rappe et un escalier de pierre ! D'étroites meurtrières éclairent ce refuge qui abrite les cloches.

)u vieux cimetière qui entoure cette église-forteresse *'accès par un passage public à droite de l'église)*, **vue** sur le chevet et l'ensemble du monument.

Quitter Rudelle par le Nord-Ouest en empruntant la N 140. Après 2 km (aux Quatre Routes), prendre à droite la D 40.

PÈLERINAGE
Derrière l'église de la bastide de Rudelle, l'**oratoire** décoré d'une coquille rappelle qu'un des chemins de St-Jacques-de-Compostelle passait là.

Château d'Aynac
Dans un cadre de bois et de prairies, cet édifice du 15e s., aujourd'hui centre de loisirs équestres, presse autour de son donjon ses tours d'angles crénelées couvertes de dômes. Remarquez les armes des Turenne sur la belle porte d'entrée.

Quitter Aynac par l'Est en empruntant la D 39.

La route suit la **vallée de Largentié**, puis s'élève vers les bois de Leyme, où abonde le châtaignier. Peu après Leyme, la route (D 48) offre de belles **vues** sur l'Est du causse de Gramat.

Lacapelle-Marival
De l'ancienne et importante seigneurie de Lacapelle-Marival qui appartint du 12e au 18e s. à la famille de Cardaillac, la localité a conservé plusieurs bâtiments. Un plan de circuit découverte est disponible à l'Office de tourisme (place de la Halle).

Le massif donjon carré du **château**, à mâchicoulis et flanqué d'échauguettes à chacun de ses angles, remonte au 13e s., tandis que le corps de logis, cantonné de grosses tours rondes, a été ajouté au 15e s.

☎ 05 65 40 80 24 - visite guidée du château et exposition juil-août : 10h-12h, 15h-19h - se renseigner pour les tarifs - visite libre de l'exposition sept. : 15h-19h - gratuit.

L'**église**, de style gothique, et la **halle** datent du 15e s. L'ancienne **porte** de ville, l'« Arbol », était jadis intégrée aux remparts du bourg qui conserve de belles maisons.

Quitter Lacapelle par le Sud en empruntant la D 940.

LA HALLE
Soutenue par des piliers de pierre, la charpente en châtaignier est couverte de tuiles rondes.

Le Bourg
Unique vestige d'un prieuré dépendant de l'abbaye d'Aurillac, l'**église** du 12e s. comprend un transept et un chœur décoré d'arcatures romanes supportées par de beaux chapiteaux où quelques oiseaux observent encore les rares fidèles.

Quitter Le Bourg par le Sud-Est en prenant la N 140, vers Figeac. Après 1 km, prendre à droite la D 653 qui ramène à Assier

Aubazine★

Aubazine, c'est une rencontre avec l'un des grands courants mystiques de l'Occident chrétien. Où la beauté de l'architecture dit l'ordre du monde et la vie intérieure des moines... Une promenade le long du canal, qui conduit à des rochers d'escalade, ajoutera une touche poétique et contemplative à cette visite.

La situation

Carte Michelin Local 329 L4 – Schéma p. 134 – Corrèze (19)
À 13 km à l'Est de Brive-la-Gaillarde, Aubazine occupe un site agréable entre la Corrèze et le Coiroux, un promontoire allongé à l'écart des grands axes de circulation.
19190 Aubazine, ☎ 05 55 25 79 93. www.cc-beynat.fr

Les gens

Moines et moniales de l'ordre de Cîteaux ont fait résonner de leurs chants les voûtes de leurs monastères des siècles durant. Les 788 Aubazinois qui vivent dans le village ont certainement leur salut gagné par avance...

comprendre

> **Les cisterciens**
> Fondé à la fin du 11e s., l'ordre de Cîteaux se développa très vite au 12e s. sous l'influence de Bernard de Clairvaux, qui mit en œuvre un retour à la règle bénédictine appliquée strictement.

La fondation de l'abbaye – Dans le premier tiers du 12e s. s'assemblent en forêt d'Aubazine, autour de l'ermite Étienne venu de la Xaintrie voisine, des hommes et des femmes aspirant à une vie austère consacrée à la prière. La petite communauté, ayant adopté la règle de saint Benoît, érige un **monastère d'hommes** à Aubazine, puis un **monastère de femmes** à seulement 600 m du premier, dans le vallon du Coiroux. En 1147, malgré le handicap constitué par l'existence de la communauté féminine, Étienne obtient l'intégration de ses fondations dans l'ordre cistercien. Cette spécificité de monastère double sera conservée jusqu'à la Révolution. Les femmes ayant été soumises par le fondateur à la clôture absolue vécurent sous la totale dépendance, tant au plan spirituel que matériel, du monastère masculin, condition sans doute à l'origine du facétieux dicton : « Qui a fille à Coiroux a gendre à Aubazine. »

visiter

ABBAYE★

Elle fut édifiée dans la seconde moitié du 12e s., et vouée à la Vierge comme la plupart des églises cisterciennes. Au 18e s., devenue trop grande, elle fut amputée de six

carnet pratique

Se loger et se restaurer

⊖⊖ **Tour** – *☎ 05 55 25 71 17 - fermé janv., dim. soir et lun. midi en hiver - 18 ch. : 46/48 € - ☕ 7 € - restaurant 20/37 €.* Face à l'abbaye, deux maisons de caractère ; la plus vieille est flanquée d'une tour. Chambres anciennes égayées de papiers peints colorés. Cuisine régionale servie dans des salles rustiques agrémentées de cuivres et d'étains. Bar fréquenté par les locaux.

Sports & Loisirs

Parc du Coiroux – *4 km à l'E d'Aubazine par D 48 - ☎ 05 55 27 25 66 - www.golf-coiroux.com – de juin à déb. sept. : 7h-19h ; sept.-mai : 9h-17h. ; golf ouv. tte l'année - fermé 25 déc. et 1er janv.* Domaine de 180 ha regroupant de nombreuses activités : baignade dans le lac, tennis, volley-ball, promenade équestre, golf et parc d'aventure. Un camping et un restaurant sont également à votre disposition.

J. Malburet/MICHELIN

À l'intérieur de l'abbaye d'Aubazine, remarquez la richesse de détails, qui ornent les scènes sculptées du tombeau de saint Étienne.

le ses neuf travées, précision qui renseigne sur ses mposantes proportions d'origine. La façade occidentale a été élevée à cette époque.

Clocher★

Coiffant la croisée du transept, il est d'une conception rès originale ; on passe du plan carré au plan octogonal par un système de gradins de pierre réalisant une figure géométrique dite « surface réglée », réussite technique unique à ce jour.

ntérieur

Le vaisseau central est voûté en berceau légèrement brisé et le vaste carré du transept doté d'une élégante coupole sur pendentifs. Trois chapelles orientées, à chevet plat, s'ouvrent de chaque côté du chœur terminé par une abside à cinq pans. Les vitraux en grisaille éclairant l'édifice étaient les seuls admis par les cisterciens qui refusaient décor et couleurs. L'abbaye possède par ailleurs un riche **mobilier★**.

Tombeau de saint Étienne★★ – Il a été exécuté en calcaire dans les années 1250-1260. Le gisant repose dans une châsse dont l'élévation est ajourée par une arcature ; le toit à deux versants est orné de scènes sculptées : sur le côté visible la Vierge à l'Enfant accueille saint Étienne et ses communautés pendant leur vie terrestre.

Un mutilé de piété...
Observez le visage du gisant : il a été mutilé par les fidèles qui raclaient la pierre : la poussière obtenue avait, paraît-il, des vertus miraculeuses.

Armoire liturgique★ – Fabriquée au 12e s. en madriers de chêne, la plus ancienne armoire conservée en France est décorée d'arcatures sur ses faces latérales.

Mise au tombeau du Coiroux – Retrouvée en 1985 lors de la fouille de l'église du monastère féminin *(voir plus loin)*, cette œuvre en calcaire, à l'origine polychrome, est d'une exceptionnelle qualité.

Les stalles – Du 18e s., elles possèdent des miséricordes sculptées de visages très expressifs.

Monastère d'hommes

☎ 05 55 84 61 12 - visite guidée (1h) - juil.-août : 10h30, 15h et 16h (dim. 10h) ; juin et sept. : 10h30 et 15h (dim. 10h) ; oct.-mai : 15h. fermé lun., janv., jeu., vend. et sam. de la Semaine sainte - 4€ (10-16 ans 2 €, -10 ans gratuit).

Des **bâtiments conventuels**, aujourd'hui occupés par la communauté catholique du Verbe de Vie, on visite la salle capitulaire avec ses voûtes d'arête retombant sur deux colonnes, la salle de travail des moines et le grand vivier à poissons, alimenté par le très beau **canal des Moines**. Tantôt creusé dans la roche en place, tantôt construit en encorbellement au-dessus d'à-pics de plus de 50 m, le canal des Moines est un ouvrage d'art d'une qualité technique rare, réalisé au 12e s. à partir d'une capture sur le Coiroux. On peut le suivre de bout en bout grâce à l'itinéraire fléché prenant à droite sur la route du plan d'eau du Coiroux *(distance 1,5 km)*.

Les clefs du paradis
Pour communiquer entre elles, chaque communauté disposait d'une clef de la porterie : l'une la clef de la porte extérieure, l'autre la clef de la porte intérieure !

◄ Monastère de femmes

Accès : à 600 m du bourg ; prendre la route en direction d Palazinges. Il ne reste plus du monastère, abandonné e 1791, que les murs de l'église. Des fouilles récentes on restitué les dispositifs d'alimentation en eau potable, e retrouvé sous le talus de la route actuelle la porteri voûtée, aménagée à la manière d'un sas, par laquell communiquaient moines et moniales.

Aubeterre-sur-Dronne★

À mi-chemin entre la Charente et l'Aquitaine, c village est baigné d'une verdure foisonnante e prend déjà des allures de Sud-Ouest. Une balad dans ses ruelles pentues encadrées de maisons à bal cons de bois nous rappelle qu'il reste l'un des plu beaux villages de France ! Merveille des merveilles il possède une saisissante église monolithe à décou vrir absolument.

La situation

Carte Michelin Local 324 L8 - Schéma p. 292 - 12 km à l'Es de Chalais - Charente (16). Aubeterre domine la vallée d la Dronne et ses verts pâturages. Se garer près de l'Offic de tourisme avant de descendre sur la place centrale.
Pl. du Château, 16390 Aubeterre-sur-Dronne, ☎ 05 4 98 57 18.

Le nom

Aubeterre est construit en pierre crayeuse, d'où so nom venant du latin *alba terra* signifiant « blanch terre ».

Roman noir
L'écrivain **Pierre Véry** (1900-1960) est né à Bellon, à quelques kilomètres d'Aubeterre. Il écrivit notamment *Les Disparus de Saint-Agil* et *Goupi-Mains rouges*.

Les gens

◄ **Ludovic Trarieux** (1840-1904), avocat et sénateur nati d'Aubeterre, est le fondateur de la Ligue des droits d l'homme et du citoyen. Son buste trône sur la place qu les 365 Aubeterriens traversent tous les jours.

Il existait autrefois un château bâti au-dessus de cette église monolithe. Ses seigneurs pouvaient, par un petit escalier caché, accéder facilement à la galerie, et de là épier les foules et assister aux offices.

visiter

Il faut gagner l'agréable place Trarieux, au cœur du vil lage, pour se repérer dans ce dédale de ruelles jalonnées d'anciennes et belles maisons restaurées. La rue qui des cend conduit à l'église monolithe, encore dominée par les vestiges du château (privé), alors qu'à l'opposé un clocher signale l'église St-Jacques. Après la découverte du village, les bords de la Dronne offrent une détente bien méritée (plage, canoë...).

glise monolithe**

› 05 45 98 65 06/50 33 - de mi-juin à mi-oct. : 9h30-12h30, 4h-19h ; de mi-oct. à mi-juin : 9h30-12h30, 14h-18h - fermé ʳ janv., 25 déc. - 4 €.

›édiée à saint Jean, cette église appartient à un type rare ue les archéologues appellent « monolithe » (d'un seul loc de pierre). On en trouve une autre à St-Émilion.

ar un couloir bordé d'enfeus (niches funéraires), péné-ːez dans une impressionnante cavité taillée dans le roc. Ine cuve baptismale du 5ᵉ ou 6ᵉ s., sculptée en croix recque, témoigne de l'existence d'une église primitive ù se pratiquait le baptême par immersion. L'église ctuelle fut probablement commencée au 12ᵉ s. pour briter les reliques du St-Sépulcre de Jérusalem, rappor-ées de la croisade par Pierre II de Castillon, alors pos-esseur du château. Elle fut utilisée comme atelier de alpêtre sous la Révolution, et comme cimetière usqu'en 1865.

'arallèle à la falaise, la nef s'élève à 20 m de hauteur et ie possède qu'un seul bas-côté où filtre encore une ource, sans doute bénéfique et vénérée des premiers ·èlerins. Dans l'abside, remarquez un monument mono-ithe laissé en réserve lors du creusement de l'église. Il enfermait probablement les reliques du St-Sépulcre.

ʌ l'autre extrémité de la nef, on découvre la chapelle ·rimitive du 6ᵉ s. transformée en nécropole au 12ᵉ s., .près l'aménagement de l'église ; une série de sarco-›hages sont creusés à même le roc. Dans la partie haute le la nef, une galerie suspendue permet d'avoir une vue l'ensemble sur ce lieu de culte chargé de spiritualité.

Culte primitif
Dans la **crypte** ont dû se dérouler les cérémonies des adeptes de Mithra, une divinité orientale dont le culte fut répandu en Gaule par les soldats de l'Empire romain. Il est caractérisé par le sacrifice d'un taureau, ou taurobole.

glise St-Jacques

;ituée dans la partie haute de la ville, cette église pré-ente une belle façade romane, rythmée d'arcades et l'arcatures. À gauche du portail central, la frise sculptée ːvoque les travaux des mois.

ːn contrebas de l'église se dresse une tour à mâchicoulis 16ᵉ s.).

M. Thiery/MICHELIN

Admirez l'archivolte de la façade de l'église St-Jacques, au décor finement sculpté de motifs géométriques d'inspiration arabe.

Abbaye de **Beaulieu-en-Rouergue**★

\lliance parfaite de l'histoire et de la modernité, 'abbaye cistercienne du 13ᵉ s. a été transformée, en .970, en centre d'art contemporain. Des œuvres de ;imon Hantaï, Michaux Serpan, Dubuffet, Roger 3issière ou encore Arpad Szenes et Maria Vieira da ;ilva offrent une nouvelle émotion dans ce site ·eculé de l'Aveyron.

.a situation

ːarte Michelin Local 338 C5 - 10 km au Sud-Est de ːaylus - Tarn-et-Garonne (82). La route D 33 décrit un ·irage à l'approche de l'abbaye qui propose un parking ›our les visiteurs en amont des bâtiments.

.e nom

.es cisterciens nommèrent nombre de leurs abbayes ;elon l'inspiration du lieu : Clairvaux, Froidmont, mais ıussi Beaulieu (*Bèl Loc* en occitan). Il suffit de s'y ·endre pour comprendre à quel point ce choix est udicieux.

.es gens

.es débuts de cette fille de l'abbaye de Clairvaux sont ıssez obscurs. Sa fondation date vraisemblablement de 1144, moment où Adhémar III, évêque de Rodez, réussit ı constituer une communauté suffisante.

Amateurs de géométrie et d'équations en tout genre, levez la tête et régalez-vous ! L'architecture des moines cisterciens était peut-être sobre mais d'une solidité à toute épreuve.

comprendre

L'abbaye traverse sans trop d'encombre le tumulte de guerres de toutes sortes, les préjudices se « limitant alors à la destruction du cloître et à la perte de se archives. Après la Révolution, elle est transformée e exploitation agricole. Ce n'est qu'en 1959 que de nou veaux propriétaires entreprennent sa restauration pour suivie, à partir de 1973, par le Centre des Monument nationaux qui reçoit le monument et la collection d'ar contemporain en donation. En été, l'abbaye abrite de **expositions** et des **animations musicales**.

visiter

☎ 05 63 24 50 10/ 60 00 - juil.-août : 10h-12h, 14h-18h avr.-juin et sept.-oct. : tlj sf mar. 10h-12h, 14h-18h - ferm 1er Mai - 6,10 € abbaye et expositions d'art contemporain.

Église★

Bel exemple de l'architecture cistercienne, l'église d 13e s. est représentative du style gothique le plus pur Sa nef unique est voûtée d'ogives et éclairée par de lancettes et des roses taillées en arabesques. L'abside sept pans est précédée par la croisée du transept qu surmonte une **coupole** octogonale sur trompes Chaque croisillon du transept s'ouvre sur une chapell carrée.

J. Damase/MICHELIN

Le clocher, court et trapu, renforce l'impression que cette église aurait pu être construite d'un même bloc.

Bâtiments abbatiaux

La **salle capitulaire**, partie la plus ancienne, s'ouvrai par trois arcs d'ogive sur le cloître, aujourd'hui dis paru. Elle se compose de deux travées couvertes cha cune de trois voûtes d'ogives retombant sur deu colonnes plutôt imposantes. Le **cellier**, au rez-de chaussée du bâtiment des frères convers, compren dix voûtes sur croisée d'ogives reposant sur quatr colonnes dont les **chapiteaux** sont décorés de feuille plates. La beauté de cette salle et le raffinement don témoignent les sobres clefs de voûte montrent le soir que les moines cisterciens apportaient à l'édificatior de chaque bâtiment, même annexe. Au-dessus, à l'étage était installé le dortoir, aujourd'hui reconverti en sall d'exposition. Le bâtiment des moines a été entièremen remanié au 17e s. et flanqué de deux tourelles un siècl plus tard.

Beaulieu-sur-Dordogne★★

Une belle église romane, vestige du monastère bénédictin, les rives de la Dordogne, un climat tempéré... la nature et l'histoire s'épousent dans cette ville, que d'aucuns surnomment la « Riviera limousine ».

La situation

Carte Michelin Local 329 M6 - Corrèze (19).. Au Sud du département, sur la rive droite de la Dordogne, Beaulieu offre un avant-goût du Périgord. La D 940 venant de Tulle (40 km) franchit la Dordogne pour gagner St-Céré (17 km) après avoir traversé la Cère.

6 pl. Marbot, 19120 Beaulieu-sur-Dordogne, ☎ 05 55 91 09 94.

Le nom

En 855, Raoul de Turenne, archevêque de Bourges, visitant la région, est séduit par l'agrément du site qu'il baptise *Bellus locus* (« beau lieu ») et décide d'y fonder une abbaye.

Les gens

Le péché mignon des 1 327 Bellocois est sans aucun doute la fraise...

comprendre

Naissance et développement de l'abbaye – En dépit des luttes meurtrières des seigneurs de Turenne et de Castelnau qui se disputent sa suzeraineté, le monastère d'obédience clunisienne prend très vite une grande importance. Les abbés doivent ensuite compter avec les bourgeois de la cité qui, obtenant privilège sur privilège, acquièrent bientôt une indépendance presque totale.

La réforme bénédictine – L'abbaye, ayant eu à souffrir des guerres de Religion, est désertée par les moines qui prennent des libertés avec la discipline. En 1663, l'abbé de La Tour d'Auvergne fait appel aux austères bénédictins de St-Maur qui entreprennent les réformes nécessaires, réparent les bâtiments conventuels et permettent à l'abbaye de vivre des heures sereines jusqu'à la Révolution.

carnet pratique

Se loger

⊖ Chambre d'hôte La Maison – *11 r. de la Gendarmerie - ☎ 05 55 91 24 97 - www.19.chez.tiscali.fr - fermé oct.-mars - ⊭ - 6 ch. 42/62 € ☕.* Accueil fort aimable dans cette hacienda mexicaine transplantée au centre de Beaulieu ! Arcades, patio fleuri, murs teintés d'ocre rouge, chambres coquettes aux noms originaux : la mariée, les indiens, les oiseaux... Jardin suspendu et piscine. Une adresse de charme.

⊖⊖ Manoir de Beaulieu – *4 pl. du Champ-de-Mars - ☎ 05 55 91 01 34 - reservation@manoirdebeaulieu.com - fermé 3 janv.-4 mars - P - 27 ch. 52/90 € - ☕ 7,50 € - restaurant 25/45 €.* Cette grosse bâtisse régionale bénéficie d'un emplacement central. Demandez une chambre rénovée, les autres sont plus sobres. Vous pourrez déguster de bonnes recettes corréziennes dans une salle à manger au plaisant cadre rustique ou, l'été, sur la terrasse.

Se restaurer

⊖ Au Beau-Lieu Breton – *R. du Presbytère, pl. de l'Église - ☎ 05 55 91 20 46 - francajulo.fr - ouv. juil.-août - 12,50/17,50 €.* Dans la vieille ville, cette crêperie-saladerie est la bienvenue pour un repas simple mais agréable : vous aurez plaisir à vous attabler dans cette fraîche ruelle, devant un magret fumé maison ou une galette au sarrasin, arrosés d'un vin de pays de la Corrèze ou d'une bolée de cidre.

⊖⊖ Les Charmilles – *20 bd St-Rodolphe-de-Turenne - ☎ 05 55 91 29 29 - charme@club-internet.fr - 18/35 € - 8 ch. 52 € - ☕ 8 €.* Cette accueillante maison régionale est située sur les berges de la Dordogne. La salle à manger, claire et colorée, sert de cadre à une cuisine classique. Aux beaux jours, un jardinet et une agréable terrasse ajoutent au charme de l'adresse. Pour prolonger l'étape, choisissez l'une des coquettes chambres.

En descendant la Dordogne, dont les rives sont très animées en été, on découvre, se mirant gracieusement dans la rivière, une chapelle romane au haut clocher-mur à cinq arcades.

se promener

Vieille ville★

Un dédale d'étroites ruelles bordées de demeures anciennes convergent vers l'église. Une belle tour à coquille (16e s.) se dresse rue Ste-Catherine. Place de la Bridolle, face au portail occidental, s'élève la **maison dite Renaissance**, ornée de statues et de médaillons. Quand le passé vous charme...

Église St-Pierre★★

☎ 01 46 51 39 30 - www.guidecasa.com - visite libre - possibilité visite guidée juil.-août : 10h-12h, 14h30-18h - consulter sur place les affiches Casa précisant les j. de fermeture - gratuit - association Casa (Communauté d'accueil dans les sites artistiques) - 28 r. Molitor - 75016 Paris.

Imprégnée d'influences architecturales venant du Limousin comme du Sud-Ouest de la France, cette église abbatiale du 12e s. fut un lieu de pèlerinage important.

Bâtie en grès, elle présente un plan bénédictin que l'on retrouve dans les églises de pèlerinage de ce type. Le chœur, le transept et la travée orientale de la nef furent édifiés les premiers, de 1100 à 1140 environ. Au milieu du 12e s., on poursuivit les travaux par le côté Sud de la nef et le mur du collatéral Nord ; la campagne s'acheva au 13e s. par la travée occidentale de la nef et la façade.

Portail méridional★★ – Édifié en 1125, il est l'un des premiers chefs-d'œuvre de la sculpture romane. Ce portail a été exécuté par les tailleurs d'images toulousains qui travaillèrent à Moissac, Collonges, Souillac et Carennac. Précédé d'un porche ouvert, il présente un ensemble sculpté d'une composition et d'une exécution remarquables. Il illustre les préliminaires du Jugement dernier : les morts, assignés à comparaître, sortent de leur tombeau ; l'exaltation des apôtres, la magnificence de la Croix et des instruments de la Passion, le témoignage des plaies du Christ, la soumission du Mal représenté par les monstres. L'ensemble des sculptures du tympan et du porche a été restauré.

Chevet – Ses proportions harmonieuses donnent une impression d'unité, renforcée par l'homogénéité du style décoratif : moulurations limousines des fenêtres, corniches sur modillons sculptés, cordons de billettes. Le clocher central présente un seul étage octogonal percé de huit baies en arc brisé à voussure limousine. En contournant le chevet, dans le prolongement du croisillon Nord, remarquez les restes du cloître bordant la salle capitulaire (sacristie).

B. Kaufmann/MICHELIN

Le thème reproduit sur le portail de l'église St-Pierre est celui du « Retour du Seigneur », de son triomphe à la fin des temps, annonce du Jugement dernier.

Façade occidentale – Elle s'ouvre par un large portail sans tympan. Le clocher qui la surmonte à l'angle Sud fut rajouté au 14e s., au moment de la guerre de Cent Ans, et surélevé en 1556.

Intérieur – Sanctuaire de pèlerinage, l'église est conçue pour faciliter la circulation des foules : larges bas-côtés et déambulatoire. La voûte en berceau de la nef repose sur des piles cruciformes. À la croisée du transept s'élève une coupole irrégulière sur pendentifs plats. Le chœur est éclairé par cinq baies en plein cintre. La décoration intérieure est assez pauvre en comparaison de la beauté du portail Sud. Les chapiteaux sculptés sont rares : on les trouve aux entrées du déambulatoire et dans les chapelles du transept ; ils portent un décor de feuillages ou de personnages formant cariatides. Les autres chapiteaux appartiennent au type « géométrique » répandu dans le Quercy. Remarquez dans le croisillon Nord, au-dessus de la porte de l'escalier des tribunes, un linteau de facture maladroite qui représente deux lions encadrant un arbre.

Trésor – *Avr.-sept. : 8h-20h ; oct.-mars : 8h-19h - ☏ 05 55 91 18 78.*

Exposé dans le bras Nord du transept, le trésor renferme une remarquable **Vierge à l'Enfant★** du 12e s., en bois revêtu d'argent, des reliquaires et une châsse du 13e s. en émail champlevé.

Cette pièce rare, qui fait la fierté des Bellocois, mesure 60 cm de haut.

Chapelle des Pénitents

Se renseigner à l'Office de tourisme - ☏ 05 55 91 09 94.

Chapelle du 12e s. qui sert de salle d'exposition pendant l'été.

circuits

ENTRE PALSOU ET SOURDOIRE

Circuit de 30 km – environ 2h. Quitter Beaulieu par le Sud en empruntant la D 41, puis à droite la D 12.

Queyssac-les-Vignes

Du sommet de la **tour de l'ancien château** *(accès par la cour de l'hôtel Au Vin Paillé)* se développe un vaste **panorama★** (table d'orientation) : de l'Est au Sud-Ouest se détache la vallée de la Dordogne jalonnée par le château de Castelnau-Bretenoux, Carennac et le cirque de Montvalent ; au Sud-Est apparaissent les tours de St-Laurent qui dominent St-Céré ; au Nord et au Nord-Ouest, on distingue la roche de Vic et le château de Turenne.

Continuer la D 12, puis prendre à droite la D 15E.

La Chapelle-aux-Saints

C'est ici à « la Bouffia (qui signifie la grotte ou trou en occitan) Bonneval », que fut trouvé, en 1908, un squelette quasi complet de l'homme de Neandertal. Ce chasseur nomade gisait dans une fosse entouré d'objets familiers. Depuis 1999, les fouilles ont repris et ont permis de dégager de nouvelles cavités.

BALADE DANS LA PRÉHISTOIRE

Du parking *(200 m du village)*, un chemin conduit à la **grotte** où furent retrouvés les restes de notre lointain cousin, enseveli il y a environ 45 000 ans.

Musée de l'Homme de Neandertal – *☏ 05 55 91 18 00 - www.neandertal-musee.org - ♿ - possibilité de visite guidée (45mn) juil.-août : 10h-12h, 14h30-18h ; avr.-juin et sept.-oct. : tlj sf jeu.14h30-18h - 4 € (6-16 ans : 3 €, -6 ans gratuit).*

Il présente la découverte du squelette, ainsi que le mode de vie et l'environnement de ce chasseur il y a 45 000 ans (climat, animaux)... Les visites commentées expliquent l'enjeu scientifique de cette découverte et réhabilitent l'homme de Neandertal trop longtemps vu comme un singe.

Église – Du 12e s., elle possède un beau toit d'ardoise. Son portail comprend deux colonnes dont les oiseaux sur les chapiteaux tiennent dans leur bec une couronne ornée de perles, ou entourent un homme.

Curemonte★ *(voir ce nom)*

La D 15 offre de belles vues sur Curemonte et son site.

Poursuivre sur la D 163 en direction de Lostanges.

Parc botanique de Lostanges

☎ 05 55 25 47 78 - ♿ - possibilité de visite guidée (1h) le matin, sur demande préalable - juil.-août : 14h-18h30 ; de mi-avr. à fin juin et de déb. sept. à mi-oct. : w.-end et j. fériés 14h-18h ; reste de l'année : sur RV - 4 € (6-12 ans 2 €).

Dans un cadre agréable de moyenne montagne, découvrez au gré du parcours 500 plantes groupées par origine géographique : de la lointaine Nouvelle-Zélande aux essences locales corréziennes, en passant par les déserts de cactus. Un diaporama sur les régions évoquées complète la visite.

À L'HORIZON

De tous côtés apparaît ce paysage si caractéristique de la Dordogne, composé de vallons et de collines avec des prairies coupées d'élégants rideaux de peupliers.

Reprendre la D 163 en direction de Marcillac-la-Croze, puis prendre à droite la D 106.

Puy-d'Arnac

Il se blottit au pied d'une butte que couronne une église. Du village, une route en très forte montée permet d'accéder en voiture à la plate-forme entourant l'église (site de la Cafoulière). Celle-ci est aménagée en aire d'accueil et donne accès à des chemins pédestres entretenus. Trois tables d'orientation avec descriptif aident à découvrir le vaste **panorama★** : à l'Est et au Sud, la vue se porte sur la vallée de la Dordogne, tandis qu'au Nord-Ouest se dessinent les reliefs plus accentués de la région de Meyssac et de Turenne.

Rejoindre la D 940 qui ramène à Beaulieu.

GORGES DE LA CÈRE

Circuit de 50 km – environ 3h.

Née dans les monts du Cantal, la Cère appartient au Quercy pour la dernière partie de son cours. Mais avant de confondre ses eaux avec celles de la Dordogne en aval de Bretenoux, au pied du promontoire où se dresse le célèbre château de Castelnau *(voir ce nom)*, la Cère a dû se frayer un chemin, entre Laroquebrou et Laval-de-Cère, en creusant des gorges sauvages.

Quitter Beaulieu en empruntant la D 940 vers St-Céré, et prendre à gauche la D 41.

Après avoir traversé la Dordogne, la route s'élève, offrant de belles vues sur la vallée.

Reygade

Près du cimetière, un petit bâtiment abrite un chef-d'œuvre de la fin du 15e s., en pierre polychrome. Cette émouvante **Mise au tombeau★** pourrait avoir été réalisée par le même sculpteur que celui de Carennac (Lot). Un montage audiovisuel explique les particularités de chaque personnage. *☎ 05 55 28 50 19 - 9h-21h - ♿ - 6 €.*

Rejoindre et poursuivre sur la D 41. 7 km après La Chapelle-St-Géraud, prendre la D 13 vers Camps.

B. Kaufmann/MICHELIN

Sur la Mise au tombeau de Reygade, les couleurs, qui ont gardé presque toute leur vivacité, accentuent l'expression des visages et donnent du relief aux costumes.

Rocher du Peintre*

Terre-plein aménagé au Sud de Camps : de là se révèle une belle vue sur les gorges boisées de la Cère.

Alors que la voie ferrée emprunte de bout en bout les gorges, aucune route n'a été tracée permettant de longer la rivière des environs de Laroquebrou à Laval-de-Cère.

Poursuivre sur la D 13.

Laval-de-Cère

Entre Laval-de-Cère et Port-de-Gagnac, la route sinueuse s'élève au-dessus de la vallée dans un décor de prairies et de collines, et surplombe le barrage de Brugale.

1 km avant Port-de-Gagnac, tourner à droite sur la D 116ᴱ.

Avant de regagner Beaulieu, en montant jusqu'à l'église de **Fontmerle** vous pourrez profiter, une dernière fois, du paysage de la région

Beaumont-du-Périgord

Planté au milieu d'un paysage vallonné, Beaumont domine les prés alentour délicatement dessinés par quelques haies d'arbres. D'aspect relativement moderne, la « première bastide royale » anglaise recèle encore des témoins de son riche passé.

La situation

Carte Michelin Local 329 F7 - Dordogne (24). La bastide prolonge ses rues jusque sur la D 660, route fort empruntée puisque c'est le seul axe majeur entre Bergerac et Cahors.

Pl. Centrale, 24440 Beaumont-du-Périgord, ☎ 05 53 22 39 12.

Le nom

« Beaumont », assez répandu tant en pays d'oc qu'en pays d'oïl, est la francisation de l'occitan *bèl mont* provenant lui même du latin *bellus mons.*

Les gens

Alors que la plupart des bastides sont conçues sur un plan quadrangulaire, la ville aurait été bâtie en forme de « H » par le roi Édouard Iᵉʳ en souvenir de son père Henri III. 1 150 Beaumontois ont aujourd'hui le privilège d'habiter à Beaumont-du-Périgord.

se promener

LA BASTIDE

Fondée en 1272 par Lucas de Thanay, sénéchal de Guyenne, pour le compte d'Édouard Iᵉʳ, cette importante bastide n'a conservé de ses fortifications percées de seize portes que la porte Luzier, par laquelle vous pénétrez dans le bourg.

Bastides

Ces villes neuves (*bastidas* en langue d'oc), plus ou moins fortifiées, se sont développées au 13ᵉ s. Leur plan est généralement en échiquier, carré ou rectangulaire. Des quatre points cardinaux, des allées rejoignent les deux rues parallèles qui enserrent la place centrale de la ville.

Église St-Front

Les quatre tours reliées par un chemin de ronde marquent le caractère défensif de l'édifice bâti dans le style

carnet pratique

Se loger et se restaurer

⊖⊖ Côte-Rivage – *Au bourg - 24150 Badefols-sur-Dordogne - ☎ 05 53 23 65 00 - www.cote-dordogne.com - fermé de mi-oct. au 1ᵉʳ mai - 7 ch. 60/90 € - ☕ 9 € - restaurant 25/32 €.* Avenante maison rénovée près des berges de la Dordogne. Murs immaculés, rideaux colorés, meubles chinés et climatisation rendent les chambres agréables. Jolie salle à manger contemporaine garnie de meubles en fer forgé et terrasse d'été. Cuisine du marché et bergeracs à prix coûtant.

Loisirs

Randonnées – Si vous voulez vous promener, sachez qu'un topoguide du canton de Beaumont est disponible à l'Office de tourisme, qui organise également des circuits thématiques.

gothique anglais. Le portail est orné d'une **galerie★** à balustrade soulignée par une frise de personnages grimaçants. À l'intérieur, à gauche, dans la tour des Cloches, est exposée la volumineuse clef de voûte du chœur (elle pèse 450 kg) sculptée de têtes, dont celle du patron de l'église, saint Front. Sur le même bas-côté vers le milieu de la nef, s'ouvre la chapelle St-Joseph, vestige sans doute d'une église plus ancienne.

Au centre du village, entourée de maisons à cornières et cantonnée de tours massives, l'église de Beaumont-du-Périgord constitue l'un des plus beaux édifices religieux fortifiés du Sud-Ouest.

alentours

Dolmen de Blanc

3 km au Sud de Beaumont-du-Périgord par la D 676.

Il lui est attaché une bien curieuse légende : on raconte qu'une jeune fille, qui s'était perdue pendant un orage, arriva à proximité des mégalithes et pria afin d'être secourue. Elle vit alors les pierres bouger afin de lui indiquer son chemin.

circuit

BASTIDES ET MOULINS★

Circuit de 110 km – compter une journée. Quitter Beaumont-du-Périgord par le Nord en empruntant la D 660.

Couze-et-St-Front

Au débouché de la vallée de la Couze, ce bourg excellait dès le 15e s. dans la fabrication du « papier de Hollande » qui était commercialisé jusqu'en Russie. C'était le centre papetier le plus important d'Aquitaine : treize moulins y fonctionnaient. De nos jours, sur les trois moulins en activité, seuls deux fabriquent encore du papier filigrané selon les méthodes anciennes.

Moulin de la Rouzique - Écomusée du Papier – ☎ *05 53 24 36 16 - visite guidée (1h, dernière entrée 1h av. fermeture) - juil.-août : 10h-19h, w.-end 14h-19h ; avr.-juin et sept. : 14h-18h30 ; reste de l'année : sur demande préalable - fermé sam., 25 déc.-1er janv. - 4,50 € (-8 ans : gratuit), gratuit Journée des moulins (3e w.-end juin).*

Comment de vieux tissus blancs (coton, lin) deviennent-ils feuilles de papier ? Un circuit initiatique retrace les étapes nécessaires à sa fabrication. C'est à l'étage du moulin de la Rouzique, percé de baies munies de volets en bois, qu'avait lieu le séchage du papier. Cet espace accueille aujourd'hui une intéressante **collection de papiers filigranés★** du 14e au 18e s.

Au moulin de la Rouzique séchait le papier.

Moulin de Larroque – ☎ *05 53 61 01 75 - www.moulin-de-larroque.com - atelier : tlj sf w.-end 9h-12h, 14h-17h - galerie d'artisanat : tlj sf dim. 9h-12h, 14h-17h, sam. 15h-17h - visite obligatoirement accompagnée en été - fermé j. fériés et 24 déc.-1er janv. - 3 € (8-10 ans 1,50 €, -8 ans gratuit).*

À la recherche d'idées pour vos cadeaux de fin d'année ? Faites une halte à la boutique de ce moulin du 13e s. où l'on fabrique du papier à la main. Les nombreux objets à base de papier filigrané devraient vous aider à trouver l'inspiration !

Quitter Couze par l'Ouest en empruntant la D 37.

Château de Lanquais★ *(voir ce nom)*

Poursuivre sur la D 37. Après 1,5 km, tourner à droite et franchir la Dordogne. À St-Capraise-de-Lalinde, prendre à droite la D 660. À Lalinde, prendre à droite, retraversez la Dordogne.

St-Front-de-Colubri

Construite au 12e s. au sommet de la falaise dominant la Dordogne, la chapelle de St-Front-de-Colubri protégeait les mariniers qui descendaient les rapides du saut de la Gratusse. Depuis le milieu du 19e s., le canal de Lalinde permet d'entreprendre la manœuvre sans risque.

Longer la Dordogne par la D 29.

Badefols-sur-Dordogne

La petite église du village se terre au pied des vestiges du château fort, repaire de Seguin de Badefols, seigneur brigand pendant la guerre de Cent Ans qui louait ses troupes au plus offrant, Anglais ou Français.

Poursuivre sur la D 29, puis 4 km plus loin, sur la D 28.

Cadouin★ *(voir ce nom)*

Quitter Cadouin par le Sud-Ouest en empruntant la D 25, puis après 2 km, tourner à droite sur la D 27.

Molières

La place de cette bastide, fondée par les Anglais en 1284 et restée inachevée, n'a jamais été bordée de maisons à couverts. Cela n'empêche pas Molières d'être un village séduisant, embelli par une petite église gothique et les ruines du château fort au Nord du bourg.

Faire demi-tour et reprendre la D 25 (à droite).

Toponymie

St-Avit-Sénieur honore le Gallo-Romain **Avitus Senior**, soldat du roi Alaric II, devenu ermite au 6e s. C'est en son souvenir et sur les fondations d'une ancienne abbaye que fut édifiée au 11e s. l'abbaye bénédictine de St-Avit-Sénieur.

St-Avit-Sénieur

Église★ – Avec ses 60 m de long, 20 de large et 43 de hauteur, sa dimension en impose. Fortifiée au 14e s., elle donne une impression de sévérité et de rudesse : bretèche crénelée, hautes murailles presque aveugles du chevet et tours encadrant la façade, reliées par des chemins de ronde.

Au Sud de l'église, des fouilles ont mis au jour les vestiges d'un établissement augustinien détruit lors des guerres de Religion, dégageant les soubassements d'une église romane primitive et de bâtiments conventuels.

Poursuivre sur la D 25, puis, après 2 km, tourner à gauche dans la D 26 qui longe la Couze.

Ste-Croix

Entre les ruisseaux de la Vouludre et de la Véronne, ce village possède une charmante église romane que jouxtent les bâtiments en partie ruinés d'un ancien prieuré. Cette église du 12e s. présente une silhouette pure. Derrière une façade surmontée d'un clocher-mur se dégage une nef couverte de tuiles rondes.

Quitter Ste-Croix par l'Est et prendre à droite la D 26.

Montferrand-du-Périgord

Un château fort à demi ruiné domine ce beau village étagé au-dessus de la Couze. Une promenade permet de découvrir une halle du 16e s., des maisons Renaissance et leurs pigeonniers. Dans le cimetière, à l'écart du village, une chapelle romane est décorée d'un ensemble de fresques (12e-15e s.).

Partant au pied du château de Montferrand, une balade balisée permet de rejoindre la chapelle *(compter 7mn de marche).*

Rejoindre la D 26, et tourner à droite sur la D 2.

Monpazier★ *(voir ce nom)*

Quitter Monpazier par l'Ouest en empruntant la D 660 qui rejoint Beaumont-du-Périgord.

Belvès★

Dans cette région vallonnée où se côtoient bois de châtaigniers, de noyers et de chênes, Belvès, perché sur un promontoire à l'emplacement d'un castrum gallo-romain, domine la vallée de la Nauze. Le vieux Belvès descend de la colline tel un bourg de Toscane.

La situation

Carte Michelin Local 329 H7 – Dordogne (24). C'est par la route de Monpazier que vous aurez le plus beau point de vue sur l'étagement des maisons aux façades réchauffées par les premiers rayons du soleil. Au Nord du promontoire, la rampe accède directement à un large parking. Le centre du bourg est impraticable en voiture les jours de marché. Autour de Belvès, 120 km de sentiers sont balisés.

1 r. des Filhols, 24170 Belvès, ☎ 05 53 29 10 20. www.perigord.com/belves

Le nom

Pour certains, l'origine de Belvès renvoie à l'occitan *bèl ves*, « bel aspect » ; pour d'autres, il ne s'agit ni plus ni moins que du souvenir de la présence de la tribu des Bellovaques qui s'y serait installée au 3e s. avant J.-C.

Les gens

1 431 Belvésois. L'écrivain Julien Gracq a eu ces mots en évoquant le bourg : « Belvès est le nom de cette beauté cloîtrée de la forêt du Périgord noir... »

Reste la clef mais plus la porte d'entrée du castrum.

S. Vinet/MICHELIN

se promener

Le bourg

Des panneaux apposés sur les principaux monuments permettent d'identifier chacun d'eux et un plan commenté est disponible à l'office de tourisme.

Castrum – Au cœur du bourg, la **place d'Armes** a conservé l'ancien beffroi du 11e s. et la halle du 15e s. En quittant la place par un discret passage couvert situé à

Sur le promontoire calcaire, la cité de Belvès réserve de belles promenades dans ses ruelles.

droite de la maison de l'Archevêque, vous accéderez à la **rue Rubigan** pour découvrir la tour de l'Auditeur (ancien donjon du castrum). Dans la **rue des Eiffols**, vous trouverez notamment la maison des Consuls (qui abrite l'office de tourisme).

Village – Dans la **rue Manchotte**, artère principale commerçante, vous remarquerez aux n°s 27-29 les maisons à colombages. En remontant la rue, vous arriverez à l'**église N.-D.-de-Montcuq** (13e-15e s.) située à la lisière Ouest de la ville. À l'origine prieuré bénédictin, ce grand édifice gothique possède encore un riche

carnet pratique

Visite

Visites guidées de la ville – Découvrez la ville médiévale lors d'un circuit guidé, en sais. tlj sf dim. à 18h. *S'adresser à l'Office de tourisme.*

Visite aux flambeaux – Juil.-août : mar. soir 21h., dép. sous la halle du 15e s.

Balades en pays belvésois – Visite guidée en voitures à la découverte des produits du terroir (foie gras, noix, truffe, tabac), proposée par l'Office de tourisme mar. et jeu. matin en juil.-août.

Se loger

⊖⊖ **Le Branchat** – 4} - - *24170 Sagelat - 3 km au S de Belvès par D 710 dir. Fumel et rte secondaire à gauche - ☎ 05 53 28 98 80 - lebranchat@lebranchat.com - fermé nov.-mars - 6 ch. 53/69 € - repas 25 €.* Bergerie, étable, grange et maison des fermiers bénéficient d'une remarquable restauration permettant d'accueillir aujourd'hui de ravissantes chambres d'hôte. Entouré par 5 ha de nature, vous y dormirez sur vos deux oreilles. Pour la détente : piscine, promenade dans le parc ou balade en poneys.

⊖⊖ **Chambre d'hôte La Grande Marque** – *La Grande Marque - 24220 Marnac - 9 km au NE de Belvès par D 703 et à droite - ☎ 05 53 31 61 63 - www.lgmfrance.com - - 6 ch. 55/75 € - 7 € - repas 25/35 €.* Un panorama à couper le souffle s'étend au pied de cette bâtisse périgourdine du 17e s. perchée sur les hauteurs. Sous les combles, trois jolies chambres mansardées, éclairées de petites fenêtres, viennent d'être entièrement refaites de neuf.

Se restaurer

⊖⊖ **Auberge de la Nauze** – *Fongauffier - 24170 Sagelat - 1 km au N de Belvès par D 53 - ☎ 05 53 28 44 81 - fermé 6-12 fév., 27 juin-6 juil., lun. soir, mar. soir et sam. midi - 13 € déj. - 17,50/48 €.* Cette maison à l'architecture régionale est dominée par le pittoresque bourg de Belvès. Grandes baies vitrées et couleurs chaleureuses illuminent la salle à manger. Le chef mitonne une cuisine traditionnelle qui fait appel aux produits du terroir.

Que rapporter

Marchés de Belvès – Marché traditionnel sam. matin. Marché aux noix merc. mat. d'oct. à déc. Petit marché de Belvès fin juin à début septembre (16h-19h).

Marchés de Villefranche-du-Périgord – *23 km au S de Belvès par D 660.* Marché aux châtaignes sam. matin d'oct. à fin déc. marché aux cèpes en sem. à partir de 16h et le dim. toute la journée de juin à oct. (selon la pousse).

mobilier (chaire, autel de la Vierge...). Vous redescendrez sur la **place Croix des Frères** : à droite le château, à gauche un clocher octogonal (14e s.), vestige du couvent des Frères Prêcheurs.

Habitations troglodytiques

☎ 05 53 29 10 20 - www.perigord.com/belves - visite guidée (45mn) sur réservation à l'Office de tourisme - 3,50 € (enf. 1,50 €).

Un ensemble souterrain de neuf salles, situées dans le fossé médiéval, sous la place d'Armes, permet de découvrir la vie quotidienne des familles qui y vécurent du 12e au 18e s.

Musée Organistrum et Vielles à roue du Périgord noir

14 r. J.-Manchotte. ☎ 05 53 29 10 93 - sur demande préalable - Gratuit.

Dans ce musée, vous est présentée une petite collection de luths, vielles et autres instruments de musique du Moyen Âge, reproduits avec soin.

circuit

AU PAYS DES CÈPES ET DES CHÂTAIGNES

Circuit de 60 km – compter environ une demi-journée.

Quitter Belvès par le Sud en empruntant la D 710 (en direction de Villefranche-du-Périgord). Après 1 km, prendre à gauche la D 54, puis 2 km plus loin prendre à droite.

Des prés, des parcelles ocre, des champs de blé et surtout des bois. Un parcours essentiellement sous couvert végétal ponctué de petits villages charmants.

Orliac

Sous leurs toits de lauzes, un pigeonnier et une église romane fortifiée au portail Renaissance, égayent ce petit village isolé dans la forêt.

Prats-du-Périgord

Lieu de pêche réputé pour la truite et l'écrevisse, le coin recèle quelques merveilles comme cette **église St-Maurice★** romane fortifiée : la nef est étonnamment enchâssée entre l'abside et le clocher-mur.

Quitter Prats par le Sud par la D 60.

Calendrier
Fête de la châtaigne, du châtaignier et du cèpe : 3e w.-end d'oct.

Villefranche-du-Périgord

Aussi appelée « Villefranche-de-Belvès », cette bastide a été fondée en 1261 par le sénéchal Guillaume de Bagneux pour Alphonse de Poitiers, frère de Saint Louis. Sur la place du marché, l'imposante **halle** portée par de lourds piliers de pierre conserve des mesures à grains. L'église du 19e s. est due à Abadie (l'architecte qui a remanié la cathédrale St-Front à Périgueux. *Voir ce nom.*).

Maison du châtaignier, marrons et champignons – *Juil-août : 10h-12h30, 15h-18h30, dim. 10h-12h30 ; sept-juin, sur rdv., tlj sf dim. 10h-12h30, 15h-18h, sam. 15h-18h. 1€. ☎ 05 53 29 98 37.*

Cet écomusée présente successivement les châtaignes, les champignons et le bois de châtaignier. Pour compléter la visite, vous pourrez vous rendre sur le sentier de nature du châtaignier *(1 km, compter 30mn)*. Et en saison de récolte, tous les samedis matin se tient un marché aux châtaignes.

Continuer vers le Nord-Est en suivant la D 57.

M.-H. Carcanague/MICHELIN

Le portail sculpté de la façade Ouest de l'église de Besse est exceptionnel dans le contexte périgourdin peu familier de ce type de décor.

Église de Besse

Ne passez pas à côté de cet édifice roman fortifié sans vous y arrêter. Cette église est surtout connue pour son **portail★** primitif sculpté du 11e s., inhabituel dans cette région. De nombreuses scènes y sont représentées (thème de la Rédemption avant et après le péché originel) : Saint-Michel terrassant le dragon, Isaïe purifié par un charbon ardent.

Quitter Besse par le Nord-Est en empruntant la D 57.

St-Pompon

En bordure d'un ruisseau sur lequel se penchent de frêles maisons, le village occupe un endroit charmant. Traversez le petit pont à côté de la mairie pour rejoindre sur la droite la **porte fortifiée**, seul vestige de l'enceinte élevée par les Anglais au 15e s. Après l'église, vous apercevez les restes d'un château édifié à la même époque. À la sortie du village, sur la route de Daglan *(vers l'Est)*, trône **N.-D.-de-Bedeau**, une chapelle des 13e et 17e s. qui accueille encore quelques processions, notamment lors de l'ouverture de la chasse.

Quitter St-Pompon par le Nord-Ouest en empruntant la D 60, direction Prats. Après 1 km, tourner à droite sur la D 52. À St-Laurent, prendre la D 51 qui ramène à Belvès.

Bergerac★

Bergerac est une ville blonde : ses pierres, son tabac, la couleur même de son vin. Elle donne envie de s'y perdre, au détour d'une rue du 15e s. dans la vieille ville ou le long de l'ancien port sur la Dordogne, point de départ des gabares.

La situation

Carte Michelin Local 329 D6 – Dordogne (24). L'avenue du Prés.-Wilson permet d'accéder au cœur de la ville pour qui vient du Nord.

97 r. Neuve-d'Argenson, 24100 Bergerac, ☎ 05 53 57 03 11. www.bergerac-tourisme.com

Le nom

D'après la tradition, Bergerac doit son nom à la présence d'une villa gallo-romaine, celle de *Bracarius*, dont l'ancêtre aurait été tailleur de braies.

Les gens

26 053 Bergeracois. Le plus connu des Bergeracois reste sans conteste **Cyrano** et son fameux appendice nasal, héros de la pièce d'Edmond Rostand. Curieusement, malgré son nom, ce personnage, inspiré par l'écrivain philosophe du 17e s. n'a rien à voir avec la ville périgourdine !!

E. Larribère/MICHELIN

Bergerac a adopté ce « fils illégitime » qu'est Cyrano, et lui a élevé une statue place de la Myrpe.

comprendre

Un carrefour commercial et intellectuel – La ville prend son essor dès le 12e s. Ville port mais aussi ville pont sur la Dordogne, elle voit rapidement se développer une bourgeoisie qui fait fortune dans le commerce entre les régions de l'intérieur (Auvergne, Limousin) et Bordeaux.

Au 16e s., ce fief des Navarre devient une des capitales du protestantisme. La ville connaît alors une période brillante. De nombreuses imprimeries publient des pamphlets diffusés dans l'ensemble du monde protestant. En août 1577, la **paix de Bergerac** est signée entre le roi de Navarre et les représentants d'Henri III. Mais en 1620 les armées de Louis XIII s'emparent de la ville et démolissent les remparts. Après la révocation de l'édit de Nantes (1685), les jésuites et les récollets essaient de reconquérir des disciples. De nombreux Bergeracois fidèles à leurs croyances calvinistes émigrent alors en Hollande, pays avec lequel ils maintenaient des contacts commerciaux. À la Révolution, Bergerac jusque-là première ville du Périgord, se voit dépassée par Périgueux qui devient préfecture du département de la Dordogne. Au 19e s. cependant, vignoble et batellerie prospèrent jusqu'à la crise du phylloxéra et l'arrivée du chemin de fer.

PAX

La « paix de Bergerac » est un préliminaire à l'édit de Nantes, qui sera, lui, signé en 1598.

Visite

Gabarre Vésunna – *33 r. Nungesser et Colline - ☎ 05 53 24 58 80. De Pâques à la Toussaint 11h-18h (dép. ttes les h. en sais.). Promenade guidée (1h), 6,50 € (enf. 4 €). Perigord.Gabarres@wanadoo.f.* Découverte de l'histoire de la batellerie, de Bergerac et de sa réserve naturelle.

Se loger

Europ Hôtel – *20 r. du Petit-Sol - ☎ 05 53 57 06 54 - europ.hotel.bergerac@wanadoo.fr - P - 22 ch. 39/53 € - ☕ 6 €.* Vous vous croirez un peu à la campagne, allongé au bord de la piscine entourée d'arbres. Cet hôtel est excentré, dans le quartier de la gare. Les chambres au décor des années 1970 sont simples, mais bien tenues et à prix doux.

Château Lespinassat – *Rte d'Agen - 3 km au SE de Bergerac par N 21 - ☎ 05 53 74 84 11 - www.chateaulespinassat.com - 5 ch. 120/290 € - ☕ 12 € - repas 40 €.* La belle architecture de ce château du 18e s. se reflète dans une pièce d'eau aménagée au cœur d'un superbe parc de 5 ha. À l'intérieur, mobilier ancien, gracieuses moulures, tentures soyeuses, cheminées de caractère et beaux parquets composent un ravissant décor. Vastes chambres parfaitement équipées. Piscine.

Se restaurer

Le Méli-Mélo de la Marquise – *2 r. Ste-Catherine - ☎ 05 53 57 10 86 - www.melimelo-delamarquise.com - fermé le soir, dim. et lun. - réserv. conseillée - 12/46 €.* De grandes baies vitrées inondent de lumière cette adresse « cosy » agrémentée de couleurs vives. Petit-déjeuner tous les jours, cuisine du marché à midi, salon de thé l'après-midi, espace dédié aux chocolats : un vrai méli-mélo gourmand !

La Flambée – *153 av. Pasteur - ☎ 05 53 57 52 33 - fermé sam. midi, dim. soir et lun. du 16 sept. au 14 juin - 18/35 €.* Cette bâtisse ancienne abrite des salles à manger décorées avec goût, mêlant les styles rustique et actuel. Belles poutres, cheminée en pierre et ambiance intime dans la première. La seconde s'ouvre sur un parc arboré et une terrasse fleurie où il fait bon s'attabler en été pour déguster une cuisine régionale soignée.

L'Enfance de Lard – *Pl. Pélissière - ☎ 05 53 57 52 88 - lenfacedelard@yahoo.fr - fermé mar. - réserv. obligatoire - 26/45 €.* Une atmosphère intime règne dans la minuscule et coquette salle à manger rustique de ce restaurant posté en bordure d'une jolie place du vieux Bergerac. Si l'on ajoute que l'accueil est charmant et la cuisine soignée, vous n'aurez pas de peine à comprendre pourquoi le lieu est souvent bondé.

Faire une pause

La Désirade – *Pl. Pélissière, vieux quartier - ☎ 05 53 58 27 50 - juin-sept. 10h-0h ; mai 9h-19h - fermé oct.-avr.* Devant une très jolie fontaine, la terrasse de cet établissement bien nommé est un havre de paix et de fraîcheur. Le couple affable qui tient cette petite affaire vous proposera des glaces artisanales et de délicieux cocktails sans alcool.

La Treille – *12 quai Salvette - ☎ 05 53 57 60 11 - été : 8h-2h ; reste de l'année : 9h30-1h - fermé nov., mar. soir et merc. sf juil.-août.* Aussi inouï que cela puisse paraître, voici la seule terrasse sur la Dordogne ! N'hésitez pas à venir prendre un verre sous la magnifique treille de ce site classé. Tout aussi charmant, l'intérieur en pierre et bois bénéficie d'une cheminée et d'une minuscule salle voûtée « pour les amoureux »...

E. Larribère/MICHELIN

Victoria – *27 r. Boubarraud - ☎ 05 53 58 48 36 - tlj sf dim. et lun. 10-14h, 15h-18h30 ; boutique : 19h - fermé 15 j. en août.* Coquet salon de thé et boutique présentant de jolis services pour le « five o'clock tea ». Côté décor : reproductions de tableaux anciens, tartans écossais et couleur rouge dominante. Côté carte : tartes salées et salades à midi, pâtisseries maison et un choix de plus de 100 thés...

Que rapporter

Marchés – *☎ 05 53 57 03 11.* Marché fermier mer. et sam. matin pl. du marché couvert, ven. matin pl. de la Madeleine, mar. matin pl. Doublet. Marché au gras sam. d'oct. à fév.

Pâtisserie Rosier Castagna – *10 r. de la Résistance - ☎ 05 53 57 04 42 - tlj sf lun. 8h-19h15, sam. 7h30-19h30, dim. 7h30-12h30 - fermé lun. sf en juil.-août.* Cette maison fondée en 1875 a conservé son superbe décor d'époque. Les produits proposés sont un régal pour les yeux et le palais. En vedette : les truffes au monbazillac, le Succès, biscuit meringué aux amandes parfumé café et rhum, le Noyer garni de ganache aux noix, l'Insolite, le Périgord... Que du plaisir !

L'Art et le Vin – *17 Grand'Rue - ☎ 05 53 57 07 42 - tlj sf dim. 9h30-12h30, 14h-19h, sam. 9h-12h30, 14h-19h.* La façade bordeaux de cette boutique voisine des halles donne le ton : vous pénétrez ici dans un lieu dédié à l'univers du vin. Les crus sélectionnés, rangés dans des caisses en bois, proviennent essentiellement des petits producteurs de la région, tous suivis d'année en année : pécharmant, bergerac, monbazillac, etc.

Maison des Vins de Bergerac – *1 r. des Récollets - ☏ 05 53 63 57 85.* Vente de vins de Bergerac : rosette, pécharmant, monbazillac, saussignac, montravel.

Sports & Loisirs

Aqua Park Junior' Land – *Rte de Bordeaux - ☏ 05 53 58 33 00 - www.bergerac-tourisme.com - 15 mai-15 sept. : canoës : 10h-20h ; hors sais. : suivant météo - fermé 16 sept.-14 mai - 5,70 € (- de 5 ans 2,80 €).* Quatre piscines éclairées, un toboggan, un trampoline à air, des jeux de plein air, du tir à l'arc, des vtt, des mini-motos, des soirées à thème... et surtout de superbes balades en canoë sur la Dordogne ! De plus, vous pouvez compter sur un accueil vraiment chaleureux.

Calendrier

Mai des Arts – Expositions, animations et spectacles sont proposés tout au long du mois de mai.

Les mercredis du Jazz – Concerts en juil.-août.

La Table de Cyrano – Autour du 14 Juil. les années paires, cette manifestation allie gastronomie et vins avec la programmation de concerts tous les soirs dans le vieux Bergerac.

La Table de Roxane – Mi-août, les années impaires, selon la même organisation que la Table de Cyrano, autour de la place de la République.

Bergerac aujourd'hui – Essentiellement marché agricole, Bergerac est la capitale du tabac en France et regroupe l'Institut expérimental des tabacs et le Centre de formation et de perfectionnement des planteurs de tabac. Les vignes qui entourent la ville produisent des **vins** d'appellation d'origine contrôlée, comprenant le bergerac et les côtes-de-bergerac, le monbazillac, le montravel et le pécharmant *(voir la carte du vignoble de Bergerac dans l'Invitation au voyage)*. Le Conseil interprofessionnel des vins de la région de Bergerac, qui décide de l'appellation des vins, se trouve dans le cloître des Récollets *(voir ci-après)*. La principale entreprise industrielle est la Société des poudres et explosifs dont les productions sont orientées vers la fabrication de la nitrocellulose, employée dans l'industrie des films, des peintures, des vernis et des matières plastiques.

Vignoble
12 000 : c'est le nombre d'hectares consacrés à la production vinicole autour de Bergerac.

se promener

LE VIEUX BERGERAC**

Ancien port

Autrefois, les gabares accostaient à cet endroit pour décharger les produits et le bois qui venaient du haut du

Dans l'ancien port accostent toujours des gabares pour embarquer non plus du vin mais des visiteurs.

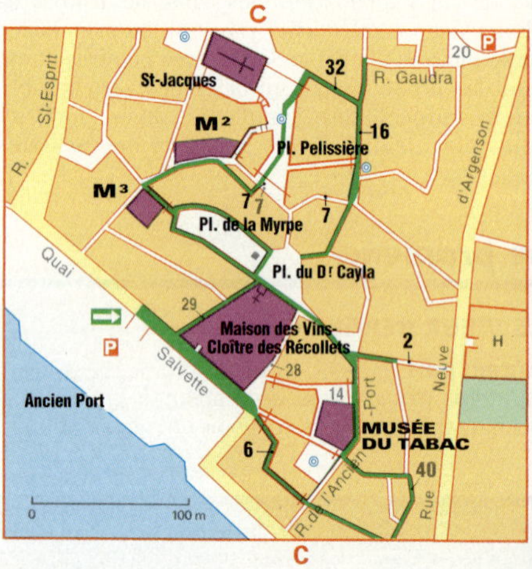

- Albret (R. d') C 2
- Alsace-Lorraine (Cours) BY
- Ancien-Port (R. de l') C
- Beausoleil (Bd) AY 3
- Bourbarraud (R.) AY
- Brèche (R. de la) AYZ 4
- Candillac (R.) AZ 5
- Château (R. du) C 6
- Conférences (R. des) AZ, C 7
- Cyrano (R.) AY
- Diderot (R.) AY
- Dr-Cayla (Pl. du) C
- Dr-Simounet (R.) BY 12
- Ferry (Pl. J.) AY 13
- Feu (Pl. du) AZ, C 14
- Fontaines (R. des) AZ, C 16
- Gambetta (Pl.) AY
- Gaudra (R.) AZ, C
- Grand'Rue AYZ
- Lakanal (R.) BYZ
- Lattre-de-Tassigny (Pl. de) AY 18
- Maine-de-Biran (Bd) BY 19
- Malbec (Pl.) AZ, C 20
- Mergier (R.) BYZ
- Michelet (R.) BZ
- Mobiles (Sq. des) BY
- Montaigne (Bd) AY
- Morize (R. Germaine) AZ
- Moulin (Bd J.) AY
- Mounet-Sully (R.) AY 22
- Myrpe (Pl. de la) C, AZ 23
- Neuve-d'Argenson (R.) AYZ, C
- Pelissière (Pl.) C, AZ 25
- Petit-Sol (R. du) AY
- Pont (Pl. du) AZ 27
- Pont-St-Jean (R. du) AY
- Port (R. du) C 28
- Pozzi (R. du Prof.) ABZ
- Rabier (R. Junien) ABZ
- Récollets (R. des) C 29
- République (Pl. de la) BY
- Résistance (R. de la) AY 30
- St Clar (R.) AZ, C 40
- St-Esprit (R.) C, AYZ
- St-Jâmes (R.) C 32
- Ste-Catherine (R.) AY 33
- Salvette (Quai) C, AZ 34
- Testut (R. du Prof.) BZ
- Valette (R.) AY
- Victor-Hugo (Bd) BY
- Wilson (Av. Prés.) BY
- 14-Juillet (R. du) BY
- 108e-R.-I. (Av. du) BY 35

- Ancien Port C
- Maison des Vins-Cloître des Récollets C
- Église St-Jacques C, AZ
- Musée d'Art sacré C M²
- Musée du Tabac C, AZ
- Musée du Vin, de la Batellerie et de la Tonnellerie C M³
- Notre-Dame AY

pays et embarquer les barriques de vin à destination de Bordeaux, puis de l'Angleterre et de la Hollande.

Prendre sur la gauche au bout du quai Salvette.

Rue du Château

Elle forme un coude dans lequel a été aménagé un curieux balcon à balustre surplombant la rue.

Poursuivre en traversant la rue de l'Ancien Port et tourner à gauche.

Rue St-Clar

Elle est bordée de maisons à colombages en encorbellement dont les murs en torchis sont parfois mêlés de briquettes.

Tourner à gauche dans la rue des Rois de France puis à droite dans la rue de l'Ancien Port.

Maison Peyrarède★

Cet élégant hôtel dit des Rois de France, édifié en 1603, s'orne d'une tourelle en encorbellement. Il abrite le musée du Tabac *(voir « visiter »)*.

Rue d'Albret

Au fond de cette rue, à droite, apparaît la façade de l'hôtel de ville, ancien couvent des Dames de la Foi. En revenant sur ses pas, à gauche, faisant le coin avec la place du Feu, une vaste demeure a conservé les grands arcs de ses portes ogivales.

Gagner la place du Docteur-Cayla.

Places du Docteur-Cayla et de la Myrpe

Place du Docteur-Cayla, attenant à l'ancien couvent des Récollets, se dresse une chapelle du 13e s., devenue un **temple protestant** à la fin du 18e s. Il accueille des expositions relatives à l'histoire du protestantisme local. *☎ 05 53 57 02 79 - ♿ - de mi-juil. à mi-sept. : 16h-19h - gratuit*

La place de la Myrpe ombragée séduit par le charme de ses petites maisons à colombages. Sur le terre-plein se dresse la statue de **Cyrano de Bergerac** enveloppé d'une houppelande.

S'engager dans la petite rue qui ferme la place puis tourner à droite.

Laissez-vous aller à flâner dans les rues du vieux Bergerac.

Rue des Conférences

Son nom évoque les entretiens qui précédèrent la paix de Bergerac. Elle est bordée de maisons à colombages.

Tourner à gauche.

Place Pelissière

Autour d'une fontaine, cette grande place à plusieurs niveaux (autrefois celle des marchands de peaux, pélissiers) a été dégagée à la suite de la démolition de masures. Elle est dominée par l'**église St-Jacques**, ancienne étape des pèlerins de St-Jacques-de-Compostelle, qui abrite des œuvres contemporaines. *14h-19h - ☎ 05 53 57 19 11.*

Rue St-Jâmes

Elle est bordée de demeures des 15e, 16e et 17e s., montrant des fenêtres à meneaux et des murs à pans de bois.

Tourner à droite.

Rue des Fontaines

La Vieille Auberge, au coin de la rue Gaudra, a conservé ses arcades moulurées, ses chapiteaux du 14e s. et ses baies ogivales. Descendez la rue des Fontaines qui ramène à la place du Docteur-Cayla.

visiter

Maison des Vins - Cloître des Récollets

L'accès à l'ancien couvent des Récollets se fait par le quai Salvette. ☎ 05 53 63 57 55 - www.vins-bergerac.fr - ♿ - de mi-juin à fin août : 10h-19h ; de déb. mai à mi-juin : tlj sf lun. 10h-13h, 14h-19h ; sept.-avr. : tlj sf dim. et lun. 10h30-12h30, 14h-18h - gratuit.

En franchissant l'enceinte qui, jadis, protégeait la cité des fortes crues, le visiteur pénètre dans un couloir conduisant au **caveau de la Vinée**. La cave des moines remarquablement voûtée se divisait à l'origine en deux entrepôts : le plus petit recueillait le grain (par une trappe encore visible) ; le plus grand abritait les barriques de vin destinées au chargement des gabares. Aujourd'hui, le caveau accueille les réunions de la Conférence des consuls de la Vinée.

Le **bâtiment du cloître**, construit entre le 12e s. et le 17e s., allie la brique à la pierre. La cour intérieure présente une galerie Renaissance du 16e s. accolée à une autre galerie du 18e s. Là sont présentées des expositions relatives au vin. Dans l'angle Sud-Est de la cour intérieure se trouve le four des moines.

La visite se termine par la **salle d'apparat** dont les fenêtres donnent sur les coteaux de Monbazillac et par la découverte du laboratoire d'œnologie : salle de dégustation en hémicycle où tous les vins sont goûtés chaque année pour savoir s'ils pourront recevoir l'appellation d'origine contrôlée (AOC).

Allez jusqu'à la rue de l'Ancien-Port.

Musée du Tabac**

☎ 05 53 63 04 13 - ♿ - tlj sf lun. 10h-12h, 14h-18h, sam. 10h-12h, 14h-17h, dim. 14h30-18h30 - fermé j. fériés, sam. ap.-midi et dim. de mi-nov. à mi-mars - 3,50 € (10-18 ans 2 €) billet combiné avec le musée d'Histoire urbaine.

Ses remarquables collections y sont fort bien présentées. De salle en salle, on suit le destin extraordinaire de cette plante qui, aujourd'hui encore, demeure au centre de bien des préoccupations. De nombreuses **gravures satiriques** du 19e s. illustrent cet art de « consommer » le tabac.

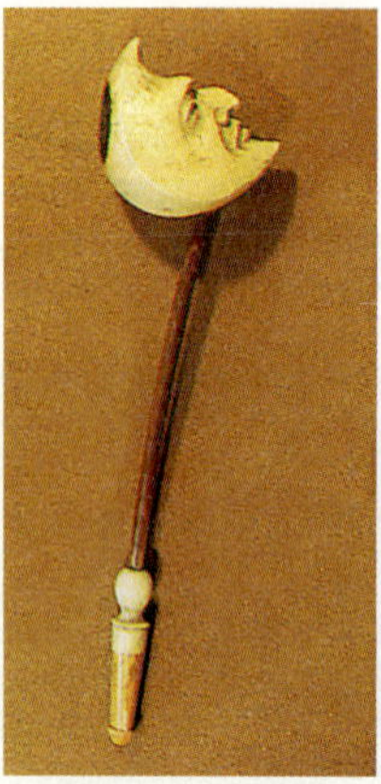

Musée du Tabac, Bergerac

Dans les vitrines du musée du Tabac, les pipes en porcelaine, en écume de mer, en bois, sont décorées de sujets cocasses, de portraits de personnages illustres.

Au 2e étage, sont réunies quelques œuvres d'art évoquant le tabac et les fumeurs. Remarquez : *Les Deux Fumeurs* de l'école française du Nord du 17e s., *Les Trois Fumeurs* de Meissonier et le charmant *Intérieur de tabagie* de David Teniers II dit le Jeune. À côté, le guéridon du fumeur réalisé par des Indiens du Mexique fascine par le nombre de bagues de cigares qu'il a fallu utiliser pour obtenir cette « marqueterie ».

Une section est consacrée à la culture du tabac : plantation, récolte, séchage... plus particulièrement dans la région de Bergerac.

Chronologie du tabac en Europe

Les Indiens d'Amérique sont les premiers fumeurs. Avec le retour des colons, le tabac pénètre en Europe. En France, il est introduit vers 1560 par Jean Nicot qui envoie de la poudre de tabac à Catherine de Médicis pour guérir ses migraines. Fumeurs et fumeuses envahissent les églises... L'engouement est tel que le pape Urbain VIII va jusqu'à excommunier les fumeurs et que Louis XIII interdit la vente de tabac avant d'établir, plus sagement, le premier système fiscal le concernant. À la fin du 18e s., le tabac n'est plus vendu sous forme de carotte qu'il faut râper mais directement en poudre. Une nouvelle évolution se produit avec l'usage de la pipe. Les officiers du Premier Empire en lancent la mode, suivie aussitôt par les romantiques, dont George Sand. Enfin, au milieu du 19e s. apparaît la cigarette.

Musée d'Histoire urbaine

☎ 05 53 63 04 13 - ♿ - mêmes conditions de visite que le musée du Tabac, billet combiné.

Dans une maison attenante à l'**hôtel Peyrarède** et reliée à celui-ci, des objets, cartes, documents, vestiges architecturaux, meubles... évoquent l'histoire de Bergerac. Remarquez quelques faïences qui étaient fabriquées à Bergerac au 18e s. et les plans anciens de la ville.

Musée régional du Vin et de la Batellerie★

05 53 57 80 92 - ♿ - de mi-mars à mi-nov. : 10h-12h, 14h-17h30, sam. 10h-12h, dim. 14h30-18h30 ; reste de l'année : tlj sf dim. 10h-12h, 14h-17h30, sam. 10h-12h - fermé 14 juil., 15 août, j. fériés (en sem.) - 2,50 € (10-18 ans 1,50 €).

Installé dans une belle maison de brique à colombages, au bout de la place de la Myrpe, ce musée agréablement présenté comprend trois sections.

Au 1er étage, on découvre l'activité de la **tonnellerie** qui eut une place importante dans l'économie de Bergerac. Les *barricayres*, nom donné aux tonneliers, étaient tenus à des normes très strictes concernant les jauges, les bois utilisés... La section concernant le vin montre l'évolution du vignoble bergeracois à travers les siècles et les différents types d'habitats vignerons.

Au 2e étage, la **batellerie** revit à travers les maquettes des bateaux, les gabares à fond plat et à voiles, qui assuraient le transport des marchandises sur la Dordogne. Ils n'allaient pas en amont de Bergerac qui était le seuil de rupture de charge. Des photos montrent l'animation du port de Bergerac au 19e s., ainsi que les scènes de pêche à l'épervier ou à l'escave, noms que l'on donnait aux grands filets qui permettaient des captures miraculeuses au moment de la remontée des poissons migrateurs : saumons, aloses.

À proximité de la place de la Myrpe se trouve la place Pelissière et, non loin, le musée d'Art sacré.

Église Notre-Dame

Quitter la place Pelissière par le Nord et la Grand'Rue, traverser le boulevard de la Résistance pour arriver sur la place de-Lattre-de-Tassigny.

Construite au 19e s. en style gothique, elle est coiffée d'un clocher très élancé. Elle présente dans la chapelle Est deux beaux tableaux : une *Adoration des Mages* attribuée à Pordenone, peintre vénitien élève de Giorgione, et surtout une *Adoration des bergers* attribuée à Ferrari, Milanais élève de Léonard de Vinci. Dans la chapelle Ouest est exposée une immense **tapisserie d'Aubusson** aux armes de Bergerac.

circuit

VALLÉE DU CAUDAU

Circuit de 60 km – compter environ une demi-journée. Quitter Bergerac par le Nord-Est en empruntant la N 21. Après Les Pelissous, emprunter à droite la D 21E1..

Lamonzie-Montastruc

Perché sur une éminence naturelle, le **château de Montastruc** est un bel édifice de facture classique dont le corps du logis (16e s.) est flanqué de tours d'angle (15e s.). Le village possède une intéressante **église** romane à coupole du 12e s. au porche orné de voussures.

Poursuivre sur la D 21 qui longe le Caudau.

J. Damase/MICHELIN

Des fondations du 13e s. à la façade du 18e s., les maçons qui ont érigé le château de Montastruc avaient le goût du travail bien fait !

Château de la Gaubertie

Construit au 15e s., ce château a été entièrement restauré au début du 20e s. Un chemin de ronde court autour du grand corps de logis, flanqué de deux tours – l'une ronde, l'autre carrée. Une petite chapelle du 17e s. s'élève à l'écart du château.

Revenir et poursuivre sur la D 21.

Vergt

Cette commune agricole est devenue l'un des principaux **marchés de la fraise** *(voir ci-contre)*. Tous les coteaux alentour sont ainsi couverts de cloches de plastique où s'abritent les précieux fraisiers.

Reprendre la D 8, en direction de Bergerac. Après 1,5 km, prendre la deuxième route à gauche.

MARCHÉS

Marché aux fraises – tlj de mi-avr. à mi-nov.

Marchés des producteurs de pays – dim. mat. sous les halles juil.-août.

Marchés nocturnes – en sais.

Marchés au gras – sous la halle à partir de déc.

Si vous achetez des fraises du Périgord, il est fort probable qu'elles aient été récoltées dans les environs de Vergt.

Lac de Neufont

Neuf fontaines ont donné son nom à ce charmant lac qui s'étire sur près de 5 ha. Deux plages aménagées facilitent la baignade : toboggan, jeux d'enfant, pédalo... qui dit mieux ?

St-Amand-de-Vergt

Le village possède une jolie église romane surmontée d'un dôme.

Quitter St-Amand par le Sud.

Château de Saint-Maurice

Partiellement dissimulé derrière les arbres de son parc, ce château montre de beaux bâtiments des 14e et 15e s. aux fenêtres Renaissance et couronnés de mâchicoulis.

Poursuivre la route jusqu'à St-Félix-de-Villadeix, puis continuer sur la D 32 qui ramène à Bergerac.

Beynac-et-Cazenac★★

Accroché à l'une des somptueuses falaises de la vallée de la Dordogne, ce village a une position stratégique qui lui vaut une occupation depuis l'âge de bronze. Des ruelles pavées du bourg au vaste panorama qui embrasse les châteaux de Marqueyssac, Fayrac et des Milandes, le site est enchanteur. Paul Éluard ne choisit-il pas d'y finir ses jours ?

La situation

Carte Michelin Local 329 H6 - Dordogne (24). Le village borde la D 703, axe principal du bourg, qui longe la rive droite de la Dordogne. Plusieurs parkings payants *(non autorisés aux camping-cars)* et un parking gratuit en haut, à la sortie du bourg *(pour tous les véhicules)*.

La Balme, 24220 Beynac-Et-Cazenac, ☎ 05 53 29 43 08.

Le nom

Il semblerait que Beynac provienne d'un nom de personne d'origine germanique, Baginus. Il en va de même pour Cazenac, ancien *Casnac*, qui vient de Cassinus. Le hameau de Cazenac *(voir p. 331)* a été rattaché à Beynac en 1827.

Les gens

C'est à Beynac que vécut **O'Galop**, premier dessinateur du Bibendum Michelin. Aujourd'hui, 506 Beynacois ont le privilège d'habiter l'un des plus beaux villages de France.

RIEN NE SE PERD

La garnison du château, après avoir repoussé les envahisseurs depuis les mâchicoulis par des jets de pierres, récupérait les projectiles à l'aide d'un treuil pour les entreposer jusqu'à l'attaque suivante.

comprendre

Une redoutable place forte – Au Moyen Âge, Beynac constitue avec Biron, Bourdeilles et Mareuil, l'une des quatre baronnies du Périgord. Pris par Richard Cœur de

-ion, le château est confié au sinistre Mercadier, capitaine d'armes dont les bandes pillent la région pour le compte de l'Angleterre. En 1214, Simon de Montfort, le champion de la croisade contre l'hérésie cathare, après s'être emparé du château avec sa délicatesse coutumière, commence son démantèlement. Le seigneur de Beynac reconstruit l'édifice tel qu'il nous est parvenu. Au cours de la guerre de Cent Ans, la Dordogne marque la limite des influences anglaises et françaises : Beynac, aux mains des Anglais en 1360, puis des Français en 1368, et Castelnaud, sous domination anglaise, échangent escarmouches et coups de main. La paix retrouvée, la forteresse continue de veiller sur le bourg.

se promener

Village*

La **rue Tibal Lo Garrel***, petit chemin piétonnier en forte pente *(sur la droite)*, conduit du bas du village au château précédé de l'église paroissiale, ancienne chapelle du château remaniée au 15e s. *(ouverte lors des offices uniquement)*. Bordé de belles maisons des 15e, 16e et 17e s. finement ouvragées, il permet d'imaginer la prospérité passée de Beynac, quand le port constituait sa principale ressource. La concurrence du chemin de fer mit un terme à cette activité au 19e s.

Calvaire

Sur le rebord de la falaise, au bout de la rue Tibal Lo Garrel, vous trouverez un calvaire : ne manquez pas le **panorama**** sur la vallée de la Dordogne.

visiter

Château**

☎ 05 53 29 50 40 - juin-sept. : 10h-18h30 ; mars-mai : 10h-18h ; oct.-nov. : de 10h à la tombée du jour ; janv.-fév. et déc. : de 12h à la tombée du jour.

Sa forme massive - en quadrilatère - domine la vallée de la Dordogne de 150 m. Cette falaise lui assurait une défense efficace au Sud-Est. À l'opposé, vers le plateau, il fut protégé par une double enceinte. Le donjon garni de créneaux date du 13e s. Le grand corps de bâtiment des 13e et 14e s. est prolongé par le manoir seigneurial du 15e s. agrémenté au 16e s. d'une échauguette : c'est ce que l'on appelle une construction par étapes ! À partir de 1798, le château ne fut plus habité et fut laissé à l'abandon jusqu'à son rachat en 1961. Le propriétaire, qui loge à présent au-dessus de l'entrée, a entrepris un ambitieux programme de rénovation (sur cent ans) qui a déjà permis aux cuisines, au pont-levis, à la salle des gardes et au donjon de retrouver leur aspect d'antan.

On pénètre dans la **salle des gardes** (13e s.) où il faut s'accoutumer à la pénombre, car elle n'est éclairée que de quelques lampes à l'huile comme à l'époque. À

Une rivière où glissent les gabares, un village blotti au pied d'une falaise, un château dressé sur un rocher... comment rester insensible devant tant de beauté, pour peu que le soleil couchant teinte les pierres de Beynac ?

carnet pratique

Se restaurer

La Petite Tonnelle – *La Balme - 24220 Beynac - D 703 - ☎ 05 53 29 95 18 - www.lapetitetonnelle.com - fermé 11 nov.-1er avr. sf vac. scol. - 13/26 €.* Ce restaurant familial propose une cuisine du terroir plutôt originale : certains plats sont parfois rehaussés d'épices asiatiques (la cuisinière est originaire du Vietnam). L'hiver, prenez place au coin du feu ; l'été, attablez-vous sous la jolie « petite tonnelle » où grimpe la vigne vierge.

Que rapporter

Marché – Marché de Producteurs de Pays le matin de mi-juin à mi-sept., parking de la Balme.

Sports & Loisirs

Aux Canoës Roquegeoffre du Port d'Enveaux – *Enveaux Rive Droite - 24220 St-Vincent-de-Cosse - ☎ 05 53 29 54 20 - www.canœ-roquegeoffre.com - 9h-19h - à partir de 8 €.* Cette base de loisirs située sur une rive de la Dordogne propose des promenades au fil de l'eau, en canoë ou en kayak. Également, possibilité de louer des barques de pêche. Il est préférable de réserver la veille par téléphone.

Gabares de Beynac – *24250 St-Martial-de-Nabirat - ☎ 05 53 28 51 15 - www.gabarre-beynac.com - juil.-août : dép. parking automobile (1h, ttes les 30mn) 10h-12h30, 14h-18h ; mai-juin et sept. : 10h30-12h30, 14h-18h ; de mi-mars à fin avr. et oct. : sur demande préalable. 6,50 € (-12 ans : 4 €, gratuit le matin).* Promenade en gabare.

l'étage se trouve la cuisine du 14e s. avec ses deux cheminées. Dans la pièce attenante, vous verrez les latrines : ici, il y en a à tous les étages ! Ensuite on monte à la **salle des états généraux du Périgord** avec sa belle voûte en arceau brisé, où se réunissait jadis la noblesse. Remarquez le décor sculpté de la cheminée en provenance d'Italie, qui a été ajouté. Dans l'oratoire les fresques gothiques, d'une facture parfois naïve mêlent personnages bibliques et membres de la famille de Beynac. Le grand escalier du 17e s. à rampe droite, d'inspiration florentine, mène à un **salon meublé** Louis XIII, notez les peintures sur bois au plafond. Par un dernier escalier, on accède au chemin de ronde et au bastion méridional du château d'où l'on découvre un splendide **panorama**★★ sur la vallée et, de gauche à droite, sur la « barre » de Domme et les châteaux de Marqueyssac, de Castelnaud et de Fayrac. En redescendant, passage dans la cuisine du 13e s. sur différents niveaux et le pont-levis avant la sortie par la barbacane.

C'est au château de Beynac que fut tourné le film de J.-M. Poiré, « Les Visiteurs II ». Rien d'étonnant à ce qu'on entende encore y résonner les célèbres « OK » lancés à la cantonade par le facétieux Jacquouille.

Animations

Des activités pédagogiques destinées aux enfants sont organisées le mercredi de 14h à 17h30, sur demande préalable, ainsi que des démonstrations lors de la visite. Une **grande foire gauloise** est organisée les 13, 14 et 15 août.

Parc archéologique

☎ 05 53 29 51 28 - possibilité de visite guidée (1h30) - de déb. juil. à mi-sept. : tlj sf sam. 10h-19h - 5 € (enf. 3,50 €).

À l'aide d'une dizaine de reconstitutions, ce parc archéologique évoque les habitats de la fin du néolithique à l'époque gauloise, auxquels s'ajoutent une sépulture lithique, une porte fortifiée et un four de potier gaulois.

Château de Biron★

Racheté par le département en 1978, le château a été restauré minutieusement et transformé en centre d'art. Tous les étés, les expositions organisées constituent un très bon prétexte pour s'arrêter dans la forteresse, profiter un moment de la fraîcheur des salles et apprécier la beauté du paysage périgourdin.

La situation

Carte Michelin Local 329 G8 – Dordogne (24). Le centre du bourg est interdit à la circulation, et les parkings alentour manquent d'ombre en plein après-midi.

Le nom

L'origine de Biron est loin d'être sûre. On hésite entre un nom gaulois, *Birus*, et une déformation de l'occitan *biron*, « alentours », prononcé *biroun* en gascon...

Les gens

Certains racontent que Charles de Gontaut, grand ami du roi Henri IV et décapité en 1602 à la Bastille pour haute trahison, déambulerait parfois avec sa tête entre les mains sur les remparts du château ! Qui parmi les 140 Bironais a vu la tête du duc de Biron ? À vous de leur demander...

comprendre

Une longue histoire – Dès le 11e s., une forteresse existe sur ce petit promontoire, édifice malmené par Simon de Montfort qui l'assiège en 1212. Au 16e s., le château est reconstruit par Pons de Gontaut, chambellan de Charles VIII, qui décide de le transformer en demeure Renaissance à l'image de ce qu'il avait vu en Italie. Il remanie alors les bâtiments situés à l'Est de la cour d'honneur et fait reconstruire la chapelle. Les travaux sont ensuite interrompus pour ne reprendre qu'au 18e s. Au total, 24 générations de Gontaut-Biron se seront succédé dans ce château, chacune y apportant ses modifications, du 12e au 20e s.

visiter

CHÂTEAU

☎ *05 53 63 13 39 - juil.-août : 10h-19h ; avr.-juin, de déb. sept. à mi-nov. et vac. scol. Noël : 10h-12h30, 14h-18h ; de mi-nov. à fin mars : tlj sf lun., vend. et sam. 10h-12h30, 14h-17h30 - possibilité de visite guidée (1h) - fermé lun. (fév.-juin, sept.-déc.), vend. et sam. (fév.-mars et de mi-nov. à mi-déc.), janv., 25 déc. - 5,50 € (6-12 ans 3,30 €).*

Basse cour

Entourant les bâtiments d'habitation du château sur trois côtés, elle comprend la **conciergerie**, la chapelle, la recette (bâtiment où les paysans venaient apporter leurs redevances) et la boulangerie. L'élégante tour de garde, occupée par la conciergerie, juxtapose créneaux, chemin de ronde et décoration Renaissance. La **chapelle** a été construite au début du 16e s. dans le style Renaissance. ▶

GISANTS
La chapelle abrite deux **tombeaux surmontés de gisants** dont les sculptures montrent l'influence du Quattrocento : celui d'Armand de Gontaut (évêque de Sarlat) est décoré de Vertus assises, et celui de son frère, Pons, est orné de bas-reliefs retraçant la vie du Christ.

carnet pratique

SE LOGER

Camping Le Moulinal – *24540 Biron - 4 km au S de Biron par rte de Lacapelle-Biron - ☎ 05 53 40 84 60 - lemoulinal@perigord.com - ouv. 2 avr.-17 sept. - réserv. conseillée - 290 empl. 35 € - restauration.* L'étang bordant ce camping fera la joie de toute la famille qui pourra s'adonner à la baignade ou au bronzage sur la plage. Jolie piscine paysagée. Réservés aux enfants : un mini-club et un espace clos et arboré. Bungalows toilés et mobile homes à louer.

Au sous-sol du château de Biron, la cuisine, ancien réfectoire de la garnison, frappe par ses dimensions (22 m x 9 m) et sa voûte surbaissée.

Une balustrade court à la base du toit. La nef basse servait jadis d'église paroissiale et la nef supérieure, de chapelle seigneuriale. Au Nord de la cour, le **bâtiment des recettes** date du 15e s.

Cour d'honneur

On y accède par un escalier et un couloir voûté d'ogives. À droite, le logis seigneurial du 16e s. orné de fenêtres Renaissance dessert le donjon du 13e s. remanié au 15e s. À gauche, le corps de logis bâti du 16e s. au 18e s. présente un bel escalier qui donne accès à la salle des États. Au sous-sol, la garnison tout entière s'attablait dans ce réfectoire de presque 200 m². Fermant la cour d'honneur à son extrémité, un portique à colonnes conduit aux terrasses du château d'où l'on découvre une large **vue★** sur la campagne environnante et, au Nord, sur la bastide de Monpazier dont les Biron étaient les seigneurs.

Château de Bonaguil★★

Aux confins du Périgord noir et du Quercy, cette stupéfiante forteresse se dresse, solitaire, au milieu des bois. Difficile de ne pas succomber à son charme lorsque sa silhouette altière se découpe soudain au loin sur le bleu du ciel. L'esprit vagabonde, s'émeut devant la pierre blonde. Des images de preux chevaliers et de « Belle au bois dormant » nous viennent à l'esprit. Et pourtant ! Dieu sait qu'en son temps Bonaguil n'inspirait pas la sérénité qu'on lui connaît aujourd'hui. À croire que, comme les meilleurs vins, les forteresses se bonifient en vieillissant...

La situation

Carte Michelin Local 336 I2 - Schéma p. 229 - Lot-et-Garonne (47). De Fumel, prendre la direction de Condat où l'on tourne à gauche dans la D 673. Après 3 km, tourner à nouveau à gauche dans la charmante petite D 158, qui marque la frontière entre le Lot-et-Garonne et le Lot.

Le nom

Bonaguil est bâti sur une éminence rocheuse : une aiguille ; et une bonne, d'où la vue porte. D'où son nom.

Les gens

« Par Monseigneur Jésus et touts les Saincts de son glorieux Paradis, j'eslèveroi un castel que ni mes vilains subjects ne pourront prendre, ni les Anglais s'ils ont l'audace d'y revenir, voire même les plus puissants soldats du Roy de France », proclame, en 1477, **Béranger de Roquefeuil**. Fils de l'une des plus anciennes familles du Languedoc, l'orgueilleux baron ne lésine ni sur les exactions ni sur les violences. Mais ses sujets se révol-

carnet pratique

SE LOGER

⊖ Camping des Bastides – *47150 Salles - 11 km au NO de Fumel par D 710 et D 162 ou 19 km à l'O par Fumel puis D 710 et D 162 - ☎ 05 53 40 83 09 - info@campingdesbastides.com - ouv. 9 avr.-sept. - réserv. conseillée - 96 empl. 22 € - restauration.* La vue sur la vallée de la Lède est reposante et, en été, les tournesols illuminent le paysage. Emplacements en terrasses, piscine avec toboggans, terrain de volley, jardin d'enfants. Mobile homes à louer.

⊖ Camping Moulin du Périé – *47500 Sauveterre-la-Lémance - 12 km au NO de Bonaguil par D 440 puis D 158 - ☎ 05 53 40 67 26 - moulinduperie@wanadoo.fr - ouv. 23 avr.-20 sept. - réserv. conseillée - 125 empl. 24,55 € - restauration.* Ce camping aménagé autour d'un vieux moulin restauré est spacieux et impeccablement tenu. Le restaurant, installé dans les bâtiments anciens, sert une cuisine régionale. Plan d'eau, piscine et vélos. Location de bungalows.

ent ! Béranger fait alors transformer le château de Bonaguil, qui existait depuis le 13e s., en une forteresse inexpugnable.

comprendre

Fort de Bonaguil – Il fallut quarante ans à Roquefeuil pour édifier ce nid d'aigle, déjà anachronique à une époque où la mode tend à la demeure de plaisance. Mais Bonaguil présente la particularité d'offrir, sous la carapace traditionnelle des châteaux forts, une remarquable adaptation aux techniques nouvelles des armes à feu : canonnières et mousqueteries. Jamais attaqué, c'est l'un des plus parfaits spécimens de l'architecture militaire de la fin du 15e et du 16e s. La Révolution, dans son ardeur à supprimer les symboles de l'Ancien Régime, démantèlera et découronnera bien le colosse, mais sans pour autant réussir à le déposséder de sa puissance.

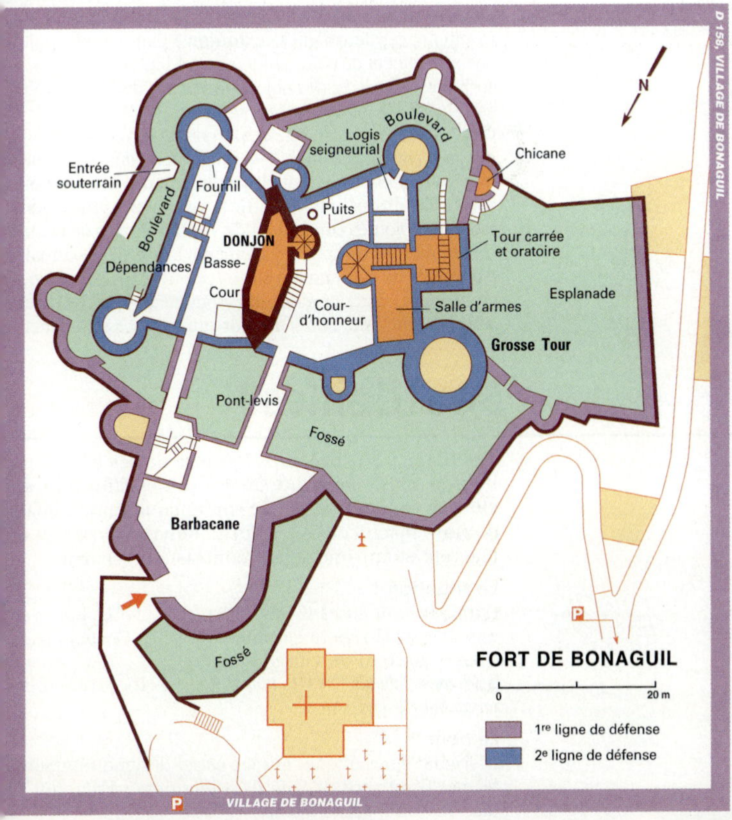

Perché sur son rocher, le puissant château fort garde fière allure malgré son âge avancé.

visiter

☎ 05 53 71 90 33 - www.bonaguil.org - possibilité de visite guidée sur demande 3 sem. av. au château de Bonaguil ou mairie de Fumel - juin-août : 10h-18h ; avr.-mai : 10h30-13h, 14h30-17h30 ; sept. : 10h30-13h, 14h30-17h ; fév.-mars : 11h-13h, 14h30-17h30 ; oct. : 11h-13h, 14h30-17h ; nov. : vac. scol., dim. et j. fériés 11h-13h, 14h30-17h ; déc. : vac. scol. 14h30-17h (dernière entrée 30mn av. fermeture) - fermé janv. - 6 € (enf. 3,50 €).

On pénètre dans le château par la **barbacane**, énorme bastion qui avait sa garnison autonome, ses magasins et son arsenal. La barbacane faisait partie de la première ligne de défense, longue de 350 m dont les bastions permettaient le tir rasant grâce à des canonnières. La seconde ligne se composait de cinq tours, dont l'une dite la « Grosse Tour » est l'une des plus importantes tours de plan circulaire jamais construites en France. Haute de 35 m, couronnée de corbeaux, elle servait à ses étages supérieurs de logis d'habitation, tandis que ses étages inférieurs étaient équipés de mousqueterie, couleuvrines, arquebuses, etc. Dominant ces deux lignes, le **donjon** à pans coupés était le poste de guet et de commandement. À l'intérieur, une salle abrite des armes et des objets provenant de fouilles effectuées dans les fossés.

Donjon
C'est l'ultime bastion de la défense. Ni circulaire ni carré, il est en forme de vaisseau dont la proue est tournée vers le Nord, secteur le plus vulnérable.

Un puits taillé dans le roc, des dépendances (dont un fournil) où l'on accumulait les provisions, des cheminées monumentales, un réseau d'écoulement des eaux fort bien conçu, des fossés intérieurs secs, voire des tunnels admirablement voûtés constituant de véritables axes de circulation rapide des troupes, permettaient à près d'une centaine d'hommes de soutenir un siège (ce qui n'arriva jamais au grand dam, certainement, de Roquefeuil qui, retranché dans sa forteresse, devait attendre en vain ses assaillants !).

Bourdeilles★

Le village s'est lové dans l'ombre de ses châteaux : l'un du 13e s., construit sur les ruines d'un plus ancien, et caractéristique de son époque : murs épais, donjon, mâchicoulis... L'autre, Renaissance, tout en légèreté et en finesse. Un contraste de charme.

La situation

Carte Michelin Local 329 E4 – Dordogne (24) Le bourg est enserré par la rivière Dronne et la D 78. Château facile d'accès au cœur du village.

ℹ Pl. des Tilleuls, 24310 Bourdeilles, ☎ 05 53 03 42 96. www.bourdeilles.com

Le nom

D'origine germanique, le mot *borda* désigne une petite ferme. Il est accompagné d'un diminutif, *-icula*, qui en fait une toute petite ferme.

Les gens

777 Bourdeillais. En 1375, Du Guesclin marqua de son empreinte la forteresse en la reprenant par les armes aux troupes du prince de Galles. Autre personnage célèbre : le chroniqueur Pierre de Bourdeille, plus connu sous le nom de Brantôme, était le beau-frère de Jacquette de Montbron qui fit construire le château Renaissance.

J. Damase/MICHELIN

Le bourg se dresse au pied de l'imposant château de Bourdeilles bâti sur des rochers dominant la Dronne.

comprendre

Une place convoitée – L'année 1259, date à laquelle Saint Louis cède aux Anglais le Périgord et la baronnie de Bourdeilles, marque le début des divisions dans la famille de Bourdeille. Les aînés soutiennent les Plantagenêts, tandis que la branche cadette, les Maumont, penche du côté capétien. Géraud de Maumont, épaulé par Philippe le Bel, s'empare du château familial que son protecteur s'empresse de faire fortifier et de pourvoir d'une garnison.

Une femme « experte et ingénieuse » – C'est à Jacquette de Montbron, femme d'André de Bourdeille et belle-sœur de Brantôme, que l'on doit les plans du château Renaissance. La raison de cet empressement : une visite annoncée de Catherine de Médicis qui n'eut finalement pas lieu... Les travaux cessèrent alors.

J. Greiet/SEMITOUR PÉRIGORD

Au 2e étage du château de Bourdeilles, découvrez la chambre dite « de Charles Quint » surchargée d'or et de sculptures.

visiter

Château★

☎ 05 53 03 73 36 - juil.-août. : 10h-19h ; avr.-juin, de déb. sept. à mi-nov. et vac. scol. Noël. : 10h-12h30, 14h-18h ; de mi-nov à fin mars : 10h-12h30, 14h-17h30 - possibilité de visite guidée (1h) - fermé mar. (sf juil.-août), vend. et sam. (fév.-mars et de mi-nov. à mi-déc.), janv., 25 déc. - 5,50 € (6-12 ans 3,30 €).

Après avoir franchi la première enceinte fortifiée, on passe sous le chemin de ronde pour pénétrer dans la cour des communs.

Château médiéval (fin 13e s.) – D'aspect sévère, cet édifice a été construit sur des fondations plus anciennes. Le corps de logis se trouve au pied d'un donjon (et un vrai : les murs font 2,40 m d'épaisseur !) de 35 m de haut d'où se dégage un magnifique **panorama** sur la Dronne et... le château Renaissance.

ART

Le corps de logis du château médiéval abrite désormais une **salle d'exposition**.

carnet pratique

SE LOGER

Chambre d'hôte Le Pigeonnier de Picandine – *24350 Lisle - à 5 km au SE de Lisle, quitter Lisle par la D 1 en dir. de Périgueux, puis 3e à droite - ☎ 05 53 03 41 93 - www.picandine.com - fermé 15 nov.-1er mars - 5 ch. 41/50 € - repas 19 €.* Une paire de marronniers bicentenaires monte la garde dans la cour semi-ouverte de cette maison du 17e s. Les chambres, sobres et confortables, se répartissent entre l'ex-grange et le bâtiment principal. Deux sympathiques suites feront la joie des familles.

Château Renaissance (16e s.) – Sobre et élégant, il abrite une remarquable **collection de meubles★★** (plus de sept cents tables, crédences, tapisseries, fauteuils, bas-reliefs, tableaux, armes, coffres, tapis...) réunie par deux mécènes, M. et Mme Santiard-Bulteau qui la léguèrent au département. Sur trois étages, se visitent le **Salon doré★**, superbement décoré de tapisseries, que devait occuper Catherine de Médicis et, plus remarquable encore, la salle à manger ornée d'une magnifique **cheminée★★** du 16e s. sculptée de palmettes.
Du chemin de ronde, **vue★** sur un séduisant moulin seigneurial du 17e s., posé sur un îlot de la Dronne et un pont gothique.

circuit

VALLÉE DE LA DRONNE

Circuit de 65 km – compter une demi-journée. Quitter Bourdeilles par l'Ouest en empruntant la D 78 qui longe la rive gauche de la Dronne.

Lisle

Bastide française bâtie au 14e s. dont le bourg s'organise autour de la halle. Les ruines d'une forteresse inachevée voisinent l'église St-Martin fortifiée pendant les guerres de Religion, et dont on admirera, entre autres, le chœur sous coupole et une abside aux chapiteaux sculptés.

Poursuivre sur la D 78, puis sur la D 710 en direction de Ribérac. Après 1 km, tourner à droite et traverser la Dronne.

Montagrier

À proximité d'une terrasse, se dresse l'**église Ste-Madeleine**, chapelle d'un prieuré disparu. Seuls subsistent de l'édifice du 12e s. le carré du transept, couvert d'une coupole sur pendentifs, et l'**abside trilobée** nantie de deux absidioles en appendice, dispositif unique en Périgord. Le village est creusé de souterrains.

Quitter Montagrier par le Nord en empruntant la D 103.

Grand-Brassac

L'**église fortifiée St-Pierre-et-St-Paul** servit, dès le 13e s., de lieu de refuge aux habitants. Les dispositifs de défense – créneaux, galerie de défense, ouvertures étroites – accentuent l'austérité du bâtiment originel.
Au Nord de l'édifice, le **portail roman★** a été remanié et a gagné en sculptures : au-dessus d'un arc orné de beaux rinceaux qui abrite des statuettes ayant appartenu à une Adoration des Mages ; cinq statues (le Christ entre saint Jean et la Vierge, plus bas saint Pierre et saint Paul) sont disposées sous un auvent.

Quitter Grand-Brassac par l'Ouest en empruntant la D 1. Au lieu dit Flayac, tourner à droite dans la D 99.

Le magnifique portail de Grand-Brassac.

La Tour-Blanche

Châtellenie des comtes d'Angoulême, ce bourg conserve de belles maisons anciennes aux fenêtres Renaissance. Au Sud-Est, vous verrez sur une motte artificielle les ruines du **donjon** de la forteresse du 13e s.

Quitter La Tour-Blanche par l'Est.

Cercles

D'un prieuré roman subsiste l'**église St-Cybard**, de plan cruciforme. Le portail gothique, sous le clocher-mur crénelé, garde six beaux chapiteaux finement sculptés.

Quitter Cercles par le Nord et rejoindre la D 84 (à droite).

Léguillac-de-Cercles

Ce village fait partie du Parc naturel régional Périgord-Limousin *(voir Nontron)*. Remaniée et fortifiée, l'**église** romane présente une nef voûtée de coupoles à pendentifs.

Au Sud, la D 93 offre deux paysages contrastés : à droite la route est bordée par la **forêt de St-James**, où vous pourrez partir en promenade à la recherche de dolmens et de tumulus ; à gauche, elle est dominée par les **rochers du Breuil**, entourés d'une végétation clairsemée. Sur la droite, un peu à l'écart, des rochers creusés servirent d'abris troglodytiques.

Quitter Léguillac par le Sud en prenant la D 93. Au lieu dit le Breuil, tourner à droite, direction Lignères. Rejoindre la D 2, tourner à gauche pour rejoindre Saint-Just.

Magnanerie de Goumondie, musée du Ver à soie

☎ 05 53 90 73 60 - ♿ - se renseigner pour périodes d'ouverture, horaires et tarifs.

Créée au 18e s., cette magnanerie est installée dans une maison forte du 15e s. L'élevage de vers à soie et une salle vidéo permettent de tout connaître sur la fabrication et le travail du fil de soie.

Rejoindre la D 2. À Saint-Vivien, prendre la D 93, à gauche, vers Paussac-et-Saint-Vivien.

Paussac-et-St-Vivien

Plantée au milieu de ravissantes maisons Renaissance, l'**église St-Timothée** édifiée au 13e s. et fortifiée au 15e s., passe pour être l'une des plus belles églises à coupoles du Périgord.

Quitter Paussac par l'Est.

St-Julien-de-Bourdeilles

L'**église** gothique de ce village abrite deux belles statues en bois polychrome.

Quitter St-Julien par le Nord.

Boulouneix

La façade de la **chapelle romane**, à deux niveaux d'arcatures, est d'inspiration saintongeaise. La travée sous clocher est voûtée d'une coupole. Dans le chœur, belles peintures murales du 17e s. représentant sainte Marie-Madeleine et saint Hiéronyme.

ROMANTIQUE
À deux pas de Boulouneix, le hameau de **Belaygue** abrite encore les ruines paisibles d'un petit prieuré.

Quitter St-Julien par le Sud et rejoindre la D 106^{E2}.

La route sinueuse qui ramène à Bourdeilles passe au pied d'un rocher dit « Forge du Diable » (site verdoyant).

Brantôme**

Préhistorique, gauloise, carolingienne, Renaissance, Brantôme est de toutes les époques et son architecture en témoigne. La fraîcheur de la vallée de la Dronne en fait, par ailleurs, l'une des localités les plus agréables du Périgord et invite à prolonger son séjour en de longues promenades. A fortiori durant le Festival de musique baroque : « Sinfonia ».

La situation

Carte Michelin Local 329 E3 – Dordogne (24). Préservé de la circulation de l'axe Périgueux-Angoulême, Brantôme profite pleinement de son site de gué sur la Dronne. Les berges de la rivière, qui entoure le bourg, ont été aménagées pour permettre de se garer facilement. Profitez-en ! En outre, c'est une des villes-portes du **Parc naturel régional Périgord-Limousin** *(voir Nontron).*

Bd Charlemagne, 24310 Brantôme, ☎ 05 53 05 80 52, www.ville-brantome.fr

Le nom

Les origines de ce nom sont pour le moins obscures. Une hypothèse se dégage, proposant le nom d'un personnage, *Brantho*, dit « le muet ».

Les gens

2 043 Brantômois. Lorsque Pierre de Bourdeille, plus connu sous le nom de **Brantôme**, revint sur ses terres pour y achever la rédaction de ses chroniques, souvent mordantes et ironiques, sur *Les Vies des hommes illustres et des grands capitaines*, chacun les lut, avec beaucoup d'avidité et un peu d'inquiétude.

B. Kaufmann/MICHELIN

Pierre de Bourdeille, de l'épée à la plume !

LE CHRONIQUEUR BRANTÔME

Pierre de Bourdeille (v. 1538-1614) mène tout d'abord une vie de guerrier et de courtisan, accompagnant Marie Stuart en Écosse, parcourant l'Espagne, le Portugal, l'Italie et l'Afrique. Des aventures extravagantes lui permettent d'entrer dans l'intimité des grands. Après avoir bataillé à Jarnac, en 1569, il se retire dans son château abbatial (dont il ne reste que la base d'une tour) et entreprend ses chroniques. Sortant de sa retraite, il reprend du service à la Cour comme chambellan de Charles IX. Mais, en 1584, une chute de cheval le rend infirme : il se retire alors dans ses terres et occupe ses loisirs en écrivant, entre autres, ses *Mémoires*.

découvrir

BORDS DE LA DRONNE**

Au pied d'une falaise, les bâtiments de l'abbaye dominent de leurs façades blanches l'île sur laquelle le bourg s'est installé.

Clocher de l'église abbatiale**

☎ 05 53 05 80 63 - possibilité de visite guidée (1h15) sur demande auprès de l'Office de tourisme de mi-juin à mi-sept. : 10h-19h, dim. 14h30-19h - 6 € (enf. 3 €).

Il est construit sur un rocher abrupt de 12 m de hauteur sous lequel s'ouvrent de vastes cavernes. Édifié au 11e s., c'est le plus ancien des clochers romans limousins à gâbles. Quatre étages légèrement en retrait les uns par rapport aux autres sont coiffés d'une pyramide en pierre. L'étage du rez-de-chaussée, voûté d'une coupole archaïque, est un probable réemploi d'une construction mérovingienne. Les trois autres étages sont percés de baies en plein cintre retombant sur des colonnes à chapiteaux rustiques.

IMAGINEZ
Une illustration du clocher et ses principales caractéristiques architecturales figure dans l'*Invitation au voyage*, chapitre *ABC d'architecture*.

J.-P. Clapham/MICHELIN

Pour apprécier l'abbaye à sa juste mesure, il faut prendre un peu de recul.

ıncienne abbaye

'ondée en 769 par Charlemagne, l'abbaye bénédictine le Brantôme reçoit les reliques de saint Sicaire et levient un lieu de pèlerinage très fréquenté. Saccagée ›ar les Normands, elle est reconstruite au 11ᵉ s. par 'abbé Guillaume. Au 16ᵉ s., elle eut comme abbé Pierre le Mareuil – qui construisit les bâtiments les plus inté-'essants –, puis son neveu Pierre de Bourdeille. Bertin, ntendant du Périgord au 18ᵉ s, procéda à d'autres modi-ications avant une restauration radicale au 19ᵉ s.

:glise abbatiale – Les deux coupoles ont été rempla-:ées au 15ᵉ s. par des voûtes angevines, compromis ›ntre la croisée d'ogives et la coupole. La nef est sobre :t élégante ; trois fenêtres en tiers-point surmontées l'une baie en croix éclairent le chevet plat.

.e baptistère est orné d'un bas-relief en pierre, du 14ᵉ s., igurant le Baptême du Christ. Sous le porche, le béni-ier, qui repose sur un beau chapiteau roman orné l'entrelacs, est surmonté d'un bas-relief du 13ᵉ s. repré-›entant le Massacre des Innocents. Près du portail prin-:ipal subsiste une galerie du cloître du 16ᵉ s.

3âtiments conventuels – Ils sont aujourd'hui occupés ›ar la mairie. Un escalier monumental mène à l'ancien lortoir des moines, à la remarquable charpente en bois, ļui accueille des expositions temporaires.

ls abritent également le **musée Fernand-Desmoulin**, :onsacré à cet artiste de la fin du 19ᵉ s. On peut voir une :entaine de ses dessins médiumniques (réalisés sous 'influence d'un médium) et certaines de ses œuvres ›lus classiques (portraits et paysages). *Musée intégré à la isite du parcours troglodytique.*

J. Damase/MICHELIN

De la galerie, vue sur la salle capitulaire dont la voûte en palmier repose sur une colonne centrale.

›arcours troglodytique, « du creusé au construit »

℗ 05 53 05 80 63 - ♿ - juil.-août : 10h-19h ; avr.-juin et ›ept. : tlj sf mar. 10h-12h30, 14h-18h ; oct.-mars : tlj sf mar. '0h-12h, 14h-17h - fermé janv. (hors vac. scol.), 1ᵉʳ janv. et ›5 déc. - 4 € (enf. 2 €).

Sous les rochers de l'abbaye. Succédant à des ermites qui ıvaient christianisé la « fontaine du Rocher », les moines ›ccupèrent dans un premier temps les grottes de la 'alaise et les aménagèrent, les utilisant par la suite :omme dépendances ou refuges lorsque les bâtiments le l'abbaye subirent des destructions (11ᵉ-12ᵉ s., 14ᵉ s., .7ᵉ s.). Le parcours montre le chauffoir et le lavoir des noines, des vestiges du moulin abbatial, le pigeonnier roglodytique. La « fontaine du Rocher », vouée à saint Sicaire, est toujours vénérée pour ses vertus sur la 'écondité et son efficacité contre les maladies infantiles.

SPIRITUALITÉ
L'atmosphère mystérieuse de la **grotte du Jugement dernier**, décorée d'un énigmatique *Triomphe de la Mort* et d'une crucifixion d'inspiration italienne, sculptures du 15ᵉ s., témoigne de la spiritualité qui anima, un millénaire durant, la communauté monastique de Brantôme.

›ont coudé

Traversez le jardin où trône la fontaine Médicis qui ıbrite le buste de Brantôme pour rejoindre le pavillon Renaissance aux fenêtres à meneaux. Vous arrivez sur :e pont du 16ᵉ s. qui accède aux **jardins des Moines**, lélimités par trois reposoirs.

carnet pratique

VISITE

Promenade en bateau sur la Dronne – *05 53 04 74 71 (M. Maffioletti).* Croisière commentée. *Dép. quai du Pavillon Renaissance, 45mn, de mi-avr. à mi-nov. : 11h-12h, 14h-18h. 6,50 € (enf. 4 €).*

SE LOGER

Chambre d'hôte Ferme des Guézoux – *24800 Vaunac - 9 km au S de Thiviers par N 21 - 05 53 62 06 39 - www.escargotduperigord.com - 3 ch. 30/34 € - 4,50 €.* Cette ferme isolée dans les bois a troqué ses cruches et bottes de foin contre des chambres d'hôte avec cuisine séparée. Une ex-petite grange et un nouveau chalet complètent l'offre. Aménagement simple avec mobilier en pin, respectant le style local. Piscine.

Chambre d'hôte Doumarias – *Doumarias - 24800 St-Pierre-de-Côle - 12 km à l'E de Brantôme par D 78 - 05 53 62 34 37 - doumarias@aol.com - fermé 15 oct.-1er avr. - 6 ch. 39/50 € - 5 € - repas 16 €.* Les tours ruinées du château de Bruzac se dressent face à cette maison tapissée de vigne vierge et sa cour ombragée d'un majestueux tilleul : l'ensemble possède un charme indéniable. Accueil sympathique. Chambres simples et calmes. Joli jardin avec piscine.

Chambre d'hôte La Maison Fleurie – *54 r. Gambetta - 05 53 35 17 04 - www.maison-fleurie.net - fermé vac. de fév. - - 5 ch. 45/85 €.* Cette maison du 19e s. est en plein centre-ville. Les chambres sont coquettes et confortables. De copieux petits déjeuners vous seront servis dans la cour aux beaux jours. Fumeurs, éteignez votre cigarette le temps de votre séjour. Petite piscine. Trois gîtes en location.

Chambre d'hôte Les Habrans – *Chemin en face de la gendarmerie - à 1 km du centre-ville - 05 53 05 58 84 - fermé Toussaint-mai - - 5 ch. 50/60 €.* Cette maison du 17e s. située au bord de la Dronne propose des chambres équipées simplement, mais décorées avec goût et mansardées à l'étage. Leurs fenêtres donnent sur la rivière dont le doux murmure favorisera votre sommeil. Petit-déjeuner en plein air par beau temps. Piscine.

SE RESTAURER

Les Jardins de Brantôme – *33/37 r. P.-de-Mareuil - 05 53 05 88 16 - fermé jeu. soir en août et merc. - réserv. obligatoire - 13/25 €.* En été, tentez le petit jardin arboré de cet ancien relais de poste du 18e s. Par temps plus frais, la grande salle à manger vous apportera chaleur et bien-être. Cuisine régionale ou traditionnelle utilisant les herbes aromatiques du potager.

Salon de Thé Les Ondines – *13 bd de Coligny - 05 53 46 60 30 - fermé Toussaint à Pâques sf w.-end, merc., jeu., vend. sf vac. scol. et juil.-août - 13/20 €.* La terrasse de ce salon de thé surveillant l'abbaye se trouve juste au bord de la Dronne. L'intérieur a des allures de bonbonnière avec ses tons pastel, ses fleurs et ses nombreux bibelots en exposition-vente. Pâtisseries maison, glaces artisanales et, à découvrir, une bière locale à la châtaigne et aux noix.

Au Fil du Temps – *1 chemin du Vert-Galand - 05 53 05 24 12 - fildutemps@fildutemps.fr - fermé 4-31 déc., 1er janv.-4 fév., dim. soir, mar. soir et lun. - 20 €.* Une salle avec rôtissoire, une autre plus cossue et "cosy", une terrasse ombragée par un tilleul : trois espaces exquis pour déguster plats du terroir et viandes à la broche.

QUE RAPPORTER

Marché – Marché traditionnel vendredi matin. Marché fermier mardi matin en juillet et août. Marché au gras vendredi matin de novembre à février. Marché certifié aux truffes de décembre à février.

Marché gras et volailles grasses – *24800 Thiviers.* sam. mat. de mi-nov. à mi-mars.

CALENDRIER

Sinfonia – *05 53 04 78 78.* Festival de musique baroque de fin août à déb. sept.

LA « VENISE DU PÉRIGORD »

À la sortie des jardins des Moines, traversez le pont pou rejoindre le quai Bertin où les vieilles maisons reflèten leurs balcons fleuris et leurs treilles dans la Dronne. I vous reste à suivre les panneaux numérotés qui ponc tuent le parcours du bourg et vous faciliteront la lectur des différentes architectures *(plan disponible à l'office d tourisme)*.

Musée « Rêve et Miniatures »

Au n° 8 de la rue Puyjoli, rue principale qui mène à l'abbaye 05 53 35 29 00 - - juil.-août : 12h-18h - se renseigne pour les tarifs.

Ce musée présente un large choix de maisons de col lection (en coupe) aux intérieurs décorés de meubles e d'objets (argenterie, faïence, verrerie), retraçant l'évolu tion des styles du Moyen Âge à l'Art déco. Le souci d détail est étonnant, et le travail de réduction des pièce au 1/12 a dû être d'une extrême minutie. Un ensembl d'habitats imaginaires mettant en scène des animaux a été spécialement conçu pour les enfants.

:ircuit

.E PÉRIGORD VERT★

:ircuit de 80 km – compter environ une journée. Quitter ;rantôme par l'Est en empruntant la D 78.

.'eau est ici omniprésente s'infiltrant à travers un cor-ège dense de ruisseaux, d'étangs peuplés de carpes et ntretenant l'humidité de sous-bois verdoyants.

a Chapelle-Faucher

urplombant du haut de sa falaise le cours de la Côle, le **hâteau de Lasfond** fut dévasté en 1916 par un incendie û à la foudre. Il a conservé ses courtines et sa poterne 'entrée. Le corps de logis, remontant au 15e s., est cou-onné d'un chemin de ronde à mâchicoulis. Les belles curies qui bordent la cour ont été ajoutées au 17e s. La naison d'habitation accolée au château date du 18e s.

'oursuivre sur la D 78.

'eu après St-Pierre-de-Côle, se détachent sur la colline, gauche de la route, les silhouettes des deux tours du **hâteau de Bruzac** (11e et 15e s.).

'oursuivre sur la D 78 et bifurquer à gauche après 6 km.

;t-Jean-de-Côle★ *(voir ce nom)*

:evenir sur la D 78 et prendre à gauche la D 707.

'hiviers

8 pl. Mar.-Foch, 24800 Thiviers, ☎ 05 53 55 12 50.

'ille-porte du **Parc naturel régional Périgord-.imousin** *(voir Nontron)*, Thiviers est réputé pour ses narchés ainsi que ses foires, et s'est approprié le titre de capitale du foie gras ». À droite de l'Office de tourisme, ; petit **musée du Foie gras** rappelle les étapes de la réa-isation du produit phare de la région. *☎ 05 53 55 12 50 - - juil.-août : 10h-18h (dernière entrée 30mn av. fermeture), im.10h-13h ; reste de l'année : tlj sf dim. et j. fériés 10h-13h, 4h-18h - 1,50 € (-12 ans gratuit).*

)uitter Thiviers par le Nord-Ouest en direction de St-Aartin-de-Fressengeas pour gagner la D 707 (à droite). près 3 km, prendre à gauche sur la D 82. Suivre la D 82 ur 3 km, puis tourner à gauche pour accéder aux grottes de 'illars à 1 km.

;rottes de Villars★★

☎ 05 53 54 82 36 - www.grotte-villars.com - visite guidée 45mn, dernière entrée 30mn av. fermeture) - juil.-août : 0h-19h30 ; avr.-juin et sept. : 10h-12h, 14h-19h ; oct. : 14h-8h30 - 6,90 € (5-12 ans 4,50 €).

ur les 13 km explorés depuis la découverte de la grotte en 953 par le Spéléo-Club de Périgueux, vous parcourrez 00 m de galeries reliant des salles creusées par la rivière outerraine. Elles sont ornées de fantastiques concrétions

À VOS PANIERS !

Marché aux foies gras et aux volailles grasses – sam. matin de mi-nov. à mi-mars.

E. Larribère/MICHELIN

Parmi toutes les concrétions qui ornent les grottes de Villars, vous remarquerez ces draperies ocre jaune.

très variées : des draperies mesurant jusqu'à 6 m de lon aux délicates fistules, en passant par les gours et le colonnes. Vous serez frappé par l'étonnante blancheur d certaines stalactites formées de calcite presque pure (qu indique un écoulement rapide des eaux à ces endroits). mi-parcours, vous assisterez d'un balcon suspendu à un **animation son et lumière** évoquant les grandes étape de la formation de la grotte. Encore sous le charme d cette féerie, votre imagination sera ensuite sollicitée par l présence de **peintures préhistoriques** (chevaux, bouque tins, bisons, homme) réalisées à l'oxyde de manganèse e recouvertes d'un voile de calcite, qui leur donne un aspec bleuté. Comme les œuvres de Lascaux, elles sont attr buées au magdalénien ancien (- 17 000 ans). Sur une parc se devine une figure d'homme aux bras levés se faisan charger par un bison, thème également abordé à Lascaux Avant ou après la visite, regardez la projection vidéo qu vous permettra de mieux comprendre ces phénomène géologiques.

Revenir sur la D 82 (à gauche). À Villars, tourner à droit après l'église et 1 km plus loin accéder au château d Puyguilhem.

Château de Puyguilhem★ *(voir ce nom)*

Revenir à Villars et prendre à droite. À la sortie du villag prendre à droite la D 3, puis la première route à gauche (D 98

Abbaye de Boschaud

Cette abbaye cistercienne date du 12e s. et tire son nom du vallon boisé qui l'accueillit : *bosco cavo* (bois creux Dévastée pendant la guerre de Cent Ans et les guerre de Religion, l'abbaye était à l'abandon. Elle est repris en 1950 par les Monuments historiques qui dégagent e consolident les ruines. D'une très grande simplicité l'église est la seule connue de l'ordre cistercien dont l nef, aujourd'hui disparue, ait été voûtée d'une file d coupoles. Noyés en pleine nature, les vestiges (sall capitulaire, chœur de l'église) sont très émouvants.

Revenir sur la D 98 (à gauche) que l'on poursuit au-delà d Quinsac. À St-Crépin-de-Richemont, tourner à gauche.

S. Sauvignier/MICHELIN

La pierre blanche au milieu des herbes folles fait de Boschaud un endroit charmeur.

Château de Richemont

☎ 05 53 05 72 81 - visite guidée (45mn) - de mi-juil. à fi août : 10h-18h ; reste de l'année : sur demande préalable 4 € (enf. 3 €).

Au bout d'une allée ombragée, cet édifice s'articule e deux corps de logis disposés en équerre. Édifié au 16e s par Brantôme, il demeure toujours dans la famille du chroniqueur qui fut inhumé dans la chapelle funérair (il écrivit son épitaphe). Au 1er étage du bâtimen d'entrée se trouve sa chambre, ornée de boiseries.

Rejoindre la D 939 (à gauche) qui ramène à Brantôme.

Brive-la-Gaillarde

Brrrrive-la-Gaillarrrrde... L'accent qui fleure bon l générosité du terroir dit bien l'ambiance qui règn dans la ville. Son cœur bat vite et fort, au rythme de clameurs du stade de rugby qui résonnent long temps dans les mémoires après le coup de siffle final, autour d'un verre de vin et d'une tranche d foie gras. Difficile de ne pas succomber au charm de cette « troisième mi-temps » animée par l faconde de chantres de l'équipe locale !

La situation

Carte Michelin Local 329 K5 - 25 km au Sud-Ouest d Tulle - Corrèze (19). Brive est au centre d'un riche e lumineux bassin, dans la plaine alluviale de la Corrèze où prospèrent les cultures maraîchères et fruitières, au carrefour du Bas-Limousin, du Périgord et des causse du Quercy. Le plan de Brive offre un exemple privilégi

le l'extension concentrique d'une agglomération à par-
ir d'un noyau ancien, dont le cœur est l'église St-Martin.
Pl. du 14-Juillet (au Nord de la vieille ville), 19100 Brive-la-Gaillarde, ☎ *05 55 24 08 80. www.brive-tourisme.com*

e nom

Au 6e s., on l'appelait Briva Curretia (Brive sur la Corrèze). *Briva* (« pont » en latin) rappelant qu'il y avait un gué sur a Corrèze près de l'actuel pont du Bouys. Au 14e s., on lui adjoignit l'épithète « la Gaillarde », car elle déploya du courage lors des nombreux sièges qu'elle eut à soutenir.

es gens

19 141 Brivistes. Parmi ceux qui sont entrés dans les annales de la ville : **Guillaume Dubois** (1656-1723) le sulfureux précepteur du futur Régent (voir le film de B. Tavernier, *Que la fête commence*), **Guillaume Brune** (1763-1815) qui s'illustra à Arcole avant d'être nommé maréchal de France, ou **Edmond Michelet**, gaulliste du 17 juin à l'origine de la Résistance à Brive, qui, déporté à Dachau, en reviendra et sera ministre des Armées et de la Justice.

L'École de Brive

En 1982, La **Foire du Livre** de Brive *(voir « carnet pratique »)* a initié le regroupement d'auteurs ayant en commun un attachement à la Corrèze où ils puisent l'inspiration de leurs livres. On compte parmi eux : M. Peyramaure, C. Michelet, C. Signol, C. Laussac... Pour en savoir plus : *L'École de Brive, son histoire, ses auteurs*, J. Peuchmaurd, Robert Laffont, 1997.

S. Sauvignier/MICHELIN

L'hôtel de Lalbenche, l'édifice le plus remarquable de Brive.

se promener

LA VIEILLE VILLE

Occupant le noyau central délimité par la première ceinture de boulevards, le quartier ancien a fait l'objet d'une importante rénovation mariant, souvent avec bonheur, bâtiments anciens et modernes uniformisés par la chaude couleur du grès beige et la teinte bleutée des toitures.

Partir de l'office de tourisme. Suivre l'avenue de Paris, prendre en face la rue de Toulzac et tout de suite à droite la rue de Corrèze.

Chapelle St-Libéral

De style gothique, elle accueille tout au long de l'année des expositions.

Poursuivre rue de Corrèze puis rue Majour.

Collégiale St-Martin

Seuls le transept, les absides et quelques chapiteaux sont de l'époque romane, vestiges d'un établissement monastique du 12e s. À l'intérieur, une coupole octogonale sur pendentifs plats de type limousin couvre le carré du transept. La nef et les collatéraux datent du 14e s. ; le chœur a été fidèlement reconstruit par le cardinal Dubois au 18e s. Remarquez une cuve baptismale du 12e s. ornée des attributs des évangélistes. À l'extérieur, admirez les beaux chapiteaux historiés et la corniche à modillons des absidioles.

Crypte archéologique – Sous le chœur ont été mis au jour les vestiges d'églises antérieures, dont l'édifice primitif, édifié à la fin du 5e s. sur le tombeau de saint Martin l'Espagnol, évangélisateur de la ville qui fut massacré par des Brivistes bien peu reconnaissants !

S. Sauvignier/MICHELIN

Parmi les bustes reliquaires composant le trésor de la collégiale St-Martin, remarquez celui de sainte Claire d'Assise.

carnet pratique

Visite

Outre les traditionnelles visites guidées, l'Office de tourisme met à votre disposition trois moyens astucieux de visite.

« Visite de la ville aux flambeaux » - Nocturne merc.

« Cité & Patrimoine » – Un pack audio pour parcourir la vieille ville à votre convenance et à votre rythme..

« Allo Visit » – Une carte gratuite pour visiter la ville, guidé par votre téléphone portable. *05 55 24 08 80. www.brive-tourisme.com*

S. Sauvignier/MICHELIN

Se loger

Chambre d'hôte À la Table de la Bergère – *Belveyre - 19600 Nespouls - 15 km au S de Brive par A 20 sortie Nespouls puis D 19 et à droite par D 920 - 05 55 85 82 58 - - 5 ch. 30/40 €.* Arrêtez-vous dans cette ferme du causse corrézien : entre chênes, prairies et cabanes de pierre, vous y serez comme des coqs en pâte ! Les chambres sont agréables, la cuisine régionale est pleine de saveurs et le franc-parler de la bergère formidable quand elle raconte son pays !

Auberge St-Jean – *19270 Ussac - 05 55 88 30 20 - fermé vend. soir, sam. midi et dim. soir de nov. à Pâques - 27 ch. : 36/45 € - 6,50 € - restaurant 12/30 €.* Accueillante auberge villageoise sur fond de collines et de vallons périgourdins. Chambres fonctionnelles. Pierres, poutres, cheminée et cuivres rutilants font le cachet champêtre du restaurant ; la terrasse offre la vue sur la campagne.

Collonges – *3 pl. Winston-Churchill - 05 55 74 09 58 - lecollonges@wanadoo.fr - 24 ch. : 48/56 € - 7,50 €.* Cet hôtel familial est situé en léger retrait du boulevard ceinturant le centre-ville. Salon-bar coquet et chambres sobrement modernes assurent le bien-être des voyageurs.

Se restaurer

Chez Francis – *61 av. de Paris - 05 55 74 41 72 - fermé vac. de fév., 2-17 août, dim., lun. et j. fériés - réserv. obligatoire - 14/21 €.* Imaginez un vrai bistrot parisien décoré d'antiques affiches publicitaires, de bibelots chinés et de dédicaces laissées par les clients : c'est comme ça chez Francis ! Vous y apprécierez aussi la cuisine traditionnelle mise au goût du jour.

Le Relais du Quercy – *Le bourg - 19500 Meyssac - 05 55 25 40 31 - relaisduquercy.com.fr - fermé 1 sem. en fév. et 15-30 nov. - 12/35 € - 12 ch. 40/55 € - 6,50 €.* Installez-vous côté jardin, plus plaisant, dans cette confortable salle à manger où vous savourerez une cuisine du terroir préparée avec des produits « maison ». Ou bien préférez la terrasse : vous y serez aux premières loges pour assister aux soirées piano-bar. Quelques chambres.

La Toupine – *27 av. Pasteur - 05 55 23 71 58 - fermé vac. de fév., 9-24 août, dim. et lun. - réserv. obligatoire - 21/26 €.* Situé dans la vieille ville, ce petit restaurant fait l'unanimité auprès des Brivistes. La cuisine traditionnelle est bien tournée et les prix restent raisonnables. Il ne vous reste plus qu'à passer à table !

Ferme-auberge de Baudran – *Rte d'Estivals - 19600 Nespouls - 15 km au S de Brive par A 20 et D 19e puis N 20 - 05 55 85 81 45 - Ouv. vend. soir au dim. midi - - réserv. conseillée - 20/28 €.* Aussi coquette à l'extérieur qu'à l'intérieur, cette charmante ferme est l'endroit idéal pour célébrer vos retrouvailles avec les saveurs naturelles de la cuisine de terroir. Cous farcis, foie gras, confits, agneaux du Causse... Que d'occasions de se régaler autour du vieux cantou !

Que rapporter

Marché – *Mar., jeu. et sam. sous la Halle Georges-Brassens.*

Foires – *Quatre foires grasses : déb. déc., déb. et fin janv. et déb. fév.*

Distillerie Denoix – *9 bd du Mar.-Lyautey - 05 55 74 34 27 - www.denoix.com - tlj sf dim. 9h-12h, 14h30-19h - fermé lun. sf juil.-août.* Dans cette distillerie fondée en 1839, on fabrique quatorze liqueurs différentes - dont la célèbre Suprême Denoix - six apéritifs et une spécialité régionale : la moutarde violette de Brive. Ne manquez pas la visite des ateliers aménagés dans les bâtiments d'origine.

Domaine de Lintillac – *19270 Ussac - 05 55 87 65 24 – tlj sf dim. 8h-13h, 14h-18h30, sam. 8h-12h - fermé j. fériés.* Cette conserverie artisanale propose la vente directe de produits fabriqués au domaine : foie gras,

S. Sauvignier/MICHELIN

rillettes, confit, cassoulet et autres plats gourmands du Sud-Ouest. Le propriétaire des lieux gère également une chaîne de restaurants (Paris, Lille et Bruxelles).

La Boutique CA Brive - Corrèze – *21 r. Toulzac - ☎ 05 55 17 15 32 - www.boutique-cabrive-rugby.com – tlj sf dim. 9h-12h, 14h-19h, lun. 14h-19h - fermé j. fériés sf sam. et Noël.* Boutique du CA Brive, club de rugby vainqueur du Championnat d'Europe en 1997, et finaliste de la Coupe d'Europe en 1998.

Calendrier

Les amateurs de belles plumes se retrouveront à la **Foire du livre** qui a lieu début novembre sous la halle Georges-Brassens, et ce depuis 1982.

En sortant de la collégiale, prendre sur la gauche la rue des Échevins.

Tour des Échevins

Un hôtel s'orne d'une tour Renaissance en encorbellement percée de fenêtres à croisillons de pierre.

Revenir sur ses pas et prendre à droite.

Place Latreille

Autrefois cœur spirituel et commercial de la cité, elle est bordée de maisons anciennes. Celle dite des **Tours St-Martin** date des 15e et 16e s.

Poursuivre tout droit dans la rue du Dr-Massénat, puis tourner à droite dans la rue Raynal.

Au coin des rues Raynal et du Salan se trouve l'**hôtel Desbruslys**, du 18e s.

Continuer dans la rue Raynal, et pénétrer dans l'Hôtel de Labenche par la petite porte sur la gauche.

Hôtel de Labenche★

De la cour intérieure, on découvre les deux corps de logis en équerre qui soutiennent les grandes arcades de la galerie. La coloration rosée de la pierre met en valeur la beauté de la décoration. Bâti vers 1540 par Jean II de Calvimont, seigneur de Labenche, garde du sceau et greffier du roi, ce magnifique spécimen de la Renaissance toulousaine est le plus remarquable édifice de la ville. L'hôtel abrite un musée *(voir description dans « visiter »).*

Hommes et femmes

Les fenêtres à meneaux de l'hôtel de Labenche sont ornées de festons, de fines colonnettes et surmontées de bustes d'hommes et de femmes sortant de fausses baies.

Sortir boulevard Jules-Ferry, prendre à gauche la rue du Dr-Massénat.

Logis de l'abbesse des Clarisses

De style Louis XIII, il se signale par des lucarnes à frontons en plein cintre, ornées de boules quillées.

Tourner ensuite à droite dans la rue Teyssier.

Ancien collège des Doctrinaires

Aujourd'hui occupés par les services de l'hôtel de ville, ces bâtiments du 17e s. présentent sur la rue Teyssier une façade classique donnant sur une cour fermée par un mur décoré d'une colonnade. Ce collège, tenu par les pères de la Doctrine chrétienne, humanistes à l'esprit ouvert, eut un rayonnement croissant jusqu'à la Révolution.

Tourner à droite.

Place Jean-Marie-Dauzier

Sur ce vaste espace dégagé se côtoient les bâtiments modernes du Crédit Agricole et d'anciens hôtels à tourelles dont, au Nord-Est, la **maison Treilhard** qui date du 16e s. Elle présente deux corps de logis reliés par une tour ronde s'ornant elle-même d'une échauguette.

Revenir sur ses pas, traverser la place de l'Hôtel-de-Ville pour revenir à la collégiale, et rejoindre la rue de Toulzac à droite du chevet

visiter

Musée de Labenche★

♿ - avr.-oct : 10h-18h30 ; nov.-mars : 13h30-18h - expositions temporaires : 10h-12h, 13h30-18h30 (18h en hiver) - fermé mar., 1er janv., 1er Mai, 1er nov., 25 déc. - 4,60 €, gratuit dernier dim. du mois - ☎ 05 55 24 19 05.

Musée Labenche, Brive

Au musée de Labenche, remarquez la tenture de Mortlake, exécutée au 17e s. dans la plus célèbre manufacture de haute lisse anglaise.

BRIVE-LA-GAILLARDE

Alsace-Lorraine (Av. d') .... CZ 2
Anatole-France (Bd)............... CY 3
Corrèze (R. de)................... BCY 5
Dalton (R. Gén.).................. CY 7
Dauzier (Pl. J.-M.)............... CY 8
Dellessert (R. B.)................ CY 9
Dr-Massénat (R.).................. CY 12
Échevins (R. des)................. CZ 14
Faro (R. du Lt-Colonel)........... CZ 16
Gambetta (R.)..................... CZ
Gaulle (Pl. Ch.-de)............... CZ 18
Halle (Pl. de la)................. CY 23
Herriot (Av. E.).................. CZ 24
Hôtel-de-Ville (Pl. de l')........ CY 26
Hôtel-de-Ville (R. de l')......... BZ 27
Lattre-de-T. (Pl. de)............. CZ 29
Latreille (Pl.)................... CZ 30
Leclerc (Av. Mar.)................ CZ 31
Lyautey (Bd Mar.)................. BZ 32
Majour (R.)....................... BYZ 36
Paris (Av. de).................... BY
Puyblanc (Bd de).................. CZ 39
Raynal (R. B.).................... CZ 40
République (Pl. de la)............ BZ 42
République (R. de la)............. BZ 43
Salan (R. du)..................... CZ 45
Ségéral-Verninac (R.)............. BY 46
Teyssier (R.)..................... CY 47
Toulzac (R.)...................... CY

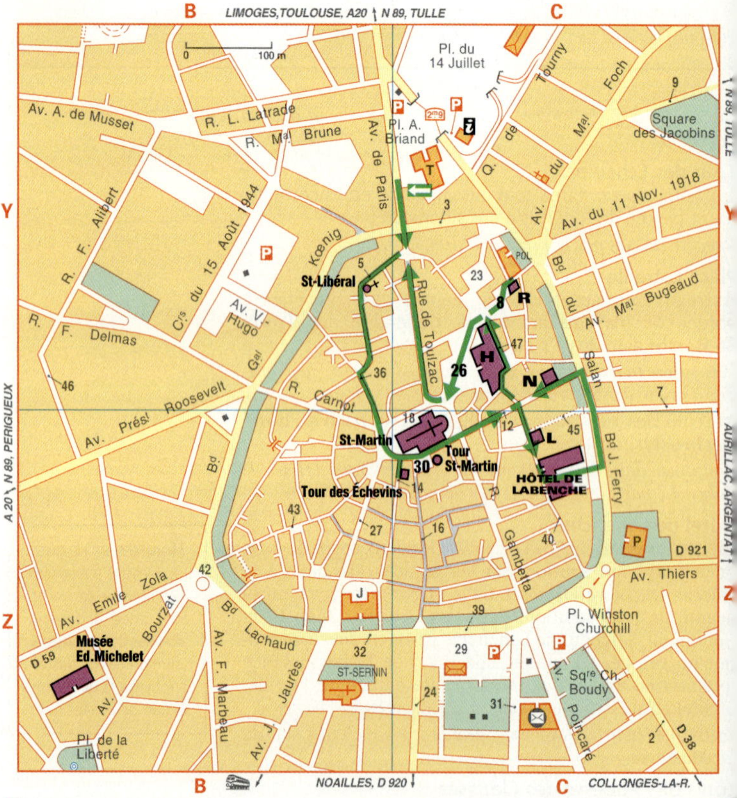

Ancien collège des Doctrinaires (Hôtel de ville)........ Y H
Hôtel Desbruslys........ Z L
Logis de l'abbesse des Clarisses........ Y N
Maison Treilhard........ Y R

L'hôtel *(voir description dans « se promener »)* affiche la même exubérance à l'intérieur : **grand escalier** « à la romaine », aux culs-de-lampe sculptés de bustes de femmes et de guerriers. Parmi les 17 salles présentant diverses collections (archéologie, arts et traditions populaires...), celle des comtes de Cosnac est décorée d'un superbe ensemble de **tapisseries**. Dans la salle du cardinal Dubois, remarquez la tombe de pèlerin de St-Jacques-de-Compostelle et l'exceptionnelle **colombe eucharistique** en bronze argenté, du 11e s. : suspendue au-dessus de l'autel, elle renfermait les hosties. Un des attraits de ce musée réside dans la réussite des reconstitutions de **séquences de fouilles**.

Musée de la Résistance et de la Déportation Edmond-Michelet

Tlj sf dim. 10h-12h, 14h-18h - fermé j. fériés - gratuit - ☎ 05 55 74 06 08.

Il retrace l'histoire de la Résistance et de la déportation à travers des peintures, photos, affiches, documents originaux ayant trait aux camps, spécialement à Dachau où fut interné Edmond Michelet, député de la Corrèze de 1945 à 1951 et ancien ministre du général de Gaulle.

Circuits

BASSE VALLÉE DE LA CORRÈZE★ 1

Circuit de 45 km – environ 3h. Quitter Brive par le Nord-Est en empruntant la N 89, en direction de Tulle.

Aubazine★ *(voir ce nom)*

Quitter Aubazine par l'Est en empruntant la D 48.

Puy de Pauliac★

30mn à pied AR. Alt. 520 m. Un sentier, tracé à travers les bruyères et les bois de châtaigniers, conduit au sommet d'où l'on découvre une large **vue★**.

> **TOUR D'HORIZON**
> Une **table d'orientation** permet de situer au Sud-Est la roche de Vic, et au Nord, le massif des Monédières.

Aménagé autour d'un vaste plan d'eau (baignade, voile), le **parc du Coiroux** comprend aussi un complexe sportif (golf, tennis).

Revenir à Aubazine. Quitter le village vers le Sud-Est en empruntant la D 130 puis la D 175.

La D 921, qui ramène à Brive, est particulièrement jolie après Lanteuil.

SUR LES TERRES DE M. DE TURENNE★ 2

Circuit de 55 km au départ de Brive – environ 4h.

Cet itinéraire traverse la partie centrale de l'ancienne vicomté de Turenne, unie à la couronne de France seulement en 1738. Au-delà de Turenne, les collines boisées du Limousin font place aux premiers plateaux du Causse quercynois.

Quitter Brive par le Sud-Est en empruntant la D 38, en direction de Meyssac.

Château de Lacoste

Cette ancienne place forte, bâtie en grès de la région, se compose d'un corps de logis flanqué de trois tours rondes du 13e s. et complété au 15e s. par une élégante tourelle d'escalier polygonale.

À **Noailhac**, on pénètre dans le pays du grès rouge, matériau qui servit à construire ces villages aux si belles tonalités. On aperçoit bientôt le plus fameux d'entre eux, Collonges-la-Rouge, émergeant de son écrin de verdure.

Collonges-la-Rouge★★ *(voir ce nom)*

Meyssac

Au centre de cette région vallonnée où abondent noyers, peupliers, vignes et arbres fruitiers, Meyssac, comme Collonges, est bâtie en grès rouge.

> **TOUR DE MAIN**
> La terre rouge, dite « terre de Collonges », a donné naissance à un artisanat de la **poterie** qui s'est particulièrement développé à Meyssac.

L'**église** est d'un curieux assemblage : l'intérieur gothique s'accompagne d'un clocher-porche fortifié par des hourds et d'un portail en calcaire roman limousin s'ornant de petits chapiteaux décorés d'animaux et de feuillages.

La charpente de la **halle** repose sur des piliers et des colonnes intercalés. Construite au 18e s., elle s'élève au milieu d'une place bordée de belles demeures, certaines ornées de tours. Quelques maisons à encorbellements, à auvents et à pans de bois achèvent de conférer un cachet à ce village.

Quitter Meyssac par le Sud en empruntant la D 14, vers Martel. Après 2 km, prendre à droite la D 28.

Saillac

Le village apparaît au milieu des noyers et des maïs.

De style roman, l'**église** présente un portail précédé d'un narthex surmonté d'un très beau **tympan★** en pierre polychrome, relativement rare au 12e s., où figure l'Adoration des Mages. Il repose sur un trumeau composé de quatre colonnes torsadées, ornées de feuillages perlés et de scènes de chasse. Dans le chœur couvert d'une coupole sur pendentifs, voyez les beaux chapiteaux historiés.

> **CALENDRIER**
> Le bourg a conservé son moulin (ouv. tlj, gratuit) ; la **Fête de la Noix** a lieu le 1er dim. d'oct. (années paires). Course hors stade « **10 km de la noix** », chaque 3e sam. de juil.

Quitter Saillac par le Nord-Ouest pour rejoindre la D 19, puis, vers le Nord, la D 8.

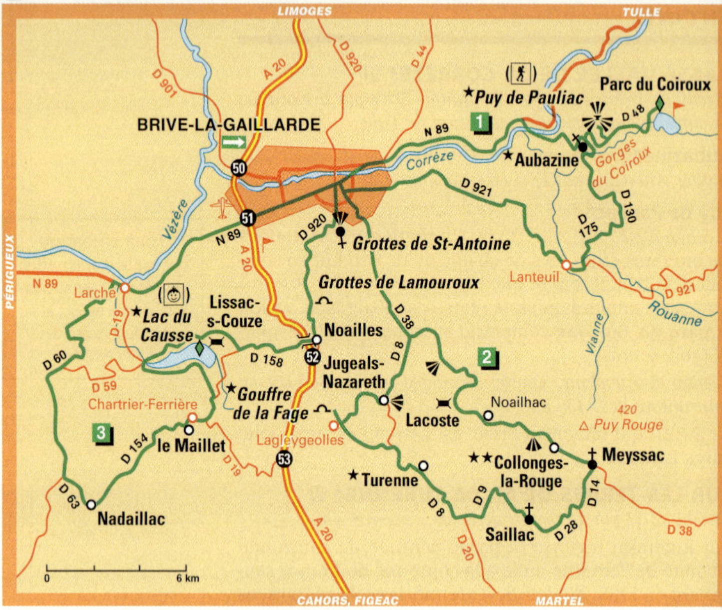

Turenne★ *(voir ce nom)*

Poursuivre sur la D 8. Après 3 km, prendre sur la gauche vers Lagleygeolles.

Gouffre de la Fage★

☎ 05 55 85 80 30 - www.gouffre-de-la-fage.com - juil.-août. : visite guidée (1h, dernière entrée 45mn av. fermeture) 9h30-13h, 14h-19h ; avr.-juin : visite libre tlj sf merc. 14h-18h30 ; de déb. sept. à mi-oct. : visite libre tlj sf merc. 14h-18h ; vac. scol. Toussaint : visite guidée mar. et jeu. 15h - 5,50 € (enf. 3,50 €) tarifs se renseigner.

Les galeries aménagées se divisent en deux ensembles ; l'escalier d'accès emprunte le grand aven qui résulte d'un effondrement de la voûte. La première partie, à gauche, contient de belles draperies aux couleurs variées. Dans la salle des orgues, les concrétions sont utilisées comme xylophones. La seconde partie, riche en stalactites et stalagmites, présente une forêt d'aiguilles pendant au plafond.

Séquence frisson... La grotte est habitée par une importante colonie de plusieurs milliers de chauves-souris, relevant de dix espèces différentes.

Revenir à Lagleygeolles pour prendre, sur la gauche, la route qui rejoint la D 73.

R. Delon/CASTELET

Le grand aven du gouffre de la Fage abrite des draperies évoquant des méduses, d'une grande richesse de coloris.

Jugeals-Nazareth

Le village de Nazareth fut fondé par Raymond Ier de Turenne au retour de la première croisade. Celui-ci y installa une maladrerie confiée à l'ordre des Templiers. Sous la mairie subsistent des salles voûtées, équipées de puits fermés par une grille, où séjournaient les lépreux.

À la sortie Nord du village, sur la D 8, un point de vue se dégage sur la droite. Au carrefour de Montplaisir, prendre la D 38 qui ramène à Brive.

LE CAUSSE CORRÉZIEN★ 3

Circuit de 45 km au départ de Brive – environ 3h. Quitter Brive par le Sud en empruntant la D 920, en direction de Cahors.

La route s'élève aussitôt au-dessus du bassin de Brive.

Grottes de St-Antoine

Creusées dans le grès, les grottes où saint Antoine de Padoue se retirait lorsqu'il séjournait à Brive forment un sanctuaire de plein air. Les franciscains assurent l'accueil du pèlerinage. En suivant le chemin de croix, on arrive au sommet de la colline d'où l'on découvre une belle vue sur Brive.

Grottes de Lamouroux

Utilisées par l'homme aux périodes d'insécurité, elles comptent un grand nombre de cavités superposées sur cinq étages et forment un ensemble pittoresque.

Noailles

Le village occupe un site agréable dans un paysage de collines verdoyantes. Il est dominé par le château et l'église perchés sur un coteau.

Le **château** Renaissance, berceau de l'illustre famille, est décoré de fenêtres surmontées de pinacles dont le fronton s'orne de médaillons et d'anges portant les armes des Noailles.

Coiffée d'un clocher à peigne de style limousin, l'**église** présente une abside et un chœur romans avec des colonnettes ornées de chapiteaux historiés très réalistes (estropiés soutenus par des béquilles). Remarquez un tableau de Claude Gillot, maître de Watteau. *☎ 05 55 85 80 88 - possibilité de visite guidée - juil.-août : tlj sf dim. 14h-17h30.*

Quitter Noailles par l'Ouest en empruntant la D 158.

La route s'élève vers le causse corrézien, pays de calcaire blanc percé de cloups tapissés d'argile rouge, couvert de genévriers et de chênes malingres.

Lissac-sur-Couze

Dominant le lac du Causse *(voir ci-dessous)*, le village possède un beau manoir massif flanqué d'échauguettes, ancienne tour militaire des 13e et 14e s. À côté, l'église est surmontée d'un clocher à peigne.

Lac du Causse*

☺ Appelée aussi lac de Chasteaux, cette superbe étendue d'eau de 90 ha, enchâssée dans la riante vallée de la Couze, a été aménagée en **base de loisirs** avec baignade, voile, ski nautique, planche à voile, aviron...

Quitter Lissac par le Sud-Ouest en empruntant la D 59.

L'itinéraire proposé longe en grande partie les berges du lac, vous permettant ainsi d'apprécier la beauté du site.

Quitter la D 19 pour emprunter, sur la droite, la D 154 vers Chartrier-Ferrière.

Le Maillet

Les moellons calcaires des maisons de ce hameau sont traditionnellement assemblés au mortier d'« hirondelle », simple motte d'argile pressée dont la couleur rouge vif donne à l'ensemble beaucoup de caractère.

Poursuivre sur la D 154.

Nadaillac

Ce beau village rustique est renommé pour la qualité de ses truffes. L'**église fortifiée** s'ouvre par un porche profond précédé d'un passage voûté. L'avant-chœur est couvert d'une coupole sur pendentifs.

Couverture de pierre
Les maisons médiévales de Nadaillac portent parfois des toits de lauzes.

Quitter Nadaillac par le Nord-Ouest en empruntant la D 63. Plus loin, la D 60 serpente entre les limites des départements de la Dordogne et de la Corrèze. À Larche, la N 89 ramène à Brive.

E. Larribère/MICHELIN

À Lissac-sur-Couze, le manoir semble presque écraser l'église toute proche.

Le Bugue

Le Bugue est une petite ville vive qui propose une large palette d'activités culturelles intra-muros ou alentour : musées, grottes, sites souterrains, château... Difficile de ne pas y trouver son bonheur. Le tout aux portes du Périgord noir.

La situation

Carte Michelin Local 329 G6 – Dordogne (24). Le Bugue a fait le choix du tourisme grand public. Les animations et les nombreux sites attirent de plus en plus de visiteurs, un conseil donc : évitez le centre-ville qui est rapidement congestionné par le sens unique de la rue de la République *(en arrivant du Sud-Est).*

R. Jardin-Public, 24260 Le Bugue, ☎ 05 53 07 20 48.

Le nom

HISTORIQUE
De l'avis des chroniqueurs locaux, l'événement le plus important de l'histoire du Bugue reste la décision de fixer le jour du **marché** le mardi.

Plusieurs origines sont possibles : le latin *bucca*, la « bouche », mais aussi le gaulois *albuca*, qui évoque une terre argileuse. Ou *bug*, mot celte qui signifie « petit houx », ou encore *boghen*, mot germanique qui désigne une courbe, en l'occurrence, celle de la Vézère.

Les gens

2 778 Buguois. Qui se souvient de **Jean Rey**, né au Bugue en 1583 ? Pourtant, on lui doit l'invention du thermoscope, ancêtre du thermomètre, ainsi que les bases des théories de Pascal sur la pesanteur et de Lavoisier sur la composition de l'air.

visiter

Aquarium du Périgord noir*

☎ 05 53 07 10 74 - www.parc-aquarium.com - ♿ - juil.-août : 9h-19h ; avr.-juin et sept. : 10h-18h ; de mi-fév. à fin mars et de déb. oct. à mi-nov. : 13h-17h - 8,30 € (4-15 ans 5,80 €).

Il a été conçu de telle manière que le visiteur ait l'impression d'évoluer au cœur des rivières. Les aquariums à ciel ouvert, éclairés en lumière naturelle et ouvrant sur de grandes vitrines, sont peuplés de poissons d'eau douce (plus de 6 000) de diverses régions d'Europe.

Il comprend **cinq espaces** : migrateur (anguilles, saumons), découverte (laboratoire d'observation), prédateur (le silure glane, originaire du centre et de l'Est du continent, est impressionnant : les plus beaux spécimens dépassent 1,50 m), plongée (où se trouvent les plus grands poissons d'eau douce : esturgeons, carpes) et tropical. Enfin vous pourrez nourrir les poissons en compagnie d'un biologiste.

Maison de la Vie sauvage - Musée de Paléontologie

☎ 05 53 08 28 10 - juil.-août : 10h-12h30 et 15h-18h30 ; avr.-juin et sept.-oct. : tlj sf dim.et lun. 10h-12h et 15h-18h ; de nov. à mars : vac. scol. 10h-12h et 15h-18h.

FORMES ET COULEURS...
Vous saurez tout sur les oiseaux ; même les questions les plus improbables trouvent ici une réponse.

Vie sauvage – Centré sur une très belle collection d'oiseaux naturalisés, ce musée se propose de faire découvrir les aspects de la vie et de la survie de la plupart des espèces d'Europe. Les vitrines abordent divers thèmes : le plumage, ses fonctions et les raisons de ses multiples colorations, le bec et son adaptation au régime alimentaire, les comportements, les chants, les parades, les techniques de vol, de pêche et de chasse. Sont également évoqués les grandes migrations, leurs itinéraires et les dangers qu'ils représentent pour les oiseaux. En complément, un passage évoque « la sortie des eaux », des poissons aux reptiles ; une salle est consacrée aux mammifères.

carnet pratique

Se loger

⊖ **Camping St-Avit Loisirs** – *24260 St-Avit-de-Vialard - 7 km au NO du Bugue par D 710 et rte secondaire - ☎ 05 53 02 64 00 - contact@saint-avit-loisirs.com - ouv. 23 mars-25 sept. - réserv. conseillée - 350 empl. 31,10 € - restauration.* Vastes emplacements, installations confortables, services multiples... Qu'il est beau, ce camping aménagé parmi les chênes et les châtaigniers, autour d'une ferme périgourdine centenaire ! Des bungalows et une formule de résidence hôtelière sont également proposés. Plusieurs piscines, dont une couverte.

⊖⊖ **Maison Oléa** – *La Combe de Leygue - 5 km à l'E du Bugue par D 703, dir. Sarlat et rte secondaire à gauche - ☎ 05 53 08 48 93 - www.olea-dordogne.com - ⊠ - 5 ch. 50/75 € - ☕ 5 €.* Calme garanti dans cette construction récente dont l'architecture s'inspire du style régional. Au rez-de-chaussée, touches mauresques et étonnante véranda aménagée en jardin d'hiver. Les chambres, vastes et séduisantes, sont exposées plein Sud. Toutes dominent la piscine à débordement et la vallée de la Vézère.

Se restaurer

⊖⊖ **Le Cygne** – *2 le Cingle - ☎ 05 53 07 17 77 - t.raux@wanadoo.fr - fermé 1er-15 oct., 20 déc.-5 janv., dim. soir et lun. hors sais. - 16/33 €.* La chaleureuse salle à manger au décor mi-rustique, mi-bourgeois que réchauffe une cheminée en pierre, est prolongée d'une véranda. Aux beaux jours, profitez de la terrasse ombragée. Cuisine d'inspiration régionale.

⊖⊖ **Le Chai** – *Pl. du Port - 24510 Limeuil - ☎ 05 53 63 39 36 - fermé déc.-janv. - 15/30 €.* Au confluent de la Vézère et de la Dordogne, chai reconverti en restaurant où vous prendrez place dans une salle à manger jaune et bleu avec fourneaux à vue et cheminée ancienne. Agréable terrasse dans le jardin fleuri. Au menu, salades, crêpes et pizzas.

S. Sauvignier/MICHELIN

Tourneur sur bois au village du Bournat (voir « visiter »).

Sports & Loisirs

Base nautique de Trémolat – Elle propose de nombreuses activités. *☎ 05 53 22 81 18.*

Canöes des Courrèges – *Rte du Buisson, lieu-dit les Courrèges - ☎ 05 53 08 75 37 - à partir de 8h30.* Base de canoë sur la Dordogne et la Vézère.

A Canoë Raid – *Campeyral - 24170 Siorac-en-Périgord - ☎ 05 53 31 64 11 - www.a-canoe-raid.com – Pâques-oct. : 9h-19h.* A Canoë Raid propose des randonnées en canoë ou en kayak de la Dordorgne et de la Vézère, sur un ou plusieurs jours, selon votre envie.

Canoës Rivières Loisirs – *24510 Limeuil - ☎ 05 53 63 38 73 - www.canoes-rivieres-loisirs.com - 9h-18h30.* Base de location de canoës, VTT et VTC. Promenades au fil de l'eau au départ de Limeuil (situé au confluent de la Dordogne et de la Vézère) pour découvrir, à votre rythme, les superbes paysages du Périgord Noir.

Paléontologie – Présentation sobre et efficace d'une collection de plus de trois mille spécimens de fossiles groupés par grandes familles : ammonites, trilobites, gastéropodes, etc.

Le « Village du Bournat »★

☎ 05 53 08 41 99 - ♿ - mai-sept. : 10h-19h ; de mi-fév. à fin avr. et de déb. oct. à mi-nov. : 10h-17h - 12 € haute sais., 8,90 € basse sais. (enf. 6 €).

☺ Il porte bien son nom (« bournat » signifie « la ruche » en patois périgourdin, autrefois les abeilles occupaient le site) car au bord de la Vézère sur 7 ha a été reconstituée une **ferme-village périgourdine** grandeur nature, évoquant l'atmosphère quotidienne à la fin du 19e s.

Il y a bien sûr l'école, la chapelle, la mairie, mais aussi un lavoir, un chai... Dans chaque bâtiment, des mannequins costumés renouent avec les faits et gestes du passé. À la forge, au fournil, au moulin à vent, au moulin à huile, ce sont de vrais **artisans** qui raniment les métiers d'autrefois, également mis à l'honneur par une riche collection d'outils et de machines agricoles. D'autres artisanats sont également présentés (potier, souffleur de verre...). En saison, attractions foraines et manèges anciens font la joie des enfants, bref, de quoi passer une journée instructive et ludique.

Achat

Le bon pain doré et croustillant tout droit sorti du four est garanti recette et cuisson à l'ancienne. Des semailles à la boulange, toutes les étapes sont faites au village.

Le village du Bournat... dans le village du Bugue.

découvrir

LES GROTTES

Caverne de Bara-Bahau

☎ 05 53 07 44 58 - juil.-août : 9h30-19h (dernière entrée 30mn av. fermeture) ; fév.-juin : 10h-12h, 14h-17h30 ; sept.-déc. : 10h-12h, 14h-17h - 5,90 € (enf. 3,90 €).

Longue d'une centaine de mètres, elle se termine par une salle bouchée par un effondrement de rochers. Sur la voûte de cette salle se distinguent notamment des gravures et des tracés digitaux attribués à la fin du magdalénien ancien et au début du magdalénien moyen (- 16 000 ans), découverts en 1951 par N. et M. Casteret. Ils représentent chevaux, aurochs, bisons, cervidés, ours ainsi que des signes abstraits.

Grotte de St-Cirq

6 km au Nord-Est par la D 31. ☎ 05 53 07 14 37 - visite guidée (30mn) - juil.-août : 10h-18h ; sept.-juin : 12h-16h - 4 € (enf. 1 €).

Dans une petite grotte, sous une roche en léger surplomb, ont été découvertes sur les parois verticales et les plafonds quelques gravures attribuées au magdalénien moyen (entre - 16 000 et - 13 000 ans). Il s'agit de chevaux, de bisons et de bouquetins. Vous remarquerez la très belle **gravure** appelée « L'Homme » ou « Le Sorcier de St-Cirq ». Un petit musée présente des fossiles et de l'outillage préhistorique.

J. Damase/MICHELIN

Dans la grotte de St-Cirq, la figure humaine est traitée, comme souvent dans l'art paléolithique, de façon moins réaliste que les représentations animales.

Gouffre de Proumeyssac★★

3 km au Sud par la D 31E. ☎ 05 53 07 27 47 - www.proumeyssac.com - ♿ - visite guidée (45mn, dernière entrée 15mn av. fermeture) - juil.-août : 9h-19h ; mai-juin : 9h30-18h30 ; mars-avr. et sept.-oct. : 9h30-12h, 14h-17h30 ; fév. et nov.-déc. : 14h-17h - fermé janv., 25 déc. - se renseigner pour les tarifs - descente en nacelle sur réservation

Suite à l'effondrement de la voûte en 1907, le puisatier Gabriel Gallou entreprit l'exploration de l'excavation et découvrit cette « cathédrale de cristal ». À partir de 1924, la visite du gouffre ouvert au public prend son essor. On y accède par une petite **nacelle** à quatre places actionnée par un treuil autour duquel tourne un cheval. En 1950, un ascenseur à deux cabines de six places et un groupe électrogène améliorent le système, mais pour des raisons de sécurité tout est stoppé, d'où le percement d'un tunnel dans la colline.

D'une plate-forme aménagée à mi-hauteur du gouffre, on embrasse d'un seul regard cette coupole souterraine de forme régulière, de 52 m de hauteur et de 60 m dans sa partie la plus large. À 40 m de hauteur, un important ruissellement continue à alimenter des stalactites très denses par endroits, formant **quatre fontaines pétrifiantes** impressionnantes, au nom évocateur de :

NACELLE
Elle a repris du service ! Cette descente en douceur (et en toute sécurité) permet de découvrir le gouffre sous un autre angle (8 pers. maximum, suppl. de prix).

méduse, cascade, sirène et pieuvre. Mais déjà le noir se fait pour assister à un premier son et lumière mettant tour à tour sous le feu des projecteurs les différents niveaux de concrétions. On amorce la descente, passant devant des petits lacs. Avant d'observer à la base des parois les grandes orgues de stalactites, stalagmites et monolithes ocre ou blancs, un court film commenté par le guide retrace la formation du gouffre. Un deuxième son et lumière est lancé, donnant un autre aperçu vu d'en bas. Ensuite on traverse la **galerie des cierges**, remarquez à l'entrée les cristallisations triangulaires au sol, pour rejoindre une seconde plate-forme et la sortie. À l'extérieur, un espace paysagé ponctué de panneaux explicatifs présente de façon plus exhaustive les phénomènes géologiques.
En été, des animations (concerts, spectacles) sont proposées dans le gouffre.

Sentier
En face du site a été aménagé un **parcours forestier** (*30mn AR*) menant à un panorama sur la Vézère. En chemin, à l'appui de panneaux explicatifs, vous observerez les principales essences d'arbres du Périgord.

Le gouffre de Proumeyssac : un spectacle enchanteur...

circuit

DE LA VÉZÈRE À LA DORDOGNE

Circuit de 80 km – environ une demi-journée. Quitter Le Bugue par le Sud-Est en empruntant la D 703.

Campagne

Au débouché d'un vallon, l'église romane est précédée d'un mur-clocher. Juste derrière elle, trône le **château** des seigneurs de Campagne, édifié au 15e s. et restauré au 19e s. Les tours avec créneaux et mâchicoulis qui flanquent le logis, ainsi que des éléments néogothiques lui confèrent une allure de manoir anglais. Le dernier marquis de Campagne fit don du château à l'État en 1970.

Quitter Campagne par l'Est en empruntant la D 35.

St-Cyprien

Accroché au flanc d'un coteau proche de la rive droite de la Dordogne, dans un décor de collines et de forêts, St-Cyprien est dominé par la silhouette massive de son église autour de laquelle se groupent les maisons anciennes. Non loin du bourg, les ruines du **château de Fages** ont été patiemment restaurées.
Bâtie au 12e s. et remaniée à l'époque gothique, l'**église**, de dimensions imposantes, a conservé un clocher-donjon de style roman. Le vaisseau, de vastes proportions, est voûté d'ogives. Un riche mobilier du 17e s. comprend des retables, une chaire, des stalles, un buffet d'orgue et une balustrade en fer forgé.

Dominical
Si vous passez par là un dimanche matin, vous apprécierez le **marché**, coloré et animé.

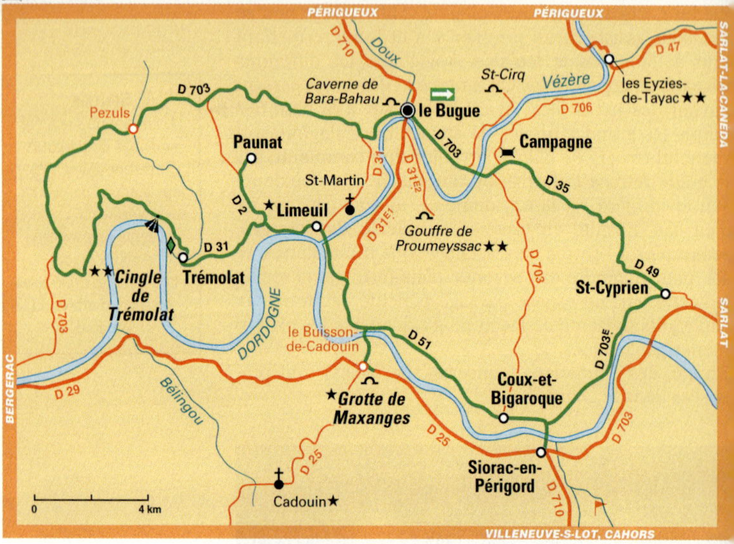

Quitter St-Cyprien par le Sud-Ouest en empruntant la D 703^{E}. La route longe la rive droite de la Dordogne. Tourner à gauche dans la D 703.

Siorac-en-Périgord

Construit sur des bases médiévales, le **château** de Siorac fut remanié au 18e s. Il abrite aujourd'hui un **musée des Arts culinaires**, qui permet de découvrir ustensiles, vaisselle, objets d'art et mobilier (16e-19e s.) sur le thème de la cuisine et des arts de la table. *☎ 05 53 31 63 69 ou 06 20 28 36 57 - ♿ - de mi-juin à mi-sept. : 10h-12h, 14h-19h (dernière entrée 1h av. fermeture) ; de Pâques à mi-juin : sur demande - fermé certains j. fériés, se renseigner - 5 € (enf. 4 €).*

Revenir sur la D 703^{E} et continuer à longer la Dordogne.

Coux-et-Bigaroque

Petite pause dans ce gros bourg, né de la fusion des paroisses de Coux et de Bigaroque. Vous aimerez, dans le premier, le portail sculpté de l'église romane et, dans le second, le charme de ses rues.

Poursuivre le long de la Dordogne en empruntant la D 51, puis tourner à gauche dans la D 51^{E}. Au Buisson-de-Cadouin, après la voie ferrée tourner à gauche, puis encore à gauche. Poursuivre sur 1,5 km.

Les grottes de Maxange★

☎ 05 53 23 42 80 - www.lesgrottesdemaxange.com - juil.-août : 9h-19h ; avr.-juin et sept. : 10h-12h, 14h-18h ; oct. : 10h-12h, 14h-17h - 6,80 € (6-12 ans 4,30 €).

Ces grottes ont été découvertes en 2000 par Angel Caballero qui exploitait une carrière sur ce site. Les galeries se sont creusées dans le calcaire jaune quand la mer s'est retirée puis ont été obstruées par des alluvions. Il a donc fallu procéder à un déblaiement.

Après la présentation de ces différentes couches de sédimentations, dans la galerie inférieure, on pénètre dans la galerie supérieure qui renferme les concrétions classiques (stalactites, stalagmites) et surtout une exceptionnelle densité d'**excentriques** (formées par capillarité). Certaines sont cristallines, d'autres orangées, teintes par l'oxyde de fer, toutes offrent la magie de leur forme étrange.

Revenir sur la D 51.

Limeuil★

Construit sur un promontoire escarpé, ce bourg dégringole vers le confluent de la Dordogne et de la Vézère. Les croquants firent de cet excellent lieu de défense une de leurs places de sûreté pendant leur révolte au 17e s. Au 19e s., Limeuil était un centre économique important, grâce à son artisanat et à la **batellerie**. Le port, avec ses auberges, accueillait au 19e s. les gabares descendues du Limousin et d'Auvergne. D'ailleurs, dans l'église Ste-Catherine (14e-15e s.), vous trouverez une Vierge noire, la Vierge des bateliers.

Le village a conservé quelques vestiges de son passé de ville close dans les ruelles piétonnes qui grimpent vers l'église. L'imposante maison à fenêtres à meneaux qui jouxte la porte fortifiée du port (16e s.) était le siège des bateliers. Tout de suite à gauche, l'actuelle mairie occupe un ancien couvent de récollets. La Grand'Rue mène à la porte du Récluzou qui présente une voûte d'ogive à l'extérieur et un arc en plein cintre à l'intérieur.

Le **parc du château** (ancienne demeure transformée au début du 20e s.) offre un beau panorama sur le confluent Dordogne-Vézère. ☎ *05 53 57 52 64 - juil.-août : 10h-19h ; de Pâques au 1er nov. : se renseigner pour les horaires - gratuit.*

La route en corniche dite du « Bac de Sors » *(D 31)* domine le **cingle de Limeuil**.

Après 2 km, tourner à droite dans la D 2.

S. Sauvignier/MICHELIN

Très tôt s'est affirmée la vocation de « guette et d'arsenal » de Limeuil, dont la position stratégique a attiré les convoitises.

Paunat

Niché dans un vallon, ce bourg a conservé une imposante église qui dépendait d'un monastère autrefois rattaché à la puissante abbaye St-Martial de Limoges.

Construite en pierre ocre au 12e s., remaniée et fortifiée au 15e s., l'**église St-Martial** à l'aspect sévère s'appuie sur un puissant clocher-porche de style roman. Celui-ci comporte deux étages voûtés de coupoles, cas exceptionnel en Périgord.

Faire demi-tour et reprendre la D 31 (à droite).

Trémolat

Édifié à l'entrée du cingle du même nom, ce charmant village est devenu célèbre grâce au film de Claude Chabrol, *Le Boucher*. Trémolat est aussi connu pour son **église** fortifiée (12e s.), qui offre un condensé des particularités de l'architecture religieuse périgourdine : elle associe d'imposantes fortifications, un voûtement supportant des coupoles et un intérieur sobre surmonté d'une vaste salle (350 m²) de défense qui pouvait servir de refuge à tous les habitants du village.

Quitter Trémolat par le Nord-Ouest et suivre la rivière.

Cingle de Trémolat★★

Au pied d'un hémicycle de falaises blanches, la Dordogne décrit une vaste courbe au cœur de laquelle se love une mosaïque de prés et de champs. Au-delà s'étendent les premières frondaisons de la forêt de la Bessède.

Poursuivre la route qui offre de belles échappées sur la vallée, puis, avant Mauzac, prendre à droite une petite route qui débouche sur la D 703 qui ramène au Bugue.

Détente

Base nautique de Trémolat – Elle propose de nombreuses activités. ☎ *05 53 22 81 18.*

Colette/IMAGES TOULOUSE

En journée, le cingle de Trémolat est déjà impressionnant ; pour plus d'émotion, revenez au soleil couchant... la gamme des tons est d'une richesse insoupçonnée.

Cadouin★

Un vallon étroit, une rivière et une abbaye cistercienne : le décor de Cadouin est posé. L'abbaye est une aubaine pour ce village qui bénéficia de l'intense fréquentation de ce lieu de pèlerinage. Les fidèles ont laissé place aux visiteurs, venus admirer la beauté de l'établissement religieux, magnifiquement conservé.

La situation

Carte Michelin Local 329 G7 - Schéma p. 140 - Dordogne (24). De la vallée de la Dordogne, Cadouin est accessible par la D 25.

🅘 *Mairie, 24480 Cadouin, ☎ 05 53 63 46 43.*

Le nom

Du latin *catinus*, lieu plat, ou alors du nom gallo-romain *Catonius* : voilà deux pistes pour expliquer l'origine de Cadouin.

Les gens

335 Caduniens. C'est dans une maison de la place de la Halle qu'est né, le 14 octobre 1890, le cinéaste **Louis Delluc**. Initiateur de la critique cinématographique, il est aussi connu pour avoir été le fondateur des ciné-clubs.

MOTEUR
Le prix Louis-Delluc récompense chaque année un jeune réalisateur.

comprendre

Fondée en 1115 par Géraud de Sales aux portes de la forêt de la Bessède, l'abbaye de Cadouin s'affilie en 1119 à l'ordre de Cîteaux. Elle devient prospère, mais subit des dommages pendant la guerre de Cent Ans – destruction du cloître roman et de certains bâtiments –, au moment des guerres de Religion et de la Révolution.

La plus célèbre relique périgourdine – Un drap de lin, passant pour avoir enveloppé la tête du Christ, fut rapporté d'Antioche par un chanoine périgourdin après la première croisade. Le suaire devient un objet de culte, faisant de Cadouin un centre de pèlerinage fréquenté par les plus grands, comme Richard Cœur de Lion, Saint Louis, et Charles V. Mais en 1934, le mythe s'effondre. Soumis à l'épreuve de la science, le suaire révèle ses véritables origines : il s'agit d'un tissu égyptien datant du 11e s. Les bandes brodées portent des caractères coufiques qui mentionnent un émir et un calife qui ont gouverné l'Égypte vers 1100. L'évêque de Périgueux supprime alors le pèlerinage.

SE LOGER
Camping La Grande Veyière – *24480 Molières - 4 km à l'O de Cadouin sur D 25 et D 27 - ☎ 05 53 63 25 84 - la-grande-veyiere@wanadoo.fr - ouv. avr.-Toussaint - réserv. conseillée - 64 empl. 34,88 €.* On respire le bon air sur ce terrain haut perché, aménagé auprès d'une belle ferme périgourdine dont les bâtiments bien restaurés accueillent entre autres le magasin d'alimentation et le bar. Vastes emplacements ombragés. Piscine et jeux d'enfants.

visiter

Abbaye

Consacrée en 1154, l'**église**★ présente une façade organisée en trois registres horizontaux : le registre médian,

L'église et le cloître de Cadouin, restaurés après la Révolution, forment un bel ensemble architectural autour duquel s'est développé le village.

percé de trois baies en plein cintre éclairant le vaisseau, sépare deux niveaux d'arcatures. Le décor du bâtiment en pierre meulière, à l'architecture fort sobre, se limite presque au jeu de la lumière sur les ressauts du mur scandé de contreforts. L'édifice s'affranchit de la simplicité cistercienne par la disposition de son plan (chœur à abside entre deux absidioles) et par la présence d'une coupole à la croisée du transept, surmontée d'un clocher couvert de bardeaux de châtaignier. Autre entorse à la règle de Cîteaux : la richesse de la décoration intérieure qui comprend fenêtres moulurées et chapiteaux sculptés... mais de l'équilibre des volumes et de la grandeur de l'ensemble émane cette atmosphère de spiritualité propre aux sanctuaires cisterciens.

Cloître★★ – ☎ *05 53 63 36 28 - ♿ - juil.-août : 10h-18h ; fév.-juin, de déb. sept. à mi-nov. et vac. scol. Noël : 10h-12h30, 14h-18h ; de mi-nov à mi-déc. : 10h-12h30, 14h-17h30 - possibilité de visite guidée (45mn) sur demande préalable - fermé mar. (sf juil.-août), vend. et sam. (fév.-mars et de mi-nov. à mi-déc.), janv., 25 déc. - 5,50 € (6-12 ans 3,30 €).*

Édifié grâce aux libéralités de Louis XI, le cloître est bâti au 15e s. en style gothique flamboyant. Les travaux se poursuivent jusqu'au milieu du 16e s., comme en témoignent les chapiteaux Renaissance de certaines colonnes. Portes décorées d'armoiries, clefs de voûte historiées ou sculptées de personnages, siège de l'abbé, fresque figurant l'Annonciation : la visite du cloître est une succession de petits bonheurs nés de la beauté des proportions et de la diversité des formes.

La salle capitulaire a été aménagée en **musée du Suaire** : une exposition évoque huit siècles de ferveur religieuse et de pèlerinage à travers divers objets de dévotion.

Devinette
Sur quatre colonnettes du cloître, les sujets empruntés à l'Ancien et au Nouveau Testament se succèdent. Sauriez-vous les reconnaître ?

J. Grelet/SEMITOUR PÉRIGORD

Au 19e s., le cloître de Cadouin fut l'objet d'un engouement romantique de la part des historiens et des archéologues... on comprend pourquoi !

Musée du Vélocipède

☎ *05 53 63 46 60 - ♿ - 10h-19h (dernière entrée 1h av. fermeture) - 5 € (enf. 3 €).*

Grand bis, bicycles, tricycles à remorque, quadricycles ou encore vélo pliant... Regroupant une bonne centaine de pièces, ce musée constitue la plus importante collection de France. Et, dans la dépendance de l'abbaye où il est aménagé, il évoque les plus belles heures de la technique et des inventions depuis le 19e s. en passant par les premiers tours de roue du sport cycliste.

Tour de France
Le modèle Paris-Brest-Paris 1891 et une bicyclette du premier Tour de France de 1903 rappellent les débuts du cyclisme.

Cahors★★

Cité en forme de presqu'île, lieu de « source divine », Cahors se raconte au fil de ses monuments. Tout est ici réuni pour un séjour heureux : un peu d'histoire et de culture, le calme des bords du Lot, le cadre de collines boisées et des vignobles. Et l'été, le temps d'un festival, la ville d'eau devient ville de blues.

La situation

Carte Michelin Local 337 E5 - Lot (46). Prolongeant la N 20, le boulevard Gambetta est le grand axe Nord-Sud de la ville. Il y règne une animation qui rappelle le rôle de centre commercial de Cahors.

i *Pl. François-Mitterrand, 46004 Cahors,* ☎ *05 65 53 20 65. www.officedetourismecahors.com*

Une anisette ?
Le boulevard Gambetta est un cours typiquement méridional avec ses platanes, ses cafés et ses commerces. Arrêtez-vous pour savourer un « petit jaune ».

Le nom

La source Divona Cadurcorum aurait donné le nom de Cadurca, puis de Caurs, devenu Cahors en français.

Les gens

20 003 Cadurciens. Parmi leurs compatriotes ayant atteint la célébrité, au premier rang desquels se place le pape **Jean XXII**, on trouve le poète **Clément Marot** (1496-1544) et l'homme politique **Léon Gambetta** (1838-1882).

comprendre

Drôles de mots
Le mot « cahorsin », qui désignait autrefois les habitants de Cahors, est synonyme d'usurier.

Papale
En 1316, le Cadurcien Jacques Duèze devient le deuxième pape d'Avignon sous le nom de **Jean XXII**. En 1332, il fonde dans sa ville natale une université qui est alors plus florissante que celle de Toulouse et qui fonctionnera jusqu'en 1751.

La source divine – L'antique *Divona Cadurcorum* doit sa naissance à la fontaine des Chartreux, belle résurgence qui alimente encore la ville en eau potable. Les Gaulois, puis les Romains, lui vouèrent un culte, dévotion confirmée par la découverte en 1991 de nombreuses monnaies du début de l'ère chrétienne, jetées en offrande dans la fontaine. La ville s'épanouit : elle possède son forum, son théâtre, ses temples, ses thermes, ses remparts.

L'âge d'or – Au 13e s., Cahors est l'une des plus grandes villes de France et connaît une période de prospérité économique, due en grande partie à l'arrivée de marchands et de banquiers lombards. Ces derniers ont le génie du négoce et de la banque, mais ils se livrent souvent à des opérations de « prêt à usure » assez peu recommandables. Les Templiers s'établissent à leur tour à Cahors ; la fièvre de l'or s'empare des Cadurciens eux-mêmes, et la cité devient l'une des grandes places bancaires d'Europe.

Ville fidèle, roi ingrat – Dès le début de la guerre de Cent Ans, les Anglais s'emparent de toutes les places du Quercy : seule Cahors demeure imprenable malgré la peste noire qui emporte la moitié de sa population. Le traité de Brétigny, en 1360, cède le Sud-Ouest de la France à Édouard III d'Angleterre, mais la ville invaincue refuse de se livrer. Le roi de France ordonne alors de remettre les clefs de la cité. En 1450, lorsque les Anglais quittent le Quercy, Cahors est ruinée.

Cahors et la Réforme – Après quelques décennies de paix, la Réforme pénètre, en 1540, dans les murs de la ville. Très rapidement, la population se trouve divisée. En 1560, des protestants sont massacrés rue des Soubirous. Vingt ans plus tard, la ville est assiégée par les huguenots conduits par Henri de Navarre. L'assaut dure trois jours et se termine par le pillage de Cahors.

découvrir

Imposant
Le pont impressionna les Anglais pendant la guerre de Cent Ans, ainsi qu'Henri de Navarre lors du siège de Cahors en 1580, à tel point qu'il ne fut jamais attaqué...

Pont Valentré★★

Cet ouvrage constitue une remarquable manifestation de l'art militaire du Moyen Âge. Ses trois tours à mâchicoulis, ses parapets crénelés et ses avant-becs aigus rompent la succession des sept arches ogivales créant ainsi une impression de grande harmonie. L'aspect initial du pont commencé en 1308 a été sensiblement modifié au cours des travaux de restauration entrepris en 1879 par

C'est de la rive droite du Lot, en amont de l'ouvrage, que l'on a la meilleure vue sur le pont Valentré, dont les tours s'élèvent à 40 m au-dessus de la rivière.

Cahors est enserré dans un cingle (méandre) du Lot que dominent de hautes collines rocheuses.

Viollet-le-Duc : la barbacane, qui renforçait encore sa défense du côté de la ville, a été remplacée par la porte actuelle. Tel qu'il se présentait alors, il formait une sorte de forteresse isolée commandant le passage du fleuve ; tandis que la tour centrale servait de poste d'observation, les tours extrêmes étaient fermées de portes et de herses ; sur la rive gauche du Lot, un corps de garde et une demi-lune assuraient vers le Sud une protection supplémentaire.

se promener

QUARTIER DE LA CATHÉDRALE*

Partir de la cathédrale.

Rue Nationale

C'était l'artère principale du quartier des Badernes (ou bas quartier), partie commerçante de la ville. Vous passerez devant la halle. Après avoir traversé la rue Clemenceau, au n° 116, une belle porte du 17e s. présente des panneaux décorés de fruits et de feuillages. Un peu plus loin, jetez un œil sur la gauche : l'étroite **rue St-Priest** a gardé l'aspect d'une venelle médiévale avec ses maisons en brique, à colombages et à encorbellements.

QUELQUES MARCHES

La rue St-Priest débouche sur la place du même nom où l'on peut remarquer, au n° 18, un très bel escalier extérieur en bois d'époque Louis XIII.

Tourner à droite.

Rue du Docteur-Bergounioux

Au n° 40, une demeure du 16e s. montre une intéressante façade Renaissance percée de fenêtres aux croisées sculptées, d'inspiration italienne.

Rebrousser chemin et poursuivre en face.

Rue Lastié

Au n° 35, remarquez les fenêtres de style rayonnant. Au n° 117, une maison des 14e et 16e s. a conservé son échoppe au rez-de-chaussée, surmontée au premier étage d'élégantes fenêtres géminées de style gothique. Cette rue se termine par de jolies maisons en brique et pans de bois.

Tourner à gauche.

Rue St-Urcisse

L'église St-Urcisse (fin du 12e s.) s'ouvre par un portail du 14e s. À l'intérieur, les deux piliers du chœur sont ornés de chapiteaux historiés. Au n° 68, une maison de la première moitié du 13e s. présente sous le toit une galerie ouverte, le *soleilho*, qui servait de séchoir à linge.

Tourner à droite.

Maison de Roaldès

Appelée aussi maison d'Henri IV (le roi de Navarre y aurait logé pendant le siège de Cahors en 1580), cette demeure de la fin du 15e s. a été restaurée en 1912. Elle

La façade Sud de la maison de Roaldès, à pans de bois, est surmontée d'un balcon et coiffée d'une grosse tour ronde.

J. Damase/MICHELIN

Visite

Visites guidées – (Cahors) S'adresser à l'Office de tourisme ou www.vpah.culture.fr - visites-découverte de la ville médiévale (1h30) animées par des guides-conférenciers agréés par le ministère de la Culture et de la Communication - 5,50 €.

Bateau « Le Valentré » – *Quai Pont-Valentré - Embarcadère Les Terrasses Valentré - ☎ 05 65 35 98 88 - juil.-août : 11h, 13h30, 15h, 16h30 et 18h ; avr.-juin. : 11h, 15h et 16h30 ; sept.-oct. : 11h, 15h et 16h30 - 8,50 €.* Ce bateau de croisière propose au départ de Cahors une visite commentée de la ville depuis le Lot. Monuments et histoire sont au programme pendant environ 1h15. Un passage d'écluse ravira plus particulièrement les enfants. Possibilité de location de petites embarcations à l'heure ou à la journée.

Le Petit Train de Cahors – *☎ 05 65 30 16 55.* Circuit commenté 45mn (1h juil.-août), dép. 200 m en amont du pont Valentré. *Juil.-août : 14h15, 15h45, 17h15 ; avr.-sept. : 10h-12h, 14h-19h - 5,80 € (enf. 3 €).*

Quercyrail – *☎ 05 63 40 11 93 (réserv. recommandée). Renseignements : pl. de la Gare - 46000 Cahors.* Survivra-t-il ? Cet autorail des années 1950, surnommé "Le Train Buissonnier", empruntait l'ancienne voie ferrée Cahors-Carjac-Capdenac (71 km), pour faire découvrir autrement les méandres et les principaux sites pittoresques de la vallée du Lot. Aux dernières nouvelles, il attendait des fonds pour la restauration de son parcours.

Se loger

⊖ Chambre d'hôte Le Clos des Dryades – *46090 Vers - 15 km au NE de Cahors par D 653, dir. St-Cirq-Lapopie et D 49 rte de Cours - ☎ 05 65 31 44 50 - www.closdesdryades.com - ⊭ - 5 ch. 38/43 € ☕ - repas 14 €.* Perdue au milieu des bois, cette maison basse coiffée de tuiles romaines bénéficie d'un calme extraordinaire. Les chambres sont confortables, et la vaste piscine permet de se rafraîchir pendant les chaleurs estivales. Également sur place, trois gîtes, tir à l'arc et location de vélos.

⊖ Chambre d'hôte Les Poujades – *Flaynac - 46090 Pradines - 5 km au N de Cahors par D 8 - ☎ 05 65 35 33 36 - ⊭ - 2 ch. 38/45 € ☕.* Cette demeure quercynoise entourée d'un joli jardin très fleuri et arboré jouit d'un panorama exceptionnel sur le château de Mercuès, le vignoble et les faubourgs de Cahors. Le décor intérieur est sobre mais l'accueil est chaleureux. Un gîte en location.

⊖⊖ Chartreuse – *Fg St-Georges - ☎ 05 65 35 17 37 - 🅿 - 50 ch. 46/65 € - ☕ 6,50 € - restaurant 14/37 €.* Architecture des années 1970 au bord du lot. Chambres assez amples et bien équipées ; certaines offrent un splendide coup d'œil sur la rivière. Grande salle à manger dont les baies vitrées ménagent une échappée sur les berges et la ville. Repas classiques.

⊖⊖ Hôtel À l'Escargot – *5 bd Gambetta - ☎ 05 65 35 07 66 - fermé vac. de fév., déc. et dim. hors sais. - 9 ch. 48/56 € - ☕ 6,50 €.* Cet hôtel situé à proximité de la tour Jean XXII (Jacques Duèze, originaire de Cahors et élu pape en 1322) occupe les murs de l'ancien palais édifié par la famille du pontife. Il abrite des chambres fonctionnelles au mobilier coloré et une salle des petits-déjeuners rénovée.

⊖⊖ Chambre d'hôte Domaine e Labarthe – *46090 Espère - 8 km au NO de Cahors par D 811 - ☎ 05 65 30 92 34 - ⊭ - réserv. obligatoire - 3 ch. 60/100 € ☕.* Vous serez accueilli en ami dans ce joli domaine agrémenté d'un pigeonnier. Les chambres sont calmes et coquettes ; bouquet de fleurs et biscuits y sont déposés le jour de votre arrivée. Toutes ouvrent sur le jardin et sa piscine : de quoi vous rendre la vie très douce.

Se restaurer

⊖ Le Dousil – *124 r. Nationale - ☎ 05 65 53 19 67 - dousil@club-internet.fr - fermé 10 j. en fév., 10 j. en oct., dim. et lun. - 6/15 €.* Plus d'une centaine de références s'affichent sur la carte de ce bar à vins situé près des halles. Comptoir en zinc, pierres apparentes, boiseries sculptées : le décor est planté. Dans l'assiette, vous aurez le choix entre des tartines garnies, des charcuteries ou le plat du jour.

⊖ Auberge du Vieux Douelle – *46140 Douelle - 8 km à l'O de Cahors par D 8 - ☎ 05 65 20 02 03 - auberge-du-vieux-douelle@wanadoo.fr - fermé sem. de Noël et sam. midi de nov. à mars - 8/45 € - 17 ch. 16/45 € - ☕ 4 €.* Également connue sous le nom « Chez Malique », cette auberge est une véritable institution. Des nappes rouges égayent la salle climatisée, installée dans une belle cave voûtée. Salades, omelette aux cèpes, grillades au feu de bois (d'octobre à avril) et une spécialité maison : la tête de veau. Chambres de bon confort.

⊖ La Terrasse Romantique – *Haut Bourg - 46160 Calvignac - ☎ 05 65 30 24 37 - fermé oct.-avr. - ⊭ - 10,35/12 €.* Demeure du 14e s. au cadre rustique soigné, égayé de tableaux peints par le patron. Par beau temps, la vue sur le Lot depuis la terrasse est saisissante. Salades, crêpes, plats régionaux et la spécialité maison : la cuisse de canard confite à la confiture d'oignons et fruits de la vallée.

⊖⊖ **La Garenne** – *Rte de Brive, à St-Henri - ☎ 05 65 35 40 67 - michel.carrendier@wanadoo.fr - fermé fév., 1er-15 mars, lun. soir et mar. soir sf juil.-août et merc. - 18/45 €.* Ce bâtiment de facture typiquement quercynoise servait jadis d'écurie. Murs en pierre, charpente apparente, beaux meubles du pays et vieux objets paysans lui composent un agréable décor rustique. L'atout majeur de La Garenne est toutefois sa goûteuse cuisine qui visite en détail le répertoire régional.

⊖⊖ **Au Fil des Douceurs** – *90 quai de la Verrerie - ☎ 05 65 22 13 04 - fermé 1er-20 janv., dim. soir et lun. - 13 € déj. - 19/50 €.* Vous sentirez à peine le clapotis du Lot à bord de cette gabare, embarcation qui autrefois transportait le bois jusqu'à Bordeaux. Aujourd'hui, transformée en restaurant et solidement amarrée à proximité du pont Cabessut, vous pourrez y déguster une cuisine traditionnelle.

⊖⊖ **L'Ô à la Bouche** – *134 r. Ste-Urcisse - ☎ 05 65 35 65 69 - fermé 20 oct.-10 nov., 20 mars-10 avr., dim. et lun. - 25/36 €.* Vieilles pierres et briques procurent un cachet indéniable à ce restaurant où l'on s'abstient de fumer pour mieux savourer une cuisine traditionnelle qui met l'Ô à la Bouche.

S. Sauvignier/MICHELIN

Sports & Loisirs

L'Archipel – *Quai Ludo-Rollès. Complexe Eau et Loisirs - ☎ 05 65 35 05 86/31 38 - 11h-20h - fermé de mi-sept. à mi-juin.* Cette piscine d'été, aménagée sur un îlot, bénéficie de nombreux équipements : toboggan, jets hydromassants, bains à bulles, jets d'eau, pentagliss et espaces de jeux.

Stade Nautique de Regourd – *Base Nautique de Regourd - ☎ 05 65 30 08 02 - fabian.gouthier@free.fr - oct.-mai : w.-end et j. fériés 15h-18h. Juin, sept. : merc., w.-end 14h-19h. Juil.-août : lun.-vend. 15h-19h, w.-end 14h-20h - fermé nov.-mai.* Ski nautique, monoski, biski, wake-board, knee-board.

Calendrier

Festival de Blues – *Mi-juillet - ☎ 05 65 53 20 65 - www.cahorsbluesfestival.com*

Festival du Quercy blanc – *De fin juillet à mi-août. ☎ 05 65 31 83 12.*

appartint, à partir du 17e s., à une famille de notables du Quercy, dont elle porte le nom. La façade Nord, donnant sur la place, est décorée de roses, de soleils flamboyants et d'arbres écotés – éléments de l'école Renaissance quercynoise au début du 16e s.

Revenir sur ses pas et prendre à droite la rue de la Chantrerie.

La Daurade

Riche ensemble de demeures anciennes bordant le square Olivier-de-Magny : maison dite du « Bourreau », à

« Au lieu que je déclaire
Le fleuve Lot coule son
eau peu claire
Qui maints rochers
traverse et environne
Pour aller joindre
au droict fil de Garonne.
A brief parler, c'est
Cahors en Quercy. »
Clément Marot.

Augustins R. des ....AY 2
Badernes R. des ....BZ 3
Blanqui R. ....BZ 4
Bourthoumieux R. P. ....AZ 5
Champollion Quai ....BZ 8
Château-du-Roi R. du ....BY 9
Clemenceau R. G. ....BZ 10
Delmas R. du Col. ....BZ 13
Dr-Bergounioux R. ....BZ 14
Dr-J.-Ségala R. du ....AY 15
Évêques Côtes des ....AY 17
Foch R. du Mar. ....BZ 18
Gambetta Bd ....AYBZ
Gaulle Pl. Ch.-de ....AY 21
Joffre R. du Mar. ....BZ 23
Lastié R. ....BZ 24
Marot R. Clément ....BY 26
Mendès-France R. P. ....AY 27
Mitterrand Pl. F. ....BZ 30
Monzie Av. A.-de.................BZ 31
Pelegry R. ....BY 34
Portail-Alban R. du ....BY 35
St-Barthélemy R. ....BY 38
St-James R. ....BZ 39
St-Priest R. ....BZ 41
St-Urcisse R. ....BZ 42
Vaxis Cours ....BZ 44
Villars R. René ....AY 46

Cloître ....BY E
Maison de Roaldès ....BY L
Musée de la Résistance, de la Déportation et de la Libération ....BY M1
Tour du collège Pélegry ....BY S

fenêtres à colonnettes (13e s.), maison Dolive (17e s.), maison Heretié (14e-16e s.).

Prendre à droite, puis la rue qui descend à droite.

Pont Cabessut

De ce pont, on a une **vue★** intéressante sur le quartier haut de la ville ou quartier des Soubirous. Au loin se dresse la tour des Pendus ou tour St-Jean, puis le clocher de l'église St-Barthélemy, la tour Jean-XXII, plus près la tour du Château du Roi et enfin celle du collège Pélegry.

Tour du collège Pélegry

Créé en 1368, le collège reçut d'abord treize étudiants pauvres fréquentant l'université. Ce fut, jusqu'au 18e s., l'un des établissements les plus importants de la ville. Il est surmonté d'une belle tour hexagonale du 15e s.

Emprunter la venelle à gauche qui débouche sur la rue du Château du Roi. Tourner à droite. Prendre à droite après la maison d'arrêt.

Tour du Château du Roi

Des deux tours et des deux corps de bâtiments construits au 14e s. subsiste la puissante tour dite « du Château du Roi ». L'actuelle prison fut autrefois la résidence du gouverneur.

Revenir à la maison d'arrêt, prendre en face et tourner à droite.

Îlot Fouillac
Ce quartier, longtemps insalubre, a fait l'objet d'une vaste opération de réhabilitation. Les immeubles les plus dégradés ont été détruits et une place a été percée, décorée sur son pourtour de **peintures murales** et animée par une **fontaine musicale**.

Tourner à droite pour rejoindre la rue des Soubirous.

Tour Jean-XXII
Seul vestige du palais de Pierre Duèze, frère de Jean XXII. Haute de 34 m, cette tour, couverte de tuiles à l'origine, est percée de cinq étages de fenêtres géminées.

Église St-Barthélemy
Seulement au moment des offices dim. matin.

Édifié dans le quartier le plus élevé de la ville, ce bâtiment s'appelait au 13e s. St-Étienne-de-Soubiroux, *sancti Stephani de superioribus*. Reconstruit en plusieurs étapes, il présente un beau clocher-porche rectangulaire à trois rangs de baies en tiers-point superposées ; ce clocher sans flèche, dont la base est du 14e s., est presque entièrement en brique. La nef, voûtée d'ogives, est de style languedocien. Dans la chapelle la plus proche de l'entrée, à gauche, une plaque de marbre et un buste rappellent que Jean XXII fut baptisé ici. Les émaux cloisonnés qui ornent le couvercle des fonts baptismaux modernes ont pour thème les principaux événements de la vie du pape cadurcien. De la terrasse située à proximité de l'église : jolie vue sur le faubourg de Cabessut et la vallée du Lot.

Soubiroux

Ce nom vient du latin superioribus, « plus haut ». Ici, il est employé par opposition à la cathédrale, qui occupe le quartier bas.

Rejoindre le boulevard Gambetta et poursuivre vers le Nord.

Barbacane et tour St-Jean*
La ligne des remparts, doublée vers 1340, barrait entièrement l'isthme du Lot. De ces fortifications subsistent quelques vestiges : une grosse tour, à l'Ouest, abrite une poudrière et l'ancienne porte St-Michel sert d'entrée au cimetière. C'est à l'Est, à l'endroit où la N 20 pénètre dans la ville, que s'élèvent les deux plus belles constructions fortifiées : la barbacane, élégant corps de garde qui protégeait la porte de la Barre, et la tour St-Jean (ou tour des Pendus) bâtie sur un rocher dominant le Lot.

Jardins secrets

Sur la place, vous verrez des personnages tressés en osier dans le « Closelet des croisades ». C'est l'un de la vingtaine de jardins aménagés dans la ville. Le parcours, matérialisé au sol par des clous en cuivre frappés d'une feuille d'acanthe et ponctué de panneaux expliquant le rapport entre le thème du jardin et les lieux, commence au Pont Valentré. *Brochure à l'Office de tourisme.*

visiter

Cathédrale St-Étienne*
Elle doit à ses évêques et à son chapitre son allure de forteresse qui, tout en assurant leur sécurité en ces périodes troublées, renforçait leur prestige. Sur l'emplacement d'une église du 6e s., l'évêque Géraud de Cardaillac entreprend, à la fin du 11e s., la construction de l'édifice qui est consacré en 1119 par le pape Calixte II. La porte Sud comprend un arc trilobé remontant à 1119. Le portail Nord date du 12e s., la réfection du chevet primitif, du 13e s. Au début du 14e s., on élève la façade occidentale et, à l'initiative de l'évêque Guillaume de Labroue, cousin du pape Jean XXII, sont exécutées les peintures des coupoles. Au début du 16e s., l'évêque Antoine de Luzech construit le cloître flamboyant et certaines de ses dépendances.

Extérieur – La façade occidentale est formée de trois tours juxtaposées. Celle du centre, surmontée d'un beffroi, s'ouvre par un grand portail à deux baies. Au premier étage, une série d'arcatures encadre la rose. Des fenêtres à baies géminées complètent cette décoration qui ne parvient pas à atténuer le caractère militaire de cette façade.

Portail Nord** – Ancien portail roman de la façade principale, il a été accolé au côté Nord de la cathédrale avant la reconstruction de la façade actuelle. Le tympan a pour sujet l'Ascension. Exécuté vers 1135, il s'apparente par son style et sa technique à l'école languedocienne.

L'extérieur de la cathédrale St-Étienne propose quelques touches de fantaisie sur un édifice aux allures de forteresse.

J. Damase/MICHELIN

Sur le portail Nord, de part et d'autre du Christ et des anges, le sculpteur a figuré des épisodes de la vie de saint Étienne. On voit la Prédication, l'Arrestation par les juifs, la Lapidation et l'Apparition du ciel : la main divine protège le martyr.

Intérieur – Pénétrant dans la cathédrale par le portail occidental, on traverse le **narthex** surélevé par rapport à la nef coiffée de deux vastes coupoles sur pendentifs. L'opposition est frappante entre la nef, claire, et le chœur orné de vitraux et de peintures. En 1872 ont été découvertes les fresques de la première coupole représentant, dans le médaillon central, la lapidation de saint Étienne, sur la couronne, les bourreaux du saint, et, dans les compartiments inférieurs, huit figures géantes de prophètes. Le chœur et l'abside sont couverts de voûtes gothiques. Parmi les chapelles rayonnantes, édifiées au 15e s., celle de St-Antoine s'ouvre sur le chœur par une belle porte flamboyante.

DÉTAILS
Près de la porte du chœur, on remarque un escalier à rampe hélicoïdale, tandis que sur le pilier d'angle du Nord-Ouest est sculptée une gracieuse Vierge de l'Annonciation, aux longs cheveux tombant sur les épaules, drapée dans un manteau.

◀ **Cloître**★ – De style Renaissance (datant de 1509), il fait suite à ceux de Carennac et de Cadouin *(voir ces noms)* avec lesquels il présente de nombreuses ressemblances. On y accède par une porte, à droite du chœur. En dépit de ses mutilations, il offre une riche décoration sculptée. Les galeries sont couvertes d'une voûte en étoile, dont les clefs étaient ornées de pendentifs : un seul subsiste au-dessus de la porte Nord-Ouest et représente Jésus aux cieux entouré d'anges.

Par le cloître, on accède à la chapelle St-Gausbert.

Chapelle St-Gausbert

Se renseigner à l'Office de tourisme.

Ancienne salle capitulaire dont les voûtains losangés sont décorés de peintures du 16e s. inspirées de la Renaissance italienne. Les peintures qui parent les murs datent du 15e s. et représentent le Jugement dernier. Cette chapelle abrite le trésor de la cathédrale.

Par la porte de l'angle Nord-Est du cloître, on gagne la cour intérieure de l'ancien archidiaconé St-Jean, dont la décoration Renaissance est intéressante.

Musée de la Résistance, de la Déportation et de la Libération

☎ 05 65 22 14 25 - 14h-18h (dernière entrée 1h av. fermeture), le matin sur demande - possibilité de visite guidée (1h30) sur demande préalable - fermé 1er janv., 1er Mai, 25 déc. - gratuit.

Ce musée présente la naissance et le développement de la Résistance dans le Lot, les déportations et persécutions qui en résultèrent, les combats de la Libération et enfin, l'épopée des Français libres de Brazzaville à Berlin. Sont exposées 18 maquettes d'avions de guerre, et des journaux de l'époque sont mis à la disposition des visiteurs.

Musée Henri-Martin

☎ 05 65 20 88 66 - tlj sf mar. 11h-18h, dim. et j. fériés 14h-18h - fermé 1er janv., 1er Mai, 25 déc. - 3 € (enf. 1,50 €).

Situé dans l'ancien palais épiscopal, il présente l'œuvre du peintre pointilliste Henri Martin (1860-1943) dans une salle. Par ailleurs, il propose des expositions temporaires de qualité (photographie contemporaine, peintres majeurs du 20e s. ou de nos jours). Enfin, ce musée ne manque pas de ressources : il conserve d'importantes collections archéologiques et historiques relatives au Quercy qu'il espère montrer dans les années à venir quand l'ensemble des lieux aura été aménagé.

alentours

Point de vue de la croix de Magne★

5 km par la sortie Ouest. Du pont Valentré, prendre à droite et aussitôt à gauche, puis, juste après l'école d'agriculture, tourner à gauche, ainsi qu'en haut de la montée.

Des abords de la croix, une **vue★** s'offre sur le causse, le cingle du Lot, la ville de Cahors et le pont Valentré.

Point de vue du Nord de la ville★

5 km par la rue du Dr-J.-Ségala qui s'embranche à droite sur la N 20 juste après la tour St-Jean.

De belles vues sur la vallée du Lot et le site de Cahors se découvrent de cette route : la ville ancienne apparaît étagée en amphithéâtre, avec ses clochetons, ses tours crénelées et le pont Valentré.

Point de vue du mont St-Cyr★

7 km par le pont Louis-Philippe, et la D 6, que l'on quitte, 1,5 km plus loin, pour gagner le mont, en obliquant toujours à gauche.

Du sommet (table d'orientation) se révèle une belle vue sur Cahors : l'opposition entre les quartiers neufs et anciens, que sépare le boulevard Gambetta, artère vitale de la ville, apparaît nettement, tandis que se profile à l'arrière-plan la silhouette du pont Valentré.

Château de Mercuès

6 km au Nord-Ouest par la D 911.

Il occupe un site remarquable au-dessus de la rive droite du Lot. Château fort cité dès 1212, agrandi au 14e et au 15e s., assiégé à plusieurs reprises au cours de la guerre de Cent Ans et pendant les guerres de Religion, devenu demeure de plaisance au 16e s. avec la création de terrasses et de jardins, la résidence des évêques de Cahors a été restaurée au 19e s. Du château, la vue sur la vallée est remarquable.

À l'Ouest de Mercuès, la route abandonne un instant la vallée pour traverser une région où abondent la vigne et les arbres fruitiers puis elle suit les méandres de la rivière.

J. Damase/MICHELIN

Autrefois propriété des comtes-évêques de Cahors, le château de Mercuès est aujourd'hui transformé en hôtel.

Château de Roussillon

9 km au Nord, par la N 20.

Au-dessus d'un vallon se dressent les puissantes tours rondes de cette forteresse médiévale qui appartint à la famille de Gontaut-Biron.

Château de Cieurac

12 km au Sud, par la D 6. ☎ 05 65 31 64 28 - www.chateaudecieurac.com - visite guidée (45mn) de déb. juil. à mi-sept. : tlj sf lun. 14h-18h30 ; juin : w.-end et j. fériés 14h-18h30 - 6 € (-11 ans gratuit).

Ce château Renaissance fut édifié à la fin 15e s. sur les bases d'une forteresse du 13e s., par Raymond et Jacques de Cardaillac, seigneurs de St-Cirq-Lapopie. Sous Richelieu son deuxième étage fut rasé, puis la division Das Reich l'incendia en 1944. Il a été alors complètement restauré et agrémenté de jardins à la française. Dans le parc, subsiste le moulin à vent, le colombier et le four à pain seigneuriaux.

Aujourd'hui, les pièces comportent de superbes **meubles★** de la fin du 15e au 17e s, des tapisseries 16e-17e s. et des tableaux du 17e s. On remarque l'**escalier à vis★** dont tout le dessous est sculpté de façon différente à chaque marche, ainsi que la porte d'entrée très travaillée et refaite selon l'originale, trop abîmée.

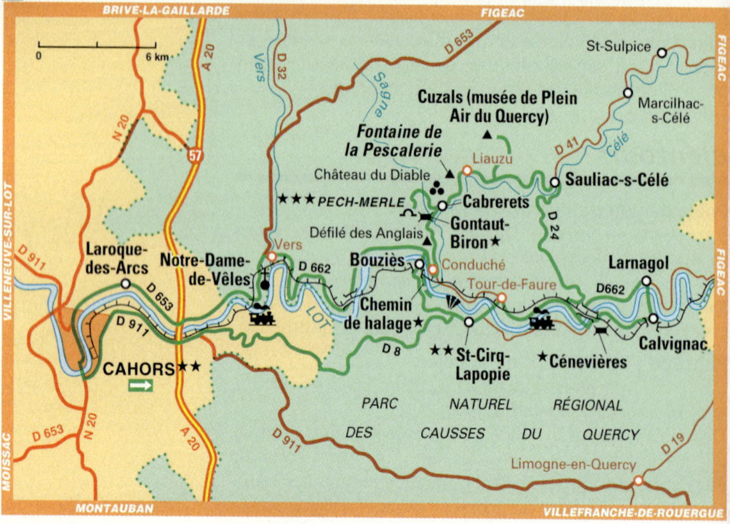

circuit

À LA CONFLUENCE DU CÉLÉ ET DU LOT★★

Circuit de 125 km – compter une journée. Quitter Cahors par le Nord-Est en empruntant la D 653, vers Figeac.

> **VIGIE**
> Une tour perchée sur un rocher, en bordure du Lot, permettait de surveiller le trafic et de percevoir les péages.

Laroque-des-Arcs

Son nom évoque l'aqueduc qui traversait le vallon de Francoulès et alimentait Cahors en eau. Un pont de trois étages supportait l'aqueduc qui transportait sur 20 km l'eau de Vers à Divona (l'antique Cahors). Les consuls de Cahors l'ont fait démolir en 1370.

Poursuivre sur la D 653.

N.-D.-de-Vêles

Cette chapelle de pèlerinage, du 12e s., a un beau clocher carré et une abside romane. Son nom, qui signifie « N.-D.-des-Voiles », indique qu'elle était fréquentée autrefois par des mariniers du Lot.

À Vers, continuer à suivre le Lot sur la D 662.

Partant de Conduché, au confluent du Célé et du Lot, la D 41 remonte la vallée, resserrée entre la rivière et la falaise, qui surplombe parfois la route. Le paysage forme un camaïeu de cultures variées où le maïs tend à supplanter le tabac. Les rivières ont patiemment érodé le calcaire des causses pour offrir deux magnifiques vallées.

Cabrerets

Dans un cirque de rochers, Cabrerets occupe une situation privilégiée au confluent de la Sagne et du Célé. En franchissant le pont, se révèle, de la rive gauche du Célé, une belle **vue**★ d'ensemble sur le site du bourg.

> **DIABOLIQUE**
> Ce nid d'aigle servit de repaire aux pillards des « grandes compagnies » pendant la guerre de Cent Ans.

En face, les ruines du **château du Diable** ou château des Anglais s'accrochent à la puissante falaise de Rochecourbe, en surplomb, et semblent vouloir écraser le vieux village. En aval, en belles pierres blondes, le **château des Gontaut-Biron**★, des 14e et 15e s., domine la vallée. Une grosse tour d'angle flanque un corps de bâtiment entourant une cour intérieure.

Dans le bourg, rive droite, suivre la D 198.

Grotte du Pech Merle★★★ *(voir ce nom)*

Peu après Cabrerets, la route D 41 en corniche passe au pied du hameau du Bout du Lieu pour s'accrocher au flanc de hautes falaises.

Fontaine de la Pescalerie

C'est l'un des sites les plus séduisants de la vallée du Célé. D'une paroi rocheuse, toute proche de la route, s'échappe une cascade, résurgence d'une rivière souterraine du causse de Gramat ; à côté, un moulin couvert de lierre est blotti au milieu des saules et des peupliers qui protègent ce havre de paix des passages incessants des véhicules.

Poursuivre sur la D 41. 1,5 km après Liauzu, prendre une petite route sur la gauche.

Musée de plein air du Quercy (à Cuzals)

☎ 05 65 31 36 43 - juil.-août : 11h-19h ; juin et sept. : 14h-18h - fermé lun. - 4 € (12-26 ans 2,50 €, -12 ans gratuit).

Sur 50 ha sont évoqués tous les aspects de la vie rurale en Quercy, de l'Ancien Régime à la Seconde Guerre mondiale. Deux **fermes** rassemblent, dans le moindre détail, le mobilier d'époque ; même souci dans l'inquiétant atelier de dentiste 1900 ou encore la chapellerie et la boulangerie d'autrefois. Les présentations d'architectures quercynoises, l'invraisemblable collection d'engins agricoles, et les reconstitutions d'ateliers d'artisans forgerons, de tourneurs sur bois retiendront l'attention. L'été, tout ce matériel est remis en marche avec le concours de Lotois venus des communes voisines : la batteuse bat, le moulin moud, le pain cuit dans le four et les attelages de bœufs promènent inlassablement les enfants, le musée prend vie.

Un **sentier d'interprétation** (3 km) a été aménagé pour vous faire découvrir les interventions successives de l'homme sur le milieu caussenard.

Revenir et poursuivre (à gauche) sur la D 41.

Ph.Clair/Éd. La Clé des Champs, Cahors

Vue à Cuzals, splendide locomotive routière Clayton, modèle 1910.

Sauliac-sur-Célé

Le vieux village s'accroche à une énorme et imposante falaise colorée. Dans la muraille, on aperçoit encore l'entrée des grottes fortifiées qui servaient, pendant les guerres, de refuge aux habitants de Sauliac. Les plus agiles grimpaient dans les grottes par des échelles, les invalides et les animaux étaient hissés à l'aide de cordes dans de vastes paniers. Le village s'est déplacé au fil des années pour aujourd'hui occuper une partie du méandre du Célé.

À la sortie de Sauliac, prendre à droite la D 24 qui franchit le Célé.

La vallée s'élargit, le fond alluvial se couvre de cultures et de prairies. La route grimpe sur le causse qu'elle traverse pour redescendre sur le Lot.

À St-Martin-Labouval, suivre la rive droite du Lot.

Larnagol

Ancienne possession des Cardaillac, rivaux des seigneurs de Gourdon, ce bourg connaît une grande prospérité au 19e s. grâce à l'exploitation du phosphate de chaux, transporté par la rivière. Le village conserve quelques belles façades des 16e et 17e s. Dans le haut du village, le **château** a gardé son donjon à contreforts.

Quitter Larnagol par le Sud en traversant le Lot.

S. Sauvignier/MICHELIN

Vue sur le village de Calvignac qui surplombe la vallée du Lot, jalonnée de cultures variées. Une haie de peupliers souligne le cours de la rivière.

Calvignac

Bâti sur l'autre rive, le village s'accroche à un éperon de la rive gauche. Dès le Moyen Âge, Calvignac s'impose comme l'une des vicomtés du Quercy. Le bourg a conservé de cette importance politique d'alors les vestiges d'un château fort.

Quitter Calvignac par l'Ouest en empruntant la D 8.

Château de Cénevières★ *(voir ce nom)*

Traverser le Lot pour rejoindre la D 662 vers St-Cirq-Lapopie.

Du pont de Tour-de-Faure, vous pourrez admirer le site remarquable de St-Cirq-Lapopie qui apparaît au détour d'une courbe accroché à sa falaise.

St-Cirq-Lapopie★★ *(voir ce nom)*

Au-delà de St-Cirq, la D 40, taillée dans la falaise au milieu de boqueteaux de chênes, est aménagée en route touristique. Du petit **belvédère du Bancourel** *(voir St-Cirq-Lapopie)* se dégage une très belle **vue★** sur la confluence du Lot et du Célé.

Bouziès

Sur cette rive opposée au village, le **défilé des Anglais** est le plus fameux des « creux fortifiés », bâtis au cours de la guerre de Cent Ans et dont l'accès n'était envisageable qu'avec des échelles de corde. À deux pas, surplombant ce paysage de vallée encaissée, le château Renaissance de Conduché veille sur la confluence des deux rivières.

Chemin de halage du Lot★

S'engager à droite du parking de la halte nautique. Au bout de 500 m apparaît le spectaculaire « chemin de tire », taillé dans le roc en raison de l'encorbellement de la falaise au-dessus de la rivière. À certains endroits, comme dans cette portion de chemin, le halage des gabares remontant le Lot avec leur chargement de sel, poisson séché, épices ou plâtre, ne pouvait plus être effectué par les habituels attelages de bœufs ou de chevaux ; il fallait faire appel à des tireurs de gré, hommes qui avaient, paraît-il, un tempérament querelleur et dont l'existence était à coup sûr fort âpre. La beauté de la promenade rend difficile à imaginer la souffrance de ces gens qui animaient de leurs cris les berges du Lot.

Revenir sur la D 8 (à droite) pour rejoindre la D 911, à Arcambal, qui ramène à Cahors.

À hauteur de la première écluse du chemin de halage du Lot, un bas-relief de 15 m de long, œuvre contemporaine de D. Monnier, égaye de poissons et de coquillages la paroi calcaire.

Capdenac

Village pour se promener, se reposer ou, du haut de son promontoire et de ses fortifications, rêver en quête d'histoires, de souvenirs ou d'idées nouvelles. N'oubliez pas les fontaines, sources de vie et de légendes : ici, vous en trouverez trois.

La situation

Carte Michelin Local 337 I4 - Schéma p. 204 - Lot (46). Par la N 140 depuis Figeac ou Capdenac-Gare. Accès unique au bourg planté à l'extrémité du promontoire. Parking.
Capdenac-Haut, pl. Lucter, 46100 Capdenac, ☎ 05 65 50 01 45.

Le nom

La tradition locale a fait sienne l'explication, décrite dans une charte du 14e s., du nom de Capdenac : il viendrait de la configuration du bourg sur son promontoire en forme de navire. On l'appelle aussi Capdenac-Haut pour le différencier de son voisin Capdenac-Gare, situé à quelques kilomètres, dans la vallée du Lot.

Les gens

En 1610, après sa disgrâce, Sully s'installe dans une maison du village pour y vivre quelques années. Aujourd'hui, 994 Capdenacois profitent quotidiennement du **site**★ remarquable qu'occupe leur village.

Foires et marchés
Foire aux chevaux – mi-avr.
Foire bio – juin.
Foire à la brocante – dernier dim. de juil.
Marchés de nuit – juil.-août.

J. Damase/MICHELIN

Fortifié au Moyen Âge, Capdenac conserve encore le témoignage d'âpres combats. Maintes fois assiégée, cette porte d'entrée a dû faire l'objet de stratégiques convoitises. Si les murs pouvaient parler...

comprendre

Controverse – Certains historiens ont voulu y voir l'emplacement de la place forte d'**Uxellodunum**, dernier bastion de la résistance à César. En fait, d'après des recherches récentes, il semble qu'elle doive être située au puy d'Issolud *(voir ce nom)* près de Martel.

Antique
Au début du 19e s., d'importants travaux, notamment ceux des frères Champollion, ont prouvé que l'endroit était une cité gallo-romaine.

Une succession de sièges – Capdenac supporta au moins onze sièges au cours de son histoire. Considérée comme l'une des positions clés du Quercy, elle joua un rôle de premier plan au Moyen Âge : dès le 8e s., le roi Pépin le Bref s'empare d'une forteresse située à cet emplacement ; lors de la croisade des Albigeois, Simon de Montfort occupe Capdenac en 1209 et en 1214 ; pendant la guerre de Cent Ans, les Anglais assiègent la ville, s'y installent et en sont délogés par le futur roi Louis XI. Au début du 16e s., l'orgueilleux Galiot de Genouillac *(voir Assier)* acquiert le château. Lors des guerres de Religion, Capdenac devient une place protestante importante.

se promener

LE BOURG

Remparts

Ils sont les derniers vestiges de l'enceinte et de la citadelle des 13e et 14e s. La porte Nord, dite « Comtale », par laquelle on pénètre dans le village, et la porte Sud (appelée « Vigane ») subsistent.

Entrer dans le bourg, au milieu de la place Lucterius.

Donjon

Puissante tour carrée, flanquée d'échauguettes d'angle (13e-14e s.). Le donjon abrite le syndicat d'initiative et un petit **musée** évoquant le passé historique et préhistorique de Capdenac. ☎ *05 65 50 01 45 - www.capdenac.net - juil.-août : 9h30-12h30, 14h30-18h30 ; sept.-juin : tlj sf dim. et lun. 14h-18h - possibilité de visite guidée (1h30) - 2 € (-12 ans gratuit)*

J. Damase/MICHELIN

La fontaine des Cent-Marches a inspiré Champollion : « On dirait l'antre révéré d'un oracle où l'on va chercher sa destinée. »

Place Lucterius

De cette place partent les rues de la Peyrolerie et de la Commanderie bordées de maisons à encorbellement, à pans de bois et arcs en ogives. L'église St-Jean, brûlée par deux fois lors des guerres de Religion, a été remaniée au 17e s. À l'extrémité de la place s'ouvre un superbe **panorama★** : la vallée du Lot déploie ses méandres jusqu'à Cahors.

LES FONTAINES

Fontaine des Cent-Marches, dite des Anglais

Mêmes conditions de visite que le musée du Donjon.

Un escalier très en pente de 135 marches creusé dans la falaise au-dessus de Capdenac-Gare mène à deux bassins aménagés dans une grotte.

Fontaine romaine, dite de César

À l'entrée Nord du village, suivre un sentier sur 50 m.

Une fontaine d'époque gallo-romaine côtoie une autre fontaine, plus ancienne, asséchée, qui passe pour être celle tarie par César.

Carennac★

Le village permet de suivre les traces de Fénelon, au fil des ruelles et des détours du prieuré, car le temps a commis peu de dommages à Carennac. Vous pouvez aussi simplement profiter du paysage, de la belle pierre du pays et compter les tuiles brunes des manoirs et de leurs tourelles.

La situation

Carte Michelin Local 329 G2 – Lot (46). Entre Souillac et Bretenoux, le long de la Dordogne, l'accès est facile par la D 20 depuis Bétaille.

Cour du Prieuré, 46110 Carennac, ☎ *05 65 10 97 01. www.tourisme-carennac.com*

Fénelon à Carennac

Le prieuré-doyenné, fondé au 10e s. et rattaché au siècle suivant à l'abbaye de Cluny, doit sa célébrité aux longs séjours qu'y fit François de Salignac de La Mothe-Fénelon avant de devenir archevêque de Cambrai. Encore étudiant à Cahors, Fénelon aime passer ses vacances chez son oncle, le prieur doyen. En 1681, ce dernier meurt, le jeune abbé lui succède et reste titulaire du prieuré pendant quinze ans. La tradition veut que Fénelon ait composé son *Télémaque* à Carennac. Les aventures du fils d'Ulysse n'auraient été d'abord pour lui qu'un exercice littéraire, avant de devenir un livre instructif à l'attention du duc de Bourgogne, petit-fils de Louis XIV, dont l'illustre prélat écrivain était devenu le précepteur.

Le nom

On trouve bien un certain *Carendenacus* dans quelque vieux grimoire, mais rien de vraiment probant sur l'origine du nom de ce bourg.

Les gens

Le grand homme du village est François de Salignac de La Mothe-Fénelon (1651-1715), plus connu sous le nom de Fénelon, qui fait ici l'objet d'une véritable vénération : il s'est plu à relater les festivités qui ont marqué son arrivée par bateau et son installation en tant que prieur commendataire. Mais est-ce que les 373 Carennacois ont lu son œuvre ?

M.-H. Carcanague/MICHELIN

Le temps semble suspendu à Carennac.

se promener

LE VILLAGE

Depuis Fénelon, le cadre a peu changé, et il a gardé tout son charme. Supprimé en 1788 par un arrêt du Conseil du roi, le prieuré fut mis aux enchères et vendu en 1791. Des anciens remparts, il ne reste qu'une porte fortifiée et, des bâtiments, le château et la tour du Prieur.

Franchir la porte fortifiée.

Château

Attenant à l'église St-Pierre, cet édifice du 16e s. est composé d'un corps de logis flanqué de tourelles d'angle et d'une galerie construite au-dessus des chapelles gothiques de l'église. *Voir « visiter ».*

L'austère façade domine la Dordogne et l'**île de Calypso**. L'île Barrade a reçu ce nom en hommage à Fénelon et on montre une tour du village appelée « tour de Télémaque » dans laquelle, dit-on, fut écrit ce chef-d'œuvre.

Église St-Pierre

Cette église romane est précédée d'un porche orné d'un beau **portail**★ sculpté du 12e s. dont le tympan s'apparente par sa facture à ceux de Beaulieu, de Moissac, de Collonges et de Cahors : au centre de la composition, le Christ en majesté, la main droite levée en signe de bénédiction, est encadré par les symboles des quatre évangélistes. De chaque côté, les apôtres sont disposés sur deux registres superposés, tandis que deux anges prosternés figurent au registre supérieur. Ce tympan est encadré de petits animaux. La suite de ce bestiaire se retrouvait autrefois sur un bandeau saillant qui doublait l'arc du porche : un chien et un ours subsistent à gauche.

À l'intérieur, les chapiteaux archaïques de la nef, sont ornés d'animaux fantastiques, de feuillages ou de scènes historiées.

S. Sauvignier/MICHELIN

C'est dans une mandorle (gloire en forme d'amande) que le sculpteur a choisi de représenter le Christ.

Longer le château qui surplombe la Dordogne et l'île Calypso. Prendre la première rue à gauche.

Un petit jardin public s'ouvre sur une ravissante **chapelle romane**. En face, une maison du 16e s. à fenêtre d'angle.

carnet pratique

Se loger et se restaurer

⛁⛁⛁ Auberge du Vieux Quercy – *☎ 05 65 10 96 59 - contact@vieuxquercy.com - fermé 16 nov.-14 mars, dim. soir et lun. du 15 mars au 30 avr. et du 1er oct. au 15 nov.* - *P - 22 ch. 71/130 € - ☕ 9,50 € - restaurant 22/35 €.* Son jardin fleuri avec sa grande pelouse invite à la paresse. Cet hôtel tranquille surplombe le village. Les chambres sont fonctionnelles et celles du bâtiment annexe, de plain-pied, donnent sur la belle piscine. Terrasse d'été pour les repas dehors.

Calendrier

Marché des Producteurs de Pays – Mar. apr.-midi en juil.-août.

Prendre sur la droite pour contourner l'ancien prieuré et revenir devant le château.

Une bretèche domine encore le pont de Carennac. Elle aurait servi de tour de harangue. De l'autre côté du pont, une autre tour du 16e s. toise de ses quatre étages un embarcadère.

visiter

Senteurs

Attenant au parc du château, le **Musée des Alambics et Aromathèque** propose outre une visite commentée, une démonstration de distillation de lavandin en saison.
☎ 05 65 10 91 16. 10h-18h, w.-end 19h. Gratuit.

Espace Patrimoine – château des Doyens

Prendre l'escalier sur la gauche du portail du château. ☎ 05 65 33 81 36 - juil.-sept. : tlj sf lun. 10h-12h, 14h-18h ; de Pâques à fin juin et de déb. oct. à la Toussaint : tlj sf lun. et w.-end 10h-12h, 14h-18h ; reste de l'année : visite sur demande tlj sf w.-end ; j. fériés : se renseigner - gratuit.

ages du château accueillent un centre d'interprétation qui présente le Pays d'art et d'histoire de la vallée de la Dordogne dans son parcours lotois. Une **maquette**, animée par des jeux de lumière et une projection, couplés à du son, évoquent la vallée de la Dordogne de Biards à Souillac. Les autres salles, équipées de moyens audiovisuels, abordent divers sujets : le patrimoine, la géologie, la faune et la flore, l'histoire de l'art et de la navigation, la préhistoire (projection en 3D).

Cloître

En quittant l'église, s'engager au fond de la cour du prieuré. ☎ 05 65 10 97 01 - www.tourisme.carennac.com - juil.-août : 10h-12h30, 14h-19h ; mars : tlj sf dim. 10h-12h, 14h-18h ; avr. : tlj sf dim. 10h-12h30, 14h-18h ; mai-juin : tlj sf dim. 10h-12h30, 14h-18h30 ; sept.-oct. : tlj sf dim. 10h-12h, 14h-18h30 ; nov.-fév. : tlj sf dim. 10h-12h, 14h-17h (dernière entrée 15mn av. fermeture de l'Office de tourisme) - 2,50 €.

Il comprend une galerie romane accolée à l'église et trois belles galeries de style flamboyant. Un escalier mène à la terrasse. Donnant sur le cloître, la salle capitulaire abrite une remarquable **Mise au tombeau**★ du 15e s. Le Christ est étendu sur un linceul que portent deux disciples, Joseph d'Arimathie et Nicodème ; derrière, deux saintes femmes entourent la Vierge et l'apôtre Jean ; et Marie-Madeleine qui essuie ses larmes. Les visages sont expressifs, les attitudes réalistes.

Château de Castelnau-Bretenoux★★

« À plus d'une lieue à la ronde, c'est, écrit Pierre Loti, le point marquant... la chose qu'on regarde malgré soi de partout : cette dentelure de pierres de couleur sanguine, émergeant d'un fouillis d'arbres, cette ruine posée en couronne sur un piédestal garni d'une belle verdure de châtaigniers et de chênes. » L'importance de son système de défense fait du château de Castelnau-Bretenoux l'un des plus beaux exemples de l'architecture militaire du Moyen Âge.

La situation

Carte Michelin Local 337 G2 – Schéma p. 315 – Lot (46). À la lisière septentrionale du Quercy, le château s'élève sur un éperon qui domine le confluent de la Cère et de a Dordogne. Il se situe à un jet de pierre de Bretenoux, par la D 14.

Av. de-la-Libération, 46160 Bretenoux, ☎ 05 65 38 59 53.

Le nom

Castelnau est un terme souvent usité entre le 11e et le 13e s. pour nommer les châteaux qui viennent d'être construits ; il signifie d'ailleurs « nouveau château ».

Les gens

548 Prudhomatois. Le château « dépend » de la commune de Prudhomat, mais reste le plus souvent associé à celle de Bretenoux, bastide créée en 1277 par les seigneurs de Castelnau.

ÉVOCATION
Pierre Loti séjourna au château de Castelnau et le décrivit dans son ouvrage *Le Roman d'un enfant (1890).*

comprendre

L'œuf de Turenne – Dès le 11e s., les barons de Castelnau sont les plus puissants seigneurs du Quercy ; ils ne prêtent hommage qu'aux comtes de Toulouse et s'appellent fièrement les « seconds barons de la chrétienté ». En 1184, Raymond de Toulouse donne au vicomte de Turenne la suzeraineté de Castelnau ; le baron n'accepte pas l'humiliation et fait hommage à Philippe Auguste. Une guerre sans merci éclate alors entre Turenne et Castelnau ; le roi Louis VIII intervient, et son arbitrage tranche en faveur de Turenne. Bon gré mal gré, le baron s'incline. Redevance toute symbolique, Castelnau devra apporter à son suzerain... un œuf. Aussi, tous les ans, en grande pompe, un attelage de quatre bœufs transportait-il à Turenne un œuf frais pondu.

J. Damase/MICHELIN

Le château de Castelnau-Bretenoux dresse l'énorme masse rouge de ses remparts et de ses tours sur un éperon dominant le confluent de la Cère et de la Dordogne.

visiter

Château fort

☎ 05 65 10 98 00 - visite guidée (30mn) juil.-août : 9h30-19h ; mai-juin : 9h30-12h30, 14h-18h30 ; sept.-avr. : 10h-12h30, 14h-17h30 (dernière entrée 1h av. fermeture) - fermé mar. (oct.-mars), 1er janv., 1er Mai, 1er et 11 Nov., 25 déc. - 6,10 € (-18 ans gratuit), gratuit 1er dim. du mois (oct.-mars) - parking payant dans le village de Pâques à Toussaint - 2 €.

C'est autour d'un puissant donjon, élevé au 13e s., que se développe, au cours de la guerre de Cent Ans, le vaste château fort doté d'une enceinte fortifiée. Laissé à l'abandon au 18e s., il subit diverses déprédations lors de la Révolution. Incendié en 1851, il est habilement restauré de 1896 à 1932 grâce à la passion de Jean Mouliérat pour cet édifice.

JEAN MOULIÉRAT
Cet enfant du pays, devenu un célèbre chanteur d'opéra-comique, acheta le château en 1896 et consacra sa fortune à sa restauration. Il en fit don à l'État en 1932. Son buste trône à l'entrée de la cour d'honneur.

Extérieur – Il se présente sous la forme d'un triangle irrégulier flanqué de trois tours rondes et de trois autres en demi-saillie sur les côtés. Trois enceintes concentriques en défendent les approches, tandis qu'une allée d'arbres remplace les anciens remparts. Les douves, larges et profondes, ne furent jamais remplies d'eau.

À VOIR
Des remparts, large **vue★** : au Nord, les vallées de la Cère et de la Dordogne ; au Nord-Ouest, à l'horizon, le château de Turenne ; à l'Ouest, le cirque de Montvalent ; au Sud-Ouest et au Sud, le château de Loubressac et le vallon d'Autoire.

La cour d'honneur, où se dressent une haute tour carrée et le logis seigneurial, bâtiment rectangulaire encore appelé auditoire, permet de mesurer d'un coup d'œil les vastes proportions de cette forteresse qui pouvait abriter cent chevaux et une garnison de 1 500 hommes.

Intérieur – En plus d'un dépôt lapidaire, comprenant les chapiteaux romans de Ste-Croix-du-Mont en Gironde, les nombreuses pièces du château retiennent l'attention par leur décoration et leur ameublement que l'on doit à Jean Mouliérat.

L'ancienne salle des états généraux du Quercy est éclairée de grandes fenêtres, la salle des Étains et des faïences et le grand salon sont ornés de tapisseries d'Aubusson et de Beauvais ; l'oratoire conserve des vitraux du 15e s. ainsi qu'un retable espagnol de la même époque figurant le martyre de saint Barthélemy.

Quitter le château, puis s'engager à gauche pour descendre sur la collégiale.

Collégiale St-Louis

Élevée par les seigneurs de Castelnau en 1460, bâtie aussi en belles pierres rouges ferrugineuses, elle se dresse en contrebas du château. À proximité subsistent quelques-uns des logis des chanoines.

À l'intérieur, la chapelle des seigneurs présente une belle **voûte** quadripartite dont la clef porte les armes des Castelnau. Important mobilier dont les pièces maîtresses sont dans le chœur. Il s'agit de deux œuvres en pierre polychrome du 15e s. : une Vierge de majesté et un Baptême du Christ.

Château de Castelnaud★★

À la confluence des vallées du Céou et de la Dordogne, la forteresse de Castelnaud fait face au château de Beynac. Dans ce site admirable, loin des luttes incessantes qui ponctuèrent le Moyen Âge, elle coule désormais des jours heureux et nous avec elle.

La situation

Carte Michelin Local H7 – Dordogne (24). Au pied du château se blottit le bourg de Castelnaud que longe la D 57. Pour stationner, contourner le village et suivre les panneaux qui amènent à un parking payant situé en contre-haut du village.

Le château de Castelnaud est une forteresse médiévale caractéristique avec son puissant donjon à mâchicoulis, son enceinte, son corps de logis... et sa basse cour.

carnet pratique

VISITE

Visite costumée du château – *Juil.-août : tlj sf w.-end - réservation conseillée (accueil du château).* Une visite costumée est proposée à partir de 20h15. L'histoire des lieux est évoquée par un personnage historique tout au long d'un parcours à travers les salles du château.

Animations médiévales – *Juil.-août : tlj sf sam. 11h30-17h30 - s'adresser au château.* Le chevalier Bertrand d'Abzac et son fidèle valet vous apprennent à manier les armes offensives et défensives du Moyen Âge. Vous verrez que vêtu de la cotte de maille, ça n'est pas si facile que ça !

QUE RAPPORTER

Écomusée de la Noix du Périgord – *Ferme de Vielcroze - 24250 Castelnaud - ☎ 05 53 59 69 63 - ecomuseedelanoix@wanadoo.fr - Pâques-1er nov. : 10h-19h - fermé 12 nov.-déb. avr.* Dans une ferme restaurée, expositions et parcours didactique aideront petits et grands à découvrir la culture du noyer et ses utilisations possibles. Boutique (noix, huile, gâteaux, etc.), sentier de promenade dans l'immense noyeraie entourant l'écomusée, aire de pique-nique.

Le nom

Castelnaud, le « nouveau château », provient de termes simples : *castrum*, qui donna par la suite *castèl* en occitan, et *nau*, de *nou* : « nouveau ».

Les gens

C'est en 1973 que la petite commune de Castelnau-et-Fayrac fusionne avec celle de La Chapelle-Péchaud. Elle rassemble aujourd'hui 426 Castelnaudéziens.

comprendre

Une litanie d'occupants – Ayant embrassé la foi cathare, les premiers occupants sont chassés par Simon de Montfort en 1214. Un demi-siècle plus tard, le château passe entre les mains des Anglais : Saint Louis le cède au roi d'Angleterre Henri III. Pendant la guerre de Cent Ans, alors que le château de Beynac, tout proche, reste fidèle à la fleur de lys, celui de Castelnaud change de mains, tantôt anglais, par l'entremise de Nompar de Caumont, seigneur du lieu, tantôt français. Charles VII reprend la forteresse en 1442, chassant définitivement les Anglais. Transformé en carrière de pierre au 19e s., il sert encore d'abri à quelques résistants lors de la Seconde Guerre mondiale.

visiter

Château - Musée de la Guerre au Moyen Âge

☎ 05 53 31 30 00 - www.castelnaud.com - juil.-août : 9h-20h ; avr.-juin et sept. : 10h-19h ; fév.-mars et de déb. oct. à mi-nov. : 10h-18h ; de mi-nov. à fin janv. : 14h-17h ; vac. scol. Noël : 10h-17h - possibilité de visite guidée en sais. ou reste de l'année sur demande préalable - 7 € (10-17 ans 3,50 €, -10 ans gratuit).

Gros donjon carré, mâchicoulis, enceintes aveugles : le château de Castelnaud est sans conteste fidèle aux représentations du château médiéval qui couvrent nos livres d'histoire. Il a évolué au cours des siècles : aux éléments défensifs du 13e s. se sont ajoutés une barbacane et un corps de logis au 15e s., une tour d'artillerie et un châtelet au 16e s. Une reconstitution des **hourds**, remplacés plus tard par les mâchicoulis, ainsi que des montages audiovisuels permettent de mieux imaginer les tactiques de combat de ce temps et, dans une petite salle, une **maquette** retrace le siège de Castelnaud en 1442 lorsque Charles VII, roi de France, entreprit de chasser définitivement les Anglais.

Ce château est entièrement consacré à l'**art de la guerre au Moyen Âge**. Au fil de la visite est présentée une grande variété d'objets de guerre : canons des 15e et 16e s. dans la salle d'artillerie ; arcs, arbalètes et panoplie défensive de l'archer dans la salle basse du donjon ; catapulte, bélier, trébuchet... dans la salle des engins de siège ; épées du 15e au 17e s. dans la salle des épées.

F. Bretin/Château de Castelnaud

Des armes du Moyen Âge, il y en a plein le château ! Ici, une bombarde du 15e s.

Dans une autre salle est reconstitué l'**atelier d'un batteur d'armures**, « l'homme à tout fer ». Une salle en libre accès permet de consulter des bandes dessinées et des ouvrages sur le thème du Moyen Âge.
Des reconstitutions de **machines de guerre** sont positionnées sur différents sites du château. Lors des sièges, aux techniques de sape des enceintes s'ajoute l'emploi de plus en plus fréquent d'armes de jet. Le fonctionnement de ces éléments repose sur un système de tendeurs et de contrepoids. Ainsi, au début du 13e s., le **trébuchet** peut projeter des boulets de 100 kg par-dessus les murailles. La bricole (ou perrière) expédie des projectiles d'environ 5 kg à une quarantaine de mètres. Au 15e s., ces armes d'emploi précaire sont petit à petit remplacées par l'artillerie à feu.
Enfin, de la terrasse du château, la vue se porte sur la vallée du Céou : de son extrémité, à l'Est, se développe un **panorama**★★ remarquable sur l'un des plus beaux paysages de la vallée de la Dordogne.

Caussade

CALENDRIER
Les **Estivales du chapeau** se déroulent pendant 5 j. mi-juil.

Les bêtises sont de Cambrai, les parapluies de Cherbourg, la dentelle de Calais et les chapeaux de paille de... Caussade. Alors, si le cœur vous dit d'un joli chapeau, d'une promenade au calme ou d'une église à visiter, n'hésitez plus : à Caussade toute !

La situation
Carte Michelin Local 337 F7 – Tarn-et-Garonne (82). Caussade se trouve à la lisière des causses du Bas-Quercy et de la riche plaine de la Garonne. Aujourd'hui contournée par l'autoroute et la route nationale, la ville n'en reste pas moins un carrefour important où il n'est pas facile de circuler.
11 r. de la République, 82300 Caussade, ☎ 05 63 26 04 04.

Le nom
Sur la route Toulouse-Paris, il était pour le moins prévisible de rencontrer un toponyme lié à la chaussée, *caussada*, ou encore *calçada,* qui a donné Caussade.

Les gens
On doit à l'architecte toulousain Gabriel Bréfeil d'avoir supervisé les travaux de reconstruction de l'église de Caussade, de 1878 à 1882. Les 5 971 Caussadais peuvent lui en savoir gré.

se promener

Place forte protestante lors des guerres de Religion, Caussade est reconquis par les catholiques qui y implantent un couvent de récollets en 1683.

Au cours des siècles, Caussade a payé au prix fort sa position géographique. Les guerres de Cent Ans et de Religion ont eu raison de son patrimoine architectural.

Au 19e s., et encore au milieu du 20e s., la ville est un centre important de l'industrie du chapeau de paille. Les fluctuations de la mode ont recadré son activité des canotiers d'antan aux casquettes de plage.

L'église, reconstruite à la fin du 19e s. dans le style gothique, a conservé un clocher octogonal de style toulousain, en briques roses, dont les trois étages sont surmontés d'une flèche à crochets. En face se trouve la **tour d'Arles** du 13e s.

Quartier ancien
Près de l'église, le quartier ancien abrite quelques vieilles demeures des 17e et 18e s.

alentours

N.-D.-des-Misères

13 km au Sud-Ouest par la N 20, puis la D 40.

Dominant la vallée de l'Aveyron, la chapelle, fondée en 1150, est coiffée d'un séduisant clocher octogonal à deux étages ajouré de baies géminées d'allure romane (16e s.).

Puylaroque

14 km au Nord-Est par la D 17.

Bastide du Bas-Quercy, Puylaroque groupe ses maisons aux toits très plats au sommet d'une colline dominant les vallées de la Candé et de la Lère. Près de l'église, dont le massif clocher carré est accolé au portail principal, les rues étroites du bourg ont conservé des maisons (13e-14e s.) à encorbellements et à pans de bois.

Points de vue
Des esplanades du bourg, notamment vers l'église, vues étendues sur les doux vallonnements de la campagne quercynoise, les plaines de Caussade et de Montauban.

Caylus

Des maisons à colombages, un clocher très très haut, en position dominante, un château fort en ruine et surtout un extraordinaire Christ sculpté par Zadkine, le tout accroché aux pentes de la Bonnette : voici Caylus. Le site est superbe et les possibilités d'excursion nombreuses : que demander de plus ?

La situation

Carte Michelin Local 337 G6 - Tarn-et-Garonne (82). Entre Tarn et Rouergue, Caylus est accroché aux pentes de la vallée de la Bonnette. La D 926 traverse le haut du bourg. L'avenue du Père-Évariste-Huc est très fréquentée.

11 r. de la République, 82300 Caussade, ☎ 05 63 26 04 04.

Le nom

Aussi loin que remonte la mémoire du bourg, Caylus est associé au mot latin *castrum*, le château, qui donna en occitan *cailar* ; la terminaison en « us » est une forme diminutive, péjorative pour certains. Caylus fut appelé aussi Caylus de Bonnette, du nom de la rivière qui coule à ses pieds.

Les gens

1 324 Caylusiens. Le bourg de Caylus accueillit quelque temps un hôte qui laissa son empreinte dans la région : le sculpteur **Ossip Zadkine** (1890-1967). L'artiste se réfugia au village pour échapper aux nazis avant de gagner les États-Unis où il demeura jusqu'en 1945.

se promener

Halle

Elle siège au milieu de la place de la Mairie, témoignant, à l'image de ses imposantes dimensions, du rôle commercial qu'avait Caylus sous l'Ancien Régime. Elle a conservé les vieilles mesures à grains taillées dans la pierre.

Rue Droite

Partant de la place de la Mairie, la rue Droite est bordée de belles maisons médiévales, en particulier la fameuse

C'est par le Sud-Ouest que vous découvrirez la meilleure vue sur Caylus. Cette ville ancienne est agréablement groupée autour du très haut clocher de son église.

« maison des Loups » (13e s.) dont la façade est ornée de quatre gargouilles en forme de loups prêts à bondir sur le passant.

Au bout de la rue Droite, église St-Jean-Baptiste.

Église

Autrefois fortifiée, elle est épaulée de lourds contreforts surmontés de mâchicoulis. Au-delà de la nef unique du 14e s., près du chœur se dresse un gigantesque **Christ*** en bois d'ormeau exécuté en 1954 par Zadkine, une œuvre à la fois saisissante, pathétique et émouvante où l'absence de croix exacerbe la perception de la souffrance. Les vitraux du chœur, qui datent du 15e s., ont été patiemment restaurés.

UN ARTISTE RECONNAISSANT
Ossip Zadkine aurait offert ce Christ à la commune en témoignage de sa reconnaissance après son séjour caylusien.

circuit

LE CAUSSE DE LIMOGNE

Circuit de 55 km – compter une demi-journée. Quitter Caylus par le Nord en empruntant la D 19.

Ce paysage doucement vallonné est assez sauvage. Sur un sol calcaire dur à cultiver, quelque champs, mais surtout de l'herbe rase et des genévriers, des bois de chênes et des prairies où paissent les moutons. Des murets de pierres séparent les parcelles et des « gariottes » surgissent ici ou là.

GARIOTTES
Aussi appelées « caselles », ce sont des cabanes de pierres sèches, rondes ou carrées, qui servent d'abris aux moutons ou de remise à outils.

N.-D.-des-Grâces

Lieu de pèlerinage, cette chapelle de style gothique flamboyant, coiffée d'un toit de lauzes, s'ouvre par un beau portail sculpté et ciselé. Bâtie à l'extrémité d'un promontoire, la chapelle N.-D.-des-Grâces embrasse une vue étendue sur la vallée de la Bonnette et les collines boisées entrecoupées de prairies.

Poursuivre sur la D 19.

carnet pratique

SE LOGER ET SE RESTAURER

La Renaissance – *Av. du Père-Évariste-Huc - ☎ 05 63 67 07 26 - fermé 16 fév.-1er mars, 21-28 juin, 4-18 oct., dim. soir et lun. - 12 € déj. - 18,50/35 € - 9 ch. 32/48 € - ☕ 7 €.* Une maison de village en pierre, fleurie en saison. Le bar de cet hôtel accueille aussi les villageois. Les chambres sont modestes et peu spacieuses, mais bien tenues. Préférez celles sur l'arrière, plus au calme. Terrasse pour les repas en plein air.

QUE RAPPORTER

Marchés – Le causse de Limogne compte deux gros bourgs réputés pour leurs marchés : Lalbenque – Marché aux truffes mar. à partir de 14h de déc. à mars.
Limogne-en-Quercy – Marché traditionnel le dim. matin. Marché aux truffes vend. à 10h30 de déc. à mars. Marché aux truffes d'été dim. à 10h30 de juin à août.

Poterie et Savonnerie du Pont d'Auvergne – *Rte de Villefranche - ☎ 05 63 24 01 90 - 10h-19h - fermé de mi-nov. à fév.* Au lait d'ânesse, au vin de Fitou ou de Cahors, à l'huile de noix de coco : cette savonnerie artisanale propose mille et un parfums à découvrir parmi une gamme très colorée. De nombreuses faïences décorées à la main complètent l'offre de cette boutique.

.acapelle-Livron

:e village aux maisons couvertes de lauzes a conservé es vestiges d'une **commanderie de Templiers** qui, ıprès 1307, passa à l'ordre de Saint-Jean-de-Jérusalem 'l'ordre de Malte) jusqu'à la Révolution. C'est actuelle-nent un manoir fortifié dominant la Bonnette, avec une :our centrale conservant le plan original de la comman-lerie. Au Sud, sa petite **église-forteresse** romane est veillée par un puissant clocher-donjon dont subsistent es consoles du chemin de ronde. Elle fait face au réfec-:oire devenu salle des gardes.

'oursuivre sur la D 19.

M.-H. Carcanague/MICHELIN

Ne vous fiez pas aux apparences : c'est une église !

:hâteau de St-Projet

☎ 05 63 65 74 85 - www.saint-projet.com - visite guidée (45mn) - uil.-sept. : 14h-19h ; oct. : w.-end 14h-19h - 5 € (enf. 4 €).

:onstruit sur un tumulus gallo-romain à la fin du 13 s., l hébergea en 1595 la **reine Margot** et son amant echerchés par les armées du roi de France. Après leur lépart, la chambre telle quelle fut murée et elle fut lécouverte par hasard en 1990. En 1622, Louis XIII y fit ;galement étape.

À Beauregard, prendre à droite la D 55.

'rieuré de Laramière

☎ 06 80 88 13 13 - www.laramiere.new.fr - juil.-sept. : tlj sf nar. 10h30, 14h30, 16h30 ; reste de l'année : se renseigner - 5 € (-18 ans gratuit).

l fut fondé en 1148 par le moine itinérant Bertrand de 3rifeuille, de l'ordre des Augustins, également fonda-:eur, quelques années plus tard, du prieuré d'Espagnac-Ste-Eulalie. Les bâtiments élevés aux 12e et 13e s. for-naient un quadrilatère, mais une partie d'entre eux 'urent démolis pendant les guerres de Religion. Au nilieu du 17e s., les jésuites s'y installèrent et élevèrent a maison du régisseur. La visite des bâtiments restaurés oermet de voir les voûtes de la chapelle, la salle romane jui accueillait les pèlerins de St-Jacques-de-Compostelle :t surtout la **salle capitulaire** voûtée et peinte de décors ;éométriques, ainsi que des chapiteaux à l'effigie de saint Louis et de Blanche de Castille.

Récompense

Sur le mur Sud de l'église, des enfeus abritaient les tombeaux des donateurs Hugues de La Roche et sa femme.

Revenir vers Beauregard, à 2,5 km.

S. Sauvignier/MICHELIN

Situé sur le causse de Limogne parsemé de dolmens et de « caselles » aux dômes de pierres sèches, Laramière possède de beaux vestiges d'un prieuré.

Dolmen de la Peyre Levade

3ien dégagé, c'est l'un des plus beaux dolmens du Quercy (qui en compte près de 800) et sans doute l'un les plus lourds : on estime son poids à 25 tonnes ! Une :upule, sorte de bassin de 40 cm de diamètre, est creu-sée dans la table.

3eauregard

:ette bastide, édifiée sur un ancien bourg, a conservé le racé d'origine de ses rues à angle droit. Sur la place cen-rale s'élève une **halle** du 14e s. dont les piliers trapus supportent une solide charpente et sa belle couverture le lauzes ; creusées dans la pierre, des **mesures à grains** témoignent de l'activité économique exercée adis dans cette cité gouvernée par des consuls. Sur le oarvis de l'église se dresse un beau **calvaire** qui daterait lu 15e s.

Poursuivre sur la D 55 puis prendre à droite la D 19 en direction de Varaire. Tourner à gauche avant Bach.
Tourner à gauche avant Bach.

Les Escaliers du Temps – Phosphatières du Cloup d'Aural★

Visite guidée (1h) et libre (30mn). Juil.-août : 11h-18h ; vac. Pâques et Toussaint : 15h et 16h30 ; mai-juin et sept.-oct. : mer. et w.-end 15h et 16h30 (et 18h en juin) ; nov.-mars : sur demande. 6 € (enf. : 3,50 €). ☎ 06 03 93 45 91.

Sur le **plateau calcaire** à la végétation clairsemée, très fissuré et perméable à l'eau, des infiltrations ont creusé des **cavités** où se sont accumulés successivement des sédiments. En 1866, Jean-André Poumarèdes, ingénieur chimiste, remarque près de Caylus qu'une partie du blé est particulièrement prospère. Il prélève des nodules qui, après analyse, s'avèrent contenir du **phosphate**, utilisé comme engrais. Les premières extractions montrent que le phosphate est concentré dans des cavités souterraines comblées de sédiments. Entre 1870 et 1886 se développe alors une **extraction industrielle** de ces poches.

La visite commence par une présentation de l'environnement végétal actuel de la phosphatière, puis devant une cavité évidée nous est contée la formation de ce karst et de son mode d'exploitation. De la géologie, on passe à la climatologie, tout en descendant vers une phosphatière, avec l'explication de la présence d'une forêt tropicale puis d'une savane sur le site. Enfin cette remontée dans le temps est attestée par la découverte de **fossiles** d'espèces des différentes périodes que l'on peut voir à l'intérieur de la cavité.

Un wagonnet rappelle l'exploitation de la phosphatière.

Pour réviser tout ce que vous avez appris, vous pourrez suivre un parcours ponctué de panneaux explicatifs très détaillés sur la paléontologie. Plus ludique, le chemin qui résume l'évolution de la vie sur Terre et les reconstitutions de silhouettes d'animaux. Un sentier vous sensibilisera à l'évolution climatique à l'échelle du globe, et un autre à la botanique. Bref, ces phosphatières sont riches d'enseignements.

À Bach, tourner à gauche dans la D 22, poursuivre sur la D 85 qui ramène à Caylus.

Château de Cénevières★

En aplomb du Lot, accolé à la falaise de laquelle il semble surgir, le château ressemble à un nid d'aigle et cela le rend assez impressionnant. Désir de stratège médiéval, remanié à la Renaissance, il est devenu un vrai plaisir pour les promeneurs.

La situation

Carte Michelin Local 337 G5 – Schéma p. 152 – 7 km à l'Es[t] de St-Cirq-Lapopie – Lot (46). Accès au château par le bourg.
Mairie, 46330 Cénevières, ☎ *05 65 31 28 16.*

De la terrasse, des vues plongeantes s'offrent sur la vallée du Lot et le village perché de Calvignac ; on peut ainsi juger de la position stratégique de ce château dominant la rivière de plus de 70 m.

Le nom

Il vient de l'ancien français *cheneve*, qui signifie « chanvre ». Une chenevière est un champ de chanvre.

Les gens

161 Céneviérois. Ce sont les ducs d'Aquitaine qui, dès le 8e s., ont construit un fortin à cet emplacement, lieu retranché qu'ils opposèrent à Pépin le Bref.

comprendre

Au 13e s., les seigneurs de Gourdon font élever le donjon et prennent le titre de vicomtes de Gaiffier. À la Renaissance, Flottard de Gourdon, qui avait participé aux guerres d'Italie aux côtés de François Ier, remanie complètement le château. Son fils Antoine de Gourdon embrasse la religion protestante et participe à la prise de Cahors avec Henri de Navarre, en 1580. Il se livre à quelques pillages dans la cathédrale, charge l'**autel du St-Suaire** et le maître-autel sur des barques à destination de Cénevières. Celle du maître-autel chavire malheureusement à mi-parcours. Antoine meurt sans descendant, mais sa veuve se remarie avec un La Tour du Pin : une nouvelle lignée occupe alors Cénevières. À la Révolution, le château est pillé et mutilé, mais échappe à l'incendie.

HUGUENOT
Avant sa mort, Antoine de Gourdon fait construire le **temple protestant** qui se trouve dans la cour d'entrée.

visiter

☎ 05 65 31 27 33 - www.chateau-cenevieres.com - visite guidée (1h) - du 8 avr. au 30 sept. : 10h-12h, 14h-18h, dim. 14h-18h ; de déb. oct. au 2 nov. : 14h-17h - 5 € (enf. 2,50 €).

On distingue le donjon du 13e s. et les deux corps de bâtiments du 15e s. reliés par la **galerie Renaissance** du 16e s. Celle-ci est supportée par des colonnes toscanes et surmontée de lucarnes. Les fossés sur lesquels était jeté un pont-levis ont été comblés.

À l'intérieur, le rez-de-chaussée comprend plusieurs salles voûtées : la « salette », la cuisine et la salle du donjon où une trappe permet d'apercevoir les trois étages souterrains du cellier. À côté, la **chapelle**, toujours consacrée, où se trouve l'autel du St-Suaire.

Au premier étage du donjon, le **grand salon** présente un plafond peint de style Renaissance longtemps dissimulé par un plafond de plâtre. De même, les peintures représentant des vues d'Istanbul sur le haut des murs ont été découvertes récemment suite à une infiltration d'eau. Il abrite également des tapisseries des Flandres des 15e et 16e s. et le reliquaire de la sainte coiffe rapporté de la prise de Cahors. La salle suivante rassemble différents objets : casque militaire espagnol, pétard, moule à boules à canon, lettres de personnalités retrouvées dans les archives familiales, arbres généalogiques... Mais le propriétaire des lieux vous en contera l'histoire.

La petite salle d'alchimie surprend par ses fresques naïves du 16e s. aux sujets puisés dans la mythologie grecque

TRANSMUTATION
Le four de l'alchimiste s'orne d'une représentation de la pierre philosophale.

Abbaye de **Chancelade**★

Au Nord-Ouest de Périgueux, l'abbaye de Chancelade trône au pied des coteaux de la Beauronne. Dans la quiétude de ce havre de paix se dissimule un centre spirituel très actif depuis le retour, en 1998, d'une communauté de chanoines réguliers.

CALENDRIER
Sinfonia – Festival de musique baroque.
De fin août à déb. sept.
☎ 05 53 04 78 78.

La situation

Carte Michelin Local 329 E4 – Dordogne (24). L'abbaye est située à l'écart de la D 2.

Le nom

L'abbaye a été fondée près d'une fontaine grillagée et le mot latin *cancellata*, « qui est fermé d'une grille », a donné Chancelade.

Les gens

3 865 Chanceladais. En 1769, le chanoine Prunis de Chancelade a retrouvé le manuscrit du *Journal de voyage en Italie* de Michel Eyquem de Montaigne dans son château.

comprendre

Une histoire mouvementée – Lorsque, en 1096, le moine Foucault décide la création d'une abbaye, un oratoire est déjà présent dans ce vallon. Les travaux de construction ne commencent qu'au début du 12e s. et l'église est consacrée en 1147. Les moines adoptent la règle de saint Augustin. Bénéficiant de la protection des évêques de Périgueux, puis de celle du Saint-Siège, l'abbaye ne tarde pas à prospérer grâce à de substantiels privilèges : droit d'asile, de sauvegarde et de franchise. Mais elle périclite une première fois : les Anglais s'en emparent et la transforment en garnison lors de la guerre de Cent Ans. L'établissement subit un second déclin au 16e s. à la suite des destructions occasionnées par les protestants de Périgueux. Enfin, Chancelade connaît une nouvelle prospérité sous l'abbé Alain de Solminihac qui entreprend la réforme et la reconstruction des bâtiments. Le lieu, devenu un grand centre de recherche historique, connaît un siècle de prospérité jusqu'à la Révolution où l'abbaye devient bien national.

visiter

L'ABBAYE★

Église

Seules les parties basses de l'église, avec leurs fenêtres en plein cintre, et le portail datent du 12e s. Une corniche à modillons souligne les voussures où se dessine une influence saintongeaise. Le reste de l'édifice date du

Située dans un cadre verdoyant au pied des coteaux qui dominent la Beauronne, l'abbaye de Chancelade apparaît comme un havre de paix.

7e s. : sous le clocher carré roman composé de trois ·tages d'arcature, la nef et le chœur ont été voûtés l'ogives en 1633. Remarquez *Le Christ aux outrages*, qui ut longtemps attribué à Georges de La Tour, mais serait lû au peintre hollandais Gerrit von Honthorst.

âtiments conventuels

Privés, ne se visitent pas). Jouxtant l'église, ils ont été ajoutés au 17e s. et regroupent autour de la cour des communs : le cuvier du 15e s., les écuries, les ateliers et le noulin fortifié. Dans le prolongement s'ouvre le jardin, ancien cimetière des moines. Le logis de l'abbé (17e s.) est me élégante construction.

hapelle St-Jean

De l'autre côté de la route, la chapelle Saint-Jean fait encore office d'église paroissiale. Sur la façade occidentale, un mouton « crucifère » (qui porte une croix) dévisage les paroissiens depuis huit siècles. Comme le reste le l'édifice, l'abside est ornée d'une corniche à modillons.

Collonges-la-Rouge★★

Non, ce village lumineux n'a pas été colonisé par les communards. La révolution, ici, ce sont les foules le touristes qui viennent goûter au charme et à la quiétude. Bâtis en grès pourpre, les gentilhommières, les vieux logis et l'église romane de Collonges-la-Rouge ont pourtant été édifiés sur un sol le calcaire... blanc !

a situation

Carte Michelin Local 329 K5 - 20 km au Sud-Est de Brive - Corrèze (19). Le paysage, déjà quercynois, est composé le garennes parsemées de genévriers, de noyeraies et le vignobles.

Pl. de l'Ancienne-Gare, 19500 Collonges-la-Rouge, ☎ 05 55 25 47 57.

ZONE PIÉTONNE

La circulation automobile est interdite dans le village en été. Utilisez le parking de l'ancienne gare.

e nom

L'étymologie de Collonges-la-Rouge viendrait de Colonicas (le *colonus* était un fermier « libre », mais attaché à la terre qu'il cultivait), puis Colongas. La couleur qui la désigne évoque le grès rouge que l'on trouve sur un escarpement au Nord du village.

es gens

13 Collongeois. C'est Charles Ceyrac, un Collongeois, qui est à l'origine de la création, en 1982, de l'association Les plus beaux villages de France ». En souvenir de son beau village ?

carnet pratique

VISITE

Visite guidée de Collonges – ♿ *- tlj sf merc. matin et dim. 10h30, 15h - dép. de la maison de la Sirène - s'adresser à Mme Faucher, ☎ 05 55 84 07 99 - 3 € (billet combiné avec la maison de la Sirène).*

SE LOGER

⊖ Chambre d'hôte La Raze – *5,5 km au SO de Collonges par D 38 et D 19, suivre fléchage La Raze - ☎ 05 55 25 48 16 - http://chambrelaraze.free.fr - ⊠ - 3 ch. 35/45 €* ☕. Cette ferme du 18e s. est à 10mn à pied de Collonges. Chambres confortables, décorées avec soin au pochoir par la propriétaire. Tout autour, un grand jardin à l'anglaise avec des arbres fruitiers et des centaines de rosiers anciens.

SE RESTAURER

⊖⊖ Le Cantou – *Au centre du village - ☎ 05 55 84 25 15 - www.lecantou.fr - fermé déc.-janv. - 18/25 €.* Cette belle maison du 15e s., en pierre de grès pourpre, a gardé son cachet d'origine. Carte sans prétention (salades, sandwiches, tartines, plat du jour, etc.) servie dans une jolie salle voûtée ou sur la terrasse ombragée. Boutique d'objets et de produits du terroir.

Au gré de votre promenade, laissez-vous séduire par la teinte rouge des maisons de Collonges, ici celle de la Sirène.

comprendre

Un lieu de villégiature – Collonges s'est développé au 8e s. autour de son église et de son prieuré qui dépendait de la puissante abbaye poitevine de Charroux. Au 13e s., elle obtient les franchises et les libertés de la vicomté de Turenne *(voir ce nom)* dont elle fait partie, puis devient au 16e s. le lieu de villégiature privilégié des grands fonctionnaires de la vicomté qui font construire les charmants manoirs et logis, flanqués de tours et de tourelles, qui contribuent à l'originalité de Collonges.

se promener

Partir de l'ancienne gare.

En toute quiétude
Une indéniable harmonie émane de la cité, sans doute liée à l'utilisation exclusive de matériaux traditionnels dans la construction et au jeu des proportions et correspondances entre les différentes catégories d'édifices.

Maison de la Sirène

Coiffée d'un joli toit de lauzes, cette maison du 16e s. à encorbellements, précédée d'un porche, est ornée d'une sirène qui tient un miroir d'une main et un peigne de l'autre. Son intérieur abrite un **musée** *(voir description dans « visiter »)*.

Plus loin, une **porte de style ogival** marque l'accès du prieuré bénédictin qui fut détruit à la Révolution.

Hôtel des Ramades de Friac

Cette gentilhommière, surmontée de deux tourelles, était la maison de ville de la puissante famille dont elle porte le nom. Au-delà du **relais de St-Jacques-de-Compostelle** (rappelant que Collonges fut une étape du pèlerinage) franchissez un passage couvert peu après lequel, dans une ruelle, se dresse à droite une vieille demeure à tourelle.

Château de Benge

Se détachant sur un fond de peupliers et de noyers, ce fier manoir dresse une tour en poivrière qui s'orne

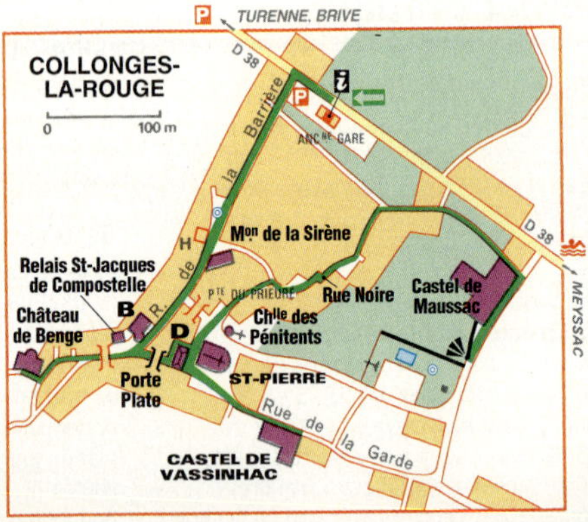

Hôtel des Ramades de Friac .... B La Halle............. D

l'une gracieuse fenêtre Renaissance. Les seigneurs de Benge régnèrent sur le vignoble réputé de Collonges, usqu'à sa destruction par le phylloxéra.

Porte Plate

Appelée ainsi parce qu'elle a perdu ses tours, cette porte faisait partie de l'enceinte fortifiée qui protégeait l'église, le cloître et les bâtiments du prieuré.

Halle

Présentant une charpente supportée par de robustes piliers, la halle aux grains abrite aussi le four banal.

Castel de Vassinhac★

Cette élégante demeure appartenait à Gédéon de Vassinhac, seigneur de Collonges, capitaine gouverneur de la vicomté de Turenne. Construit en 1583, ce castel, hérissé de grosses tours et de tourelles en poivrière, est percé de fenêtres à meneaux.

Protection
Remarquez les échauguettes et les meurtrières qui témoignent de la fonction défensive du castel.

Chapelle des Pénitents

Élevée au 13e s., elle a été aménagée au 17e s., lors de la Contre-Réforme, par la famille de Maussac.

Rue Noire

Elle traverse le quartier le plus ancien de Collonges dont les maisons, construites en retrait les unes des autres, s'ornent de tourelles et de tours et s'habillent de glycines et de treilles.

Castel de Maussac

Cet édifice à tourelle est précédé par un portail à auvent ; une échauguette fait saillie sur une tour carrée dominée par une lucarne. Ce castel abrita avant la Révolution le dernier membre de la famille des Maussac qui, émigré en Italie, devint l'aumônier de la princesse Pauline Borghèse.

En poursuivant un peu plus au Sud dans la rue, on a une jolie **vue★** sur Collonges, le castel de Vassinhac et le clocher.

visiter

Musée des Arts et Traditions populaires

℗ 05 55 84 08 03 - possibilité de visite guidée (1/4h) - juil.-sept. : 10h30-12h30, 15h-18h ; vac. scol. ttes zones : 15h-17h ; reste de l'année : sur demande préalable à Mme Faucher - 2 €.

Un intérieur collongeais d'autrefois a été reconstitué dans la maison de la Sirène *(voir description dans « se promener »)*.

Église St-Pierre★

Elle date des 11e et 12e s., mais elle a été fortifiée au cours des guerres de Religion au 16e s. Le grand donjon carré fut alors pourvu d'une salle de défense communiquant avec un chemin de ronde et le tympan mis hors d'atteinte dans le nouveau pignon de la façade. Il retrouva sa place d'origine en 1923.

Tympan★ – C'est probablement une œuvre des sculpteurs de l'école toulousaine qui ont voulu représenter ici l'Ascension (ou peut-être la parousie, le retour du Christ à la fin des temps). Au registre supérieur, le Christ parmi les anges apparaît nimbé, tenant d'une main la Bible et bénissant de l'autre ; au registre inférieur, la Vierge attristée est entourée des onze apôtres commentant ce prodige. Ce tympan est bordé par un arc brisé décoré d'un fin cordon d'animaux.

Sculpté au 12e s. dans le calcaire blanc de Turenne, le tympan de l'église St-Pierre surprend au milieu de tout ce grès rouge.

E. Larribère/MICHELIN

Clocher★ – Avec ses deux étages carrés ajourés de baies en plein cintre, surmontés de deux étages octogonaux flanqués de gâbles, ce clocher du 12e s. est un bon exemple de style roman limousin.

Intérieur – Au 12e s., l'église présentait un plan cruciforme autour de la croisée du transept surmontée d'une coupole elle-même emboîtée dans le clocher. Celui-ci repose sur des piliers du 11e s. Des chapelles latérales ont été ajoutées aux 14e et 15e s., ainsi qu'une seconde nef de style flamboyant.

Château de Commarque★

C'est un monument mais aussi un environnement exceptionnels. Au milieu de nulle part peut-être, bien dissimulé sûrement, et c'est ce qui fait son charme. Dès le premier abord, le site surprend par sa base troglodytique surmontée de constructions romanes. La plate-forme du donjon réserve une vue superbe sur la vallée et sur le château de Laussel.

Voisin d'en face
Perché sur une falaise dominant la vallée de la Beune, le **château de Laussel** (15e-16e s.), remanié au 19e s., est de dimensions modestes, mais d'allure très élégante.

La situation

Carte Michelin Local 329 H6 - Schéma p. 197 - Dordogne (24). À 13 km des Eyzies par la D 47. Après 8 km, tourner à gauche en direction de Sireuil ; avant ce village, prendre une petite route sur la droite, vers Marquay. Du parking, descente à pied *(10mn de marche)* à l'ombre des bois, le temps de laisser le présent derrière soi.

Le nom

La famille de Commarque (« co-marquis »), qui a participé à la reconquête de l'Espagne contre les Maures, a donné son nom à ce lieu. Elle a aussi inspiré les trouvères, ces poètes qui, au Moyen Âge, chantaient les hauts faits des chevaliers : *Le Merveilleux de la Geste de Commarque* relate les exploits d'un certain Bovon envoyé par Charlemagne pour conquérir un fief.

Grand chantier
Quand Hubert de Commarque est arrivé sur les lieux, seuls le donjon et la chapelle émergeaient de la colline envahie par les arbres et la végétation. C'est donc au fil des ans qu'il a dégagé l'ensemble du site visible actuellement et le travail n'est pas terminé !

Les gens

Au 12e s., la famille de Commarque construit une forteresse destinée à défendre un passage entre Montignac et Sarlat, près d'une source abondante. Au retour des croisades, elle doit cohabiter avec une branche cadette des Beynac qui a acquis le château. Au 17e s., celui-ci est abandonné à cause de sa vétusté. Depuis 1968, Hubert de Commarque, descendant des premiers propriétaires, redonne vie à ce lieu.

visiter

☎ 05 53 59 00 25 - www.commarque.com - juil.-août : 10h-20h (dernière entrée 1h av. fermeture) ; mai-juin et sept. : 10h-19h ; avr. : 10h-18h - possibilité de visite guidée en sais. - 5,60 € (10-17 ans 2,80 €, -10 ans gratuit).

Programme de recherche
La dimension archéologique est intégrée à la visite : des **campagnes de fouilles** se déroulent régulièrement sur le site afin de mieux comprendre la vie et l'organisation d'une coseigneurie entre les 12e et 14e s., époque de construction des bâtiments.

Au pied du château se trouvent des **habitats troglodytiques**. Remarquez les larmiers creusés dans la roche afin d'empêcher les eaux de pluie de ruisseler le long des parois et de pénétrer dans les abris. À l'intérieur vous verrez les aménagements traditionnels taillés dans la paroi dont des anneaux et des boulins dans lesquels s'encastraient des hourds.
La visite des vestiges du *castrum* (village fortifié) commence par la **chapelle** présentant des arcs doubleaux. Ensuite le parcours traverse quatre **maisons nobles**

Site fragile
Pour préserver les lieux, les aménagements sont réversibles. Que ce soient les niveaux reconstruits à l'intérieur du donjon ou les escaliers à l'emplacement (ou en parallèle) de ceux d'origine taillés dans la pierre, tout est démontable en 48h.

(une cinquième est encore ensevelie). La « maison du four » abrite un four à pain. La « maison à contreforts » illustre la succession de constructions : une base troglodytique, un mur 10-11ᵉ s., une cheminée du 15ᵉ s. et des peintures du 16ᵉ s. Une **ruelle** a été dégagée laissant apparaître un départ de toit de lauzes. Les entrées indépendantes montrent que chaque habitation avait sa propre économie. « L'hôtel de Commarque », dans lequel la famille s'était retirée tandis que les Beynac tenaient le château, est précédé d'une **basse-cour**. Dans le double **donjon** (le rajout est visible sur la façade), on accède à la grande salle du 14ᵉ s. qui renferme une voûte à cinq branches : les culs-de-lampe sculptés de figures sont bien conservés, la clé de voûte représente un heaume (armes de Pons de Beynac) dont vous verrez une reproduction au sol. Remarquez également la fenêtre à colonnettes du 12ᵉ s. devant laquelle a été gravé un échiquier. Enfin vous monterez à la plate-forme pour admirer la **vue** panoramique du haut de ses 34 m.

Reperant/© Château de Commarque

La chapelle est bien conservée car en temps de guerre elle était épargnée.

Curemonte★

Curemonte est un joyau médiéval. Il impose au loin la silhouette de ses remparts, de ses fiers châteaux et de ses nobles maisons aux toits de tuiles plates, grâce au site dominant qu'il occupe.

La situation

Carte Michelin Local 329 L5 – 15 km à l'Ouest de Beaulieu-sur-Dordogne – Corrèze (19). Dans un paysage vallonné, aux confins de la Corrèze et de la Dordogne, ce joli village domine les vignes de Branceilles. Au Sud coule la majestueuse Dordogne.

Le nom

De *cura montis*, le « village de la montagne ». Son existence est attestée dès 860. C'est au 11ᵉ s. que le village prend son essor, passant bientôt dans la mouvance des vicomtes de Turenne.

Les gens

225 Curemontois. **Colette** séjourna dans ce lieu paisible pendant la Seconde Guerre mondiale et y écrivit le *Journal à rebours*.

se promener

Partir de la halle, près de l'église, où se trouve exposé un plan.

Tour des remparts

Sous la halle aux grains, au-dessus d'un socle, remarquez le fût de calvaire sculpté. Au-delà de la halle, sur la ▶

DÉTAIL
Le fût est illustré par douze bas-reliefs du 16ᵉ s. ayant pour thème la vie de Jésus.

carnet pratique

SE LOGER ET SE RESTAURER

⊖ **La Barbacane** – *Pl. de la Barbacane - ☎ 05 55 25 43 29 - fermé de mi-sept. à mi-oct., le soir et sam. - 12/20 €.* Au cœur du village perché, à deux pas de la place du Château, salle à manger rustique ménageant une plaisante perspective sur les confins vallonnés de la Corrèze et de la Dordogne. Gaillarde cuisine familiale faite de pâtés, terrines, jambon de pays, spécialités régionales et pâtisseries maison.

⊖⊖ **Ferme-auberge de la Grotte** – *Le Bourg - ☎ 05 55 25 35 01 - ouv. sam. soir et dim. midi de sept. à juin et le soir en vac. scol. - en juil.-août : tlj - réserv. obligatoire - 20 € - 3 ch. 35/50 €* ☕. Ne manquez pas de réserver votre table dans cette belle ferme bâtie dans le village. Elle interprète avec entrain le répertoire culinaire régional : magrets et confits, mique, petit salé, pâtisseries maison... Trois chambres mansardées.

Trois châteaux et une église qui s'étirent sur un éperon rocheux, voici comment se présente le site de Curemonte qui, après Collonges-la-Rouge, est sans doute l'un des villages corréziens les plus photogéniques (n'oubliez pas votre grand angle).

droite, le **château de La Johannie**, demeure du 14e s., et belle maison à tourelle bâtie un siècle plus tard.

Église

Elle a gardé son clocher à peigne protégé par un auvent et renferme un maître-autel avec un retable peint daté de 1672, ainsi que deux autres autels des 17e et 18e s.

Prendre à droite derrière l'église.

L'enceinte aux tons chauds flanquée de bastions couverts en poivrière protège le **château de Plas** (tours rondes – 16e s.) et le **château St-Hilaire** (tours carrées à mâchicoulis – 14e s.) qu'on longe successivement, tandis que de l'autre côté de la rue s'élèvent plusieurs « maisons nobles » à tourelles, des 16e et 17e s.

Prenez cinq minutes pour monter à pied à la table d'orientation. Pour cela, longez le chemin qui passe entre la ferme auberge et la grotte surmontée par Notre-Dame de Curemonte. Vue magnifique sur Curemonte et tous les alentours boisés et vallonnés.

Redescendez place du Château où se voient encore plusieurs maisons anciennes, tournez à gauche en suivant les remparts ; cet itinéraire de retour dégage de belles vues vers le causse de Martel et le Périgord noir.

Culturel

À 1,5 km du bourg, à l'Ouest vous trouverez la **chapelle romane de La Combe** (11e s.) qui accueille des expositions *(juil.-août : 14h30-19h)*, et à l'Est la **chapelle St-Genest** (12e s.) qui abrite un musée religieux *(été : 10h-19h, hiver : 10h -18h)*.

Domme★★

Des rues qui dévalent la pente vers le Sud, une falaise qui surplombe la vallée de la Dordogne au Nord : Domme, surnommée par les inconditionnels l'« Acropole du Périgord », ne ressemble en rien aux autres bastides de la région. C'est pourtant l'une des plus attirantes avec ses ruelles qui, le printemps venu, fleurent bon la rose et le géranium.

La situation

Carte Michelin Local 329 I7 – Dordogne (24). Le parking exigu de la place des Halles est vite saturé. Privilégier le parking situé derrière l'église ou le grand parking *(gratuit)* situé devant la porte des Tours.

Pl. de la Halle, 24250 Domme, ☎ 05 53 31 71 00.

À vos chaussures

En pleine saison, n'espérez pas entrer dans la bastide en voiture : prévoyez des chaussures confortables, pour profiter de la visite.

Le nom

Deux hypothèses se partagent l'explication du nom : pour la première, Domme viendrait du mot gaulois *duma*, la « montagne » ; pour la seconde, du mot latin *doma*, désignant un « toit en terrasses ». Quoi qu'il en soit, Domme évoque la hauteur !

carnet pratique

Se loger et se restaurer

Hôtel de L'Esplanade – *☎ 05 53 28 31 41 - esplanade.domme@wanadoo.fr - fermé 12 nov.-3 mars - 20 ch. 80/150 € - 12 € - restaurant 45/110 €.* Cette demeure périgourdine surplombant agréablement la vallée de la Dordogne propose des chambres calmes et bourgeoises, parfois avec vue ; certaines occupent des maisonnettes très proches. Belle salle à manger colorée où l'on déguste une cuisine classique soignée.

Chambre d'hôte La Guérinière – *« Baccas », sur D 46, rte de Gourdon - 24250 Cénac-et-St-Julien - ☎ 05 53 29 91 97 - contact@la-gueriniere-dordogne.com - fermé Toussaint-Pâques - - 6 ch. 75/90 € - repas 21 €.* Cette chartreuse du 18e s. blottie dans un parc de 10 ha, offre une vue imprenable sur Domme, « l'Acropole du Périgord ». Jolies chambres personnalisées portant des noms de fleurs et chaleureuse table d'hôte (petits plats du terroir). Deux gîtes complètent ce havre de paix.

Visite technique

Ferme de Turnac – *Au pied du château de Montfort, sur la commune de Domme - ☎ 05 53 28 10 84.* Visite commentée de 1h30.

Que rapporter

Marché – *Pl. de la Halle - jeu. mat.*

Calendrier

Fête de la Saint-Clair – 1er w.-end de juin, fêtes folkloriques et concerts.

Les gens

987 Dommois. De tous les artistes qui vinrent chercher en ce lieu l'inspiration, Henry Miller fut sans doute le plus impressionné, qualifiant le site d'« approximation la plus voisine du paradis ».

> **Chapeau pointu**
> Personnage local haut en couleur, **Pibette** aurait exercé ses talents de sorcier dans la région jusqu'à sa mort en 1910.

comprendre

Une bastide royale – Le site de Domme semblait l'emplacement idéal pour contrecarrer les velléités d'expansion anglo-gasconnes. Aussi, Philippe le Hardi décide-t-il, en 1283, de fonder une nouvelle bastide royale pour surveiller la vallée de la Dordogne. La bastide se voit, dès sa création (1281), attribuer des privilèges considérables, comme celui de battre sa propre monnaie. Domme joue un rôle important lors des guerres franco-anglaises, devenant le siège de la sénéchaussée de Périgord-Quercy dès le 14e s. Au 17e s., la bastide connaît une grande prospérité grâce, notamment, à la qualité de son vignoble, à ses marchés et au commerce fluvial.

Ruse et varappe – Tandis que les troubles de la Réforme mettent la France à feu et à sang, Domme résiste vaillamment aux huguenots qui écument le Périgord. En 1588, la bastide tombe, par la ruse : Geoffroi de Vivans, fameux capitaine protestant, grimpe avec une trentaine

> **Draconien**
> Installant sa garnison dans la ville, **Geoffroi** restera maître de Domme pendant quatre ans, au cours desquels il brûlera l'église et le prieuré des augustines pour établir le culte réformé.

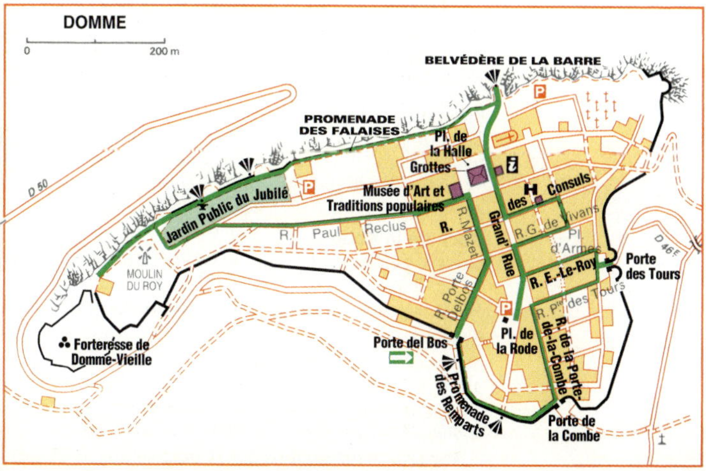

Domme a la particularité d'être une bastide nichée sur le rebord d'une falaise, percée de grottes, surplombant la Dordogne de quelque 150 m !

d'hommes le long des rochers de la Barre, endroit si abrupt qu'il n'est pas fortifié. Les soldats pénètrent dans la ville et, par un concert assourdissant de trompes et tambours, réveillent la population qui, encore tout ensommeillée, laisse les assaillants ouvrir les portes au gros de la troupe. Les succès grandissants des catholiques l'obligeront à plier bagage et à vendre la bastide, non sans laisser quelques ruines, en 1592.

se promener

LA BASTIDE*

Les fortifications qui enserrent le bourg s'adaptent au relief, tout comme les rues qui suivent, dans la mesure du possible, un plan géométrique.

Contrariés
Les architectes des bastides étaient fous de rectangles, mais à Domme, vu le site, ils durent se contenter d'un trapèze.

De l'office de tourisme, prendre la rue Mazet (parallèle à la Grand'Rue) puis la rue Porte Delbos.

Porte del Bos – Porte de la Combe

Tracée en arc brisé, elle était autrefois fermée par une herse. La promenade à l'intérieur des remparts mène à la porte de la Combe (13e s.).

Remonter vers le bourg par la rue de la Porte-de-la-Combe.

De part et d'autre de la rue, les murs de pierres blondes surmontés de toits bruns sont égayés par des balcons et des terrasses fleuries. À gauche, jolie fontaine.

Par la rue de la Porte-des-Tours, sur la droite, rejoindre la porte du même nom.

Porte des Tours

De la fin du 13e s., c'est la plus imposante et la mieux conservée de l'enceinte de Domme. Elle s'ouvre sur la campagne environnante par deux demi-tours à bossages, élevées par Philippe le Bel et utilisées comme corps de garde. Mais elles sont surtout connues pour leurs **graffitis** *(voir « visiter »).*

Prendre à gauche.

Rue Eugène-Le-Roy

Elle porte le nom de l'auteur de *Jacquou le Croquant* qui rédigea deux de ses œuvres lors de son séjour dans une de ces maisons (plaque commémorative) : *L'Ennemi de la mort* et *Le Moulin du Frau.*

Place de la Rode

La *rode*, c'est la « roue », et c'est en ce lieu qu'était infligé ce pénible supplice. Remarquez les fenêtres gothiques sur la façade de la **maison du Batteur de monnaie**.

Grand'Rue

Axe commerçant du village, il est bordé de magasins de produits régionaux et d'artisanat. Levez les yeux à l'angle de la rue Geoffroy-de-Vivans pour apprécier les délicats meneaux de la maison.

Gagner la rue des Consuls par la rue Geoffroy-de-Vivans.

Rue des Consuls

L'**hôtel de ville** s'est installé dans une bâtisse du 13e s., ancienne maison de justice du sénéchal.

Gagner le cœur du bourg par la Grand'Rue.

Place de la Halle

Elle s'organise autour d'une halle de pierres sèches du 17e s. En face, la **maison du Gouverneur** (15e s.), flanquée d'une petite échauguette, accueille l'office de tourisme.

Église

Détruite durant les guerres de Religion, elle fut reconstruite au 17e s. et le clocher-porche ajouté au 19e s.

S. Sauvignier/MICHELIN

Surprenant, cette halle cache l'entrée de grottes !

LE PANORAMA***

Du haut de la bastide, la vue embrasse la vallée de la Dordogne, du cingle de Montfort au château de Beynac. Voilée de brume aux premières heures du jour, bleue entre les haies de peupliers à midi, ruban argenté à l'heure où le soleil embrase de ses derniers rayons le château de Beynac, la rivière déroule ses méandres parmi les champs parsemés de villages et de fermes.

Belvédère de la Barre

C'est incontestablement le **lieu** où la vue embrasse le mieux la vallée de part et d'autre du bourg de Vitrac.

Suivre la promenade des Falaises.

Jardin public du Jubilé

Situé entre le bourg et l'extrémité du promontoire, ce jardin, qui possède une table d'orientation, a été aménagé sur l'emplacement du camp établi par Simon de Montfort en 1214. Celui-ci venait de vaincre les cathares et de raser leur forteresse de Domme-Vieille.

Domme-Vieille

À l'extrémité de la corniche, au-delà de la rue Paul-Reclus subsistent quelques vestiges de l'ancienne forteresse, mais ils ne sont pas accessibles. Vous vous arrêterez donc au **moulin** dit « du Roy », qui toise la vallée de la Dordogne.

visiter

Grottes

☎ 05 53 31 71 00 - visite guidée (40mn) - juil.-août : 10h-19h ; reste de l'année : 10h-12h, 14h-18h (se renseigner) - fermé janv., du 11 Nov. au vac.de Noël, 25 déc. - 6 € (5-14 ans 3,50 €) - 10,80 € (enf. 6,30 €) billet combiné musée d'Arts et Traditions populaires et porte des Tours.

Ancien refuge des habitants lors des différents conflits (guerre de Cent Ans, guerres de Religion...), les grottes de Domme présentent 450 m de galeries aménagées. Une succession de salles parfois entrecoupées de passages bas déroule ses drapés de roches et ses plafonds ornés de stalactites blanches. Des ossements d'animaux sauvages (bisons et rhinocéros) découverts lors des travaux d'aménagement sont exposés au début du parcours.

Pour donner accès à ce magnifique ensemble, la halle de la place a été reconvertie en vestibule. Plus controversé, l'ascenseur panoramique qui permet de remonter à l'issue de la visite. Car, autant il permet de profiter d'un des plus beaux points de vue sur la vallée de la Dordogne, autant il défigure la falaise...

Rayons rouges

Mention spéciale à la **salle Rouge** et ses excentriques, lignes cristallines qui irradient et se jouent de la pesanteur.

Musée d'Art et Traditions populaires

☎ 05 53 31 71 00 - juil.-août : 10h-19h ; avr.-juin et sept. : 10h30-12h30, 14h30-18h - fermé certains sam. (se renseigner) - 3 € (enf. 2 €), billet combiné grottes et porte des Tours 10,80 € (enf. 6,30 €).

Également appelé musée Paul-Reclus, il retrace la vie dommoise à travers les âges. Des reconstitutions d'intérieurs, des collections de meubles, de vêtements ou d'outils agricoles, mais aussi des documents d'archives racontent les heurs et malheurs de la bastide royale.

Porte des Tours – graffitis des Templiers

☎ 05 53 31 71 00 - www.domme-tourisme.com - ♿ - visite guidée (1h) sur réservation 48h av. - avr.-sept. : 14h30 ; reste de l'année : sur demande préalable - 6 € (enf. 3,50 €) - 10,80 € (enf. 6,30 €) billet combiné grottes et musée d'Arts et Traditions populaires

Lettres patentes

Vous verrez au musée les lettres patentes confirmant les privilèges et exemptions de la ville accordés par les rois, de Philippe VI à Louis XV.

De 1307 à 1318, soixante-dix Templiers furent emprisonnés dans la porte des Tours. En témoignage de leur foi en la religion catholique, ils taillèrent des dessins dans la pierre. En 1970, le chanoine Le Tonellier fit un relevé par estompage de ces graffitis afin de les décrypter (ainsi il put lire des inscriptions indiscernables à l'œil). La visite guidée propose une lecture iconographique des sept tableaux gravés.

Donzenac

L'église, entourée de maisons anciennes, conserve un clocher-tour élevé au 14e s. ; la chapelle des Pénitents possède une façade Renaissance harmonieuse. Le charme de Donzenac fait son effet... La région le prolonge par les gorges de la Vézère et le charmant village de Vertougit...

La situation

Carte Michelin Local 329 K4 – 10 km au Nord de Brive-la-Gaillarde – Corrèze (19). Bâti à flanc de coteau en bordure du bassin de Brive, ce village occupe une position stratégique, qui lui a valu d'être très disputé par le passé, particulièrement pendant la guerre de Cent Ans.

Pl. de la Liberté, 19270 Donzenac, ☎ 05 55 85 65 35. www.donzenac.correze.net

Le nom

Ville forte qui, probablement, s'est développée autour d'un domaine gallo-romain dont le propriétaire répondait au nom de Dominicien.

Les gens

2 147 Donzenacois, appelés également Gamadous qui signifie « fauvette » en patois.

visiter

Pans de Travassac*

☎ 05 55 85 66 33 - juil.-août : 10h-13h, 14h-19h (dernière entrée 1h av. fermeture), visite guidée (1h30) 10h30, 14h30, 16h, 17h30 ; mai-juin et sept.-oct. : dim. et j. fériés 14h-19h (dernière entrée 1h av. fermeture), visite guidée 14h30, 16h - 6,90 € (8-18 ans : 4,30 €).

Avant la guerre de 1914-1918, les ardoisières de Donzenac et d'Allassac connurent une réelle prospérité : on remplaçait alors massivement la couverture de chaume des fermes par des toitures d'ardoises. Les dernières carrières ont fermé en 1982.

Filons et pans – La découverte du saut de la Girale (140 m), depuis le belvédère du parking, donne un avant-goût des sensations de vertige que vous éprouverez lors

carnet pratique

Se loger et se restaurer

⊖ Chambre d'hôte Ferme de la Borde – *La Borde - 19410 St-Bonnet-l'Enfantier - 10 km au N de Donzenac par D 920 puis D 156 jusqu'à St-Bonnet-l'Enfantier - ☎ 05 55 73 72 44 - nbuge@voila.fr - fermé 10 sept.-25 oct. - ⊭ - 5 ch. 44 € ☕ - repas 15 €.* À la sortie du village, surprenante construction de pierre et d'ardoise, œuvre de pères missionnaires. Accueil chaleureux des actuels propriétaires, chambres douillettes et produits de la ferme servis à la table d'hôte dressée dans l'ancienne chapelle.

⊖⊖ Relais du Bas Limousin – *6 km au N de Donzenac dir. Limoges - ☎ 05 55 84 52 06 - relais-du-bas-limousin@wanadoo.fr - fermé 1er-16 janv., 31 oct.-14 nov., dim. soir de mi-sept. à fin juin et lun. midi - P - 22 ch. 45/65 € - ☕ 7 € - restaurant 24/49 €.* Cette auberge est une étape idéale pour s'accorder un plaisant moment de détente : jardin, piscine et terrasse. Les chambres sont confortables et décorées avec soin. Côté restaurant, vous pourrez vous attabler dans une salle à manger rustique, sous la véranda ou à l'extérieur face à la verdure.

de la visite de ce site, entièrement façonné par la main de l'homme depuis plus de trois siècles. Passerelles, plates-formes, perces (cavité au creux d'un pan), puits : rien ne vous sera épargné pour que vous partagiez, l'espace d'un moment, les émotions d'un ardoisier !

Chantier ardoisier – Les outils et les gestes des ardoisiers sont immuables ; la reconstitution d'un chantier en activité permet d'observer avec quelle habileté les repareurs et les cliveurs exécutent le rebillage (gros blocs d'ardoise débités en morceaux plus petits), le clivage (extraction des feuilles d'ardoise) et la taille (carrée ou ogivale). Sur une tonne de pierre, seuls 20 % de la matière est exploitable.

S. Sauvignier/MICHELIN

Non, cette plate-forme n'est pas équipée pour le saut à l'élastique !

circuit

GORGES DE LA VÉZÈRE★

Circuit de 45 km – environ 3h. Quitter Donzenac par l'Ouest en empruntant la D 25.

Allassac

Petite ville aux maisons bâties en schiste noir et coiffées d'ardoise, parfois agrémentées de chaînes d'angle en grès rouge *(voir rue L.-Boucharel).*

L'église de la Décollation-de-St-Jean-Baptiste est également construite en schiste noir, à l'exception du gracieux **portail Sud★** en grès aux tonalités contrastées.

Quitter Allassac par le Nord en empruntant la D 9.

VESTIGE

À proximité de l'église, la **tour César**, haute de 30 m, constitue le dernier vestige de l'enceinte fortifiée médiévale. *Juil.-août : visite guidée mer. et w.-end 14h30 et 16h30 ; juin et sept. : mer. et w.-end 14h30 et 16h. 3€ (-13 ans : gratuit). ☎ 05 55 84 92 48 ou 05 55 24 08 80.*

Site de la Roche★

Une agréable petite route conduit à la bordure d'un précipice plongeant sur les gorges de la Vézère. À droite, un chemin jonché de roches mène sous les châtaigniers à une **table d'orientation** (391 m) fort bien mise en valeur. La vue s'étend des gorges boisées du Saillant au premier plan, jusqu'au village de St-Robert. À gauche, on accède au **panorama** qui permet une meilleure approche de la perspective des gorges.

Revenir sur la D 9, puis peu avant Le Pilou, prendre à gauche la D 9^{E3}.

Belvédère de Comborn

Vue sur les ruines du château qui fut la propriété de la puissante et cruelle famille de Comborn. Le site occupe, au cœur des gorges, un méandre de la Vézère.

Poursuivre la D 9^{E3} jusqu'au château.

Château de Comborn

De mi-mars à mi-nov. : visite guidée (3/4h) w.-end 14h-18h ; toute l'année : sem. surdemande. Fermé lun. 5€ (-12 ans : gratuit). ☎ 05 55 98 46 53.

Le nouveau propriétaire s'est lancé dans sa restauration depuis 2001. La partie 18e s. abrite un restaurant *(ven.-dim.)* tandis qu'il ne reste que des vestiges du donjon du 11e s. Trois vastes caves de la même époque sont bien conservées.

Rejoindre la D 3 et prendre à gauche.

Balade
Descendre à pied jusqu'à la table d'orientation pour profiter, chemin faisant, de la **vue** sur le village et du paysage où se côtoient arbres fruitiers et vignes.

Vertougit

◄ Ce ravissant village domine les **gorges de la Vézère**, face au site de la Roche. N'hésitez pas à flâner parmi les maisons de pays dont l'une attire plus particulièrement le regard par sa décoration extérieure.

Rejoindre la D 134 et prendre à droite.

Voutezac

Bâti à flanc de coteau, cet agréable village possède une belle église fortifiée à tour carrée du 15e s. À l'angle de la route menant à Objat (calvaire) se trouve un travail à bœufs, entouré de divers instruments de labour.

Reprendre la D 134 en direction d'Allassac.

Le Saillant

Ce petit village occupe un site agréable au débouché des gorges de la Vézère enjambée par un joli **pont médiéval**.

Sur la rive droite, le **château du Saillant** appartenant depuis le 14e s. aux Lasteyrie du Saillant, ouvre les portes de son **parc**. Le futur tribun révolutionnaire Mirabeau, frère de la marquise du Saillant, y séjourna. L'origine du château, réaménagé au 17e s., remonte au 12e s. De cette époque, il reste encore les douves toujours en eau où nagent maintenant des canards. Dans le parc, arbres géants : gingkos bilobas, séquoias, chênes mais aussi rhododendrons et petit jardin à la française.

Ne manquez pas les six **vitraux★** de Marc Chagall dans la chapelle qui faisait, à l'origine, partie intégrante du château. Ils furent élaborés de 1978 à 1982, à l'initiative de Guy de Lasteyrie, et Marc Chagall voulut y exprimer les valeurs premières de l'homme dans la nature. Aujourd'hui, seulement quatre chapelles Chagall existent dans le monde : une dans le Kent en Grande-Bretagne, deux aux États-Unis et, enfin, celle du Saillant.

Franchir la Vézère et prendre, à droite, la D 148. Après 2,5 km, tourner à droite dans la D 9, puis encore à droite une fois passé la Vézère.

Chapelle Ste-Marguerite

Sur un replat offrant une belle perspective sur la vallée de la Vézère est érigé ce gracieux monument en grès rouge, de style roman.

Faire demi-tour pour rejoindre la D 9, et prendre à droite. Après 3 km, tourner à gauche dans la D 9^{E2} qui bientôt enjambe la Vézère.

St-Viance

Séduisant village de grès rouge au bord de la Vézère. À l'intérieur de l'**église**, dans une niche du chœur, apparaît sous vos yeux l'une des plus belles pièces d'émaillerie limousine : une **châsse★** d'émail champlevé du 13e s.

Quitter St-Viance par l'Est en empruntant la D 133. Plus loin, la D 25 ramène à Donzenac.

Vallée de la Dordogne★★★

La Dordogne est féminine : elle déroule ses atours selon les situations et ses couleurs selon les heures ; blonde ou argentée, elle prend parfois une teinte bleutée. Rapide et écumante à sa naissance, elle s'apaise un moment, puis reprend un cours tumultueux, filant sous les châteaux hiératiques, jusqu'à ses épousailles avec la Garonne. Et de cette union naît la Gironde, qui porte bien son nom.

J. Damase/MICHELIN

La Dordogne, l'une des plus longues rivières de France, passe pour en être la plus belle.

La situation

Carte Michelin Local 329 I/L7 – Dordogne (24) et Lot (46). Née de l'union de la Dor et de la Dogne au sommet du Massif central, la Dordogne pénètre en Quercy enrichie des eaux de la Cère cantalienne. Rivière majestueuse, rapide et fantasque, elle s'affranchit des causses pour pénétrer dans le Périgord noir. Là, elle déroule ses méandres parmi les champs entrecoupés de peupliers, s'épanouissant dans une vallée opulente.

Le nom

Plus sérieuse que celle de la réunion de deux ruisseaux, l'hypothèse la plus vraisemblable attribue l'origine du nom au radical préceltique *dora* qui aurait reçu le suffixe *onia* pour donner « doronONIA », puis « dordonia », pour finir en « dordoigne » au 16e s. ▶

Des crues violentes

Tout au long de son cours, la rivière garde une allure rapide et un débit inégal. Les pluies d'hiver et la fonte des neiges des monts d'Auvergne au printemps provoquent alors des crues brusques et violentes.

Les gens

Lors de la réorganisation administrative de la France en 1790, le nom de Dordogne a été choisi par une assemblée à laquelle participait un Périgourdin, **Pierre de Belleyme**.

carnet pratique

Se loger

Hostellerie Fénelon – *46110 Carennac - ☎ 05 65 10 96 46 - contact@hotel-fenelon.com - fermé 6 janv.-20 mars, 17 nov.-20 déc., sam. midi, lun. midi sauf juil-août et vend. - P - 15 ch. 48/60 € - 8,50 € - restaurant 19,50/48 €.* Grande maison quercynoise à l'ambiance familiale, où vous préférerez les chambres offrant une vue sur le cours de la Dordogne. Poutres et pierres, cheminée et objets paysans font le cachet de la salle à manger largement ouverte sur la campagne ; on y sert des plats traditionnels et du terroir.

Relais du Touron – *Rte de Sarlat par la D 704 - 24200 Carsac-Aillac - ☎ 05 53 28 16 70 - www.lerelaisdutouron.com - fermé 13 nov.-28 mars - 18 ch. 50/61 € - 7 € - restaurant 12,50/34 €.* Dans un joli parc arboré, séduisante maison périgourdine et son annexe où vous aurez le choix entre des chambres simples et rustiques ou d'autres, plus récentes, garnies de meubles d'inspiration mauresque. Sympathique véranda face à la piscine. Cuisine régionale.

Se restaurer

La Ferme de Maraval – *D 46 - 24250 Cénac-St-Julien - 4 km S de Cénac, rte de Gourdon - ☎ 05 53 30 26 95 - maraval@perigord.com - fermé lun. sf en juil.-août - réserv. obligatoire - 15,50/25,50 €.* Une ancienne grange habilement mise à profit sert de cadre à cet établissement dont la salle de restaurant, parée de poutres apparentes et de pierres du pays, abrite une belle collection d'outils agricoles. Préparations aux accents régionaux.

Ferme-auberge Montalieu-Haut – *24250 St-Cybranet - 8 km au SO de Domme par D 50 puis D 57 (dir. Daglan) - ☎ 05 53 28 31 74 - www.montalieuhaut.com - fermé nov.-mai et lun. en juil.-août - réserv. obligatoire - 19/24 € - 4 ch. 50 € - 5 €.* Pour un agréable repas dans un décor campagnard, faisant la part belle aux spécialités régionales préparées avec les produits de la ferme. Chambres d'hôte et quatre gîtes fonctionnels offrant une vue splendide sur la vallée. Piscine, sentiers de randonnée pédestre, petit circuit botanique (orchidées sauvages).

La Treille – *Au port - 46200 Meyronne - ☎ 05 53 28 33 19 - la.treille@perigord.com - fermé 11 nov.-31 mars, dim. soir et lun. - 19/36 € - 8 ch. 50/68 € - 7 €.* Cette hostellerie familiale fondée en 1866 possède une façade joliment tapissée de vigne vierge. Salle à manger prolongée d'une agréable véranda et terrasse dressée sous une treille ; on y sert une cuisine régionale à prix raisonnables. Chambres au décor rajeuni.

circuits

LA VALLÉE QUERCYNOISE*** 1

Circuit de 85 km – compter environ une journée.

Souillac* *(voir ce nom)*

Quitter Souillac par le Nord-Est en empruntant la D 703.

Martel* *(voir ce nom)*

Continuer sur la D 703 jusqu'à Vayrac et prendre, vers le Nord, la D 20 en direction de Brive. Avant la sortie du bourg, tourner à gauche dans la D 119.

Puy d'Issolud*

Culminant à 311 m, ce plateau est bordé de falaises abruptes surplombant de petits affluents de la Dordogne. Du sommet, vous bénéficierez d'une **vue*** étendue, bien que fragmentée, en direction de la vallée. Entouré à l'époque gauloise de solides retranchements en terre et en pierres sèches qui en faisaient l'un des *oppida* les plus redoutables du Quercy, ce puy est l'ancien **Uxellodunum**, théâtre de l'ultime résistance gauloise à Jules César après Alésia. La lutte, menée par les légions romaines avec un acharnement inouï, se solda par une nouvelle défaite gauloise, à la suite du détournement d'une source, qui fit croire aux défenseurs d'Uxellodunum que leurs dieux les avaient abandonnés.

> **FIN DE LA POLÉMIQUE**
> Certains auteurs situaient Uxellodunum à Capdenac, d'autres à Luzech, mais les dernières recherches archéologiques ont démontré qu'il est bien situé au puy d'Issolud.

Revenir à Vayrac.

Vayrac

Place Luctérius, l'annexe du **musée Uxellodunum** présente les vestiges préhistoriques et gallo-romain trouvés sur l'*oppidum* du puy d'Issolud. ☎ *05 65 37 30 03 - juil.-août : 9h-12h, 15h-18h - fermé dim., j. feriés et w.-end suivant 15 août - 1 € (enf. 0,50 €).*

Poursuivre sur la D 703, vers Puybrun. À Bétaille, prendre à droite la D 20.

Carennac* *(voir ce nom)*

Quitter Carennac par le Nord-Ouest en empruntant la D 43 qui longe la rive gauche de la Dordogne.

Après Carennac, se frayant un passage entre causses de Martel et de Gramat, la Dordogne s'engage dans la magnifique trouée du cirque de Floirac.

Floirac

Plantée au milieu de la place du village, une tour-donjon constitue le dernier vestige d'une forteresse médiévale. Au Nord du village, une chapelle du 15e s. mérite un coup d'œil.

Cirque de Floirac★

La route longe souvent la rivière et s'élève parfois en corniche au-dessus d'elle. À chaque tournant se révèlent de belles **perspectives** sur la vallée et les falaises des causses.

Prendre à droite la N 140, direction Gluges. Après avoir franchi la Dordogne, tourner à droite.

Belvédère de Copeyre★

Du petit calvaire planté au bord de la falaise, **vue** sur les sinuosités argentées de la Dordogne du cirque de Floirac, à droite, et sur le puy d'Issolud, à gauche.

Gluges

À l'entrée d'un méandre, le bourg se blottit au pied de la falaise autour de son église romane semi-troglodytique. Le village occupe un **site★** pittoresque.

Quitter Gluges par le Sud-Ouest en empruntant la D 43 et poursuivre sur la D 23 creusée dans la falaise.

S. Sauvignier/MICHELIN

Une falaise à la végétation clairsemée domine de 120 m le village de Gluges.

Creysse

Cette ancienne châtellenie des vicomtes de Turenne regroupe ses vieilles maisons aux toits de tuiles brunes au pied d'un petit éperon. À son sommet, au-delà d'une rampe pierreuse se dressent les vestiges du château (15e s.) et sa chapelle romane (12e s.), originale avec ses deux absides accolées. De la place ombragée de platanes, vue d'ensemble sur le bourg. En contrebas, le port de Creysse, très fréquenté, appartenait au roi.

Quitter Creysse par le Nord-Ouest en empruntant la D 114. À St-Sozy, prendre à gauche la D 15.

> **EXPÉRIMENTAL**
> Creysse accueille la station expérimentale de la noix, chargée, en collaboration avec l'Inra et le CTIFL, de la création de la noiseraie du troisième millénaire. Une action qui concerne toute la filière nucicole française.

Meyronne

Du pont, on découvre une jolie **vue★** sur la rivière et le village. Le cadre exquis de Meyronne plut aux évêques de Tulle qui en firent leur lieu de résidence. Si leur château a aujourd'hui disparu, l'église, restaurée à la fin du 19e s., porte encore des traces de leur passage.

Sortir de Meyronne par le Sud-Est en empruntant la D 15, puis tourner à droite après avoir parcouru 1 km.

Site du moulin du Limon

Il se compose d'un vieux moulin ruiné et d'un gouffre entouré d'une rafraîchissante verdure... très bucolique !

Revenir à Meyronne et prendre à gauche la D 23.

La route épouse alors le tracé de la rivière dans un très beau décor de rochers et de falaises jusqu'à Lacave.

Grottes de Lacave★ *(voir ce nom)*

Château de Belcastel

En face du village de Lacave, sur l'autre rive de l'Ouysse, le château de Belcastel domine la vallée depuis le Moyen Âge. Seuls le donjon et la partie Est du corps de logis datent de cette époque, les autres éléments ayant été ultérieurement reconstruits.

La D 43 coupe le méandre de la vallée en direction de Pinsac. Prendre à gauche juste avant le pont.

Château de la Treyne

☎ 05 65 27 60 60 - juil.-août. : 9h-12h, 14h-18h - 5 €.

Construit au bord de la falaise, le château déploie un vaste parc côté plateau. Il fut incendié par les catholiques lors des guerres de Religion et reconstruit au 17e s. On peut visiter le parc et ses jardins à la française ainsi que la chapelle romane, cadre privilégié d'expositions.

La D 43 ramène directement à Souillac. Si vous souhaitez profiter encore de la Dordogne, tourner à gauche (D 43) au port de Souillac et rentrer à Souillac par Cieurac.

Perché sur son nid d'aigle, le château de Belcastel domine la Dordogne dans un site si enchanteur que le moindre commentaire serait superflu.

LE SUD DU PÉRIGORD NOIR★★★ 2

Circuit de 70 km – compter environ une journée.

Sarlat-la-Canéda★★★ *(voir ce nom)*

Quitter Sarlat par le Sud en empruntant la D 46. Après avoir franchi la Dordogne, prendre à droite la D 50.

Domme★★ *(voir ce nom)*

Poursuivre sur la D 50.

Cénac

> **Coup d'œil**
> Vue imprenable et calme, depuis le cimetière, sur le **chevet** de l'église et son beau toit de lauzes.

Isolée du village, l'**église de la Nativité** est un vestige d'un important prieuré bâti au 11e s. Le chevet de cet édifice roman échappa aux destructions des protestants en 1589. À l'intérieur, le chœur et l'abside ont conservé d'intéressants chapiteaux historiés.

Poursuivre sur la D 50. À St-Cybranet, prendre la D 57, direction Sarlat. Avant le pont, tourner à gauche.

Château de Castelnaud★★ *(voir ce nom)*

Rejoindre la D 57 (à gauche), puis poursuivre tout droit sur la D 53 qui longe la rive gauche de la Dordogne.

Château de Fayrac

Face au bourg de Beynac-et-Cazenac, et malgré son impressionnant gabarit, ce château fait pâle figure avec son pseudo-donjon du 19e s. Il n'en conserve pas moins de beaux éléments de défense, comme une double enceinte et deux ponts-levis.

Poursuivre sur la D 53.

Château des Milandes*

☎ 05 53 59 31 21 - www.milandes.com - juil.-août : 9h30-19h30 (dernière entrée 1h av. fermeture) ; mai-juin et sept. : 10h-18h30 ; avr. et oct. : 10h-18h15, sam. 14h-18h - 7,80 € (enf. 5,50 €).

L'histoire retiendra de François de Caumont le souvenir d'un homme poussé par une femme autoritaire à construire un somptueux château. Dans un site surplombant la Dordogne, il fait élever dès 1489 un édifice répondant aux nouveaux styles architecturaux italiens, mais qui sera largement remanié au 19e s. dans un style néogothique.

Joséphine Baker a repensé la décoration intérieure, comme vous le verrez en traversant des pièces où sont évoquées différentes périodes de sa vie. L'exposition est bien documentée : photos inédites, costumes de scène (dont la célèbre ceinture de bananes), affiches et commentaires audio sur fond de chanson interprétées par l'artiste.

Un joli jardin, où se déroulent des **spectacles de fauconnerie** (les rapaces visibles dans les volières sont impressionnants), entoure le château. Au-delà, les 7 ha de parc sont accessibles au public. Également remaniés au 19e s., ils regroupent arbres et conifères parfois centenaires.

UNE AME GÉNÉREUSE

En 1949, **Joséphine Baker** (1906-1975), chanteuse et actrice au faîte de sa célébrité, réalise son rêve, celui du « village du monde ». Elle réunit au château des Milandes des enfants adoptés originaires de différents pays du monde. Cette charitable entreprise cessa en 1969 avec l'épuisement de sa fortune.

© Château des Milandes

Sur l'injonction de son épouse, conquise par le nouveau style architectural venu d'Italie, François de Caumont fit ériger le château des Milandes. « Ce que femme veut... »

Rejoindre sur la D 53, puis prendre à droite la D 50. Rouler pendant 4,5 km, puis tourner à droite vers Allas-les-Mines. Après avoir franchi la Dordogne, prendre à droite la D 703 qui longe la rive droite de la rivière.

Beynac-et-Cazenac** *(voir ce nom)*

Poursuivre sur la D 703. Après la voie ferrée, prendre à gauche la D 49, direction Sarlat, puis à droite la D 57.

Jardins de Marqueyssac** *(voir ce nom)*

Rejoindre la D 703 (à gauche).

Observez, sur la gauche, le **château de la Malartrie**, édifice du 20e s., pastiche du style Renaissance.

La Roque-Gageac** *(voir ce nom)*

Poursuivre sur la D 703 pendant 2 km et tourner à gauche dans la D 46 qui ramène à Sarlat.

Excideuil

La truffe du siècle
Depuis le 23 décembre 1999, le marché d'Excideuil est détenteur d'un record de poids... une truffe de 1,147 kg !

Non loin des fraîches gorges de l'Auvézère et de la Loue, et du causse périgourdin, terre de prédilection de la truffe aux confins du Périgord vert, le bourg d'Excideuil s'étire au pied de son imposante forteresse, ancienne sentinelle sur la route du Limousin.

La situation

Carte Michelin Local 329 H3 – Dordogne (24). Excideuil est situé au Sud-Est de Thiviers, à l'intersection des routes D 76 et D 705.

Pl. du Château, 24160 Excideuil, ☎ 05 53 62 95 56.

Le nom

Deux théories expliquent l'origine du nom « Excideuil ». La plus savante évoque la ville des eaux, d'après une vieille racine celtique. Une autre, plus poétique, explique cette toponymie par le tombeau d'Isis, *Isis dolium*.

Les gens

Fuite
Le portrait de Charles Dufraisse trône désormais à l'université d'Akron, aux États-Unis.

1 318 Excideuillais. Moins connu que le maréchal Bugeaud (dont vous verrez la statue allées André-Maurois), **Charles Dufraisse** est, lui aussi, un enfant du pays. Il est pourtant à l'origine, avec Charles Moureu, de la découverte des anti-oxigènes, qui aura une grande influence sur notre vie quotidienne.

Couronnant une colline, Excideuil est installé sur un site stratégique d'où, jadis, l'on pouvait surveiller le passage du Périgord au Limousin.

se promener

Château

Poésies
Au centre du village, 19 bancs et autant de poèmes gravés, dus à Jacques Jouet qui a recueilli les histoires des habitants afin de les retranscrire suivant une versification établie par Girault de Borneilh.

Conscients de la valeur stratégique du site, les vicomtes de Limoges transfèrent leur cour à Excideuil et construisent une des plus puissantes forteresses de la région (aujourd'hui ruinée). Le troubadour **Girault de Borneilh** devient le poète attitré d'une cour raffinée mais malmenée par la guerre de Cent Ans. Dans la seule année 1346, le château subit quatre assauts de la part des troupes anglaises. À la fin du 16e s., le château échoit à la famille de Talleyrand qui fait transporter mobilier, cheminées, statues dans son château de Chalais, et abandonne les lieux.
Deux donjons carrés reliés par une courtine constituent les seuls vestiges du 12e s. Le logis, comme le châtelet d'entrée de la forteresse, est plus tardif (16e-17e s.).

Du château, gagnez le vieux bourg par la rue des Cendres (nom qui rappelle l'incendie qui ravagea le village au 15e s.) pour arriver sur la place Bugeaud. Sur la gauche, se trouve le consulat d'Excideuil, où siégeaient les magistrats municipaux, et non loin les halles. *Remonter sur la place, entre le quartier St-Antoine, à gauche, et le quartier St-Georges.*

Église St-Thomas

☎ 05 53 62 40 91.

Elle a été édifiée sur les vestiges d'un prieuré bénédictin autour duquel se constitua le bourg. Sur la façade Ouest, remarquez une arcature aveugle, reste de l'église romane primitive. Au 15e s., l'église fit l'objet de remaniements dont celui du porche. À l'intérieur, dans la chapelle Ste-Constance, retable en bois doré du 17e s.

Revenez à la halle, point de départ du circuit de découverte d'Excideuil ponctué de 30 plaques (plan à l'office de tourisme).

Que rapporter

Marché – Marché traditionnel : jeu. matin. Foire au gras et aux truffes : jeu. de déc. à fév.

circuit

VALLÉE DE L'AUVÉZÈRE*

Circuit de 55 km – compter environ une demi-journée. Quitter Excideuil par le Nord-Est en empruntant la D 705, puis la D 4 qui coupe la D 704.

La vallée de l'Auvézère relie le bocage limousin aux vallées du Périgord blanc en un profond encaissement. Dans ce pays au parfum de fougère où s'égrènent forges et moulins, la rivière se découvre depuis peu de nouveaux admirateurs, kayakistes ou randonneurs passionnés. Découpant le causse périgourdin, les gorges de l'Auvézère s'élargissent en une ample vallée au-delà de Cherveix-Cubas.

Payzac

Aux abords des gorges de l'Auvézère, l'église de Payzac regarde se dérouler la rivière en contrebas. Cet édifice, au clocher carré roman, a été remanié au 17e s. À l'intérieur, une Pietà du 16e s.

Papeterie de Vaux – *à 4 km. Sortir de Paysac, prendre à droite la D 80. ☎ 05 53 62 50 06 ou 05 53 52 75 59 - ♿ - de déb. mai à la Toussaint : tlj sf lun. 10h-12h30, 14h30-18h, dim 14h-18h ; reste de l'année : sur demande - 3,50 € (-10 ans gratuit).* Située sur le ruisseau des Belles Dames, elle fut créée en 1861 à l'emplacement de forges. Jusqu'en 1968, elle fabriquait du papier de paille de seigle utilisé dans l'emballage et l'alimentation. Les espaces ont été aménagés pour vous faire revivre l'histoire de la papeterie et découvrir la technique de fabrication (le matériel étant resté sur place).

Revenir à Paysac et quitter le village par le Sud en empruntant la D 75E.

Forge de Savignac-Lédrier

Dominées par le château où résidait le maître de forge, les installations industrielles de Savignac-Lédrier témoignent de la principale activité de la région. Créé en 1521, son haut fourneau fit sa dernière coulée de fonte en 1930 et la forge ferma définitivement en 1975.

J. Malburet/MICHELIN

Vous avez dit « Auvézere » ?

Au 12e s., les textes évoquent la *flumen Alvesera*, mais trois hypothèses s'opposent sur l'origine du nom : la première s'appuie sur *alta* Visera, la « haute » Vézère ; l'autre rattache « au » à un radical préceltique *arva*, désignant l'eau. La dernière propose de voir en *al* le mot « autre », l'autre Vézère.

RANDONNÉE
Le GR 646 serpente dans les sous-bois parfumés. **Vues** sur la rivière encaissée. Ne manquez pas la cascatelle du Saut-Ruban *(1h de St-Mesmin).*

Un **chemin d'interprétation** composé de huit stations permet de faire le tour du site en cours de restauration.

Continuer de longer la rive gauche de la rivière.

Jusqu'à St-Mesmin, la route domine la vallée de l'Auvézère laissant entrevoir par intermittence quelques échappées sur les gorges. Après le bourg, elle descend *(avant Génis prendre à droite la D 72^E1)* jusqu'aux moulins du Pervendoux (17e s.) et du Pont.

Prendre à gauche la D 4 et poursuivre sur la D 705 qui ramène à Excideuil.

Eymet

C'est un séjour gourmet que propose Eymet. Cette jolie bastide du 13e s. est réputée pour ses conserveries fines de foies gras, de galantines et de ballottines, à déguster sans modération. Les voyageurs de mai en quête de romantisme s'attarderont dans la ville, le temps de la fête des Fleurs.

La situation

Carte Michelin Local 329 D8 – Dordogne (24). Porte Sud du Périgord, Eymet est accessible par la D 933 qui longe le Dropt et de nombreux moulins.

45 pl. Gambetta, 24500 Eymet, ☎ 05 53 23 74 95. www.eymet-en-perigord.net

Le nom

Ametus, ancien propriétaire foncier d'origine germanique, a laissé son nom à la bourgade, devenue tour à tour *Aymet* et *Emez*.

Les gens

Revanche sur l'histoire : la bastide est maintenant largement occupée par des... Anglais – indésirables durant la guerre de Cent Ans – qui viennent en nombre « retaper » les vieilles maisons dans cette bastide qui leur résista farouchement. Mais les 2 552 Eymetois n'ont aujourd'hui plus rien à en craindre...

comprendre

Fondée en 1256 par **Alphonse de Poitiers**, frère de Saint Louis, la bastide d'Eymet obtient sa charte de franchise en 1271. Mais les libertés concédées n'empêchent guère quelques seigneurs, évoluant dans la mouvance tantôt des Français, tantôt des Anglais, de faire la pluie et le beau temps sur la ville et ce malgré la construction de remparts en 1320... Comme Bergerac, Eymet est un bastion du protestantisme dont les fortifications et le temple sont démolis sous Louis XIII. Un bastion qui ne change pas de confession comme de chemise : près d'un demi-siècle plus tard, l'autorité royale prend un nouvel arrêté pour détruire le temple, installé en d'autres lieux.

carnet pratique

VISITE

☎ 05 53 23 74 95. L'Office de tourisme propose en juil.-août des visites commentées de la ville : merc. 15h, et des balades à la découverte des tourons et lavoirs : mar. 15h. *2 €.*

QUE RAPPORTER

Marché – Les origines de ce marché hebdomadaire, organisé le jeudi matin, remonteraient à 1270. Nocturne, le mardi soir (fin juin-début septembre).

CALENDRIER

Si vous passez à Eymet le 15 août, vous pourrez participer à la **Fête du vin blanc et des huîtres**. **Fête médiévale** au mois d'août.

Ph. Delhaye/Office du tourisme d'Eymet

La fontaine de la place centrale d'Eymet, décor indissociable de cette bastide du 13e s.

se promener

Place centrale

Elle a conservé ses arcades (ou « couverts ») et de belles maisons anciennes aux façades de pierres apparentes ou à pans de bois. Au centre de la place s'élève une fontaine du 17e s.

Une promenade dans les rues permet de retrouver le plan de construction initial : un damier.

Donjon

Cette tour carrée du 13e s. est le seul vestige du château. Elle donne accès à une cour intérieur où se trouve un manoir Renaissance périgourdine.

Église

Elle succéda à un premier édifice bénédictin dépendant de l'abbaye de Moissac.

Moulin

Les bases datent du 13e s. En aval se trouvaient les quais, avant que la navigation ne prenne fin vers 1902.

Jardins du manoir d'Eyrignac★★★

Au cœur du Périgord noir, ces jardins exceptionnels séduisent les visiteurs, amateurs ou non de jardins « à la française ». Jardins de verdure essentiellement, ils furent tracés au 18e s. pour être remaniés à de nombreuses reprises. Dans les années 1960, c'est Gilles Sermadiras qui imagina leur forme actuelle où sous l'apparente rigueur pointe l'allégresse.

La situation

Carte Michelin Local 329 I6 - Au Nord-Est de Sarlat - Schéma p. 268 - Dordogne (24). Situés sur la commune de Salignac, les jardins étendent leurs quatre hectares sur une colline qui offre de jolies vues sur la région environnante. On y accède par une petite route sinueuse qui traverse un bois de chênes avant de s'arrêter devant les jardins.

Le nom

Ey, l'« eau » en occitan, est fort à propos dans le nom d'Eyrignac puisque les jardins comptent au total sept sources plus ou moins importantes.

Les gens

Ce sont cinq jardiniers qui, en permanence, désherbent, taillent, soignent, mais aussi le propriétaire, Patrick Sermadiras, qui surveille avec un amour passionné ce jardin, œuvre de son père (qui continue de dessiner des jardins pour des privés). Et s'ajoutent jusqu'à six guides l'été et quatre spécialistes de la taille au mois de juin.

comprendre

Un passé versatile – En 1653, Antoine de Costes de la Calprenède édifie le manoir que l'on peut encore admirer aujourd'hui, sur les ruines du « repaire noble » appartenant à sa famille et incendié en représailles pour son engagement lors des batailles opposant le Grand Condé au pouvoir royal. De jardin, il n'est pas encore question dans ces temps difficiles. Il faut attendre le milieu du 18e s. pour que le petit-fils du bâtisseur, le marquis de Costes de la Calprenède, contrôleur général des Comptoirs et Monnaies de France, crée le premier jardin. Au 19e s., les jardins sont transformés en parc à l'anglaise selon la mode de l'époque.

Une renaissance harmonieuse – Dans les années 1960, Gilles Sermadiras de Pouzols de Lile, père de Patrick, l'actuel propriétaire, décide de réorganiser complètement cet espace. Sans aucune expérience dans ce domaine, il crée avec brio des jardins selon son goût et son inspiration. Il faut être visionnaire pour imaginer le rendu d'une telle architecture de verdure qui ne prit forme qu'avec le temps, et se dire les années passant qu'il n'y a rien à changer. Le caractère unique de ces jardins contemporains (au-delà de l'assimilation à une facture classique) a été rapidement reconnu puisqu'ils ont été inscrits à l'inventaire des Monuments Historiques en 1986.

visiter

☏ 05 53 28 99 71 - www.eyrignac.com - juin-sept. : visite guidée (1h) 9h30-19h ; avr.-mai : 10h-12h30, 14h-19h ; oct.-mars : 10h30-12h30, 14h30 à la tombée de la nuit - 8 € (enf. : 4 €).

Heureux compromis entre une réinterprétation du style à la française et l'art topiaire toscan, les végétaux à feuilles persistantes sont majoritaires, permettant ainsi tout au long de l'année de découvrir à peu près le même visage. Première originalité : les allées sont gazonnées, ces jardins n'étant pas initialement destinés à une ouverture au public, invité à présent à cheminer dans les allées. Passé la plate-bande de pommiers en quinconces rappelant les dessins d'enfants (de gros ronds verts tachés de points rouges), s'étend en parallèle sur 100 m l'**allée des charmes**. Ceux-ci en forme de contreforts s'adossent à des cylindres d'ifs, la souplesse des uns contrebalançant la rigidité des autres. À mi parcours, là où l'orientation des contreforts s'inverse,

Vous avez dit art topiaire ?
L'art topiaire consiste à tailler des végétaux – arbres et arbustes – jusqu'à créer de véritables sculptures aux formes figuratives ou géométriques.

Vasques, bassins, alignements de vases et petits pavillons agrémentent cette précieuse architecture végétale ordonnée autour du manoir d'Eyrignac, sobre demeure du 17e s. en pierre blonde de Sarlat.

une ouverture permet d'apercevoir le **grand bassin**. Ensuite, il y a un labyrinthe de buis anciens aboutissant à une pagode, en référence aux chinoiseries à la mode au 18e s. ; une rotonde de verdure : charmille percée de fenêtres ouvrant sur la campagne alentour ; une allée bordée de conifères et de buis taillés en plateaux ; un rond-point de repos borné de buis nains en spirales. La présence du **manoir** en pierres blondes (habité par les propriétaires), avec sa cour de sable bien ratissée, sa fontaine, sa charmante chapelle où sont baptisés tous les descendants de la famille depuis des générations et son pigeonnier, donne une âme et une vie à ces jardins. Quelques marches plus haut se trouve le **jardin « à la française »** qui présente au pied des courbes de buis de discrets massifs de fleurs blanches et offre une perspective en trompe-l'œil composée de bosquets de cyprès devant deux lignes fuyantes de charmes encadrant des cubes d'ifs.

La toute dernière création de Gilles Sermadiras est le **jardin blanc**. Des allées de buis nains qui encadrent des rosiers blancs mènent à cinq bassins représentant les cinq sens. Au fond, un hémicycle de rosiers grimpants (blancs bien sûr...) ménage de superbes échappées sur la vallée.

Les Eyzies-de-Tayac★★

La situation géographique des Eyzies est superbe : un cadre de falaises couronnées de chênes verts et de genévriers pour un village tout en hauteur. Mais il y a plus : les parois rocheuses des falaises ont livré leur secret, celui de millénaires d'occupation humaine. Les Eyzies sont une des portes de la préhistoire : alors, parmi les grottes, les dessins, les outils et les ossements, c'est une véritable quête de nos ancêtres qui commence...

La situation

Carte Michelin Local 329 H6 – Dordogne (24). Le bourg des Eyzies est un village-carrefour à la croisée de la route qui mène du Bugue à Montignac, et surtout, de l'axe Périgueux-Sarlat, la D 47.

19 r. de-la-Préhistoire, 24620 Les Eyzies-de-Tayac, ☎ 05 53 06 97 05. www.leseyzies.fr

Le nom

Avant 1905, la commune s'appelait Tayac. Ce n'est qu'à partir de cette date qu'elle fut nommée Les Eyzies-de-Tayac en raison de la renommée des sites découverts au siècle précédent : en effet, ce rajout, orthographié *Ay* ou *Ey*, évoque en occitan une résidence, une demeure ; soit « les demeures de Tayac ».

Les gens

909 Eyzicois, ou Tayaciens, c'est selon en comptant les habitants de la commune associée de Sireuil. Il est un personnage aux Eyzies-de-Tayac qui aura fait couler beaucoup d'encre. C'est *l'Homme de Neandertal*, chaude silhouette de pierre jaune sculptée par P. Dardé en 1930-1931.

comprendre

La « capitale de la préhistoire » – Des abris creusés à la base des masses calcaires ont tenu lieu d'habitations aux hommes de la préhistoire, tandis que des grottes s'ouvrant à mi-hauteur des falaises leur servaient de sanctuaires. La découverte de ces abris, depuis le 19e s., dans un rayon restreint autour des Eyzies, leur exploration méthodique et l'étude des gisements qu'ils recèlent ont permis à la préhistoire de s'ériger en science et ont fait des Eyzies la « capitale de la préhistoire ».

carnet pratique

Se loger

Le Panoramique – *Beune - à 3,9 km au SE des Eyzies-de-Tayac par D 47 dir. Sarlat puis D 48 rte de St-Cyprien - ☎ 05 53 06 98 82 - - 4 ch. 29/37 € - 5 €.* Un agréable parc arboré isole du bruit ces trois maisons de style régional. Le décor des chambres joue la sobriété ; deux d'entre elles disposent d'une terrasse surplombant le site des Eyzies. Petits-déjeuners servis sous une véranda agrémentée de moulins à café et à poivre. Délicieux accueil. Deux gîtes, piscine.

Hôtel Le Moulin de la Beune – *☎ 05 53 06 94 33 - fermé 2 nov.-31 mars - P - 20 ch. 49/67 € - 6,50 €.* Cet ancien moulin situé en contrebas de la route est niché dans un jardin traversé par la Beune. Les chambres, spacieuses, meublées d'ancien et décorées avec goût, s'avèrent plaisantes. Mécanisme de la roue à aubes visible depuis la salle à manger rustique, terrasse au bord de l'eau et cuisine régionale.

Se restaurer

La Métairie – *Sur D 47 - 7 km à l'E des Eyzies-de-Tayac - ☎ 05 53 29 65 32 - bourgeade@wanadoo.fr - fermé de déb. nov. à déb. fév., dim. soir hors sais., merc. midi et lun. - 14/36 €.* Au pied du château de Beyssac dont elle dépendait, ancienne ferme bâtie autour d'une cour-terrasse. Les mangeoires ornant la salle à manger rappellent le passé des lieux. On y sert une cuisine au goût du jour soignée.

Auberge de l'Étang Joli – *4 km au S des Eyzies-de-Tayac par D 706 et rte secondaire - ☎ 05 53 35 29 87 - réserv. obligatoire en hiver - 20/28 €.* Loin de l'agitation touristique, paisible auberge périgourdine et son joli jardin fleuri où l'on dresse la terrasse. Recettes régionales mitonnées par la patronne, personnage haut en couleur qui ne manquera pas de venir vous saluer lors de votre repas. Stages de cuisine en hiver.

Que rapporter

La halle paysanne des Eyzies accueille quotidiennement à la haute saison, artisans et agriculteurs locaux.

Au paléolithique – La basse Vézère offrait une multitude de cavités que, pendant plusieurs dizaines de milliers d'années, les hommes ont fréquentées, y laissant des traces de leur passage et de leurs activités : ossements, cendres de foyers, outils, armes, ustensiles, représentations figuratives et abstraites. Cependant il est faux de dire que l'homme préhistorique a vécu dans les cavernes : elles étaient trop humides ! Il se contentait de camper à l'entrée, à l'abri du vent, sur la pente exposée au soleil.

Différentes espèces humaines (Neandertal et homme moderne), différentes cultures se sont succédé, souvent en raison des changements climatiques qui affectaient leur milieu naturel. La faune s'est elle aussi adaptée : les chevaux, mammouths et rennes qui couraient dans la vallée ont été remplacés par les cerfs et les sangliers ; la forêt a gagné du terrain et, le climat se réchauffant, les hommes ont commencé à défricher et à se sédentariser...

La statue de l'homme de Neandertal semble défier cette forteresse encastrée sous un rocher. Derrière ces murs se cache l'histoire de nos lointains cousins.

Le domaine des chercheurs – L'étude méthodique des gisements de la région des Eyzies a permis aux archéologues de mieux connaître la préhistoire. Le département de la Dordogne offre en effet une fabuleuse richesse de vestiges : près de 200 gisements sont dénombrés, dont plus de la moitié se situent dans la basse vallée de la Vézère !

visiter

Musée national de Préhistoire*

☎ 05 53 06 45 45 - juil.-août : 9h30-18h30 ; juin et sept. : tlj sf mar. 9h30-18h ; oct.-mai : tlj sf mar. 9h30-12h30, 14h-17h30 - fermé 1er janv., 25 déc. - 4,50 €, dim. 3 € (-18 ans gratuit), gratuit 1er dim. du mois - visites-conférences sur réservation - ☎ 05 53 06 45 65.

Le musée est installé dans la forteresse bâtie par Jean-Guy de Beynac en 1585, en surplomb du village des Eyzies. De la terrasse, où se dresse la statue de l'homme de Neandertal, on découvre une belle **vue** sur le bourg et sur les vallées de la Vézère et de la Beune.

Les **nouveaux bâtiments** au pied du château, conçus par l'architecte Jean-Pierre Buffi, ont permis l'extension des expositions, avec la mise en place de dispositifs audiovisuels et de bornes interactives. La première galerie présente les grandes périodes culturelles de la préhistoire de - 400 000 à - 10 000 avant notre ère ; la seconde galerie évoque la vie préhistorique à partir d'objets mis en situation sur des sols archéologiques moulés.

La grande originalité du musée réside dans une impressionnante collection des premières œuvres d'art de l'homme moderne, tel ce bloc sculpté en bas-relief du **Fourneau du Diable** (du solutréen, autour de - 20 000 ans). Des blocs gravés (**abri Cellier**, **La Ferrassie**), de l'époque aurignacienne (- 36 000 à - 26 000 ans), représentent des animaux schématiques et des signes assimilés à des symboles sexuels féminins.

Les statuettes féminines du gravettien, qui ont toutes comme un « air de famille », sont remarquables.

> **La Ferrassie**
> Le **gisement de la Ferrassie** est riche sur le plan anthropologique. En effet, les archéologues ont mis au jour de nombreuses sépultures d'hommes de Neandertal des deux sexes et de tous âges. Il est inclus dans le circuit des visites conférences gérées par la grotte de Font-de-Gaume.
> *☎ 05 53 06 86 00.*

Grotte de Font-de-Gaume*

Laisser la voiture au débouché du vallon de St-Cyprien, face à une falaise en forme d'éperon. ☎ 05 53 06 86 00 - visite guidée (45mn, dernier dép. 1h30 av. fermeture) uniquement sur réservation (1 mois à l'avance) de mi-mai à mi-sept. : 9h30-17h30 ; de mi-sept. à mi-mai : 9h30-12h30, 14h-17h30 - fermé sam., 1er janv., 1er Mai, 1er et 11 Nov., 25 déc. - 6,10 €.

Il s'agit du dernier site à figures polychromes ouvert au public. La grotte se présente sous la forme d'un couloir d'environ 120 m, sur lequel se greffent plusieurs ramifications. Les peintures pariétales – très belles – furent pour la plupart attribuées au magdalénien moyen (entre - 16 000 et - 13 000 ans). Il est probable qu'une partie d'entre elles est contemporaine de **Lascaux** (magdalénien ancien).

Vous découvrirez ainsi une frise de bisons polychrome (dont deux particulièrement, peints sur un fond de calcite blanche, sont remarquables), de chevaux et de mammouths. Vous verrez également une des très rares scènes presque animées de l'art paléolithique : deux rennes se font face et l'un lèche les bois de l'autre. Notez enfin la présence de signes en forme de toit, les tectiformes, qu'on retrouve aussi à **Bernifal**, aux **Combarelles** et à **Rouffignac**. Certains préhistoriens voient dans ces similitudes l'œuvre d'un même groupe culturel.

Abri Pataud

☎ 05 53 06 92 46 - juil.-août : 10h-19h ; avr.-juin, déb. sept. à mi-nov. et vac. scol. Noël : tlj sf vend. et sam. 10h-12h30, 14h-18h ; de mi-nov. à fin mars : tlj sf vend. et w.-end 10h-12h30, 14h-17h30 - possibilité de visite guidée (1h) - fermé janv., 25 déc. - 5,50 € (6-12 ans 3,30 €).

Il s'agit d'un gisement préhistorique de référence. On visite le chantier de fouilles et notamment deux coupes stratigraphiques de 9,25 m de haut et pas moins de 14 couches archéologiques (aurignacien, gravettien, solutréen) avec ossements, silex, foyers visibles *in situ*.

Fraîche demoiselle
Une statue représente une jeune femme de 16 ans, enterrée au fond de l'abri il y a environ 20 000 ans.

Le **musée**, aménagé dans une partie non effondrée de l'abri, présente une sélection d'objets découverts au cours des fouilles (outils, objets de parure et d'art, ossements d'animaux et humains). On y contemple aussi un exceptionnel bouquetin sculpté en bas relief, attribué au solutréen. Des tableaux et des maquettes permettent de comprendre comment les préhistoriens (dont H. de Lumley et H.-L. Movius) ont daté les campements et reconstitué les paysages et le mode de vie de ces chasseurs de rennes, qui vécurent ici à de multiples reprises entre - 35 000 et - 20 000 ans.

Abri de Cro-Magnon

Quinquagénaire
Il y a 35 000 ans, l'homme moderne, comme celui de Cro-Magnon, avait une espérance de vie très courte. À 50 ans, il était considéré comme un vieillard.

Mis au jour en 1868, il s'agit d'une sépulture aurignacienne (autour de - 35 000 ans) dans laquelle outre des outils en silex, en os et des pendeloques en coquillage et ivoire de mammouth, on a retrouvé cinq squelettes d'homme moderne, dont le fameux « vieillard », de 50 ans, et un enfant mort en bas âge (chose fréquente à l'époque). Ce furent les premiers restes d'*Homo sapiens* découverts. Du site lui-même, il n'existe plus aujourd'hui qu'une plaque commémorative.

Église de Tayac

☎ 05 53 06 97 05 - juil.-août : tlj sf sam. 14h-18h, dim. matin (pendant les offices) - sur demande à l'Office de tourisme.

Cette église fortifiée du 12e s. séduit par les tons dorés de sa pierre. Deux tours crénelées, aménagées en réduits défensifs et coiffées de toits de lauzes, encadrent le vaisseau. Celle qui surmonte le portail fait office de clocher. La première voussure du portail confère à l'église de Tayac une note orientale : deux colonnettes de remploi en marbre bleu témoignent de l'art gallo-romain. À l'intérieur, le plan à trois nefs séparées par de grandes arcades reposant sur des piles et le plafond en charpente sont exceptionnels en Périgord.

alentours

LE LONG DE LA D 47

Musée de la Spéléologie

Fermé provisoirement en 2006 - réouverture probable en 2007.

Il est installé dans le fort du roc de Tayac, commandant la vallée de la Vézère. Les quatre salles taillées dans le rocher sont consacrées au monde souterrain : matériel spéléologique, géologie et faune des cavernes, maquettes.

Gravé au plafond de l'abri Pataud, ce bouquetin (- 17 000 ans) est criant de réalisme.

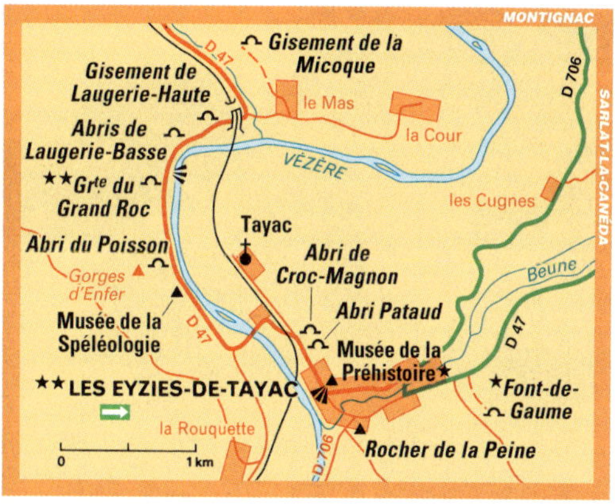

Abri du Poisson

Mêmes conditions de visite que le gisement de Laugerie-Haute - 2,50 €.

Au fond d'une petite cavité est sculpté un poisson long de 1,05 m, sans doute un saumon, espèce qui abondait dans la Vézère jusqu'à une époque récente. Cette figuration en bas-relief indique une fois de plus l'intérêt que le paléolithique portait à la nature ; elle remonterait au gravettien (vers - 23 000 ans) et peut être comparée aux sculptures de Laussel.

Premier pochoir
Non loin du poisson apparaît en blanc sur fond noir une main, qui semble soufflée sur la paroi.

Grotte du Grand Roc★★

☎ 05 53 06 92 70 - www.grandroc.com - juil.-août : visite guidée (30mn) 9h30-19h ; avr.-juin et sept.-oct. : 10h-18h ; vac. scol. : 10h-17h - fermé 1er janv., 25 déc. - 7 € (enf. 3,50 €) ; 9 € billet combiné abris et grotte.

Cette grotte fut découverte en 1924 par J. Maury. 40 m de tunnels permettent de découvrir, dans des salles généralement exiguës, une extraordinaire floraison de stalactites et de stalagmites, des excentriques comparables à des coraux, des pendeloques et des cristallisations (boucles, spirales) d'une grande variété. Dommage que le regard se heurte à un grillage de protection pratiquement en continu, qui coupe la magie... De la terrasse située à l'entrée de la grotte, on jouit d'une très belle **vue★** sur la vallée de la Vézère.

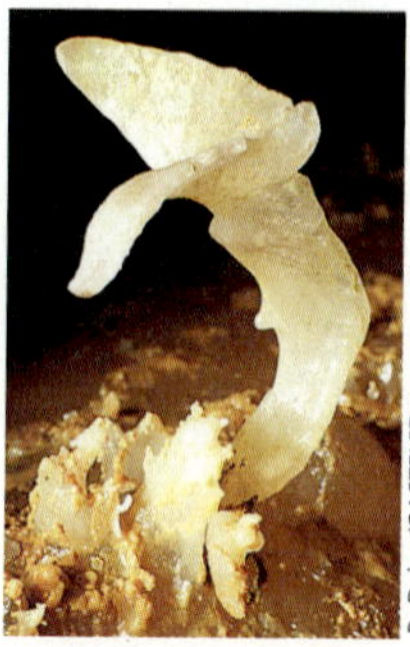
R. Delon/CASTELET

La « Victoire de Samothrace », excentrique aux formes harmonieuses, est à découvrir à la grotte du Grand Roc.

Abris préhistoriques de Laugerie-Basse

☎ 05 53 06 92 70 - www.grandroc.com - ♿ - juil.-août : 9h30-19h ; avr.-juin et sept.-oct. : 10h-18h ; vac. scol. : 10h-17h - fermé 1er janv., 25 déc. - 6 € (enf. 3 €) ; 9 € billet combiné avec grotte.

Situé en aval de Laugerie-Haute *(voir ci-dessous)*, d'où son nom, ce site servit plusieurs fois d'habitat à l'homme préhistorique, depuis - 14 000 ans environ (magdalénien moyen), jusqu'à des époques plus récentes. On y découvrit un important rassemblement d'outils en pierre et en os, ainsi que des objets d'art sur supports osseux ou en bois de cervidés *(voir aussi le musée du Périgord à Périgueux, ainsi que le musée de Préhistoire aux Eyzies)*. Dans la salle d'exposition, des reproductions et des moulages des plus beaux d'entre eux sont présentés, complétés par un diaporama.

Gisement de Laugerie-Haute

☎ 05 53 06 86 00 - visite guidée (1h) uniquement sur réservation - s'adresser à la grotte de Font-de-Gaume - fermé 1er janv., 1er Mai, 1er et 11 Nov., 25 déc. - 2,50 €.

Au pied des hautes falaises, des fouilles entreprises depuis près d'un siècle ont mis au jour d'importants spécimens de l'industrie et de l'art des hommes préhistoriques. La stratigraphie, une des plus complètes

L'examen des falaises de Laugerie-Haute révèle par endroits des traces de larmiers en saillie, de chenaux, taillés au Moyen Âge.

du Périgord, puisqu'elle va du gravettien au magdalénien moyen, a permis de préciser la succession des sculptures paléolithiques dans la région.

Gisement de la Micoque

☎ 05 53 06 86 00 - uniquement sur réservation (15 j. à l'avance) - fermé 1er janv., 1er Mai, 1er et 11 Nov., 25 déc. - 2,50 €.

Site majeur découvert fortuitement en 1895, la Micoque occupe une place importante dans la constitution de la science préhistorique : tous les pionniers (dont les plus célèbres sont l'abbé H. Breuil, L. Capitan, E. Cartailhac, O. Hauser et D. Peyrony) s'y sont intéressés. Les fouilles ont permis l'étude d'industries lithiques anciennes, de la fin du paléolithique inférieur et du paléolithique moyen : le tayacien, le micoquien et le moustérien. Certaines pièces sont exposées au musée des Eyzies.

circuit

LA VALLÉE DE LA BEUNE

Circuit 50 km – compter environ une journée. Quitter Les Eyzies par l'Est en empruntant la D 47.

Grotte des Combarelles

☎ 05 53 06 86 00 - visite guidée (1h) uniquement sur réservation (1 mois à l'avance) de mi-mai à mi-sept. : 9h30-17h30 ; de mi-sept. à mi-mai : 9h30-12h30, 14h-17h30 - fermé sam., 1er janv., 1er Mai, 1er et 11 Nov., 25 déc. - 6,10 € (-18 ans gratuit).

FÉLINE

La « Lionne », en fait un lion des cavernes, est gravée sur la paroi gauche, en plein élan : il s'agit d'un des chefs-d'œuvre de l'art magdalénien.

Un couloir sinueux de 250 m de longueur présente sur ses parois, après un parcours de 120 m, de nombreux traits, souvent gravés dont certains sont rehaussés de peinture : près de sept cents figurations (chevaux, bisons, ours, rennes, mammouths, mais aussi félins et personnages humains caricaturaux). Remarquez les quatre signes tectiformes, comparables à ceux que l'on voit dans la grotte voisine de **Font-de-Gaume**, ainsi qu'à **Bernifal** et **Rouffignac**. On attribue les Combarelles au magdalénien moyen (entre - 16 000 et - 13 000 ans), mais il est possible que certaines gravures soient plus récentes (magdalénien supérieur). Un second couloir offrant des gravures analogues a été le théâtre de la vie des hommes ; on y a trouvé des restes de foyers et des témoignages de l'industrie magdalénienne.

Poursuivre sur la D 47 en direction de Sarlat.

Roc de Cazelle

☎ 05 53 59 46 09 - www.rocdecazelle.com - juil.-août : 10h-20h ; mai-juin et sept. : 10h-19h ; mars-avr. et oct.-nov. : 10h-18h ; déc.-janv. : 11h-17h - 6 € (5-13 ans 3 €).

☺ Ce site de falaises, qui de tout temps a été occupé, fait découvrir la vie de nos ancêtres du paléolithique au milieu du 20e s. Un parcours fléché nous mène des scènes de la vie quotidienne de la préhistoire à la maison monolithique occupée par un couple d'agriculteurs jusqu'en 1966. La qualité des reconstitutions, les bruitages, les animaux cachés dans la forêt, ainsi que le parcours pour aventurier, font la joie des enfants.

S. Sauvignier/MICHELIN

Initiation
En été, des ateliers préhistoire proposent d'apprendre tout en s'amusant : taille de silex, tir au propulseur, peinture.

Grotte de Bernifal

☎ 05 53 29 66 39 - visite guidée (1h) - juil.-août : 9h-18h ; juin et sept. : 10h-12h, 14h-18h30 ; reste de l'année : sur demande préalable - 6 € (enf. 4 €).

Accès : 10mn de marche. La décoration de cette grotte majeure est attribuée au magdalénien moyen (entre - 16 000 et - 13 000 ans). 110 figures y sont recensées parmi lesquelles 2 figures humaines, 24 mammouths, 8 chevaux, 7 bovidés, 23 cervidés, un ours et un curieux mammouth en plein galop. Mais surtout, 13 signes tectiformes (signes évoquant des habitations) permettent de rapprocher Bernifal d'autres sites déjà évoqués pour la présence de signes identiques : Combarelles, Rouffignac et Font-de-Gaume.

Poursuivre la D 47 qui longe la Petite Beune, puis après 2 km, tourner à gauche. Après Sireuil, rejoindre la D 48 (à droite).

Abri du Cap Blanc

☎ 05 53 59 21 74 - visite guidée (45mn, dernière entrée 1h av. fermeture) - juil.-août : 10h-19h ; avr.-juin et sept.-oct. : 10h-12h, 14h-18h. - 6,20 € (enf. 3,70 €).

Un site étonnant : dans un abri qui servit d'habitat à l'homme paléolithique, figurent de véritables **sculptures**★ en haut relief, de chevaux grandeur nature (l'un d'entre eux fait même plus de 2 m de long), de bisons, de cerfs et peut-être d'un ours. Elles sont traditionnellement attribuées au magdalénien moyen, mais les sondages récents ont mis au jour des outils solutréens. Au pied de cette frise a été découverte une **sépulture humaine**.

Détail
Le premier cheval sur la gauche possède un anneau sculpté sur la croupe : signe abstrait ou facétie d'un locataire ultérieur ?

Poursuivre sur la D 48. Après 1,5 km, prendre à gauche la D 6, direction Le Moustier. 9 km plus loin, tourner à gauche dans la D 706 en direction des Eyzies.

J. Damase/MICHELIN

Scène de reconstitution de chasse... vivement que l'on invente le fusil, devait penser ce rabatteur.

Préhisto Parc

☎ 05 53 50 73 19 - www.prehistoparc.fr - ♿ - juil.-août : 10h-19h ; avr.-juin et sept. : 10h-18h30 ; fév.-mars et de déb. oct. à mi-nov. : 10h-17h30 - 6 € (enf. 3 €).

Dans un vallon en sous-bois bordé de falaises, le long d'un sentier de découverte sont reconstituées une vingtaine de scènes de la vie quotidienne des hommes du paléolithique, qu'ils soient de Neandertal ou de Cro-Magnon : chasse au mammouth et au mégacéros, dépeçage du renne, pêche, peinture pariétale, habitat, première sépulture...

Poursuivre sur la D 706. Après 500 m, tourner à droite dans une petite route qui franchit la Vézère. À Lespinasse, prendre à gauche.

Site de la Madeleine* *(voir ce nom)*

Revenir et poursuivre (à droite) sur la D 706.

Tursac

Dominée par un énorme clocher-tour d'aspect sévère, l'**église** de Tursac offre une suite de coupoles caractéristiques du style roman périgourdin.

La route grimpe sur la falaise ; de belles perspectives s'ouvrent sur le village de Tursac et la Vézère.

Poursuivre sur la D 706 qui ramène aux Eyzies

Figeac**

Étalée sur la rive droite du Célé, Figeac s'est développée au débouché de l'Auvergne et du Haut-Quercy. Ville d'échanges, elle a connu un passé prestigieux dont témoigne aujourd'hui l'architecture de ses hautes maisons de grès. Un beau voyage au cœur du Moyen Âge en perspective, avant que le musée Champollion vous ouvre d'autres horizons.

J. Damase/MICHELIN

La pierre de Rosette porte une inscription en trois écritures : les hiéroglyphes, le démotique (écriture égyptienne simplifiée apparue vers 650 avant J.-C.) et le grec.

La situation

Carte Michelin Local 337 I4 - Lot (46). D'où que l'on vienne, les accès de Figeac peinent à ventiler une circulation importante. Sur les boulevards, avenues et quais qui enserrent le vieux bourg sont cependant aménagés de nombreux parkings.

ℹ Pl. Vival, 46102 Figeac, ☎ 05 65 34 06 25.

Le nom

Deux indices pour une tentative d'explication : la terminaison en « ac » est d'origine latine et un dénommé Fidius vécut sur le lieu, ce qui aurait donné *fidius acum*. Le nom de la ville existait déjà lors de l'implantation des moines entre 830 et 838.

Les gens

À l'heure où l'Égypte connaît un engouement croissant, Figeac ne peut que s'honorer d'être la ville natale de **Jean-François Champollion**, immortalisé sur la place de la Raison, au pied de l'église St-Sauveur. Les 9 606 Figeacois peuvent être fiers d'avoir un compatriote aussi illustre.

comprendre

De la tutelle des abbés à celle des rois – Figeac se développe autour d'un monastère établi au 9e s. qui prend une réelle expansion au 13e s. L'abbé, seigneur ecclésiastique, exerce son pouvoir sur la ville et la dirige accompagné d'une délégation de sept consuls. Tous les services administratifs se trouvent alors à l'intérieur de l'abbaye. Les artisans et les commerçants aisés de Figeac bénéficient de sa situation géographique entre l'Auvergne, le Quercy et le Rouergue. En 1302, à la suite d'un conflit entre l'abbé et les consuls, Philippe le Bel étend son autorité sur la ville. Représenté par un viguier, il se concilie les habitants en leur accordant le privilège rare de battre monnaie royale (d'où la construction d'un hôtel de la Monnaie). La guerre de Cent Ans et les guerres de Religion ralentissent le développement de la ville. En 1576, les calvinistes s'emparent de la cité dont ils font, jusqu'en 1623, une de leurs places de sûreté avant qu'elle ne soit démantelée par Richelieu. Aux 18e et 19e s., les activités de la ville continuent sous l'action de la bourgeoisie ; le long du canal, moulins et tanneries s'activent. D'autre part, l'architecture des vieux quartiers évolue : les îlots insalubres disparaissent et laissent place à des espaces plus lumineux grâce à des destructions d'habitations.

COQUILLES
Figeac est située sur la route du pèlerinage de Compostelle : d'où les coquilles qui parsèment la vieille ville.

se promener

LE VIEUX FIGEAC**

Il a conservé son plan du Moyen Âge, avec son entrelacs de rues étroites et tortueuses, circonscrit par une ligne de boulevards qui occupent l'emplacement des fossés. Les nombreux bâtiments des 12e, 13e et 14e s., construits dans un beau grès beige, s'ouvrent au rez-de-chaussée par de grandes ogives surmontées au 1er étage d'une galerie ajourée. Sous le toit plat, le *solelho* (grenier ouvert) servait à faire sécher la nourriture, les produits d'artisanat ou le linge... Ses ouvertures sont séparées par des piliers en bois, en pierre, ou encore en brique, qui sup-

ARTISANS D'ART
Rues de Colomb, Émile-Zola et Baduel, découvrez tailleur de pierre, mosaïste, tapissier, faïencier, luthier ou encore ferronnier d'art...

carnet pratique

VISITE

Visites guidées de la vieille ville – *S'adresser à l'Office de tourisme ou www.vpah.culture.fr. Avr.-sept..* Visites-découverte générales et thématiques (2h) animées par des guides-conférenciers agréés par le ministère de la Culture et de la Communication. *5 €.*

SE LOGER

Champollion – *3 pl. Champollion - ☎ 05 65 34 04 37 - 10 ch. 42/47 € - ☕ 5,80 €.* Maison natale, place des Écritures... et hôtel à l'enseigne de « l'Égyptien » : le souvenir de Champollion est également présent dans ce logis médiéval (anciennes halles aux viandes) qui propose des petites chambres actuelles et bien tenues.

SE RESTAURER

La Cuisine du Marché – *15 r. de Clermont - ☎ 05 65 50 18 55 - cuisinedumarche @wanadoo.fr - fermé dim. - 18/36 €.* Cuisines visibles de la salle et discrète décoration contemporaine en surimpression : une transparence qui respecte l'âme de cette ex-cave à vins du vieux Figeac.

La Dînée du Viguier – *R. Boutaric - ☎ 05 65 50 08 08 - hotel@chateau-viguier-figeac.com - fermé 23 janv.-15 fév., 15-22 nov., dim. soir hors sais., sam. midi et lun. - 28/70 €.* Le restaurant de l'hôtel du Château du Viguier du Roy offre un séduisant décor médiéval : haut plafond de poutres peintes, lustres à l'ancienne et belle cheminée de pierre. La cuisine, quant à elle, opte pour un registre plus moderne.

Ferme-auberge Domaine des Villedieu – *46100 Boussac - 8 km au SO de Figeac par D 13 puis D 41 - ☎ 05 65 40 06 63 - www.villedieu.com - réserv. obligatoire - 28/50 € - 5 ch. 64/118 € ☕.* Cette grande ferme du 18e s. isolée en pleine nature vous enchantera. Agriculteurs dans l'âme, les hôtes vous feront goûter leurs produits dans la salle à manger au beau plancher de noyer ou sur la terrasse. Belles chambres aménagées dans des bâtiments agricoles restaurés.

QUE RAPPORTER

Marché – Le samedi matin. Foires le 2e et le dernier dimanche de chaque mois. Marchés fermiers nocturnes le jeudi en juil.-août.

SPORTS & LOISIRS

Domaine de Loisirs du Surgié – *Chemin Moulin-Surgié - ☎ 05 65 34 59 00 - www.domainedesurgie.com - jul.-août : 11h-20h ; merc., w.-end et j. fériés hors vac. scol. 14h-18h - fermé janv.-1er Mai et 30 sept.-31 déc - 3 €.* Importante base de loisirs de 14 ha située au bord du Célé, au Nord-Est de Figeac : plan d'eau, centre nautique et parc de jeux.

CALENDRIER

Salon européen des collectionneurs – *☎ 05 65 50 01 46 (h de repas).* Quelque 200 exposants se réunissent chaque année le jour de l'Ascension. De quoi tenter votre chance pour dénicher la pièce manquante à votre collection.

Jean-François Champollion

Le 23 décembre 1790 naquit à Figeac cet orientaliste dont le génie permit à l'égyptologie de faire des pas de géant. Au début du 19e s., la civilisation égyptienne demeurait en effet une énigme, les hiéroglyphes (mot qui signifie « graver sacré ») n'ayant pas été déchiffrés. Ayant rejoint Grenoble à 11 ans, c'est là qu'il parfait son apprentissage du grec et du latin, puis se lance à 14 ans dans l'hébreu et l'éthiopien. Plus tard, il suit à Paris les cours de l'École des langues orientales et ceux du Collège de France, tout en étudiant les manuscrits coptes et en préparant un dictionnaire et une grammaire de cette langue. Nommé à 19 ans professeur d'histoire à la faculté des lettres de Grenoble, il s'efforce de déchiffrer une stèle à la face polie, trouvée lors de l'expédition d'Égypte dans le delta du Nil près de Rosette, la « pierre de Rosette » (conservée au British Museum à Londres). Travaillant sur des copies de la pierre (aux mains des Anglais !), il perce progressivement le secret des hiéroglyphes. En 1826, Champollion fonde le musée égyptien du Louvre, dont il devient le conservateur, et part deux ans après en mission en Égypte. En 1831, il se voit confier une chaire d'archéologie égyptienne au Collège de France, mais n'y dispense que quatre cours, et meurt l'année suivante de la phtisie, épuisé par son énorme labeur.

B. Kaufmann/MICHELIN

portent la toiture. À cela s'ajoutent des tours en encorbellement, des portes ouvragées caractéristiques de cette époque. Les escaliers à vis annoncent la Renaissance.

Hôtel de la Monnaie★

Cet édifice a été construit au 13e s. à l'emplacement des jardins de l'abbaye. Caractéristique de l'architecture civile figeacoise avec son *solelho*, il déploie ses arcades en ogives au rez-de-chaussée. Les fenêtres simples, doubles ou multiples surmontées d'oculus percent la façade. La belle cheminée en pierre octogonale était un modèle fréquent à Figeac. Le nom « Oustal dé lo Mounédo » évoque la fabrique royale de monnaie créée par Philippe le Bel. L'hôtel de la Monnaie abrite le musée du Vieux Figeac *(voir description dans « visiter »)* qui présente, entre autres, des monnaies anciennes.

Faux ?
Il est établi aujourd'hui que l'atelier de frappe se trouvait dans un autre bâtiment et que cet immeuble n'était que la maison d'un riche Figeacois.

S'engager dans la rue Ortabadial jusqu'à la rue Balène, à droite.

Rue Balène

Au no 7, le palais Balène dresse sa façade 14e s. percée d'une porte ogivale. Derrière l'enfilade de ses fenêtres rayonnantes s'ouvre une vaste salle, lieu de vie de la maisonnée. Le rez-de chaussée est actuellement une

Qu'il fait bon se promener dans le vieux Figeac !

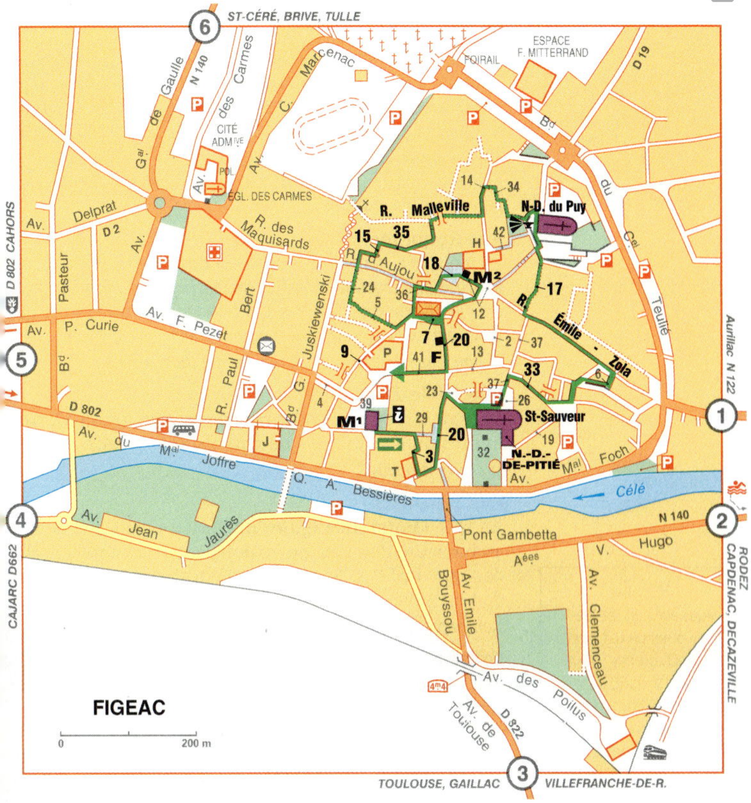

Aujou (R. d')
Baduel (R.) 2
Balène (R.) 3
Barthal (R.) 4
Bonhore (R.) 5
Canal (R. du) 6
Carnot (Pl.) 7
Caviale (R.) 9
Champollion (Pl. et R. des Frères-) 12
Clermont (R.) 13
Colomb (R. de) 14
Crussol (R. du) 15
Delzhens (R.) 17
Écritures (Pl. des) 18
Ferrer (R.) 19
Gambetta (R.) 20
Herbes (Pl. aux) 23
Laurière (R.) 24
Michelet (Pl. E.-) 26
Ortabadial (R.) 29
Raison (Pl. de la) 32
Roquefort (R.) 33
St-Jacques (R.) 34
St-Thomas (R.) 35
Séguier (R.) 36
Tomfort (R.) 37
Vival (Pl.) 39
11-Novembre (R. du) 41
16-Mai (R. du) 42

Hôtel médiéval de la Commanderie des Templiers .... **F**
Hôtel de la Monnaie .... **M¹**
Musée Champollion .... **M²**

salle des fêtes. Au n° 1, l'hôtel de Viguier d'Auglanat, du 14e s., fut la demeure d'une famille importante et riche. Il s'orne d'une belle porte décorée en arc surbaissé et d'une tourelle d'angle.

Rue Gambetta

Tracée sur la voie romaine, cette rue restera longtemps l'artère principale de la cité. Aux nos 25 et 28 maisons à colombages garnis de briques, très bien restaurées.

Remonter la rue Gambetta jusqu'à la place aux Herbes, s'engager à droite, vers la place de la Raison.

Église St-Sauveur

Cette ancienne église abbatiale, dont les parties les plus antiques remontent au 11e s., a conservé dans l'ensemble son plan primitif en forme de croix latine. Des chapelles construites au 14e s. s'ouvrent sur une haute nef à collatéraux. Le côté Sud comprend, au-dessus des arcades en plein cintre, une tribune aux baies géminées inscrites dans un grand arc, surmontée elle-même de fenêtres du 13e s. À la suite des guerres de Religion, la tribune a disparu. Le chœur entouré d'un déambulatoire a été remanié au 17e s. Quatre chapiteaux romans provenant du portail supportent les bénitiers. L'aménagement, à la Révolution, de la place de la Raison à l'emplacement des bâtiments conventuels, isole l'église.

Bancale

Pas de symétrie pour la nef de St-Sauveur (12e-13e s.) : le côté Nord a été reconstruit au 17e s.

Un songe
À droite de l'autel, un surprenant panneau montre Jésus enfant endormi sur la croix, rêvant de sa Passion future.

Chapelle N.-D.-de-Pitié*

À droite de l'église St-Sauveur, cette chapelle, qui servait autrefois de salle capitulaire, devient un lieu de culte après le départ des protestants en 1622, et reçoit alors un somptueux décor de bois sculpté et peint, œuvre, semble-t-il, d'une famille de maîtres sculpteurs figeacois, les Delclaux.

Quitter la place par le Nord, s'engager dans la rue Tomfort pour bifurquer à droite.

Rue Roquefort

La maison à tourelle en encorbellement au cul-de-lampe sculpté appartenait à Galiot de Genouillac, grand maître de l'artillerie de François Ier et sénéchal du Quercy, qui fit construire le château d'Assier *(voir ce nom).*

Gagner la rue Émile-Zola par la rue du Canal.

Rue Émile-Zola

Elle conserve des arcades ogivales et, aux nos 35-37, une intéressante succession de portails Renaissance.

Prendre à droite.

Rue Delzhens

Au no 3, l'**hôtel du Viguier du Roy** n'a conservé de son architecture d'origine qu'un donjon carré et une tourelle de vigie du 14e s. Restauré, il a été transformé en hôtel de tourisme.

Remonter la rue.

Retable
Vous avez dit retable ? Jetez donc un œil à celui de N.-D.-du-Puy : vaste, en noyer sculpté, de la fin du 17e s., il encadre deux toiles représentant l'Assomption et le Couronnement de la Vierge.

Église N.-D.-du-Puy

Elle est située sur une hauteur d'où l'on a une belle vue sur la ville et ses environs. Les protestants l'utilisèrent comme donjon, confortant la façade d'une chambre de veille. Cet édifice gothique, très remanié au 17e s., marque l'emplacement d'un des deux premiers noyaux de la ville.

Redescendre la colline par la rue St-Jacques.

Rues Maleville et St-Thomas

Elles passent sous le passage couvert blasonné de l'hôtel de Laporte (17e s.).

Rue du Crussol

Au no 5, la cour de l'hôtel de Crussol (16e s.), présente une galerie au-dessus de l'escalier sur cour.

Emprunter la rue Laurière puis la rue Bonhore.

À l'extrémité de la **rue Caviale**, l'**hôtel d'Ay-de-Lostanges** (no 35) fait face à la rue en haut de laquelle se trouve la **maison du Roi**, où aurait logé Louis XI en 1463.

Remonter la rue Caviale.

Place Carnot

Autrefois place Basse, elle était le siège de la halle au froment, détruite en 1888. Dans l'angle Nord-Ouest, la **maison de Pierre de Cisteron**, armurier de Louis XIV, est flanquée d'une tourelle.

De la place Carnot, on accède par un porche à la place des Écritures, après avoir traversé l'étroite rue Séguier.

Place des Écritures*

Enchâssée dans un ensemble architectural médiéval, son sol est couvert d'une immense **reproduction de la pierre de Rosette** (14 x 7 m), sculptée dans du granit noir du Zimbabwe par l'artiste américain Joseph Kossuth. Dans une courette attenante, la traduction en français des inscriptions est gravée sur une plaque de verre.

Place Champollion

Ici se font face une grande demeure privée (14e s.) et la plus vieille maison de la ville (milieu du 12e s.), dite du Griffon.

Revenir à la place Vival par la rue Gambetta puis la rue du 11-Novembre.

J. Damase/MICHELIN

Une place qui se lit : c'est celle vouée aux Écritures, que vous admirerez depuis le jardin suspendu qui la domine.

visiter

Musée Champollion*

Fermé en 2006 pour travaux d'extension - réouverture prévue pour la saison 2007.

En pleine expansion : à la maison natale dans laquelle était installé le musée va s'adjoindre le bâtiment attenant permettant de tripler la surface d'exposition. Ce nouvel espace, aménagé par l'architecte Alain Moatti, sera consacré au « signe et à l'écriture ». Autour de la personnalité de Champollion sera évoquée l'histoire de l'écriture de son invention à nos jours suivant cinq thèmes : la vie et l'œuvre de Champollion, l'invention de l'écriture, l'exception chinoise, la révolution alphabétique, trente siècles d'écriture en Occident.

Musée du Vieux Figeac - l'Hôtel de la Monnaie

☎ 05 65 34 06 25 - juil.-août : 10h-19h30 ; mai-juin et sept. : 10h-12h, 14h30-18h30, dim. 10h-13h ; oct.-avr. : tlj sf dim. et j. fériés 10h-12h, 14h30-18h - 2 €.

Il présente des fragments de sculptures provenant d'édifices religieux et civils de la ville (porte de l'hôtel de Sully), des monnaies anciennes, le sceau de la ville au temps des sept consuls, du mobilier...

Hôtel médiéval dit de la commanderie des Templiers

☎ 05 65 50 27 08 - se renseigner.

Ce vaste ensemble à la belle façade gothique date du milieu du 14e s. Le premier corps de bâtiment est constitué de deux tours couvertes, le second corps présente une structure en colombage. L'intérieur a été réinventé sous une présentation dc commanderie templière. Un escalier en bois conduit au 1er étage occupé par la salle des gardes, la salle capitulaire et la chapelle, ces dernières communiquant par des guichets oratoires. Au 2e étage, un balcon de bois relie le dortoir des moines au logis du commandeur qui comporte une chapelle-oratoire.

alentours

Les aiguilles de Figeac

Égypte toujours : ce sont deux faux obélisques de forme octogonale qui se dressent l'un au Sud, l'autre à l'Ouest de la ville et mesurent respectivement 14,50 m et 11,50 m, socle compris. Certains ont voulu y voir les limites du monastère.

L'**aiguille du Cingle** (ou du Pressoir) est visible de la D 922 au Sud de Figeac. L'**aiguille de Lissac**, plus isolée, se trouve dans une zone boisée proche du quartier de Nayrac *(sentier pédestre à côté de l'IUT).*

Cardaillac

11 km au Nord par la N 140, puis la D 15.

Ce village est le berceau de la grande famille quercynoise dont il porte le nom. En haut du bourg se dresse le quartier du fort bâti sur un éperon rocheux. De cette construction du 12e s., de forme triangulaire, subsistent deux tours carrées, la tour de l'Horloge ou tour des Barons, et la tour de Sagnes. Cette dernière se visite : elle possède deux hautes salles voûtées desservies par un escalier à vis.

> **Tour avec vue**
> Si vous visitez la **tour de Sagnes**, montez donc sur la plate-forme, la vue sur la vallée du Drauzou est bien belle.

Musée éclaté – *☎ 05 65 40 10 63/15 65 - http://membres.lycos.fr/musee_eclate/intro.htm - visite guidée (1h45) de mi-juil. à fin août : tlj sf sam. 15h et 16h30 ; de déb. juil. à mi-juil. et de fin août à mi-sept. : tlj sf sam. 15h ; oct.-juin : sur demande préalable (1 j. av.) - tarif libre.*

Plusieurs sites de visite sont disséminés dans le bourg, évoquant de façon dynamique la vie au siècle dernier : l'école au village, l'artisanat local et la condition paysanne. Vous serez incollables sur la fabrication des « comportes » (hottes de vignerons), spécialité de Cardaillac.

circuit

D'UNE VALLÉE À L'AUTRE★

Circuit de 95 km – compter une journée. Quitter Figeac par l'Ouest en empruntant la D 41, direction Cahors.

Ste-Eulalie
La route longe le hameau de Ste-Eulalie, dont la grotte *(on ne visite pas)* est réputée dans le milieu scientifique pour ses fresques pariétales.

Espagnac-Ste-Eulalie

Établi à l'extrémité d'un méandre, le village groupe ses maisons coiffées de clochetons et de toits pointus autour de l'**ancien prieuré N.-D.-du-Val-Paradis**.

Fondé en 1145 par le moine Bertrand de Grifeuille de l'ordre augustinien, le prieuré Notre-Dame accueille en 1211 une communauté de chanoinesses. Il prend une grande extension sous l'impulsion de son troisième fondateur, Aymeric Hébrard de St-Sulpice, fondateur de l'université de Coïmbra et évêque de cette cité. Sujet aux caprices de la rivière, le prieuré est déplacé en 1283, à l'abri des inondations du Célé. Mais d'autres malheurs s'abattent sur lui comme la guerre de Cent Ans, qui voit le cloître et l'église en partie démolis. Ils sont reconstruits au 15e s., et une nouvelle vie religieuse s'y déroule jusqu'à la Révolution. Les bâtiments conventuels subsistants abritent le foyer rural et des gîtes communaux.

De style flamboyant, l'**église** remplace un édifice du 13e s. dont il ne reste que les murs de la nef, un portail et, en prolongement, les ruines des travées détruites au 15e s., lors d'incendies. L'extérieur offre la particularité d'un chevet pentagonal s'élevant au-dessus de la nef et

S. Sauvignier/MICHELIN

Près de l'église d'Espagnac se dresse un curieux pèlerin de bois...

L'église d'Espagnac est flanquée d'un curieux clocher à colombages de bois et brique. Le toit pyramidal en lauze coiffe une mince tour carrée.

flanqué, au Sud, d'une tour-clocher. ☏ *05 65 40 06 17 - visite guidée (45mn) 10h30, 16h30 et 17h30. Sur demande préalable à Mme Bonzani.*

Revenir sur la rive droite et poursuivre sur la D 41.

Brengues

Ce modeste village, qui fut possession des seigneurs de Cardaillac, comme une bonne partie des environs, occupe un site agréable accroché à une plate-forme que domine un à-pic vertigineux.

St-Sulpice

Les maisons et les jardins du vieux bourg s'accrochent sous un magnifique encorbellement de la falaise. Un château du 12ᵉ s., remanié aux 14ᵉ et 15ᵉ s., garde le passage. Il appartient à la famille Hébrard de St-Sulpice, très présente dans la vallée, et dont c'est le fief d'origine.

Marcilhac-sur-Célé *(voir ce nom)*

La D 17 contourne la falaise du **Bout du Rocher**. Dolmens, ruines, grottes se succèdent sur ce causse parsemé de fermes. La route, agréablement ombragée, redescend à flanc de combe pour rejoindre la vallée du Lot, offrant de belles échappées.

Cajarc

Village rendu célèbre par le président Pompidou qui y avait une propriété, et par l'enfant du pays, la romancière **Françoise Sagan**, révélée à l'âge de 19 ans par un premier roman, *Bonjour tristesse*. Près de l'église, la maison de l'« Hébrardie » aux fenêtres gothiques est un vestige du château du 13ᵉ s.

Inauguré en 1989, le **Centre d'art contemporain Georges-Pompidou** organise d'importantes rétrospectives d'œuvres d'artistes européens. Les expositions Hartung, Bissière et Soulages ont hissé Cajarc parmi les principales places régionales de l'art contemporain. ☏ *05 65 40 78 19 ou 05 65 14 12 83 - ♿ - juil.-sept. : 13h-19h, dim. 14h-19h ; oct.-juin : tlj sf lun. 14h-18h - fermé de mi-déc. à fin fév., j. fériés (se renseigner) - gratuit.*

SAFRAN

Vingt-huit petites safranières ont été recensées sur le canton de Cajarc, relançant une production tombée en désuétude. À voir impérativement : le causse s'empourprer en octobre, lors de la floraison.

Quitter Cajarc par le Sud en empruntant la D 24, direction Villefranche-de-Rouergue. Juste après avoir franchi le Lot, tourner à gauche dans la D 127.

La route, qui remonte la rive gauche du Lot, passe en encorbellement au-dessus de la rivière et, aussitôt après Saujac, s'élève, sinueuse, dominant une gorge boisée avant d'atteindre le sommet du causse.

Saut de la Mounine★

Le point de **vue★** se situe à 323 m, et la rivière en contrebas à 155 m. Périlleux, donc, de jouer sur le bord de la falaise. Mais, tout de même, le large méandre du Lot qui enserre un damier de cultures et qui découvre, à gauche, les ruines de Montbrun, mérite qu'on s'y attarde. Ce vocable de « saut de la Mounine » évoque une curieuse légende : voulant punir sa fille pour l'amour qu'elle portait au fils du châtelain de Salvagnac, le sire de Montbrun donna l'ordre de la précipiter du haut de la falaise ; ému par cette cruauté, un ermite déguisa avec des vêtements de femme une petite guenon (*mounine* en langue d'oc) aveugle et la jeta dans le vide. À ce spectacle, le père regretta son acte criminel, et sa joie de revoir sa fille saine et sauve fut telle qu'il en oublia ses réticences envers le prétendant.

S. Sauvignier/MICHELIN

Les champs quadrillés tranchent avec le côté sauvage de la falaise de la Mounine.

Revenir à Cajarc et prendre vers l'Est sur l'autre rive la D 662 en direction de Figeac.

Montbrun

Enserré de falaises abruptes, le village de Montbrun s'étage sur un promontoire rocheux dominant la rivière. Au sommet de cette éminence se dressent les **ruines** d'un château fort qui appartint à l'un des frères du pape Jean XXII, Pierre Duèze, puis à la puissante famille des Cardaillac.

Poursuivre sur la D 662.

Château de Larroque-Toirac

☎ 06 12 37 48 39 ou 06 60 08 80 10 - visite guidée (45mn) - de déb. juil. à déb. sept. : 10h-12h, 14h-18h - 5 € (-12 ans 2 €).
À flanc de falaise, le château dresse sa haute silhouette au-dessus du village et de la vallée du Lot. Bâti au 12e s., il appartient à la famille de Cardaillac qui, au cours de la guerre de Cent Ans, s'illustra dans la résistance quercynoise à la domination anglaise.

J. Damase/MICHELIN

La forme pentagonale du donjon de Larroque-Toirac a été choisie pour mieux supporter le choc des rochers précipités sur lui du sommet de la falaise.

De la place de l'église *(petit parc de stationnement)*, un chemin revêtu mène au château. On accède d'abord à une première tour ronde construite au début de la guerre de Cent Ans pour résister à l'artillerie, alors à ses débuts. Remarquez sa charmante ouverture en forme de cœur. Après deux cours successives, on pénètre dans la demeure seigneuriale (15e s.). Un escalier à vis, situé dans une tour accolée au bâtiment principal, en dessert les différents étages. Pour les amateurs de cheminées : la salle des gardes a conservé une belle cheminée romane et la salle d'honneur une cheminée gothique. À noter également, la cuisine d'origine. À l'Est du site, l'énorme donjon (fin 12e s.), autrefois haut de 30 m a été rasé sur 22 m en 1793 sur l'ordre des commissaires de la Convention.
La falaise située derrière le château comprend plusieurs grottes qui abritent les restes d'un important habitat troglodytique.

Poursuivre sur la D 662.

St-Pierre-Toirac

Édifiée aux 11e et 12e s., l'**église** fut fortifiée au 14e s. L'abside romane vient seule rompre le caractère austère de l'édifice, énorme donjon carré crénelé dont l'étage supérieur constituait un réduit pour la défense. La nef nécessairement très courte, voûtée en berceau, est décorée de chapiteaux de facture primitive. *☎ 05 65 34 23 18 - visite sur demande à M. Durand.*

COMBAT
Sur la façade Ouest, curieuse scène de combat : l'ange du Bien terrasse un animal hybride.

Des sarcophages mérovingiens mis au jour dans les environs ont été disposés derrière l'église.

Poursuivre sur la D 662.

Faycelles

Ce village, qui surplombe au Sud la vallée du Lot, était une possession de l'abbaye de Figeac. Au gré de ses rues silencieuses, se dessine la vie de cette bourgade : la fontaine non loin de la maison du Fort, ancienne propriété du seigneur de Larroque-Toirac, la place de la Barrière, octroi pour les foires et le barri (faubourg) des Carbes, à la limite du village, au Sud-Est. Aux premières heures du jour, la brume se déchire au-dessus de la vallée, découvrant ses trésors.

Poursuivre sur la D 662 qui ramène à Figeac.

Grottes de Foissac★

Dans les entrailles de la terre se dissimulait un véritable trésor que l'on a découvert en 1959 : 8 km de galeries, encore drainées par un ruisseau souterrain. Il est possible de visiter ce magnifique site où les concrétions et les traces d'une présence humaine forment un ensemble de premier ordre.

La situation

Carte Michelin Local 338 D3 – Aveyron (12). À une quinzaine de kilomètres au Sud de Figeac, les grottes se situent à l'écart du village de Foissac, en direction du Sud.

Le nom

Les grottes portent tout naturellement le nom du village le plus proche, Foissac. L'origine du nom demeure inconnue.

Les gens

Si le site de Foissac fut mis au jour en 1959, ce n'est qu'en 1965 que le club spéléologique de Capdenac réussit à accéder à la grande salle où sommeillaient les vestiges d'une occupation humaine vieille de 4 000 ans.

J. Damase/MICHELIN

Petite formule mnémotechnique à l'usage des distraits : la stalagmite monte, contrairement à la stalactite qui tombe. Dans les deux cas, il s'agit de concrétions.

visiter

05 65 64 60 52 - www.grotte-de-foissac.com - visite guidée (1h15) - juil.-août. : 10h-18h (dernière entrée 1h av. fermeture) ; juin et sept. : 10h-11h30, 14h-18h ; avr.-mai et oct. : tlj sf sam. 14h-18h ; nov.-mars : sur demande 48h av. - fermé w.-end nov.-mars - se renseigner pour les tarifs.

Entre autres merveilles minérales parmi les 8 km de galeries, la salle de l'Obélisque et la salle Michel-Roques recèlent des fistuleuses étincelantes de blancheur, ainsi que quelques tours d'ivoire. Dans la salle de l'Éboulement, vous verrez un curieux plafond à champignons. Ces derniers témoignent de l'existence de stalagmites antérieures aux séismes qui bouleversèrent la physionomie de la grotte. Enfin, d'originales stalactites bulbeuses ont été surnommées les « Oignons ».

Fragile

Trace émouvante : une empreinte de pied d'enfant est fixée dans l'argile, celle d'un enfant âgé de quarante siècles !

Ces grottes conservent aussi des signes de l'occupation humaine à l'âge du cuivre (2 700-1 900 avant J.-C.), elles auraient été utilisées comme carrières, caves et, cas plus rare, comme cimetière. On a découvert des foyers de charbon de bois, des ustensiles de cuivre, des poteries galbées de grandes dimensions, et surtout des squelettes humains, certains accompagnés d'offrandes attestant une inhumation.

Un parc préhistorique présente la vie quotidienne de l'homme à l'âge de cuivre.

Gourdon★

Capitale d'un frais pays vallonné appelé la Bouriane, à la limite du Périgord et du Quercy, Gourdon s'étage au flanc d'une butte rocheuse autrefois surmontée d'un château. Outre un décor médiéval et une animation estivale, cette cité vous réserve de bons produits du terroir : foie gras, truffes et châtaignes.

La situation

Carte Michelin Local 337 E3 - Lot (46). Circulation déconseillée dans le vieux bourg. Stationner sur les deux boulevards extérieurs.

24 r. de Majou, 46300 Gourdon, ☎ 05 65 27 52 50.

Le nom

Dans les chroniques de la région, ce ne sont pas les références aux seigneurs de Gourdon qui manquent, et pourtant, bien peu d'éléments permettent d'accréditer l'origine de ce nom.

Les gens

Une légende attribue le meurtre de Richard Cœur de Lion à Bertrand, seigneur de Gourdon. Loi du silence version périgourdine ? Les 4 882 Gourdonnais ne sont guère diserts sur la question...

J. Damase/MICHELIN

Bel exemple de lucarne à volutes, joliment mise en valeur par un élégant toit couvert de tuiles plates.

se promener

Rue du Majou★

Passé la porte fortifiée du 13ᵉ s., vous remontez l'ancienne artère principale de Gourdon. Étroite et pittoresque, la rue du Majou est bordée de maisons à encorbellements dont les rez-de-chaussée s'ouvrent par de grands arcs en ogive. Au nº 17, la maison d'Anglars a conservé de jolies fenêtres à meneaux.

Cette rue débouche sur l'esplanade de l'hôtel de ville (à droite) et l'église St-Pierre.

carnet pratique

Visite

Visites guidées de la ville – *Juil.-août : mar. et jeu. 17h (durée : 1h30). 4 € (enf. 2 €), tarif famille (1 couple + enf. 10 €) . S'adresser à l'Office de tourisme.*

Se loger

⊜⊜ Chambre d'hôte du Syndic – *Le Syndic - 46300 Payrignac - 6 km au NO de Gourdon par D 704, dir. Sarlat et rte secondaire à gauche - ☎ 05 65 41 15 70 - fermé 1ᵉʳ oct.-Pâques - ⊭ - réserv. obligatoire hors sais. - 6 ch. 50/55 €* ☕. Cette maison bourgeoise de style régional domine la campagne et la vallée de la Germaine. Chambres confortables, spacieuses et calmes ; elles sont climatisées et mansardées au deuxième étage. Une cheminée réchauffe le salon et la salle à manger. Excellent accueil.

⊜⊜⊜ Hostellerie de la Bouriane – *Pl. du Foirail - ☎ 05 65 41 16 37 - hostellerie-la-bouriane@wanadoo.fr - fermé 15 janv.-10 mars, dim. soir et lun. du 15 oct. au 30 avr. - P - 20 ch. 67/95 € - ☕ 10 € - restaurant 20,50/41 €.* En retrait du centre-ville, cet hôtel est tranquille avec sa petite terrasse abritée. Les chambres sont classiques, claires, mansardées au 2ᵉ étage. Des reproductions de tableaux et des tapisseries d'Aubusson ornent la salle à manger. Bonne cuisine classique à prix doux.

Se restaurer

⊜⊜ Domaine du Berthiol – *Rte de Cahors - ☎ 05 65 41 33 33 - domaine-du-berthiol@wanadoo.fr - fermé du 1ᵉʳ janv.-31 mars - 24/48 €.* Cette engageante bâtisse régionale tapissée de vigne vierge se niche sur une hauteur boisée, aux confins du Quercy et du Périgord. Deux salles à manger d'esprit contemporain où l'on propose un grand choix de menus permettant de connaître le terroir du Sud-Ouest sur le bout des doigts. Joli parc et chambres confortables.

Que rapporter

Marché – *Pl. du Gén.-de-Gaulle - sam. mat. 8h-13h.* Marché des producteurs de pays du Lot (charte de qualité) jeudi 8h30-13h en juil.-août.

Calendrier

Les Médiévales – Fête médiévale dans le vieux Gourdon *(1ᵉʳ w.-end et lun. d'août).* Animations de rues. *☎ 05 65 27 52 50.*

Festival de musique de chambre – *(mi-juil.), ☎ 05 65 41 20 06.*

J. Damase/MICHELIN

Gourdon présente un plan circulaire, les boulevards ayant été tracés à l'emplacement des remparts rasés au 18e s.

Hôtel de ville

Cet ancien consulat du 13e s., agrandi au 17e s., présente des couverts qui servent de halles.

Église St-Pierre

Autrefois dépendance de l'abbaye du Vigan, elle fut édifiée au 14e s. Elle présente un portail orné d'élégantes archivoltes qu'encadrent deux hautes tours asymétriques. La grande rosace est protégée par une ligne de mâchicoulis, témoins des anciennes fortifications.

La nef, voûtée d'ogives, est remarquable par son ampleur ; des panneaux de bois sculptés, peints et dorés, du 17e s., décorent le chœur et le croisillon droit.

En contournant l'église par la gauche, un escalier permet d'accéder à l'esplanade où s'élevait jadis le château féodal.

Esplanade

Au-delà des toits de la ville, **panorama★** sur les plateaux qui bordent les vallées de la Dordogne et du Céou, et au premier plan, le cimetière, véritable forêt de cyprès.

Se repérer

En lieu et place du château médiéval, une **table d'orientation** a été aménagée, plus pratique pour se repérer, moins efficace contre les envahisseurs !

Revenir sur la place de l'Hôtel-de-Ville et contourner l'église par la droite.

Face au chevet de l'église s'élèvent de vieilles maisons, parmi lesquelles celle du conventionnel Cavaignac avec un beau portail du début du 17e s.

Empruntez face au portail latéral droit de l'église la rue du Card.-Farinié en descente, ancienne rue habitée par les marchands de la ville.

En contrebas se trouve l'église des Cordeliers.

Église des Cordeliers

Église désaffectée, utilisée pour des concerts et des expositions en juil.-août. Liée aux visites guidées de la cité médiévale, sur demande préalable à l'Office de tourisme - ☎ 05 65 27 52 50.

Une belle abside à sept pans est éclairée par des vitraux du 19e s. Au milieu de la nef gothique trône une magnifique **cuve baptismale★** du 14e s., sur le pourtour de laquelle s'inscrivent des arcatures trilobées.

GOURDON

Briand (Bd A.-) 2
Cardinal-Farinié (R. du) 4
Cavaignac (Av.) 5
Dr-Cabanès (Bd) 7
Gaulle (Pl. Ch.-de-) 8
Gourdon (R. B. de) 9
Hôtel-de-Ville (Pl. de l') 10
Libération (Pl. de la) 12
Mainiol (Bd) 14
République (Allées de la) 17
Zig-Zag (R.) 18

alentours

Grottes de Cougnac*

3 km au Nord par la D 704. ☎ 05 65 41 47 54 - www.grottesdecougnac.com - visite guidée (1h15) - juil.-août : 10h-18h ; du 8 avr. au 30 juin et sept. : 10h-11h30, 14h30-17h ; oct. : tlj sf dim. 14h-16h - 6 € (enf. 4 €).

Ces grottes présentent un double intérêt : d'une part, elles sont riches en concrétions, d'autre part, certaines parties ont été ornées de dessins qui semblent contemporains de ceux de **Pech-Merle** (gravettien, de - 25 000 à - 22 000 ans et peut-être pour partie solutréen entre - 21 000 et - 18 000 ans).

La salle des Peintures préhistoriques des grottes de Cougnac ou quand l'homme et la nature rivalisent.

Les grottes comprennent deux cavités distantes de 200 m environ et développent leur réseau sous un plateau calcaire boisé de chênes. La première comprend trois salles de petites dimensions dont les voûtes présentent une pluie de stalactites extrêmement serrées et souvent très fines. La seconde grotte, plus spacieuse, compte surtout deux salles remarquables : la **salle des Colonnes** et la **salle des Peintures préhistoriques**, où l'on contemple un grand panneau orné de dessins noirs ou ocre rouge : sept bouquetins, trois mammouths, trois mégacéros, un cheval réduit à son encolure. Notez la présence de signes en forme d'oiseau, datés du solutréen, un peu à l'écart et du dessin d'un « homme blessé », au corps hérissé de lances : est-ce l'expression d'un mythe ? On trouve aussi ce motif à Pech-Merle *(voir ce nom)*.

Les Prades

7 km au Nord-Est.

Le **musée Henri-Giron** renferme une quarantaine d'œuvres du peintre bruxellois. Héritier des primitifs flamands, Henri Giron colore de cette lumière si particulière des sujets et des ambiances très modernes. Singulières et troublantes figures féminines. *☎ 05 65 41 33 78 - ♿ - juin-sept. : tlj sf lun. 10h-18h ; oct.-mai : sur demande préalable à M. Hoving - possibilité de visite guidée (30mn) - 2,30 €.*

Le Vigan

5 km à l'Est par la D 1.

D'une abbaye fondée au 11e s. par l'évêque de Cahors, Géraud II, et qui devint au 14e s. un chapitre régulier de chanoines, subsiste l'**église** gothique. Elle possède un spectaculaire chevet, dominé par une tour coiffant le carré du transept, intercalant des tourelles défensives dans les absidioles. À l'intérieur, remarquez de belles voûtes d'ogives dans la nef. *Clef disponible sur demande à la mairie ☎ 05 65 41 42 46.*

Chapelle de N.-D.-des-Neiges

1,5 km au Sud-Est. Sur demande préalable aux voisins de l'église (maison contiguë à la chapelle) - ☎ 05 65 41 12 90.

Au cœur du chœur
La « source miraculeuse » s'écoule dans le chœur même de la chapelle.

◄ Cette petite chapelle, lieu de pèlerinage pour sa source miraculeuse depuis le 12e s., date du 14e s. Elle abrite un beau retable polychrome (17e s.), chef-d'œuvre d'art populaire.

circuit

LA BOURIANE

Circuit de 85 km – compter environ une demi-journée. Quitter Gourdon par l'Ouest en empruntant la D 673.

De Gourdon à la vallée du Lot et à l'Ouest de la N 20 s'étend la Bouriane, région couverte de plantations de châtaigniers, de pins et de noyers. La vigne occupe les versants bien exposés. Une multitude de rivières sillonnent le plateau, créant des paysages vallonnés et boisés à l'habitat dispersé.

Poursuivre sur la D 673.

Salviac

De style gothique, l'**église** possède de beaux vitraux du 16e s. contant la vie de sainte Eutrope.

Cazals

Cette bastide, fondée en 1319 pour le roi d'Angleterre, s'organise autour de sa grand-place carrée. L'ancien château domine un plan d'eau aménagé au bord de la Masse.

Quitter Cazals par le Sud et poursuivre sur la D 673.

Château de Montcléra

De la fin du 15e s., il présente une porte d'entrée fortifiée derrière laquelle se profilent le donjon carré et un corps de logis flanqué de tours rondes couronnées de mâchicoulis.

Poursuivre sur la D 67. À Frayssinet-le-Gélat, prendre à gauche la D 660.

Goujounac

Les pierres roses des maisons de ce village lui donnent un charme et une douceur bien agréables. Autour de l'église se trouvait autrefois un prieuré roman dont il reste quelques vestiges. Sur le mur Sud, un **tympan** roman, représentant un Christ en majesté entouré des symboles des quatre évangélistes, est l'œuvre d'un artiste quercynois probablement influencé par le tympan de Beaulieu-sur-Dordogne.

Poursuivre sur la D 660, et tourner à droite sur la D 45.

Les Junies

Le château du 15e s. flanqué de tours rondes s'orne d'élégantes fenêtres Renaissance. À l'écart du village, l'église Ste-Madeleine du 14e s., édifice sobre et puissant, impressionne par ses proportions. Elle faisait partie d'un

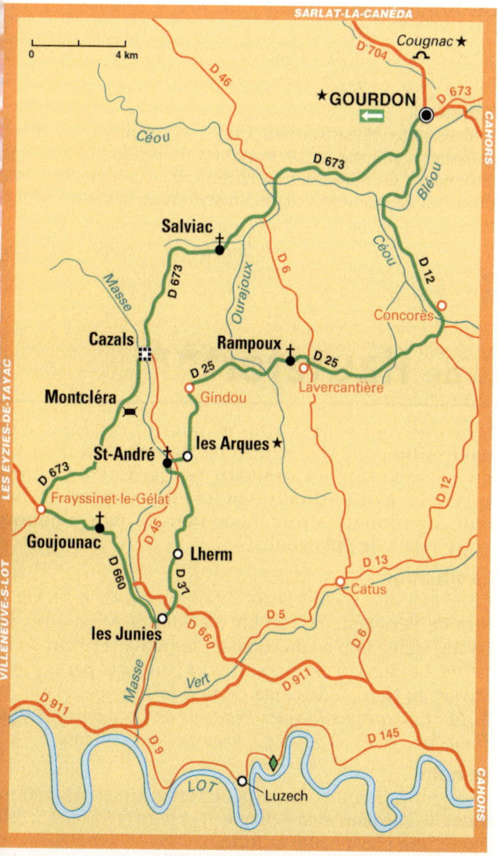

Le château de Montcléra dans un écrin de verdure.

prieuré rattaché aux dominicains en 1345, qui avait été fondé par l'un des seigneurs du lieu, Gaucelin des Junies, cardinal d'Albano.

Quitter Les Junies par le Nord en empruntant la D 37.

Lherm

Le clocher, une tourelle et des pigeonniers dominent les solides constructions de calcaire blanc aux toits très pentus et couverts de tuiles brunes.

Ancien siège d'un prieuré perdu dans ce vallon boisé, l'**église N.-D.-de-l'Assomption** présente une abside romane et une sobre nef voûtée d'un berceau de moellons. L'édifice a été remanié au 16e s. : porte soignée de style Renaissance.

À VOIR
Le chœur abrite un **retable** à trois panneaux débordant d'or et de sculptures sur un fond bleuté, savoureuse interprétation locale du style baroque.

Poursuivre vers le Nord sur la D 37.

St-André *(voir Les Arques)*

Les Arques★ *(voir ce nom)*

Quitter Les Arques par le Sud-Est en empruntant la D 150 que l'on poursuit après Maussac. Après 2 km, prendre à gauche la D 47 qui bientôt rattrape la D 25.

Rampoux

Intéressante église romane du 12e s. en pierre rouge et blanche, restaurée au 19e s., qui fut un prieuré bénédictin dépendant de Marcilhac. À l'intérieur, des fresques de la fin du 15e s. racontent, dans un style naïf, la vie de Jésus.

Poursuivre sur la D 25. 2 km après Lavercantière, prendre à gauche vers Concorès, puis la D 12 qui ramène à Gourdon en longeant le Céou et le Bléou.

Château de Hautefort★★

D'où que vous veniez, vous ne pourrez échapper à la haute silhouette du château de Hautefort. Il domine un paysage tout en rondeur. Les jardins à la française sont extraordinaires et les jours de grande chaleur, une longue promenade dans le parc réjouira votre cœur de voyageur.

La situation

Carte Michelin Local 329 H4 – Dordogne (24). À 41 km à l'Est de Périgueux et à 26 km au Nord de Montignac, le bourg, établi au pied du château, se trouve à l'écart de la D 704. Le château est facile d'accès : un vaste parking est ouvert au Nord, à deux pas de la D 62.

Pl. du-Marquis-Jacques-François-de-Hautefort, 24390 Hautefort, ☎ 05 53 50 40 27. www.ot-hautefort.com

Le nom

Sa signification est on ne peut plus simple : Hautefort vient de l'occitan *auta* (« haute ») et *forta* (« forte »), c'est-à-dire une place haute et forte.

Les gens

À Hautefort est né **Eugène Le Roy**, auteur, entre autres, du célèbre roman *Jacquou le Croquant* que les 1 184 Hautefortais ont certainement lu !

Pour apprécier les magnifiques jardins, prenez donc un peu de hauteur dans le fort !

comprendre

Dès le 9e s., une forteresse des vicomtes de Limoges occupe le site. Plusieurs édifices se succèdent au Moyen Âge. Il en subsiste quelques traces, comme la tour de l'angle Nord-Ouest de la cour. La capacité défensive du château, renforcée au 16e s. pendant les guerres de Religion avec l'ajout d'échauguettes et d'un pont-levis, est allégée dès le 17e s. : Hautefort devient alors une résidence d'agrément où se mêlent styles Renaissance et classique, conférant au bâtiment une élégance originale. En 1929, le baron et la baronne Henri de Bastard rachètent le château qu'ils décident de remettre en état et créent les jardins à la française. En 1968, un tragique incendie dévaste le grand corps de logis, seules les deux ailes sont épargnées. Depuis, un travail de reconstitution à l'identique a permis de restituer le bel intérieur.

UN TROUBADOUR AUX ALLURES DE GUERRIER

Bertran de Born, célèbre troubadour du 12e s., cité dans *La Divine Comédie* de Dante, est coseigneur du château de Hautefort avec son frère Constantin. Afin de faire entendre ses droits sur les possessions familiales, le « semeur de discorde » Bertran prend les armes contre son frère et réussit à amadouer Henri II Plantagenêt qui lui cède la place en 1185. Mais dès l'année suivante, Constantin revient et ravage Hautefort. Bertran se retire alors sous l'habit monastique.

visiter

Château

☏ 05 53 50 51 23 - juin-sept. : 9h30-19h ; avr.-mai : 10h-12h30, 14h-18h30 ; fév.-mars et oct.-nov. : 14h-18h - possibilité de visite guidée (1h, dernière entrée 1h av. fermeture) - 8€ - jardin : ♿ - visite libre - 4 €.

Extérieur – Les terrasses du château aménagées en **jardins à la française**★ forment un écrin. Motifs géométriques et arabesques de buis plantés de fleurs sont savamment entretenus par une équipe dirigée par un paysagiste décorateur. En outre, 30 ha de **parc à l'anglaise**, à l'abord duquel se dresse un superbe cèdre du Liban (le plus vieil arbre des lieux, qui a résisté à la tempête de 1999), réservent une agréable promenade.

carnet pratique

SE LOGER

⊖⊖ Chambre d'hôte Villa des Courtissous – *24210 St-Rabier - 12 km au S d'Hautefort par D 704 - ☏ 05 53 51 02 26 - villa.courtissous@libertysurf.fr - fermé janv.-fév. - ⊭ - 4 ch. 70/74 € ☕.* Cette maison carrée, toute blanche, se blottit au cœur d'un parc charmant. De beaux tissus en dessus et en tête de lits égayent les spacieuses chambres garnies de vieux meubles joliment restaurés. Petits déjeuners servis devant la cheminée ou sur la terrasse, face à la piscine.

QUE RAPPORTER

Les abeilles du Périgord – *24210 La Bachellerie - ☏ 05 53 54 40 53 ou 05 53 51 00 91 - juil.-août : 10h-12h, 14h30-19h ; de mars à fin déc. : tlj sf mar. 10h.* Venez découvrir la miellerie et l'élevage d'abeilles : une visite guidée vous dira tout de la vie des abeilles et de la fabrication du miel. En juil.-août, vous aurez la chance d'assister à l'extraction du miel les jeudi et samedi. Vente des produits de la ruche.

SPORTS & LOISIRS

Étang du Coucou – *24390 Hautefort - ☏ 05 53 51 96 14.* Au pied du château de Hautefort, un bel étang proposant parcours de santé, pêche, attractions nautiques, baignades... mais aussi des possibilités de restauration rapide.

Le château de Hautefort rappelle, par sa fière silhouette, les demeures royales du Val de Loire plus que les forteresses périgourdines.

Intérieur – La tour du Nord-Ouest, dont les fondations remontent au 14e s., renferme une magnifique **charpente** de châtaignier, œuvre des compagnons du Tour de France. Elle donne accès au reste du chemin de ronde démantelé au 17e s. En face, dans la tour de la **chapelle** sont exposées des pièces d'orfèvrerie religieuse (16e-18e s.).

La galerie fleurie du corps de logis mène à un escalier d'honneur qui donne accès à différentes pièces meublées, comme la chambre dite de Marie de Hautefort avec son mobilier Louis XV. Deux **cheminées monumentales** en noyer (répliques d'après photographie de celles du 17e s.) se font face dans la salle de réception. Le grand vestibule, les chambres de Madame et de Monsieur, la tisanerie, le grand salon et le cabinet de travail viennent d'ouvrir à la visite.

> **HÉROS ANONYME**
> Les quatre tapisseries flamandes de la salle qui porte leur nom ont été sauvées de l'incendie : un membre du personnel les jeta par la fenêtre.

Ancien hospice

Édifiée sur la place du village au Sud du château, se trouve l'ancienne chapelle d'un hospice fondé par les Hautefort en 1669. Le bâtiment couvert d'un beau dôme, surmonté d'un haut lanternon, déploie un plan en croix grecque.

Il abrite le **musée de la Médecine** comprenant une reconstitution d'une salle de malades, une exposition sur les progrès de la médecine au 19e s. et une salle consacrée à l'art dentaire de 1870 à nos jours. ☎ *05 53 50 40 27 ou 05 53 51 62 98 - juil.-sept. : 10h-19h ; avr.-juin et oct.-nov. : 10h-12h, 14h-18h - possibilité de visite guidée (1h) - 4,50 € (12-16 ans : 2 €).*

circuit

LE PAYS D'ANS*

Circuit de 40 km – compter 2h30. Quitter Hautefort par le Nord-Est en empruntant la D 72.

S'étendant aux confins du Limousin et du Périgord, il tient son nom d'une châtellenie qui était la plus importante du vicomté de Limoges. Les paysages vallonnés dessinent des damiers de bois et de cultures piquetés de nombreux noyers.

> **CALENDRIER**
> **Festival du Pays d'Ans** – En Périgord noir *(de mi-juil. à déb. août)* : musique classique, jazz, théâtre - ☎ *05 53 51 13 63.*

Boisseuilh

Au cœur du village se trouve l'église romane, au clocher-mur à 2 baies, remaniée au 17e s.

Quitter Boisseuilh par l'Ouest, suivant la D 77.

Cherveix-Cubas

Dans le cimetière à l'écart de l'église se dresse une **lanterne des morts** du 13e s. Au fond de l'église de Cherveix, du 17e s., vous verrez un bas-relief représentant saint Roch. *Dim. matin pdt l'office ou sur demande à la mairie,* ☎ *05 53 50 41 44.*

Quitter Cherveix par le Sud-Ouest (D 5).

Tourtoirac *(voir ce nom)*

Quitter Tourtoirac par le Sud en empruntant la D 67.

Ste-Orse
Quelques maisons aux murs lumineux enserrent l'église romane du village. Derrière un portail à triple voussure, l'édifice recèle une crypte polygonale *(souvent fermée au public)*.

Quitter Ste-Orse par l'Est et suivre la D 70.

Granges-d'Ans
Ce petit village possède une église romane remaniée au 13e s.

Badefols-d'Ans
La seigneurie de Badefols fut propriété de la famille de Bertran de Born. Un donjon carré constitue la partie la plus ancienne du château qui domine la vallée. L'église du 12e s. a été remaniée aux 15e et 16e s.

Revenir par la D 70 puis prendre à droite la D 71 qui ramène à Hautefort à travers des sous-bois et ménage un beau point de vue sur le château.

Issigeac

Une vallée largement évasée où ruisselle la Banège, un paysage bigarré où alternent cultures fruitières et pâturages : c'est dans ce petit coin de paradis, non loin de Bergerac, que se love depuis le Moyen Âge Issigeac. Une terre où les évêques de Sarlat venaient respirer le bon air d'été loin des agitations de leur capitale, et on se trouve bien de suivre leur exemple.

Calendrier
Au mois de mai, le **marché aux fleurs** d'Issigeac fera le bonheur des amoureux. Le 3e dimanche de juillet, **Foire aux paniers** et à la vannerie, pour les amateurs d'artisanat.

La situation
Carte Michelin Local 329 E7 - Dordogne (24). Parking possible sur la place de l'Église. Tous les dimanches matin, parking et emplacements gratuits à l'extérieur du bourg.
24560 Issigeac, ☎ 05 53 58 79 62.

Le nom
Lié à l'activité religieuse du bourg *(monasterium Sigiacense)*, il provient soit d'un nom gallo-romain, Iccicius, soit d'un nom germanique, Assedeus.

Les gens
La grande fierté des 638 Issigeacois reste la Foire aux paniers et à la vannerie traditionnelle, manifestation unique en Aquitaine qui accueille une trentaine de vanniers de plusieurs régions de France. Par ailleurs, une conférence, qui permet de faire le point sur l'état de l'art, se déroule parallèlement à cette foire très courue.

Hôte illustre
Fénelon, alors abbé de Carennac, aurait séjourné au château des Évêques.

se promener

Vieux village
Dédale de rues et de venelles que surplombent quelques échoppes étagées, le centre d'Issigeac s'oppose à la

Plan ancien
Vu d'en haut, le vieux bourg ecclésiastique présente une forme ronde, les maisons sont pressées les unes contre les autres.

J. Damase/MICHELIN

Bâtie dans la vallée de la Banège, la petite cité d'Issigeac a conservé une église et un château intéressants.

rigueur des bastides de la région. En son cœur, la place centrale est dominée par l'**église** gothique, construite par Armand de Gontaut-Biron, évêque de Sarlat. Sous le clocher-porche, le tympan du portail est orné de voussures torsadées.
De l'autre côté de la place, le **château des Évêques** fut édifié par François de Salignac – oncle de Fénelon – dans la seconde moitié du 17e s. À deux pas se dresse l'ancienne maison des Dîmes, à la haute toiture de lauzes. Mais le lieu le plus remarquable reste la **maison aux Têtes** dont les faciès semblent ricaner au passage des visiteurs.

Jumilhac-le-Grand

Une vallée très sauvage, celle de l'Isle, et un château d'une solennité incroyable – il est vraiment très imposant. Ce contraste ne saurait à lui seul résumer Jumilhac-le-Grand, mais il vous en donne un aperçu...

La situation

Carte Michelin Local 329 H3 – Dordogne (24). Jumilhac est situé à l'intérieur du **Parc naturel régional Périgord-Limousin** *(voir Nontron).* Le château se trouve au Sud-Ouest du village, au bout d'une allée bordée d'arbres et d'une place aménagée en parking où l'ombre est plutôt rare.
Pl. du Château, 24630 Jumilhac-le-Grand, ☎ 05 53 52 55 43.

Le nom

De *Gemiliacus*, provenant d'un propriétaire gallo-romain nommé Gemellius, la forme passe à *Jumilhacum* à la fin du Moyen Âge. « Grand » est ajouté au 18e s. par opposition à un autre Jumilhac, dit « le Petit ».

Les gens

1 213 « grands » Jumilhacois ! L'écrivain **Eugène Le Roy** (1836-1907), auteur du roman *Jacquou le Croquant*, se maria à Jumilhac-le-Grand où il occupait un poste de percepteur.

visiter

Château

☎ 05 53 52 42 97 - visite guidée (45mn) juin-sept. : 10h-19h, mar. 21h30-23h30 (juil.-août : nocturne suppl. jeu. 21h30-23h30) ; de mi-mars à fin mai et de déb. oct. à mi-nov. : w.-end et j. fériés 14h-18h30 ; de mi-nov. à mi-mars : dim. et j. fériés 14h30-17h30 (dernière entrée 45mn av. fermeture) - 6 € (enf. 4 €), + 1 € nocturne - visite des jardins, libre ou guidée - 4 € (5-12 ans 3 €) - visite des toitures sur demande - 1 € - fermé 1er janv., 25 déc.

> **UNE PRISON DORÉE**
> Louise de Hautefort aurait été séquestrée pendant vingt ans dans une des pièces du château. Mari jaloux pour d'aucuns. Épouse volage, selon d'autres. Mais l'un n'entraîne-t-il pas l'autre (et réciproquement) ?

Juché sur son éperon rocheux, le château de Jumilhac a tellement été remanié à la Renaissance que rien ne subsiste de l'édifice mentionné dès le 12e s. Antoine Chapelle, propriétaire au 16e s. et richissime maître des forges, a laissé de son passage d'intéressants **épis de faîtage** en plomb décorés de figurines humaines et fantastiques.
Les deux larges ailes qui ferment la cour ont été construites au 17e s. dans les mêmes matériaux que le corps de logis central. Celle de droite renferme un large escalier qui conduit à un immense **salon** lambrissé et parqueté. Il abrite une cheminée Louis XIII en bois sculpté rehaussée de statues allégoriques. Également

Le bâtiment principal du château de Jumilhac-le-Grand est couronné d'une multitude de toits d'ardoises en poivrière ornés d'échauguettes, de lucarnes, de cheminées et de lanternons.

intéressante, la **chambre** dite « de la Fileuse », aux murs épais, naïvement décorés de peintures où apparaissent animaux, anges et feuillages.
Les **jardins en terrasse** à la française ont été aménagés sur le thème de l'or et de l'alchimie.
Dominant le château de son clocher octogonal, l'**église** située à gauche n'est autre que l'ancienne chapelle. Elle renferme la relique de saint Eusice.

Galerie de l'Or

Pl. du Château. ☎ *05 53 55 33 88 ou 05 53 52 55 43 - se renseigner pour les horaires.*
À défaut de proposer la recette de la pierre philosophale, ce musée présente des pièces provenant de la campagne de sauvegarde des mines gallo-romaines du Fouilloux. Il retrace l'évolution au cours des siècles de la prospection de l'or. En outre, il décrit les étapes de l'extraction du métal, de son traitement et présente certaines applications comme la dorure, la bijouterie ou la monnaie.

Labastide-Murat

Le village, sur une jolie hauteur du causse de Gramat, vibre encore du souvenir du plus glorieux de ses fils, Joachim Murat. Sa maison natale et, au Sud-Ouest de la localité, le château qu'il fit bâtir pour son frère André perpétuent la mémoire de l'un des plus vaillants soldats de l'Empire.

La situation

Carte Michelin Local 337 F4 – Lot (46). Labastide-Murat, située au cœur du causse, est reliée à la nouvelle autoroute A 20 par une bretelle de raccordement. C'est également la cité où siège le **Parc naturel régional des Causses du Quercy**.
ℹ *Grande-Rue, 46240 Labastide-Murat,* ☎ *05 65 21 11 39.*

Le nom

Bastide royale fondée vers 1200 par Fortanier de Gourdon, le bourg prend le nom de Labastide-Fortanière, puis celui de Labastide-Fortunière avant de choisir, sur délibération du conseil municipal en 1836, le nom de Murat, en souvenir de l'illustre enfant de la commune.

QUE RAPPORTER

Foires – 2e et 4e lun. du mois.

Marché des Producteurs de Pays du Lot – Juil.-août : dim. 9h-12h.

Les gens

690 Bastidois. Le musée Murat a fait l'acquisition d'un portrait d'Antoinette Murat, épouse du prince de Hohenzollern-Sigmaringen. La descendance du flamboyant maréchal était alliée avec la plupart des trônes d'Europe.

comprendre

E. Larribère/MICHELIN

Un fils d'aubergistes qui se fait couronner roi de Naples, quel parcours !

Le prodigieux destin de Joachim Murat – Né en 1767 de parents aubergistes et voué à l'état ecclésiastique, Murat se sent attiré, à l'âge de 21 ans, par la carrière des armes. Les campagnes d'Italie et d'Égypte lui permettent de gravir rapidement tous les grades dans l'ombre de Bonaparte dont il devient le beau-frère en se mariant avec Caroline, sœur du Premier consul. Désormais, il cumule les honneurs, remporte la victoire de Marengo, devient maréchal puis prince d'Empire, grand-duc de Berg et de Clèves et... roi de Naples. La folle bravoure dont il fait preuve sur tous les champs de bataille de l'Europe, son ascendant sur ses cavaliers à la tête desquels il n'hésite pas à charger, font de lui un héros de légende. Son étoile pâlit avec celle de son maître, qu'il abandonne aux jours sombres de l'Empire. Sa fin misérable illustre cette vie toute de contrastes : après le retour des Bourbons à Naples, il tente de reconquérir son royaume, mais il est fait prisonnier et fusillé en 1815.

visiter

Musée Murat

Visite guidée (1h) - juil.-sept. : 10h-12h, 15h-18h - 3 € (enf. 1,50 €). Il est installé dans la maison natale de Murat *(petite rue à gauche de l'église)*. On y voit la cuisine du 18e s., la salle d'auberge, et un grand tableau généalogique où sont représentées plus de dix nations européennes et de nombreuses familles royales. Au 1er étage, différents souvenirs du roi de Naples et de sa mère.

découvrir

Sur le logo du Parc naturel régional des Causses du Quercy, la main rappelle que l'homme a marqué la région de sa présence depuis des milliers d'années.

Parc naturel régional des Causses du Quercy

BP 10 - 46240 Labastide-Murat - ☎ 05 65 24 20 50.

Créé en 1999, le parc s'étend sur 176 000 ha, entre Figeac et Cahors, de la rive Sud de la Dordogne aux contreforts du bassin garonnais. Il comprend 97 communes rassemblant une population de plus de 25 000 habitants. Son but est avant tout de protéger ce territoire rural menacé de désertification et de lui permettre un développement durable. Il a pour objectifs prioritaires : la protection et la mise en valeur de la richesse de ses milieux naturels, de ses patrimoines bâtis et archéologiques ; le soutien et la promotion du pastoralisme, garant de l'entretien et du maintien d'espaces ouverts, et des pratiques agricoles et artisanales de qualité ; l'encouragement d'un tourisme respectueux de l'environnement et qui ne se contente pas de survoler les sites les plus connus, tels Rocamadour ou la grotte du Pech-Merle.

circuit

LE SUD DU CAUSSE DE GRAMAT*

Circuit de 60 km – environ une demi-journée. Quitter Labastide-Murat par le Sud en empruntant la D 32.

St-Martin-de-Vers

Ce village aux charmantes maisons à toits de tuiles brunes s'est formé autour d'un ancien prieuré dépen dant de Marcilhac. Le clocher-tour barlong et crénelé témoigne encore du sentiment d'insécurité ressenti par la population d'autrefois.

Quitter St-Martin par l'Est en empruntant la D 13. Après 3 km, prendre à gauche la D 10, puis la D 17.

Soulomès

Au 12e s., les Templiers aménagent une commanderie dans ce village du causse de Gramat.

Dans le chœur de l'**église**, admirez d'intéressantes **fresques** des 15e et 16e s. représentant divers épisodes de la vie du Christ. On reconnaît, entre autres, le Christ et Marie-Madeleine, l'Incrédulité de saint Thomas, la Mise au tombeau, l'Apparition de Jésus ressuscité à un chevalier de Malte.

Quitter Soulomès par le Sud en empruntant la D 17, puis après 1 km, tourner à gauche dans la D 71.

« Désert » de la Braunhie

La portion la plus âpre du causse qui déroule à perte de vue ses murets de pierres sèches et sa maigre végétation : chênes, érables, noyers rabougris, genévriers et épineux. Note : la Braunhie se prononce Brogne !

J. Damase/MICHELIN

Un élément majeur du causse de Gramat est absent sur cette vue : le mouton... peut-être est-il en train de paître derrière ce muret de pierre ?

Caniac-du-Causse

La **crypte de l'église** fut construite au 12e s. par les moines de Marcilhac-sur-Célé, pour abriter les reliques de saint Namphaise. Cet officier de l'armée de Charlemagne devenu ermite est tenu en grande vénération par les populations de la Braunhie ; il passait, en effet, pour avoir creusé dans le roc les petits « lacs de St-Namphaise » que l'on aperçoit encore sur le causse et qui en atténuent l'aridité. Minuscule, cette crypte présente une voûte inhabituelle et une attrayante colonnade centrale.

> **Fiat lux**
> Pour découvrir la crypte, un interrupteur se trouve au pied de l'escalier à droite du chœur.

Circuit Planagrèze

Prendre la D 42, direction Fontanes-du-Causse. Petit fascicule explicatif très intéressant disponible à la maison de la Braunhie, sous la mairie de Caniac-du-Causse et à l'Office du tourisme de Labastide-Murat - ☎ 05 65 31 16 03.

7,5 km. Au cœur du causse de Gramat, la Braunhie est la partie la plus élevée d'un plateau calcaire à l'intérieur duquel l'eau a façonné une multitude de gouffres et cavités. Ce circuit d'interprétation de l'Espace sensible de la Braunhie permet de découvrir la faune, la flore, la géologie et l'histoire du site.

Revenir à Caniac-du-Causse. Poursuivre sur la D 71. Cette route traverse les terres les plus arides de la Braunhie.

Quissac

À voir : de belles fermes-manoirs, un « travail » à bœufs, autrefois présent dans toutes les localités du causse. C'est dans ce même village que la tradition situe la mort de saint Namphaise, tué par un taureau.

> **Découverte**
> Pour apprécier pleinement cette contrée, d'anciens chemins de troupeaux réhabilités invitent à s'aventurer à pied à la découverte de cloups, igues ou cuzouls (noms du pays qui désignent des formations calcaires).

Quitter Quissac par l'Ouest en empruntant la D 146. À Fontanes-du-Causse, prendre à gauche la D 2 et franchir l'A 20. 4,5 km après Montfaucon, tourner à gauche dans la D 17.

Château de Vaillac

Du haut de son coteau, la silhouette d'un puissant château féodal domine ce modeste village du causse, réputé dès le 18e s. pour sa fabrique de draps.

Construit aux 15e et 16e s., il se compose d'un vaste corps de logis flanqué de cinq tours et d'un donjon. Une seconde campagne de travaux permit d'agrandir les écuries afin d'abriter quelque 200 chevaux et de construire un nouveau corps de logis pour accueillir la nombreuse descendance du seigneur de Vaillac. Cette bâtisse offre l'un des meilleurs exemples d'architecture militaire du Quercy à la fin de la guerre de Cent Ans.

Rejoindre à l'Est la D 10 vers Labastide-Murat.

Grottes de Lacave★★

Dans le causse de Gramat, la nature a élaboré avec patience un univers magique, où formes et couleurs étranges suscitent les rêves. Chaque incursion dans ce monde à part éveillera en vous de nouvelles images.

La situation

Carte Michelin Local 337 F2 - Schéma p. 182 - Lot (46). Entre Souillac et Rocamadour ; par la D 43, à la sortie Sud du bourg. Parking gratuit et photos autorisées. Accès aux grottes en train électrique et ascenseur.

Le nom

Les grottes portent le nom du village qui les environne. Lacave est proche des grottes : rien de plus normal, non ?

Les gens

293 Lacavois. Le site a été découvert en 1902 par Armand Viré, disciple de E.-A. Martel.

visiter

Les grottes

☎ 05 65 37 87 03 - www.grottes-de-lacave.com - visite guidée (1h30) juil. : 9h30-12h30, 13h30-18h ; de déb. août au 25 août : 9h30-18h ; du 26 août à fin sept. : 9h30-12h, 14h-17h30 ; avr.-juin : 9h30-12h, 14h-18h ; de mi-mars à fin mars et de déb. oct. à fin vac. de la Toussaint : 10h-12h, 14h-17h - 7,50 € (5-14 ans : 5 €).

Les galeries aménagées pour le public représentent un trajet à pied de 1,6 km et se divisent en deux galeries que l'on parcourt successivement en aller-retour.

La première est riche en stalactites et stalagmites. Vous verrez des superbes cascades, des fines draperies, la plus ancienne concrétion de la grotte de 100 m de hauteur et des belles orgues. L'ensemble offrant des teintes contrastées, entre les parties blanches et ocre des concrétions.

CURIEUX
Les concrétions que l'on y rencontre évoquent des formes de personnages, d'animaux, de végétaux, voire de monuments ou de cités englouties.

La seconde galerie comprend des salles très différentes. D'abord celle du **grand dôme** à l'aspect chaotique lié à des éboulements provoqués par des secousses sismiques. Haute de 60 m, elle compte en son centre une stalactite qui paraît petite mais n'en mesure pas moins 3 m ! Suit une belle colonne isolée sur laquelle sont accolées des **excentriques** (parmi les plus grandes d'Europe) semblables à des pattes d'araignée et des draperies en forme de cigarettes russes. Puis vous pénétrerez dans le domaine des eaux souterraines : un **lac** de 2 m de profondeur cascade de gour en gour (barrage naturel) pour n'atteindre plus que quelques centimètres. Dans la **salle des merveilles**, un jeu de lumière noire qui permet de mieux voir les concrétions rend

carnet pratique

SE RESTAURER

⊜⊜⊜ La Terrasse – *46200 Meyronne - ☎ 05 65 32 21 60 - terrasse.liebus@wanadoo.fr - fermé 2 nov.-14 mars et mar. midi - 26/50 €.* Régalez-vous d'une cuisine savoureuse sur la belle terrasse de cette demeure du 11e s. qui domine la Dordogne. Dès les premiers froids, vous serez servis dans une magnifique salle voûtée. Décor épuré et élégant. Jolies chambres et vue splendide. Piscine.

⊜⊜⊜ Le Pont de l'Ouysse – *46200 Lacave - ☎ 05 65 37 87 04 - pont.ouysse@wanadoo.fr - fermé du 5 nov. à déb. mars, lun. sf le soir en sais. et mar. midi - 35/120 €.* Enchanté par le cadre et chouchouté par les hôtes, vous vous souviendrez de votre passage dans cette maison au creux de la falaise. Table renommée, terrasse, promenade au bord de la rivière ou piscine pour le savourer pleinement. Belles chambres rénovées dans le style campagnard chic.

J. Damase/MICHELIN

La salle des Merveilles des grottes de Lacave qui, vous le verrez, est digne de son nom, s'étend sur au moins 2 000 m².

uminescente la partie vivante des stalactites. Enfin, vous traverserez une salle d'excentriques. De retour dans la salle des merveilles, quand l'éclairage revient, la magie se fait jour : c'est à un jeu de miroir que vous assisterez, l'eau reflétant les concrétions.

alentours

Préhistologia

5 km au Nord-Ouest par la D 247. ☎ 05 65 32 28 28 - www.prehistologia.com - juil.-août : 10h-18h30 ; avr.-mai : 14h-18h, dim., j. fériés et vac. scol. 10h-12h, 14h-18h ; juin : 10h-12h, 14h-18h ; de fin août à mi-sept. : 10h-12h, 14h-17h30 ; de mi-sept. à fin sept. : 14h-17h, oct. : dim. 14h-17h ; vac. de la Toussaint : 14h-17h - fermé de fin des vac. de la Toussaint à déb. avr - 7.20 € (4-9 ans 4,50 €).

Parcourez quelque 4,6 milliards d'années qui séparent l'apparition des premiers animaux de celle de l'homme. Des reconstitutions scientifiques et grandeur nature de dinosaures (autour d'un volcan en activité), d'oiseaux et de reptiles primitifs, de mammifères préhistoriques et des premiers hommes illustrent l'évolution de la vie sur Terre.

Château de Lanquais★

Quand un château fort revêt les apparats d'une construction Renaissance puis s'agrandit au 19e s. conformément à sa vocation agricole, cela donne l'inimitable château de Lanquais. Alliant les styles avec élégance, certains le surnomment « le Louvre inachevé du Périgord ».

La situation

Carte Michelin Local 329 F7 - Schéma p. 102 - Dordogne (24).

Le château est situé sur un affluent de la Dordogne, à l'Ouest de Lalinde et à 1 km au Sud de Varennes par la D 22.

Le nom

Origine courante dans la région, Lanquais provient d'un nom de personnage gallo-romain Linacus. Une autre hypothèse propose l'union de deux mots celtiques pour donner *lano-ceton*, « le bois de la plaine ». La forme passera tour à tour par Linicassio, Linçays, Lencasium et Lancais.

Les gens

Isabeau de Limeuil, née au château de Lanquais, faisait partie des séductrices espionnes de Catherine de Médicis. Chargées de recueillir sur l'oreiller confidences et secrets, elles ne devaient en aucune façon connaître « l'enflure du ventre ». Isabeau s'éprit du duc de Condé qu'elle devait épier et engendra un enfant, mettant ainsi fin à sa « carrière » à la Cour.

CALENDRIER
De juil. à sept., animations diverses et concerts à certaines dates.
☎ *05 53 61 08 55.*

visiter

☎ 05 53 61 24 24 - possibilité de visite guidée (1h) - juil.-août 10h-19h ; mai-juin et sept. : tlj sf mar. 10h30-12h, 14h30-18h30, avr. et oct. : tlj sf mar. 14h30-18h - 7 € (6-16 ans 3,50 €).

Vestige
Au pied du château, la **grange aux dîmes** accueille aujourd'hui concerts et animations estivales.

À l'approche de la demeure se dessinent les impacts des premiers boulets qui criblèrent les murs de l'édifice lors d'une escarmouche en 1577. Sur un corps des 14e et 15e s. *(à droite)*, conservant les caractères défensifs d'un château fort, se greffe un bâtiment Renaissance édifié pendant les guerres de Religion *(à gauche)* : travées, moulures et frontons de fenêtres rythment les **façades**★ côté cour.

Le pavillon d'angle est dû à Pierre Lescot qui reprit les plans de la cour carrée du Louvre.

Dans l'intérieur meublé, vous verrez les chambres de Madame et de Monsieur, la salle à manger aménagée au 19e s. au plafond peint de fleurs de lys et hermines de Bretagne, le salon de jeu et de musique à la mode au 18e s., le salon bleu renfermant une remarquable **cheminée-portique**★, avant de descendre à la cuisine Renaissance reconstituée au sol en pisé, puis de voir la salle des armes.

Grotte de **Lascaux**★★

Coup d'œil dans le rétroviseur : 17 000 ans avant J. C., le climat est glacial, la nourriture rare. L'homme meurt jeune. Et pourtant il dessine. Les murs des grottes deviennent lieux d'exposition ; il évoque les animaux ou trace sa propre main : l'art est né. La grotte de Lascaux est l'une des premières et des plus importantes expressions artistiques en France. Que vous aimiez la préhistoire ou simplement ce qui est beau, arrêtez-vous à Lascaux.

La situation

Carte Michelin Local 329 I5 - Dordogne (24) Les grottes de Lascaux et du Regourdou se situent à 2 km au Sud-Est de Montignac.

Pl. Bertrand-de-Born, 24290 Montignac, ☎ 05 53 51 82 60 www.bienvenue-montignac.com

Le nom

Le nom de cette célèbre grotte est formé de deux termes occitans : *las*, « les » et *cau*, qui trouve sa racine dans le celtique *calmi*, « le plateau, le désert ».

Les gens

À la suite de l'extraordinaire découverte des peintures, l'instituteur de Montignac alerta l'**abbé Breuil** qui authentifia les figures. Il en confia alors l'étude à Maurice Thaon, puis à l'abbé André Glory.

J. Vertut

Cette peinture très schématique mettant en scène un bison blessé chargeant un homme est l'une des rares représentations humaines.

:omprendre

.e hasard de la découverte – C'est à quatre jeunes gar- :ons que l'on doit la découverte des grottes de Lascaux, e 12 septembre 1940. À l'aide d'un éclairage de fortune, ls aperçurent sur les parois de la galerie où ils s'étaient ntroduits une fabuleuse série de peintures polychromes.

.a rançon de la gloire – Malheureusement, la cavité, iménagée pour la visite en 1949, souffre rapidement de 'affluence de ses visiteurs : le gaz carbonique de leur res-)iration, la pénétration de l'humidité et l'introduction de pores accrochées sous leurs semelles entraînent le déve- oppement de deux maladies : la « verte » qui se traduit)ar la poussée de mousses et d'algues, et la « blanche » qui :ngendre un dépôt de calcite. En 1963, la décision est nise : pour préserver ce chef-d'œuvre de l'art paléoli- hique, il faut se résoudre à fermer la grotte au public.

Bis
En 1983, pour pallier la fermeture de la grotte qui faisait le désespoir des promeneurs depuis vingt ans, un fac-similé, **Lascaux II★★**, est ouvert au public.

Jn ensemble exceptionnel – La grotte, creusée dans le :alcaire du Périgord noir, est une cavité modeste qui 'étend seulement sur 250 m. Elle comprend plusieurs ecteurs, dont la Rotonde et le Diverticule axial, qui recè- ent 90 % des peintures ; les parois sont couvertes de plus le 1 500 représentations. Ces œuvres sont tradition- iellement attribuées au magdalénien ancien (vers 17 000 ans, mais certains préhistoriens penchent pour ıne utilisation prolongée, du solutréen au magdalénien noyen), époque où le climat était relativement clément, :omme en témoigne la présence de cerfs sur les parois. :ertains animaux ne sont représentés qu'une seule fois : 'oiseau, le rhinocéros, et surtout l'homme, ici affublé l'une tête d'oiseau (fac-similé visible au musée du Thot). :ette représentation est l'une des rares scènes narratives le l'art paléolithique : le thème du « chasseur en diffi- ulté », que l'on voit aussi dans la **grotte du Villars**, sans loute contemporaine. Une partie des figures de **Font-de- ;aume** appartient peut-être à la même époque.

Au sec
Une fermeture naturellement hermétique et l'imperméabilité du plafond expliquent l'absence de concrétions et la parfaite conservation des peintures fixées et authentifiées par une légère imprégnation naturelle de calcite.

.e style de Lascaux – Les animaux de Lascaux ont un spect très reconnaissable : des chevaux à gros ventre et tête effilée, des aurochs et des bouquetins aux cornes :t aux sabots vus de trois quarts – voire en « perspective ordue » – et des cerfs à la ramure fantastique. Mais le ritère le plus important est sans doute l'animation des ;estes de ces bêtes, qui semblent prendre plaisir à gam- ıader tout autour du visiteur et à l'encercler. Notez, lans bien des cas, une savante utilisation des reliefs et les volumes de la paroi.

La chute
Un des dessins, un cheval ocre situé au fond du Diverticule axial, semble tomber dans les entrailles de la Terre.

ıisiter

.ascaux II★★

ℬ 05 53 51 95 03 - visite guidée (40mn) - juil.-août : 9h-20h ; vr.-juin et sept. : 9h30-18h30 ; de déb. oct. à mi-nov. : 10h- 2h30, 14h-18h ; de mi-nov. à fin avr. : 10h-12h, 14h- 7h30 - fermé lun. (nov.-mars), 1er janv., 25 déc. - Attention D'avr. à sept. la billetterie se trouve à Montignac, sous les

J. Grelet/SEMITOUR PÉRIGORD

Détail de l'étonnante frise de petits chevaux (les « poneys ») à longs poils.

arcades, à côté de l'Office de tourisme. La vente des billet commence à 9h et se termine aussitôt la barre des 2 00 entrées atteinte (ce qui, en haute sais., se produit rapide ment) - réservation obligatoire 3/4 j. av. (juil.-août), ☎ 05 53 51 96 23 - 8 € (6-12 ans 5 €), billet combiné ave l'espace Cro-Magnon 10 € (6-12 ans 7 €).

À 200 m de la grotte originale, ce fac-similé reconstitu la Rotonde et le Diverticule axial de manière très fidèle Des « sas » muséographiques présentent l'archéologie d la grotte (sagaies, silex des graveurs, poudres colorée ayant servi aux peintures, lampe à suif pour l'éclairage reconstitution d'un échafaudage...), expliquent les diffé rentes techniques utilisées par l'artiste magdalénien e retracent l'histoire de la découverte. Une véritabl prouesse technologique doublée d'une grande rigueu scientifique a permis de recréer l'atmosphère incompa rable de la cavité originale. Dès 1966, l'Institut géogra phique national avait effectué des relevés stéréophoto grammétriques au millimètre près de la grotte d Lascaux afin de reconstituer son relief de façon précise Ce travail permit de réaliser, dans une ancienne carrièr à ciel ouvert, une coque en ferro-ciment bâtie à l'imag des constructions navales. Sur la paroi artificielle Monique Peytral a recopié les peintures murales e s'aidant des relevés qu'elle avait effectués et de diaposi tives. Elle a utilisé les mêmes pigments et les même procédés que ceux des artistes magdaléniens.

FANTASTIQUE
La « licorne », paroi gauche de la Rotonde : animal fabuleux composé, semble-t-il, de plusieurs espèces.

On peut donc admirer, comme dans l'original, les cin grands taureaux noirs de la Rotonde, dont le quatrième long de 5,50 m, demeure la plus grande figure paléoli thique connue, ainsi que, harmonieusement placés, de vaches rouges, des chevaux noirs, rouges, jaunes e bruns, et deux petits bouquetins jaune et rouge, affron tés dans le Diverticule axial. L'ensemble, apparemmen désordonné, présente cependant de nombreuses com positions, dont certaines sont en rapport avec le relie des parois.

alentours

Regourdou

À 500 m. Laisser de préférence la voiture au parking d Lascaux car la route montant au site est agréablement boisé avant d'ouvrir le panorama sur la vallée. Site préhistorique d Regourdou - 24290 Montignac-sur-Vézère - ☎ 05 53 51 81 23 ♿ - visite guidée (45mn, avr.-août) - juil.-août : 10h-19h ; sept. nov. et fév.-juin : tlj sf vend. 11h-18h - fermé de fin nov. a 9 fév. - 4,80 € (enf. 3 €).

TÉLÉFILM
C'est sur ce site qu'a été tourné en 2001 *Le Vieil Ours et l'Enfant*, de M. Bunio d'après un scénario de M. Jullian, avec J. Dufilho, M.-C. Barrault...

À la différence de Lascaux qui date de Cro-Magnon, l Regourdou est un **site néandertalien**. Il fut découver en 1954 par le fermier Roger Constant, propriétaire de lieux. Il a permis de mettre au jour sur différent niveaux de nombreux ossements (ours, sanglier, cerf... et outils (silex taillés, racloirs...). Mais la découvert majeure fut celle de la plus ancienne **sépulture organi sée** contenant le squelette d'un homme de Neanderta (exposé au musée du Périgord de Périgueux) et des osse ments d'ours, qui a donné naissance à l'hypothèse d'u « culte de l'ours ». Un **musée** présente les différents élé ments trouvés sur le site et d'autres qui permettent d retracer l'évolution de l'homme, de l'âge de pierre à l'âg de fer. Quant aux **ours**, vous en verrez cinq bie vivants, car Roger Constant en a acquis trois en 1983 qu depuis ont fait des petits !

Montignac

2 km au Nord-Ouest par la D 704^E. Voir ce nom.

Luzech

Couronné par le donjon de son château, Luzech occupe un site magnifique au cœur d'un superbe méandre du Lot. Bordée au Nord par l'oppidum de l'Impernal et au Sud par le promontoire de la Pistoule, la bourgade s'est équipée d'un vaste plan d'eau où une base nautique a été aménagée.

La situation

Carte Michelin Local 337 D5 – Lot (46). Le bourg n'occupe pas que la boucle du méandre, mais aussi la rive gauche du Lot, accessible par la D 8 depuis Cahors.

Maison des Consuls, r. de la Ville, 46140 Luzech, ☎ 05 65 20 17 27. www.ville-luzech.fr

Le nom

Il convient de chercher dans le prolifique panthéon gaulois l'origine du nom de Luzech dans lequel il faudrait reconnaître Lucetios... sans certitude.

Les gens

1 647 Luzechois. La ville fut le siège de l'une des quatre baronnies du Quercy et, en 1286, fut une des cités représentant la rente que Philippe le Bel s'était engagé à payer au roi d'Angleterre en échange de l'évacuation de la région par celui-ci.

comprendre

Le Pech de l'Impernal – Habité dès les temps préhistoriques, l'Impernal constitue une défense naturelle appréciée par les Gaulois qui font du plateau une puissante place forte. En contrebas est édifiée au Moyen Âge une citadelle dont il subsiste le donjon carré. En 1118, Richard Cœur de Lion se rend maître de Luzech. Siège de l'une des quatre baronnies du Quercy, la ville est convoitée par les Anglais au cours de la guerre de Cent Ans, mais elle résiste à tous leurs assauts et devient un important centre fortifié. Pendant les guerres de Religion, elle demeure un fidèle bastion du catholicisme en restant aux mains des évêques de Cahors.

Des fouilles pratiquées sur la colline de l'Impernal ont permis de mettre au jour des murailles et des vestiges de constructions des époques gauloise et romaine.

C'est dans la boucle d'un méandre du Lot dont l'isthme, dans sa partie la plus resserrée, atteint à peine 100 m, que s'est développé Luzech.

carnet pratique

Visite

Promenades en bateau sur le Lot – *05 65 20 18 19 - - juil.-août : croisière (1h30), dép. de la base nautique de Caix 16h15-18h30 - 7,50 € (enf. 5 €).*

Se loger

Chambre d'hôte Marliac – *46140 Bélaye - 15 km à l'O de Luzech par D 8 et D 45 dir. Montcuq - 05 65 36 95 50 - fermé de déb. nov. à fin mars - - 5 ch. 46/66 € - repas 17 €.* Les bonnes choses se méritent, alors ne vous découragez pas devant la route sinueuse qui vous mènera jusqu'à la ravissante maison de Marliac. Les chambres, au décor simple, sont confortables. Calme, détente et gourmandise sont au rendez-vous. Piscine.

Hôtel Source Bleue – *Le Bourg - 46700 Touzac - 8 km à l'O de Puy-l'Évêque par D 811 - 05 65 36 52 01 - sourcebleue @wanadoo.fr - fermé 16 nov.-9 avr. - - 17 ch. 85/95 € - 8 € - restaurant 25/35 €.* La « source bleue », qui surgissait sur la rive gauche du Lot, a mystérieusement migré vers 1950 sur la rive droite, au milieu de ces anciens moulins à papier devenus depuis un hôtel-restaurant. Élégantes chambres personnalisées. Cuisine classique servie dans une dépendance du 17e s. transformée en salle à manger.

Aux Dodus d'Audhuy – *Mas d'Audhuy - 46700 Duravel - 05 65 36 44 12 - http://auxdodus.free.fr - fermé nov.-mars - - réserv. conseillée - 3 ch. 70/95 € - 10 € - repas 25 €.* Les trois chambres sont aménagées dans une ancienne grange à tabac et dans un pigeonnier. Elles sont spacieuses, décorées avec goût et dotées de beaux meubles de famille. Salon « cosy », ravissant jardin, piscine avec vue sur la campagne... Un havre de calme et de nature.

Chambre d'hôte Château de la Coste – *46700 Grézels - 16 km à l'O de Luzech par D 8 - 05 65 21 38 28 - gervais.coppe@wanadoo.fr - fermé sept.-juin - - réserv. obligatoire – 4 ch. 80/110 € .* Authentique château médiéval superbement érigé au-dessus de la vallée du Lot. Petite ou grande, chaque chambre, splendide, est personnalisée, et le panorama qui se déroule au pied de la forteresse est somptueux.

Château Onésime – *Les Cambous - 46220 Prayssac - 15 km au NO de Luzech par D 8 jusq. à Anglars et D 67 dir. Prayssac - 05 65 36 54 57 - www.chateau-onesime.com - 5 ch. 135/145 € - repas 30 €.* Ravissante demeure du 18e s. nichée au cœur du vignoble de Cahors. Vastes chambres personnalisées, piscine, sauna, jacuzzi, élégant salon et parc tourné vers la campagne. Appétissante table d'hôte, cours de cuisine et caveau de dégustation.

Se restaurer

Auberge Imhotep – *La Rivière Haute - 46140 Albas - 4 km à l'O de Luzech par D 8 - 05 65 30 70 91 - fermé dim. soir et lun. - réserv. conseillée - 15/43 €.* Architecte de l'Égypte ancienne, Imhotep a aussi institué la méthode de gavage des oies. D'où le nom donné à cette charmante auberge qui confectionne ses foies gras et autres plats régionaux dans le respect de la tradition. Prix très raisonnables. Un menu pour les végétariens.

Le Gindreau – *46150 St-Médard - 8,5 km au NE de Castelfranc par D 911 et D 5 - 05 65 36 22 27 - le.gindreau@ wanadoo.fr - fermé 1er-17 mars, 18 oct.- 18 nov., lun. et mar. - réserv. obligatoire dim. et j. fériés - 35/85 €.* Imaginez les temps anciens où ce restaurant était encore l'école du village, à l'ombre des marronniers de la jolie terrasse sur les hauteurs. Salle à manger cossue avec ses boiseries et ses murs décorés de tableaux. Table soignée et réputée au goût du jour.

Que rapporter

Marché – À Duravel : le 13 juil., marché nocturne. 14 et 15 août : foire aux vins et produits régionaux. À Prayssac : en juil.-août, dim. matin. Marché des producteurs de pays du Lot.

Château de Chambert – *Marc et Joël Delgoulet, les Hauts-Coteaux - 46700 Floressas - 05 65 31 95 75 - www.chambert.com - tlj sf dim. 8h30-12h30, 14h-18h30 - fermé 1er janv., 1er Mai et 25 déc.* De nombreuses médailles remportées dans plusieurs concours viticoles ont récompensé ce vin de Cahors élaboré sur un domaine de 57 ha cultivé en « production intégrée ». La maison commercialise également Le Rogomme, boisson apéritive à base de raisin bouilli et de vieux brandy. Visite des chais ; caveau de dégustation.

Clos Triguedina – *Jean-Luc-Baldès - 46700 Puy-l'Évêque - 05 65 21 30 81 - triguedina@laposte.net - tlj sf dim. 9h-12h, 14h-18h - fermé 25 déc. et 1er janv.* La famille Baldès, où l'on est vignerons depuis huit générations, cultive avec passion et savoir-faire ce domaine viticole de près de 60 ha. Le Clos Triguedina, fruit de leurs efforts, est l'un des fleurons de l'appellation cahors et l'un des crus les plus primés du Quercy. Visite des caves, du chai et du musée familial.

se promener

Débuter la promenade du haut de l'Impernal.

Point de vue★

Du haut de l'Impernal, la vue embrasse Luzech ramassée au pied de son *pech*, puis le promontoire de la Pistoule, comme une proue de navire fendant la plaine alluviale où le Lot serpente parmi d'opulentes cultures.

Descendre par le sentier balisé (GR) sur la ville.

Donjon

Accès depuis la place des Consuls. On y pénétrait à l'origine par la petite porte ogivale du premier étage. De la terrasse de ce donjon du 12ᵉ s., la vue plonge sur la ville aux toits bruns, dans son écrin de cultures et de prairies, tandis que des collines cernent l'horizon.

Ville ancienne

Dans l'ancien faubourg du Barry, de pittoresques ruelles relient la rue du Barry-del-Valat aux quais.

De l'autre côté de la place du Canal, le quartier de la place des Consuls conserve son aspect médiéval où se mêlent briques et pierres : chapelle des Pénitents (12ᵉ s.), porte du Capsol avec son ogive de brique, ou encore maison des Consuls ornée de belles fenêtres géminées.

visiter

Musée archéologique Armand Viré

☎ 05 65 20 17 27 - juil.-août : 10h-13h, 15h-19h, dim. 10h-12h ; sept.-juin : tlj sf dim. 10h-12h30, 14h30-17h30, sam. 10h-12h30 - fermé de Noël à déb. janv. et j. fériés - 3 € (-12 ans gratuit).

Aménagé dans la belle cave voûtée de la maison des Consuls du 13ᵉ s. *(Office de tourisme)*, ce musée retrace l'histoire du riche site de Luzech, du paléolithique à la période gallo-romaine. Les objets de la collection proviennent des fouilles du plateau de l'Impernal et de la grotte creusée dans ses flancs.

Objets d'exception
Un modèle réduit de la **colonne Trajane★**, diffusée dans l'Empire romain au début du 2ᵉ s. après J.-C., ou encore l'insolite comme la **cuiller articulée** gallo-romaine en bronze et en fer.

alentours

Notre-Dame-de-l'Île

1,2 km au Sud par la D 23.

Dans un cadre paisible de vignes et de vergers, sur la toile de fond des coteaux abrupts enserrant le Lot, cette chapelle de style gothique flamboyant (début 16ᵉ s.) s'élève à l'extrême pointe de l'isthme. Ce lieu de pèlerinage remontant au 13ᵉ s. est encore très fréquenté comme l'attestent plusieurs ex-voto.

Église de Cambayrac

3 km au Sud par la D 23 et la D 67.

Elle se signale par son clocher-mur en forme de chapeau de gendarme. À l'intérieur, l'abside romane fut revêtue au 17ᵉ s. d'un rare décor de marbres et de stucs dans le goût classique.

circuit

LES « CINGLES » DU BAS PAYS

Circuit de 85 km – compter environ une journée. Quitter Luzech par l'Ouest en empruntant la D 8.

C'est à travers les causses du Quercy que le Lot déroule ses plus beaux atours, au pied d'escarpements couverts de châtaigneraies et de villages-promontoires. Depuis la route qui suit la rive gauche de la rivière, vous découvrirez d'agréables perspectives sur la vallée.

Albas

Cette bourgade, ancienne résidence des évêques de Cahors, a conservé les vestiges du château épiscopal et des rues étroites bordées de maisons anciennes.

Poursuivre sur la D 8.

Anglars-Juillac

Le portail de l'église romane a été orné à la Renaissance d'une Crucifixion quelque peu malmenée par les années.

Poursuivre sur la D 8. Après 2,5 km, tourner à gauche dans la D 50.

Les villages érigés sur la rive gauche du Lot dominent fièrement la vallée. Albas en est un bel exemple.

TERRASSE
Sur la place du village, dominant la vallée du Lot, une petite terrasse ombragée accueille les visiteurs.

Bélaye

Ce village occupe le sommet d'une de ces hautes falaises qui bordent le Lot et que l'on appelle dans la région une « cévenne ». De la place supérieure se révèle une **vue**★ étendue sur la vallée. Qui prend le temps de parcourir le bourg découvre nombre de souvenirs de ce fastueux passé où Bélaye était intégré au fief des évêques de Cahors : les vestiges du château du coseigneur, qui se dresse à l'extrémité de la « montagne » et que l'on découvre déjà du fond de la vallée ; le château de l'évêque, dont il ne reste d'intact que le mur méridional ; ou encore l'église de l'hôpital, du 14e s.

Rejoindre et poursuivre sur la D 8 (à gauche).

Grézels

Les évêques de Cahors possédaient la vallée du Lot de Cahors à Puy-l'Évêque, et Grézels marquait une des limites de leur fief. Ils avaient donc construit au 12e s. le **château de La Coste** pour défendre l'entrée de leur territoire. Transformé pendant la guerre de Cent Ans par les Guiscard en château fort et restauré au 14e et au 16e s., il tomba à l'abandon après la Révolution. *☎ 05 65 21 34 18/38 28 - juil.-août : visite conférence (1h30) jeu. et dim.16h30 ; musée du Vin : visite libre 15h-18h - 4 € (-12 ans gratuit), musée seulement 2 €.*

Poursuivre sur la D 8.

Arrivé à proximité du pont de Courbenac, découvrez la meilleure **vue** d'ensemble sur la ville de Puy-l'Évêque *(voir plus loin).*

Continuer sur la D 8 jusqu'à Touzac. Après avoir franchi le Lot, prendre à gauche la D 911, puis à droite vers Cavagnac. Rejoindre au Nord la D 673 (à gauche), puis après 2,5 km, tourner à droite dans la D 158.

Château de Bonaguil★★ *(voir ce nom)*

Revenir vers Couvert (D 158). Après 500 m, prendre à gauche en direction de St-Martin-le-Redon.

Sur la gauche, une très belle **vue**★ (possibilité de parking) s'offre sur le château de Bonaguil dressant sa fantastique silhouette dans son écrin de verdure.

St-Martin-le-Redon

Ce joli village, qui conserve encore de belles bâtisses anciennes, est connu pour les eaux de la source St-Martial qui avaient la réputation de guérir les maladies de peau.

Quitter St-Martin en empruntant la D 673 vers Gourdon.

Montcabrier

Cette bastide fut fondée en 1297 par Guy de Cabrier, sénéchal de son état, qui lui donna son nom, puis elle fut dotée en 1304 d'une charte de franchise par Philippe le Bel. Autour de la place, quelques maisons anciennes, dont la maison de la Cour royale (16e s.), occupent encore le tracé régulier du plan d'origine.

Reconstruite en partie au 14e s., l'**église** présente un portail flamboyant restauré surmonté d'un joli clocher ajouré. À l'intérieur, objet d'un pèlerinage local, une statue d'un style plutôt rustique (14e s.) représentant Saint Louis, le saint patron de la paroisse, est entourée d'ex-voto.

Quitter Montcabrier par le Sud-Est en empruntant la D 68, puis, après 1 km, tourner à droite dans la D 58.

Duravel

Rattachée à un prieuré, l'**église** fut édifiée au 11e s. ; elle possède un chœur décoré de chapiteaux historiés ; des colonnes ornées de chapiteaux plus anciens rythment une intéressante **crypte préromane**. Le bourg et l'église furent cédés à l'abbaye de Moissac qui y transféra les corps des saints Hilarion, Poémon et Agathon, encore conservés au fond de l'abside. L'exposition solennelle de leurs reliques, appelée « ostension », a lieu tous les cinq ans en octobre.

Quitter Duravel par le Sud en empruntant la D 911.

Puy-l'Évêque

Étagée sur la rive droite du Lot, la petite ville regroupe ses vieilles maisons aux belles pierres ocre jaune autour de son donjon et de son église.

Église St-Sauveur – *Juin-sept. : 10h-18h30 ; reste de l'année : w.-end et fêtes religieuses 10h-18h30.* Construite au Nord-Est de la ville, l'église était située à l'extrémité du système défensif dont elle faisait partie. L'édifice, précédé d'un puissant clocher-porche flanqué d'une tourelle, s'ouvre sur un magnifique **portail**, couronné d'un fronton en accolade et décoré de statues : on reconnaît aux pieds du Christ en croix, la Vierge et saint Jean. La nef, surélevée, date des 14e et 15e s. Par l'ouverture gauche du porche, on accède au cimetière où l'on découvre une croix de calvaire (15e s.) ornée de sculptures illustrant la Flagellation et la Crucifixion du Christ.

Redescendre vers la place du Rampeau pour rejoindre la place du Mercadiel. Au-delà de la Grande-Rue, le bourg s'accroche au promontoire dans un entrelacs de rues et ruelles.

Donjon – Seul vestige du château épiscopal, il remonte au 13e s. Haut de 23 m, il domine les anciennes dépendances du palais épiscopal, comme la Lychairie, vaste salle capitulaire.

Esplanade de la Truffière – Contre le donjon, découvrez une **vue** étendue sur la vallée. Puy-l'Évêque marque la limite des amples méandres du Lot. Le fond alluvial s'élargit considérablement, terrasses et collines sont couvertes de vignes, tandis que la plaine est tapissée de cultures.

Quitter Puy-l'Évêque par le Nord en empruntant la D 28.

Passé sous la suzeraineté des évêques de Cahors, Puy-l'Évêque garde gravées dans sa toponymie les traces de la domination épiscopale.

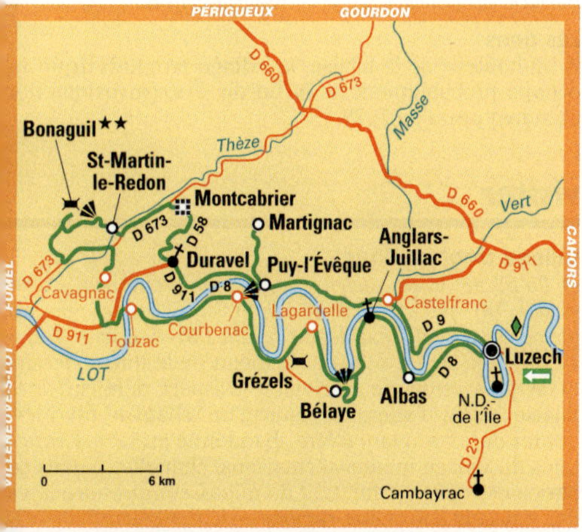

Martignac

Ce village possède une belle **église** rustique. Bâtie en pierre jaune et surmontée d'un haut clocher barlong à pans de bois, elle présente une nef et un chœur décorés de **fresques** du 15e s. Dans la nef, un personnage monté sur un homme figure la Paresse, un autre, un jambon sous le bras, la Gourmandise, tandis qu'une femme chevauchant un bouc symbolise la Luxure. Face à cette fresque se déroulent le Couronnement de la Vierge et l'Entrée des élus au Paradis, conduits par saint Michel et accueillis par saint Pierre. Dans le chœur, on distingue une Mise au tombeau, des anges.

Regagner Puy-l'Évêque, puis prendre la D 911 qui ramène à Luzech. La route longe la rive droite du Lot.

Les tons jaune et ocre dominent dans les fresques de l'église de Martignac. Malgré la raideur des attitudes, l'expression des physionomies et la composition des scènes donnent à cet ensemble un intérêt certain. Dans la voûte du chœur, admirez un superbe Christ en majesté.

Site de la Madeleine★

En vous promenant le long de la Vézère, le moment arrivera où vous lèverez les yeux et apercevrez des fenêtres dans la falaise. Pas de panique, vous n'êtes pas victime d'hallucinations ; vous êtes simplement arrivé à la Madeleine, splendide village troglodytique de dix siècles d'âge.

La situation

Carte Michelin Local 329 H6 – Dordogne (24). Accès depuis Les Eyzies, par Tursac et le pont vers l'Espinasse.

19 r. de-la-Préhistoire, 24620 Les Eyzies-de-Tayac, ☎ 05 53 06 97 05. www.leseyzies.fr

Le nom

Le site de la Madeleine doit son nom à une chapelle. Agrandie et voûtée d'ogives au 15e s., elle fut dédiée à la sainte. Ce site donnera ensuite son nom à la dernière période du paléolithique, le **magdalénien**.

Les gens

À mi-hauteur de la falaise, le **village troglodytique** fut occupé probablement de la fin du 9e s. (invasions normandes) jusqu'en 1920.

visiter

Village troglodytique

☎ 05 53 46 36 88 - www.site-de-la-madeleine.com - visite guidée (1h) - juil.-août : 9h30-19h ; reste de l'année : possibilité de visite guidée sur demande 10h-18h - 5 € (enf. 3 €).

Le paysage est façonné par le méandre le mieux dessiné et le plus étroit de la rivière. L'aspect défensif de la falaise retint l'attention puisqu'un château fut élevé autour du 13e s. avant d'être abandonné au 17e s. Les vestiges du village médiéval (maisons, chapelle...) dans cet abri sous roche permettent de mieux comprendre la vie des paysans dans cette région.

J. Damase/MICHELIN

Une vingtaine d'habitations, aménagées sous le rocher, à proximité d'une source, et protégées par une étroite entrée fortifiée, permettaient à une centaine de personnes de séjourner en période troublée, voire de façon continue.

Au pied de la falaise s'étend le **gisement paléolithique** qui permit de définir la culture du magdalénien. Fouillé dès 1863 par Lartet, puis Peyrony, il livra, en 1864, une plaque d'ivoire comportant la gravure d'un mammouth, espèce dont on a retrouvé des cadavres congelés en Sibérie. L'homme qui a figuré ce mammouth en avait vu : preuve était faite d'un art très ancien, plus vieux que les menhirs de Bretagne. Certaines des nombreuses pièces (dont des parures) trouvées ici sont visibles au musée national de Préhistoire des **Eyzies** *(voir ce nom)*.

Marcilhac-sur-Célé

C'est au cœur d'un cirque de falaises blanches que Marcilhac se love et profite des eaux du Célé pour se refléter. À deux pas des berges, vous attendent les ruines d'une abbaye bénédictine dont l'influence rayonna jusqu'à Rocamadour.

La situation

Carte Michelin Local 337 G4 - Schéma p. 204 - Lot (46). Dans le village, entre Cahors et Figeac, traversé par la D 41, privilégier le parking situé en face de la mairie (aire de repos aménagée).

ℹ *Maison du Roy, 46160 Marcilhac-sur-Célé, ☎ 05 65 40 68 44.*

Le nom

La présence d'une villa gallo-romaine, portant le nom de son propriétaire, Marcilius, est à l'origine du nom de Marcilhac, tout comme de celui de Marcillac (dans l'Aveyron).

Les gens

194 Marcilhacois. Située au Nord-Ouest du village, la chapelle N.-D.-de-Pailhès, dite aussi du Bon-Rencontre, fait encore l'objet d'un pèlerinage le jeudi de l'Ascension.

comprendre

Dans le maquis de la procédure – Au 11e s., l'abbaye de Marcilhac possède l'humble sanctuaire de Rocamadour, mais le laisse à l'abandon. Profitant de cette négligence, des moines de Tulle s'y installent. En 1166, la découverte du corps de saint Amadour *(voir Rocamadour)* en fait un riche et célèbre lieu de pèlerinage. Marcilhac se souvient alors de son droit et fait chasser les moines. Peu après, l'abbé de Tulle s'empare de nouveau de Rocamadour ; les procès succèdent aux procès. L'affaire est épineuse, l'évêque de Cahors, le légat, l'archevêque de Bourges, le pape lui-même, appelés

SE LOGER

Chambre d'hôte Les Tilleuls – *☎ 05 65 40 62 68 - www.les-tilleuls.fr.st - fermé déc. - 4 ch. 40/42 €.* Cette belle demeure du 19e s. située au centre du village est tenue de main de maître par une hôtesse chaleureuse et de bon conseil pour la découverte de la région. Chambres simples et petits déjeuners copieux, agrémentés de confitures maison et servis dans la splendide cuisine. Location de gîtes.

à se prononcer, évitent de trancher ; enfin, après un siècle de chicanes, Marcilhac accepte une indemnité de 3 000 sols et abandonne Rocamadour. Jusqu'au 14e s., l'abbaye jouit d'une remarquable prospérité, mais, pendant la guerre de Cent Ans, les bandes anglaises et les Grandes Compagnies l'anéantissent. Après les troubles de la Réforme, Marcilhac passe aux mains des Hébrard de Saint-Sulpice qui délaissent l'établissement. Faute d'entretien et de moyens, les religieux doivent renoncer à la vie conventuelle et loger chez... l'habitant.

visiter

Ancienne abbaye

L'église abbatiale se compose de deux parties bien distinctes.

S. Sauvignier/MICHELIN

Remarquez dans la partie romane de l'abbatiale une haute tour carrée, vraisemblablement fortifiée au 14e s.

Partie romane – Le porche, à l'Ouest, et les trois premières travées de la nef sont à ciel ouvert et flanqués d'une haute tour carrée. Au Sud, une porte en plein cintre est surmontée d'un **tympan** sculpté représentant le Jugement dernier : le Christ en majesté, entouré de deux emblèmes figurant le Soleil et la Lune, est placé au-dessus de deux anges trapus aux ailes déployées et de saint Pierre et saint Paul. Ces sculptures, d'un style archaïque, semblent remonter au 10e s.

Franchir cette porte et pénétrer à droite dans l'église.

Partie gothique – Fermée à l'Ouest au-delà de la 4e travée, la partie de l'église relevée au 15e s. est de style gothique flamboyant. Reprenant des éléments de l'église primitive, le chœur, voûté en étoile, est entouré d'un déambulatoire. Une stalle baroque aux armes des Hébrard recèle une somptueuse **miséricorde** sculptée d'une tête d'ange.

Une chapelle à gauche du chœur conserve des fresques du 15e s. : le Christ bénissant est entouré des douze apôtres ; sous chaque apôtre, on peut lire son nom et une phrase qui le caractérise. Le blason au centre de chaque triade est celui des Hébrard de Saint-Sulpice.

En sortant de l'église, prendre sur la droite, dans la 2e travée romane, un sentier qui conduit à l'ancienne salle capitulaire.

Salle capitulaire – Elle date du 12e s. Ses baies sont décorées de chapiteaux romans d'une grande finesse, alternativement exécutés en calcaire gris bleu et pierre de stalagmite rosée. Certains d'entre eux sont exposés au musée de Cahors.

Gagner une esplanade ombragée de platanes : une tour ronde indique l'emplacement de la maison de l'abbé. Au bord du Célé, à droite, une poterne perce les anciens remparts. Revenir au pied des vestiges romans.

Château de **Mareuil**

Couvert de tuiles roses, le château de Mareuil est une drôle de forteresse qui apparaît un peu de guingois à cause de nombreux remaniements, mais cela lui donne beaucoup de charme. Cette bâtisse veille sur le village (une des portes du Périgord) et ses visiteurs.

La situation

Carte Michelin Local 329 D3 – Dordogne (24). Le gros bourg de Mareuil est situé à l'intersection de la D 708 et de la D 939, sur l'axe Périgueux-Angoulême. Il fait partie du **Parc naturel régional Périgord-Limousin** *(voir Nontron).*

ℹ 12 r. Pierre-Degail, 24340 Mareuil, ☎ 05 53 60 99 85.

Le château de Mareuil a conservé de son passé féodal des douves, un mur d'enceinte et les tours de l'entrée.

Le nom

Le mot serait d'origine gauloise, composé à la fois de *maro*, « grand », et de *-ialo*, qui aurait donné les finales en *-euil* (comme Excideuil) et désigne un lieu découvert.

Les gens

Mareuil fut le siège de l'une des quatre baronnies du Périgord, ce qui explique le caractère très défensif de la forteresse.

visiter

☏ 05 53 60 99 85 - visite guidée juil.-août : tlj sf dim. mat. 10h-12h, 14h-18h ; de fin mars à fin juin : tlj sf mar. et dim. mat. : 10h-12h30, 14h-17h ; de déb. sept. à mi-oct. : tlj sf mar. et dim. mat. : 10h-12h, 14h-17h ; de mi-oct. à fin nov. : tlj sf mar. 14h-17h ; de fin nov. à fin mars : dim. 14h-17h - se renseigner pour les tarifs.

Au 15e s., Geoffroi de Mareuil fait reconstruire le château de ses ancêtres pour le rendre plus conforme aux aspirations du moment. La forteresse n'en garde pas moins nombre d'éléments de défense : douves, mur d'enceinte et deux tours cylindriques, tout en intégrant des éléments Renaissance.

Dans la tour de gauche se niche une **chapelle** de style gothique flamboyant. Au-delà du châtelet qui surveillait l'accès au château, un corps de logis s'articule en équerre autour d'un ancien donjon. En gravissant l'escalier à vis de ce dernier, l'on accède aux appartements comme la **salle du Conseil** (beau dallage du 15e s.), ou cette chambre qui présente une amusante collection de poupées anciennes. Dans une autre pièce consacrée au premier Empire, mobilier et documents racontent l'histoire du **maréchal Lannes**, duc de Montebello, ancêtre des précédents propriétaires.

Jardins de Marqueyssac★★

À la pointe d'un éperon rocheux surplombant la vallée de la Dordogne, les jardins de Marqueyssac offrent un paysage varié selon l'exposition, changeant selon les saisons, nuancé selon l'heure : une pluie d'orage ranimant la senteur des buis omniprésents, une brume matinale s'éfaufilant sur les topiaires, l'ombre des chênes verts abritant du soleil d'été... L'enchantement est de tous les instants.

La situation

Carte Michelin Local 329 H7 - schéma p. 184 - Dordogne (24). à 9 km de Sarlat. Au Sud du Périgord noir, entre Beynac-et-Cazenac et La Roque-Gageac, à Vézac exactement, se trouve Marqueyssac. Vaste parking à l'entrée.

Le nom

Comme tous les noms en « ac », celui de Marqueyssac a été donné à un domaine gallo-romain qui appartenait à Marcassius. Au Moyen Âge, une famille noble prit ce nom et le redonna aux propriétés qu'elle acquérait, c'est pourquoi il existe plusieurs lieux-dits Marqueyssac en Périgord.

Les gens

Quatre jardiniers pour entretenir le parc, un tourneur sur buis, deux conducteurs de calèche (et quatre chevaux), cinq hôtesses pour vous accueillir à la librairie-boutique, et dix personnes qui se relaient pour vous recevoir au salon de thé-glacier.

comprendre

FOLIE DE BUIS
Allez voir l'**artisan tourneur** qui officie près de l'entrée, il vous parlera du buis, dont le bois est dur et compact, sans veines et d'une couleur jaune qui acquiert un beau poli.

Bertrand Vernet de Marqueyssac acquiert le domaine en 1692, fait élever les murailles de quatre terrasses ornées de tours carrées aux toitures de lauze et décide d'embellir les lieux. Il aurait confié le dessin du jardin à Porcher élève du célèbre jardinier Le Nôtre. Mais c'est **Julien de Cerval** qui, au 19e s., s'appuyant sur une connaissance approfondie des jardins italiens, va donner une autre dimension à l'ordonnancement classique. À l'abondante plantation de **buis** s'ajoutent des bosquets de cyprès, des rocailles d'inspiration romantique, des cabanes en pierres sèches et une chapelle de style gothique dédiée à saint Julien. Après la Seconde Guerre mondiale, les buis se développent en toute liberté et le tracé des jardins disparaît. En 1996, Kléber Rossillon reprend les choses en main décidé à rendre sa magnificence d'antan à Marqueyssac.

Qu'il fait bon marcher dans les jardins de Marqueyssac où les buis prennent les formes les plus inattendues.

visiter

05 53 31 36 36 - www.marqueyssac.com - juil.-août : 9h-20h (dernière entrée 1h av. fermeture) ; avr.-juin et sept. : 10h-19h ; fév.-mars et de déb. oct. au 11 Nov. : 10h-18h ; du 12 nov. à fin janv. : 14h-17h - possibilité de visite guidée (45mn) - 6,60 € (enf. 3,30 €) - 11,20 € (enf. 5,60 €) billet jumelé avec Castelnaud.

Le parc de Marqueyssac couvre 22 ha où serpentent 6 km d'allées à travers 150 000 pieds de buis (au moins) taillés à la main. À l'entrée, les dépendances rappellent le passé d'exploitation agricole du domaine. Devant le château, qui est une résidence d'agrément de la fin du 18e s., la terrasse d'honneur présente un agencement géométrique (le seul) évoquant la symétrie des deux corps du bâtiment. La **terrasse du bastion** est plantée de buis soigneusement taillés aux formes ornementales variées (topiaires), tandis que les cyprès structurent le paysage. Ensuite s'ouvrent à vous **trois promenades** qui mènent au belvédère ; quelques petits chemins de traverse permettent de passer de l'une à l'autre. Si le temps vous est compté, choisissez celle des hauteurs ou des falaises à l'aller et revenez en **calèche** *(gratuite)* par la grande allée. Dans cette partie boisée de chênes verts, les buis se déploient plus librement, certains sont arqués en tonnelles. Les sentiers sont jalonnés de panneaux renseignant sur la faune, la flore et l'histoire. Ainsi on

NOCTURNES
Marqueyssac aux chandelles – *Juil.-août : jeu. de 19h à minuit (dernière entrée 23h). 9 € (-10 ans gratuit). Pour la visite complète des jardins, il est impératif d'arriver 1h av. le coucher de soleil. Risque d'annulation en cas de pluie.* Chaque soirée, deux mille bougies sont mises en place dans les jardins et une centaine de sources lumineuses jalonnent la promenade des falaises jusqu'aux cascades. Animations musicales : pianiste et quatuor de saxophones.

apprend tout en se promenant, s'arrêtant pour admirer les points de vue. Les petits pourront se détendre dans l'aire de jeux et les grands méditer sous les frondaisons. Aménagé par Julien de Cerval, le belvédère est à présent doté d'une passerelle qui surplombe un vide de 130 m. De là, le **panorama★★** est superbe sur les villages et châteaux environnants : La Roque-Gageac, Castelnaud, Fayrac, Beynac, et sur les cingles de la Dordogne animée en été par le ballet des canoës et des gabares.
Avant de partir, les curieux se rendront au « Pavillon de nature », à côté de la volière, qui abrite une collection de dioramas réalisés entre 1848 et 1864.

Martel★

Délicieuse petite ville au nom suggestif, Martel fait corps avec son histoire, et on s'attend presque, au détour d'une ruelle, à voir surgir un preux chevalier en armure, qui, monté sur un beau destrier, caracolerait de tour en tour (il y en a sept).

La situation

Carte Michelin Local 337 F2 - Schéma p. 182 - Lot (46). La N 140 arrive sur la place Gambetta qui s'ouvre sur le boulevard des Cordeliers, large rue animée aux portes du vieux Martel.

i *Pl. des-Consuls, 46600 Martel, ☎ 05 65 37 43 44. www.ot-martel.com*

Le nom

Eh non, Charles n'est pour rien dans la fondation de la ville. Il est vrai que sa spécialité, c'était plutôt de détruire... et Martel doit son nom à un honorable paysan gallo-romain de la région, un dénommé Marcullus.

Les gens

1 467 Martelais. Le plus connu est donc Charles Martel. Qui n'a pas entendu parler du capitaine qui a arrêté les Arabes à Poitiers en 732 ?

Marteau ?
Le fameux Charles Martel préférait le marteau à toute autre arme. Il faut dire qu'à l'époque sa forme était très différente et beaucoup plus dangereuse !

comprendre

La légende des trois marteaux – Après avoir arrêté les Arabes à Poitiers en 732, **Charles Martel** les poursuivit en Aquitaine. Quelques années plus tard, il leur livre un nouveau combat et les anéantit. Pour commémorer cette victoire sur les « infidèles » et remercier Dieu, il fait édifier en ce lieu une église, près de laquelle s'élève bientôt une ville qui reçoit alors le nom de Martel et qui place sur son blason trois marteaux, en souvenir de son fondateur.

Bâtie sur un causse du Haut-Quercy éponyme, Martel a été surnommée « la ville aux sept tours ».

carnet pratique

Transports

Chemin de fer touristique du Haut-Quercy « Le Truffadou » – ☎ *05 65 37 35 81*. Un sifflement, un gros panache de fumée à l'odeur familière, et vous voici transportés 50 ans en arrière à bord d'un vrai train à vapeur ou diesel, de Martel à St-Denis-lès-Martel. Circulant sur les falaises à plus de 80 mètres de haut en corniche, il vous fera découvrir la vallée de la Dordogne et ses châteaux, et la riche histoire de cette ligne, devenue concurrente des gabares de la rivière Espérance en 1889. *Visite commentée (1h env.). Train à vapeur : juil.-août : dim.-jeu. 11h, 14h30, 16h. ; avr.-juin et sept. : dim. et j. fériés 11h, 14h30, 16h ; Train diesel : juil.-août : vend. 11h, 14h30, 16h., sam. 14h30 ; avr.-juin et sept. : mar. et jeu. 14h30.*

Se loger

Chambre d'hôte Cabrejou – *46600 St-Denis-lès-Martel - 3 km à l'E de Martel par D 703 - ☎ 05 65 37 31 89 - www.ferme-cabrejou.com - 7 ch. 35/40 € - repas 15 €.* Cette exploitation agricole (production de noix) vous accueille dans une très jolie maison en pierre. Les chambres, simples et confortables, sont en partie aménagées dans une annexe. Agréable jardin et table d'hôte en saison.

Chambre d'hôte La Cour au Tilleul – *Av. du Capitani - ☎ 05 65 37 34 08 - www.la-cour-au-tilleul.com - 3 ch. 55/60 €.* Voici une adorable maison, dont la façade date du 12e s. ! Ses chambres coquettes et accueillantes sont toutes personnalisées. Aux beaux jours, les copieux petits déjeuners sont servis dans la ravissante cour intérieure, à l'ombre d'un tilleul.

Se restaurer

Ferme-auberge Le Moulin à Huile de Noix – *Rte de Bretenoux - 3 km à l'E de Martel par D 803 - ☎ 05 65 37 40 69 - fermé 11 nov.-25 mars et lun. - réserv. obligatoire - 13,50/22,50 €.* Dans la très belle salle de ce moulin datant du 17e s., vous goûterez une savoureuse cuisine du terroir. En été, les mardis et jeudis après-midi, vous pourrez aussi y découvrir la fabrication de l'huile, effectuée dans la tradition. Petite boutique de produits maison dans l'ancienne cave.

Au Vieux Four – *Av. Augustin-Garcia - 46110 Les Quatre-Routes - 8 km au NE de Martel par D 96 - ☎ 05 65 32 01 98 - fermé lun. - réserv. obligatoire le w.-end - 11/33 € - 5 ch. 40/49 € - 6,50 €.* Vous serez bien accueilli dans ce petit restaurant au décor simple. La carte est soignée, et la cuisine élaborée à partir de produits frais. L'hiver, on cuit le pain « maison » dans l'imposant four de l'arrière-salle. Depuis peu, on propose également cinq chambres rénovées.

Que rapporter

Foire et marchés – Marché traditionnel mercredi et samedi matin sous la halle. Marché de la noix en juillet. Marché aux truffes en décembre et janvier. Foire de la laine le 23 juillet.

Martel et la vicomté de Turenne – Si la fondation de Martel par le vainqueur de la bataille de Poitiers relève plus du conte que de l'histoire, on sait en revanche que les vicomtes de Turenne en firent une communauté urbaine importante dès le 12e s. En 1219, le vicomte Raymond IV octroie à Martel une charte la reconnaissant comme ville libre et lui accorde l'exemption d'impôts vis-à-vis du roi et le droit de frapper monnaie. Très vite, la cité s'organise avec un conseil communal et un consulat ; elle devient le siège du bailliage royal et de la sénéchaussée. Son apogée se situe à la fin du 13e s. et au début du 14e s. ; ensuite, elle connaît les vicissitudes de la guerre de Cent Ans : jamais prise, la ville tombe aux mains des Anglais par le traité de Brétigny. Elle connaît aussi les ravages des guerres de Religion, pendant lesquelles elle est saccagée par les bandes huguenotes. En 1738, la vente de la vicomté de Turenne au roi fait perdre ses privilèges à Martel qui devient une simple châtellenie.

Justice
Véritable cour d'appel où se traitaient toutes les affaires juridiques de la région, la sénéchaussée occupait plus de cinquante magistrats, juges et avocats.

Le fils rebelle – À la fin du 12e s., Martel est le théâtre d'un épisode des tragiques discordes qui mettent aux prises le roi d'Angleterre **Henri Plantagenêt**, sa femme, Aliénor d'Aquitaine, et leurs quatre fils. Le ménage royal est un enfer. Henri ne peut plus supporter Aliénor, déjà répudiée par le roi de France : il l'enferme dans une tour. Les fils prennent alors les armes contre le père et l'aîné, **Henri Court-Mantel**, ravage la vicomté de Turenne et le Quercy. Pour le punir, Henri Plantagenêt donne ses terres à son troisième fils, Richard Cœur de Lion, et suspend sa pension. Henri Court-Mantel, sans ressources, pille les trésors des abbayes. À Rocamadour, il enlève la châsse et les pierreries de saint Amadour. Mais, comme il quitte la ville, la cloche miraculeuse tinte : c'est un avertissement de Dieu. Henri s'enfuit jusqu'à Martel où

Fauché
C'est à Rocamadour qu'Henri Court-Mantel, vraiment sans le sou, vend Durandal, l'épée de Roland.

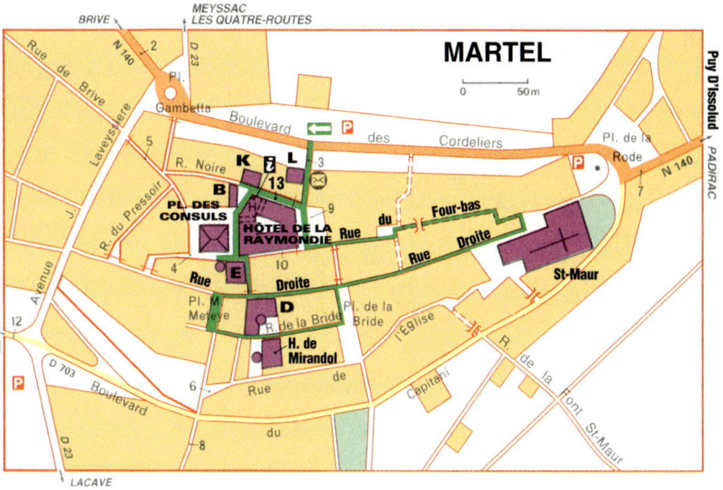

Brive (Rte de) 2
Gourdal (R. J.-) 3
Mantel (R. H.-) 4
Mercière (R.) 5
Mirepoises (R. des) 6
Porte Pinche (R. de la) 7
Pourtanel (R. du) 8
Ramet (Pl. H.-) 9
Senlis (R.) 10
Souillac (Rte de) 12
Tournemire (R.) 13

Hôtel de la Monnaie .... K
Hôtel Vergnes-de-Ferron .... D
Maison Fabri .... E
Maison Grise L
Tour de Tournemire .... B

il arrive malade et confesse ses crimes. Son père lui envoie son pardon par messager. Henri Court-Mantel agonise sur un lit de cendres, une lourde croix de bois sur la poitrine. Bientôt il expire, adressant à sa mère Aliénor un suprême adieu.

se promener

Ancienne enceinte

Des boulevards – fossés des Cordeliers, fossés du Capitani – ont été aménagés à l'emplacement des remparts des 12e et 13e s. La **tour de Tournemire**, qui servit à la fois de tour de guet et de prison, la porte de Souillac et la porte de Brive évoquent l'époque où Martel était une ville forte, protégée par une double enceinte. La seconde muraille englobait alors les faubourgs de la ville.

Laisser la voiture au parking aménagé à l'emplacement des anciens remparts Nord. Passer entre la poste et la tour de Tournemire pour pénétrer dans la vieille ville.

Rue du Four-Bas

Traversée par une archivolte ogivale, elle conserve quelques maisons Renaissance.

Suivre cette rue en direction de la place de la Rode.

Église St-Maur

Cet édifice gothique (14e-16e s.) était inclus dans le dispositif défensif de la ville, d'où son caractère massif : contreforts aménagés en tours de défense, mâchicoulis protégeant le chevet plat, et une tour-clocher de 40 m de haut qui prend des allures de donjon. Sous le porche s'ouvre un beau **tympan** historié, d'époque romane, représentant le Jugement dernier. La nef ne manque pas d'ampleur ; le chœur, couvert d'une savante voûte en étoile, est éclairé par une grande **verrière** du 16e s. représentant Dieu le Père, les quatre évangélistes et diverses scènes de la Passion.

Angélique

Le Christ assis, la tête entourée du nimbe crucifère, écarte les bras et montre ses plaies ; deux anges tiennent les instruments de la Passion, deux autres sonnent les trompettes de la Résurrection.

Revenir vers le centre par la rue Droite.

Rue Droite

Elle est bordée de vieux hôtels dont celui de **Vergnes-de-Ferron**, qui s'orne d'une belle porte Renaissance, et que l'on aperçoit également de la rue de la Bride.

Place de la Bride, s'engager dans la rue du même nom.

Hôtel de Mirandol

Édifié au 15e s. par François de Mirandol, il possède une grosse tour carrée avec escalier à vis.

Quitter la rue de la Bride par la place M.-Meteye, prendre à droite, puis s'engager à gauche.

Maison Fabri

FABRI OU COURT-MANTEL
Cette tour porte aussi le nom d'Henri Court-Mantel, car celui-ci y mourut en 1183.

◄ La petite tour qui barre la façade en son milieu montre sur cinq niveaux des baies ornées de frontons à boules.

Place des Consuls*

Le centre en est occupé par la **halle**, qui date du 18e s. La charpente repose sur de gros piliers de pierre. On remarque sur l'un des côtés les anciennes mesures de Martel.

Hôtel de la Raymondie*

La forteresse des vicomtes de Turenne, commencée vers 1280, a été transformée en palais gothique au 14e s. La **façade*** donnant sur la rue Senlis est remarquable par ses ouvertures : la file d'arcades en ogive du rez-de-chaussée est surmontée de sept fenêtres à roses quadrilobées. Le portail de l'entrée principale, situé place des Consuls, s'orne d'un écusson sculpté de trois marteaux. Dans les salles du 1er étage, remarquez les deux cheminées en bois sculpté et le bas-relief Renaissance.

Le **musée d'Uxellodunum** est consacré à l'archéologie préhistorique et gallo-romaine, aux objets de l'époque médiévale, mais possède également une collection de pots à pharmacie (17e-18e s.). ☎ *05 65 37 30 03 - juil.-août : 9h-12h, 15h-18h - fermé dim., j. feriés et w.-end suivant 15 août - 1 € (enf. 0,50 €).*

J. Damase/MICHELIN

L'hôtel de la Raymondie est dominé par un beffroi et couronné de tourelles d'angle.

Rue Tournemire

La rue s'ouvre à gauche de l'hôtel de la Raymondie. C'est à l'hôtel Condamine, aussi appelé **hôtel de la Monnaie** (13e s.), qu'étaient frappés écus et deniers pour la vicomté de Turenne. La **maison Grise**, du 16e s., s'orne d'un buste sculpté et d'un écusson aux trois marteaux.

visiter

Reptiland*

Sur la N 140, à environ 2 km à la sortie de Martel en direction de Figeac. ☎ *05 65 37 41 00 - www.reptiland.fr - ♿ - juil.-août : 10h-18h ; sept.-juin : tlj sf lun. 10h-12h, 14h-18h - fermé janv. - 7 € (enf. : 4,50 €).*

Dans plus d'une quarantaine de terrariums éclairés par la lumière du jour vivent quatre-vingt-douze espèces de serpents mais aussi de lézards, crocodiles, tortues et autres scorpions. Des panneaux vous permettent de connaître leur lieu de vie, leur alimentation, leur mode de reproduction... Le propriétaire, Pancho Gouygou, a pris le parti de plutôt mettre en avant la beauté et le caractère calme des serpents vivant chez lui que leur côté dangereux ou spectaculaire. Les phobiques peuvent même venir et se faire connaître à l'accueil, il s'engage à les guérir de leur peur des serpents. S'il y a des amateurs...

Château de **Monbazillac**★

Monbazillac : nom évocateur d'un breuvage divin, liqueur de soleil mise en flacon. Ce vin liquoreux fait chanter le palais et exhale le goût d'un foie gras ou d'un dessert. Monbazillac, c'est aussi un village et un château du 16e s. qui émergent d'un océan de vignes. Les anciennes caves du château abritent – il n'y a pas de hasard – un musée du Vin.

La situation

Carte Michelin Local 329 B7 – Dordogne (24). De Bergerac, on accède à Monbazillac en prenant la D 13 au Sud sur 7 km.

Le nom

Il provient de la combinaison de *mons*, « mont » en occitan, et de Basilius, personnage gallo-romain : le tout donne Monbazillac, le mont de Basile.

Les gens

En 1985, alors qu'il fouille une épave dans la Manche, un archéologue néerlandais découvre quatorze bouteilles de Monbazillac millésime... 1747. À en croire les spécialistes, le vin est semblable à celui d'une bouteille de 1960, tout en étant plus de deux siècles plus vieux. Les 899 Monbazillacois sont fiers de leur vignoble.

S. Sauvignier/MICHELIN

Tout un symbole !

visiter

Château

☎ 05 53 61 52 52 - juil.-août : 10h-19h30 ; juin et sept. : 10h-12h30, 13h30-19h ; mai et oct. : 10h-12h30, 14h-18h ; avr. : 10h-12h, 14h-18h ; nov.-mars : tlj sf lun., sur demande - fermé janv., 25 déc. - 5,90 € (13-18 ans 3,95 €, 6-12 ans 2,60 €).

L'architecture de l'édifice construit vers 1550 hésite entre une composition toute militaire et l'élégante fantaisie du style Renaissance : ses douves sèches et son chemin de ronde crénelé se conjuguent avec une façade percée de fenêtres à croisillons et surmontée de lucarnes ouvragées. À l'intérieur, vous remarquerez surtout la **Grande Salle**, ornée d'une cheminée monumentale Renaissance, de meubles et de tapisseries des Flandres du 17e s. À l'étage, reconstitution de la chambre de la vicomtesse de Monbazillac, meublée en style Louis XIII.

> **VIN DE MESSE ?**
> Monbazillac, à l'égal de Bergerac, soutint la Réforme avec ardeur. Les exportateurs de la ville fournissaient d'ailleurs en vin les protestants réfugiés aux Pays-Bas.

Cave de Monbazillac - Musée du Vin

Mêmes conditions de visite que le château.

Fraîcheur assurée pour les estivants dans ces caves, en partie taillées dans la roche, où sommeillent les meilleures productions du cru. Le musée rassemble,

S.Sauvignier/MICHELIN

Émergeant d'un océan de vignes, le château de Monbazillac est la propriété de la cave coopérative de Monbazillac qui l'a restauré et aménagé.

carnet pratique

SE RESTAURER

⊖⊖ **La Tour des Vents** – *Au Moulin-de-Malfourat - 24240 Moulin-de-Malfourat - 3 km à l'O de Monbazillac par D 14^E - ☎ 05 53 58 30 10 - moulinmalfourat@wanadoo.fr - fermé de déb. janv. à déb. fév., dim. soir, merc. soir et lun. de sept. à juin - 23/54 €.* Ce havre de paix bâti au pied d'un moulin à vent ruiné fleure bon la tradition et la douceur de vivre. Salle à manger et terrasse offrent une plaisante perspective sur le vignoble bergeracois. La goûteuse et généreuse cuisine du chef, arrosée le cas échéant d'un gouleyant monbazillac, constitue l'autre atout de la maison.

entre autres, des instruments anciens de vinification et de vendange. Et pour joindre le flacon à l'ivresse, une remarquable collection de bouteilles des 18e et 19e s. a été réunie.
Depuis 1960, la Cave de Monbazillac, propriétaire du château, exerce un véritable mécénat pour entretenir et enrichir les collections du **musée du Protestantisme et du Meuble périgourdin**.
Situés dans la cour d'honneur, les chais ont été aménagés en restaurant. En été, la terrasse ombragée permet d'échapper quelques instants au soleil brûlant.

Monpazier*

Véritable ville de guet médiévale, Monpazier est la bastide la mieux conservée du Périgord. Elle constitue un séduisant décor de vie, à découvrir en fin d'après-midi pour profiter pleinement de la lumière chaude qui fait chatoyer les pierres.

La situation

Carte Michelin Local 329 G7 – Schéma p. 102 – Dordogne (24). Avec ses 53 ha, Monpazier est l'une des plus petites communes de France. De Belvès ou de Beaumont-du-Périgord, on accède aux deux portes fortifiées au Nord du bourg d'où l'on gagne sans encombre le parking de l'église. En haute saison, prévoir un stationnement à l'extérieur de la bastide, au Sud ou au Nord.
Pl. des Cornières, 24540 Monpazier, ☎ 05 53 22 68 59.

Le nom

Il pourrait venir de *montipasseri* ou de *mont paciarus*, le « mont de la paix ». En italien, cela voudrait dire « le mont des moineaux ».

Les gens

516 Monpaziérois. La ville de Monpazier, tout comme les bourgs de Biron et de Hautefort, servit de décor au cinéaste André Hunebelle pour son film *Le Capitan* (1960), avec l'inoubliable duo Bourvil-Jean Marais.

comprendre

Des débuts difficiles – Monpazier est fondé en 1284 par Édouard Ier en association avec Pierre de Gontaut, seigneur de Biron, qui apporte les terrains. Désireux de compléter la zone de défense déjà entreprise avec la fondation des bastides de Lalinde, Beaumont, Molières et Roquépine, le souverain se trouve vite confronté à de nombreux problèmes : conflit avec le seigneur de Biron et les habitants, reprise des hostilités avec les Français, retards dans les constructions...

J. Damase/MICHELIN

Monpazier est une des bastides créées pour commander les routes allant de l'Agenais aux rives de la Dordogne.

Pour accélérer la colonisation de Monpazier, le roi Édouard menaça d'amendes les bâtisseurs trop lents à son goût.

Le temps de la Réforme – En 1574, la bastide est livrée par trahison au chef huguenot Geoffroi de Vivans qui s'illustrera plus tard par la prise de Domme *(voir ce nom)*.

Les croquants à Monpazier – Le bourg, une des « paroisses unies » de la révolte, est le lieu d'une grande assemblée en 1594. L'insurrection se rallume en 1637 sous la conduite de Buffarot, un tisserand du bourg voisin qui subira, après la répression des troubles par les troupes du duc d'Épernon, le supplice de la roue. On promènera sa tête sur une pique jusqu'aux portes de Belvès.

carnet pratique

Visite

Visite guidée de la bastide – *S'adresser à l'Office de tourisme - juil.-août : se renseigner pour les horaires ; sept-juin : sur demande - 4,60 €*

Se loger

Camping Le Moulin de David – *3 km au SO de Monpazier par D 2 - ☎ 05 53 22 65 25 - info@moulin-de-david.com - ouv. 14 mai-10 sept. - réserv. conseillée - 160 empl. 26,80 € - restauration.* Camping aménagé autour d'un ancien moulin agréablement situé dans un vallon traversé par un ruisseau. Accueil aimable, calme, confort, tenue rigoureuse, équipements sportifs complets et nombreux services en font un lieu prisé. Possibilité de location de mobile homes et de tentes.

Edward 1er – *5 r. St-Pierre - ☎ 05 53 22 44 00 - info@hoteledward1er.com - fermé 13 déc.-26 fév. - P - 12 ch. 86/146 € - 11 € - restaurant 26/29 €.* Avec ses tourelles cette gentilhommière du 19e s. a des allures de castel. À l'intérieur le style cosy à l'anglaise a bien du charme. Ajoutez à cet agréable tableau la quiétude des chambres, une piscine et un petit jardin, difficile de résister à la tentation...

Se restaurer

Privilège du Périgord – *58 r. Notre-Dame - ☎ 05 53 22 43 98 - www.privilegeperigord.com - fermé déc.-fév. et mar. - réserv. conseillée - 14,50/34,50 €.* Ce charmant relais de poste du 18e s. tapissé de vigne vierge abrite une coquette salle à manger rustique. Dès les premiers rayons de soleil, on dresse les tables dans la cour verdoyante pour le plus grand bonheur des convives. Cuisine traditionnelle au bel accent du Sud-Ouest.

Que rapporter

Marchés - foires – Marché traditionnel jeudi matin, pl. des Cornières. Grande foire le troisième jeudi du mois ainsi que le 8 juillet et le 6 août. Marché aux cèpes en octobre (selon la pousse) sous la halle à partir de 15h.

Verrerie d'Art de Monpazier (M. Pascal Guernic) – *13 r. St-André - ☎ 05 53 74 30 82 - de mi-sept. à mi-juin : 10h-12h30, 14h30-18h30 (dim. et j. fériés 15h-19h) ; de mi-juin à mi-sept. : 10h-12h30, 14h30-19h - fermé 10-30 janv., 15 j. en mars, 1er janv. et 25 déc.* Cet artisan souffleur de verre expose ses créations originales dans l'espace boutique de son atelier. Certaines pièces seront même réalisées sous vos yeux.

Atelier-galerie Mariannick-Desaive – *30 r. St-Jacques - ☎ 05 53 74 30 07 - de mi-juin à mi-sept. : tlj sf dim. apr.-midi 10h-13h, 14h30-19h30.* Galerie d'art exposant des peintures et des céramiques.

se promener

LA BASTIDE

De la bastide subsistent le plan d'ensemble et trois des six portes fortifiées. Plusieurs maisons ont conservé leur caractère original. La ville forme un quadrilatère de 400 m sur 220 m, le grand axe étant orienté Nord-Sud. Des rues courent d'une extrémité à l'autre, parallèlement aux grands côtés. Quatre rues transversales les croisent, décomposant ainsi la cité en compartiments rectangulaires. Toutes les habitations présentaient à l'origine la particularité d'être d'égales dimensions et séparées les unes des autres par d'étroits intervalles ou *andrones*, prévus pour éviter la propagation des incendies. Vue panoramique sur la vallée de la Dropt depuis le jardin des Franciscains situé au Sud-Est de la bastide.

S. Sauvignier/MICHELIN

Après avoir fait le tour de la bastide, venez prendre un rafraîchissement bien mérité, place des Cornières, à l'ombre des galeries.

Place des Cornières★

Agréablement encadrée de galeries couvertes à cornières, elle présente des maisons construites entre le Moyen Âge et le 17e s. Cette place possède toujours son ancienne halle soutenue par des piliers de bois, et abrite encore de vieux récipients de mesures à grain.

Quitter la place par un pan de mur coupé sur la gauche.

Église St-Dominique

Intéressant édifice construit au 13e s. et remanié à plusieurs reprises : portail (14e s.), rose et pignon (16e s.). La nef unique, très large, est voûtée d'ogives et se prolonge par un chevet polygonal.

Prendre à droite en sortant de l'église.

Maison dite « du Chapitre »

Datant du 13e s., cette ancienne maison de trois étages située à deux pas de l'église servait d'entrepôt aux récoltes réquisitionnées pour l'impôt. On l'appelle encore la « grange aux dîmes ».

À droite derrière l'église.

Atelier des bastides

☎ 05 53 27 09 25 - juin-sept. : 10h-12h30, 15h-18h30 - gratuit.
Pour tout savoir sur les bastides : photos, maquettes, archéologie. Il accueille également des expositions temporaires en été.

Château de Montaigne

Point n'est besoin d'avoir lu les « Essais » pour venir visiter le château de Michel Eyquem, seigneur de Montaigne (1533-1592). Le souvenir de ce grand homme hante le lieu, et tout particulièrement la tour-bibliothèque où il aimait à écrire.

La situation

Carte Michelin Local 329 B6 – Dordogne (24). À 10 km au Sud de Villefranche-de-Lonchat par la D 21 et la D 9. Parking restreint au bout de l'allée ombragée.
ℹ 24230 St-Michel-de-Montaigne, ☎ 05 53 73 29 62.

Le nom

Montaigne ne provient qu'indirectement du nom de l'écrivain. C'est à l'origine un fief possédé par son père et qui dérive du bas latin *montanea*, la « montagne ».

Les gens

◄ **Michel Eyquem** naît en 1533 dans les murs du château de Montaigne, acquis par son arrière-grand-père du temps de la guerre de Cent Ans. Conseiller au Parlement et maire de Bordeaux, gentilhomme de la Chambre du roi, il se lie d'amitié avec Étienne de

SAGESSE
L'œuvre de Montaigne exprime la tolérance, la sagesse, la maîtrise des passions, la compréhension et un amour lucide à l'égard de son prochain : « Chaque homme porte en soi la forme entière de son humaine condition. »

Les solives de la bibliothèque sont ornées d'une cinquantaine de sentences grecques et latines. « Antisèche » ou pense-bête ?

La Boétie. À l'âge de 38 ans, il préfère délaisser la Cour, où il ne fait plus que de brèves apparitions, pour vivre sur ses terres et se consacrer à son œuvre.

visiter

Tour historique de Montaigne

☏ 05 53 58 63 93 - www.chateau-montaigne.com - visite guidée de la tour (45mn) - juil.-août : 10h-18h30 ; mai-juin et sept.-oct. : tlj sf lun. et mar. 10h-12h, 14h-18h30 ; fév.-avr. et nov.-déc. : tlj sf lun. et mar. : 10h-12h, 14h-17h30 ; vac. scol (sf noël et hiver) : 10h-12h, 14h-17h30 - visite libre du parc - fermé janv., 25 déc. - 5,50 € (10-15 ans 4 €, -10 ans gratuit), parc uniquement 2,50 €.

Seuls les communs ainsi que la **tour** de la librairie, où Montaigne avait coutume de se retirer, ont été épargnés par l'incendie de 1885. De sa chambre, située au-dessus de la chapelle, le philosophe pouvait écouter la messe par une ouverture pratiquée dans le mur. À l'étage supérieur se situe la bibliothèque, où l'écrivain aurait rédigé ses fameux *Essais*. En contournant le château, on découvre un paysage harmonieux : coteaux boisés et vignobles produisant un vin blanc apprécié, tandis que se profile, à l'horizon, la silhouette féodale du donjon de Gurson.

EMMURÉ

Le cœur du philosophe serait scellé dans l'un des piliers de l'église du village de St-Michel-de-Montaigne.

Château de Montal★★

« Un château digne des rois », disent les dépliants touristiques. Ce n'est pas un effet d'annonce. Ce château Renaissance, tant pour sa façade que la cour ou l'intérieur, mérite bien une couronne. A fortiori une visite.

La situation

Carte Michelin Local 337 H2 - 3 km à l'Ouest de St-Céré - Schéma p. 315 - Lot (46). Le château de Montal se situe sur une petite colline à l'extrémité d'un chemin, à l'écart de la D 130 qui mène à St-Céré.

ℹ 13 av. François-de-Maynard, 46400 St-Céré, ☏ 05 65 38 11 85.

Le nom

La position du château, sur les pentes du coteau, s'accorde avec son nom, car dans Montal, il y a « mont ».

Les gens

« I » « R » et « D » : ces lettres, situées en écusson sur la frise de la cour intérieure du château, sont les initiales de la fondatrice et de ses fils : Jeanne, Robert et Dordé.

SPORTS & LOISIRS

Golf de Montal – *Château de Montal, Marot Bas - 46400 St-Jean-Lespinasse - ☏ 05 65 10 83 09 - golf.montal@wanadoo.fr - 9h-19h.* Au pied du château, un superbe parcours de golf de neuf trous a été récemment créé.

comprendre

Un miracle d'amour maternel – Pour son fils aîné Robert, qui guerroie en Italie au service de François Ier, **Jeanne de Balsac d'Entraygues**, veuve d'Amaury de

B. Kaufmann/MICHELIN

La façade intérieure du château, d'une grande richesse décorative, est une des gloires de Montal.

Montal, gouverneur de Haute-Auvergne, fait construire en 1523 un manoir de « plaisance » à l'emplacement d'un château féodal. Des rives de la Loire, la châtelaine fait venir les meilleurs artistes et, en 1534, s'élève un véritable chef-d'œuvre. Mais les jours passent et la mère attend toujours le retour du fils aîné ; seul son cadavre reviendra au castel. Jeanne fait sceller la lucarne à laquelle elle s'accoudait pour guetter l'arrivée de son fils et, sous celle-ci, fait graver ce cri déchirant : « Plus d'espoir. » Son second fils, Dordé de Montal, dignitaire de l'Église, reçoit alors l'autorisation du pape de se démettre de ses fonctions afin de perpétuer le nom de sa lignée.

Agonie et résurrection – Proclamé bien national et devenu inhabitable à la suite des déprédations commises au cours de la Révolution, Montal échoit en 1879 à un certain Macaire qui, à court d'argent, met le château en pièces : cent vingt tonnes de pierres sculptées sont débitées et expédiées à Paris. Vendus aux enchères, les chefs-d'œuvre de Montal sont dispersés dans les musées et les collections privées du monde entier. En 1908, Montal renaît grâce à l'initiative de son nouvel acquéreur, M. Fenaille. Avec un acharnement admirable, celui-ci rend au château tous ses joyaux, rachetés à prix d'or, et, après l'avoir entièrement meublé, en fait don à l'État en 1913.

visiter

☎ 05 65 38 13 72 - des Rameaux à la Toussaint : tlj sf sam. 9h30-12h, 14h30-18h (dernière entrée 45mn av. fermeture) - fermé 1er Mai - 5 € (enf. 2,50 €).

Extérieur

Par ses toits à forte pente couverts de lauzes, ses grosses tours rondes à meurtrières, le château présente l'aspect d'une forteresse. Cette sévérité fait mieux ressortir, par contraste, le charme de la cour intérieure, parée des sourires de la Renaissance. Montal se compose de deux corps de logis en équerre reliés par la tour carrée qui abrite l'escalier commandant la distribution des pièces. Au-dessus des ouvertures du rez-de-chaussée court une **frise** de 32 m de longueur. Au 1er étage, les fenêtres à meneaux alternent avec de fausses lucarnes à frontons très ouvragés, encadrant **sept bustes** en haut relief, chefs-d'œuvre d'un réalisme parfait. On reconnaît les effigies des membres de la famille de Montal, de gauche à droite : Amaury, l'air hautain, coiffé d'un bonnet ; Jeanne, sa femme, la fondatrice du château, dont le visage, presque monacal, semble figé dans un deuil éternel ; Robert, le fils aîné, tué en Italie, qui porte un chapeau à panache à la mode de François Ier ; Dordé, le second fils, au visage de jeune page. Au nombre de quatre, les **lucarnes** rappellent par leur décoration celles de Chambord : de part et d'autre des pignons sont accolés de petits personnages et leurs niches abritent des figures.

Frise
C'est une merveille d'ornementation aux sujets les plus divers : amours, oiseaux, chimères voisinent avec des écussons et une énorme tête humaine.

Intérieur

On y accède par une porte placée à l'angle des deux corps de bâtiments. Flanquée de pilastres, celle-ci est surmontée d'un linteau supportant plusieurs niches. Admirez l'**escalier Renaissance**★★ construit en belle pierre blonde de Carennac : l'évidement du mur central permet d'admirer le dessous des marches, très finement sculpté : rinceaux, coquillages, oiseaux fantastiques, initiales, petits personnages forment un plafond dont la décoration complète celle des voûtes à clef des vestibules. Dans la **salle des gardes**, voûtée d'arcs surbaissés et ornée d'une magnifique cheminée, et dans la **salle du Cerf**, comme dans le reste des appartements, se côtoient meubles anciens (surtout Renaissance et Louis XIII), retables, tableaux, plats attribués à Bernard Palissy et tapisseries des Flandres et de Tours.

J. Damase/MICHELIN

L'escalier Renaissance est un chef-d'œuvre de proportions et d'ornementation.

Site de Montfort★

Le château de Montfort est perché sur un drôle de rocher criblé d'alvéoles et il semble surveiller la courbe de la Dordogne. Ce cingle est l'un des plus connus et des plus beaux du Périgord : le village lui a donné son nom.

La situation

Carte Michelin Local 329 I6 – Schéma p. 268 – Dordogne (24). Le site de Montfort se découvre au détour d'un virage de la D 703, entre les bourgs de Vitrac et de Carsac-Aillac.

Le nom

Il n'a aucun lien avec le sire de sinistre mémoire, Simon de Montfort, qui parcourut la région pour en extirper le catharisme et organisa nombre de massacres. Il vient du latin *mons fortis*, « mont fortifié ».

Les gens

767 Vitracois, puisque le site de Montfort est situé sur la commune de Vitrac.

SE LOGER

⊖⊖ Chambre d'hôte Domaine de Lacoste – *« Lacoste » - 24200 Carsac-Aillac - ☎ 05 53 59 58 81 - www.domainelacoste.com - fermé oct.-avr. - ⊭ - 4 ch. 55/65 € - repas 19 €.* Vieille maison périgourdine restaurée, perchée sur les hauteurs du bourg de Carsac-Aillac. Décor intérieur réussi, avec un mobilier classique s'accordant bien à l'ensemble. Les chambres donnent sur la terrasse couverte et la piscine. Table d'hôte les lundi, mercredi et vendredi soirs uniquement.

J. Damase/MICHELIN

Le village de Montfort, aux toits de lauzes, se groupe au pied de son château, perché sur un rocher criblé d'alvéoles.

se promener

Château de Montfort★

Une forteresse sur un tel site ne pouvait qu'attiser les convoitises de ceux qui prétendaient à la suzeraineté du Périgord. Du coup, l'histoire du château se résume à une longue litanie de sièges et de luttes pour sa possession : en 1214, il est pris par Simon de Montfort qui le fait raser ; reconstruit une première fois, il est détruit à trois autres reprises : lors de la guerre de Cent Ans, sous Louis XI et Henri IV, et chaque fois, rebâti !

RÉFECTIONS

Ce sont les restaurations entreprises au 19e s., par l'adjonction d'une loggia et de lanternons, qui lui donnent cet aspect de château d'opérette.

Cingle de Montfort★

Entre Carsac et Montfort, sur la D 703. Aire de stationnement.

De la route accrochée à la falaise, un superbe **panorama★** embrasse la presqu'île de Turnac et sa noiseraie, qu'enveloppe un méandre de la Dordogne. À droite, le château de Montfort s'accroche au sommet de son promontoire.

Montignac

L'histoire de la petite ville de Montignac se conjugue avec celle de l'humanité. Elle est sortie de l'anonymat lors de la découverte de la grotte de Lascaux. Depuis, une certaine effervescence règne parmi les maisons anciennes et la tour médiévale : c'est comme ça lorsqu'on est la voisine d'une star !

Résistance
Lors de la Seconde Guerre mondiale, Montignac avait un maquis qui s'appelait « Jacquou le Croquant ». Les résistants reçurent leurs parachutages sur les hauteurs de la Vézère abritant les sites moustériens.

La situation

Carte Michelin Local 329 H5 – Dordogne (24) La ville s'est développée sur les deux rives de la Vézère. Nombreux sens uniques sur la rive gauche.
Pl. Bertrand-de-Born, 24290 Montignac, ☎ 05 53 51 82 60. www.bienvenue-montignac.com

Le nom

Si le nom de *Montaneus* a donné Montagnac, celui de *Montanius* a donné Montignac. Le bourg s'appelait Montignac-le-Comte sous l'Ancien Régime.

Les gens

3 023 Montignacois. Montignac compte parmi ses hommes d'esprit **Eugène Le Roy** (1836-1907), l'auteur de *Jacquou le Croquant*, qui se retira dans le bourg à la fin de sa vie.

comprendre

Montignac fut occupé dès le paléolithique puis colonisé par les Romains. Au début du Moyen Âge et jusqu'au 10e s. est attestée l'existence d'une forteresse qui passe par mariage au comte du Périgord au 11e s. et devient une place forte. Les derniers comtes, Archambaud V et VI, voient leur bien confisqué en raison de leur conduite déloyale. Montignac revient alors à Louis d'Orléans qui, fait prisonnier à Azincourt, vend la ville à Jean de Blois pour payer sa rançon. La châtellenie reste à la famille d'Albret jusqu'en 1603, date à laquelle Henri IV la cède à François de Hautefort. Plusieurs fois démantelé pendant les guerres, le château est détruit en 1825.
Autrefois, l'enceinte reliée à celle de la forteresse aboutissait à un **pont** à tablier de bois qui franchissait la

carnet pratique

Se loger

⊖⊖⊖ Relais du Soleil d'Or – *R. du 4-Septembre - ☎ 05 53 51 80 22 - soleil-or@wanadoo.fr - fermé 12 janv.-17 fév. - P - 32 ch. 71/95 € - ☕ 10 € - restaurant 22/55 €.* Ancien relais de poste au centre de la petite cité périgourdine où s'obtient le sésame pour la visite de Lascaux. Réservez plutôt l'une des chambres côté jardin. Salle à manger-véranda tournée vers la piscine et plaisante terrasse couverte d'un velum. Cuisine traditionnelle. Formule bistrot à midi.

⊖⊖⊖ Hostellerie la Roseraie – *Pl. d'Armes - ☎ 05 53 50 53 92 - laroseraie@fr.st - fermé 8 nov.-1er avr. - 14 ch. 100/150 € - ☕ 11 € - restaurant 21/41 €.* Goûtez à la rêverie dans cette demeure bourgeoise sur une place calme. Les chambres sont coquettes, décorées de tissus fleuris et de meubles anciens peints. Salle à manger ouvrant sur une terrasse prolongée d'un jardin aux mille roses. Piscine.

Se restaurer

⊖ Auberge de Castel Merle – *24290 Sergeac - 10 km au S de Montignac par D 65 - ☎ 05 53 50 70 08 - fermé de mi-oct. à fin mars, le midi sf dim. - réserv. obligatoire en été - 12/25 € - 6 ch. 48/56 € - ☕ 8 €.* Cette paisible et charmante auberge juchée sur les falaises surplombant la Vézère offre une vue magnifique sur la vallée. Grande terrasse ombragée où sont disposées des tables nappées de rouge et de blanc. Quelques douillettes chambres de style rustique.

Que rapporter

Marché aux noix – Marché aux noix et châtaignes merc. en oct. et nov.

S. Sauvignier/MICHELIN

Profitez du charme de Montignac en bordure de la Vézère avant de partir à l'assaut des sites prestigieux qui l'entourent.

Vézère (face à l'actuelle rue de la Pègerie). Brûlé par les protestants en 1580, il fut reconstruit puis emporté par la crue de 1620. Le pont en pierre fut bâti à la fin du 18e s., remplaçant le bac utilisé pendant 150 ans.
La petite ville est formée de deux noyaux de vie situés de part et d'autre de la **Vézère**. Rive droite, le « bourg féodal » s'ouvre sur des ruelles médiévales étroites ; rive gauche, le « faubourg » avec ses couvents et son prieuré rappelle que sous l'Ancien Régime Montignac était un port terminus, haut lieu marchand et artisanal.

se promener

Partir de l'office de Tourisme (rive gauche).
L'office de tourisme est installé dans l'ancien hôpital Saint-Jean du 14e s. dont vous remarquerez la galerie. À côté, l'ancienne église de St-Georges, extension de la chapelle de l'hôpital, accueille des expositions temporaires. Prenez en face la **rue de la Pègerie★** qui compte des habitations du Moyen Âge, notamment à son terme une belle maison à colombages (13e s.). Poursuivez jusqu'à la Vézère pour admirer sur l'autre rive les maisons sur pilotis à galeries de bois. Remontez vers le **vieux pont** de pierre que vous traversez pour rejoindre le square Pautauberge où se trouve le buste d'Eugène Le Roy. Sortez face à l'hôtel de Bouillac (17e s.), prenez à gauche puis à droite la rue des Jardins d'où vous apprécierez la **vue★** sur Montignac. Poursuivez en face dans la rue de la Tour qui longe le château (11e s.) dont il ne reste que la tour et le rempart et descendez vers l'église. Belle maison à galerie de bois sur la gauche. Enfin, rejoignez l'ancien pont par les quais.

visiter

Grotte de Lascaux★★ *(voir ce nom)*
2 km au Sud-Est de Montignac par la D 704E.

alentours

La Grande Filolie
5 km à l'Est de Montignac par la D 704. Ne se visite pas.
Désordonnée pour les uns, savante pour les autres, l'imbrication de bâtiments et de tours du château de la Grande Filolie ne manque pas d'intérêt ni même de beauté. Mi-château, mi-ferme, il présente une forme quadrangulaire flanquée à chaque extrémité de tours

carrées couronnées de mâchicoulis. Recouverts de toits de lauzes, ses murs des 14e et 15e s. paraissent immergés dans un océan de verdure. Une architecture rigoureuse est animée par un logis Renaissance, un pavillon d'entrée et, sous le toit le plus pointu, une petite chapelle.

Fanlac

7 km à l'Ouest de Montignac.

Fanlac est une destination de charme, avec ses maisonnettes de pierres blondes et leurs toits échevelés. Eugène Le Roy l'avait choisi pour situer en partie l'action de *Jacquou le Croquant*.

circuit

VALLÉE DE LA VÉZÈRE★

Circuit de 55 km – compter une journée.

Cette partie, entre Montignac et la région des Eyzies, est sans conteste la plus charmante de la vallée de la Vézère, tour à tour enserrée de falaises et de peupliers.

Quitter Montignac par le Sud-Ouest en empruntant la D 706, direction Les Eyzies.

Le Thot, espace Cro-Magnon★

☎ 05 53 50 70 44 - juil.-août : 10h-19h ; avr.-juin et sept. : 10h-18h ; de déb. oct. à mi-nov. : 10h-12h30, 14h-18h ; de mi-nov. à fin mars : 10h-12h30, 14h-17h30 - fermé lun. (nov.-mars), janv., 25 déc. - 5,50 € (6-12 ans 3,30 €).

Le **musée** présente un large panorama des moyens d'expression de l'homme préhistorique : la peinture, la sculpture, les graffitis ; leur place dans l'histoire de l'humanité, leur évolution, les motivations de leurs auteurs. Ces différents thèmes sont abordés à l'aide de techniques modernes : fac-similés, diapositives géantes, montage audiovisuel, film, etc. Plusieurs reconstitutions de campements, souvent spectaculaires, et de scènes de la vie quotidienne au paléolithique supérieur, contribuent à rendre la visite attrayante.

Implanté dans un site privilégié, le **parc** permet d'avoir un aperçu de la faune que l'homme de Cro-Magnon côtoyait et représentait sur les parois des grottes : animaux vivants tels que aurochs, bisons d'Europe, chevaux de Prjevalski – ou reproductions grandeur nature et animées d'espèces disparues comme le mammouth et le rhinocéros « laineux ».

Poursuivre sur la D 706.

À ESSAYER

☎ 05 53 50 70 44. Billet combiné avec Lascaux II 10 € (6-12 ans 7 €). Sur réservation.

Si les techniques des artistes préhistoriques vous fascinent ou si vous voulez vous essayer à une fouille archéologique, n'hésitez pas à participer aux ateliers d'art pariétal ou de fouilles organisés par l'espace Cro-Magnon.

Château de Losse★

☎ 05 53 50 80 08 - www.chateaudelosse.com - visite guidée (45mn) du grand logis - juin-août : 10h-19h ; de mi-avr. à fin mai, w.-end Pâques et sept. : 11h-18h - visite libre parc et remparts - fermé sam. de mi-avr. à fin mai (sf w.-end fériés) - 7 € (enf. 3 €).

Sur une falaise rocheuse, ce château du 16e s., édifié sur les bases d'une ancienne forteresse, est composé d'un corps de logis Renaissance flanqué d'une grosse tour ronde et d'une élégante **terrasse** en surplomb de la Vézère. On accède à la cour d'honneur par un pont dormant, qui a remplacé le pont-levis, et un châtelet défensif.

Extérieur – Une visite libre (à l'aide d'une plaquette descriptive) permet de cheminer dans les douves pour découvrir l'enceinte, avant de gagner les remparts. Dans la **tour Sainte-Marguerite**, transformée en pigeonnier, est projetée une vidéo sur les costumes. Suivant l'allée bordée de créneaux de buis tandis que des rosiers serpentent sur le mur, on arrive à la **tour de l'éperon** qui renferme une étuve et sa chambre de repos. Un regard sur le **jardin bas** s'impose car il a été conçu pour être regardé d'en haut : deux parterres symétriques de boules de lavande entourés de banquettes de romarins sont séparés par un canal où ruisselle l'eau d'une fontaine construite avec des pierres du site. De là, on peut gagner un commun où sont diffusées des vidéos (sur les châteaux en Périgord et la technique de couverture en lauze). Ensuite on rejoint les **jardins en terrasse** inspirés des chambres de verdure du 17e s. Ici, entre les couloirs de charmilles se dessinent des bandes de buis rehaussés de lavande et de spirées roses.

Intérieur – Le grand logis Renaissance entièrement **meublé d'époque** (16e-17e s.) présente le cadre de vie de Jean II de Losse, précepteur du roi Henri IV et gouverneur de Guyenne, maître des lieux. Dans la **salle voûtée**, au plafond a été mise au jour l'inscription 1576, qui atteste de la fin des travaux de construction du château. Le décor mobilier des salles a été disposé selon l'inventaire de 1602. Parmi les remarquables **tapisseries**, deux retiennent l'attention : l'une flamande représente la préparation au tournoi, l'autre florentine, aux couleurs d'une étonnante vivacité, est intitulée *Le Retour de la courtisane*. Dans le **salon vert** lambrissé, restauré selon le coloris d'origine retrouvé sous le brou de noix, est exposé un beau portrait d'Henri IV en cire, *modello* pour les grandes médailles de bronze de Guillaume Dupré exposées au Louvre.

ÉCLAIRAGE
Les nombreux objets en laiton rappellent qu'à l'époque où la bougie était chère, tout ce qui reflétait la lumière était recherché.

Continuer jusqu'à Thonac, puis prendre à droite la D 45.

A. Cassaigne/MICHELIN

C'est en venant par la D 65 que vous aurez un magnifique point de vue sur le château de Losse en surplomb de la Vézère.

Plazac

Perchée sur une butte dominant le village, l'**église** romane est entourée d'un cimetière planté de cyprès. Le clocher-donjon du 12e s. est une récupération de l'ancienne tour du château des évêques de Périgueux. Couvert de lauzes, il est orné d'arcatures aveugles retombant sur des bandes lombardes.

Quitter Plazac par le Sud en empruntant la D 6.

Le Moustier

De même que le site de la Madeleine a donné son nom au magdalénien, le Moustier a donné son nom à une culture du paléolithique moyen, le moustérien.

Bâti au pied d'une colline, ce petit village périgourdin possède un **abri préhistorique** célèbre. Les gisements paléolithiques du Moustier ont révélé un squelette d'homme de Neandertal et de nombreux outils de silex (entre - 100 000 et - 40 000 ans environ). ☎ *05 53 06 86 00 - uniquement sur réservation (15 j. à l'avance) - fermé 1er janv., 1er Mai, 1er et 11 Nov., 25 déc. - 2,50 €.*

Un confessionnal (17e s.) très original a trouvé refuge dans la petite **église** du village.

Dans le village, prendre la direction de Chabans, Côte de Jor.

COTE DE JOR
Cette côte, qui domine de 150 m la vallée, ouvre un remarquable **panorama** sur la Vézère et St-Léon-sur-Vézère.

Château de Chabans

☎ *05 53 51 70 60 - visite guidée (50mn, dernière entrée 1h av. fermeture) - juil.-août : 13h30-19h30 ; mai-juin et sept. : tlj sf sam. 13h30-18h ; oct. : dim. 14h-17h30 - 7,50 € (-15 ans gratuit).*

En descendant l'allée bordée d'arbres centenaires, on découvre cet imposant château protégé par son mur d'enceinte. La tour ronde défensive date du 15e s. tandis que le reste de l'édifice a été reconstruit aux 16e et 17e s. Il devint une grande propriété agricole aux 18e-19e s. Suite à son rachat en 1987, il a fait l'objet d'un remarquable travail de restauration.

Extérieur – Des **jardins** d'inspiration française et italienne ont été aménagés devant l'entrée, dans la cour intérieure et du côté de la façade Ouest où ils sont agrémentés de fontaines. Le vaste **parc** offre une agréable promenade ombragée. Enfin, deux truffières constituées de chênes verts et pubescents ont été réhabilitées.

Intérieur – Les pièces accueillent un mobilier d'époque et les fenêtres sont ornées de magnifiques **vitraux★** du 15e au 19e s. Aux murs, les traditionnels tableaux sont remplacés par des **broderies et tapisseries anciennes★**. Une salle retrace la place du château dans la Résistance (avec son célèbre Jacques Chaban-Delmas) et une autre est réservée aux expositions temporaires.

Revenir au Moustier. Traverser la Vézère, puis tourner à gauche dans la D 66.

La Roque-St-Christophe★

☎ 05 53 50 70 45 - www.roque-st-christophe.com - visite guidée (1h) juil.-août : 10h-19h ; mai-juin et sept. : 10h-18h30 ; mars-avr. et oct. : 10h-18h ; nov.-fév. : 11h-17h (dernière entrée 45mn av. fermeture) - fermé 1er janv., 25 déc. - 6,50 € (5-11 ans 3 €, 12-16 ans 4 €).

ILLUSTRATIONS
Les stations du parcours sont ponctuées d'illustrations extraites de la bande dessinée La *Roque-St-Christophe* de Felix & Bigotto.

Cette falaise surplombe sur 900 m de long et 80 m de haut la vallée de la Vézère. Énormes balafres dans la roche, ses **cinq terrasses** recèlent une centaine de cavités, constituant le plus grand ensemble troglodytique d'Europe. Occupées à la préhistoire (on a trouvé des traces de vie humaine remontant au paléolithique supérieur), ces cavités naturelles ont servi de fondations à un fort aménagé contre les raids normands au 10e s., avant de devenir une cité. Elle a hébergé jusqu'à 1 500 personnes à son plus fort au 14e s. avant d'être rasée pendant les guerres de Religion.

L'incroyable entrelacs de canalisations, escaliers, passages, mais aussi les citernes, les éviers et les foyers montrent l'importance de la vie humaine sur ce site. Une **maison** en appui de la falaise a été reconstruite selon les méthodes des 10e et 13e s., et dans la **cuisine de l'an mil** sont présentées des répliques de pièces archéologiques. Sur la grande terrasse (300 m de long), une reconstitution d'un **chantier médiéval** restitue toute la dimension de telles constructions et une maquette permet de visualiser l'ensemble du site. De cette plateforme, très belle **vue★** plongeante sur la vallée.

Poursuivre sur la D 66.

Peyzac-le-Moustier

Le **musée du Moustier** présente l'évolution des êtres vivants et la progression de leurs techniques, des premiers êtres, trilobites ou autres ammonites parfois âgés de 600 millions d'années, aux Gallo-Romains. Dans le parc, sculpture d'un dinosaure de 11 m de long et 5 m de

Dans l'une des cavités de La Roque-St-Christophe, les traces d'une très ancienne occupation humaine.

haut, ainsi que des mégalithes. ☎ *05 53 50 81 02 ou 05 53 04 86 21 (hors sais.) - ♿ - de mi-juin à mi-sept. : 9h-19h30 ; de mi-sept. à mi-juin : sur demande préalable (15 j. à l'avance) à M. Quinsac-Mandeix - 3 € (-12 ans 2,50 €).*

Quitter Peyzac par le Sud et rejoindre la D 65.

St-Léon-sur-Vézère★ *(voir ce nom)*

Revenir à Peyzac, prendre à gauche et rejoindre la D 65.

Sergeac

Une croix du 15e s. salue le visiteur à l'entrée du village. Ce dernier s'est organisé autour de l'implantation des Templiers qui décident, à la fin du 13e s., d'y établir une commanderie. L'église date du 12e s. Sa belle couleur ocre adoucit des traits guerriers : chambres à meurtrières, mâchicoulis et clocher-mur. À l'intérieur, au-delà du porche creusé de voussures, un arc triomphal en plein cintre s'ouvre sur un chevet plat orné de chapiteaux décorés.

Castel-Merle

Le site, longtemps fermé au public, a vu nombre de ses découvertes dispersées aux Eyzies, Périgueux et St-Germain-en-Laye. Un petit **musée** aménagé non loin des fouilles présente de nombreuses pièces. La collection vaut surtout pour ses colliers, reconstitués, de perles, d'os et de coquillages retrouvés sur le site. ☎ *05 53 50 77 45 - visite guidée (1h) sur demande préalable (1 j. av.) à M. Castanet, le Bourg, 24290 Sergeac.*

Bien connus des spécialistes, les **abris** permettent de découvrir quelques restes de sculptures magdaléniennes. Coupe stratigraphique pour visualiser la superposition des périodes. ☎ *05 53 50 79 70 - visite guidée (1h) - avr.-sept. : 14h-18h - 5 € (enf. 3,80 €).*

À l'issue de la visite du village, une petite halte s'impose sur la terrasse de l'**Auberge de Castel-Merle**, un endroit très sympathique et délicieusement baigné par les derniers rayons du soleil.

Regagner Montignac par la D 65 qui borde la rive gauche de la Vézère (jolie vue sur le château de Losse).

Montpezat-de-Quercy★

C'est la collégiale St-Martin (14e s.) et ses innombrables trésors qui font le renom de cette bastide. Mais ses jolies ruelles, sa place à couverts ou ses nombreuses maisons anciennes offrent aussi une charmante flânerie.

La situation

Carte Michelin Local 337 E6 – Tarn-et-Garonne (82). De la N 20, la D 20 amène le visiteur à la porte de la ville, ancienne porte fortifiée du 14e s. Possibilités de parking sur les places Reduch et de la Résistance, ou sur le boulevard des Fossés.

ℹ Bd des Fossés, 82270 Montpezat-De-Quercy, ☎ 05 63 02 05 55.

Le nom

« Montpezat » désigne la localisation du bourg : *mons pedatus* signifiant le mont fortifié, palissadé.

Les gens

1 378 Montpezatais. Originaire de Montpezat, la famille **Des Prés** a donné à l'Église cinq éminents prélats. Pierre Des Prés, cardinal de Préneste (actuelle Palestrina en Italie) est le fondateur de la collégiale St-Martin qu'il consacra en 1344. Son neveu Jean Des Prés fut tour à tour évêque de Coïmbra, ancienne capitale du Portugal, et de Castres. Trois autres membres de la famille montent successivement sur le siège épiscopal de la ville de

Se loger

⊖⊖ Chambre d'hôte Pech Lafon – *Domaine de Lafon, Pech de Lafon - 2 km par D 20 dir. Molières, puis 2 km à gauche dir. Mirabel - ☎ 05 63 02 05 09 - www.domainedelafon.com - fermé 18 fév.-18 mars et 15 j. en nov. - ⊭ - 3 ch 65/72 € ☕ - repas 22 €.* Juchée sur une colline verdoyante, cette maison de maître du 19e s. offre un joli panorama sur la campagne environnante. Les chambres, immenses et décorées par le propriétaire, artiste peintre et ancien décorateur de théâtre, sont superbes. À voir absolument !

Montauban, toute proche : Jean Des Prés (1517-1539), qui offre à la collégiale de Montpezat ses célèbres tapisseries flamandes, Jean de Lettes (1539-1556) et Jacques Des Prés (1556-1589), grand pourfendeur de huguenots, au sein de son diocèse, alors l'un des plus ardents foyers du protestantisme.

se promener

La bastide

Vue
À gauche en sortant de la collégiale, le **Chemin des remparts** offre une vue d'un côté sur le village et de l'autre sur les coteaux.

Elle s'étage au-dessus des remparts. La place de la Résistance, centrale, est entourée de couverts et de maisons à colombages. La mairie du 19e s. a été construite à l'emplacement de l'ancien hôtel de ville. Au Nord, le cloître de l'ancien couvent des Ursulines du 12e s. a été remanié au 20e s. pour abriter l'école. Derrière la collégiale se trouvent les habitations des chanoines du 15e s. : une galerie au premier étage reliaient ces maisons à pans de bois.

visiter

Collégiale St-Martin

Résistance
Lors de la Seconde Guerre mondiale, Monpezat fut saccagé en représailles, seule la collégiale fut épargnée.

Dédiée à saint Martin de Tours, elle est construite en 1337 par un architecte de la cour papale d'Avignon. Elle présente les caractéristiques des édifices du Languedoc : une nef unique et des chapelles latérales séparées par les contreforts intérieurs de la nef. Voûté d'ogives dont les clefs de voûte sont peintes aux armes de la famille Des Prés, le **vaisseau** frappe par son unité, sa simplicité et l'harmonie de ses proportions. Les pièces qu'il renferme ne sont qu'une partie de l'extraordinaire trésor accumulé en ces lieux : dans la première chapelle à droite, belle Vierge de piété, en grès polychrome du 15e s., dans la chapelle opposée, une Vierge aux colombes du 14e s., en albâtre. Dans la 2e chapelle à droite, trois éléments de retable en albâtre provenant de Nottingham ont pour thème la Nativité, la Résurrection et l'Ascension ; enfin, dans la 4e chapelle à gauche, coffrets en bois du 15e s. avec application de pâtes dorées.

S. Sauvignier/MICHELIN

En fin de journée, la collégiale St-Martin se pare d'or.

Tapisseries des Flandres★★ – Cinq panneaux de trois tableaux, spécialement adaptés au plan du sanctuaire, longs de près de 25 m et hauts de 2 m environ, retracent en seize scènes les principaux épisodes historiques et légendaires de la vie de saint Martin : figurent, entre autres, le partage du manteau, diverses guérisons obtenues par le saint et sa lutte victorieuse contre le diable. Chaque scène est commentée par un quatrain en ancien français, placé sur la partie supérieure de chaque panneau.

S. Larribère/MICHELIN

Cette tapisserie illustre le partage du manteau de saint Martin. L'excellent état de conservation de ces tapisseries du 16e s., l'éclat et la richesse de leurs coloris, l'existence d'une telle série placée dans le cadre même pour lequel elle a été conçue leur confèrent un intérêt exceptionnel.

Gisants★ – Si le corps du cardinal Pierre Des Prés repose sous le pavement situé en avant du chœur, le mausolée en marbre de Carrare qui le représente fut placé en 1778 à l'entrée du chœur, à droite. De l'autre côté, à gauche, le gisant en pierre de son neveu Jean Des Prés est un chef-d'œuvre de la statuaire funéraire.

alentours

Église de Saux

À 5 km au Nord. Quitter Montpezat-de-Quercy par la D 20 en direction de Cahors, puis tourner à gauche après 2 km.
Cet édifice dédié à saint André est situé au bout d'une route étroite qui serpente à travers bois et débouche dans un cadre bucolique. L'intérieur composé de trois travées à coupoles est décoré de belles **fresques** des 14ᵉ et 15ᵉ s. Dans la chapelle de droite, fresques représentant la légende de sainte Catherine ; dans celle de gauche, celle de saint Georges.

FRAÎCHEUR...
Les fresques les mieux conservées se trouvent dans le chœur : Christ en majesté entouré des attributs des quatre évangélistes, Crucifixion et scènes de l'enfance de Jésus.

Molières

À 13 km à l'Ouest de Montpezat-de-Quercy par la D 20.
Le village se développa au 13ᵉ s. quand Alphonse de Poitiers lui donna le statut de bastide. Si elle n'a plus sa halle, elle conserve son plan urbanistique. Il reste seulement des pans de remparts, détruits pendant la Révolution. De la promenade, point de vue sur l'**étang de Malivert**. Vous verrez deux passerelles en fer forgé du 19ᵉ s qui relient les remparts à des habitations, attestant de la prospérité passée. Outre deux maisons à colombages après la mairie, au Nord se trouvait la tour de l'horloge dont témoigne la cloche accrochée à un arc en brique. Au Sud, le clocher du 13ᵉ s. a été remanié au 17ᵉ s.

Château de Montréal

Au détour d'un virage, apparaît, dressé au sommet d'une colline, un étonnant édifice aux allures mi-féodales, mi-Renaissance, entouré d'élégants communs : c'est le château de Montréal.

La situation

Carte Michelin Local 329 D5 – Dordogne (24). Le château se situe à 7 km au Sud-Est de Mussidan, par la D 38.

Le nom

Sans faire l'unanimité, la formule *mons real*, le « mont royal », est assez répandue pour expliquer l'origine de Montréal, un nom qui s'est exporté jusqu'aux États-Unis et au Canada.

Les gens

Claude de Pontbriant, seigneur de Montréal, serait à l'origine du nom de la deuxième ville française du monde après Paris : en octobre de l'an 1535, il se trouve aux côtés de Jacques Cartier sur les bords du St-Laurent lorsque celui-ci fonde un établissement français sur l'emplacement d'une bourgade indienne.

visiter

☎ 05 53 81 11 03 - juil.-sept. : visite guidée (45mn) 10h-12h, 14h30-18h30 ; oct.-juin : sur demande. 4,80 € (8-12 ans : 2,80 €).
Entouré par une double enceinte, le corps de logis actuel fut construit au 16ᵉ s. À l'intérieur, parmi le mobilier présenté, essentiellement daté du 18ᵉ s et de l'Empire, on retiendra un ensemble de sièges à médaillon situé dans le salon de réception. D'époque Louis XVI, il a conservé ses **tapisseries d'Aubusson** tissées sur différents thèmes des fables de La Fontaine. Une char-

LA SAINTE ÉPINE
Une **chapelle** fut construite au 16ᵉ s. dans la partie Ouest de l'enceinte pour abriter le reliquaire de la sainte épine, prise sur le corps du maréchal anglais Talbot à la bataille de Castillon.

« Je reviendrai à Montréal... » chante si bien Robert Charlebois ; oui, mais sait-il que l'original se trouve dans le Périgord ?

mante bibliothèque épouse les murs de la tour d'angle de l'édifice, mettant en valeur un ensemble de beaux livres reliés. Dans les communs, un escalier du 12e s. voûté de berceaux successifs conduit aux **caves** que prolonge une grotte parée de petites concrétions.

Najac★

Campé tout en longueur sur son promontoire, le vieux bourg s'assoupit sous ses toits d'ardoises que dominent encore les tours du château fort. Devenu « site remarquable du goût » autour des fêtes de la Fouace et de la St-Barthélemy, Najac est avant tout un bourg vivant qu'animent les deux villages de vacances des environs.

Stationnement
En haute saison., les voies du Barriou et du Bourguet, situées au cœur du village, sont interdites à la circulation. Privilégier les trois parkings situés à l'entrée du bourg, côté Ouest et côté Nord.

La situation

Carte Michelin Local 338 D5 – Aveyron (12). Deux accès permettent de gagner le bourg : le plus pittoresque se fait par la vallée, l'autre par le plateau, à l'Ouest, qui depuis la D 239 propose une belle vue sur le site de Najac.
ℹ *Pl. du Faubourg, 12270 Najac, ☎ 05 65 29 72 05.*

Le nom

Une seule chose est sûre : les noms en *-ac*, fréquents dans l'Aveyron, dérivent d'un suffixe gaulois *-acos*, accolé au nom du propriétaire d'un domaine. Mais qui était ce premier agriculteur Najacois ? Nul ne le sait !

carnet pratique

Se loger

Chambre d'hôte Cambayrac – *Castanet - 82160 Cambayrac - 12 km au NO de Najac par D 39, D 84 puis rte secondaire - ☎ 05 63 24 02 03 - dvidal@wanadoo.fr - fermé 15 nov.-1er avr. - 🚭 - 4 ch. 30/40 €* ☕. Accueil chaleureux dans cette maison bien tenue. Les chambres au mobilier rustique et confortable ont été aménagées sous les combles de l'ancienne grange. Bon rapport qualité/prix. Piscine.

Se restaurer

L'Oustal del Barry – *☎ 05 65 29 74 32 - oustal@caramail.com - fermé 16 nov.-31 mars, lun. midi, mar. midi d'avr. à juin et de sept. à nov. - 18,50 € déj. - 22,80/48 € - 18 ch. 43,50/74 € - ☕ 8,50 €.* Faites une halte dans cet oustal bordant la place centrale d'un village médiéval reconnu comme l'un des plus beaux de France. Son chef-patron , enfant du pays, concocte une fine cuisine aux accents régionaux, que vous pourrez savourer dans la coquette salle à manger de style « rustique chic ». Belle terrasse d'été et chambres confortables pour prolonger l'étape.

Que rapporter

Jacky Carles « Ferme Carles » – *Le Bourg - 9 km au N de Najac par D 149 et D 47 - 12200 Monteils - ☎ 05 65 29 62 39 - à partir de 9h.* Depuis 20 ans, cet ambassadeur du terroir aveyronnais élève et gave ses canards à l'ancienne, les cuit au feu de bois dans des chaudrons en cuivre et les met en conserve selon les recettes traditionnelles. Visite du laboratoire et repas à la table paysanne.

Calendrier

La fête de la Fouace a lieu le w.-end suivant le 15 août. Des fouaces de 80 kg sont promenées dans les rues du village le dim. ap.-midi.

Les gens

Les 744 Najacois d'aujourd'hui comptaient parmi leurs concitoyens celui qui fut maire de Provins (Seine-et-Marne), député, ministre, académicien et auteur de *Quand la Chine s'éveillera...* : **Alain Peyrefitte** (1925-1999).

se promener

Bourg

Il s'étend jusqu'au pied de la forteresse. La place du Faubourg est déjà très développée au 14e s., époque où se dissocient le côté Sud, appelé l'adret, et le côté Nord, l'hiversenc. Au-delà, la rue du Bourguet, voie principale du village, est bordée de quelques maisons à encorbellements construites pour la plupart entre le 13e et le 16e s.

Prendre à droite sur la même rue du Bourguet et délaisser la rue des Comtes-de-Toulouse sur la gauche.

Bordant la rue Médiévale à hauteur d'une ancienne porte fortifiée, le **château des Gouverneurs** fut la résidence de quelques seigneurs, tout comme la **maison du Sénéchal** (13e-15e s.), située sur la gauche, un peu plus haut en direction de la forteresse.

ARMORIÉE
À deux pas de la mairie, une **fontaine** à vasque monolithe porte la date de 1344 et les armes de Blanche de Castille, mère de Saint Louis (13e s.).

Forteresse★

☎ 05 65 29 71 65 - www.seigneurs-du-rouergue.com - possibilité de visite guidée (1h) juil.-août : 10h-13h30, 14h30-19h ; avr.-mai et sept. : 10h-12h30, 15h-17h30 ; juin : 10h-12h30, 15h-18h30 ; oct. : dim. 10h-12h30, 15h-17h30 - 3,80 € (enf. 2,50 €).

Des trois enceintes primitives subsiste un important système fortifié flanqué de grosses tours rondes. En forme de trapèze, le château proprement dit, bâti en partie en grès clair, est défendu par d'épaisses murailles. La plus puissante des tours, au Sud-Est, constituait le donjon.

Après avoir franchi, par des poternes, les enceintes successives, on atteint la plate-forme du donjon. De là, magnifique **vue★** sur la forteresse, le village en enfilade, la pittoresque vallée de l'Aveyron, et l'église, bâtie entre le château et la rivière, au cœur de la bourgade primitive.

Descendre du château vers la rue de l'Église.

La **porte de la Pique** (13e s.), munie d'un assommoir, reste le dernier vestige des dix portes qui autrefois protégeaient le bourg.

À SAVOIR
Les parties ruinées que vous découvrez sont essentiellement dues à la transformation de l'édifice en carrière au 19e s.

Église

Malgré des ajouts, c'est un intéressant édifice de style gothique. La façade Ouest est surmontée d'une rosace et la nef unique, terminée par un chevet plat. À l'intérieur, remarquez dans le chœur l'autel primitif (14e s.) constitué par une vaste dalle de grès fin, un Christ de l'école espagnole du 15e s., deux statues (la Vierge et saint Jean), du 15e s., ainsi qu'une belle statue de saint Pierre assis, en bois polychrome, du 16e s.

Regagner le faubourg par la rue des Comtes-de-Toulouse, bordée de maisons médiévales.

UNE CAGE ?
Oui, c'est bien une cage en fer forgé qui est conservée dans la nef *(à gauche)*, mais nul n'y fut jamais enfermé : elle était destinée à recevoir la « chandelle Notre-Dame » ou cierge pascal.

S. Sauvignier/MICHELIN

Chef-d'œuvre de l'art militaire du 13e s., la forteresse de Najac, qui surveille la vallée de l'Aveyron, était dotée d'une importante garnison, et le village comptait alors plus de 2 000 habitants !

Neuvic

Village calme aux abords de la forêt du Landais, Neuvic est idéal pour un séjour placé sous le signe de la verdure. En effet, vous pouvez alterner les balades en forêt et les promenades dans le parc du château transformé en jardin botanique.

La situation

Carte Michelin Local 329 D5 – Dordogne (24). Neuvic se love dans la vallée de l'Isle, entre les bourgs de Mussidan et de St-Astier.

ℹ *Pl. de-la-Mairie, 24190 Neuvic,* ☎ *05 53 81 52 11.*

Le nom

La forme ancienne Neuf-Vic, utilisée au 17e s., donne les éléments de la formation de Neuvic : le « nouveau », *novus* en latin, et « hameau », *vicus.*

Les gens

3 315 Neuvicois. Le village aurait bougé de son site originel : après les invasions normandes, Neuvic quitte la confluence de la Verne et de l'Isle pour remonter de quelques centaines de mètres dans la vallée.

visiter

Château de Neuvic

☎ *05 53 80 86 65 - www.chateau-parc-neuvic.com -* ♿ *- visite guidée (1h, dernière entrée 30mn av. fermeture) - juil.-août : 15h-17h - 5,50 € (enf. 3 €) château et parc botanique.*
Une allée bordée d'arbres précède ce bel édifice érigé sur la rive gauche de l'Isle, qui abrite actuellement un centre médico-pédagogique. Bâti en 1530, ce château possède un chemin de ronde à mâchicoulis plus décoratif que défensif ; deux corps de logis s'articulent autour d'une tour carrée construite au début du 16e s. À l'intérieur, certaines pièces sont décorées de fresques des 16e et 18e s.

Parc botanique

☎ *05 53 80 86 65 -* ♿ *- www.chateau-parc-neuvic.com - juil.-août : 10h-19h ; reste de l'année : 10h-12h, 13h30-18h30 - possibilité de visite guidée sur demande préalable juil.-août (avec château) - 3,80 € (enf. 2 €) juil.-août ; gratuit (hors-sais) ; 5,50 € (enf. 3 €) billet combiné parc et château.*

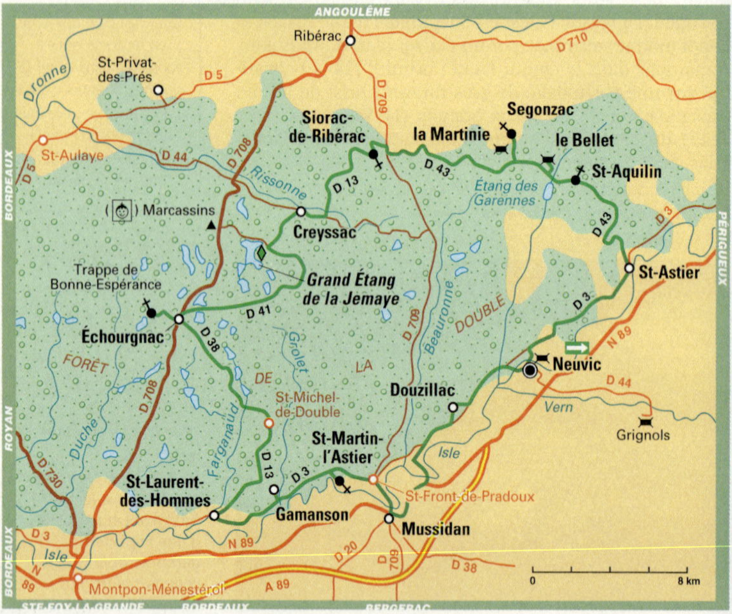

☺ Les espaces verts du château ont été aménagés en parc botanique. 6 ha plantés de quelque 1 500 espèces végétales (chênes, cornouillers, fusains, lilas, roses, etc.) gardées par des épouvantails.

J. Damase/MICHELIN

Le jardin botanique accueille de bien étranges personnages.

alentours

Château de Grignols

6 km à l'Est par la D 44.

Planté sur une crête rocheuse qui surplombe la vallée, ce château fut édifié à l'époque où le village de Grignols, en contrebas, comptait 10 paroisses et... 5 000 habitants ! Aménagée sur une terrasse triangulaire entre deux douves, la forteresse défendait la route entre Périgueux et Bordeaux. Édifiés du 13e au 17e s., les logis, que domine un donjon carré, s'imbriquent les uns dans les autres. La plupart des bâtiments furent démantelés pendant la Fronde.

circuit

FORÊT DE LA DOUBLE

Circuit de 95 km – compter environ une journée. Quitter Neuvic par le Nord en traversant l'Isle, puis en empruntant la D 3 (à droite).

St-Astier

Sur les rives de l'Isle, St-Astier s'est développé aux portes de la forêt de la Double et de ses fraîches frondaisons. Dans la partie ancienne du bourg, vous verrez quelques maisons Renaissance autour de l'église. Le bourg a longtemps vécu de la cimenterie et de l'extraction des pierres. Des pierres blanches illuminent ainsi l'église magistrale, dominée par une **tour-clocher** carrée du 16e s.

Résistance
La forêt de la Double, recouvrant 600 km², abritait de nombreux refuges de maquisards durant la Seconde Guerre mondiale. Les petites fermes dans les clairières simplifiaient le problème du ravitaillement des maquis.

Quitter St-Astier par le Nord en empruntant la D 43.

St-Aquilin

L'église romano-gothique de ce petit bourg recèle un étonnant retable en bois doré.

Suivre la D 43 sur 700 m et bifurquer à droite.

Château du Bellet

À proximité de l'étang des Garennes, cet édifice des 15e et 17e s. exhibe sans complexe tours, corps de logis, échauguettes et, à l'écart, un pigeonnier.

Poursuivre sur la D 43. Après 3 km, tourner à droite dans la D 104.

Segonzac

À l'entrée du village, remarquez le **château de la Martinie**, bâtisse du 15e s. plusieurs fois remaniée, pour être finalement reconvertie en ferme. L'**église** romane vaut surtout pour son abside en cul-de-four nervé et ses chapiteaux richement décorés.

Depuis la route de crête qui rejoint Siorac-de-Ribérac, belles vues sur la vallée de la Dronne et le Ribéracois.

Revenir sur la D 43 (à droite).

Siorac-de-Ribérac

Une nef unique couverte d'une coupole sur le faux carré du transept : voilà la particularité de l'**église** fortifiée de Siorac, intégrée au parcours balisé « Églises romanes ».

Quitter Siorac par l'Ouest et rejoindre la D 13 (à gauche). Après avoir traversé la Rissonne, prendre à droite la D 44 en direction de St-Aulaye.

Creyssac

Non loin d'un château privé, un élégant pigeonnier se reflète dans les eaux d'un petit étang.

Grand étang de la Jemaye

Au milieu de la forêt de la Double, les projets d'aménagement se multiplient afin de développer la base de loisirs qui propose déjà plage, pêche, planche à voile, VTT, randonnée...

Marcassins
☺ Non loin du grand étang de la Jemaye, à l'intersection de la D 108 et de la D 708, un **enclos à sangliers** a été aménagé à proximité de la route.

La région de la Double présente des paysages sauvages de forêts parsemées d'étangs et un habitat dispersé de maisons à pans de bois et torchis. Chênes et châtaigniers constituent la majorité du peuplement forestier.

INITIATION
À la sortie d'Échourgnac, la **ferme de Pacot** initie les curieux à l'architecture locale. *Juil.-août : tlj sf lun. 14h30-17h30 ; mai-juin et sept. : dim. et j. fériés 14h30-17h30. 4€ (enf. : 2€). ☎ 05 53 81 99 28. Sentier de découverte libre d'accès.*

Revenir sur la route et prendre à droite.

Échourgnac

À deux pas de l'ancienne capitale de la Double, les moines de la Trappe de Port-Salut en Mayenne ont fondé au 19e s. un nouvel établissement : la **Trappe de Bonne-Espérance**. Venus assainir les marécages de la région, certains payèrent de leur vie cet effort. Toujours en activité, la fromagerie propose encore sa production, le trappe, qui ressemble au port-salut.

Quitter Échourgnac par le Sud-Est en empruntant la D 38. À St-Michel-de-Double prendre la D 13.

St-Laurent-des-Hommes

Dans ce village, comme à Gamans, on peut découvrir quelques superbes maisons traditionnelles de la Double.

Quitter St-Laurent par l'Est en empruntant la D 3.

Gamanson

À quelques pas de la route, ce hameau en cours de restauration forme le plus riche ensemble d'habitations traditionnelles de la Double, en colombages et torchis.

Revenir et poursuivre sur la D 3 (à gauche).

St-Martin-l'Astier

Dressée au milieu du cimetière, l'église de St-Martin a été construite sous le signe du huit : le clocher-tour et le chœur sont octogonaux, et ce dernier est soutenu par huit colonnes. Un nouveau nombre d'or ?

Poursuivre sur la D 3 et traverser l'Isle.

Mussidan

JADIS
Le marché de Mussidan, le samedi matin, existe depuis le 15e s., époque où Charles VIII fit du bourg une cité commerçante.

Au bord de l'Isle, cette ancienne cité huguenote fut assiégée à plusieurs reprises pendant les guerres de Religion. Le siège de la ville en 1569 inspira à Montaigne son essai *L'Heure des parlements dangereuse*.

Le **musée des Arts et Traditions populaires du Périgord André-Voulgre**, niché dans une ancienne chartreuse périgourdine où vivait le docteur Voulgre, réunit patiemment des éléments de la vie locale. Des vaisseliers aux alambics, d'une locomotive à vapeur aux animaux naturalisés, les différentes salles d'exposition retracent les grandes lignes du bon vieux temps ! *☎ 05 53 81 23 55 - ♿ - de déb. juin à mi-sept. : 9h30-12h, 14h-18h ; mars-mai et oct.-nov. : w.-end et j. fériés 14h-18h - fermé 1er Mai - 3 € (-13 ans gratuit)*

Quitter Mussidan par le Nord-Est en empruntant la N 89. Après 3 km, tourner à gauche dans la D 3ES.

Douzillac

L'actuel bâtiment de la mairie, maison à poivrière avec un balcon de bois, mérite un coup d'œil.

En direction de Neuvic, aux abords de la D 3, le **château de Mauriac**, édifié au 16e s., se mire dans les eaux de l'Isle.

Poursuivre sur la D 3 qui ramène à Neuvic.

Nontron

Ce gros bourg du Haut-Périgord a su préserver sa qualité de vie et son environnement. Avec la création du Parc naturel régional Périgord-Limousin, la région joue désormais la carte du développement durable et de la conservation du patrimoine rural : forges et moulins « vivants »...

Curieux personnages
Au moment du carnaval réapparaissent les **soufflaculs**. Selon la légende, les femmes de Nontron seraient volages et des hommes, les soufflaculs, auraient donc besoin de souffler sous leur robe avec un soufflet pour en chasser le mauvais esprit. Illustration visible sur les murs d'un passage donnant dans la rue du Dr-André-Picaud, à proximité de l'église.

La situation
Carte Michelin Local 329 E2 - Dordogne (24). À l'extrémité Nord du département de la Dordogne, Nontron est situé sur la D 675, à mi-distance de Rochechouart et Périgueux, via Brantôme.
3 av. du Gén.-Leclerc, 24300 Nontron, ☎ 05 53 56 25 50.

Le nom
Nantirius ou Nantironius... un de ces deux noms gallo-romains, qui devaient être ceux de propriétaires, a donné Nontron.

Les gens
3 500 Nontronnais. Camoufler du matériel pour le jour où l'on pourrait s'en servir occupa beaucoup de Nontronnais à l'automne 1940. Sous la direction du colonel Mollard on cachait, les armes dans des propriétés privées, les munitions dans des grottes et les véhicules dans les bois et les hangars. D'autres centres de camouflage se trouvaient à Thiviers, Sarlat, Périgueux, Bergerac et St-Astier.

visiter

Atelier de Coutellerie Nontronnaise
Dans la ville haute. ☎ 05 53 56 01 55 - ♿ - tlj sf w.-end 9h-12h, 13h30-18h - fermé j. fériés - gratuit.
Les couteaux avec un manche en buis sont une des grandes spécialités de Nontron et leur fabrication remonte au 15e s. À l'origine, leur création est due à la présence de minerai et de forges dans la région. Dans cet atelier, de grandes baies vitrées permettent d'observer les ouvriers au travail. Des panneaux au mur expliquent les diverses étapes de la fabrication.
Une autre spécialité de la ville, fabriquée dans l'atelier, est le couteau miniature : douze par noix ou noisette, qui dit mieux !

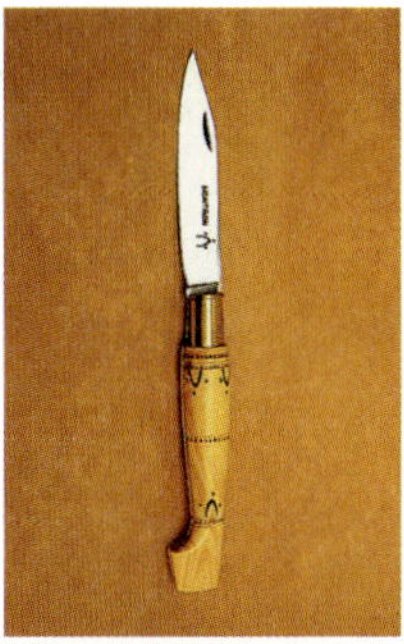
J. Damase/MICHELIN

Si vous offrez en cadeau un couteau de Nontron, n'oubliez pas de demander en échange une pièce de monnaie... pour ne pas couper l'amitié !

carnet pratique

Se loger
⊖⊖ Christine et Maurice Biron – *Le Domaine du Petit Houx « Brégou » - ☎ 05 53 60 78 82 - layourte@wanadoo.fr - 🚭 - 3 ch. 47/57 € ☕ - repas 18 €.* Une récente rénovation a métamorphosé cette ancienne métairie nichée dans un parc de 4 ha. Plaisant salon-bibliothèque autour d'une cheminée. Murs égayés de couleurs vives, literie neuve, jonc de mer au sol et salle de bains complète : les chambres sont agréables et confortables. La maison est aussi un relais équestre.

Se restaurer
⊖⊖ Ferme-auberge de Hautefaye – *Jaubertin - 24300 Hautefaye - 18 km au SO de Nontron par D 75 et D 92 - ☎ 05 53 56 04 50 - aubergeportain@wanadoo.fr - fermé 20 déc.-15 fév. - réserv. obligatoire - 19/26 €.* Connue « comme le loup blanc » dans la région, cette ferme-auberge continue à élever moutons et volailles et à récolter ses céréales, autant de produits « maison » qui, associés à divers ingrédients du terroir, feront le bonheur des gourmands !

Que rapporter
Artisan confiseur-chocolatier – *Rte de Savignac - ☎ 05 53 60 32 51 - fermé de mi-juil. à fin juil. et j. fériés.*

Atelier Coutellerie Nontronnaise – *Pl. Paul-Bert - ☎ 05 53 56 01 55 - coutellerie. nontron@wanadoo.fr - tlj sf w.-end 9h-12h, 13h30-18h.* Le couteau de Nontron est connu pour être l'un des plus vieux de France. Les artisans fabriquent toujours les couteaux artisanalement (acier, laiton et buis pour le manche). Visite de l'atelier et boutique.

découvrir

Parc naturel régional Périgord-Limousin

24300 Abjat-sur-Bandiat - 05 53 60 34 65.

Créé en mars 1998, le parc s'étend sur 180 000 ha entre Périgueux, Limoges et Angoulême. Il a trois objectifs principaux : faire connaître, protéger et valoriser le patrimoine ; contribuer au développement économique et à l'action culturelle ; rendre plus accueillant le Périgord-Limousin, pour de nouvelles activités et de nouveaux habitants.

Des dépliants permettent de connaître les diverses richesses du parc, tant au niveau de l'artisanat (couteau, pantoufles, artisanat du châtaignier...), du patrimoine bâti (châteaux, moulins...), des randonnées à pied, en VTT ou à cheval, des hébergements touristiques, etc. En outre, du printemps à l'automne le Parc organise des sorties animées.

Sauvegarde du patrimoine naturel et bâti, un programme d'envergure pour le Parc naturel régional Périgord-Limousin.

circuit

AUX PORTES DE L'ANGOUMOIS

Circuit de 80 km – compter environ une journée.

Le parcours se fait à l'intérieur du **Parc naturel régional Périgord-Limousin** et permet de le découvrir en partie.

Quitter Nontron par l'Est en empruntant la D 707 jusqu'à Saint-Pardoux-la-Rivière.

Saint-Pardoux-la-Rivière

Sur l'ancienne voie ferrée reliant à Thiviers, une **voie verte** a été aménagée. Vous pourrez parcourir ces 16 km à pied, à vélo ou à cheval et vous arrêter dans les villages, dont Saint-Jean-de-Côle *(voir ce nom)*.

De St-Pardoux-la-Rivière, prendre au Nord la D 83 jusqu'à Champs-Romain. Se garer près du cimetière.

Saut du Chalard

1h30 à pied AR. Un sentier balisé en surplomb conduit jusqu'à une petite plate-forme dominant la Dronne. En contrebas, les bouillonnements de la rivière écument entre les versants escarpés et boisés. Rafraîchissant.

Revenir et poursuivre sur la D 83 (à droite). Après 2,5 km, prendre à droite la D 79, puis à gauche la D 96 vers Abjat-sur-Bandiat. À Fargeas, tourner à gauche.

Augignac

À la limite du village, chez Pey, intéressant **moulin à eau**, remis en état (un des fameux moulins « vivants »).

Prendre vers l'Ouest.

Étang de St-Estèphe

Cet étang de 30 ha de superficie constitue pour les Nontronnais une agréable base de loisirs.

Poursuivre sur la même route jusqu'au parking.

Roc Branlant

Suivre la rive gauche du ruisseau qui s'anime entre les rochers jusqu'à l'entablement du roc. Pour les curieux et les amoureux de verdure, poursuivre jusqu'à un amoncellement de rochers appelé **« Chapelet du Diable »**.

À St-Estèphe, prendre à gauche la D 88, vers Nontron.

E. Larribère/MICHELIN

Mystérieux roc branlant...

Roc Poperdu

Non loin de l'intersection des D 3 et D 675, étrange chaos de blocs de granit.

Faire demi-tour et suivre la D 3.

Le Bourdeix

L'**église** recèle d'étonnantes **fresques** : des têtes de morts blanches sur un drapé noir, censées repousser les épidémies de peste et autres malédictions (15e-16e s.). On pourra également voir le moulin Pinard, encore en fonctionnement.

Quitter Le Bourdeix par le Nord-Est.

Piégut-Pluviers

Pl. de l'Église, 24360 Piégut-Pluviers, ☎ 05 53 60 74 75.

Le bourg est dominé par la haute silhouette d'un donjon circulaire, unique vestige d'un château détruit en 1199 par Richard Cœur de Lion.

Quitter Piégut par le Nord-Ouest en empruntant la D 91. Tourner à droite dans la D 91E2 qui se prolonge en D 3.

Bussière-Badil

Aux portes de l'Angoumois, ce bourg est assez isolé. Bien sûr, les amoureux des vieilles pierres ne sont pas découragés pour si peu et viennent nombreux admirer l'**église Notre-Dame**, ancienne abbatiale du 11e s.

Cet édifice roman rappelle par bien des aspects l'église cistercienne de Cadouin, dans le Périgord noir. La couleur rose de la pierre égaie une façade sobre et imposante qui s'ouvre par un portail à triple voussure sculptée. Certains évoqueront l'influence du Limousin à travers son clocher octogonal, d'autres les traits saintongeais de sa façade Ouest. Du système de défense du 15e s. ne subsistent que deux échauguettes.

Quitter Bussière-Badil par l'Ouest et rejoindre la D 91.

Varaignes

Château, 24360 Varaignes, ☎ 05 53 56 35 76.

Installé dans l'ancien château des ducs des Cars (13e-15e s. et Renaissance), l'**atelier-musée des Tisserands et de la Charentaise du Haut-Périgord limousin** retrace l'activité textile du pays à travers 5 ateliers : tricot, filage, cardage chanvre et corde, tissage et feutre, pantoufles.

Après avoir découvert un intérieur paysan d'autrefois, vous parcourrez les salles du château qui se succèdent avec leur décor d'origine (cheminées, fenêtres, escaliers à vis...) ; remarquez une collection de métiers à tisser. *Sortir du château par la cour intérieure ornée d'une galerie Renaissance.* Dans un local a été reconstruit un **moulin à huile** auquel se joignent de nombreux outils agricoles.

☎ 05 53 56 35 76 - visite guidée (1h, dernier dép. 1h av. fermeture) juil.-août : tlj sf dim. mat. 10h-12h, 14h30-18h30 ; avr.-juin et sept.-oct. : tlj sf mar. 14h-17h ; nov.-mars : sur demande - fermé 25 déc. - 3,80 € (-10 ans gratuit).

Quitter Varaignes par le Sud-Est. Traverser la D 75 et poursuivre sur la D 92.

La Chapelle-St-Robert

Vers 1050, Robert de Turlande, fondateur et 1er abbé de la Chaise-Dieu envoie son disciple Raoul Passeron fonder un prieuré sur ce lieu. Si les bâtiments conventuels n'existent plus, l'**église** se dresse toujours, édifiée dans le calcaire coquiller du pays à la belle couleur grise. Le portail est orné de chapiteaux primitifs.

Quitter La Chapelle-St-Robert par le Sud-Est et rejoindre la D 93 (à gauche).

Javerlhac

Édifiée aux 12e et 15e s., l'**église** est composée de deux nefs dissymétriques voûtées en berceau brisé. Dans le mur Sud, se trouve un enfeu dans lequel repose un couple de gisants assez abîmés.

À côté de l'église, joli **château** du 15e s., ancienne possession d'Aymeric Vigier et de Louis de Rochechouart.

Quitter Javerlhac par le Nord-Est en empruntant la D 93.

Teyjat

Découverte en 1880, la **grotte de la mairie** recelait un important gisement du magdalénien supérieur (entre - 13 000 et - 10 000 ans). Ce n'est qu'en 1903 que D. Peyrony et P. Bourrinet découvrirent de remarquables **gravures** sur de grandes dalles stalagmitiques. Un mélange d'une faune « froide » (renne, cheval, bison) avec une faune plus tempérée (cerf) traduit bien le radoucissement du climat

ACHATS

Marché de Piégut-Pluviers – *24360 Piégut-Pluviers - ☎ 05 53 60 74 75.* Le petit bourg de Piégut-Pluviers s'anime tous les mercredis matin lors du marché. Créé en 1642, il reste l'un des plus importants du Périgord.

COMME UN LIVRE

À l'intérieur de l'église, vingt-huit chapiteaux historiés animent la triple nef : l'histoire biblique se lit aussi dans la pierre.

CALENDRIER

Ne manquez pas le **marché des Tisserands** (dernier en France) qui a lieu le w.-end de Pentecôte.

à cette époque. ☎ *05 53 06 86 00 - visite guidée (45mn, dép. ttes les h) sur demande au service des réservations de la grotte de Font-de-Gaume - juil.-août : sam. 10h-18h - 2,50 €*

Aménagée dans l'ancienne mairie du village, la **salle muséographique de la Préhistoire** explique et remet dans son contexte les divers éléments trouvés dans la grotte toute proche et dans l'abri Mège *(en sortant, petit chemin à gauche de l'église)*. Trois vidéos complètent les vitrines et les panneaux explicatifs. Les armes et objets gravés sont particulièrement intéressants. ☎ *05 53 56 35 76 - ♿ - juil.-août : tlj sf mar. 10h30-12h, 14h30-18h, dim. 14h30-18h (dernière entrée 1h av. fermeture) ; avr.-juin et sept.-oct. : sam. 10h-12h, 14h-17h ; nov.-mars : sur demande - 3,80 € (-10 ans gratuit).*

Revenir à Javerlhac et prendre à gauche la D 75 qui ramène à Nontron.

Gouffre de Padirac★★

La visite de ce gouffre vertigineux, de sa mystérieuse rivière et des vastes cavernes ornées de concrétions calcaires gigantesques, reste un incontournable rendez-vous pour qui découvre le causse de Gramat. Plongez dans un monde à part.

HUMIDE
N'oubliez pas de vous munir de vêtements imperméables pour visiter le gouffre, surtout s'il a plu les jours précédents !

La situation

Carte Michelin Local 337 G2 – Lot (46). Le gouffre est situé à 3 km, par la D 90, du petit village de Padirac, à l'écart des grands axes routiers.

Pl. de l'Église, 46500 Padirac, ☎ 05 65 33 47 17.

Le nom

Padirac proviendrait du nom propre latin *Patera,* sans doute le prénom de la femme du propriétaire des lieux ou d'une de ses filles.

Les gens

168 Padiracois. Le spéléologue Édouard-Alfred Martel fut le premier à atteindre la salle du Grand Dôme, en 1890.

comprendre

La légende du diable à Padirac – Saint Martin à la recherche d'âmes à sauver et n'en ayant pas trouvé vit brusquement sa mule stopper : Satan surgit portant un grand sac plein d'âmes. Se moquant du saint, il lui propose un marché : il lui donnera les âmes qu'il emporte en enfer, à condition que saint Martin fasse franchir à sa mule un obstacle qu'il crée sur-le-champ. Il frappe le sol du pied et aussitôt apparaît un gouffre béant. L'animal fit un tel bond de l'autre côté de l'abîme que les empreintes de ses sabots y sont encore visibles ; dépité, Satan regagna l'enfer par le trou qu'il avait créé, laissant à saint Martin les âmes !

VIE QUOTIDIENNE
Malgré la légende et leur peur du gouffre, les gens du lieu y descendaient pour y chercher du salpêtre.

De la légende à l'exploration – Le gouffre servit de refuge aux habitants du causse pendant la guerre de Cent Ans et au cours des guerres de Religion, mais il semble que ce soit seulement vers la fin du 19e s., à la suite d'une violente crue de la rivière, qu'une communication praticable se soit ouverte entre le fond du puits et les galeries souterraines.

Le spéléologue **Édouard-Alfred Martel** découvre ce passage en 1892. En onze ans, il entreprend neuf expéditions. En 1898, Padirac est inauguré. Depuis, de nombreuses expéditions spéléologiques ont permis de porter la longueur du réseau reconnu à 22 km.

GOUFFRE ET RIVIÈRE SOUTERRAINE DE PADIRAC

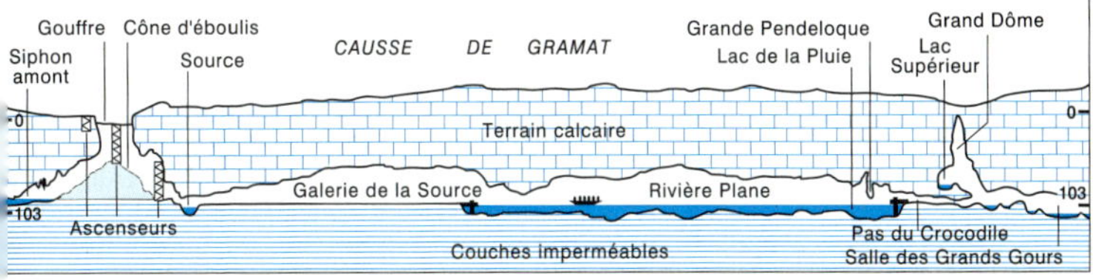

L'expédition de 1947 a permis de déterminer, par une expérience de coloration à la fluorescéine, que les eaux de Padirac réapparaissent à l'air libre à 11 km de là, à la source du Lombard et à la fontaine de St-Georges, au **cirque de Montvalent**, près de la Dordogne.

Au cours des expéditions de 1984 et 1985, les spéléologues accompagnés de paléontologues, de préhistoriens et de géologues, ont mis au jour, à 9 km de l'orifice sur l'affluent de Joly, un gisement qui renferme de nombreux ossements de mammouths, de rhinocéros, de bisons, d'ours, de lions des cavernes et de cerfs... vieux de 150 à 200 000 ans. Parmi les ossements ont aussi été découverts des silex taillés datant de - 30 à - 50 000 ans.

visiter

☎ 05 65 33 64 56. www.gouffre-de-padirac.com - visite guidée (1h30) du 10 au 31 juil. : 9h-18h ; août : 8h30-18h30 ; de déb. avr. au 10 juil. et sept. : 9h-12h, 14h-18h ; oct. : 10h-12h, 14h-17h - 8,50 € (5-12 ans 5,40 €).

À la descente, deux ascenseurs doublés d'escaliers conduisent à l'intérieur du gouffre de 32 m de diamètre jusqu'au cône d'éboulis formé par l'effondrement de la voûte primitive.

Du fond du cône, à 75 m de profondeur, la vue est saisissante sur les parois couvertes de coulées de stalagmites et de végétation, et sur le coin de ciel qui se détache au-dessus.

Des escaliers mènent, jusqu'au niveau de la rivière souterraine, à 103 m au-dessous du sol. Après la descente au fond du gouffre, on parcourt 500 m en barque puis 400 m à pied.

Galerie de la Source

Elle est aménagée au fond d'un canyon souterrain dont la voûte s'élève peu à peu. Longue de 300 m, elle emprunte le tracé de la rivière qui l'a creusée et conduit à l'embarcadère.

Rivière plane

Une flottille de bateaux plats insubmersibles permet d'effectuer une féerique promenade sur la « rivière ▶

VENISE EN QUERCY
Les guides se transforment en gondoliers le temps de cette « traversée » souterraine.

carnet pratique

SE LOGER

⊖ **Padirac Hôtel** – *46500 Padirac - à l'entrée du gouffre - ☎ 05 65 33 64 23 - padirac-hotel@wanadoo.fr - fermé de vac. de Toussaint au 31 mars - P - 22 ch. 22,50/44 € - ☕ 6,50 € - restaurant 11/36 €.* C'est un petit hôtel calme et modeste. Les chambres sont simples mais bien tenues. Restauration classique avec snack et glacier en été. Les prix sont très honnêtes.

SE RESTAURER

⊖⊖ **Auberge de Mathieu** – *À 300 m de l'entrée du gouffre - 46500 Padirac - ☎ 05 65 33 64 68 - cathy.pinquie@wanadoofr - fermé 16 nov.-14 mars, sam. en mars et nov. - 17/32 €.* Entre spécialités régionales et cuisine traditionnelle, vous trouverez de quoi vous rassasier dans cette auberge située près du gouffre. Quelques chambres simples et fort bien tenues permettent de prolonger l'étape.

plane » aux eaux étonnamment limpides. La profondeur de la rivière varie de 50 cm à 4 m, la température de l'eau est constante à 11 °C, comme celle de la grotte à 13 °C. Au cours de cette navigation, remarquez les niveaux d'érosion correspondant aux cours successifs de la rivière. En fin de parcours, on admire la **Grande Pendeloque du lac de la Pluie**. Cette gigantesque stalactite dont la pointe atteint presque la surface de l'eau n'est que le pendentif final d'un chapelet de concrétions de 78 m de hauteur.

Magistral
Sur la gauche du pas du Crocodile trône le **Grand Pilier**, haut de 40 m.

Pas du Crocodile
Un passage resserré entre de hautes parois sépare le lac souterrain des salles vers lesquelles se poursuit la visite.

Salle des Grands Gours
Une série de bassins séparés par des gours, barrages naturels de calcaire, partagent la rivière et le lac en superbes vasques au-delà desquelles une cascade haute de 6 m marque l'extrémité du parcours aménagé pour les visiteurs.

Lac Supérieur
Alimenté seulement par les eaux d'infiltration tombant de la voûte, il est situé à 20 m au-dessus de la rivière plane, et limité par une série de gours aux formes arrondies. Ses eaux sont d'un beau vert émeraude. La forme plate des concrétions s'explique par la hauteur de plafond.

À savoir
De l'extrémité de la galerie de la Source, près du gouffre, 4 ascenseurs ramènent au pavillon d'entrée, évitant ainsi la montée de 455 marches.

Salle du Grand Dôme
Cette **salle impressionnante** par sa hauteur (91 m) est la plus belle et la plus vaste du gouffre. Le belvédère établi à mi-hauteur permet d'observer les formations rocheuses et les coulées de calcite qui décorent ses parois. Au cours de la descente vers l'embarcadère, vues intéressantes sur le Grand Pilier et la Grande Pendeloque.

Grotte du Pech-Merle★★★

Les émerveillements que procure la grotte du Pech-Merle sont presque inénarrables : le long des couloirs et des galeries (vous en parcourrez plus d'un kilomètre !) se succèdent gravures, peintures – c'est une fabuleuse vitrine de l'art pariétal – et formes minérales insolites et colorées. Ne ratez pas ce bijou préhistorique !

La situation
Carte Michelin Local 337 F4 - Schéma p. 152 - Lot (46). La grotte, accessible par une seule route en cul-de-sac, se situe à 3 km de Cabrerets.
46330 Cabrerets, ☎ 05 65 31 27 12. www.quercy.net

Le nom
Le latin désigne sous le terme *podium* toute éminence de petite taille. En langue d'oc, il donne *puèg*, *puog* ou encore *pech*. Quant aux lieux nommés *merle*, ils n'ont rien à voir avec l'oiseau, mais proviennent d'une déformation de *marla*, « marne », terre argilo-calcaire. Pech-Merle ou la petite colline de marne.

Primitif
En 1949, la découverte d'une nouvelle salle a permis de retrouver l'**accès primitif**, celui qu'utilisaient les hommes il y a environ 16 000 à 20 000 ans pour pénétrer dans cette caverne.

Les gens
203 Cabreretsiens. Deux garçons de 15 et 16 ans, André David et Henri Dutertre, ont été les héros de la découverte de la grotte du Pech-Merle. Fascinés par les recherches menées par l'**abbé Lemozi**, curé de Cabrerets, préhistorien et spéléologue, ils explorent une petite faille connue seulement pour avoir servi de refuge pendant la Révolution et découvrent après de nombreux efforts les merveilleuses peintures pariétales.

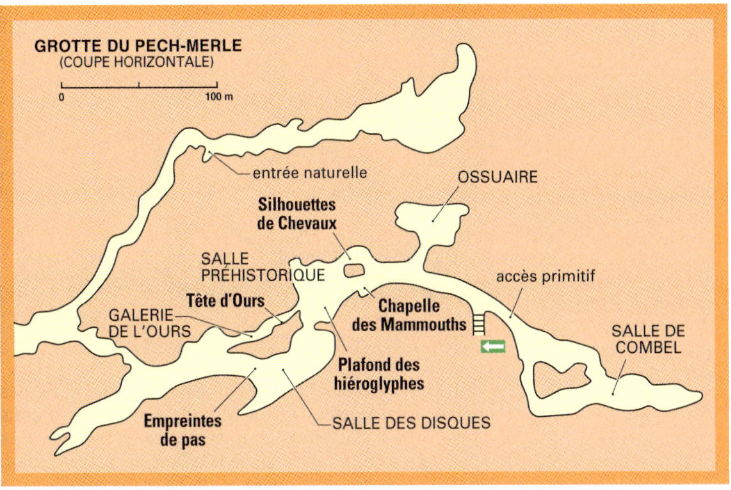

visiter

Grotte

☎ 05 65 31 27 05 - www.pechmerle.com - visite guidée (1h) - du 9 avr. au 3 nov. : ouverture de la billetterie 9h30-12h, 13h30-17h - visite limitée à 700 visiteurs par jour (il est conseillé de réserver 3 j. av. en juil-août) - 7,50 € (enf. 4,50 €) haute sais., 6 € (enf. 3,80 €) basse sais. - billet combiné avec le musée de la Préhistoire.

En visitant la grotte du Pech-Merle, vous pouvez à la fois admirer de vastes salles décorées de très belles concrétions et vous émerveiller devant la série de gravures et de peintures pariétales témoignant d'une technique déjà éprouvée.

Encore appelée « frise noire », la **chapelle des Mammouths** est ornée dans son niveau supérieur de dessins de bisons et de mammouths, exécutés au trait noir, formant une frise longue de 7 m et haute de 3 m.

La **salle des Disques** est décorée de nombreuses et curieuses concrétions de calcite, évoquant des disques dont la formation serait due à la superposition de deux dalles unies par un joint très fin. L'aspect arrondi est expliqué par une théorie physique de cristallisation : les cristaux s'organiseraient naturellement en lignes concentriques.

La **galerie de l'Ours** est intéressante pour ses concrétions naturelles : colonnes aux dimensions impressionnantes, excentriques, fistuleuses, ainsi que de rarissimes **perles des cavernes** qui retiennent l'attention par leurs couleurs allant du blanc étincelant de la calcite pure à l'ocre rouge dû à la présence dans le calcaire d'argile et d'oxyde de fer.

Après la salle Rouge, on redescend par un boyau, où fut gravée une tête d'ours.

Dans la partie inférieure de la **salle préhistorique**, un panneau est décoré de **deux silhouettes de chevaux** surchargées et entourées de points, de signes mystérieux et d'empreintes de mains, dites « mains négatives » obtenues en projetant des pigments avec la bouche sur la main, selon le principe du pochoir. Comme à Lascaux, les chevaux ont des silhouettes déformées avec un corps énorme et une tête minuscule. Dans la dernière salle visitée, la **salle de Combel**, ont été découverts des **ossements d'ours** des cavernes, toujours en place. Au centre de la salle, la racine particulièrement développée d'un chêne vient chercher l'humidité. Étonnant !

Musée Amédée-Lemozi

☎ 05 65 31 23 33 - www.pechmerle.com - ♿ - mêmes conditions de visite que la grotte du Pech-Merle (billet combiné).

Dédié à l'art pariétal et à la préhistoire en Quercy, il complète la visite de la grotte, en présentant, de façon

Mairie de Cabrerets

Dans un gour, vous découvrirez cette empreinte de pas faite dans l'argile humide par un jeune adolescent, il y a plus de 12 000 ans !

Rituel

Ces peintures et le **plafond des hiéroglyphes** décoraient un sanctuaire plus ancien que celui de la chapelle des Mammouths.

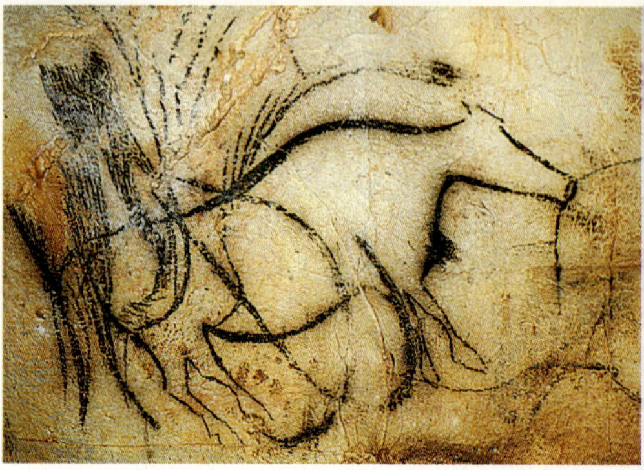

Dans la chapelle des Mammouths, c'est à partir de ce cheval que la grande frise noire a été réalisée. Remarquez que la trompe et les défenses croisées du pachyderme viennent surcharger les flancs du cheval.

attrayante et didactique, les ossements, les outils, les armes, les ustensiles et les œuvres d'art trouvés dans quelque 160 gisements préhistoriques différents. Ces objets couvrent toute la période allant du paléolithique ancien à l'âge du fer. Une série de photos permet également de se promener dans les grottes ornées de la région, et un film documentaire sur l'art paléolithique en Quercy complète la visite

Le Périgord noir★★

Sur le blason du Périgord noir, on trouverait certainement des châtaigniers et des chênes, une oie, quelques truffes, un château sur fond de paysage et une silhouette dont on apercevrait juste le sourire épanoui. Difficile en effet de ne pas être heureux dans cette région d'abondance et de beauté !

La situation

Carte Michelin Local 329 G/I 6/7 – Dordogne (24). Au sens large, le Périgord noir est compris entre les vallées de la Dordogne et de la Vézère.

R. Tourny, 24200 Sarlat-la-Canéda, ☎ 05 53 31 45 45. www.ot-sarlat-perigord.com

Périgord latin
Petracorensis donna longtemps lieu à des jeux de mot sur le « cœur dur » des habitants (*petra*, « pierre », et *cor*, « cœur »).

Le nom

Périgord provient des Pétrocores, fameuse tribu celte qui vivait dans la région. Le qualificatif de « noir » évoque sa couverture forestière de chênes, de châtaigniers et de pins maritimes.

Les gens

Les habitants de la région ont été appelés tour à tour Périgordins et Périgourdins. Curieusement, c'est la seconde version qui a la faveur de la population, même si elle semble moins logique. L'auteur de *Jacquou le Croquant* ne trouvait-il pas d'ailleurs que ce « u » alourdissait, assourdissait le véritable nom ?

circuit

DE LA DORDOGNE AU PAYS D'ARTABAN★★

Circuit de 75 km au départ de Sarlat-la-Canéda (voir ce nom) – compter environ une journée. Quitter Sarlat par le Sud-Est en empruntant la D 704, direction Gourdon. À la sortie de la ville, prendre à droite vers La Canéda.

Artaban
Gauthier de Costes, dit La Calprenède, est né au manoir du Toulgou, au 17ᵉ s. Il inventa le personnage d'Artaban, qui a laissé son nom à la postérité.

Au long de ce parcours, vous remarquerez que l'architecture des maisons, châteaux, manoirs et églises du Périgord noir, dont les murs construits dans le beau calcaire doré de la région sont couverts de toits pentus en lauzes ou en petites tuiles plates au coloris brun, est en parfaite harmonie avec les paysages vallonnés et boisés.

Se loger

⊜ Camping La Bouquerie – *24590 St-Geniès - 12 km au NO de Salignac par D 60 et D 61 - ☎ 05 53 28 98 22 - labouquerie@wanadoo.fr - ouv. 23 avr.-24 sept. - réserv. conseillée - 183 empl. 25 € - restauration.* Bien entretenu, ce terrain est plaisant : les propriétaires qui l'ont conçu autour de bâtiments anciens, l'améliorent régulièrement, multipliant notamment les piscines... Emplacements ombragés. Location de mobile homes.

⊜ Chambre d'hôte Le Moulin de la Garrigue – *24590 Borrèze - 9 km au SE de Salignac par D 62 - ☎ 05 53 28 84 88 - www.moulingarrigue.com - ⊠ - 6 ch. 50/60 €* ☐. C'est un coquet moulin du 19e s. entouré de bois. Les chambres sont simples et fonctionnelles, avec leur mezzanine. Vos hôtes seront ravis de vous guider dans vos recherches de bonnes tables, de randonnées et autres loisirs. Piscine dans le jardin.

⊜⊜ Chambre d'hôte Les Granges Hautes – *Le Poujol - 24590 St-Crépin-et-Carlucet - 12 km au NE de Sarlat dir. Brive puis Salignac - ☎ 05 53 29 35 60 - www.les-granges-hautes.fr - fermé 13 nov.-15 mars - 6 ch. 57/82 € - ☐ 7 € - repas 27 €.* Joli parc arboré invitant à la paresse, piscine d'eau salée agrémentée d'une belle mosaïque, chambres (non-fumeurs) meublées et décorées avec élégance : cette séduisante maison en pierre a un charme fou ! Deux dépendances abritent des gîtes au cadre raffiné.

Se restaurer

⊜⊜ Auberge du Sol – *24590 St-Crépin-et-Carlucet - 4 km au NE de St-Crépin-et-Carlucet, par rte de Salignac et à droite , à Carlucet - ☎ 05 53 28 80 51 - fermé janv.-fév. et lun. sf j. fériés - réserv. obligatoire - 19/31 €.* Ne cherchez pas le menu, il n'y en a pas ! Attablez-vous dans cette charmante auberge avec ses poutres et sa vaste cheminée de pierre et laissez-vous porter par les saveurs des produits régionaux. Vous serez récompensé de votre détour pour arriver jusqu'ici.

⊜⊜ La Meynardie – *24590 Salignac-Eyvigues - 2,5 km au NO de Salignac par D 62 puis rte secondaire - ☎ 05 53 28 85 98 - lameynardie24@wanadoo.fr - fermé de fin nov. à mi-fév., mar. sf juil.-août et merc. - 12,20 € déj. - 19,10/49 €.* Ce restaurant dans une ancienne ferme périgourdine est perdu dans la campagne. La salle à manger est dans le ton : poutres, sol de galets, murs de pierre et cheminée. Ou bien choisirez-vous la terrasse si le temps le permet. Cuisine bien tournée à prix raisonnables.

S. Sauvignier/MICHELIN

Que rapporter

Domaine de Béquinol – *Béquignolles - 24370 Carlux - ☎ 05 53 29 73 41 - tlj sf w.-end. 9h-12h, 13h30-17h - fermé de fin août à déb.sept., 25 déc.-1er janv. et j. fériés.* Confiseries : Arlequines de Carlux (cerneaux de noix enrobés de chocolat et poudrés de cacao), bouchées aux noix, Nogaillous du Périgord (cerneaux de noix enrobés de chocolat), Noir et noix (barre de chocolat noir fourrée à la pâte de noix et de caramel). Boissons alcoolisées : Béquinoix (apéritif), cerneaux de noix à la liqueur et vieille eau-de-vie de prune. Ces gourmandises sont distribuées dans les principales boutiques du Périgord et du Quercy ainsi qu'à l'écomusée de la Noix à Castelnaud.

Foie Gras Crouzel – *Le Temple - ☎ 05 53 28 80 83 - www.crouzel.com - tlj sf dim. 8h-12h, 14h-18h30.* Des produits locaux sélectionnés pour leur qualité, un savoir-faire culinaire dans la plus pure tradition, transmis de génération en génération : voilà le secret du foie gras de la famille Crouzel. De plus, l'accueil sympa doit être aussi héréditaire.

Site de Montfort★ *(voir ce nom)*

Quitter Montfort par le Nord-Est en empruntant la D 703.

Carsac-Aillac

Dans un site champêtre s'élève la modeste mais charmante église de Carsac bâtie en belle pierre jaune. Sa façade s'ouvre sur un porche à cinq voussures retombant sur des colonnettes ; le massif clocher roman et l'abside sont couverts de lauzes. La nef et les bas-côtés ont reçu au 16e s. des voûtes étoilées dotées d'élégantes clefs en disques. Une petite coupole sur pendentifs surmonte la croisée du transept. Le chœur se prolonge par une abside romane, voûtée en cul-de-four et ornée d'intéressants chapiteaux de style archaïque d'inspiration orientale.

Austérité

Un **chemin de croix**, réalisé par l'artiste Zack, complète l'ornementation : l'œuvre frappe par la rudesse de son style et l'austérité de sa conception ; les textes sont de Paul Claudel.

Quitter Carsac par le Sud en empruntant la D 704. Au lieu-dit St-Rome, suivre le fléchage « Jardins d'eau ».

Les jardins d'Eau★ – ☎ *05 53 28 91 96 ou 06 08 92 37 82 - www.jardinsdeau.com - mai-oct. : 9h-20h (dernière entrée 1h av. fermeture) - 4,80 € (11-16 ans 2,50 €, -11 ans gratuit).*

C'est sur un terrain de 3 ha en pente douce au pied de la Dordogne que Claude et Didier Bernard ont décidé de créer leur jardin aquatique s'appuyant sur une expérience passée (en Normandie) en matière de lotus et nénuphars.

Déjà la maisonnette d'accueil vitrée est entourée d'un bassin de nénuphars exotiques. Un concert de croassements accompagne le visiteur ; outre les grenouilles, cinq espèces de libellules ont élu domicile ici. Mais nuls moustiques car les *gambusis*, véritables petits poissons nettoyeurs, se chargent de les manger.

TRANSPARENCE
Ici, pas de filtre UV pour maintenir la clarté de l'eau mais cinq variétés de plantes oxygénantes.

Le **grand bassin des nymphéas** traversé d'un pont japonais évoque une toile de Monet, tandis que les cinq variétés d'iris rappellent Van Gogh. En descendant, remarquez sur le bas-côté une partie de l'aqueduc construit par les Romains sur 4 km, permettant l'écoulement du trop-plein d'une source dans la Dordogne. Arrivé au pied de la **fontaine**, vous verrez les plus grands lotus : les fleurs atteignent 2 m de haut et les feuilles 70 cm de diamètre. Ils côtoient six variétés de nénuphars blancs. Ensuite, vous emprunterez la passerelle serpentant sur le **long bassin des lotus** (vous en verrez des nains cette fois). Leurs feuilles hydrophobes scintillent parfois de gouttelettes. Les **bassins en terrasses**, aménagés dans la montée, permettent de toucher et de sentir les nénuphars. Y dérivent également des petites plantes flottantes.

Dans ces jardins vous apprécierez également les divers végétaux entre les pièces d'eau. Ceux qui voudraient s'approvisionner en plantes aquatiques trouveront à la **pépinière** toutes les variétés présentes sur les lieux.

Revenir sur la D 704, après avoir franchi la Dordogne, prendre à gauche la D 50.

Château de Fénelon*

☎ 05 53 29 81 45 - juil.-août : 10h-19h ; avr.-juin et sept. : tlj sf mar. 10h30-12h30, 14h30-18h ; mars et oct. : tlj sf mar. 14h-17h ; fév. et nov. : w.-end 14h-17h - 7 € (6-12 ans 5 €).

Bâti auprès du village de Ste-Mondane, sur une éminence dominant la Dordogne et les bois de la Bouriane, le château de Fénelon, dont les fondations datent du 14e s., joua un rôle important durant la guerre de Cent Ans. Forteresse anglaise, elle redevint française en 1375. Il subit d'importantes transformations au 17e s., puis comme beaucoup de châteaux en Périgord, il fut laissé à l'abandon à la Révolution mais resta intact. Les actuels propriétaires ont redonné au lieu son lustre d'antan.

Sa **triple enceinte** lui confère une allure de très puissante forteresse. Les logis et les tours ont conservé leur **couverture de lauzes**. Un bel escalier à double révolution donne accès à la cour d'honneur. À droite, sous la galerie se trouve un puits de 96 m taillé dans le roc. De la terrasse, belle **vue** sur le vallonnement environnant. À l'intérieur, la visite libre retrace l'**histoire du mobilier** du Moyen Âge à l'Empire, à travers différentes pièces : cuisine médiévale, chambre Louis XVI, chambre Empire..., en passant par la reconstitution d'un cabinet de curiosités. À noter également, une belle collection d'armes du 15e au 18e s. et des tapisseries faisant référence à l'œuvre de Fénelon. Bien sûr, vous verrez la chambre où serait né le futur archevêque de Cambrai, avec son lit à colonnes torses. Par ailleurs, une exposition permanente bien documentée lui est consacrée.

Suivre la D 50 jusqu'à St-Julien-de-Lampon, puis rejoindre la rive droite de la Dordogne par la D 61.

J. Damase/MICHELIN

François de Salignac de La Mothe-Fénelon, auteur des « Aventures de Télémaque », naquit au château de Fénelon le 6 août 1651 et y passa son enfance. Sa famille possédait le fief depuis le 14e s., et le conserva jusqu'en 1780.

Le franchissement de la Dordogne est gardé par le **château de Rouffillac**, dont la silhouette émerge des chênes verts.

Carlux

Campée sur une position dominante, cette bourgade a conservé de vieilles maisons et sa petite halle. Une lanterne des morts, surgissant d'un mur-pignon, donne à l'ensemble une note insolite. Du château subsistent encore une tour d'entrée, le donjon et d'imposantes courtines. De la terrasse du château, jolie **vue** sur la vallée et les falaises servant de fondations à la forteresse.

Prendre la route derrière le château et suivre les panneaux « Jardins de Cadiot ».

Jardins de Cadiot* – *☎ 05 53 29 81 05 - mai-oct. : 10h-19h - 6 € (-14 ans gratuit).*

Ce jardin privé de 2 ha se niche au creux d'une combe, au milieu d'un bois de chênes.

Dix tableaux se répartissent sur trois terrasses. On entre par le **potager** pour cheminer vers des espaces plus sophistiqués, des seuils ménageant la transition. Une galerie de rosiers lianes conduit au **verger-cloître** où les pommiers en espalier s'alignent autour d'un bassin tan-

Passionnés
Quand Anne-Marie et Bernard Decottignies arrivèrent sur les lieux, la maison était en ruine et le terrain envahi par les ronces. L'amour des jardins (Anne-Marie œuvre aidée d'un jardinier seulement) et la sensibilité artistique (Bernard essaime ses sculptures dans le jardin sauvage) ont engendré cette création contemporaine qui retient l'attention.

dis que des cyprès tracent un déambulatoire. Une antichambre de charmes ouvre sur la **pivoineraie** en éventail. Quelques vieux cerisiers précèdent l'entrée dans le labyrinthe de charmes où s'élève un arbre flamboyant (gleditsia). La **roseraie** crée un effet de masse, les rosiers anciens cascadent de chaque côté d'une allée gazonnée en pente douce. Passé un portique en bois, le **jardin de poésie** accroche dans sa montée des morceaux de pots en terre cuite sur lesquels sont inscrits des poèmes. La deuxième terrasse offre un **jardin à l'anglaise**, savant mélange aux couleurs vives, suivi d'un jardin sauvage, sous-bois d'érables ponctué de palmiers. Ce lieu abrite des sculptures. La dernière terrasse présente un **jardin à la française** où le buis taillé encadre des fleurs blanches. Enfin, on sort des jardins en traversant trois patios (des concerts s'y déroulent en été), le dernier décoré d'azulejos.

Poursuivre sur la D 61 en direction de Salignac. Après 3 km, tourner à gauche dans la D 47. À Ste-Nathalène, prendre à droite et suivre la direction de Proissans.

Moulin de la Tour

☎ 05 53 59 22 08 - www.moulindelatour.com - ♿ - visite guidée (30mn, dernière entrée 30mn av. fermeture) - juil.-août : lun., merc., vend. 9h-12h, 14h-19h, sam. 14h-19h ; juin et sept. : merc., vend. 9h-12h, 14h-19h, sam. 14h-19h ; avr.-mai : merc., vend. 9h-12h, 14h-19h ; oct.-mars : vend. 9h-12h, 14h-18h - fermé 1 sem. nov. et fév. (se renseigner), dim., 1er janv., 1er nov., 25 déc. - 4,20 € (6-12 ans 2,70 €, -6 ans gratuit).

Actionné par les eaux de l'Enéa, ce moulin du 16e s. perpétue la fabrication traditionnelle d'huile de noix et de noisette. Nombreux étaient autrefois en Périgord les moulins céréaliers équipés pour une production complémentaire, en hiver, d'huile de noix ; le mécanisme de celui-ci a 150 ans. La visite fait découvrir les diverses étapes de la fabrication de l'huile. Vente de la production.

Revenir sur Ste-Nathalène. Peu avant le village, prendre à gauche vers le hameau de La Tour.

S. Sauvignier/MICHELIN

Le Mai

Cet arbre ébranché ne conservant qu'un toupet, enrubanné de la mi-hauteur au sommet, décoré de drapeaux et d'une pancarte, que vous verrez certainement lors de votre périple en Périgord, est la survivance d'une tradition païenne. Pour fêter l'arrivée du printemps, un arbre (symbole de jeunesse et de fécondité) était planté sur la place du village le 1er mai. Cette coutume s'étendit ensuite aux moments importants de la vie familiale comme le mariage. Aujourd'hui, on dresse un arbre en l'honneur du nouvel élu, du patron ou à la fin des travaux de construction d'une maison.

Jardins d'Eyrignac*** *(voir ce nom)*

Rejoindre la D 61 et prendre à gauche.

Salignac-Eyvigues

Atmosphère
Les tons chauds de la pierre, les beaux toits de lauzes mettent cet ensemble en valeur.

La place de la Halle, sur laquelle donne la façade du couvent des Croisiers (13e s.), et les ruelles avoisinantes, la rue Ste-Croix en particulier, forment un joli tableau, à quelques pas de l'entrée du **château**. Cette forteresse médiévale appartient toujours à la famille dont était issu François de Salignac de La Mothe-Fénelon. Bâti du 12e au 17e s., le château est encore flanqué de ses remparts. Le corps de logis, égayé de fenêtres à meneaux, est encadré de tours rondes et carrées. *Fermé pour travaux.*

Quitter Salignac par l'Ouest en empruntant la D 60, direction Sarlat. À la sortie du village, tourner à gauche.

Carlucet

L'église de Carlucet est accompagnée d'un curieux **cimetière** du 17e s. dont une partie des tombes se trouvent dans des enfeus creusés dans le mur d'enceinte.

Quitter Carlucet par le Sud-Ouest en empruntant une petite route qui serpente dans le vallon.

St-Crépin-et-Carlucet

Le **château de Lacypierre** est une charmante gentilhommière bâtie à la fin du 16e s. à l'emplacement d'une ancienne demeure fortifiée. Le logis rectangulaire est conforté de deux tourelles. L'ensemble est recouvert de lauzes. ☏ *05 53 29 39 28 - ♿ - possibilité de visite guidée du château sur demande préalable (2 j. av.) de Pâques à la Toussaint : apr.-midi - 5 € - visite libre de l'exposition sur la restauration du château et du parc de Pâques à la Toussaint : 8h-20h.*

Quitter St-Crépin par le Nord en empruntant la D 60, direction Salignac. Après 2 km, tourner à gauche dans la D 61.

St-Geniès★

C'est l'un des beaux villages du Périgord noir, avec des maisons de calcaire doré couvertes de lauzes, les ruines d'un donjon roman, et un château du 15e s. accolé à l'église. On pénètre dans celle-ci par un clocher-porche fortifié, rajouté au 16e s. La **chapelle du Cheylard**, petite construction gothique au sommet d'une butte, derrière la poste, est ornée de belles **fresques**★ du 14e s. relatant la vie du Christ et de saints populaires.

Quitter St-Geniès par le Sud en empruntant la D 64 et rejoindre la D 704, direction Sarlat. Aux Presses, prendre à gauche.

S. Sauvignier/MICHELIN

Remarquez sur l'église de St-Geniès cette corniche à arceaux reposant sur des modillons sculptés de têtes.

Temniac

Située sur une colline au-dessus de Sarlat d'où s'offre un beau **point de vue**★ sur la ville, la **chapelle Notre-Dame** est toujours le but d'un pèlerinage important. L'enceinte du château, aujourd'hui en cours de restauration, fut une commanderie des Templiers avant de devenir la résidence des évêques de Sarlat. La chapelle du 12e s. présente les caractéristiques du style roman périgourdin avec sa nef voûtée de deux coupoles et son chœur à cinq pans. Une Vierge noire, objet de la dévotion du pèlerinage, se trouve dans la crypte voûtée d'ogives archaïques.

La D 57 ramène à Sarlat.

Périgueux★★

Périgueux se parcourt comme un livre d'histoire : à chaque coin de rue, une nouvelle page narre les splendeurs passées des deux cités de la vallée fertile qui jadis unirent leurs forces. Et c'est avec des mots comme « patrimoine », « gastronomie » ou « festivités » que la ville attire de nombreux visiteurs sur les pentes de sa colline, dominée par la silhouette byzantine de sa cathédrale.

La situation

Carte Michelin Local 329 F4 - Dordogne (24). Le vieux Périgueux s'est installé dans un méandre de l'Isle. On atteint facilement le centre-ville par les cours Tourny et Fénelon.

i *26 pl. Francheville, 24000 Périgueux,* ☏ *05 53 53 10 63. www.ville-perigueux.fr*

PANORAMA
On a un bon aperçu de la ville depuis le pont St-Georges qui franchit l'Isle dans le prolongement du cours Fénelon au Sud-Est.

Le nom

Les *Petrocorii*, signifiant en celtique « peuple aux quatre armées », formaient la tribu gauloise qui occupait les lieux. Elle a donné son nom à *Peiregus* devenu Périgueux, ainsi qu'au Périgord.

Les gens

63 539 Périgourdins habitent Périgueux. La ville de Périgueux compte parmi ses enfants un brillant général, **Pierre Daumesnil**, qui participa aux campagnes d'Italie et d'Égypte à côté de Napoléon, et un caricaturiste, Georges Goursat, plus connu sous le nom de **Sem**.

carnet pratique

TRANSPORTS

Stationnement – Trois grands parkings souterrains payants (35mn gratuites) : bd Montaigne, pl. Francheville, espl. du Théâtre - parkings gratuits : les quais, une partie des allées Tourny et pl. Mauvard.

Aéroport Périgueux-Bassillac – *24330 Bassillac - ☎ 05 53 02 79 71 - à l'Est de Périgueux.*

VISITE

Visites découvertes – Périgueux, qui porte le label Ville d'art et d'histoire, propose des visites découvertes (2h) animées par des guides conférenciers agréés par le ministère de la Culture et de la Communication. *Renseignements à l'Office de tourisme et sur www.vpah.culture.com - 5 € (enf. 3,80 €)*

– Cité gallo-romaine, *juin-sept. : tlj sf dim. 10h30 ; reste de l'année : lun., merc., vend. 14h30.*

Ville médiévale-Renaissance (avec visite de l'hôtel La Joubertie et de la tour Mataguerre, non accessible en dehors de la visite) – *juin-sept. : 14h30, dim. et j. fériés 15h ; reste de l'année : mar., jeu., sam. et j. fériés 14h30.*

– Visite thématique *juin-sept. : tlj sf dim. 16h.*

– Nocturnes insolites.

– Ville gallo-romaine – *de mi-juin à mi sept. : tlj sf dim. 10h30 - 3,50/4,60 €.*

– Ville médiévale-Renaissance (avec visite de l'hôtel la Joubertie et de la Tour Mataguerre, non accessible autrement) – *de mi-juin à mi-sept. : tlj sf dim. 14h30, 16h, dim. 15h ; le reste de l'année tlj sf dim. 14h30 - 5 €/3,80 €.*

– Lundi nocturne – Visite thématique à 21h - *3,50/4,60 €*

Balade aux flambeaux – Balades historiques dans la ville (2h), à la lumière des flambeaux. *En juil. et août. 7 € (enf. 5,50 €. S'adresser à l'Office de tourisme.*

Rondes de nuit à Périgueux – Parcours nocturnes (2h) en compagnie d'un guide conférencier à travers le labyrinthe des ruelles. Au crépuscule se révèlent des cours intérieures, des places, où les différentes époques se côtoient harmonieusement. *7 € (-18 ans 5,50 €, -13 ans gratuit). S'adresser à l'office de tourisme.*

Les jardins à vélo – Découverte historique des parcs archéologiques de Périgueux, avec guide conférencier ; découverte végétale avec un technicien des espaces verts ; balade sur le chemin de halage. *Visite guidée (2h). Juin-août : mar. 10h ; sept.-nov. : sam. 15h. Limité à 20 pers., possibilité de prêt de vélo. 5 € (-13 ans gratuit).*

SE LOGER

⊖ Chambre d'hôte La Calmade – *Le Bourg - 24420 St-Vincent-sur-l'Isle - 15 km au N de Périgueux par RN 21 dir. Limoges et à droite par D 705 - ☎ 05 53 07 87 83 - www.lacalmade.com - ⊠ - 5 ch. 50/60 €* ☕. La construction de cette ferme remonterait aux alentours de 1750. Réparties entre le corps principal et une grange entièrement restaurée, jolies chambres associant meubles récents et anciens (chinés ou familiaux). Agréable jardin ombragé d'un vénérable marronnier.

⊖⊖ Comfort Hôtel Régina – *14 r. Denis-Papin (face gare SNCF) - ☎ 05 53 08 40 44 - comfort.periguex@wanadoo.fr - P - 45 ch. 46/57 € - ☕ 7 €.* En sortant de la gare, les voyageurs ne peuvent manquer la façade jaune de cet hôtel rénové depuis peu. Petites chambres fonctionnelles, confortables et colorées, petits déjeuners servis sous forme de buffet et accueil courtois en font une adresse pratique.

⊖⊖ Bristol – *37 r. Antoine-Gabaud - ☎ 05 53 08 75 90 - hotel@bristolfrance.com - fermé vac. de Noël - P - 29 ch. 52/70 € - ☕ 7,50 €.* Cet hôtel proche du centre-ville et des curiosités touristiques abrite des chambres assez bien insonorisées et dotées d'un mobilier rustique et de style Empire.

SE RESTAURER

⊖ Au Bien Bon – *15 r. des Places - ☎ 05 53 09 69 91 - fermé vac. de fév., vac. de Toussaint, sam. midi, dim., lun. et j. fériés - 10/14 €.* Voilà une adresse dont le nom laisse présager de bons moments ! Elle est en effet bien bonne, la cuisine traditionnelle imprégnée des saveurs du terroir et des saisons d'Éric Becard. Confortablement installé sur la terrasse d'été ou dans la salle à manger rustique, goûtez sans modération à l'art de vivre à la périgourdine...

⊖⊖ Le Clos Saint-Front – *5 r. de la Vertu - ☎ 05 53 46 78 58 - fermé vac. de Toussaint - 19/48 €.* Cette vieille maison abrite une salle à manger confortable et cossue avec ses poutres apparentes, cheminée et meubles Louis XVI. L'été, vous pourrez préférer la jolie terrasse ombragée (tilleul, bananiers et liquidambars). La cuisine, bien ancrée dans le terroir périgourdin, sait aussi se montrer inventive.

⊖⊖ Le 8 – *8 r. Clarté - ☎ 05 53 35 15 15 - yannick.guichaoua@wanadoo.fr - fermé 13-20 avr., 2-10 août, 26 oct.-3 nov., 25 déc.-3 janv., dim. et lun. - réserv. obligatoire - 23/25 €.* Ce sympathique bistrot situé au pied de la cathédrale "byzantine" abrite une toute petite salle à manger égayée de couleurs vives et de tableaux contemporains. Sa cuisine au goût du jour se déguste également dans un caveau voûté ou, en été, dans la cour-terrasse.

⊖⊖ Hercule Poireau – *2 r. de la Nation - ☎ 05 53 08 90 76 - fermé 24-27 déc, 31 déc.-3 janv. et w.-end - 23/47 €.* C'est dans une belle cave voûtée du 16e s. que vous dégusterez la savoureuse cuisine d'Hercule Poireau et non à bord de l'Orient-Express ! Les Périgourdins ne s'y trompent pas et fréquentent assidûment la maison. Menu basses calories pour les irréductibles du régime.

⊖⊖ La Taula – *3 r. Denfert-Rochereau - ☎ 05 53 35 40 02 - la.taula@wanadoo.fr - fermé 3-18 juil., 18 déc.-2 janv., dim. et* *lun. - 16 € déj. - 24/28 €.* Parmi les maisons Renaissance qui bordent la cathédrale Saint-Front, il en est une qui mérite toute votre attention... gourmande. Le décor plaisant et l'accueil souriant vous mettront en bonne condition pour apprécier la goûteuse cuisine régionale du chef, qui choisit ses produits aussi bien qu'il les met en valeur.

⊜⊜⊜ La Table du Pouyaud – *Rte de Paris - 24750 Champcevinel - ☏ 05 53 09 53 32 - latablepouyaud@yahoo.fr - fermé 27 oct.-12 nov., 6-18 août, lun. et mar. - 29/48 €.* Murs jaunes égayés de tableaux, jolies chaises en rotin et tables rondes bien dressées : l'ex-ferme abrite désormais un confortable restaurant. Cuisine dans l'air du temps.

Faire une pause

Tea for Tous – *Pl. St-Louis - ☏ 05 53 53 92 86 - tlj sf dim et lun. 10h-19h* - Sis dans une petite bâtisse du 16ᵉ s., ce salon cosy - tendu de tissus bordeaux et safran - propose les fameux thés Mariage et des pâtisseries maison. Sur la place Saint-Louis, la terrasse avance ses sièges aux coussins mœlleux. Accueil simple et charmant.

En soirée

Bar St-Silain – *7 pl. St-Silain - ☏ 05 53 05 02 23 - été : 10h-2h ; reste de l'année : tlj sf dim. 9h-19h - fermé 25 déc. et 1ᵉʳ janv.* L'atout majeur de ce café ? Sa terrasse dressée sur une ravissante placette pavée et arborée. L'été, bien calé dans votre siège en osier, vous pourrez siroter de délicieux cocktails... Demandez la carte !

Café de la Place – *7 pl. du Marché-au-Bois - ☏ 05 53 08 21 11 - 10h-2h (hiver : 1h) - fermé 25 déc. et 1ᵉʳ janv.* D'aucuns l'appellent le « café des intellos », mais ces derniers se fondent parfaitement à la population hétéroclite qui aime à s'attarder sur la terrasse ou dans le décor début de siècle de cet établissement très connu à Périgueux. Des concerts y sont organisés certains soirs.

The Star Inn – *17 r. des Drapeaux - ☏ 05 53 08 56 83 - www.thestarinnfrance.com - été : 20h-2h ; reste de l'année : tlj sf dim. 20h-1h.* Ce séduisant pub, qui occupe presque un pâté de maisons, est tenu par des Anglo-Irlandais. Vieilles pierres et bois noir, hautes bibliothèques, photographies de marins et agréable terrasse isolée du tumulte urbain. Remarquez à côté du bar l'inscription des « Chevaliers de la Royale Champagne » gravée dans la pierre depuis 1778.

S. Sauvignier/MICHELIN

Marché aux gras.

Que rapporter

Spécialités – 3 adresses pour le véritable pâté de Périgueux : Daniel Mazières, charcuterie La Cathédrale, 9 r. des Chaînes ; Serge Mesnard, pâtissier, 58 r. Louis-Blanc .

Marché – Merc. et sam. mat. : pl. de la Clautre (alimentaire), pl. Bugeaud et pl. Franche-Ville (vestimentaire) ; tous les matins : pl. du Coderc (alimentaire) ; déc.-fév. : marché au gras pl. St-Louis.

La Ferme Périgourdine – *9 r. Limogeanne - ☏ 05 53 08 41 22 - laferme.perigourdine@wanadoo.fr - été : tlj sf dim. et lun. 7h-12h30, 14h30-19h30 - fermé j. fériés.* Les Thieullent vous le diront : « Ici, la terre est trop riche, le lait trop gras ». Nous leur saurons gré de cet avertissement bienveillant et nous leur achèterons donc des fromages venus d'ailleurs... Mais peu importe, car la passion de ces fromagers-affineurs est gage de produits de grande qualité, quelle que soit leur origine. Vous les retrouverez tous les matins (sauf le lundi) au marché, place du Coderc.

Office du tourisme de Périgueux

L'appétissant pâté de Périgueux.

Le Relais des Caves – *44 r. du Prés.-Wilson - ☏ 05 53 09 75 00 - relais.aupert@wanadoo.fr - tlj sf dim. et lun. 9h-12h30, 14h30-19h30 (j. fériés : 9h-12h30).* Cet aimable caviste présente un large choix de vins hexagonaux, ainsi que plus de 450 variétés de bières dont la Lutine brassée en Dordogne et plusieurs fois primée, mais aussi des curiosités comme les fruits au bergerac ou la confiture de vin. Pour accompagner ces breuvages, foies gras et autres spécialités régionales sont également proposés.

Calendrier

Mimos – Festival international du Mime (début du mois). *☏ 05 53 53 18 71.*

Sinfonia – Festival de musique baroque fin août-début sept. *☏ 05 53 04 78 78.*

Salon international du livre gourmand (les années paires) : 3 jours de conférences, d'expositions autour des arts de la table, rencontres d'éditeurs, écrivains et grands chefs. *☏ 05 53 05 94 60.*

comprendre

Vésone la romaine – La source sacrée de Vésone est à l'origine de Périgueux. C'est près d'elle que les Gaulois **Pétrocores** établissent, sur la rive gauche de l'Isle, leur principal *oppidum*. Après avoir pris fait et cause pour la résistance de Vercingétorix contre César, les Pétrocores doivent accepter la domination romaine, mais profitent largement de la *Pax romana* qui fait de la ville l'une des plus belles cités de la province d'Aquitaine. Vésone s'étend au-delà de la boucle de l'Isle, tandis que s'élèvent temples, forums, basiliques et arènes. Cette prospérité est brusquement ruinée au 3e s. par les Alamans qui détruisent la ville, ainsi que soixante-dix autres bourgades de la Gaule.

La malheureuse cité – Pour éviter un nouveau désastre, les Vésoniens s'enferment dans une étroite enceinte ; les pierres des temples servent à élever un rempart, les arènes sont transformées en donjon. Malgré ces précautions, la ville subit les assauts des envahisseurs barbares : Wisigoths, Francs et Normands la pillent et la brûlent tour à tour. Dans cette cascade de malheurs, Vésone perd jusqu'à son nom. On ne l'appelle plus que la cité des Pétrocores. Au 10e s., siège d'un évêché fondé par saint Front, la Cité (nouveau nom de Vésone) devient la modeste capitale du comté de Périgord.

L'ambitieux Puy-St-Front – Non loin de la Cité s'élevait un petit sanctuaire abritant le tombeau de saint Front, apôtre du Périgord. Objet d'un pèlerinage, ce lieu saint devient un centre monastique autour duquel se groupe un bourg actif : Puy-St-Front, dont l'importance éclipse bientôt celle de la Cité. Ses bourgeois participent aux ligues féodales contre les rois anglais, établissent le régime émancipateur du consulat, puis prennent parti pour Philippe Auguste contre Jean sans Terre. Peu à peu, l'envahissant St-Front s'adjuge les prérogatives de la Cité, les escarmouches se multiplient entre les deux rivales. Isolée sur l'échiquier politique, la Cité doit accepter de composer avec sa voisine. Le 16 septembre 1240, les deux entités scellent leur union : une seule communauté gouvernée par un maire et douze consuls sous le vocable de Périgueux. Les deux anciennes villes devenues quartiers gardent leur personnalité : dans la Cité, clercs et aristocrates, à Puy-St-Front, commerçants et artisans.

Postal
Le transfert de l'Imprimerie des timbres-poste de Paris à Périgueux eut lieu en 1970.
La production de figurines postales, pour la France et une vingtaine de pays étrangers, avoisine les 3,5 milliards par an !

Périgueux, préfecture – En 1790, lors de la création du département de la Dordogne, Périgueux est choisie comme préfecture, plutôt que Bergerac, et connaît alors un nouvel essor. Des avenues, des places sont aménagées entre les quartiers anciens.

découvrir

LE QUARTIER SAINT-FRONT*** 1

S. Sauvignier/MICHELIN

Il fait bon flâner dans les ruelles du quartier St-Front.

L'ancien quartier des artisans et des commerçants, classé secteur sauvegardé, fait l'objet d'importantes restaurations. Ses façades Renaissance, ses maisons médiévales, ses cours, ses escaliers, ses échoppes sont au fil du temps sauvés de la ruine et mis en valeur. Les rues piétonnes ont retrouvé leur fonction d'artères commerçantes : les places du Coderc et de l'Hôtel-de-Ville s'animent le matin avec le marché aux fruits et aux légumes, tandis que la place de la Claustre sert de cadre aux grands marchés du mercredi et du samedi. En hiver, les prestigieuses ventes de truffes et de foie gras attirent des foules de connaisseurs place St-Louis. En été, les tables des restaurants débordent sur le pavé, et l'on peut savourer la prestigieuse cuisine périgourdine dans un cadre d'une autre époque.

Partir de la tour Mataguerre, face à l'office de tourisme.

Tour Mataguerre

Dans le cadre des visites guidées de la ville (voir le carnet pratique).

Cette tour ronde, couronnée d'un parapet à mâchicoulis et percée d'archères, date de la fin du 15e s. C'est la dernière des 28 tours qui constituaient le système de fortifications de Puy-St-Front au Moyen Âge. Du sommet, **vue★** intéressante (table d'orientation) sur les toits de tuiles du vieux quartier de Périgueux, les tours des maisons nobles, les dômes de St-Front et les collines environnantes dont la fameuse colline d'Écornebœuf qui était si raide que les bêtes s'y rompaient le coup... et y perdaient leurs cornes !

Homonyme
Le nom de cette tour viendrait d'un Anglais qui serait resté emprisonné dix-sept ans entre ses murs.

Prendre la rue de la Bride.

Rue des Farges (des Forgerons)

Elle fait suite à la rue de la Bride. Aux nos 4 et 6, la maison des **Dames de la foi** dresse sa façade dont on lit encore l'ordonnance médiévale (12e s.) : arcs brisés au rez-de-chaussée, plein cintre au niveau supérieur, loggia sous la toiture. Un clocheton à un angle rappelle que l'édifice abritait au 17e s. une congrégation.

Jeter un œil au passage Taillefer avant de prendre à droite la ruelle des Farges qui mène à l'agréable place de Navarre. Monter les escaliers.

Rue Aubergerie

Au no 16, l'**hôtel d'Abzac de Ladouze** comprend une grande arche soudée à une tour octogonale et à une tourelle en encorbellement, caractéristique du 15e s. Aux nos 4 et 8, l'**hôtel de Sallegourde**, également du 15e s., présente une tour polygonale couronnée d'un chemin de ronde à mâchicoulis.

Tourner à gauche.

Rue St-Roch

Au no 4, petite loggia à arcature décorée de pointes de diamant. Plus loin, remarquez la maison à pans de bois qui débute la rue de Sully, joliment restaurée.

Prendre sur la gauche.

Rue du Calvaire

On y voit au no 3 une belle porte cloutée sous un portail Renaissance. Cette rue débouche sur la place de la Clautre qui offre une perspective intéressante sur l'imposante cathédrale St-Front, à laquel0le vous serez peut-être moins sensible les jours de marché davantage attiré par les étals appétissants.

Ultime effort
Les condamnés qui étaient exécutés place de la Clautre gravissaient cette rue qui était leur « calvaire ».

Cathédrale St-Front★★

Dès le 6e s., une chapelle est édifiée à l'emplacement du tombeau de saint Front, bientôt rejointe par une abbaye dont on ne sait si elle était à l'origine augustinienne ou bénédictine. En 1047, une église plus vaste est consacrée. Ce deuxième édifice est ravagé par un incendie en 1120, et l'on décide alors la construction d'une église encore plus grande, dans le prolongement de l'église endommagée.

B. Kaufmann/MICHELIN

St-Front, inscrite au patrimoine mondial de l'UNESCO, est la première des églises à coupoles élevée le long de la voie romaine, encore fréquentée au Moyen Âge, allant de Rodez à Cahors et à Saintes.

PÉRIGUEUX

Abreuvoir (R. de l') CY 2
Amphithéâtre (R. de l') AZ 3
Aquitaine (Av. d') BYZ 4
Arènes (Bd des) AZ 6
Arsault (R. de l') CY
Aubarède (R.) CYZ
Aubergerie (R.) BZ 9
Barbecane (R.) CY 12
Barbusse (Av. Henri) AY 13
Barris (Pont des) CZ
Bert (R. Paul) AZ
Bloy (R. L.) CZ
Boétie (R. de la) BZ
Bonnelie (R. Sergent) CZ
Born (Bd Bertran-de-) BZ
Bride (R. de la) BZ 15
Bugeaud (Pl.) BZ
Calvaire (R. du) BZ 16
Cavaignac (Av.) AZ 18
Chanzy (Carrefour) AY
Chanzy (R.) AYZ
Cité (R. de la) ABZ 23
Clarté (R. de la) BZ 24
Claude-Bernard (R.) AZ
Clautre (Pl. de la) BZ 26
Clos-Chassaing BY 27
Coderc (Pl. du) BYZ 28
Combe-des-Dames (R.) BY
Condé (R.) BZ 29
Constitution (R. de la) CY 30
Courier (R. Paul-Louis) CY
Cronstadt (R. de) AY
Daumesnil (Galerie) BYZ 31
Daumesnil (Av. et Pl.) BCZ 32
Deux-Ponts (R. des) AYZ
Durand (Rd-Pt Charles) AZ 34
Eguillerie (R.) BY 35
Faidherbe (Pl.) CZ
Farges (R. des) BZ
Fénelon (Cours) BZ
Francheville (Pl.) BZ
Gadaud (R. A.) ABY
Gambetta (R.) ABY
Guillier (R.) ABZ
Guynemer (R.) BY
Hôtel-de-Ville (Pl. de l') BY 37
Jacobins (R. des) AY
Juin (Av du Mar.-) AY
Kléber (R.) AY
Lacombe (R.) CZ
Lakanal (Bd) BZ
Lammary (R.) BY 38
Lanxade (Rd-Pt P.-) AY
Limogeanne (R.) BY
Louis-Blanc (R.) AY
Magne (R. P.) CZ
Mangold (R. Charles) BZ
Marché au bois
(Pl. du) BCY 63
Maurois (Pl. André) BY 39
Metz (R. de) AY
Mie (R. L.) BY
Miséricorde (R. de la) BY 40
Mobiles-de-Coulmiers (R.) AY 41
Montaigne (Bd M.) BYZ
Montaigne
(Bd, Cours et Pl.) BYZ
Musset (R. A. de) CY
Notre-Dame (R.) CY 42
Papin (R. Denis) AY
Plantier (R. du) CYZ
Plumancy (Pl.) AY
Pompidou (Av. G.) BV
Port (Allée du) AY 43
Port-de-Graule (R. du) CYZ 44
Prés (R. des) CZ
Président-Wilson (R.) AY
Puebla (R.) AY
République (R. de la) BYZ 45
Rivière (R. de la) CYZ
Romaine (R.) AZ
Sagesse (R. de la) BY 46
St-Front (R.) CY

St-Georges
(Cours, Pl. et Pont) CZ
St-Georges (Pl.) CY
St-Louis (Pl.) BY
St-Martin (Pl.) AY
St-Pierre-ès-Liens (R.) ABZ 47
St-Roch (R.) BZ 48
St-Silain (Pl.) BY 49
Ste-Marthe (R.) CZ 50
Saumande (Bd Georges) CYZ
Solferino (R.) AY
Stalingrad (Bd de) CZ
Strasbourg (R. de) AZ
Sully (R. de) BZ 53
Taillefer (R.) BZ

Talleyrand-Périgord (R.) CZ 54
Tanneries (R. des) CZ
Thiers (R.) AY
Tourny (Allées des) BCY
Tourny (Cours) BCY
Turenne (R. de) AZ 60
Varsovie (R. de) AY
Vésone (Bd de) BZ
Victor-Hugo (R.) ABY
8-Mai-1945 (Pl. du) BZ
15e-Rég t-de-Tirailleurs-
Algériens (R. du) AZ 61
26e-R.-I. (R. du) AZ
50e-Rég t-d'Infanterie
(Av. du) AZ 62

Achevée vers 1173, cette troisième basilique, de type byzantin, rappelle par ses coupoles et son plan en croix grecque, rare en France, St-Marc de Venise et les Sts-Apôtres de Constantinople. En 1575, au cours des guerres de Religion, St-Front est pillée par les protestants, le trésor dispersé, le tombeau du saint détruit. Plusieurs restaurations sont menées sans tenir compte du ◀ plan original. Elle a été en grande partie reconstruite par Abadie à partir de 1852, dans le goût des pastiches du second Empire.

> **Paris-Périgueux**
> L'architecte **Paul Abadie** (Paris, 1812-Chatou, 1884) a restauré de nombreux monuments en France, et à Périgueux en particulier. Il s'est inspiré de la cathédrale St-Front pour dessiner les plans du **Sacré-Cœur** à Paris.

Depuis la place de la Clautre, vous avez une vue d'ensemble de la cathédrale. La façade donnant sur la place et les travées dévoûtées appartiennent à l'église du 11e s. Le beau clocher à étages est le seul élément de l'église du 12e s. à peu près conservé tel quel. **Abadie** s'est inspiré de sa lanterne pour concevoir les gros clochetons qui coiffent les nouvelles coupoles.

Pénétrer dans la cathédrale par le porche latéral Nord.

Arènes AZ	Maison Cayla CZ **E**	Musée du Périgord CY **M2**
Cathédrale St-Front BCZ	Maison Lambert CZ **F**	Musée du trompe-l'œil AZ
Château Barrière AZ	Maison de Lur CZ **K**	Porte Normande AZ
Église St-Étienne-de-la-Cité AZ	Maison natale de Daumesnil BZ **L**	Temple de Vésone AZ
Hôtel de Lagrange-Chancel (Hôtel de ville) BZ **H**	Maison romane AZ **N**	Tour Mataguerre BZ
Hôtel la Joubertie BY **D**	Maison Tenant ou maison du Pâtissier BY **Q**	Vésunna, musée Gallo-romain AZ
Jardin du Thouin CZ	Musée militaire du Périgord BZ **M1**	Vieux Moulin CZ

Pour respecter l'ordre chronologique de la construction de l'édifice, on voit d'abord, tenant lieu de base au clocher, les vestiges de l'église du 11e s. : deux travées couvertes de coupoles juchées sur de hauts tambours. De son prestigieux modèle roman, l'église réinventée par Abadie a repris les dimensions, la hardiesse des coupoles sur pendentifs et la puissance des curieux piliers creusés de passages en forme de croix.

Un **retable**★★ en chêne et noyer meuble le fond de l'abside. Ce chef-d'œuvre de sculpture baroque magnifie la Dormition et l'Assomption de la Vierge. Bel exemple d'ébénisterie du 17e s., la **chaire**★ est entourée notamment d'Hercule soutenant la cuve auquel font écho les deux atlantes portant l'abat-son. Les cinq **lustres** de cuivre monumentaux, éclairant chacun une travée de l'édifice, furent dessinés par Abadie ; ils servirent pour le mariage de Napoléon III à Notre-Dame de Paris.

Dans le cadre des visites guidées de la ville médiévale-Renaissance (voir le carnet pratique).

Le **cloître** date des 12e, 13e et 16e s. et présente une architecture mi-romane, mi-gothique. Dans les galeries sont exposés des sarcophages. L'énorme « pomme de pin » au centre du cloître coiffait autrefois le sommet du clocher. Un coq, également présenté, la remplaça à la Révolution, avant l'ange actuel.

Prendre à droite de l'imposant édifice.

Place du Thouin

Les deux canons de bronze plantés sur cette petite esplanade arborée portent l'inscription « Périgueux 1588 ». Ils furent exhumés place du Coderc en 1979, à l'emplacement de l'ancien consulat où était établie l'armurerie.

Contourner la cathédrale St-Front, pour rejoindre la place Daumesnil puis sur la gauche la rue de la Clarté.

Sommation

« Je rendrai Vincennes quand on me rendra ma jambe. » C'est en ces termes que Daumesnil répondit à l'ennemi qui, en 1814, le sommait de quitter la place de Vincennes.

Maison natale de Daumesnil

Derrière la façade du 18e s. du n° 7 naquit, le 27 juillet 1776, le futur **général Pierre Daumesnil** qui suivit Napoléon à Arcole, en Égypte, puis à Wagram, où il perdit une jambe.

Poursuivre rue de la Clarté, prendre à gauche puis à droite la rue du Serment.

Place de l'Hôtel-de-Ville

La mairie est installée dans l'**hôtel de Lagrange-Chancel** datant des 17e et 18e s. Au n° 7, une demeure du 15e s. présente une tour d'escalier polygonale. Ses mâchicoulis, quant à eux, sont néogothiques.

S'engager à gauche de l'hôtel de ville.

Place du Coderc

À l'origine pré à parquer les cochons (*couderc* signifie « pré » en périgourdin), elle devint par la suite le cœur administratif de Puy-St-Front. Au début du 19e s., le consulat, centre de la vie municipale et siège du tribunal, y dressait encore son haut beffroi carré vieux de 600 ans. Il fut remplacé par des halles vers 1830.

Prendre en face la rue de la Sagesse.

Hôtel la Joubertie

Dans le cadre des visites guidées de la ville (voir le carnet pratique).

Situé au n° 1, il abrite un très bel **escalier Renaissance**★ de plan carré, décoré de caissons au plafond, représentant des scènes de la mythologie, dont Vénus déposant les armes, symbole de la jeune mariée entrant dans la maison. Le H et le S entremêlés au centre des caissons sont les initiales des Hautefort et des Solminihac.

A. Cassaigne/MICHELIN

L'imposante maison Tenant place St-louis.

Place St-Louis

Elle est connue localement comme la « place du marché au gras ». Elle s'orne d'une fontaine moderne décorée d'un bronze de Ramon : *La Source*.

Sur la droite, la **maison Tenant** ou **maison du Pâtissier** est l'ancien hôtel des Talleyrand, constitué d'un logis en équerre accolé d'une tourelle en encorbellement. La porte d'angle est curieusement surmontée d'une double trompe. Un parapet à mâchicoulis délimite la petite cour intérieure. Belle fenêtre gothique sur la façade de la rue Éguillerie.

Au n° 5 de la rue Lammary, qui lui fait suite, remarquez une rare superposition de fenêtres à meneaux d'angle.

Prendre à droite.

Rue Limogeanne★

Cette rue menait autrefois à la porte Limogeanne qui s'ouvrait au Nord, sur la route de Limoges. Elle est bordée de nombreux magasins et de quelques beaux hôtels Renaissance.

Au n° 12, l'**hôtel de Méredieu** possède dans sa cour intérieure une porte sculptée du 15e s., ornée d'un blason rajouté au 17e s.

Au **n° 7**, au centre de l'imposte en fer forgé, remarquez les initiales. Ce sont celles d'Antoine Courtois, traiteur célèbre au 18e s., connu jusqu'à la cour de Prusse pour ses pâtés de perdrix. C'est ici qu'il officiait.
Au n° 5, la **maison Estignard** présente une élégante façade Renaissance très ouvragée.
Au **n° 3**, derrière la lourde balustrade surmontant le portail, la cour intérieure se pare d'une belle porte ornée de grotesques sur le linteau, et de la salamandre de François Ier au tympan. L'escalier monumental vaut le coup d'œil.
Au n° 1, la **maison Lapeyre**, qui fait l'angle avec la place de Coderc, présente une tourelle d'angle en encorbellement.
Revenir sur ses pas et tourner à droite dans l'impasse Limogeanne.

Galerie Daumesnil★

Paisible place de la galerie Daumesnil.C'est un ensemble de cours et de petites places reliées par des passages. Les demeures parasites qui s'étaient construites au fil des siècles ont été rasées, laissant des dégagements permettant d'admirer de belles façades des 15e, 16e et 17e s.
Sortir rue de la Miséricorde et traverser la rue St-Front.
Dans la rue St-Front, percée au 19e s., vous verrez à gauche le curieux **bâtiment des francs-maçons**, dont la façade reprend les attributs.

S. Sauvignier/MICHELIN
Paisible place de la galerie Daumesnil.

Rue de la Constitution

Au n° 3, la **porte de l'hôtel de Crémoux** est décorée d'un arc à choux frisés encadré de hauts pinacles.
Au n° 7, l'**hôtel de Gamanson** (ou logis de St-Front) comprend deux corps de logis du 15e s. en retour d'équerre réunis par une tour d'escalier avec tourelle en encorbellement et fenêtres à meneaux. Un puits du 17e s. s'abrite sous une coupole !
Prendre à gauche la rue du Plantier puis tourner à droite.
Rue Barbecane
Son nom provient d'une ancienne tour à présent détruite, seul subsiste un reste de rempart. Avant de vous engager à droite dans l'escalier de la rue de l'Abreuvoir, remarquez la façade 19e s. de l'**hôtel de Fayolle**. Une fois descendue la rue, retournez-vous pour voir le côté 17e s. de cet hôtel donnant sur la rivière.
Prendre à droite.

B. Kaufmann/MICHELIN
Bâtie dans la fertile vallée de l'Isle, Périgueux est une ville très ancienne dont on ne se lasse pas d'arpenter les ruelles.

CINÉMA
En 1967, plusieurs scènes du film *Jacquou le Croquant* furent tournées rue du Port-de-Graule.

Rue du Port-de-Graule

Elle a gardé son aspect moyenâgeux, avec ses galets inégaux, ses portes basses et ses départs de venelles-escaliers, tout comme la rue Ste-Marthe dans son prolongement.

Rejoindre le boulevard Georges-Saumande sur la gauche.

Les quais

Le long de l'Isle quelques belles maisons se côtoient. À gauche du pont des Barris, la **maison Lambert**, dite maison aux colonnes à cause de sa galerie, est un bel hôtel Renaissance avec deux logis en équerre éclairés par des baies à meneaux. À côté, la **maison Cayla**, dite « maison des Consuls », fut construite au 15e s. sur le rempart. La toiture est décorée de lucarnes de style flamboyant. Faisant l'angle avec l'avenue Daumesnil, la **maison de Lur** date du 16e s.

Sur les quais se poursuivant de l'autre côté de l'avenue Daumesnil, l'édicule à pans de bois, en encorbellement sur le mur d'enceinte, est un vestige du grenier du chapitre, nommé le **Vieux Moulin**, qui autrefois surplombait la rivière.

Prendre à droite la rue de Tourville qui ramène à la cathédrale St-Front.

Si ce circuit dans la ville médiévale-Renaissance vous a enchanté, prolongez la flânerie au gré de vos envies car le dédale de ruelles saura toujours vous surprendre.

LE QUARTIER DE LA CITÉ* 2

Situé à l'emplacement de l'antique Vésone, ce quartier possède encore quelques vestiges témoignant de l'importance de la ville à l'époque gallo-romaine.

Partir de l'office de tourisme, prendre la rue de la Cité puis à droite la rue de l'Évêché.

Arènes

Un jardin public occupe aujourd'hui l'espace des arènes. Construit au 1er s., cet amphithéâtre, l'un des plus vastes de la Gaule, pouvait contenir jusqu'à 20 000 personnes. D'énormes blocs de maçonnerie font encore apparaître des cages d'escalier, des vomitoires (larges sorties) et des voûtes, mais toute la partie inférieure reste enfouie dans le sol. La démolition des arènes commença dès le 3e s., lorsqu'elles furent aménagées en bastions et incorporées aux remparts de la cité. Transformées ensuite en carrières, les arènes servirent à l'édification de certains immeubles de la ville.

Sortir rue de l'Amphithéâtre et prendre à gauche la rue de Turenne.

ORIGINE
Son nom de « normande » vient de ce que cette porte aurait joué un rôle dans la défense de la ville contre les Vikings qui, au 9e s., remontaient l'Isle.

Porte normande

C'est l'une des ouvertures de l'enceinte construite avec des pierres de diverses provenances, au 3e s., suite aux invasions barbares. La muraille a été détruite au cours des guerres de Religion.

Maison romane

Bâtiment rectangulaire du 12e s., voisinant avec les vestiges d'une tour de l'enceinte gallo-romaine, où s'enchevêtrent éléments de chapiteaux et tambours de colonnes. C'est ici que fut découvert l'autel taurobolique exposé au musée gallo-romain Vesunna *(voir ci-après)*.

S. Sauvignier/MICHELIN

La brèche de la tour de Vésone témoigne de la récupération des matériaux pour édifier les remparts de la Cité au début de la christianisation.

Château Barrière

Du nom de la famille qui l'occupa, ce château présente un donjon du 12e s. qui surmonte l'une des tours des remparts. Remanié à la Renaissance, il a gardé la belle porte d'honneur de sa tour d'escalier. Incendié lors des guerres de Religion, il ne fut pas reconstruit.

Traverser le pont sur la droite.

Vesunna – musée gallo-romain de Périgueux**

☎ 05 53 53 00 92 - juil.-août : 10h-19h ; avr.-juin, de déb. sept. à mi-nov. et vac. scol. Noël : 10h-12h, 14h-18h ; fév.-mars et de mi-nov. à fin déc. : 10h-12h, 14h-17h30 - possibilité visite audioguidée (1h15) - fermé lun. (fév.-juin et sept.-déc.), janv., 25 déc. - 5,50 € (6-12 ans : 3,50 €).

Le musée, œuvre de Jean Nouvel, abrite les vestiges d'une riche **maison gallo-romaine** (4000 m²). Conçu au cœur d'un jardin comme un grand préau vitré, il se fond au site grâce aux effets miroir de ses parois. Sur un côté, deux étages en mezzanine surplombent la *domus* antique, dont le plan est repris au plafond. Cette partie du musée est consacrée à la ville antique de Vésone dont une maquette permet d'en mesurer l'étendue au 2e s. et de situer la demeure (près du sanctuaire et du double forum). La **collection lapidaire** conserve de beaux exemples de décors architecturaux et un autel taurobolique provenant du temple.

Au niveau des vestiges archéologiques, des passerelles de bois permettent de cheminer dans la maison. Les fouilles ont révélé la présence d'une première *domus* (1er s.), remblayée sur un mètre environ et considérablement agrandie au milieu du 2e s. Les sols ainsi surélevés (hormis dans l'atrium) ont préservé sur la base des murs de la maison primitive de riches **peintures murales**. Sur le terre-plein du bassin agrémentant le jardin central, la frise aux poissons date en revanche de la 2e *domus* (peinture très fragmentaire, mais de belle facture). Le long du parcours sont aussi évoqués la vie quotidienne, des éléments de construction (comme le chauffage par hypocauste) et de décor, la maîtrise de l'eau (rare pompe à eau en chêne), l'artisanat...

Temple de Vésone

La tour de 27 m de haut et de 17 m de diamètre est le seul vestige d'un grand temple dédié à la déesse tutélaire de Vésone. Élevé au cœur de la cité antique au 2e s. après J.-C., ce temple était entouré à l'origine de portiques et encadré par deux basiliques. La tour qui abritait le sanctuaire (*cella*) reste imposante malgré la brèche qui la déchire.

Traverser le pont et prendre à gauche la rue Romaine où se trouve un reste de la muraille du Bas-Empire.

St-Étienne-de-la-Cité*

Tlj sf dim. et j. fériés 9h-19h.

Construite au 11e s. à l'emplacement du temple antique de Mars, cette église est le premier sanctuaire chrétien de la cité. Consacrée par saint Front au martyr saint Étienne, elle demeure la cathédrale de Périgueux jusqu'en 1669, date à laquelle elle est remplacée par St-Front.

Après l'occupation de la ville en 1577, les protestants ne laissèrent de l'édifice d'origine que deux travées des quatre qui constituaient la nef et détruisirent le clocher. Le palais épiscopal tout proche fut aussi démoli. Restaurée au 17e s., mutilée à nouveau pendant la Fronde, St-Étienne fut désaffectée à la Révolution et rendue au culte sous le premier Empire.

À l'**intérieur**, deux travées construites à un demi-siècle d'intervalle : la première, élevée au 11e s., est archaïque, fruste, trapue, obscure. Les grands arcs jouent le rôle de formerets, et la coupole, la plus vaste du Périgord avec ses 15 m de diamètre, est éclairée par de petites fenêtres. La seconde est plus élancée avec sa coupole cursive qui repose sur des arcs brisés à rouleau retombant sur des piliers carrés. Contre le mur Sud de la première travée se trouve un imposant **retable** du 17e s. en chêne et noyer exécuté pour le grand séminaire. En face, l'arcade sculptée qui faisait partie du tombeau de Jean d'Asside, évêque de Périgueux de 1160 à 1169, encadre aujourd'hui des fonts baptismaux du 12e s. Un chemin de croix contemporain a été réalisé par le peintre J.-J. Giraud.

A. Cassaigne/MICHELIN

St-Étienne-de-la-Cité reste un exemple très pur du style roman périgourdin.

visiter

Musée du Périgord*

☎ 05 53 06 40 70 - avr.-sept. : 10h30-17h30, w.-end 13h-18h ; oct.-mars : 10h-17h, w.-end 13h-18h - fermé mar. et j. fériés - 4 €, gratuit oct.-mai (lun.- vend.) 12h-14h.

Cet épi de faîtage en terre cuite émaillée de Thiviers, qui décorait la toiture du château de la Borde, représente son bâtisseur, Christophe Joumard, en tenue de lansquenet.

Situé sur les allées de Tourny dans l'ancien couvent des Augustins, cet établissement abrite l'une des plus importantes **collections de préhistoire** en France. Il recèle notamment un remarquable ensemble d'objets gravés magdaléniens (15-12 000 av. J.-C.) issus des sites de Dordogne ainsi que les squelettes fossiles de Néandertalien du Regourdou *(voir Lascaux)* et d'*Homo sapiens* de Raymonden (15 000 ans).

La **section ethnographique non européenne** rassemble des objets de la vie quotidienne et des sculptures d'Afrique, d'Océanie et d'Amérique.

À remarquer dans la **section médiévale** : les émaux de Limoges, les chapiteaux de la cathédrale St-Front (11e s.), le retable à la Vierge (13e s.), le diptyque de Rabastens (13e s.), la crédence en bois sculpté de l'abbaye de Chancelade (15e s.). Dans les salles consacrées aux **Beaux-Arts et arts décoratifs** (16e-20e s.), autour des œuvres émanant du Périgord sont présentées, pour chaque siècle, les œuvres contemporaines provenant de France, d'Europe et d'Asie. Vous verrez entre autres les portraits de hauts personnages originaires du Périgord comme Fénelon par Bailleul (18e s.) ou Sem par François Flameng (20e s.).

Musée militaire du Périgord

☎ 05 53 53 47 36 - avr.-sept. : tlj sf dim. et j. fériés 13h-18h ; oct.-déc. : tlj sf dim. et j. fériés 14h-18h ; janv.-mars : merc. et sam. 14h-17h (dernière entrée 30mn av. fermeture) - 3,50 € (-10 ans gratuit)

Une multitude d'armes, de drapeaux et d'uniformes évoquent le passé militaire du Périgord du Moyen Âge à nos jours et ses grands hommes de guerre. Ce musée conserve, entre autres, un drapeau du 50e régiment d'infanterie dans lequel le colonel Ardouin s'enroula lors de la capitulation de Sedan pour ne pas le livrer à l'ennemi.

Musée du Trompe-L'œil

☎ 05 53 09 84 40 - www.museedutrompeloeil.com - ♿ - visite guidée (45mn) - avr.-sept. : 10h30-12h30, 14h30-18h30 (dernière entrée 45mn av. fermeture), dim. 15h-18h ; oct.-mars : 14h-17h30, dim. 15h-17h30 (sur demande) - fermé lun. et j. fériés - 5 € (8-16 ans 3 €, -8 ans gratuit).

Il est situé dans le quartier gallo-romain, ce qui n'a rien de surprenant après tout car cette technique remonte à loin ! Ce musée retrace l'histoire du trompe-l'œil de la préhistoire à nos jours grâce à des panneaux illustrant chaque grande période et au commentaire de la propriétaire des lieux passionnée. L'espace expo-vente permet de voir ce qui se fait de nos jours et si cela vous donne envie de vous initier, des stages sont organisés par des professionnels.

circuit

LE PÉRIGORD BLANC

Circuit de 80 km – compter environ une demi-journée. Quitter Périgueux par le Nord-Ouest en empruntant la D 939, direction Brantôme.

Découverte
Pour découvrir d'autres aspects du Périgord blanc, se reporter à Sorges et Neuvic.

Périgord, d'accord, mais pourquoi blanc ? Les châtaignes ? Les noix ? Le foie gras ? Le cou d'oie farci ? Les châteaux ? Pas la truffe, ici elle est noire. Non, le qualificatif de cette région si riche vient tout bonnement de la couleur des pierres du causse, qui est blanche.

Abbaye de Chancelade★ *(voir ce nom)*

Quitter Chancelade par le Nord en empruntant la D 2.

La route s'élève parmi la forêt de châtaigniers et de chênes. Le prieuré de Merlande se niche dans un vallon solitaire de la forêt de Feytaud, près d'une fontaine.

Prieuré de Merlande

Du prieuré fondé au 12e s. par les moines de Chancelade, seules subsistent la chapelle fortifiée et la maison du prieur, toutes deux fort bien restaurées. La chapelle évoque, par son plan quadrangulaire et son chevet gardé par un véritable châtelet, une forteresse. À l'intérieur, le chœur (partie la plus ancienne) est légèrement surélevé et voûté en berceau. Il s'ouvre sur un arc triomphal en plein cintre et se termine par un chevet plat. Il est entouré par une arcature dont les **chapiteaux★** sont d'une grande finesse : des monstres enchevêtrés, des lions dans des rinceaux à palmettes composent une faune extraordinaire du plus saisissant effet.

Revenir et poursuivre sur la D 2 (à gauche). Après 2,5 km, prendre à droite.

Château-l'Évêque

Le village doit son nom à la présence d'un château épiscopal. Modifié à de nombreuses reprises depuis le 14e s., cet édifice se compose d'un corps de logis dissymétrique. Ses façades sur la vallée de la Beauronne sont percées de baies à croisillons de pierre et surmontées d'un chemin de ronde à mâchicoulis.

HISTOIRE LOCALE
L'église paroissiale de Château-l'Évêque servit de cadre à l'ordination de saint Vincent de Paul par Mgr François de Bourdeille, le 23 septembre 1600.

Quitter Château-l'Évêque par le Nord-Est en empruntant la D 3E.

Agonac

Ce bourg du Périgord blanc est agréablement situé au milieu d'une couronne de collines boisées.

L'**église St-Martin** dresse sa silhouette trapue à l'écart du village, dans la vallée de Beauronne, en bordure de la D 3E. Le gros clocher carré et les contreforts (16e s.) qui l'épaulent sont postérieurs aux dévastations commises par les protestants lors des guerres de Religion. L'intérieur réunit tous les caractères d'un type roman fréquent en Périgord : nef en plein cintre, coupoles sur l'avant-chœur et le sanctuaire, chevet plat. La grande coupole sur pendentifs, supportant le clocher, date du 12e s. ; le système de chambres de défense, à deux étages, qui fait le tour de cette coupole rappelle les époques troublées où les églises étaient transformées en bastions. ☎ *05 53 06 36 71 - juil.-août : 16h-18h ; reste de l'année : sur demande préalable tlj sf w.-end et j. fériés - gratuit.*

MONSTRES
Le chœur est orné de chapiteaux sculptés de monstres vomissant du feuillage, de facture archaïque.

Quitter Agonac par l'Est en empruntant la D 106.

Sorges *(voir ce nom)*

Quitter Sorges par le Sud-Est en empruntant la D 68. À Savignac-les-Églises, prendre à droite la D 705 qui longe la rive droite de l'Isle, direction Périgueux.

Château des Bories

☎ *05 53 06 00 01 - visite guidée juil.-août : tlj sf dim. 13h-19h - 4 € (enf. 1,50 €).*

Situé au bord de l'Isle, il fut construit aux 15e-16e s. par la famille de St-Astier. Au début du 20e s., le baron de Nervaux-Loÿs, propriétaire du château, crée des aménagements extérieurs : balustrade Renaissance sur la rivière, terrasses et douves. Ses descendants, le comte et la comtesse Christian de Lary de Latour, ont poursuivi l'œuvre entreprise ; actuellement le parc anéanti par la tempête de l'an 2000 est en reconstruction.

A. Cassaigne/MICHELIN

Le château des Bories se compose d'un corps de logis flanqué de deux tours rondes et d'une grosse tour carrée à mâchicoulis.

Fournaux
La très belle **cuisine**, aux voûtes gothiques ornées de clefs en disque, comporte deux vastes cheminées sous arcs surbaissés et présente une collection d'ustensiles.

Son **architecture intérieure★** est remarquable. La porte d'entrée, dite « porte à clous », ouvre sur un **escalier monumental**, dont les vitraux Renaissance ont été restaurés, qui occupe toute la tour carrée. La **salle des gardes** offre un curieux voûtement reposant sur des trompes portées par des ogives partant d'une colonne centrale. La **grande galerie**, qui conserve quelques tableaux, une chaise à porteur du 18e s. et une tapisserie des Flandres, accueille des expositions temporaires.

Poursuivre sur la N 21. À Antonne-et-Trigonant, prendre à droite et rejoindre la D 8 par la forêt de Lanmary.

Château de Caussade

Niché dans une clairière de la forêt de Lanmary, ce noble édifice possède toutes les caractéristiques d'une maison forte du 15e s. Son enceinte polygonale, entourée de douves à demi comblées, est flanquée de tours carrées.

Revenir et poursuivre sur la D 8 qui ramène à Périgueux.

Château de **Puyguilhem★**

Le château de Puyguilhem a le charme des constructions de la Renaissance : bâtiment clair, grandes fenêtres, et tours recouvertes d'ardoises. Vous vous croirez sur les bords de la Loire plutôt qu'au cœur du Périgord vert. La promenade y est douce, et vous rencontrerez peut-être les mânes de Mondot de La Marthonie, qui fit construire cette demeure.

La situation

Carte Michelin Local 329 F3 - Schéma p. 127 - Dordogne (24). Le château est situé à l'extrémité d'une petite route qui sort du village de Villars au Nord.

24530 Villars, ☎ 05 53 03 50 79.

Le nom

L'occitan local *poi*, autrement désigné *puy*, et qui signifie « la petite éminence », s'attache ici à *Guilhem*, forme méridionale de Guillaume, pour donner Puyguilhem, autrement dit, la colline de Guillaume.

Le château de Puyguilhem présente les caractères des châteaux du Val de Loire au temps de François Ier.

visiter

☎ 05 53 54 82 18 - juil-août : 10h-19h ; avr.-juin, de déb. sept. à mi-nov. et vac. scol. Noël : 10h-12h30, 14h-18h ; de mi-nov. à fin mars : tlj sf lun., vend. et sam. 10h-12h30, 14h-17h30 - possibilité de visite guidée (1h) - fermé lun. (sf juil.-août), vend. et sam. (fév.-mars et de mi-nov. à mi-déc.), janv., 25 déc. - 5,50 € (6-12 ans 3,30 €).

À voir
Les sculptures du grand escalier et la charpente de châtaignier de la grande salle du 2e étage.

Une certaine harmonie se dégage de la décoration du château édifié par le premier président aux parlements de Bordeaux et de Paris : lucarnes et cheminées finement sculptées, fenêtres à meneaux et mâchicoulis délicatement décorés contribuent à l'élégance de cet édifice de style première Renaissance. Son dispositif apparaît moins homogène : un corps de logis sépare une grosse tour ronde accolée à une petite tour octogonale, d'une tour barlongue renfermant l'escalier d'honneur. À l'intérieur, d'admirables **cheminées★** sculptées agrémentent de belles pièces sur les trois étages de la bâtisse.

Le Quercy blanc★

D'innombrables ruisseaux qui entaillent les bas plateaux, des maisons bâties en moellons de calcaire, des toitures presque plates couvertes de tuiles romaines rose pâle : le Quercy blanc s'imagine aux bords de la Garonne. Au gré de la polyculture, moulins, églises romanes et châteaux s'élèvent, ponctuant ces terres fertiles de lignes verticales.

La situation

Carte Michelin Local 337 C/E 6/7 – Tarn-et-Garonne (82). Le Quercy blanc est à cheval sur le Sud du département du Lot et sur la partie septentrionale du département du Tarn-et-Garonne.

Le nom

À l'instar de « Cahors », le mot « Quercy » viendrait de la tribu des Cadourques. Situé entre les vallées du Lot et du Tarn, le Quercy blanc doit son nom à la coloration de son sol crayeux.

Le décor

Le visiteur attentionné remarquera la profusion de croix, « petits » **calvaires** témoignages de foi parfois hauts de 2 m. Ils sont l'œuvre d'artisans qui sculptaient selon des modèles ou suivant leur imagination. Celui plus sensible à la terre qu'à la pierre observera la grande variété d'**orchidées** (ne les cueillez pas, ces espèces sont protégées) qui fleurissent au printemps.

PIGEONNIERS
Dans cette région agricole, pas une ferme sans son pigeonnier, la colombine constituant un engrais très fertile. La construction d'un colombier relevait autrefois d'un droit seigneurial ; devenus un signe extérieur de richesse, au 19e s, les colombiers se multiplient, mais de nos jours la plupart sont délaissés.

i 27 r. Clemenceau, 46170 Castelnau-Montratier, ☎ 05 65 21 84 39. www.castelnau-montratier.com
i 8 r. de la Promenade, 46800 Montcuq, ☎ 05 65 22 94 04.
i Pl. de Cornières, 82110 Lauzerte, ☎ 05 63 94 61 94. www.quercy-blanc.net
i Pl. du Mercadiel, 82150 Montaigu-de-Quercy, ☎ 05 63 94 48 50.

carnet pratique

Visite

Les offices du tourisme de Castelnau-Montratier et de Montcuq ont mis en place une démarche d'accueil des familles avec enfants, " Viens jouer en Quercy blanc " : édition d'un guide regroupant les prestataires, réalisation d'un parchemin, jeux et découverte, de manière ludique, du patrimoine en famille, à l'aide de fiches jeux.

Se restaurer

Chez Bernadette – *82190 Miramont-de-Quercy - 7 km au S de Lauzerte par D 953 - ☎ 05 63 94 65 57 - fermé 15 j. en oct., vend. soir et sam. midi hors sais. - - réserv. conseillée - 12/34 € - 5 ch. 30/38 €* . Véritable auberge de campagne, voilà une adresse idéale pour faire bombance sur sa terrasse fleurie à l'ombre des catalpas. Vous pourrez goûter à une savoureuse cuisine du terroir. Quelques chambres très simples pour vous dépanner.

Le Quercy – *Fg d'Auriac - 82190 Miramont-de-Quercy - ☎ 05 63 94 66 36 - fermé dim. soir et lun. sf juil.-août - 10 € déj. - 25/42 €.* Venez donc ici plutôt pour déjeuner ou dîner dans ce restaurant bien connu dans les environs. La salle à manger est claire avec son parquet et ses murs orange. Une table de produits régionaux frais avec un menu surprise. Quelques chambres.

Que rapporter

Marché – *46800 Montcuq.* Outre le marché dominical, marché des Producteurs de Pays le mercredi à Castelnau-Montratier et le jeudi à Montcuq en saison.

Calendrier

Journée nationale des moulins – Mise au vent et visite commentée du moulin de Boisse et du moulin de Lamothe à Cézac . Visite commentée du moulin de Brousse. Renseignements à l'Office de tourisme. *☎ 05 65 21 84 39.*

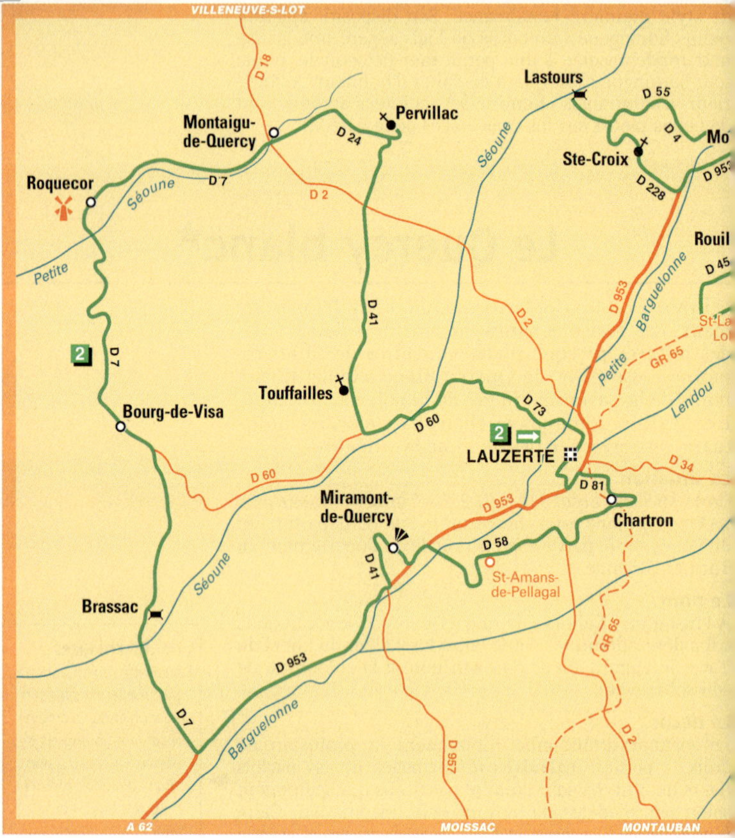

circuits

Les vallées prises entre les plateaux calcaires offrent toute une palette de couleurs : bois de chênes pubescents, champs de lavande et de tournesols, vergers (cerisiers et pruniers). Ce paysage est clairsemé de fermes isolées ou de hameaux.

ÉGLISES ET MOULINS DU QUERCY BLANC 1

Circuit de 60 km – compter environ une journée.

Castelnau-Montratier

Un plan commenté de la ville est disponible à l'Office de tourisme.

À Castelnau-de-Vaux, établi en contrebas de la colline et totalement détruit par les troupes de Simon de Montfort en 1214, succède vers 1250 Castelnau-Montratier, **bastide** édifiée au sommet du promontoire par Ratier, seigneur de Castelnau, qui lui donne son nom. Elle connaît alors une période de prospérité : ses foires réputées attirent marchands de laine et d'étoffes. De nombreux visiteurs campent sous les couverts de sa place triangulaire. Mais les conflits successifs ternissent définitivement cet éclat.

Au 19e s., le Quercy totalisait quelque 170 moulins à vent. Aujourd'hui, on n'en compte plus qu'une petite poignée.

Ombragée de tilleuls et de marronniers, l'ancienne **place du Mercadial**, aujourd'hui place Gambetta, conserve encore couverts et vieilles maisons. Plantée à l'extrémité du promontoire, l'**église St-Martin** a des airs de Sacré-Cœur.

Au Nord s'élèvent trois **moulins** à vent dont l'un est mentionné dans des écrits de 1400 (les autres sont postérieurs).

Quitter Castelnau par le Sud en empruntant la D 659 puis après 3 km, tourner à gauche.

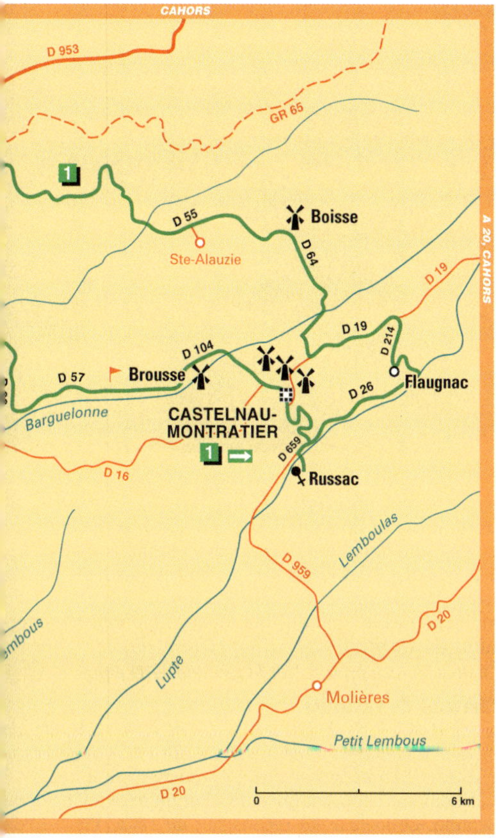

Église de Russac

Elle a conservé une abside romane en cul de four décorée de modillons sculptés, mais l'ancien portail sur le côté Nord a été muré. L'abside recèle une **fresque** du 16e s. qui s'articule autour d'un panneau central représentant saint Georges terrassant le dragon.

Revenir sur la D 659 en direction de Castelnau, après 1 km tourner à droite dans la D 26. Après 6 km tourner à gauche dans la D 214.

Flaugnac

Cet ancien bourg fortifié occupe un charmant **site** qui surplombe la vallée de la Lupte. Au 13e s., un château se dressait à l'extrémité du promontoire et sur les pentes de l'éminence s'étiraient les faubourgs, autrement appelés *barris*. Les guerres successives ont ruiné Flaugnac et seules deux maisons anciennes demeurent (dont l'une remaniée).

Quitter Flaugnac par la crête. Après 2 km prendre à gauche la D 19, 6 km plus loin prendre à droite la D 64 en direction de Ste-Alauzie.

Moulin de Boisse

Renseignements et visite sur réservation à l'Office de tourisme - ☎ 05 65 21 84 39 - ouverture du moulin : lun. de Pâques, Journée nationale des moulins, 15 août. et Journée du patrimoine.

Ce moulin à vent construit en 1699, en très bon état de conservation, est une référence en Quercy. Il fait l'objet d'une démonstration 5 fois dans l'année.

Poursuivre sur la D 64 puis la D 55.

Montcuq

Chef-lieu d'une **châtellenie** à qui Raymond VI, comte de Toulouse, octroie une charte de coutumes au 12e s., Montcuq fait l'objet de luttes sanglantes lors de la croisade des albigeois, puis pendant la guerre de Cent Ans et encore durant des guerres de Religion.

E. Larribère/MICHELIN

Montcuq provient de la racine prélatine « kuk » qui a donné en latin « mons acutus » : mont arrondi.

Paysage typique du Quercy blanc.

De ses puissantes fortifications, il ne reste que le haut **donjon** (24 m de hauteur) du 12e s. campé au sommet d'une butte dominant le cours de la Petite Barguelonne. Entre la place des Consuls (près de la mairie) et celle de la Halle-aux-Grains, l'ancien quartier recèle encore de vieilles bâtisses à pans de bois et aux nombreuses ouvertures en arc brisé.

Quitter Montcuq par le Nord-Ouest sur la D 4 puis D 55.

Château de Lastours

☎ 05 65 31 83 23 - ♿ - de déb. juil. à mi-août : 13h-19h ; de mi-août à mi-juil. : w.-end et j. fériés 13h-19h - sur demande préalable pour accès handicapé - gratuit.

Les deux tours de son enceinte dominent la vallée de la Séoune. Le logis a été reconstruit au 16e s. Visite extérieure du château : tour et remparts.

Revenir sur ses pas. Après 1 km, tourner à droite dans la D 228.

Ste-Croix

Le bourg a conservé nombre de ses vieilles maisons, regroupées autour de son imposante **église**. Celle-ci avait un joli portail roman, aujourd'hui muré, qui s'ouvrait sur le cimetière.

Poursuivre sur la D 228 puis tourner à gauche sur la D 953 pour rejoindre Montcuq. Quitter Montcuq par le Sud en empruntant la D 28. Après 2 km, tourner à droite dans la D 45.

Église de Rouillac

Du 12e s., elle fut remaniée au 15e s. et complétée par des chapelles et un clocher au 19e s. L'abside à chevet plat renferme des vestiges de **fresques** romanes illustrant la Passion.

Poursuivre sur la D 45 puis tourner à gauche en direction de St-Laurent de Lolmie. Après 2 km tourner à gauche dans la D 28 puis à gauche dans la D 57, poursuivre sur la D 104.

Moulin de Brousse

Moulin à eau du 13e s. en activité toute l'année. Fabrication du pain : merc. et sam. matins - visite sur réservation au ☎ 05 65 21 95 81 - renseignements à l'Office de tourisme - ☎ 05 65 21 84 39.

Tourner à droite pour rejoindre Castelnau-Montrarier.

Dénomination

Ici les vallées verdoyantes sont entrecoupées de plateaux calcaires aux bordures ondulées qui forment de longues lanières ou « serres ».

LE PAYS DE SERRES 2

Circuit de 70 km – environ 1 journée.

Lauzerte

Surnommée la « Tolède du Quercy », Lauzerte est une bastide fondée en 1241 par le comte de Toulouse. Perchée sur son promontoire d'où elle s'épanche doucement, la **ville haute** presse ses maisons d'un gris clair et couvertes de toits presque plats autour de l'église St-Barthélemy et de la place des Cornières.

La **promenade de l'Éveillé** était autrefois le quartier des riches bourgeois et des officiers de justice. S'y élèvent encore de belles demeures, parfois à pans de bois, certaines de style gothique, d'autres d'époque Renaissance. Bordant les rues de la Garrigue et de la Gendarmerie, les rez-de-chaussée de quelques maisons des 13e et 14e s. s'ouvraient sur des boutiques animées. À l'Est, au-delà des anciens remparts, se dresse l'église des Carmes, remaniée aux 17e et 19e s.

La *via podiensis*, au départ du Puy-en-Velay, passe par Lauzerte qui constitue donc une halte sur le chemin de Saint-Jacques-de-Compostelle. Sous la barbacane, s'étage le **jardin du Pèlerin** : ce jeu de l'oie grandeur nature paysagé retrace les péripéties rencontrées sur le parcours du pèlerin *(demander les dés à l'office de tourisme)*.

Quitter Lauzerte par le Sud en empruntant la D 2, tourner à gauche dans le D 953, puis à droite dans la D 81. Après 2 km, tourner à droite en direction de Sainte-Amans-de-Pellagal.

Calendrier

Déb. août, lors des **Nuits de Lauzerte**, la ville se pare de lumière (grâce à des bougies), des comédiens animent les rues et des performances artistiques assurent le spectacle.

Chartron

Ce lieu-dit possède un beau **pigeonnier** quadrangulaire sur piliers. Ces derniers sont surmontés d'une « capel », sorte de chapeau, pour empêcher les rongeurs ou rapaces de rentrer. La volière à colombages présente un toit de tuiles plates et un lanternon.

Poursuivre durant 1 km, prendre à gauche puis tout de suite à droite. Passé Ste-Amans, suivre la direction Miramont.

S. Vinet/MICHELIN

Belle demeure pour roucouler !

Miramont-de-Quercy

Ce petit village offre un **point de vue** sur la vallée de son chemin de ronde.

À la sortie de Miramont, prendre à gauche dans la D 41 puis à droite dans la D 953. Après 8 km, tourner à droite dans la D 7.

Château de Brassac

☎ 05 63 94 59 67 - visite guidée (1h, dernière entrée 1h av. fermeture) - avr.-oct. : 10h-20h - fermé lun. - 5 € visite guidée, 4 € visite libre.

Dominant la vallée de la Séoune, cette forteresse du 12e s. modifiée successivement jusqu'au 16e s. présente une forme quadrangulaire flanquée de quatre tours rondes. Les tours et les courtines ont été arasées au niveau de la cour. Propriété des comtes de Toulouse, elle passa alternativement aux mains des Anglais et des Français pendant la guerre de Cent Ans. Assiégée par les protestants lors des guerres des Religions, incendiée durant la Révolution, elle fut laissée à l'abandon au 19e s.

G. Targat/MICHELIN

Jolie maison à colombages, place des Cornières à Lauzerte

Après une motte féodale, on pénètre dans la cour d'honneur par un pont de pierre en remplacement du pont-levis. Dans la partie haute, au corps de logis du 14e s. fut ajouté, au 15e s., une tour polygonale renfermant un escalier à vis *(ne se visite pas)*. Dans la partie basse se situe la forteresse (16e s.) édifiée sur le tracé de l'ancienne enceinte et sous la cour vous verrez les salles des gardes.

Poursuivre sur la D 7 en direction de Bourg-de-Visa.

Bourg-de-Visa

Sur la place de la Mairie sur trouve une halle en fer, de style Baltard, entourée de maison à arcades. De l'ancien château, ne reste que quelques vestiges. Près de l'église, remarquez le pigeonnier-tour.

Poursuivre sur la D 7, après 10 km ; tourner à gauche.

Roquecor

Perché sur un piton rocheux, le village surplombe la Petite Séoune. Face à la mairie, prenez à droite la rue des Coutelets, bordée de maisons anciennes, puis la rue du Barry. Sur la gauche, vous descendrez au **lavoir**, passant devant les vestiges des remparts de la vieille ville, et arriverez au **Roc de Nobis**, site troglodytique.

Quitter Roquecor par le Nord et tourner à droite dans la D 7.

Montaigu-de-Quercy

Le bourg entoure un promontoire où se trouvait autrefois un château (à présent s'y élève une propriété privée). Remontez la rue des Frères-Quémeré, ancienne rue commerçante, pour rejoindre la place de la Mairie bordée de l'ancien **lavoir** et de l'église. De style néogothique, elle a été reconstruite au 19e s. mais le **clocher** de 1855 a été conservé : remarquez qu'il n'est ni dans l'axe ni à la dimension de l'église. Longez ensuite les **remparts** (rue des Colombiers) et revenez à la mairie par la rue des Anciens-Fours. À droite, la rue de la Fontaine mène à une place où se trouve... la **fontaine**.

Quitter Montaigu par le Nord-Est (D 24), après 2 km, tourner à gauche.

Pervillac

Ce hameau possède une église romane, remaniée au 19e s. qui renferme des **peintures murales** du 15e s. Découvertes derrière un badigeon posé au 18e s., elles sont bien conservées. Scènes de l'Enfer, Purgatoire, Vertus... toute cette iconographie à la gamme chromatique limitée et au dessin grossier avait une vocation didactique. *Demander les clés à la maison Fournier, qui vend foie gras et vin - ☎ 05 63 94 39 20.*

Revenir sur ses pas, tourner à droite en direction de Montaigu puis prendre la première à gauche (D 41) en direction de Toufailles.

Touffailles

L'**église St-Georges** (fin 15e s.) domine le village *(sur la droite après la mairie)*. La voûte de la nef est ornée de douze scènes représentant les deux cycles de l'enfance et de la Passion du Christ. *Visite accompagnée sur demande à la mairie lun., mar., jeu. 14h-18h, vend. 14h-16h.*

Poursuivre sur la D 41 et tourner à gauche dans la D 60, puis à droite dans la D 73 qui ramène à Lauzerte.

Ribérac

Ribérac est une ville pour les gourmands... de verdure et les autres ! Collines boisées, champs, bosquets ou bien marché aux noix, marché fermier, marché au gras : ici, aux confins de la Charente et du Périgord, vous trouverez certainement ce que vous aimez.

La situation

Carte Michelin Local 329 D4 - Dordogne (24). Ribérac s'est installé à une petite encablure de la Dronne. La D 710 (de Périgueux) et la D 709 (depuis Mussidan à travers la forêt de la Double) permettent d'accéder rapidement à la ville.

Pl. du Gén.-de-Gaulle, 24600 Ribérac, ☎ 05 53 90 03 10.

Le nom

Ribérac viendrait du bas latin *ribeira*, qui signifie « rivière » ; cela tombe bien, la ville est justement au bord d'une rivière, la Dronne en l'occurrence.

Les gens

4 000 Ribéracois. Virtuose de la poésie lyrique, **Arnaut Daniel** vit le jour au château de Ribérac vers 1150. Ce personnage singulier fut tenu par Dante et Pétrarque pour le meilleur artiste de langue d'oc. La ville est aussi le lieu de naissance de François d'Aydie, vicomte de Ribérac et « mignon » d'Henri III tué en duel.

se promener

Collégiale N.-D. de Ribérac

Ancienne chapelle du château de Ribérac disparu à la Révolution, la collégiale Notre-Dame fut le lieu de sépulture des seigneurs locaux avant d'être gravement endommagée lors des guerres de Religion. Les travaux entrepris au 19e s. lui ont rendu sa superbe.

Après avoir bénéficié d'une complète restauration, elle est devenue une salle d'exposition et de concerts.

carnet pratique

Se loger et se restaurer

Hôtel de France – *3 r. Marc-Dufraisse - ☎ 05 53 90 00 61 - www.hoteldefrance-riberac.com - fermé 6-31 janv., 10 nov.-15 déc., mar. midi, merc. midi, jeu. midi et lun. - 12 ch. 38/60 € - ☕ 8 € - restaurant 15/38 €.* Cet hôtel situé à quelques pas de la grande place était un relais de poste aux 17e et 18e s. Chambres meublées à l'ancienne et belle salle à manger avec cheminée et parquet ciré. Agréable terrasse ombragée dressée dans la cour fermée.

Que rapporter

Marché – Grand marché hebdomadaire vendredi matin. Petit marché fermier mardi matin. Importants marchés au gras entre novembre et mars. Marchés aux noix en octobre et novembre.

Sports & Loisirs

Piscine Municipale – *Rte de Ribérac - ☎ 05 53 90 03 40 - juin-sept.* Trois bassins climatisés.

Parc de loisirs du Paradou – *24410 Parcoul - ☎ 05 53 91 42 78 - www.leparadou24.fr - tlj de mi-juin à mi-sept. ; w.-end hors sais. Entrée et parking gratuits - fermé 15 nov.-15 janv.* Une véritable halte de détente pour toute la famille ! Sur 20 ha autour d'un plan d'eau, le parc offre de nombreux divertissements : minigolf, petit train du Far West, tennis, trampolines, pétanque, pêche, baignade, toboggan aquatique, pédalos. Camping, cafétéria et bar-glacier.

Calendrier

Festival Musique et Paroles en Ribéracois – *☎ 05 53 92 52 30. Fin juillet.*

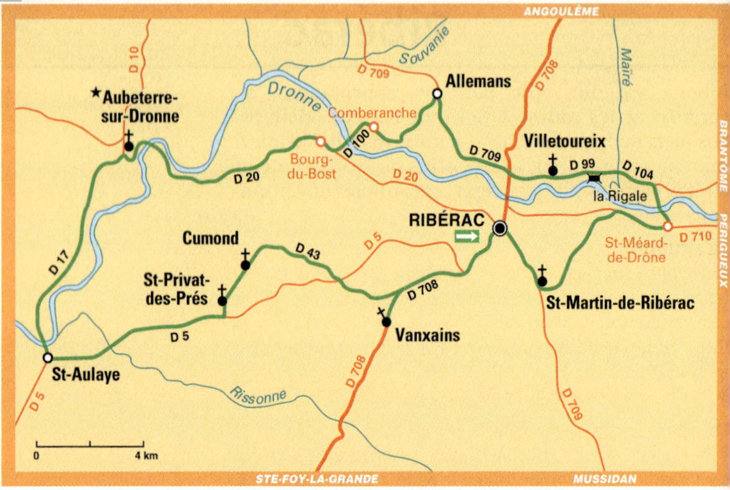

Église de Faye

2 km au Nord-Ouest par la D 20.

Consacrée à saint Pierre, elle renferme un autel de bois sculpté. Tout aussi admirable, le **tympan**, unique en Périgord, sculpté d'un Christ en majesté qu'encensent deux anges.

circuit

LE VAL DE DRONNE

Circuit de 65 km - compter une demi-journée. Quitter Ribérac par le Sud-Est en empruntant la D 709.

St-Martin-de-Ribérac

Édifiée au 12e s., l'**église** romane est couverte de deux dômes dont les calottes ont été remontées au 19e s.

Quitter St-Martin par le Nord-Est et rejoindre la D 710 aux Bigoussies (à droite). À St-Méard, tourner à gauche dans la D 104 qui bientôt franchit la Dronne.

Villetoureix

Sur les berges de la Dronne, le **manoir de la Rigale** incorpore une **tour** d'époque gallo-romaine, ancienne *cella* d'un temple. Dans le village, l'**église** romane est consacrée à saint Martin de Tours.

Poursuivre sur la D 709 que coupe la D 708.

Allemans

Derrière un manoir du 15e s., l'**église St-Pierre** est un bel édifice roman remanié qui possède une nef unique surmontée de deux coupoles.

Quitter Allemans par le Sud-Ouest en empruntant une petite route qui offre de belles vues sur la vallée de la Dronne. Traverser la rivière à hauteur de Bourg-du-Bost

E. Larribère/MICHELIN

Aubeterre aux rues étroites et pentues.

Aubeterre-sur-Dronne★ *(voir ce nom)*

Quitter Aubeterre par le Sud-Ouest en empruntant la D 17.

St-Aulaye

Ste-Eulalie donne au masculin le nom de St-Aulaye. Du coup, on ne sait plus très bien qui est qui, hormis le fait que le culte de cette jeune pucelle espagnole fut introduit au 11e s. à la suite des croisades contre les Maures d'Espagne.

L'**église Ste-Eulalie**, à la façade de style saintongeais, a perdu la coupole qui coiffait sa croisée du transept pour une croisée d'ogives.

Le château de cette ancienne bastide, reconverti en mairie, a appartenu à Guy Chabot de Jarnac. L'homme est resté dans les chroniques comme le vainqueur, en 1547, d'un duel avec l'un des favoris d'Henri II, François de Vivonne, grâce à la célèbre botte dite **coup de Jarnac**.

Quitter St-Aulaye par la D 5 en direction de Ribérac.

St-Privat-des-Prés

L'**église**★ est probablement l'un des plus beaux édifices romans du Périgord. Sa façade occidentale est très influencée par le style saintongeais : un élégant portail déploie neuf voussures en plein cintre et une archivolte sculptée de dessins géométriques. Fortifiée, elle dissimule dans le mur Ouest un couloir de défense, et des murs surmontés de vestiges de merlons.

> **À VOIR**
> À l'intérieur de l'église, outre un beau baptistère roman, on découvre deux retables en bois sculpté du 17e s.

Des ateliers d'artisans, une épicerie ancienne, une école du début du siècle : voilà quelques exemples de ce que vous trouverez au **musée de l'Outil et de la Vie au village**. Très intéressante collection de **maquettes**★ de monuments français. ☎ *05 53 91 22 87 - sur demande préalable à la mairie - 2,50 € (enf. 1 €).*

Quitter St-Privat par le Nord-Est.

Cumond

Dans ce joli hameau, à deux pas d'un imposant pigeonnier, se trouve une **église** à coupole du 12e s. consacrée à saint Antoine. Son portail est décoré de neuf voussures.

Poursuivre la route vers le Nord-Est qui longe le cimetière, puis prendre à droite la D 43.

Vanxains

Le village conserve encore quelques belles maisons des 16e et 18e s. De style roman, l'**église Notre-Dame** a été remaniée au 16e s. : les maçonneries furent épaissies pour autoriser l'élévation du clocher. Dans l'avant-chœur, sous une coupole, un curieux bestiaire et des personnages décorent les chapiteaux. Les plus courageux admireront la salle de défense placée au-dessus des voûtes.

Rejoindre la D 708 (à droite) qui ramène à Ribérac.

Rocamadour★★★

Rocher miraculeux, recueil d'histoire, de croyances et de légendes, sanctuaire de la Vierge noire, lieu de pèlerinage : Rocamadour est tout cela. C'est aussi l'un des sites les plus extraordinaires qui soient. Les vieux logis, les tours et les oratoires dégringolent le long de la falaise escarpée, sous l'égide du fin donjon du château et des sept sanctuaires.

> **LE SITE**
> En arrivant par la route de l'Hospitalet, on découvre une **vue**★★ remarquable sur le site : au fond d'une gorge, l'Alzou serpente au milieu des prairies, et à 500 m environ, agrippé à la falaise du causse, se détache l'extraordinaire profil du village dont l'élévation est un défi à la pesanteur. Au-dessus du bourg, s'étage la cité religieuse couronnée par les remparts du château.

La situation

Carte Michelin Local 337 F3 – Lot (46). Le bourg et la cité religieuse sont piétonniers. On y accède soit depuis le plateau (parking) à pied ou en ascenseurs (payants), soit depuis la vallée de l'Alzou (parkings), à pied, ou en petit train (payant) jusqu'au bourg ; de celui-ci à la cité religieuse, on a le choix entre les escaliers de la Via Sancta et l'ascenseur.

ℹ *L'Hospitalet, 46500 Rocamadour,* ☎ *05 65 33 22 00. www.rocamadour.com*

Le nom

Le nom de ce village sanctuaire est la traduction de l'expression occitane *roc amator* : « qui aime le rocher », à moins qu'il n'évoque tout simplement l'évêque Amadour, alias Zachée ?

Les gens

614 Amadouriens vivent dans l'ombre de la Vierge noire et de saint Amadour dont le corps fut déterré pendant les guerres de Religion. Toujours intact, il fut livré aux flammes mais ne brûlait pas ! De rage, le capitaine protestant Bessonies le brisa à coups de marteau.

carnet pratique

Transports

Se déplacer en voiture – Rues piétonnes de la cité et du bourg. Accès autorisé en voiture uniquement pour les clients des hôtels et restaurants.

Ascenseur de Rocamadour – ☎ *05 65 33 62 44 - ♿ - juil.-août : 8h-20h ; mai-juin : 8h-19h ; fév.-avr. et de déb. sept. à mi-nov. : 10h-17h - 3 € AR, 2 € A (-8 ans gratuit).*

Ascenseur incliné – ☎ *05 65 33 67 79 - ♿ - juil.-août : 8h-22h ; mai-juin et sept. : 8h-19h ; avr. et oct. : 9h-19h ; de déb. nov. à fin vac. scol. Noël : 10h-12h30, 14h-17h30 ; fév. : se renseigner - 4 € AR (-9 ans gratuit).*

Visite

Petit train de nuit – *Dép. porte du Figuier.* ☎ *05 65 33 67 84/ 65 99 ou 06 08 26 25 56. Avr.-sept. : visite guidée (30mn) 21h30 et 22h - commentaire en 7 langues. 5 € (enf. 2,50 €).*

Balades nature – Quatre circuits de randonnées autour de Rocamadour (de 8 à 16 km). Fiches en vente à l'Office de tourisme dans un coffret *Guide de séjour* comprenant guide découverte, guide pratique, plan de visite de la ville. *2,50 €*

Se loger

⊖⊖ Le Troubadour – *Belveyre - 2,5 km au NE de Rocamadour par D 673 dir. Brive -* ☎ *05 65 33 70 27 - troubadour@rocamadour.com - fermé 16 nov.-14 fév. - P - 10 ch. 65/87 € - ☕ 9 € - restaurant 23/35 €.* Besoin de silence ? Plus d'hésitation, c'est dans cette ancienne ferme restaurée qu'il faut séjourner. Son jardin, sa piscine et sa vue sur la campagne s'ajoutent au charme du lieu. Petites chambres de caractère. Restauration simple réservée aux résidents.

⊖⊖ Hôtel du Centre – *Pl. de la République - 46500 Gramat -* ☎ *05 65 38 73 37 - le.centre@wanadoo.fr - 18 ch. 42/60 € - ☕ 7,50 € - restaurant 14/42 €.* Vous serez charmé par l'accueil chaleureux dans ce petit hôtel familial simple en centre-ville. Les chambres aux murs crépis blancs sont fonctionnelles. Cuisine classique. Menu enfants.

⊖⊖ Chambre d'hôte Moulin de Fresquet – *46500 Gramat -* ☎ *05 65 38 70 60 - www.moulindefresquet.com - fermé nov.-mars - 🚭 - 4 ch. 57/76 € - repas 21 €.* Qu'il fait bon vivre, ici ! Dans un cadre bucolique, ce très joli moulin n'est qu'à 800 m du centre-ville. Ses chambres élégantes et confortables (non-fumeurs) s'ouvrent sur le ravissant jardin. L'accueil y est délicieux et la table d'hôte succulente.

⊖⊖⊖ Hôtel Les Vieilles Tours – *Rte de Payrac - 4 km à l'O de Rocamadour par D 673 -* ☎ *05 65 33 68 01 - les.vieillestours@wanadoo.fr - fermé 16 nov.-26 mars - P - 17 ch. 70/94 € - ☕ 12 € - restaurant 25/61 €.* Une maison du 16e s. et un fauconnier du 13e s. en pleine campagne... Si la chambre de la tour est libre, n'hésitez pas, c'est la plus belle. Les autres ne manquent pas de charme non plus. Jolie vue du jardin sur la vallée. Piscine. Le repas n'est assuré que le soir.

⊖⊖⊖ Domaine de la Rhue – *6 km au NE de Rocamadour par D 673 puis N 140 -* ☎ *05 65 33 71 50 - domainedelarhue@wanadoo.fr - fermé 18 oct.-1er avr. - P - 14 ch. 73/125 € - ☕ 7,50 €.* Nuits paisibles garanties ! Aménagées dans les écuries d'un domaine agricole du 19e s., les chambres sobres et meublées à l'ancienne ouvrent sur la campagne. Poutres et piliers de bois sont restés intacts. Une belle piscine vous attend pour votre bain quotidien.

Se restaurer

⊖⊖ Le Roc du Berger – *Rte de Padirac - au bois de Belveyre -* ☎ *05 65 33 19 99 - berger@crdi.fr - ouv. de fin mars à fin sept. et w.-ends en oct. - 17/26 €.* Terrasse sous les chênes truffiers, ambiance animée, service à la bonne franquette et, sur la table, des produits fermiers exclusivement régionaux et préparés au feu de bois.

⊖⊖ Le Château – *Rte du Château -* ☎ *05 65 33 62 22 - hotelduchateau@gofornet.com - fermé 8 nov.-21 mars - 19,80/45 €.* Cette maison régionale est tranquille, à proximité du château. Grande terrasse sous les chênes pour un repas gourmand en plein air ou dans la grande salle sous l'œil attentif d'un berger sculpté dans le bois. Chambres très confortables à l'hôtel ou plus simples à l'annexe. Belle piscine été-hiver.

⊖⊖ Le Mas de Douze – *Les Gîtes de Rocamadour - 4 km à l'E de Rocamadour sur N 140 -* ☎ *05 65 33 72 80 - lemasdedouze@tele2.fr - 20 €.* Un havre de paix non loin du site touristique. Le restaurant au cadre campagnard (pierres et poutres apparentes) propose des spécialités régionales, tandis que la crêperie-saladerie convient aux appétits moins féroces. Huit gîtes-bungalows disséminés dans le parc.

⊖⊖ Jehan de Valon – ☎ *05 65 33 63 08 - info@bestwesternbeausiterocamadour.com - fermé 16 nov.-7 fév. - 🚭 - 15,50 € déj. - 23/49,50 €.* Salle à manger avec vue sur la vallée ou terrasse délicieusement rafraîchie par les tilleuls : ce restaurant ne manque pas d'arguments. Carte traditionnelle axée sur la région.

Faire une pause

Les Jardins de la Louve – *Pl. Hugon -* ☎ *05 65 33 62 93 - saison : 10h-23h - fermé 30 oct.-30 mars et merc. soir sf vac. scol.* Élégante adresse installée dans une superbe demeure bâtie au 13e s. et remaniée au 15e s. Grande cheminée, pierres et poutres apparentes et agréable terrasse arborée pour les beaux jours. Cuisine régionale et pizzas ; formule « salon de thé » l'après-midi et pub-bar à cocktails le soir entre la mi-juin et la mi-septembre.

Pâtisserie Quercynoise – *Pl. St-Louis - ☎ 05 65 33 63 09 - avr.-nov. : 8h-0h.* Prendre un peu de repos sur la terrasse ombragée de cette pâtisserie-brasserie en méditant les mystères de la Providence divine devant les montagnes, voilà sans doute un plaisir que les pénitents de Rocamadour n'auraient pas refusé après leur long pèlerinage « rédempteur ».

L'Esplanade – *L'Hospitalet – dir. Rocamadour cité par D 32 - ☎ 05 65 33 18 45 - lesplanade.roc@wanadoo.fr - été : 10h-0h30 ; fév.-mars, oct.-nov. sf vac. scol. : fermé le soir - fermé du 5 nov. à mi-fév.* Ce café bénéficie d'un point de vue exceptionnel sur la cité médiévale et les montagnes qui l'entourent. Sa terrasse ombragée est un lieu idéal pour admirer le « deuxième » site de France. Mais quel est donc le premier ?

S. Sauvignier/MICHELIN

Le fameux fromage de Rocamadour.

Que rapporter

Marché des producteurs de pays du Lot – *46500 Miers* (charte de qualité). Vendredi 17h-20h en juillet et août pl. de la Marie (10 km de Rocamadour).

Foire aux fromages – *À l'Hospitalet - le dimanche de Pentecôte.*

Ferme Lacoste – *Les Alix - Au N de Rocamadour par D 247 dir. Mayrinhac-Le-Francal - ☎ 05 65 33 62 66 - lun.-jeu. 10h-12h, 14h30-18h ; vend.-sam. 10h-12h, 14h30-17h ; parfois dim.* Cette belle ferme abrite une centaine de chèvres qui broutent courageusement pour préserver la réputation de leur délicieux fromage : le fameux cabécou de Rocamadour, rebaptisé avec une robuste simplicité rocamadour.

La Maison de la Noix – *R. de la Couronnerie - ☎ 05 65 33 67 90 - été : 10h-23h (hiver : 19h).* Cette boutique propose apéritifs, liqueurs, confitures, huiles, biscuits, confiseries, moutardes et vinaigres de noix.

Boutique du Terroir – *R. de la Couronnerie - ☎ 05 65 33 71 25 - horaires variables selon saisons - fermé 11 nov.-1er avr. et sam. sf juil.-août.* Voilà un artisan bardé de récompenses, dont la médaille d'or du Salon agricole 1999 et la médaille d'argent 2005 pour son foie gras d'oie mi-cuit. Cette jolie boutique contient mille et une merveilles comme des plats cuisinés au foie gras, de la truffe noire du Périgord ou une eau-de-vie de prune (primée en 2005).

Sports & Loisirs

Association Rocamadour Aérostat – *Domaine de la Rhue - 6 km au NE de Rocamadour par D 673 et N 140 - ☎ 05 65 33 71 50 - domainedelarhue@rocamadour.com - tlj sur réserv.* Rocamadour est le lieu rêvé pour découvrir le plus poétique des transports aériens : la montgolfière. Après avoir assisté à la préparation du ballon, on s'élève du fond de la vallée pour un vol de 45mn environ autour de la cité miraculeuse... Sur réservation. Attention aux annulations de dernière minute en raison de mauvaises conditions météorologiques.

comprendre

LE ROC AMADOUR, HAUT LIEU DE LA CHRÉTIENTÉ MÉDIÉVALE

L'énigmatique saint Amadour – Son identité n'a pu être établie d'une façon formelle. Un chroniqueur rapporte qu'en 1166 « un habitant de la localité ayant manifesté le désir d'être enterré sous le seuil de la chapelle élevée à la Vierge, on trouva en creusant la terre un corps intact, que l'on déposa auprès de l'autel pour l'exposer à la vénération des fidèles et que de nombreux miracles se produisirent depuis lors en ce lieu ». Quel était ce personnage mystérieux dont la sépulture semblait très ancienne ? On a soutenu sur ce point les thèses les plus contradictoires. Certains auteurs en font un ermite égyptien, d'autres l'identifient à saint Sylvain. La légende la plus souvent répandue (à partir du 15e s.) est qu'il s'agit de Zachée, disciple du Christ et mari de sainte Véronique. Tous deux seraient venus s'établir en Limousin et, à la mort de Véronique, Zachée se serait retiré dans cette vallée de l'Alzou, alors désertique et sauvage.

Énigme

Si l'identification de l'ermite n'a pu se faire, une autre question reste en suspens : qui a pu enterrer ce solitaire, isolé dans une vallée sauvage ?

Rocamadour accroche un extraordinaire entassement de vieux logis, d'oratoires, de tours et de rocs en surplomb aux flancs escarpés d'une falaise dominant de 150 m la canyon de l'Alzou.

La renommée de Rocamadour – Dès les premiers miracles et jusqu'à la Réforme, le pèlerinage de Rocamadour est l'un des plus célèbres de la chrétienté. Les foules y accourent. Les jours de « grand pardon » où l'indulgence plénière est accordée, 30 000 personnes se pressent à Rocamadour. Comme le village est trop exigu, la vallée de l'Alzou est transformée en un vaste campement. Henri Plantagenêt, roi d'Angleterre, miraculeusement guéri, est l'un des premiers à s'agenouiller devant la Vierge et son exemple est suivi, au cours du Moyen Âge, par les plus illustres personnages : saint Bernard, saint Dominique, Saint Louis et Blanche de Castille, Philippe IV le Bel, Philippe VI et Louis XI. Le culte de N.-D.-de-Rocamadour s'établit à Lisbonne, à Porto, en Sicile et en Andalousie où l'étendard de Rocamadour, déployé à la bataille de Las Navas de Tolosa, contribue à mettre en déroute les musulmans et donne la victoire aux rois d'Aragon, de Castille et de Navarre.

MIRACULEUX
Avec plus de 120 miracles déjà recensés dans ses pages, le *Livre des miracles de Notre-Dame* finit d'asseoir la réputation de Rocamadour dès sa parution en... 1172.

Le pèlerinage et les pénitents – Les tribunaux ecclésiastiques, et parfois les tribunaux civils, ont fréquemment imposé le pèlerinage de Rocamadour. C'était une grande pénitence. Le jour de son départ, le pénitent entendait la messe et, vêtu d'un costume orné de grandes croix, coiffé d'un large chapeau, il partait bourdon en main et besace au dos. Arrivé au terme de son voyage, le pèlerin se dépouillait de ses vêtements et, en chemise, gravissait à genoux les fameux degrés. On lui attachait alors des chaînes aux bras et au cou. Conduit devant l'autel de la Vierge noire, il prononçait l'amende honorable dans cette posture humiliante. Le prêtre récitait les prières purificatrices et enlevait ses fers au pénitent qui, désormais sanctifié, recevait une attestation du recteur et une **« sportelle »**, sorte de médaille de plomb à l'image de la Vierge miraculeuse.

LIEU DE RENCONTRE
Les seigneurs et les consuls des villes aimaient à se placer sous la protection de Notre-Dame pour conclure un traité ou signer une charte. On venait aussi au pèlerinage de Rocamadour par curiosité, pour rencontrer nombre de gens ou éventuellement traiter des affaires.

Déclin et renaissance – Au 13e s., Rocamadour atteint son apogée. On y obtient des grâces refusées à Jérusalem ; les donations affluent sans cesse. Mais les richesses accumulées suscitent de nombreuses convoitises. Pendant un siècle, les abbayes de Marcilhac et de Tulle se disputent la possession de l'église de Rocamadour. Après arbitrage, Tulle l'emporte. Au cours du Moyen Âge, la ville est plus d'une fois saccagée : Henri Court-Mantel révolté contre son père Henri Plantagenêt, dévaste l'oratoire en 1183 ; pendant la guerre de Cent Ans, les bandes anglaises et les routiers pillent à plusieurs reprises le trésor ; au cours des guerres de Religion, les capitaines protestants Bessonies et Marchastels s'emparent de Rocamadour qu'ils profanent et dévastent – seules la Vierge et la cloche miraculeuse échappent à la destruction. Rocamadour ne se relève pas de ses ruines, le sanctuaire végète jusqu'à la Révolution qui lui porte le coup de grâce. Au 19e s., les évêques de Cahors essaient de faire renaître le pèlerinage : les sanctuaires sont restaurés. Avec une partie de sa splendeur passée, Rocamadour a retrouvé la ferveur des pèlerins et c'est aujourd'hui le centre d'un pèlerinage très suivi.

M.-O. Bernard/MICHELIN

La « via sancta ».

découvrir

LA CITÉ RELIGIEUSE

S'adresser au Relais des Remparts - Le Château - 46500 Rocamadour - ☎ 05 65 33 23 23.

Par la **porte du Figuier**, qui existait déjà au 13e s., vous pénétrerez dans la rue principale du village, encombrée de magasins de souvenirs.

Il vous reste à gravir les 223 marches du **Grand Escalier** dont les pèlerins font souvent l'ascension en s'agenouillant à chaque degré. Cinq paliers conduisent à une plate-forme où s'élèvent les habitations des chanoines, aujourd'hui converties en magasins et en hôtels.

La **porte du Fort**, percée sous le mur d'enceinte du palais des évêques, permet d'accéder à l'enceinte sacrée.

La plate-forme du Fort est également appelée **place des Senhals** parce que c'est là qu'étaient fabriqués les insignes de pèlerinage : *senhals* ou *sportelles*.

Parvis des églises

Également appelé place St-Amadour, c'est un espace assez restreint autour duquel s'élèvent **sept sanctuaires** : la basilique St-Sauveur en face de l'escalier ; en dessous, l'église St-Amadour ; à sa gauche la chapelle Notre-Dame ou chapelle miraculeuse. À droite, se trouvent les trois chapelles St-Jean-Baptiste, St-Blaise et Ste-Anne *(dans le cadre des visites guidées de la cité religieuse. ☎ 05 65 33 23 23.)*, tandis que la chapelle St-Michel se dresse à gauche sur une terrasse.

Basilique St-Sauveur

De style romano-ogival (11e-13e s.), elle appuie ses deux nefs sur la paroi de la falaise. La mezzanine en bois a été rajoutée au siècle dernier pour pallier la petitesse de la basilique lors des grands pèlerinages.

VÉNÉRATION
Au-dessus de l'autel se dresse un beau **Christ** en bois polychrome du 16e s. dont la croix représente un arbre privé de ses rameaux.

Église St-Amadour

☎ 05 65 33 23 23 - dans le cadre des visites guidées de la cité religieuse.

Cette petite église inférieure, édifiée au 12e s., s'étend sous les deux travées Sud de la basilique St-Sauveur. Elle comporte un chevet plat et deux travées sous voûtes quadripartites. Elle servait autrefois de lieu de culte : on venait y vénérer le corps de saint Amadour.

Chapelle Notre-Dame

Du parvis, un escalier de 25 marches s'élève jusqu'à la chapelle miraculeuse, considérée comme le « saint des saints » de Rocamadour. C'est là en effet que l'ermite aurait aménagé un oratoire dans le roc. Écrasée en 1476 par la chute d'un rocher, elle fut reconstruite en gothique flamboyant par l'évêque de Tulle, Denys de Bar. Cette nouvelle chapelle, saccagée pendant les guerres de Religion et sous la Révolution, a fait l'objet d'autres travaux au 19e s.

Dans la pénombre de la chapelle noircie par la fumée des cierges, on découvre sur l'autel la Vierge miraculeuse appelée aussi **Vierge noire★** : elle est assise, hiératique, portant sur son genou gauche, sans le tenir, un étonnant Enfant Jésus au visage d'adulte. Cette statue reliquaire en bois de facture rustique date du 12e s. Tout

E. Larribère/MICHELIN

La Vierge noire est de petite taille (69 cm).

LÉGENDE
Cerné par les Sarrasins et ne pouvant casser son épée, Roland implora l'archange saint Michel et lança son épée qui d'un seul jet vint se planter dans le rocher de Rocamadour, loin des infidèles.

autour ont été accrochés de nombreux témoignages de reconnaissance : ex-voto, fers qu'on mettait jadis aux pèlerins pendant certaines cérémonies de pénitence *(voir plus haut)*. Suspendue à la voûte, une très vieille **cloche**, faite de plaques de fer assemblées et datant sans doute du 9ᵉ s., sonnait d'elle-même pour annoncer les miracles, par exemple lorsque des marins perdus en mer invoquaient N.-D.-de-Rocamadour.

En sortant de la chapelle Notre-Dame, on peut voir au-dessus de la porte une grossière épée de fer enfoncée dans la paroi rocheuse. La légende l'identifie à **Durandal**, la célèbre épée de Roland. À droite, creusé dans le roc, le **tombeau de saint Amadour**, à l'emplacement présumé où fut découvert le corps.

Chapelle St-Michel

☎ 05 65 33 23 23 - dans le cadre des visites guidées de la cité religieuse.

Surélevée de quelques marches, cette chapelle de style roman est abritée par un encorbellement rocheux. Son abside, dans laquelle s'inscrit un petit oratoire, fait saillie du côté du parvis. Elle servait pour les offices des moines du prieuré qui y avaient aussi aménagé leur bibliothèque.

Sur la façade extérieure de la chapelle St-Michel subsiste une partie de la fresque illustrant l'Annonciation et la Visitation.

SAINT CHRISTOPHE
Au-dessous des fresques de l'Annonciation et de la Visitation, une autre fresque du 14ᵉ s. montre un immense saint Christophe, patron des voyageurs et par extension des pèlerins.

Sur le mur **extérieur** deux fresques représentent l'Annonciation et la Visitation : l'habileté de la composition, la richesse des tons (ocre, jaune, brun-rouge, fond bleu roi), l'élégance des mouvements datent l'œuvre, qui s'inspire à la fois des châsses limousines et des mosaïques byzantines du 12ᵉ s. À l'**intérieur**, le chœur est orné de peintures : le Christ en majesté est entouré des évangélistes, tandis qu'au-dessous un séraphin et l'archange saint Michel, devisant avec le démon, pèsent les âmes.

Musée d'Art sacré Francis-Poulenc*

☎ 05 65 33 23 30 - ♿ - juil.-août : 9h-18h ; de déb. sept. à mi-nov. et mars-juin : tlj sf mar. 10h-12h, 14h-17h - 4 € (-18 ans gratuit).

Il est situé dans l'ancien palais des évêques de Tulle. Ce vaste bâtiment d'aspect militaire, qui surplombe l'énorme rocher de la falaise, abritait les pèlerins illustres. Construit au 14ᵉ s., il a été restauré au 19ᵉ s. par un élève de Viollet-le-Duc.

Le musée est dédié à **Francis Poulenc** qui, après avoir reçu le « coup de poignard de la grâce » lors d'une visite à Rocamadour en 1936, composa les *Litanies à la Vierge noire de Rocamadour*.

Dans le hall, des cartes, une statue de saint Jacques en pèlerin (Rocamadour était une étape vers St-Jacques-de-Compostelle), des documents divers évoquent l'histoire de Rocamadour et de son pèlerinage. Le vestibule présente des objets provenant du sanctuaire : un vitrail du 13ᵉ s. montrant la mort de saint Martin, seul vestige des verrières de St-Sauveur, et le reliquaire de saint Amadour (17ᵉ s.) qui contenait les reliques du corps du saint détruit pendant les guerres de Religion. La première galerie rassemble des ex-voto, toiles et bois sculptés, la plupart du 17e s. Un panneau naïf daté de 1648 montre saint Amadour saluant la Vierge par l'*Ave Maria*. À côté une statue baroque d'origine flamande représente le prophète Jonas sous l'aspect d'un vieillard écrivant.

La **salle du Trésor** rassemble quelques très belles pièces provenant du trésor, jadis fabuleux, du sanctuaire, comme un chef reliquaire en argent doré de saint Agapit (14e s.). La galerie suivante est consacrée aux peintures religieuses des 17e, 18e et 19e s.

En sortant du musée, emprunter la galerie dite « le tunnel » qui passe sous la basilique St-Sauveur et descendre à droite sur le chemin de ronde.

Châsses limousines
Les châsses de Lunegarde (12e s.), de Laverhne (12e s.) et de Soulomès (13e s.) décorées d'émaux montrent la virtuosité des artistes limousins.

LE BOURG

À la sortie du chemin de ronde, regagner la place des Senhals et prendre à gauche.

Rue de la Mercerie

Cette ancienne rue marchande est bordée de jardins en terrasses. Remarquez à droite la maison de la Pommette, ancienne boutique à arcades du 15e s., et un peu plus loin à gauche, la maison romane médiévale. Vous arrivez à la porte de Cabiliert, du 13e s., que flanquait autrefois une tour de défense.

Revenir place des Senhals, descendre le Grand Escalier et tourner à droite.

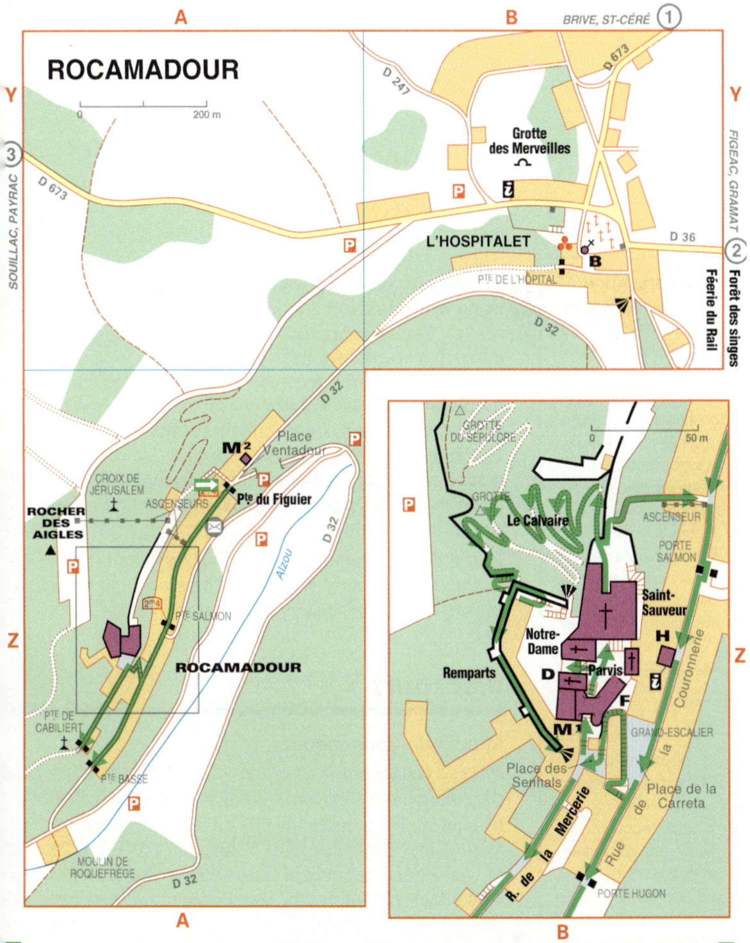

Chapelle romane .... BY B
Chapelle St-Michel .... BZ D
Le Fort .... BZ F
Hôtel de ville .... BZ H
Musée d'Art sacré (Francis-Poulenc) .... BZ M1
Musée du jouet ancien automobile .... AZ M2

Le Coustalou

Passée la porte Hugon du 13e s, vous pénétrez dans ce charmant quartier médiéval. La maison de la Louve à colombages est la mieux préservée. Au-delà de la porte Basse, au bord de l'Alzou, se dresse le vieux moulin fortifié dit « de Roquefrège ».

Retourner sur ses pas pour rejoindre la porte du Figuier.

Hôtel de ville

☎ 05 65 33 22 00 - juil.-août : 10h-19h ; avr.-juin et sept. : 10h-12h, 14h-17h ; reste de l'année : 14h-17h - 2 €.

Il est installé dans une maison du 15e s. restaurée et appelée « la Couronnerie » ou maison des Frères. Dans la salle du Conseil sont exposées deux belles **tapisseries★** de Jean Lurçat *(voir St-Céré).*

Poursuivre un peu après la porte de Figuier.

SUR LE PLATEAU

Chemin de croix

Aménagé au 19e s., il monte en lacets à travers un sous-bois jusqu'aux remparts. Après les grottes de la Nativité et du Sépulcre, on aperçoit la grande croix de Jérusalem, rapportée des Lieux saints par les pèlerins de la Pénitence.

Remparts

☎ 05 65 33 23 23 - 9h-18h - 2,50 €.

Ultimes vestiges d'un fort du 14e s. destiné à barrer l'éperon rocheux et à protéger le sanctuaire. Adossée à ce fort, la demeure des chapelains de Rocamadour a été construite au 19e s.

Rocher des Aigles★

☎ 05 65 33 65 45 - www.rocherdesaigles.com - ♿ - du 1er juil. au 25 août : 11h30-17h45 ; avr.-juin et du 25 août au 30 sept. : 13h30-16h, w.-end, j. fériés et vac. scol. 13h30-17h ; oct. : 15h-16h, w.-end, j. fériés et vac. scol. 14h-17h - 7,50 € (enf. 4,50 €).

Tout près des remparts se trouve un **centre d'élevage et de reproduction** de rapaces diurnes et nocturnes, où œuvre Raphaël Arnaud, initiateur de cette aventure, entouré d'une douzaine de passionnés qui travaillent sur les lieux à plein temps. Vous assisterez à une étonnante **démonstration de vol** de ces volatiles dressés auxquels succèdent des perroquets, apportant une touche de couleur finale à ce spectacle exceptionnel. Le commentaire assuré par des spécialistes ajoute à la compréhension de ces oiseaux de proie méconnus, dont certaines espèces sont menacées de disparition.

PRÉSERVATION
Près d'une centaine de bébés naissent ici chaque année (vidéo de présentation). Certaines reproductions en captivité constituent des premières mondiales. Les volières sont adaptées pour assurer le bien-être des animaux, d'où la visibilité réduite pour le visiteur. Par ailleurs, une unité de soin accueille des oiseaux blessés pour les relâcher ensuite dans leur milieu naturel.

Pour redescendre au bourg, revenir à l'esplanade au niveau de l'enceinte sacrée et emprunter l'ascenseur qui permet de gagner la rue principale près de la porte Salmon.

alentours

Moulin de Cougnaguet

10 km à l'Ouest par la D 673. ☎ 05 65 32 63 09 - visite guidée - de déb. avr. à mi-oct. : 10h-12h, 14h-18h - 3,50 €.

Il date du 15e s. mais fut précédé par un autre moulin auquel le « droit des eaux » fut concédé en 1279. Au Moyen Âge, le grain et la farine, denrées précieuses très convoitées, devaient être particulièrement protégés. Le moulin abrite quatre meules qui pouvaient produire 3 tonnes de farine par jour ; l'une d'elles fonctionne et moud le grain sous vos yeux.

MOULIN FORT
Le système défensif du moulin est impressionnant : l'ouverture des vannes précipitait les assaillants vers une conduite forcée où, engloutis, ils connaissaient une mort atroce.

S. Sauvignier/MICHELIN

Le moulin fortifié de Cougnaguet enjambe de ses arches en plein cintre une dérivation de l'Ouysse dans un site tout à fait charmant d'eaux vives.

circuit

LE NORD DU CAUSSE DE GRAMAT

Circuit de 70 km – compter environ une demi-journée. Quitter Rocamadour par le Nord en empruntant la D 32.

Le causse de Gramat s'étend entre la vallée de la Dordogne, au Nord, et celles du Lot et du Célé, au Sud. Vaste plateau calcaire, haut de 350 m, il est le plus important et le plus sauvage des causses du Quercy. C'est en automne qu'il faut le parcourir, lorsque les arbres hésitent entre le jaune et le rouge et illuminent de leurs teintes dorées le gris des pierres et des rochers.

L'Hospitalet

Le nom de ce village, sur le rebord de la falaise de Rocamadour, lui vient d'un petit hôpital fondé au 11e s. par Hélène de Castelnau, pour soigner les pèlerins sur la route du Puy à Compostelle. Seule la **chapelle romane**, remaniée au 15e s., a été conservée. Passé le parvis, vous verrez les vestiges de cet hôpital et au-delà, le Champ aux Pauvres (ancien cimetière des pèlerins modestes) aménagé en jardin.

Point de vue
L'Hospitalet, où se trouve un important syndicat d'initiative, est très fréquenté pour son **point de vue★★** (table d'orientation) sur le site de Rocamadour.

Grotte des Merveilles – *☎ 05 65 33 67 92 - www.grotte-de-merveilles.com - visite guidée (40mn) - juil.-août : 9h30-18h30 ; avr.-juin et de déb. sept. à déb. nov. : 10h-12h, 14h-18h (oct. 17h30) - 5,50 € (enf. 3,50 €).*

Découverte en 1920, cette petite grotte située sous seulement 8 m de roche présente quelques belles formations minérales : stalactites, stalagmites, gours où se reflètent la voûte et ses concrétions... Sur ses parois quelques peintures rupestres dateraient d'environ - 20 000 ans. Elles représentent des mains « négatives », des ponctuations, quelques chevaux, un félin et un cervidé schématique.

Quitter L'Hospitalet par l'Est en empruntant la D 36.

Féerie du rail – *Rte de Figeac. ☎ 05 65 33 71 06 - www.lafeerie.com - ♿ - spectacle (1h) de mi-juil. à fin août : 9h45-18h (dernière sem. d'août : 11h-17h30) ; de mi-juin à mi-juil. : 11h-17h ; de déb. avr. à mi-juin et sept. : 11h-16h45 ; oct. : 15h-16h15 ; vac. scol. Toussaint : 11h-16h45 - en sais. réserv. conseillée le jour même - 7,50 € (4-12 ans 5 €).*

À bord d'une tribune mobile permettant de longer une maquette géante de 85 m², le visiteur est transporté dans l'univers féerique de la **miniature animée**. Un fabuleux **décor★** évoquant tout à la fois la ville, la campagne et la montagne est sillonné par un réseau de trains et de voitures. Par des effets sonores et lumineux, l'attention est guidée sur des groupes de petits automates reconstituant des scènes très réalistes (mariage, descente à skis).

Zoom
Certaines animations fourmillant de détails (cirque, fête foraine) ou se signalant par leur singularité (envol de montgolfières) sont restituées sur un moniteur vidéo.

Forêt des singes

Rte de Figeac. ☎ 05 65 33 62 72 - www.la-foret-des-singes.com - ♿ - juil.-août : 9h30-18h30 ; avr. et de déb. sept. à mi-sept. : 10h-12h, 13h-17h30 ; de mi-sept. à fin sept. : 13h-17h30, w.-end 10h-12h, 13h-17h30 ; mai-juin : 10h-12h, 13h-18h ; oct. : 13h-17h, w.-end, j. fériés et vac. scol. 10h-12h, 13h-17h ; de déb. nov. au 11 nov. : vac. scol., w.-end et j. fériés : 10h-12h, 13h-17h - 7 € (5-14 ans 4 €) - les chiens ne sont pas admis sur le site.

Sur 10 ha boisés, 150 singes vivent en liberté dans ce cadre qui rappelle les hauts plateaux d'Afrique du Nord, dont ils sont originaires. En effet, ce sont des magots – ou macaques – de Barbarie (en fait, de Berbérie), espèce simiesque en voie de disparition, qui s'ébattent dans la forêt.

Poursuivre sur la D 36. À Rignac tourner à gauche sur la D 20.

Pharmacopée
L'eau minérale deMiers-Alvignac est vendue en pharmacie et dans les boutiques diététiques.

Source Salmière

Les premières études sur l'eau de source de Miers datent de 1624. Très riche en magnésium, elle séduit rapidement les spécialistes pour son efficacité contre les maladies de foie, des voies biliaires et urinaires, mais surtout pour son action laxative.

Gouffre de Padirac** *(voir ce nom)*

Rejoindre Padirac (au Sud), et prendre à droite la D 673. Après 2 km, tourner à gauche dans la D 11.

Gramat

Capitale du causse qui porte son nom, Gramat est un centre de foires (ovins notamment) très importantes qui la rendent conviviale. Vous y verrez bien sûr la halle, vous y goûterez les bons produits du terroir, mais un tour dans les ruelles vous fera découvrir une autre facette. C'est à Gramat qu'est installé, depuis 1945, le Centre de formation des maîtres-chiens de la gendarmerie, bien que ce soit une ville dédiée au cheval ! Des haras y sont installés et des courses se déroulent au mois d'août. Enfin Gramat est un excellent point de départ pour la visite de Padirac, de Rocamadour et de la région comprise entre le Lot et la Dordogne.

Quitter Gramat par le Sud-Ouest en empruntant la D 677. Après la voie ferrée, tourner à gauche dans la D 14.

Parc animalier de Gramat

Endurance
Certains des animaux présentés au parc animalier de Gramat (aurochs, cheval de Prjevalski, bouquetins, bison d'Europe) vivaient sur ces terres à l'époque préhistorique.

☎ 05 65 38 81 22 - ♿ - de Pâques à fin sept. : 9h30-19h ; de déb. oct. à Pâques : 14h-18h - 8 € (5-14 ans 4,50 €).

Cet espace a été acquis par la municipalité de Gramat pour faire connaître aux visiteurs la réalité animale et végétale dans un cadre isolé de 40 ha.

Les spécimens de la flore locale – chênes pubescents, cornouillers, frênes du causse – côtoient des espèces animales en grande partie européennes qui vivent là en semi-liberté. Un conservatoire de races de basse-cour présente des espèces très variées de gallinacés, de porcs, etc. Un parcours balisé de 3 km permet de découvrir ces animaux tout en faisant une agréable promenade.

Faire demi-tour et rejoindre la D 677 (à gauche). Au Bastit prendre à droite la D 50, puis à Carlucet tourner à droite dans la D 32 qui ramène à Rocamadour.

La Roque-Gageac★★

C'est en abordant La Roque-Gageac par l'Ouest qu'on en a la meilleure vue d'ensemble. En fin d'après-midi, le soleil éclaire la haute falaise bistre couverte de chênes verts, tandis que les maisons aux toits de lauzes ou de tuiles se reflètent dans la rivière.

La situation

Carte Michelin Local 329 I7 - Schéma p. 184 - Dordogne (24). Près de Domme, Sarlat et Beynac, La Roque-Gageac se blottit entre la falaise et la D 703.

Le nom

Établir ses fortifications dans un roc (*roca*, en occitan), c'est faire preuve d'une saine prudence. Rien de plus normal que le mot figuré devienne un nom propre. S'y est accolé Gageac, du nom d'un personnage gallo-romain, Gaius qui vivait sur le site (Gaiacum).

Les gens

449 Laroquois. Le village, fortifié de remparts au Moyen Âge, accueillait les évêques de Sarlat en villégiature, mais point n'est besoin d'être évêque pour venir passer du temps à La Roque-Gageac !

se promener

Le bourg

Dans ce site exceptionnel, vous déambulerez avec plaisir de ruelle en ruelle : les habitations de paysans et d'artisans côtoient de nobles demeures, toutes agrippées à la falaise.

Une de ces petites rues aussi charmantes qu'escarpées débute à droite de l'hôtel Carrier et grimpe à travers une végétation luxuriante composée de figuier, néflier du Japon, laurier-rose... pour aboutir à une véritable oasis adossée à la falaise. Gérard Dorin, passionné de botanique, travaille depuis trente ans à l'élaboration de ce **jardin exotique★**. Les conditions climatiques (la situation en plein midi, l'absence de vent) favorisent le développement d'une végétation de type méditerranéen. Ainsi, oliviers, citronniers, bananiers et palmiers

Qui pourrait penser en admirant ce superbe site, que La Roque-Gageac vécut une tragédie en 1957 ? À 11h, un énorme bloc se détacha de la paroi de la falaise, faisant 3 morts.

carnet pratique

Se loger

Chambre d'hôte La Touille – *Rte de l'Église - 24250 Cénac-et-St-Julien - 5 km au SE de la Roque-Gageac par D 703 et D 46, dir. Gourdon puis la D 50 vers St-Cybranet - ☎ 05 53 28 35 25 - http://sarlat-en-perigord.com/latouille - - 4 ch. 31/36 € - 4,50 €.* Un petit jardin entoure ce coquet pavillon situé dans une ruelle calme du village. Verte, bleue ou jaune, vous pourrez choisir la couleur de votre chambre en fonction des disponibilités bien sûr ! Confort simple, bonne literie. Propriétaires accueillants et prolixes en bons conseils sur la région.

Se restaurer

Auberge Le Colombier – *3 km au N de Domme par D 46 - ☎ 05 53 28 33 97 - fermé 15 oct.-Pâques et lun. - réserv. obligatoire - 16/33 €.* Au royaume du canard, les gourmands sont rois ! Dans une ambiance conviviale, vous dégusterez les produits de la ferme : foies, magrets, confits, légumes... sans oublier, bien sûr, les savoureuses pâtisseries maison.

Auberge La Plume d'Oie – *☎ 05 53 29 57 05 - walker.marc@wanadoo.fr - fermé du 10 janv. à fin fév., de fin nov. au 20 déc., mar. midi et lun. hors sais. et le midi en août et sept. - réserv. obligatoire - 40/60 € - 4 ch. 76/80 € - 12 €.* Petite auberge de village aménagée dans une maison ancienne joliment rénovée, face à la Dordogne. Poutres claires, pierres apparentes et baies vitrées agrémentent la lumineuse salle à manger (non-fumeurs). Les chambres, confortables et bien tenues, offrent aussi une vue sur le cours d'eau.

Que rapporter

Marché des Producteurs de Pays – Pl. du village vend. mat., juin-sept.

Loisirs

Sarl Gabarre Les Caminades – *24250 La Roque-Gageac - ☎ 05 53 29 40 95 - Rameaux-Toussaint : 10h-18h - 7,50 € (enf. 4,50 €).* Promenade commentée (1h) sur la Dordogne.

(20 variétés) font désormais partie du décor. À côté, la petite **église** présente une architecture du roman tardif, cependant que la façade a été reprise au 17e s.

Redescendez la rue pour rejoindre en face le fort troglodytique. Au passage, arrêtez-vous devant le **manoir de Tarde**. Deux logis à pignons aigus, percés de fenêtres à meneaux, accostent une tour cylindrique. À ce manoir est attaché le nom de la famille Tarde ; le plus célèbre reste le chanoine Jean Tarde (1561-1636), historien, cartographe astronome et mathématicien !

Le **fort troglodytique** imprenable fut construit au 12e s. et renforcé au 17e s. avant d'être démantelé au 18e s. Au terme des 140 marches (dont 32 monolithes), vous verrez les vestiges du système défensif et bénéficierez d'un beau point de vue. Sur la droite, vous apercevrez le château de la Malatrie (autrefois maladrerie). Ainsi l'effort sera largement récompensé ! *☎ 05 53 31 61 94 - juil.-août : 10h30-19h ; avr.-juin et de déb. sept. à mi-nov. : tlj sf sam. 10h30-18h - 5 € (6-10 ans : 2 €).*

Rouffignac★

Ce village doit sa renommée à la richesse des sites qui l'entourent (Lascaux, Les Eyzies) et à la magnifique grotte du même nom. Rouffignac a été détruit lors de la Seconde Guerre mondiale et complètement reconstruit, reconstruction bien orchestrée : c'est maintenant un lieu de villégiature tout en calme et en plaisir.

La situation

Carte Michelin Local 329 G5 – Dordogne (24). La reconstruction s'est effectuée entre 1946 et 1950. Le village est spacieux, aéré et constitue, avec ses commerces et ses campings alentour, une base de départ privilégiée d'excursions dans la région.

Pl. de la Mairie, 24580 Rouffignac, ☎ 05 53 05 39 03.

Le nom

Rufinius, probable propriétaire gallo-romain des terres situées aux environs, a laissé son nom au village, nommé Roffinhac au 14e s. et Roffignac au 18e s.

Les gens
1 484 Rouffignacois. Le village, incendié par les Allemands en 1944, a fusionné avec le bourg voisin de St-Cernin-de-Reilhac en 1972.

visiter

Église

Elle s'ouvre par un intéressant clocher-porche dont le portail est de la première Renaissance. Exécuté vers 1530, il est orné de chapiteaux corinthiens et surmonté d'un linteau finement sculpté. La nef se compose de deux travées à collatéraux de style flamboyant voûtées d'ogives et renforcées par des colonnes engagées moulurées en hélice.

DÉCO
La décoration profane des chapiteaux (sirènes, bustes de femmes) surprend un peu en pareil lieu !

alentours

Grotte de Rouffignac★

5 km au Sud de Rouffignac par la D 32. ☎ 05 53 05 41 71 - www.grottederouffignac.fr - visite guidée (1h) juil.-août : 9h-11h30, 14h-18h ; des Rameaux à fin juin et sept.-oct. : 10h-11h30, 14h-17h - nombre d'entrées limité - 5,90 € (6-12 ans 3,60 €).

Cette grotte sèche, appelée aussi « Cro de Granville », était déjà connue au 15e s. Ses galeries de plus de 8 km de longueur sont aujourd'hui parcourues par un chemin de fer électrique qui vous transporte vers les galeries principales.

En 1956, le professeur L.-R. Nougier signala son remarquable ensemble de dessins au trait noir et de **gravures★**, exécuté au magdalénien moyen (vers - 13 000 ans). Ces figures représentent des chevaux, des bouquetins, des rhinocéros laineux, des bisons et surtout des mammouths (158 au total) parmi lesquels on remarquera le « Patriarche », une étonnante frise de deux hardes s'affrontant, et des signes tectiformes (en forme de toit) que l'on trouve aussi à Bernifal, Combarelles et Font-de-Gaume. Ces quatre cavités appartenaient sans doute au même ensemble cultuel.

COQUIN ?
Le **Grand Plafond** et ses 66 figures, récemment nettoyé de ses graffitis au noir de fumée, présente le Mammouth à l'œil coquin, chef-d'œuvre de l'art paléolithique.

Château de l'Herm

4,5 km au Nord-Ouest de Rouffignac par la D 6. ☎ 05 53 05 46 61 - http://chateaudelherm.free.fr - du 1er avr. au 11 nov. : 10h-19h - 5 € (-18 ans gratuit).

L'histoire de cette forteresse médiévale embellie par une campagne de travaux de 1485 à 1512 est marquée par une longue série de crimes. Mais, de ce noir passé, seules subsistent d'imposantes ruines. Les grosses tours de défense émergent de la forêt. La tourelle hexagonale de l'escalier s'ouvre par un portail de style flamboyant

PRÉSERVATION
Le corps de logis a été recouvert d'un toit translucide afin de le mettre hors d'eau et d'arrêter la dégradation des ruines. En outre, des passerelles ont été aménagées sur trois niveaux.

R. Delon/CASTELET

Mammouth et bouquetins sont superbement représentés sur cette peinture au trait, que vous découvrirez dans la grotte de Rouffignac.

déjà influencé par la Renaissance. La deuxième archivolte décorée de choux frisés lance très haut son pinacle. Cette porte donne accès à un remarquable **escalier à vis★** dont le noyau central dessine une torsade moulurée. Sans palier, d'un seul élan, il s'achève par une voûte en étoile, croisée d'ogives avec liernes et tiercerons, formant un véritable palmier de pierre. Des fenêtres de cette tour, la vue plonge sur les cheminées monumentales qui décoraient les trois étages. Elles portent les armoiries de la famille de Calvimont.

Saint-Amand-de-Coly★

La belle pierre jaune des maisons et de l'église surgit au milieu du vert environnant. C'est la première impression que l'on a du village. Ensuite, le caractère exceptionnel de l'église fortifiée et le festival de Musique qu'elle accueille ajoutent une touche culturelle à cet ensemble très pictural.

La situation

Carte Michelin Local 329 I5 – Dordogne (24). À 6 km à l'Est de Montignac, le village de St-Amand est isolé des grands axes, c'est l'occasion de parcourir l'arrière-pays et ses petites routes sinueuses.

Mairie, 24290 St-Amand-de-Coly, ☎ 05 53 51 67 50. www.saint-amand-de-coly.org

Le nom

Un premier sanctuaire a été construit au 6e s. sur le lieu de vie et le tombeau de **saint Amand**, venu évangéliser le pays avec ses deux acolytes, saint Cyprien et saint Sour. Au cœur de cette petite vallée s'écoule le Coly, issu d'une résurgence d'une source vauclusienne très profonde. Certains voient dans ce vocable un vieux mot occitan à rattacher à *colinar*, « couler ».

S. Sauvignier/MICHELIN

Bâtie en pierre jaune, c'est peut-être la plus étonnante église fortifiée du Périgord.

Les gens

356 St-Amandois. Mais il n'est pas si loin le temps où les gens du bourg, s'exprimant en langue d'oc, se nommaient les St-Amancois. Une dernière appellation est enfin possible, plus précieuse : les Colysantons !

visiter

Église★★

L'abbaye augustinienne dont fait partie l'église connaît au cours des guerres anglaises un déclin de son activité spirituelle puis se transforme en forteresse. Elle devient alors le « fort St-Amand ». Par son système défensif très élaboré et ses remparts, l'abbaye réussit à maintenir l'ennemi à distance mais aussi à le déloger en cas d'incursion dans l'église. Les huguenots installés ici en 1575 pourront ainsi résister six jours aux soldats du sénéchal du Périgord équipés d'une artillerie efficace.

Une impression de puissance se dégage de la **tour-donjon** percée d'un immense porche en arc brisé, supportant une chambre de défense. Les absidioles contrastent par leur harmonie avec la sévérité des hauts murs de la nef et du transept. À la base des toits de lauzes, un chemin de ronde court autour de l'édifice.

La pureté des lignes et la simplicité de la **décoration intérieure** concourent à la beauté de la nef. Le souci défensif apparaît dans la coursière qui cerne le chœur, les logettes de guet placées dans les piliers du carré du transept, et les trous de tir percés à la base de la coupole.

INSTRUCTIF

À côté de l'église, le point Accueil-Information, d'où partent les visites guidées, propose de compléter la visite avec une projection vidéo : « Mille ans d'histoire de l'Abbaye ». En vente également un « Topo-guide » regroupant les 8 chemins de randonnées pour découvrir le patrimoine et les paysages traditionnels du Périgord noir. *Renseignements au ☎ 05 53 51 04 56 ou 05 53 51 67 50.*

alentours

Terrasson-Lavilledieu

15 km à l'Est de St-Amand-de-Coly, sur la N 89 en direction de Brive. Malgré une arrivée peu engageante par la N 89, prenez la peine de pénétrer dans le vieux Terrasson, vous ne le regretterez pas. Après le pont, le vieux village avec ses toits en ardoises s'étend sur les collines de la rive gauche de la Vézère. Une promenade à pied vous permettra de découvrir les nombreuses maisons à colombages disséminées dans les ruelles, l'église de Saint-Sour dominant la ville et la vallée, le vieux pont du 12e s., etc. Un intéressant **circuit historique** avec panneaux explicatifs fait le tour de la vieille ville. *Circuit historique : à la découverte de la ville ancienne (pont vieux du XIIe siècle, remparts, église St-Sour, falaise du Malpas, jardins et fontaines) - Plan gratuit disponible à l'Office de tourisme, ☎ 05 53 50 37 56 - www.ot-terrasson.com et à la billeterie des Jardins de l'Imaginaire.*

Les jardins de l'Imaginaire★ – *☎ 05 53 50 86 82 - www.ot-terrasson.com - visite (1h15) juil.-août : 9h50-11h50, 12h50, 13h50-18h10 ; avr.-juin : tlj sf mar. 9h50-11h50 (avr. 11h20), 13h50-17h20 ; de déb. sept. à mi-oct. : tlj sf mar. 9h50-11h50 (oct. 11h20), 13h50-17h20 oct. 17h) - 6,50 € (10 à 16 ans 4 €).* Après avoir pris vos billets dans le château Jeanne-d'Arc, vous partirez à la découverte des 6 ha du jardin en terrasses dominant Terrasson et sa vallée. Cette création contemporaine est due à Kathryn Gustafson qui remporta le concours international lancé en 1992.

Le caractère original du lieu tient dans sa **visite contée** qui vous emmène à travers le bois sacré aux vagues bleues et blanches qui rappellent la couleur des pierres et des ardoises de la ville, la forêt peuplée d'elfes et de lutins, les jardins d'eau, la roseraie (2 000 rosiers), une charmille percée de portes et de fenêtres, une collection d'iris, jusqu'à la serre tapissée d'un mur végétal.

MARCHÉS

Marché – jeu. matin, au bord de la Vézère, avec son artisanat local et ses produits du terroir.

Marché au gras – déc.-mars : jeu. matin à la Vitrine du Périgord.

Marché aux truffes – de mi-nov. à fin fév. : jeu. matin à la Vitrine du Périgord.

carnet pratique

SE LOGER

⊖⊖ Hostellerie La Commanderie – *24570 Condat-sur-Vézère - 11 km au NO de St-Amand par D 62 et D 704 - ☎ 05 53 51 26 49 - www.best-of-perigord.tm.fr - fermé août - P - 7 ch. 55/70 € - ☕ 10 € - restaurant 20/40 €.* Au cœur du bourg, charmante demeure ancienne, jadis poste de garde sur la route de Compostelle. Jolies chambres « king size » aménagées sous les grandes voûtes de l'étage. Meubles choisis par la sympathique propriétaire, qui fut antiquaire. Jardin reposant.

⊖⊖⊖ Château de la Fleunie – *24570 Condat-sur-Vézère - 11 km au NO de St-Amand par D 62, D 704 et rte secondaire - ☎ 05 53 51 32 74 - lafleunie@free.fr - fermé janv.-fév. - P - 33 ch. 80/150 € - ☕ 12 € - restaurant 25/40 €.* Ce château des 12e et 15e s. trône au milieu d'un parc de 100 heures avec enclos animalier. Chambres meublées à l'ancienne, parfois coiffées de superbes poutres, ou décor plus actuel dans une maison récente. Une belle cheminée réchauffe l'élégante salle à manger.

⊖⊖⊖⊖ Manoir d'Hautegente – *24120 Coly - 3 km N de St-Amand par rte secondaire - ☎ 05 53 51 68 03 - hotel@manoir-hautegente.com - fermé de déb. nov. à déb. avr. - P - 13 ch. 129/152 € - ☕ 13 € - restaurant 45/58 €.* Élégante hostellerie aménagée dans un ancien moulin à draps du 14e s. au cœur d'un parc traversé par une rivière. Chambres cossues, garnies de meubles anciens. Trois salles à manger voûtées et, en été, délicieuse terrasse dressée au bord de l'eau ; cuisine classique.

SE RESTAURER

⊖⊖⊖ L'Imaginaire – *Pl. Foirail - 24120 Terrasson-Lavilledieu - ☎ 05 53 51 37 27 - fermé 3-14 janv., 8-12 mars, 15-26 nov., dim. soir et mar. de sept. à juin et lun. - 39/61 €.* Ici, tout est réuni pour vous faire passer un agréable moment. Confortablement installé dans la belle salle voûtée de cet ancien hospice du 17e s., vous goûterez aux plaisirs d'une cuisine aux saveurs raffinées. Régal des yeux et du palais assurés !

QUE RAPPORTER

Marchés – *24120 Terrasson-Lavilledieu.* Marché (artisanat local et produits du terroir) : jeu. mat., au bord de la Vézère. Marché au gras de déc. à mars : jeu. mat. à la Vitrine du Périgord. Marché aux truffes de mi-nov. à fin fév. : jeu. mat. à la Vitrine du Périgord.

CALENDRIER

Pendant la période estivale, l'abbaye accueille de nombreux concerts dont quelques-uns organisés par le **Festival musical du Périgord noir.**

Saint-Antonin-Noble-Val★

Les rayons du petit matin, dans la vallée de l'Aveyron, rosissent un peu plus les tuiles rondes ternies qui couvrent les toits de cette cité ancienne. Les amoureux de couleurs et d'impressions médiévales s'y retrouveront.

La situation

Carte Michelin Local 337 G7 - Tarn-et-Garonne (82). Les deux axes qui permettent d'accéder facilement au bourg sont les D 115, qui longe la berge gauche de l'Aveyron, et D 958, qui longe la rive droite. D'où que l'on vienne, le vieux bourg est ceint de parkings *(la circulation peut s'avérer particulièrement délicate dans le centre aux rues et ruelles étroites, autant ne pas s'y aventurer en voiture)*, plus ou moins ombragés : sur la route de Caussade, en direction de Caylus, place des Tilleuls, ou encore en direction du Bosc, vers la salle polyvalente.

23 pl. de la Mairie, 82140 St-Antonin-Noble-Val, ☎ 05 63 30 63 47. www.saint-antonin-noble-val.com

ANGES
Les reliques d'Antonin, martyrisé à Pamiers, auraient été placées par les anges dans une barque qui, guidée par des aigles blancs, aurait descendu l'Ariège et la Garonne.

Le nom

Son site agréable a valu à la station gallo-romaine, ancêtre de la ville actuelle, le nom de Noble-Val. La première partie du nom a été donnée en souvenir d'**Antonin**, le saint qui, selon la tradition, serait venu évangéliser les confins du Rouergue.

Les gens

1 919 St-Antoninois. Le vicomte de Saint-Antonin, **Ramon Jordan**, né vers 1150, comptait parmi les plus brillants troubadours de son temps.

se promener

Au Moyen Âge, la présence d'un point de passage assure à la bourgade d'importantes sources de revenus (octroi), ainsi qu'une grande circulation commerciale ! Saint-Antonin est fréquenté par de riches marchands de draps, de fourrures et de cuirs qui s'installent dans de belles demeures aux 13e, 14e et 15e s., dont certaines subsistent.

Ancien hôtel de ville★

Bâti en 1125 pour un riche bourgeois anobli, Pons de Granolhet, ce bâtiment est l'un des plus anciens spécimens d'architecture civile en France. Au 14e s., il fut utilisé comme maison des consuls. Viollet-le-Duc le restaura au siècle dernier et lui accola un beffroi carré, couronné d'une loggia à mâchicoulis dans le style toscan, selon le projet qu'il présenta en 1845. La façade se compose de deux étages. La galerie de colonnettes du 1er étage de l'ancien hôtel de ville est ornée de deux

M.-H. Carcanaque/MICHELIN

Vieille cité bâtie à la limite du Quercy, de l'Albigeois et du Rouergue, St-Antonin-Noble-Val étage ses maisons aux toits coiffés de tuiles rondes décolorées par le soleil, sur la rive droite de l'Aveyron.

piliers portant les statues de l'empereur Justinien, d'Adam et Ève. Au rez-de-chaussée, des arcades en arc brisé s'ouvrent sur un musée.

Musée – ☎ *05 63 68 23 52 ou 05 63 30 63 47 (Office de tourisme) - juil.-août : tlj sf mar. 10h-13h, 15h-18h ; reste de l'année : sur demande - 2,50 € (enf. 1,8 €).*
Il abrite des collections de préhistoire, parmi lesquelles la période magdalénienne est particulièrement bien représentée. Une salle est réservée au folklore.

Rue Guilhem-Peyre

Débutant sous le beffroi de l'ancien hôtel de ville, c'était la voie noble qu'empruntaient tous les cortèges. À droite s'élève l'ancienne caserne royale dite « caserne des Anglais », et dans le coude de la rue, une splendide demeure du 12e s.

Descendre la rue vers la place de Payrols, puis s'engager à droite à la hauteur de la perception.

Rue des Grandes-Boucheries

À l'angle de la rue de l'Église, la maison du Roy présente au rez-de-chaussée cinq arcades ogivales, et au 1er étage, autant de baies géminées, aux chapiteaux ornés de têtes juvéniles.

Remonter la rue de l'Église vers la mairie.

Ancien couvent des Génovéfains

Construit en 1751, il accueille la mairie et le syndicat d'initiative. Un panneau placé à l'entrée de la galerie Sud permet d'en connaître l'historique.

Gagner la place de la Halle par la rue St-Angel et la place du Buoc.

Croix de la halle

Devant la halle aux robustes piliers se dresse une curieuse croix du 15e s. « à raquette », sculptée sur ses deux faces. Cet ouvrage original et rare, offert par la confrérie des Orfèvres, aurait figuré primitivement à l'entrée ou au centre de l'ancien cimetière. ►

Rue de la Pélisserie

Elle est bordée des riches maisons des maîtres tanneurs et fourreurs (13e-14e s.).

Tourner à gauche dans la rue des Banhs.

S. Sauvignier/MICHELIN

Adam et Ève, sculptés pour l'éternité sur un pilier de la galerie de l'ancien hôtel de ville.

Précision
L'actuelle **promenade des Moines** a été aménagée sur l'ancien cimetière, alors situé aux abords de l'Aveyron.

carnet pratique

Visite

Visite guidée de la ville – *Juil.-août : merc. et vend. 10h - 3 €. S'adresser à l'Office de tourisme.* Un circuit commenté (2h) permet de faire connaissance avec les principaux monuments de St-Antonin.

Se loger

⊖ Camping Les Trois Cantons – *82140 St-Antonin-Noble-Val - 8 km au NO de St-Antonin par D 19 (rte de Caylus) puis à gauche vers lieu-dit Tarau - ☎ 05 63 31 98 57 - info@3cantons.fr - ouv. 15 avr.-sept. - réserv. conseillée - 99 empl. 18,20 €.* Pour ceux qui veulent se détendre dans un cadre verdoyant tout en s'offrant la possibilité de visiter les alentours, ce terrain boisé conviendra. À 6 km des gorges de l'Aveyron, il combine piscine, tennis et VTT.

⊖⊖ Chambre d'hôte La Résidence – *37 r. Droite - 82140 St-Antonin-Noble-Val - ☎ 05 63 67 37 56 - www.laresidence-france.com - ⊠ - 5 ch. 65/80 € ☐ - repas 22 €.* Charme « british » et couleurs du Sud se conjuguent avec bonheur dans cette maison de maître du 18e s. tenue par un couple britannique. La plupart de ses chambres ouvrent sur le jardin et celle qui a une terrasse a un succès fou !

Se restaurer

⊖⊖ La Corniche – *Brousses - 82140 St-Antonin-Noble-Val - 9 km au SO de St-Antonin par D 115 - ☎ 05 63 68 26 95 - fermé 15 déc.-1er mars - ⊠ - réserv. conseillée - 16/26 €.* Sur la route des gorges de l'Aveyron, cette coquette maison de village, à l'ambiance chaleureuse, sert une cuisine authentique. En saison, dégustez cailles et agneaux du terroir. Agréable terrasse surplombant la vallée.

Calendrier

Fêtes traditionnelles – Fête des moissons en juil. Fête des battages en août.

Rue Rive-Valat

Longée par un petit canal enjambé par des ponts, c'est une des nombreuses dérivations de la rivière Bonnette creusées au Moyen Âge pour servir de tout-à-l'égout et alimenter les tanneries ; celles-ci possèdent un dernier étage à claire-voie, à usage d'entrepôt et de séchoir, semblable à un *soleilho*.

La rue Rive-Valat débouche sur la rue Droite qui regagne, sur la droite, la place de la Halle.

S. Sauvignier/MICHELIN

La maison de l'Amour doit son nom à cet homme et à cette femme qui unissent leurs lèvres en un chaste baiser.

Rue Droite

Dans cette rue, deux habitations se distinguent par la qualité de leurs clefs de voûtes figurées, la maison de l'Amour (fin 15e s.) et la maison du Repentir où, à l'inverse, deux visages se détournent l'un de l'autre. Vers le milieu de la rue, très belle façade à double encorbellement, colombage garni de travertin et croisillons de bois.

Par la gauche, on débouche sur la place des Capucins d'où s'étire la rue du Pont-des-Vierges.

Rue du Pont-des-Vierges

Au niveau de la place du Bessarel, un ancien pressoir à huile de noix. *☎ 05 63 30 63 47 - visite guidée (30mn) sur demande à l'Office de tourisme - 0,50 € billet combiné avec la visite guidée de la ville ou du musée.*

alentours

Grotte du Bosc

4 km au Nord-Est par la D 75. ☎ 05 63 30 62 91 (sais.) ou 05 63 56 03 12 (hors sais.) - visite guidée (45 mn, dernière visite à 17h30) - juil.-août : 10h-12h, 14h-18h ; de Pâques à fin juin et sept. : dim. et j. fériés 14h-18h - 5 € (4-12 ans : 3 €).

Ancien lit asséché d'une rivière souterraine, ce boyau long de 200 m s'étend sous le plateau entre les vallées de l'Aveyron et de la Bonnette. Nombreuses stalactites et excentriques. Un **musée** minéralogique et préhistorique a été aménagé dans le hall de réception.

circuit

DE LA VALLÉE DE LA BONNETTE AUX GORGES DE L'AVEYRON

Circuit de 80 km – compter environ une journée. Quitter St-Antonin par le Nord en empruntant la D 19.

Château de Cas

☎ 05 63 67 07 40 - visite guidée (1h) - de mi-juin à mi-sept. : 13h30-18h ; de déb. avr. à mi-juin et de mi-sept. à fin oct. : w.-end et j. fériés 13h30-18h - sur demande préalable (1 j. av.) sf de mi-juin à mi-sept. - 5 € (enf. 3 €).

Élevé au 12e s. pour garder la vallée de la Bonnette, ce château fut remanié au 14e et au 16e s. Il abrita une commanderie de Templiers au 13e s., puis devient la propriété de la puissante famille des Cardaillac, et celle des Lastic Saint-Jal.

Vous visiterez 15 pièces meublées, la chapelle, le jardin et les communs.

Revenir sur la D 19 (à droite).

S. Sauvignier/MICHELIN

Solide construction de calcaire blanc, le château de Cas comporte de nombreuses pièces meublées.

Caylus *(voir ce nom)*

Quitter Caylus par l'Est en empruntant la D 926.

Parisot

Dans un site vallonné, à l'Est du village, apparaît le **lac de Parisot** bordé de peupliers *(baignade, pédalos, camping, accès payant).*

Au Sud par la D 33.

Château de Cornusson

Cette demeure en majeure partie reconstruite au 16e s., bien située sur une colline boisée dominant la Seye, est flanquée de nombreuses tours.

Poursuivre sur la D 33.

Abbaye de Beaulieu-en-Rouergue★ *(voir ce nom)*

Peu après la bifurcation qui mène au village de St-Igne *(ne pas prendre, continuer tout droit)*, remarquez, à droite de la route, une curieuse et imposante **croix du Phylloxéra** qui a été sculptée en 1882 à la suite de la catastrophique destruction du vignoble.

LE COUPABLE
Sur cette croix figure l'inscription : « C'est la main de Dieu qui nous frappe. »

Poursuivre sur la D 33 puis tourner à gauche D 75. À Mazerolles, continuer sur la D 39.

Najac★ *(voir ce nom)*

Quitter Najac par l'Ouest en empruntant la D 594 et la D 958 (à droite).

Varen

Blotti autour de son église romane que protège un important système défensif, le bourg de Varen est installé sur la rive droite de l'Aveyron. Pénétrez dans la partie ancienne de la localité, par le Sud. La **porte El-Faoure**, ancienne porte fortifiée, illustre la fidélité du doyenné de Varen au roi Louis XIII par l'inscription « IHS MA un diev une foy ». Cette porte s'ouvre sur la rue dite « Carrera del Fabre » et sur d'autres ruelles étroites. Ces dernières sont bordées de maisons à pans de bois et garnies de torchis dont les étages en encorbellement et les toits plats coiffés de tuiles rondes composent un vrai tableau.

VISITE GUIDÉE
La mairie de Varen met à la disposition des curieux un petit fascicule retraçant les principaux lieux à voir dans le bourg. *Disponible sous le porche, à droite de l'entrée de la mairie et à l'Office de tourisme, ☎ 05 63 65 45 09.*

Le **château** a été entièrement fortifié lors de sa construction. C'est dans ce bâtiment que le « seigneur-prieur » de Varen s'enfermait pour braver les décisions de l'évêque de Rodez et faire preuve de la plus complète indépendance. Cette situation prit fin lorsque, en 1553, le concile de Trente remplaça les moines du prieuré bénédictin par un collège de douze chanoines, plus dociles.

Construite à la fin du 11e s., l'**église St-Pierre★** jouxte le château du prieur. Dès sa construction, elle est conçue comme partie intégrante du système défensif de la ville, sa façade servant de mur d'enceinte. De l'ancien portail, muré au 16e s., il reste encore deux chapiteaux de facture archaïque représentant saint Michel terrassant le dragon *(à gauche)* et Samson ouvrant la gueule du lion *(à droite)*. Un sobre clocher sur plan carré surmonte le chœur plat entre deux absidioles semi-circulaires. Le vaisseau, de style roman très pur, comprend une longue nef aveugle à neuf travées séparées des bas-côtés par des piles carrées.

DÉCO
Le chœur et les absidioles sont ornés de chapiteaux à motifs végétaux, entrelacs, animaux affrontés et chérubins.

Quitter Varen par le Nord.

Verfeil

Ce petit bastion de la vallée de la Seye vous charmera par ses vieilles demeures aux façades fleuries qui entourent une halle refaite en pierre.

À VOIR
Dans l'**église** de Verfeil, on peut voir un maître-autel en bois doré historié et un Christ en bois du 17e s. provenant de l'abbaye de Beaulieu.

Quitter Verfeil par le Sud-Ouest en empruntant la D 33. Après Arnac, prendre à droite la D 958 qui ramène à St-Antonin en longeant la rive droite de l'Aveyron..

D. Taillefer/IMAGES TOULOUSE

Le château de Varen possède un donjon rectangulaire surmonté d'un chemin de ronde à mâchicoulis, flanqué d'une tourelle en encorbellement.

Saint-Céré★

Le festival de Musique de St-Céré attire de nombreux amateurs. La qualité de la programmation musicale n'explique pas, à elle seule, cette affluence. L'atmosphère de la ville, ses couleurs chaudes et harmonieuses, sa situation stratégique dans le Haut-Quercy, la beauté du site sont pour beaucoup dans sa notoriété. Et, quelle que soit la saison, la ville reste un lieu de séjour délicieux.

La situation

Carte Michelin Local 337 H2 – Lot (46). La ville est plus facilement accessible par l'Ouest, la vallée de la Bave, que par l'Est plus découpé, mais aussi plus pittoresque. Par les D 30 ou D 940, on dépasse les faubourgs résidentiels avant d'arriver au cœur du vieux bourg.

13 av. François-de-Maynard, 46400 St-Céré, ☎ 05 65 38 11 85.

Le nom

Le nom de St-Céré est lié à la légende de Spérie : le seigneur Serenus avait une fille, Spérie, et un fils. Ce dernier n'hésita pas à décapiter sa sœur qui, voulant se consacrer à Dieu, avait refusé le mari qui lui était promis. Spérie aurait alors porté sa propre tête jusqu'à une fontaine. La ville porta longtemps le nom de la sainte avant de lui préférer celui de son seigneur.

Les gens

3 515 Saint-Céréens. **Jean Lurçat**, le fameux tapissier moderne, a terminé sa vie à St-Céré. Le flamboiement de ses dernières œuvres doit beaucoup à la lumière si particulière de la région. Né en 1892 dans les Vosges, il abandonna vite la médecine pour la tapisserie, et c'est comme peintre-cartonnier qu'il acquit une notoriété mondiale. Après un séjour à Aubusson, il participe au maquis comme résistant et découvre le Lot. Il se fixe à partir de 1945 à St-Céré, dans les tours de St-Laurent, où il a installé son atelier et dont il fera sa résidence jusqu'à sa mort en 1966.

Qui a inventé le téléphone ?

Un Français ! Vingt ans avant l'Américain Graham Bell, **Charles Bourseul** (1822-1912) avait déjà découvert le téléphone, en mettant au point, dans le caveau familial, un instrument permettant la transmission de la parole grâce au courant électrique.

carnet pratique

Se loger

⊖ Chambre d'hôte Château de Gamot – *46130 Loubressac - 5 km à l'O de St-Céré par D 673 et D 30 - ☎ 05 65 10 92 03 - www.domaine-de-gamot.com - fermé oct.-avr. - ⊭ - 7 ch. 28/60 €.* Vous serez séduit par le charme de cette grande demeure familiale du 17e s. nichée dans un cadre pastoral. Certaines chambres n'ont pas de salle de bains privée, mais elles sont si spacieuses et si confortables... Les deux gîtes sont aussi agréables.

⊖⊖ Hôtel du Coq Arlequin – *Av. du Dr-Roux - ☎ 05 65 38 02 13 - fermé 8-25 mars et 1er-28 oct. - 16 ch. 49/77 € - ☕ 9 €.* Vous admirerez les tapisseries de Jean Lurçat dans la salle des petits déjeuners et une collection de coqs en faïence... Les chambres de cet hôtel en centre-ville sont classiques, parfois un peu vieillottes mais bien tenues.

Se restaurer

⊖ Le Victor Hugo – *7 av. du Maquis - ☎ 05 65 38 16 15 - www.hotel-victor-hugo.fr - fermé dim. soir et lun. - réserv. conseillée - 14/35 € - 16 ch. 40/47 € - ☕ 6,50 €.* Cette jolie maison à colombages du 17e s. ancrée sur les bords de la Bave abrite un accueillant restaurant. Salle à manger rustique où l'on sert une cuisine traditionnelle sans fioriture. Petites chambres coquettes, pour la plupart climatisées ; certaines offrent une vue sur la rivière.

⊖⊖⊖ Les Trois Soleils de Montal – *Rte de Gramat - ☎ 05 65 10 16 16 - lestroissoleils@wanadoo.fr - fermé 15-28 fév. et 1er-20 déc. - 28 € déj. - 36/65 €.* Dans le parc de l'hôtel Les Trois Soleils de Montal, venez vous restaurer au bord de la piscine. Un grill vous y attend en toute simplicité. Le plaisir de la terrasse et la détente sont au rendez-vous. Pour un repas plus élaboré, la table de l'hôtel saura combler les gourmets.

Sports & Loisirs

Base du lac de Tolerme – *☎ 05 65 40 31 26.* Baignade surveillée, centre nautique, école d'aviron, toboggan aquatique, sentier botanique, parcours santé, pêche, etc. Parking payant en juillet-août.

Calendrier

Festival de musique. Opéras, théâtre musical, concerts, masterclass de chant. *De fin juil. à mi-août ☎ 05 65 38 29 08.*

ST-CÉRÉ

Chapou (R.) 2
Dr-Roux (Av.) 3
Église (R. de l') 4
Gaulle (Av. de) 7
Hôtel-de-Ville (R. de l') 9
Lagarouste (Passage) 12
Maquis (Av. des) 13
Mazel (R. du) 15
Mercadial (Pl. du) 16
Monzie (Av. A.-de-) 17
Pasteur (R.) 18
Pont-d'Hercule (R. du) 19
Roubinet (R. du) 22
Victor-Hugo (Av.) 23

Hôtel Ambert .... B
Maison de Jean de Séguirier .... D
Maison des Consuls .... E
Hôtel de Miramon .... F

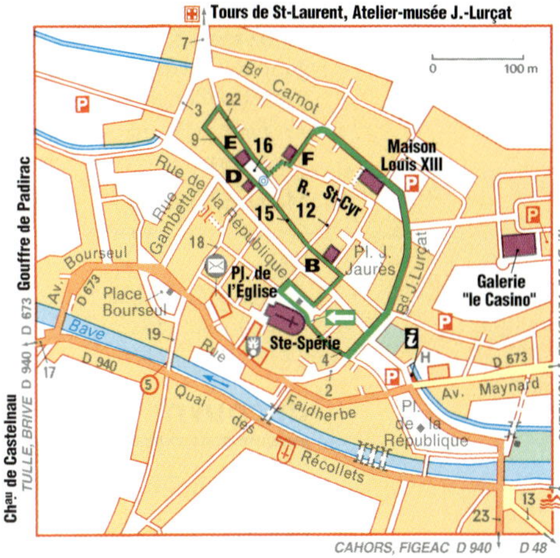

comprendre

Une ville prospère – Au 13e s., les vicomtes de Turenne, suzerains de St-Céré, accordent aux habitants franchises et libertés. D'autres chartes libérales permettent bientôt à la ville de s'enrichir par l'établissement de foires et le développement d'échanges commerciaux. Des consuls et des syndics administrent la cité dont la protection est assurée par le château de St-Laurent et par une puissante ligne de remparts. La guerre de Cent Ans ne cause pas de graves préjudices à la ville qui connaît à partir du 16e s. une nouvelle période de prospérité.

Vieilles demeures

De nombreuses demeures des 15e, 16e et 17e s. témoignent de l'intense activité commerciale qui régnait à St-Céré sous l'Ancien Régime.

se promener

LA VILLE ANCIENNE

Place de l'Église

Près du chevet de l'église, l'**hôtel de Puymule** (15e s.) est un édifice à tourelles dont les portes et les fenêtres sont décorées d'arcs en accolade.

Quitter la place de l'Église par la rue Notre-Dame, traverser la rue de la République.

Rue du Mazel

Plusieurs maisons anciennes et de beaux portails s'ouvrent sur cette belle rue. À l'angle de la rue St-Cyr, remarquez l'**hôtel Ambert** (15e s.) avec ses deux tourelles terminées en cul-de-lampe et sa porte Renaissance.

Plus loin s'ouvre, à droite, le **passage Lagarouste** à ruisseau central, pavé de galets, dont l'étroitesse fait ressortir les maisons à encorbellement.

Continuer sur la rue du Mazel.

Place du Mercadial

Cette place accueille encore le marché, comme autrefois. Les pêcheurs venaient alors y déposer leurs prises sur le « taoulié », étal de pierre qui flanque la **maison de Jean de Séguirier** (15e s.) à l'angle de la rue Pasteur. Sur la même place, la **maison des Consuls** à la façade Renaissance donne sur la rue de l'Hôtel-de-Ville.

Prendre la rue des Tourelles.

Rue St-Cyr

À l'angle qu'elle partage avec la rue de l'Olie, belle maison du Moyen Âge à encorbellement sur ses trois façades. Au 19e s., elle fut transformée en auberge

S. Sauvignier/MICHELIN

Certaines maisons, comme celle de Jean de Séguirier, ont conservé leurs façades à pans de bois en encorbellement et leurs beaux toits de petites tuiles brunes.

pour accueillir les notables de la ville. Quelques mètres plus loin dans la rue de l'Olie, se dresse à gauche, l'**hôtel de Miramon**, du 15e s., flanqué d'une tourelle d'angle.

Au bout de la rue de l'Olie, s'engager à droite sur le boulevard Carnot.

Maison Louis XIII

Ce bel hôtel présente une élégante façade ornée d'une loggia.

Regagner la place de l'Église en poursuivant le long des boulevards extérieurs.

découvrir

L'ŒUVRE DE LURÇAT

Atelier-musée Jean-Lurçat★

☎ 05 65 38 28 21 - du 9 au 23 avr. et de mi-juil. à fin sept. : 9h30-12h, 14h30-18h30 - 2,50 € (enf. 1,50 €).

Au rez-de-chaussée d'une maison bâtie vers 1900 *(voir plus loin Tours de St-Laurent)*, plusieurs pièces (ateliers, salon et salle à manger) accueillent les différentes œuvres de Jean Lurçat (1892-1966) : tapisseries et cartons qui ont fait sa renommée, mais aussi peintures, céramiques, lithographies, gouaches, papiers peints.

CITATION
« La tapisserie, c'est principalement chose d'architecture. » (J. Lurçat)

Galerie d'art « Le Casino »

☎ 05 65 38 19 60 - www.le-casino.fr - mai-sept. : 9h30-12h, 14h30-18h30, dim. 11h-19h ; reste de l'année : tlj sf dim. 9h30-12h, 14h30-18h30 - fermé mar. (oct.-juin), 1er janv., 1er et 11 Nov., 25 déc - gratuit

Outre des expositions temporaires, on y trouve en permanence une collection de **tapisseries de Jean Lurçat★**. Sur les murs, matière, formes, couleurs se déploient chaleureusement à travers un bestiaire fabuleux ou des visions cosmiques. « Feu du ciel, feu des laines, feu du cœur, c'est toujours la même chaleur qui rayonne des murailles tissées qu'invente Jean Lurçat. »

alentours

Site de N.-D.-de-Verdalea

Quitter St-Céré à l'Est, en empruntant la D 673. Après 2 km, prendre la D 30 à droite. 1 km après Latouille-Lentillac, prendre sur la gauche une petite route qui longe le Tolerme. Laisser la voiture sur le parking bordant le cours d'eau et continuer à pied.

Environ 1h AR. Un sentier borde le cours impétueux du Tolerme, qui coule en cascade au milieu des rochers. Franchir à deux reprises le ruisseau par de rudimentaires ponts de bois ; le sentier s'élève alors rapidement, dans un cadre vallonné. Bientôt, on découvre la chapelle de pèlerinage N.-D.-de-Verdale (15e s.) accrochée à un piton rocheux.

POINT DE VUE
De la chapelle s'étend une jolie **vue★** sur les gorges du Tolerme et sur les collines couvertes de châtaigniers.

Lac du Tolerme

23 km à l'Est de St-Céré par la D 673, puis la D 30.

Situé à 530 m d'altitude dans un agréable cadre de verdure, ce vaste plan d'eau de 38 ha accueille une **base de loisirs** (baignade surveillée, centre nautique, aviron, parcours de santé, pêche, aires de jeux, pique-nique, buvette, snack). *☎ 05 65 40 31 26 - parking payant en saison - 5 €/voiture.*

Un sentier de 4 km longeant les rives du lac permet une agréable promenade.

circuit

VALLÉE DE LA BAVE

Circuit de 45 km – environ 3h. Quitter St-Céré par l'Ouest.

Château de Montal★★ *(voir ce nom)*

La route, en direction de Gramat, s'élève au-dessus de la vallée de la Bave : vues sur les tours de St-Laurent.

Par St-Jean-Lespinasse, rejoindre la D 673.

Grotte de Presque★

☎ 05 65 38 31 04 ou ☎ 06 88 04 47 04 - www.grottesdepresque.com - visite guidée (40mn) juil.-août : 9h30-18h30 ; de mi-fév. à déb. juil. et de fin août à fin sept. : 9h30-12h, 14h-18h ; de déb. oct. à mi-nov. : 10h-12h, 14h-17h - 6 € (7-11 ans 3 €).

Une succession de salles et de galeries s'étirent sur 350 m pour nous faire découvrir un ensemble de **concrétions** : de superbes coulées murales aux mille facettes dans la salle des Draperies ; les piliers stalagmitiques de 8 à 10 m de haut, d'une grande finesse, dans la salle de la Grande Cuve ; mais aussi la salle des Merveilles où s'élèvent des colonnes d'une blancheur surprenante...

Poursuivre sur la D 673 en direction de Padirac, puis bifurquer à droite dans la D 38.

Cirque d'Autoire★

Parking sur la droite ; il est interdit de se garer au-delà du virage. Traverser la route et s'engager à gauche de la route sur un chemin. Après le petit pont, un sentier rocailleux, en forte montée, court à flanc de rocher (zone sécurisée). Très rapidement, se développe une **vue**★★ magnifique sur le cirque, le vallon et le village d'Autoire.

Autoire★

Le bourg était autrefois un lieu de villégiature très apprécié des notables de St-Céré. On les comprend quand on découvre ce **site**★ magnifique, à l'entrée d'un cirque. Au hasard de ses rues, se dévoile, intact, le caractère quercynois d'Autoire : fontaine entourée de maisons à colombages, vieilles demeures à encorbellements coiffées de tuiles brunes, élégantes gentilhommières flanquées de tourelles comme le manoir Laroque-Delprat, le château de la Roque-Maynard ou le château de Busquelles, haut manoir du 15e s.

Quitter Autoire par le Nord en empruntant la D 135.

> **PANORAMA**
> De la terrasse proche de l'église St-Pierre, au beau chevet roman, jolie **vue** sur le moulin de Limargue et le cirque rocheux qui se dessine au Sud-Ouest.

Au creux d'une vallée étroite et surveillé par les parois abruptes de la falaise du cirque éponyme, le village d'Autoire peut se vanter d'occuper un site de choix.

Loubressac★

Le bourg fortifié de Loubressac, situé au sommet d'un piton rocheux, découvre l'un des plus **harmonieux paysages** de la vallée de la Dordogne embrassant la vallée de la Bave, St-Céré qu'on reconnaît à ses tours, les châteaux de Castelnau et de Montal, ainsi que les premiers contreforts du Massif central.

En empruntant des ruelles aux maisons coiffées de tuiles brunes, on gagne la poterne du château. Ce manoir *(ne se visite pas)* du 15e s., remanié au 17e s., occupe un **site★** remarquable à l'extrémité de l'éperon qui porte le village. À voir également, la porte fortifiée et la maison des gardes.

Poursuivre sur la D 118. Puis, au hameau de La Poujade, tourner à droite dans la D 14.

La route descend vers la vallée de la Bave en offrant des **vues★** remarquables sur la vallée de la Dordogne.

Château de Castelnau-Bretenoux★★ *(voir ce nom)*

Quitter Castelnau par le Nord en empruntant la D 14.

Bretenoux

Baignée d'eau et de verdure, cette bastide, fondée en 1277 par un puissant seigneur de Castelnau, a conservé son plan en damier, sa place centrale entourée de couverts et des restes de remparts.

Ne manquez pas la pittoresque **place des Consuls** avec sa maison du 15e s. à tourelle, dite « château fort », et de là, par un passage voûté, le vieux manoir qui occupe un coin au bout de la jolie rue du Manoir-de-Cère. Tournez deux fois à droite et revenez par le quai plein de charme qui longe la Cère.

Prendre la route de Saint-Céré, la D 940. Au bout de 4 km, tourner à gauche dans la D 43. 5 km après Belmont-Bretenoux, tourner à droite dans la D 40.

Tours de St-Laurent

La circulation sur la route privée qui s'embranche à droite est tolérée. 1h à pied AR. Perchées sur la colline abrupte qui domine la ville, les deux hautes tours médiévales et leur enceinte sont inséparables du site et de l'histoire de St-Céré. On accède à un chemin qui fait le tour des remparts, offrant des vues très agréables sur la ville, les vallées de la Bave et de la Dordogne, et tous les plateaux environnants.

Revenir sur la D 48 (à gauche) qui ramène à St-Céré.

TOUR D'IVOIRE

En 1945, **Jean Lurçat** acquiert les tours de St-Laurent qui deviendront le terrain de ses expérimentations de plasticien *(voir plus haut Atelier-musée).*

Saint-Cirq-Lapopie★★

C'est l'un des sites majeurs de la vallée du Lot, si ce n'est le plus beau : perché sur un escarpement rocheux, St-Cirq occupe en effet une position remarquable, surplombant d'une centaine de mètres le cours de la rivière.

La situation

Carte Michelin Local 337 G5 - Schéma p. 152 - Lot (46)
Sur la rive gauche de la rivière, le bourg regarde la vallée et la D 662 qu'il faut quitter à hauteur de Tour-de-Faure. Le site du village n'est guère favorable au stationnement, d'ailleurs déconseillé. Privilégier les parkings situés au sommet du bourg. Sans oublier de garder des forces pour remonter à son véhicule après avoir déambulé dans les rues et venelles de St-Cirq (prononcer St-Cyr).
Pl. du Sombral, 46330 St-Cirq-Lapopie, ☎ 05 65 31 29 06. www.saint-cirqlapopie.com

Le nom

Le nom actuel de la localité rappelle le martyre du jeune **saint Cyr**, tué avec sa mère en Asie Mineure sous le règne de Dioclétien et dont les reliques auraient été, croit-on, rapportées par saint Amadour. Les La Popie, seigneurs du lieu au Moyen Âge, donnèrent leur nom au château établi au plus haut de la falaise et par extension au bourg qui se développa à ses pieds.

Les gens

187 St-Cirquois. En 1950, André Breton et Max Ernst, enfants adoptifs du village, y inaugurèrent une « route mondiale de la Paix », façon de mettre leurs convictions en pratique au lendemain de la guerre.

carnet pratique

Visites

Visite guidée – Se renseigner à l'Office de tourisme ou à la Maison de la Fourdonne. *☎ 05 61 31 21 51.*

Maison de la Fourdonne – *Été : 10h-13h, 13h30-18h30 ; hiver : 10h30-12h, 13h-17h - fermé nov.-mars - 2 € (enf. : 1 €). ☎ 05 65 31 21 51.* Pour connaître l'histoire du village, de la formation géologique à nos jours.

Se loger

⊖⊖ Auberge du Sombral « Aux Bonnes Choses » – *☎ 05 65 31 26 08 - fermé 12 nov.-31 mars et merc. de sept. à juin - 8 ch. 65/75 € - ☕ 7,20 €.* Cette charmante maison ancienne située au cœur du village propose des chambres, certes sans ampleur, mais coquettes et fort bien tenues. Autre atout de l'auberge : ses petits-déjeuners particulièrement soignés servis dans une jolie salle rustique.

⊖⊖⊖ Hôtel La Pelissaria – *☎ 05 65 31 25 14 - perso.wanadoo.fr/hoteldelapelissaria - fermé 2 nov.-15 avr. - P - 10 ch. 75/118 € - ☕ 8,70 €.* Amoureux des vieilles pierres, vous tomberez sous le charme de cette splendide maison médiévale. Depuis le jardinet la vue est exceptionnelle et à l'heure où les touristes quittent le village, le calme et le raffinement des chambres vous séduiront. Petite piscine.

Se restaurer

⊖ L'Oustal – *☎ 05 65 31 20 17 - loustal.restaurant@wanadoo.fr - fermé mars et 15 nov.-15 déc. - réserv. obligatoire - 9,50/30 €.* Un petit restaurant où le patron en cuisine tient à la qualité. C'est simple et régional et les prix sont tout à fait convenables. L'après-midi, avant le service du dîner, l'agréable petite terrasse tient lieu de buvette.

⊖⊖ Le Gourmet Quercynois – *☎ 05 65 31 21 20 - fermé janv. et de mi-nov. à mi-déc. - 14,90/30 €.* Plaisant restaurant et intéressant petit musée viticole aménagés dans une maison de village tenue par un œnophile passionné. Salle à manger à la fois moderne et rustique ouverte sur une jolie terrasse dressée sous une tonnelle. Belle carte des vins et cuisine mettant à l'honneur les produits du terroir.

Sports & Loisirs

Kalapca – *☎ 05 65 30 29 51 ou 05 65 24 21 01 – info@kalapca.com.* Base multiactivités sur le Lot et le Célé. Descente de la rivière en canoë libre ou accompagnée.

St-Cirq-Lapopie est perché sur un escarpement rocheux surplombant de 80 m la rive gauche du Lot, face à un cirque de hautes falaises blanches.

comprendre

Un site défensif recherché – Il est vraisemblable que l'occupation de cet escarpement commandant la vallée a tenté les hommes dès l'époque gallo-romaine. L'histoire de la forteresse est une longue suite de sièges et de batailles obscures. Les derniers pans de murs de la vaillante forteresse furent abattus en 1580, sur ordre d'Henri de Navarre, futur Henri IV.

La fin d'un artisanat – Depuis le Moyen Âge était établie une puissante corporation de **tourneurs sur bois**. Ces artisans, encore nombreux au 19e s., animaient du roulis de leurs tours les ruelles et venelles du bourg. Les « roubinetaires », comme on les appelait alors, fabriquaient des robinets de barriques ; les boisseleurs, des chandeliers, des grains de rosaire ou des barreaux de chaises. Les façades de leurs échoppes conservent, derrière leurs ouvertures en ogive ou à meneaux, le souvenir de leurs métiers. Il ne reste plus qu'un tourneur sur bois à St-Cirq, à deux pas de la maison anciennement occupée par Pierre Daura. Cette maison du XIVe siècle qu'il a restaurée est actuellement en rénovation et abritera une résidence d'artistes.

se promener

LE BOURG

Glissant de la falaise, le village égrène ses vieilles maisons qui s'animent, le soir venu, sous la lumière dorée. Il faut flâner au hasard des rues étroites et en pente, bordées de maisons à colombages aux toits de tuiles brunes. Au hasard des façades en encorbellement, s'ouvrent quelques boutiques où s'expriment des artistes qui doivent beaucoup à leurs prédécesseurs. En effet, la plupart de ces demeures ont été restaurées par des peintres et des artisans séduits par St-Cirq et la vallée du Lot. Parmi les plus célèbres, citons Henri Martin, Foujita, Man Ray, André Breton, qui vécut place du Carrol dans l'ancienne auberge des mariniers, et Pierre Daura ; ce dernier habitait la maison aux poutres sculptées (par lui-même) dans la ruelle de la Fourdonne.

La Popie
À droite de l'office de tourisme, un sentier conduit aux vestiges du château et au point le plus élevé de la falaise. Derrière le bourg, un méandre du Lot souligné d'une rangée de peupliers enserre un damier de cultures et de prairies. Au-delà, s'étendent les reliefs boisés de la bordure du causse de Gramat.

Longue vue
De ce rocher, où se dressait autrefois le donjon de la forteresse de La Popie, on embrasse une **vue★★** remarquable sur le village de St-Cirq et son église accrochée au flanc de la falaise.

Église fortifiée
Bâti sur une terrasse rocheuse dominant le Lot, cet édifice du début du 16ᵉ s. a absorbé la chapelle romane primitive. Précédé d'un clocher-tour trapu, flanqué d'une tourelle ronde, le vaisseau voûté d'ogives abrite des statues de l'époque baroque. Au pied du clocher, il reste une mesure qui régulait la vente des grains du marché. De la terrasse à droite de l'église, belle vue sur la vallée.

Descendre vers la place du Carrol et bifurquer à gauche (écriteau).

Château de la Gardette
☎ 05 65 31 23 22 - de mi-juin à fin sept. : 10h-12h30, 14h30-19h ; du 21 mars au 15 juin : 10h-12h30, 14h30-18h - fermé mar. - 1,50 €. Les deux corps de logis flanqués d'une belle échauguette abritent le **musée Rignault** qui accueille des expositions temporaires.

M.-H. Carcanague/MICHELIN

St-Cirq invite à cheminer lentement.

Belvédère du Bancourel
Pour atteindre ce promontoire rocheux dominant le Lot, suivre pendant 300 m la D 40 en direction de Bouziès. À l'embranchement de la D 8 à gauche, au départ de la route touristique tracée en corniche dans la falaise, a été aménagée une esplanade (parc de stationnement)..
Du Bancourel se développe un très beau **panorama★** sur la vallée du Lot et St-Cirq d'où surgit le rocher de La Popie.

Saint-Jean-de-Côle★

Une ravissante église, un vieux château et quelques maisons, où l'ocre des pierres patinées se marie au brun des tuiles, forment le cœur de ce beau village. Village où il est doux de passer du temps, particulièrement en mai, pendant la fête des Fleurs.

La situation
Carte Michelin Local 329 G3 - Schéma p. 127 - Dordogne (24). Pour accéder au cœur de St-Jean, dont certaines rues ont été préservées de la circulation, privilégier la sortie Sud-Est du village et ses allées latérales pour contourner l'obstacle.
ℹ R. du Château, 24800 St-Jean-de-Côle, ☎ 05 53 62 14 15.

Floralies
2ᵉ w.-end de mai. Une centaine d'exposants présentent à près de 10 000 visiteurs, plantes, arbustes et objets en rapport avec le jardinage et les fleurs. L'escalier (17ᵉ s.) du château, l'église du 12ᵉ s., la maison à colonnes ainsi que la place et les petites rues sont mis en valeur par des décors floraux. *Restauration, buvettes, parkings, accès handicapés.*

Le nom
Le village, traversé par la rivière Côle, tient son nom de *Johannes*, en référence à saint Jean-Baptiste.

Les gens
326 Jean-Cōlois. L'église détient une précieuse relique, tenue en grande vénération depuis de nombreux siècles. Il s'agit d'un os du bras du saint décapité : le cubitus.

visiter

Église
Commencée au 11ᵉ s., cette chapelle de l'ancien prieuré est remarquable par la forme curieuse de son clocher percé de baies et par ses chapiteaux **sculptés★**

L'église de St-Jean-de-Côle est vraiment une curiosité architecturale : sa nef est très haute par rapport à sa longueur, et ses vieilles halles accolées au chevet devaient faire office, comme en Sologne, de « caquetoire ».

dans la chapelle droite et le chœur. À l'intérieur, remarquez dans le chœur les boiseries du 17e s., en chêne. La nef est couverte par un plafond de bois remplaçant une coupole effondrée dont subsistent les pendentifs ; sur le côté droit, une chapelle contient un enfeu à gisant.

Château de la Marthonie

☎ 05 53 62 14 15 - www.ville-jean-de-cole.fr - visite guidée (1h30) dans le cadre de la visite du village, s'adresser à l'Office de tourisme - juil.-sept. : 9h-13h, 14h-19h, w.-end 14h-19h (sur demande préalable 4 j. av.) ; reste de l'année : tlj sf merc. 14h-17h, w.-end sur demande préalable 4 j. av. - fermé de fin mai à mi-juin, de déb. oct. à mi-oct., 1er Mai - 3 €.

Vergé ou chiffon ?
Exposition dans la salle basse du château : le **musée du Papier** présente quelques productions artisanales et des affiches publicitaires anciennes.

◀ Édifié au 12e s., il a été en grande partie détruit, puis reconstruit aux 15e et 16e s. ; quelques fenêtres à meneaux subsistent encore de cette époque. Du 17e s. datent la galerie aux arcades surbaissées et l'escalier intérieur à rampes droites et aux arcs excentrés ou en anse de panier.

Saint-Léon-sur-Vézère★

Ne manquez pas de visiter ici l'une des plus belles églises romanes du Périgord. Et si vous venez en dehors des quatre semaines du Festival musical, le calme et la qualité de silence de ce ravissant village vous donneront sans doute envie d'y rester longtemps, pour souffler.

La situation

Carte Michelin Local 329 H5 – Dordogne (24). Le bourg est à l'écart de la D 65, au bout d'une petite route en cul-de-sac. Plusieurs placettes permettent de laisser son véhicule et de se promener au gré des rues et ruelles de ce bourg adorable.

🅸 Mairie, 24290 St-Léon-sur-Vézère, ☎ 05 53 50 73 16.

Le nom

Léon, vient du latin *leo*, le « lion ». On recense plus d'une vingtaine de saints qui portent ce nom. Le second élément permet de distinguer le bourg de ses homonymes périgourdins, comme St-Léon-d'Issigeac, St-Léon-sur-l'Isle...

Les gens

419 St-Léonnais. Il n'est pas rare de voir quelques oies ou canards échappés de leur élevage descendre paisiblement la Vézère.

se promener

Église*

Élevée sur les restes d'une villa gallo-romaine, elle faisait partie d'un prieuré bénédictin fondé au 12e s. qui dépendait de l'abbaye de Sarlat. De la place, l'abside, les absidioles et le beau clocher carré à deux étages d'arcatures forment un ensemble parfaitement équilibré. Le tout est coiffé de lauzes calcaires du Périgord noir.

À l'intérieur, la croisée du transept est voûtée d'une coupole, tandis que les absidioles communiquent avec l'abside par d'étroites ouvertures dites « passages berrichons ». Cette dernière et l'absidiole Sud sont décorées de fresques romanes à dominante rouge.

Suivre les berges sur la gauche.

Château de Clérans

Cette élégante construction des 15e et 16e s., flanquée de tours et de tourelles à mâchicoulis couronnées de girouettes, se dresse au bord de la Vézère.

S'engager dans les rues du bourg.

Château de la Salle

Sur la place centrale du village, ce petit château en pierres sèches présente un beau donjon carré du 14e s.

Chapelle du cimetière

Cette chapelle gothique date du 14e s. Surmontant la porte, une inscription en langue d'oc évoque un événement extraordinaire : en 1233, un domestique, ayant décoché une flèche sur le crucifix qui gardait l'entrée du cimetière, tomba raide mort « ayant son visage tourné derrière-devant ». En 1890, la tombe du profanateur fut fouillée par la Société historique et archéologique du Périgord qui découvrit un squelette au crâne retourné... Le cimetière s'orne toujours d'un haut crucifix, et six enfeus de forme ogivale prennent place dans le mur d'enceinte.

J. Damase/MICHELIN

Derrière l'église, les berges de la Vézère ont été aménagées en aire de repos ombragée.

carnet pratique

Se loger

⊖ Camping Le Paradis – *4 km au SO de St-Léon-sur-Vézère par D 706 - ☎ 05 53 50 72 64 - le-paradis@perigord.com - ouv. 19 mars-25 oct. - réserv. conseillée - 200 empl. 27,80 € - restauration.* Voilà un camping bien nommé ! Très bon accueil organisé autour des bâtiments d'une ferme du pays. Les plantations autour des emplacements sont agréables, les infrastructures sont modernes et très confortables. Piscine, tennis et terrains de jeux.

Se restaurer

⊖⊖ Le Petit Léon – *☎ 05 53 51 18 04 - fermé sept.-juin - 14,50/22,50 €.* Qu'il est mignon le jardin du Petit Léon ! Gourmands, installez-vous autour d'une table de bois sous les pommiers ou les parasols blancs de ce restaurant de village et régalez-vous des saveur inédites et goûteuses du menu.

Calendrier

Festival musical du Périgord noir – *Les églises de St-Léon-sur-Vézère, St-Amand-de-Coly, Rouffignac, Plazac, Auriac et Thenon participent à ce festival pendant 4 semaines en août. ☎ 05 53 51 95 17.*

Saint-Robert★

Sa grand-place, ses robustes maisons de pierre blanche couvertes d'ardoise et son église servirent de cadre au feuilleton télévisé « Des grives aux loups », tiré du roman de Claude Michelet, qui, lui-même, vit dans la région...

A. Cassaigne/MICHELIN

Les tours qui flanquent le chevet de l'église de St-Robert sont les témoins du système de défense ajouté au 14e s.

La situation

Carte Michelin Local 329 I4 – 25 km au Nord-Ouest de Brive-la-Gaillarde – Corrèze (19). St-Robert couronne un puy, aux confins de la Corrèze et de la Dordogne. De la terrasse de la mairie, vue sur le chevet de l'église et les environs.

Pl. de l'Église, 19310 St-Robert, ☎ 05 55 25 21 01.

Le nom

De Rotbertus, alias Robert de Turlande, fondateur en 1044 du monastère de La Chaise-Dieu (Haute-Loire).

Les gens

Il y a certainement parmi les 334 St-Robertois des personnes qui ont participé au tournage *Des grives aux loups*...

visiter

Église

De l'édifice construit au 12e s. ne subsistent que le transept, dont la croisée supporte un clocher octogonal, et le chœur, de belles proportions. Le chœur, éclairé par des fenêtres hautes, est séparé du déambulatoire par six colonnes surmontées d'intéressants chapiteaux historiés ; ceux qui sont accolés au mur du déambulatoire sont de facture plus archaïque (remarquez les deux vieillards se tirant la barbe). Dans la nef, Christ en bois, de l'école espagnole du 13e s.

circuit

L'YSSANDONNAIS

Circuit de 60 km – environ une demi-journée.

L'Yssandonnais couvre la partie Ouest du bassin de Brive ; son territoire constituait durant le haut Moyen Âge un *pagus* (mot dont nous avons fait « pays ») qui avait pour chef-lieu Yssandon. Sa géologie variée – schistes noirs du plateau corrézien, mamelons de grès rouge dominés par des buttes calcaires ou « puys » – explique les séduisants contrastes de matériaux employés dans la construction des villages et des bourgs. Le relief, très vallonné, porte des prairies et des rideaux de peupliers dans les dépressions, des champs de tabac ou de maïs, des noyers et autres arbres fruitiers sur les terroirs les mieux exposés, tandis que la forêt de chênes couronne les puys.

Quitter St-Robert par l'Est en empruntant la D 5.

Ayen

Ancienne châtellenie de la vicomté de Limoges, ce village est célèbre pour les **enfeus** (niches funéraires) du 12e s. placés dans les murs extérieurs de son **église**.

Table d'orientation
Dominant les vignes, une table d'orientation aide à la lecture du panorama (St-Robert, les monts Dore, Allassac).

Mont d'Ayen★

À l'Est d'Ayen, cette butte calcaire (377 m) est aménagée en aire de pique-nique.

Quitter Ayen par le Sud-Est en empruntant la D 2.

Observatoire astronomique

☎ 05 55 25 22 13 (répondeur) - www.astro-aal.perso.cegetel.net - w.-end de la tombée de la nuit à 2h du matin, sur demande préalable - 6 € (-8 ans gratuit).

Le champ du châtel, aménagé en pas de tir de micro-fusées de 1 m de hauteur, accueille un observatoire équipé pour l'étude des taches solaires (le jour) et l'observation du ciel nocturne.

Poursuivre sur la D 2, puis, au lieu-dit la Contie, prendre sur la gauche la D 140^{E}.

Perpezac-le-Blanc

Ce plaisant village aux maisons de calcaire blond est dominé par un élégant château *(on ne visite pas)*.

Quitter Perpezac par le Sud en empruntant la D 39. Peu avant Brignac-la-Plaine, tourner à gauche dans la D 3.

Puy d'Yssandon★

L'occupation du site est très ancienne : on y a découvert les structures d'un oppidum gaulois et des vestiges gallo-romains. Trois lieux sont à découvrir.

La **tour** est le seul vestige du château fort médiéval, propriété de puissantes familles : les Pompadour et les Noailles.

Isolée en bout de route, l'**église**, du 12e s., bénéficie d'un emplacement agréable qui domine le bassin de Brive (petite table d'orientation derrière le cimetière).

Une autre **table d'orientation** montre des vues étendues sur les monts du Limousin, les collines du Périgord, la plaine de Brignac.

Rejoindre la D 151 et prendre à droite. Au lieu-dit la Prodelie, tourner à gauche. La petite route rattrape bientôt la D 5 ; prendre à gauche, direction Ayen.

E. Larribère/MICHELIN

À la table d'orientation du puy d'Yssandon, le regard se porte sur les monts du Limousin, les collines du Périgord ou la plaine de Brignac.

Le Roc

Rustique hameau perché au-dessus de la vallée de la Manou et dominé par le château de St-Aulaire.

Rejoindre la D 5 par St-Aulaire. Peu après, prendre à droite la D 3.

> **Coloré**
> Le village du Roc, en pleine restauration, est entièrement bâti en grès rouge.

Objat

Pôle économique de la région, ce bourg actif s'est spécialisé dans la culture de la pomme et l'élevage du veau fermier élevé sous la mère (étonnant de nos jours !).

Quitter Objat par le Nord-Ouest en empruntant la D 901.

St-Bonnet-la-Rivière

L'**église** est un original édifice roman en grès rouge, en forme de rotonde, dont le portail d'entrée s'abrite sous un clocher-porche.

Poursuivre sur la D 901 vers le Nord-Ouest.

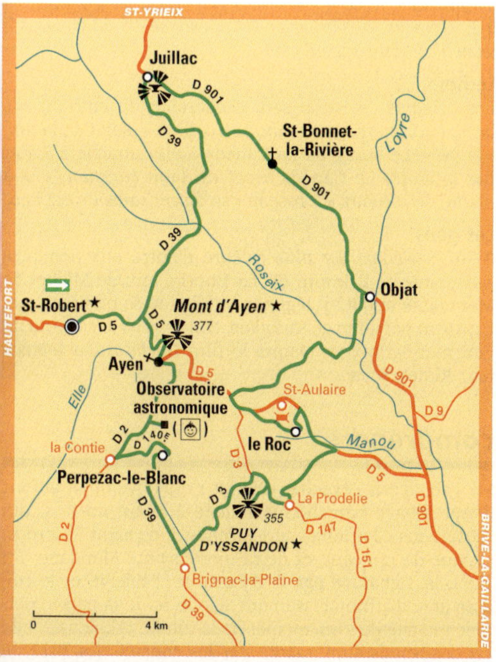

> **Se loger et se restaurer**
>
> ⊜ **Hôtel de France** – *Av. Georges-Clemenceau - 19130 Objat - ☎ 05 55 25 80 38 - hoteldefrance.objat@wanadoo.fr - fermé 20 sept.-5 oct. et 24 déc.-3 janv. - P - 27 ch. 26/38 € - ☕ 6,50 € - restaurant 14/38 €.* Cette maison de pays située près de la gare offre un confort simple mais des prix bas. Il faudra passer par le bar pour prendre votre clé avant de poser votre sac dans l'une des chambres ; elles sont modestes dans l'un des bâtiments et plus récentes dans l'autre. Cuisine régionale.

La légende veut que le chevalier Des Cars, seigneur de St-Bonnet-la-Rivière, ait fait vœu d'élever une église à l'image du St-Sépulcre pendant sa captivité en Terre sainte.

Juillac

Montez au Châtenet (345 m), où, parmi les vergers, vous découvrirez un joli **panorama** (table d'orientation).

Quitter Juillac par le Sud en empruntant la D 39, puis la D 71 qui ramène à St-Robert.

Sarlat-la-Canéda★★★

Éclairage
Conçu par Jacques Rouveyrollis, talentueux éclairagiste du monde du spectacle, trente-six candélabres et des spots sous verre se combinent pour conférer à Sarlat la nuit un charme supplémentaire.

Les ruelles médiévales, les hôtels gothiques ou Renaissance sont très photogéniques et de nombreux films ont été tournés à Sarlat. Il suffit de faire le tour de la magnifique vieille ville pour comprendre les raisons de cet engouement. Mais Sarlat n'est pas seulement un décor : on y vit, et même très bien ; ne manquez pas le célèbre marché ; ni les délicieuses pommes de terre... à la sarladaise.

La situation

Carte Michelin Local 329 I6 - Schémas p. 171 et p. 250 - Dordogne (24). Sarlat s'est développé sur un axe Nord-Sud. La vieille ville, ceinte de petits boulevards (nombreux parkings), est accessible par les avenues Thiers et Gambetta.

R. Tourny, 24200 Sarlat-la-Canéda, ☎ 05 53 31 45 45. www.ot-sarlat-perigord.com

Le nom

Les origines de Sarlat sont à chercher du côté du bas latin, certainement *serrum*, la « colline », suivi de *latum*, « large ». Le bourg de La Canéda a été rattaché à Sarlat par la suite. La Canéda vient du latin *canetum*, « lieu planté de roseaux », « roseau » se disant *canet* en occitan.

Amitié
Montaigne écrivit à propos de son ami La Boétie : « Si on me presse de dire pourquoi je l'aimais, je sens que cela ne peut s'exprimer qu'en répondant : parce que c'était lui, parce que c'était moi... »

Les gens

9 707 Sarladais. Le plus célèbre d'entre eux demeure sans conteste **Étienne de La Boétie**, ami de Michel de Montaigne auquel il légua la totalité de sa bibliothèque. Un autre personnage sarladais, connu sous le surnom de Fournier-Sarlovèze, inspira le film *Duellistes* au réalisateur Ridley Scott.

comprendre

Querelle
En 1273, lors d'un office, l'abbé fut soudain terrassé par une flèche décochée par un moine.

De l'abbaye à l'évêché – Sarlat s'est développé autour d'une abbaye bénédictine fondée à la fin du 8e s. qui reçoit sous Charlemagne les reliques de saint Sacerdos, évêque de Limoges, et de sa mère, sainte Mondane. En 1299, la signature par la commune, l'abbaye et le roi, d'un acte d'affranchissement, « le livre de la paix », permet à la cité de s'émanciper de la tutelle religieuse : elle est désormais administrée par les consuls. En 1317, le pape Jean XXII, partageant l'évêché de Périgueux, proclame Sarlat siège épiscopal d'un territoire dont les limites s'étendent bien au-delà du Sarladais. L'abbatiale devient cathédrale.

L'âge d'or de Sarlat – Au 13e s. et au début du 14e s., elle devient une ville de foires et de marchés prospère, mais la guerre de Cent Ans la ruine, la laissant exsangue et dépeuplée. Pour la remercier de sa fidélité et de son âpre défense contre les Anglais (auxquels elle avait été cependant cédée par le traité de Brétigny en 1360), le roi Charles VII lui accorde de nombreux privilèges, dont l'attribution de nouveaux revenus et l'exemption de certaines taxes. Les Sarladais reconstruisent leur ville et, entre 1450 et 1500, édifient la plupart des hôtels qui font aujourd'hui la fierté de Sarlat. Les magistrats, les clercs, l'évêque et les dignitaires du chapitre, les marchands forment une bourgeoisie aisée et importante à laquelle se mêlent des hommes de lettres comme Étienne de La Boétie. La **Contre-Réforme**, alors dominée par une noblesse de robe, marque la ville : couvents (clarisses, récollets...), chapelles, hôpitaux se multiplient ; la cathédrale est achevée. Seule la disparition des remparts trouble la ville à la fin de l'Ancien Régime.

se promener

LE VIEUX SARLAT***

Sarlat a été coupé en deux par la « Traverse » (ou rue de la République), artère percée au 19e s. qui sépare le quartier Ouest plus populaire et le quartier Est plus aristocratique. Les maisons frappent par leur architecture : les cours intérieures, l'appareillage et la qualité de leurs pierres de taille choisies dans un beau calcaire ocre blond. La plupart ont été surélevées au cours des siècles et présentent un rez-de-chaussée médiéval, un étage gothique rayonnant ou Renaissance, des faîtages et des lanternons classiques et une couverture de lauzes.

Commencer la visite du vieux quartier place du Peyrou.

QUARTIER PILOTE
Préservé des adjonctions du modernisme des 19e et 20e s., grâce à son éloignement des grandes voies de communication, le vieux quartier fut choisi en 1962 comme l'une des opérations pilotes pour la sauvegarde des vieux quartiers. Les travaux engagés en 1964 ont permis de raviver le charme de cette petite ville.

Cathédrale St-Sacerdos

Une église St-Sacerdos avait été construite à cet emplacement au 12e s. En 1504, l'évêque Armand de Gontaut-Biron entreprend la démolition de l'édifice pour reconstruire une cathédrale plus importante. Mais il quitte Sarlat en 1519, et les travaux sont abandonnés pendant plus d'un siècle. L'église actuelle, élevée aux 16e et 17e s., a conservé la base romane de la tour de façade qui présente deux premiers étages à arcatures aveugles et à baies ouvertes. Le troisième étage est une adjonction du 17e s.

Au cœur du Périgord noir, Sarlat-la-Canéda est bâtie dans une dépression ceinturée de collines boisées. Avec ses rues étroites et ses hôtels restaurés, la ville conserve une allure médiévale.

carnet pratique

Transports

Parkings – Trois payants et neuf gratuits.

Zone piétonne – En été, le vieux Sarlat est réservé aux piétons.

Visite

Visite guidée – Sarlat, qui porte le label Ville d'art et d'histoire, propose des visites-découverte (1h30) animées par des guides-conférenciers agréés par le ministère de la Culture et de la Communication, d'avr. à oct. *5 €. Renseignements à l'Office de tourisme et sur www.ot-sarlat-perigord.fr*

Visite nocturne – L'éclairage particulier de Sarlat la nuit vaut bien une visite. Cela tombe bien, l'Office de tourisme en propose une, de déb. juin à fin sept.. *5 €.*

Se loger

⊖ **Hôtel Altica** – *Av. de la Dordogne - ☎ 05 53 28 18 00 - www.altica.fr - 🅿 - 50 ch. 36 € - ☕ 4,50 €.* Cet établissement de chaîne proche du centre de Sarlat-la-Canéda constitue une adresse fort commode pour poser ses valises dans l'une des plus ravissantes petites villes du Périgord noir. Chambres très convenables à prix « plancher ».

⊖⊖ **Hôtel des Récollets** – *4 r. Jean-Jacques-Rousseau - ☎ 05 53 31 36 00 - www.hotel-recollets-sarlat.com - 🅿 - 18 ch. 43/63 € - ☕ 6,90 €.* Hôtel de caractère aménagé dans l'ancien cloître du couvent des Récollets (17e s.). Chambres sans ampleur, mais très calmes et bien refaites : mobilier contemporain, système wi-fi, poutres et murs d'origine. Belle salle voûtée ou charmant patio pour le petit-déjeuner.

⊖⊖ **Mas de Castel** – *3 km au S de Sarlat-la-Canéda par D 704 et C 1 - ☎ 05 53 59 02 59 - castalian@wanadoo.fr - fermé 12 nov.-29 mars - 🅿 - 13 ch. 56/75 € - ☕ 6,80 €.* Rien ne troublera votre repos dans cet hôtel aménagé autour d'un ancien corps de ferme situé en pleine campagne. Chambres aux tons pastel et mobilier rustique ; quelques-unes sont en rez-de-jardin. Piscine.

⊖⊖ **Chambre d'hôte Le Clos-Vallis** – *Clos Vallis Peyrignac - 3 km au NE de Sarlat par D 47 rte de Ste-Nathalène et chemin à gauche - ☎ 05 53 28 95 64 - www.leclosvallis.com - 💳̸ - 6 ch. 55/60 € - ☕ 6 €.* Les bâtiments de cette vieille ferme soigneusement restaurée s'organisent autour d'une jolie cour de style périgourdin. L'ancienne grange abrite les chambres simples (murs en pierre apparente ou peints en blanc, sol carrelé ou en coco, mobilier en pin), claires et reposantes. Accueil sympathique et discret.

Se restaurer

⊖ **Auberge des Lys d'Or** – *Pl. André-Malraux - ☎ 05 53 31 24 77 - fermé 24 déc.-1er fév., merc. soir et jeu. - réserv. conseillée - 10 € déj. - 13/22 €.* Maison de style régional sise dans un pittoresque quartier riche en demeures anciennes. La salle de restaurant, climatisée, opte pour le style rustique. Quant à la cuisine, elle reste fidèle aux recettes du terroir : foie gras, confit, magret et pommes sarladaises.

⊖⊖ **Rossignol** – *15 r. Fénelon - ☎ 05 53 31 02 30 - fermé jeu. - 15/60 €.* Ce modeste restaurant familial proche du centre-ville abrite une salle à manger sagement rustique : mobilier en bois brut, cuivres accrochés aux murs, etc. Le patron réalise en toute simplicité une cuisine régionale saine et copieuse pour laquelle il n'utilise quasiment que des produits frais, à commencer par les poissons.

Que rapporter

Marché – Marché traditionnel : samedi dans les rues de la vieille ville et mercredi pl. de la liberté. Marché couvert de l'église Ste-Marie : tous les jours (sf lundi et jeudi entre la toussaint et les vac. de printemps). Marché au gras et aux truffes : samedi matin de décembre à mars. Marché aux noix et aux châtaignes : samedi matin en oct.-nov.

Chez le Gaulois – *1 r. Tourny - ☎ 05 53 59 50 64 – de déb. avr. à fin oct. : 9h-0h ; le reste de l'année : tlj sf dim. et lun. 10h-22h - fermé nov. et déc.* Le maître des lieux, dit le Gaulois, propose sa sélection de produits régionaux et assure le service en contant leur petite histoire. Superbes jambons crus suspendus à une potence, charcuteries à dévorer sur une planchette, tartines chaudes et succulentes glaces artisanales : une sympathique petite balade gourmande.

Francis Annet – *R. Albéric-Cahuet - ☎ 05 53 28 88 17 - www.perigord.com/francis.annet - avr.-sept. : 10h-12h30, 14h-19h - fermé oct.-mars.* Si vous avez déjà écrit vos cartes postales, il vous faudra recommencer. Vous trouverez ici les plus beaux clichés du Périgord, et pour cause, Francis Annet est moins photographe qu'artiste. Ses chefs-d'œuvre coûtent moins cher que les cartes industrielles et mériteraient assurément d'être encadrés. Ne lui dites pas... On le lui a déjà trop répété ! Vous y trouverez aussi des grands formats et de magnifiques livres commentés.

S. Sauvignier/MICHELIN

Sports & Loisirs

Indian Forest Périgord – *Manoir de la Feuillade - À 7 km au S de Sarlat-la-Canéda par D 704 et D 704 A, dir. Souillac - 24200 Carsac-Aillac - ☎ 05 53 31 22 22 - www.indianforestperigord.com - fév.-nov. : 9h-19h.* Dans un parc de 4 ha, parcours d'aventure permettant de se déplacer d'arbres en arbres de manière ludique et sportive. Plusieurs niveaux de difficultés. Pensez à vous munir d'une bonne paire de chaussures et d'une tenue adaptée, le reste est fourni : baudriers, mousquetons, poulies, gants et surtout conseils des guides.

L'Étrier de Vitrac (École française d'équitation) – *Pech de Pech - ☎ 05 53 59 34 31/06 87 76 90 34 - accueil : 9h-18h ; randonnées sur réserv.* Club équestre dans un plaisant environnement de sous-bois. Petits et grands trouveront une formule adaptée à leur niveau : ministage de découverte, promenade bucolique dans la campagne ou, pour les initiés, randonnée de quatre jours jusqu'à Rocamadour.

L'intérieur frappe surtout par ses heureuses proportions et son élévation. La vaste nef voûtée d'ogives prolonge un chœur à cinq pans pourvu d'un déambulatoire. Parmi le mobilier de l'église, on remarque une tribune supportant des orgues de Lépine (célèbre facteur d'orgues du 18e s.).

Ancien évêché

À droite de la cathédrale, la façade de l'ancien évêché montre de grandes fenêtres gothiques au 1er étage, Renaissance au 2e et, au-dessus, une galerie supérieure Renaissance italienne. Celle-ci fut ajoutée par l'évêque italien Nicolo Goddi, ami de la reine Catherine de Médicis. L'intérieur a été transformé en théâtre et abrite l'office de tourisme au rez-de-chaussée.

Sur la même place.

Maison de La Boétie*

Construite en 1525 par Antoine de La Boétie, lieutenant criminel de la sénéchaussée de Sarlat, elle a vu naître Étienne de La Boétie (1530-1563). Au rez-de-chaussée, sous un arc à colonnades s'abritait autrefois une échoppe. Au-dessus, deux étages de style Renaissance italienne sont percés de larges baies à meneaux encadrées de pilastres à médaillons et à losanges. Dans la partie gauche de la maison, légèrement en retrait, la toiture de lauzes est percée d'une lucarne à la décoration luxuriante.

Au rez-de-chaussée s'ouvre le **passage Henri-de-Ségogne**, aménagé entre l'hôtel de Maleville et la maison de La Boétie, qui permet de « trabouler » à la lyonnaise en passant successivement sous un arc, dans un couloir, puis sous une voûte.

J. Damase/MICHELIN

Si vous avez une bonne vue, vous pourrez distinguer sur les rampants du pignon très aigu de la maison de La Boétie... des choux frisés !

Hôtel de Maleville*

Il est aussi connu sous le nom d'hôtel de Vienne, pour avoir appartenu d'abord à Jean de Vienne, Sarladais né dans une famille pauvre en 1557, qui après une ascension sociale remarquable devint surintendant des Finances d'Henri IV. Plus tard, cet hôtel fut racheté par la famille de Maleville, dont Jacques de Maleville participa à la rédaction du Code civil.

Il fut agencé au milieu du 16e s. en résidence noble à partir de trois maisons plus anciennes et de styles différents. Le pavillon central, très haut et étroit, qui fait office de tour, est précédé d'une terrasse sous laquelle s'ouvre l'arc de la porte d'entrée surmonté de médaillons représentant Henri IV et Marie de Médicis. Il est soudé à l'aile gauche par un pan coupé flanqué d'une tourelle en encorbellement. L'aile droite sur la place de la Liberté se termine par un pignon Renaissance.

« Trabouler » à nouveau, par le passage couvert s'ouvrant à gauche de la porte d'entrée. Prendre en face la rue du Minage, remonter la rue de la République puis tourner à droite dans la rue des Consuls.

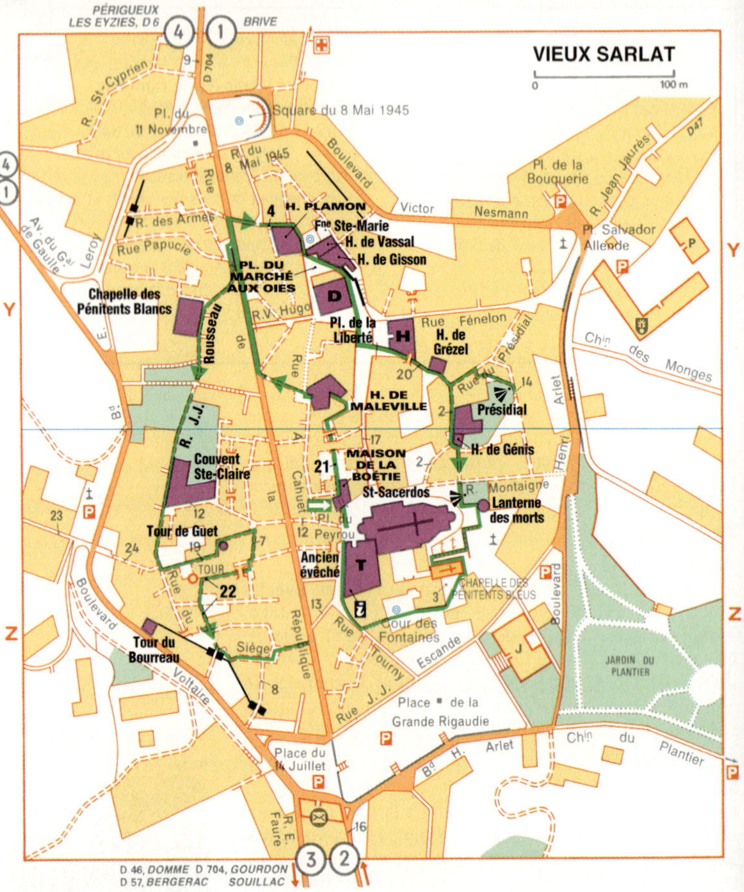

Albusse (R. d') .... YZ 2
Arlet (Bd Henri) .... YZ
Armes (R. des) .... Y
Bouquerie (Pl. de la) .... Y
Cahuet (R. A.) .... YZ
Chanoines (Cour des) .... Z 3
Consuls (R. des) .... Y 4
Cordil (R. du) .... Z 7
Escande (R. J.-J.) .... Z
Faure (R. E.) .... Z
Fénelon (R.) .... Y
Fontaines (Cour des) .... Z
Frères-Chambon (R. des) .... Z 8
Gambetta (Av.) .... Y 9
Gaulle (Av. du Gén.-de) .... Y
Jaurès (R. J.) .... Y
La Boétie (R. de) .... Z 12
Lakanal (R.) .... Z 13
Landry (R.) .... Y 14
Leclerc (Av. Gén.-) .... Z 16
Leroy (Bd E.) .... Y
Liberté (Pl. de la) .... Y
Liberté (R. de la) .... YZ 17
Monges (Chemin des) .... Y
Montaigne (R.) .... Z
Nesmann (Bd Victor-) .... Y
Oies (Pl. des) .... Y
Papucie (R.) .... Y
Peyrou (Pl. du) .... Z
Plantier (Chemin du) .... Z
Présidial (R. du) .... Y
République (R. de la) .... YZ
Rigaudie (Pl. de la Grande-) .... Z
Rousseau (R. J.-J.) .... YZ
Rousset (R.) .... Z 19
St-Cyprien (R.) .... Y
Salamandre (R. de la) .... Y 20
Salvador-Allende (Pl.) .... Y
Ségogne (Pass. H.-de-) .... Z 21
Siège (R. du) .... Z
Tourny (R.) .... Z
Trois-Conils (R. des) .... Z 22
Troubadour-Cairels
(R. du) .... Z 23
Turenne (R. de) .... Z 24
Victor-Hugo (R.) .... Y
Voltaire (Bd) .... Z
8-Mai-1945
(R. et Sq. du) .... Y
11-Novembre (Pl. du) .... Y
14-Juillet (Pl. du) .... Z

Ancien évêché (Théâtre) .... Z **T**
Ancienne église Ste-Marie .... Y **D**
Cathédrale .... Z
Chapelle
des Pénitents Blancs .... Y
Couvent Ste-Claire .... Z
Fontaine Ste-Marie .... Y
Hôtel de Génis .... Z
Hôtel de Gisson .... Y
Hôtel de Grézel .... Y
Hôtel de Maleville .... Y
Hôtel de Vassal .... Y
Hôtel de ville .... Y **H**
Hôtel Plamon .... Y
Lanterne des morts .... Z
Maison de la Boétie .... Z
Présidial .... YZ
Tour du Bourreau .... Z
Tour de Guet .... Z

Rue des Consuls

Les hôtels forment ici un ensemble extrêmement intéressant d'architecture sarladaise du 14e au 17e s.

À droite après le tournant.

Hôtel Plamon★

Appartenant à une famille de drapiers, les Selves de Plamon, dont le nom apparaît encore sur l'écu du fronton triangulaire du premier portail, ce groupe de bâtiments construits à différentes époques présente l'ensemble des styles qui se sont succédé à Sarlat : le rez-de-chaussée du 14e s. s'ouvre par deux grandes arcades ogivales ; au premier étage, les trois baies sont ornées d'un remplage gothique rayonnant. Les fenêtres à meneaux du deuxième étage sont postérieures (15e s.).

À gauche de ce bâtiment, la tour Plamon, fort étroite, a été percée de fenêtres de plus en plus petites vers le haut de façon à dessiner une ligne de fuite. Au tournant de la rue répond un balcon arrondi, en avancée, posé sur une magnifique trompe (petite voûte). Pénétrez dans la cour intérieure de l'hôtel, et admirez un très bel **escalier★** en bois, à balustres, du 17e s.

Fontaine Ste-Marie

Située face à l'hôtel Plamon, elle s'épanche sous la voûte fraîche d'une grotte.

Place du Marché-aux-Oies★

Lors du marché du samedi, de décembre à mars, cette place est réservée aux négociations concernant les oies. Elle offre un beau décor architectural de tourelles, clochetons et escaliers d'encoignure, et une sculpture contemporaine dédiée au fameux volatile.

Hôtel de Vassal

Situé à l'angle de la place du Marché-aux-Oies, cet hôtel du 15e s. présente deux bâtiments en équerre flanqués d'une double tourelle en encorbellement.
À côté, l'**hôtel de Gisson** (16e s.), appelé aussi hôtel Magnanat, se compose de deux corps de bâtiments soudés par une tour d'escalier hexagonale au remarquable toit pointu couvert de lauzes.

Place de la Liberté

Place centrale de Sarlat où les terrasses de café sont très animées, elle est bordée à l'Est par l'**hôtel de ville** du 17e s., et au Nord par l'ancienne église Ste-Marie, ou « l'église du marché », désaffectée, dont le chœur a été démoli au 19e s. Revisitée par l'architecte Jean Nouvel, elle est en cours d'aménagement pour accueillir un marché couvert, des expositions et un ascenseur panoramique.

Quitter la place de la Liberté par la rue de la Salamandre, sur la gauche.

Hôtel de Grézel

Occupé par le restaurant « Gueule et Gosier » et édifié à la fin du 15e s., il présente une façade à colombages à laquelle est accolée une tour noble à la belle porte en accolade de style gothique flamboyant. Plus bas, remarquez sur plusieurs toitures le beau montage des lauzes épousant parfaitement l'évasement du bas du toit, témoignant de la maîtrise des charpentiers et des couvreurs.
S'avancer dans la rue du Présidial, puis la rue Landry *(à hauteur du n° 7)* pour apercevoir la **tour du Présidial** (17e s.), ancien siège de la justice royale *(aujourd'hui restaurant)*.

Revenir sur ses pas et prendre à gauche la rue d'Albusse.

Au coin de l'impasse de la Vieille Poste, où se trouve l'ancien relais de poste, se dresse l'**hôtel de Génis**, édifice sobre et massif du 15e s., dont l'étage en encorbellement est supporté par sept corbeaux de pierre.

Poursuivre dans la rue Sylvain-Cavaillez, et pénétrer en face dans le jardin.

De ce jardin, ancien cimetière de l'abbaye, belle **vue** sur le chevet de la cathédrale et les différentes cours. Il est surplombé par un édifice énigmatique.

Lanterne des morts

Cette tour cylindrique de la fin du 12e s., surmontée d'un cône terminal décoré de quatre bandeaux, compte deux salles. L'une au rez-de-chaussée, couverte d'une voûte bombée supportée par six arcs d'ogives et l'autre dans la partie conique qui était inaccessible à un homme, énigme que nul Sherlock Holmes local n'a su encore résoudre.

Descendre l'escalier et contourner la chapelle des Pénitents bleus (12e s.). Passer dans la cour des Chanoines, puis, dans la cour des Fontaines. La rue Munz et la rue Tourny ramènent à la place du Peyrou.

J. Damase/MICHELIN

L'oie est le symbole du foie gras, certes... mais attention au canard qui, aujourd'hui, montre de plus en plus le bout de son bec !

S. Sauvignier/MICHELIN

Une pause place de la Liberté.

ÉLÉMENTAIRE ?
De nombreuses hypothèses ont été émises au sujet de cet édifice : tour élevée pour commémorer le passage de saint Bernard en 1147 – il aurait béni des pains qui auraient guéri miraculeusement les malades –, lanterne des morts – mais on ne comprend pas comment la lanterne pouvait être éclairée puisque la salle du haut était inaccessible – ou peut-être chapelle funéraire.

LE QUARTIER OUEST*

Situé de l'autre côté de la Traverse, ce secteur fait l'objet d'un plan de rénovation et de réhabilitation. Sillonné de ruelles tortueuses et déclives, son calme permet de découvrir une autre facette de la ville.

Remonter la rue de la République, prendre à gauche la rue J.-J.-Rousseau.

Chapelle des Pénitents blancs

Édifiée entre 1622 et 1626, elle faisait partie d'un couvent de religieux récollets qui furent remplacés au 19e s. par quelques pénitents blancs. Le portail baroque est assez étonnant : il est composé de quatre colonnes dont les chapiteaux laissent perplexe quant à la finition de l'entablement qu'elles soutiennent.

Rue Jean-Jacques-Rousseau

Artère principale de ce quartier, elle est jalonnée de belles maisons anciennes. Au n° 9, à l'angle de la côte de Toulouse, l'hôtel Monméja présente une belle façade du 18e s. et, à l'angle de la rue de La Boétie, une échauguette signale le **couvent Ste-Claire**, vaste bâtiment du 17e s. autrefois occupé par les clarisses, aujourd'hui transformé en habitations HLM.

CÔTÉ JARDIN
Celui du couvent Ste-Claire est utilisé lors du festival de Théâtre en été, ou lors de concerts et autres événements culturels.

Poursuivre dans la rue du Siège puis tourner à gauche dans la rue Rousset.

S. Sauvignier/MICHELIN

La « côte de Toulouse ».

Tour de guet

Imbriquée dans des immeubles au bout de la rue Rousset, elle est couronnée par des mâchicoulis du 15e s. et flanquée d'une tourelle en encorbellement.

Tourner à droite rue de Cordil.

Rue des Trois-Conils

Elle se coude au pied d'une maison agrémentée d'une tour ayant appartenu à des consuls apparentés à la famille de La Boétie.

Tour du Bourreau

Dix-huit tours reliaient les remparts de la ville. Il n'en reste plus que deux, dont celle-ci, qui date de 1580.

Descendre la rue du Siège qui ramène rue de la République.

alentours

Marquay

11,5 km au Nord-Ouest de Sarlat par la D 6.

Environné de sites paléolithiques importants, le bourg est devenu un centre de villégiature apprécié. Son **église** fortifiée, du 12e s., présente un plan insolite : ses croisillons se terminent en absidioles.

Tamniès

15 km au Nord-Ouest de Sarlat par la D 6.

Le bourg domine la vallée de la Beune de son église du 12e s. et de l'ancien prieuré qui la jouxte. Tamniès est par ailleurs apprécié pour son étang de loisirs.

circuits

LE SUD DU PÉRIGORD NOIR***

Circuit de 70 km – environ une demi-journée. Voir Vallée de la Dordogne.

DE LA DORDOGNE AU PAYS D'ARTABAN**

Circuit de 75 km – environ une demi-journée. Voir Le Périgord noir.

DE LA DORDOGNE À LA BEUNE*

Circuit de 60 km – environ une demi-journée. Quitter Sarlat par le Sud-Ouest en empruntant la D 57. Peu après Vézac, prendre à droite dans la D 703.

Beynac-et-Cazenac** *(voir ce nom)*

Poursuivre sur la D 703 en direction de St-Cyprien. À la sortie du village, tourner à droite.

Cazenac

Perché sur une colline perdue au milieu des bois, ce village possède une petite église gothique. De là, belle vue sur la vallée.

Faire demi-tour et reprendre la D 703 (à droite).

St-Cyprien *(voir Le Bugue)*

Quitter St-Cyprien par le Nord-Est en empruntant la D 25.

Chapelle de Redon-l'Espi

Perdue au fond d'un vallon sauvage, cette sobre chapelle romane est flanquée au Sud des ruines d'un monastère. Au début du 16e s., des religieuses de l'ordre de Fontevrault habitaient les bâtiments qui furent saccagés pendant les guerres de Religion. Le nom de Redon-l'Espi viendrait du latin *rotondo spino*, évocation possible d'une relique de la sainte épine conservée pendant des siècles à la proche abbaye de St-Cyprien.

Pèlerinage

On prête à une jeune bergère une brève apparition de la Vierge. Depuis cet événement, survenu au 19e s., un pèlerinage se déroule tous les mois de septembre.

Revenir sur la D 25 (à droite). Peu après Allas, prendre à gauche la D 47. Après 1,5 km, tourner à droite.

Cabanes du Breuil★

☎ 06 80 72 38 59 - www.cabanes-du-breuil.com - ♿ - possibilité visite guidée sur demande préalable (1h30) - sais. : 10h-19h ; hors sais. : 10h-12h, 14h-17h - 3,80 € (enf. 2 €).

Les cabanes du Breuil constituent un ensemble unique de *caselles* (ou *gariottes*) du Périgord : cinq cabanes, dont certaines jumelées, aux toits de lauzes percés de lucarnes s'organisent autour d'un corps de ferme toujours en activité. Un espace culturel est consacré à la construction de ces cabanes.

Faire demi-tour et reprendre la D 47 (à gauche), direction Sarlat. Après 3 km tourner à gauche.

Château de Puymartin★

☎ 05 53 59 29 97 - visite guidée (1h, dernière entrée 30mn av. fermeture) - août : 10h-18h30 ; juil. : 10h-12h, 14h-18h30 ; avr.-juin : 10h-12h, 14h-18h ; sept. : 10h-12h, 14h-18h, sam. 14h-18h ; de déb. oct. à mi-nov. : 14h30-17h30, 10h-12h sur demande préalable - 6 € (enf. 3 €).

Durant les guerres de Religion, ce château fut une base catholique face aux protestants établis à Sarlat. Construit aux 15e et 16e s. (très remanié au 19e s.), il est formé de plusieurs corps de logis reliés à des tours rondes et cernés de courtines.

L'intérieur offre un **décor** et un **mobilier** de qualité. La chambre d'honneur est ornée de verdures d'Aubusson (18e s.) aux tons restés très frais. Dans la grande salle, la cheminée est habillée d'un trompe-l'œil, et le plafond décoré de poutres peintes au 17e s. Belle suite de six tapisseries flamandes relatant la guerre de Troie, une table et des sièges Louis XIII, une commode Régence, un secrétaire Louis XV. La visite permet d'accéder à une chambre de défense hexagonale voûtée en étoile, puis aux combles. Au rez-de-chaussée : dans l'ancienne salle d'armes sont rassemblés divers meubles, tapisseries et peintures.

Pièce maîtresse

Jouxtant la grande salle, le charmant **cabinet de méditation★** est le joyau du château. Ses boiseries murales sont recouvertes de peintures à la détrempe évoquant des thèmes mythologiques.

Revenir sur la D 47 (à gauche) qui ramène à Sarlat.

M.-H. Carcagnac/MICHELIN

Les murs en belle pierre jaune du château de Puymartin s'élèvent sur une colline abrupte au cœur du Périgord noir.

Sorges

Ici, la reine est un champignon ensorcelant pour les papilles délicates : la truffe. Sorges résonne de ce mot magique, et vous aurez du mal à quitter les lieux sans avoir dégusté un peu de ce « diamant noir ».

La situation

Carte Michelin Local 329 G4 - Dordogne (24). Sorges est une étape gastronomique, idéalement placée sur la N 21, entre Périgueux et Limoges.

🛈, 24420 Sorges, ☎ 05 53 46 71 43. www.sorges-perigord.com

Le nom

Sur ce point, rien à voir avec la truffe. Ici, il s'agit plutôt d'un dérivé du mot latin *sorbius*, désignant le sorbier.

Les gens

1 123 Sorgeais. Au milieu du 19e s., on vendait encore au marché de Périgueux, et à la criée, le vin de Sorges. Cette production a aujourd'hui disparu.

La truffe serait-elle un remède contre la stérilité ? Si l'on en croit la légende, Napoléon aurait conçu le futur roi de Rome après avoir dégusté un plein panier de truffes provenant du Périgord.

découvrir

Église

Elle mérite votre attention. Cet édifice roman à dôme possède encore un puissant clocher carré à baies jumelées. Elle présente également un beau portail Renaissance.

Musée de la Truffe

☎ 05 53 05 90 11 - ♿ - de mi-juin à mi-sept. : 9h30-12h30, 14h30-18h30 (dernière entrée 30mn av. fermeture) ; de déb. fév. à mi-juin et de mi-sept. à mi-nov. : tlj sf lun. 10h-12h, 14h-17h ; de mi-nov. à fin janv. : tlj sf lun. 14h-17h - juil.-août : possibilité de visite guidée mar. et jeu. 14h30 - fermé 1er janv., 1er Mai, 1er nov., 25 déc. - 4 € (10-15 ans : 2 €).

carnet pratique

Sur les traces de la truffe

Un parcours pédestre de 3 km intitulé « À la découverte de la truffe » a été aménagé à 2 km de Sorges. ☎ *05 53 05 90 11. Visite libre avec dépliant explicatif sur demande à l'Office de tourisme. Juil.-août : visite guidée à partir de 10 ans (2h, dép. Maison de la truffe) mar. et jeu. 15h30. 4 €.*

Que rapporter

Marché aux truffes –
☎ *05 53 05 90 11.* Le marché aux truffes se tient tous les ans le dimanche le plus proche du 20 janvier. *Renseignements au musée de la Truffe ou à l'Office de tourisme.*

Ce musée didactique, fort bien installé dans les locaux du syndicat d'initiative (ancienne grange réaménagée), a été inauguré en 1982. Il illustre la récolte de la truffe au moyen de tableaux, de cartes, de photos, de films et même de textes littéraires : à l'étage, vous pouvez ainsi consulter les références de quelque 700 auteurs ayant un jour évoqué ce champignon envoûtant. Il apprend aussi au visiteur l'histoire de la truffe, décrit les différentes espèces, les terrains d'élection, les arbres-hôtes, les méthodes de recherche, et donne un aperçu de la place de ce champignon dans l'économie et la gastronomie. Des informations sont aussi disponibles sur les trufficulteurs locaux et la Fédération nationale.

Souillac★

La ville est considérée comme la porte orientale du Périgord noir : animée, voire remuante, elle conjugue avec une certaine réussite patrimoine et économie. Bref, un excellent lieu de villégiature pour découvrir le Quercy et le Sarladais.

carnet pratique

Visite

Visite guidée de la ville – Souillac, au sein du Pays d'art et d'histoire de la vallée de la Dordogne lotoise, propose des visites découvertes (1h30) animées par des guides conférenciers agréés par le ministère de la Culture et de la Communication. Elle permet d'aborder les aspects historiques et architecturaux. *Horaires et tarifs : se renseigner à l'Office de tourisme. www.tourisme-souillac.com*

Se loger

⊖ Belle Vue – *68 av. Jean-Jaurès - ☎ 05 65 32 78 23 - hotelbellevue.souillac@wanadoo.fr - fermé 8-31 janv., fév. et w.-end en mars - P - 25 ch. 38/45 € - ☕ 6 €.* Grand bâtiment proche de la gare abritant des chambres simples, mais propres. Équipements sportifs côté jardin (piscine, tennis) et petite boutique de produits régionaux.

⊖ Grand Hôtel – *1 allée Verninac - ☎ 05 65 32 78 30 - grandhotel-souillac@wanadoo.fr - fermé nov.-fév. - P - 42 ch. 40/80 € - ☕ 7 € - restaurant 14,50/25 €.* De sa terrasse à balustres sur le toit, vous aurez la ville à vos pieds. Chambres actuelles dans le bâtiment principal. D'autres plus rustiques dans une maison du 18e s. La salle à manger se prolonge d'une véranda et d'une belle terrasse sous les platanes.

⊖ Chambre d'hôte et gîte Le Manoir – *La Forge - 5 km au NO de Souillac par D 15 - ☎ 05 65 32 77 66 - www.lemanoir.net - fermé 30 oct.-15 avr. - ⊭ - 5 ch. 50/56 € ☕.* Une adresse séduisante pour ceux qui recherchent calme et repos. Plaisantes chambres d'hôte s'ouvrant sur les pâturages et les bois alentour et cinq confortables gîtes (jusqu'à six personnes). Piscine et étable transformée en espace de loisirs pour les enfants : ping-pong, bibliothèque, etc.

⊖⊖ La Vieille Auberge – *1 r. Recège - ☎ 05 65 32 79 43 - r.veril@la-vieille-auberge.com - fermé 8 nov.-20 déc., dim. soir, lun. et mar. midi de janv. à mars - P - 19 ch. 54/68 € - ☕ 8 € - restaurant 26/62 €.* Cette auberge est à deux pas de l'église, dans un quartier calme. Les chambres sont fonctionnelles, mansardées au 3e étage. Après votre déjeuner, plongez dans la piscine découverte en été. Fitness pour les plus courageux.

Se restaurer

⊖⊖ Les Ambassadeurs – *12 av. du Gén.-de-Gaulle - ☎ 05 65 32 78 36 - www.ambassadeurs-hotel.com - 15/30 €.* Pierres du pays, auvent rouge et marmite d'or agrémentent la façade de ce restaurant souillagais. Atmosphère « vieille France » dans la salle à manger où l'on propose une cuisine classique teintée de notes régionales.

Que rapporter

Distillerie Louis Roque – *41 av. Jean-Jaurès - ☎ 05 65 32 78 16 - www.lavieilleprune.com – tlj sf dim. 8h30-12h, 14h-17h - fermé j. fériés.* Les héritiers de Louis Roque élaborent liqueurs et apéritifs régionaux dans le souci d'une tradition vieille de près d'un siècle. On goûtera notamment la vieille prune, l'eau-de-vie qui a fait la renommée de la maison. Visite gratuite du chai et du musée et dégustation offerte.

Sports & Loisirs

Quercy Land – *☎ 05 65 32 72 61.* Base de location de canoë-kayak sur la Dordogne et parc aquatique.

La situation
Carte Michelin Local 337 E2 - Schéma p. 182 - Lot (46). Souillac se situe à la croisée de la N 20 et de la D 703 (Sarlat-Martel).

Bd Louis-Jean-Malvy, 46200 Souillac, ☎ 05 65 37 81 56. www.souillac.net

Le nom
L'ancien Souillès proviendrait d'un mot local, *souilh*, désignant un lieu marécageux où se vautrent les sangliers.

Les gens
3 459 Souillagais. Virginia Woolf fut ravie de son séjour et assura : « L'Angleterre, après cela, a l'air d'une bonbonnière grouillante de vacanciers. » Nous sommes alors en 1937. Depuis, les choses ont quelque peu changé.

comprendre

Légende
Le moine Théophile, injustement privé de ses fonctions d'économe, signa un pacte avec le diable pour recouvrer son emploi. Rongé par les remords, il implora le secours de la Vierge qui lui apparut en rêve, accompagnée de saint Michel et de deux anges, pour lui accorder son pardon.

Du marécage au tabac – Lorsque les bénédictins s'installent dans la plaine de Souillès, ils remplacent une communauté fondée, d'après la tradition, par saint Éloi. Les moines assèchent sans relâche et transforment le marécage en un riche domaine. Plusieurs fois ruinée et saccagée par les Anglais au cours de la guerre de Cent Ans, l'abbaye se relève grâce à la ténacité des abbés, mais les guerres de Religion lui causent des dommages encore plus grands. Reconstruite au 17e s., et rattachée alors à la congrégation de St-Maur, l'abbaye cesse d'exister à la Révolution, ses bâtiments étant transformés en magasin des tabacs.

visiter

Ancienne église abbatiale
En lieu et place de l'église St-Martin, détruite lors des guerres de Religion, l'église abbatiale Ste-Marie est devenue l'église paroissiale. Elle remonte au 12e s. et s'apparente aux édifices de style byzantin tels que Périgueux et Cahors en connaissent, mais elle est plus évoluée dans ses formes, plus légère dans son élévation. De l'extérieur, on admire un ravissant chevet aux absidioles pentagonales, et une étonnante tour. À l'intérieur, les fragments du magnifique **portail★** retiennent l'attention. Il présente sur trois registres la légende de Théophile et la préparation au sacrifice d'Isaac. Remarquez aussi le trumeau, d'une grande richesse décorative.

Incontournable
Situé à droite de la porte, le bas-relief roman du prophète **Isaïe★★** est saisissant d'expression.

Non loin de là, le clocher de l'ancienne église St-Martin sert de beffroi.

L'ancienne église abbatiale s'apparente aux cathédrales romanes d'inspiration byzantine d'Angoulême. De la place de l'abbaye, admirez le joli chevet aux cinq absidioles pentagonales.

Musée national de l'Automate*

Accès par le parvis de l'abbatiale St-Pierre. ☎ 05 65 37 07 07 - juil.-août : 10h-19h ; juin et sept. : 10h-12h, 15h-18h ; avr.-mai et oct. : tlj sf lun. 10h-12h, 15h-18h ; nov.-mars : tlj sf lun. et mar. 14h30-17h30 - 5 € (enf. 2,50 €).

Ce musée-spectacle, toujours en mouvement, réunit plus de trois mille pièces, dont mille automates, et permet de revivre plus d'un siècle d'histoire du jouet mécanique. Un tel lieu n'aurait jamais existé sans la perspicacité de la dynastie Roullet-Descamps qui, à travers quatre générations de créateurs, a renouvelé ce monde du mécanisme. Aujourd'hui, les robots du 21e s. animent la collection.

JAZZ-BAND
Groupe d'automates électriques créé en 1920, où violoniste, pianiste et batteurs noirs donnent un vrai concert.

circuit

LA VALLÉE QUERCYNOISE*** 1

Circuit de 85 km – compter environ une journée. Voir Vallée de la Dordogne.

Tourtoirac

Niché autour d'une abbaye fondée au 11e s., ce bourg est un centre de villégiature apprécié où se conjuguent bonhomie et qualité de vie. Et lorsque vous vous serez suffisamment reposé à votre goût, une cinquantaine de kilomètres de chemins de randonnée balisés vous attendent.

La situation

Carte Michelin Local 329 H4 – Dordogne (24). De Hautefort, par la D 62 et la D 5, on arrive aux portes de Tourtoirac, baigné par les eaux de l'Auvézère.

Le nom

Tourtoirac semble être mentionné dès la création de l'abbaye ; il est alors latinisé en Turturiacum, provenant d'un nom de propriétaire gallo-romain, Turturius.

Les gens

612 Tourtoiracois. Le personnage le plus curieux de Tourtoirac est sans aucun doute le roi de Patagonie, qui est enterré dans le cimetière du village.

UN ROI PÉRIGOURDIN CHEZ LES PATAGONS

Orélie-Antoine de Tounens, né en 1825, exerce en 1858 la profession d'avoué à Périgueux quand le désir d'un destin hors mesure s'empare de lui. Persuadé qu'un individu audacieux s'imposerait facilement aux tribus d'Amérique du Sud et parviendrait à créer un royaume puissant, il débarque dans les contrées reculées du Chili et d'Argentine. Accueilli par les Indiens comme un libérateur, il est proclamé roi d'Araucanie en 1860, sous le nom d'Orélie-Antoine Ier. Il lève une armée et promulgue une Constitution. Les autorités chiliennes en prennent ombrage et le font rapatrier en France. Le monarque ne perd pas courage, rassemble les fonds nécessaires pour une seconde expédition et débarque secrètement en Patagonie. Après une extraordinaire équipée, il est de nouveau rapatrié. Il s'éteint à Tourtoirac en 1878, où il s'était retiré.

visiter

Abbaye

☎ 05 53 51 12 17 - juil.-août : 10h30-12h30, 14h30-18h30 ; reste de l'année : sur demande - 3 €.

L'église romane fut remaniée au cours des siècles, remarquez néanmoins le portail du 12e s. et l'enfeu du 13e s.

Derrière le chevet, les **vestiges de l'abbaye** fondée au 11e s. se dressent dans le jardin ouvert au public. À droite, une chapelle romane voûtée en berceau, dotée d'amphores acoustiques, le four à pain, et le chemin de ronde. À gauche, l'ancienne abbatiale de plan tréflé dont le chœur et la croisée du transept sont décorés de fresques murales.

Dans les **caves du presbytère** situé à côté de l'église, la salle capitulaire a été mise au jour. Elle est ornée de remarquables chapiteaux romans.

Turenne★

La cité dresse autour des ruines de son château le bel amphithéâtre de ses maisons. Fief du hugenot Henri de La Tour d'Auvergne, maréchal de France et héros de la guerre de Trente Ans, Turenne conserve sa fierté de capitale de l'ancienne « vicomté ». Comme dit le dicton, comparant la ville à ses voisines : « Pompadour pompe, Ventadour vente, Turenne règne. »

La situation

Carte Michelin Local 329 K5 – 15 km au Sud de Brive – *Schéma p. 134* *– Corrèze (19).* Aux portes du Périgord (la région du Quercy est à moins de 2 km), Turenne est accroché à une butte calcaire isolée au cœur du causse corrézien où domine le chêne.

i, 19500 Turenne, ☎ 05 55 85 94 38.

Le nom

Castrum Torina au 8e s., puis Torena trois siècles plus tard, Turenne voit la forme presque définitive de son nom apparaître au milieu du 12e s. : Turena. Du préceltique *turra* (« hauteur »).

Les gens

Les 742 Turennois rêvent encore au temps où les habitants de la vicomté étaient exonérés de la taille (impôt). Le dicton « heureux comme les vicomtins » prit fin en 1738, lors de la vente de la vicomté à Louis XV...

Se loger et se restaurer

La Maison des Chanoines – *☎ 05 55 85 93 43 - fermé 11 oct.-9 avr., merc. soir en juin et le midi sf dim. et j. fériés - réserv. obligatoire - 30/36 € - 6 ch. 60/85 € - ☕ 9 €.* Entrez dans cette maison du 16e s. par son escalier à vis. Vous aurez le choix entre la salle à manger voûtée avec pierre apparente ou la petite terrasse avec son coin jardin et son potager. Six chambres confortables et calmes.

Les La Tour d'Auvergne

Cette famille a rendu célèbre le nom de Turenne. Au 16e s., Henri Ier de La Tour d'Auvergne (1555-1623) est le chef des huguenots du Limousin et le plus vaillant soutien de la Réforme. Pour récompenser son zélé lieutenant, Henri IV lui fait épouser l'héritière du duché de Bouillon, Charlotte de La Marck, en 1591 ; les Turenne émigrent alors à Sedan. Mais Charlotte meurt trois ans après ce mariage, laissant à son mari les titres de duc de Bouillon et de prince de Sedan. Celui-ci se remarie avec Élisabeth de Nassau dont il aura huit enfants. Son fils cadet, également prénommé Henri, est un fabuleux stratège et deviendra le Grand Turenne (1611-1675). Mais c'est l'aîné, Frédéric-Maurice, qui hérite de la vicomté. Il y reçoit en 1650 la princesse de Condé et son fils, le duc d'Enghien. La rencontre entre ces deux partisans de la Fronde fut l'objet de telles magnificences qu'elle resta célèbre sous le nom de « semaine folle de Turenne » et qu'il fallut prélever deux années d'impôts pour rembourser les dépenses occasionnées.

M.-O. Bernard/MICHELIN

Comment ne pas remarquer ce beau village, qui étage ses maisons aux toits d'ardoises, sur une butte isolée culminant à 320 m d'altitude ?

comprendre

Petite ville, grand passé – L'incapacité des derniers Carolingiens à gouverner l'ensemble de leurs possessions, et l'aptitude des seigneurs de Turenne à résister aux invasions normandes semblent être à l'origine de l'émancipation du fief vis-à-vis du pouvoir royal. Dès le 11e s., une forteresse couronne la butte témoin détachée du causse de Martel. Au 15e s., Turenne a sous sa dépendance le tiers du Bas-Limousin, le Haut-Quercy et le Sarladais, soit mille deux cents villages et bon nombre d'abbayes. La vicomté jouit alors d'enviables privilèges.

Privilèges
Tout comme le roi de France, les vicomtes agissent en véritables souverains anoblissant à leur guise, créant offices et consulats, battant monnaie, levant les impôts.

se promener

VILLE BASSE

C'est le quartier du Barri-Bas, ancien faubourg de la ville.

Place du Foirail

Au Sud, l'**hôtel Sclafer** avec sa terrasse à l'italienne était la demeure de notaires au 17e s.

Remonter la rue du Cdt-Charollais.

Remarquer
En face de l'hôtel Sclafer, une **échoppe** du 15e s. ouvre sa grande arcade.

Place de la Halle

Les logis tout autour témoignent de la richesse des habitants, surtout l'élégante **maison Vachon**, demeure des consuls de Turenne aux 16e et 17e s.

Rue Droite

Entre deux hôtels, cette rue étroite s'élève vers le château, bordée de maisons anciennes à encorbellements et d'échoppes.

De la place de la Halle, prendre à droite.

Rue Joseph-Rouveyrol

Admirez la **maison de l'Ancien Chapitre** dont la tour est décorée d'une belle porte de style gothique flamboyant.

Poursuivre tout droit en empruntant la rue de l'Église.

Église

Certains historiens affirment que sa construction fut décidée par Charlotte de La Marck en 1593, année de la conversion au catholicisme du roi Henri IV, mais elle ne fut consacrée qu'en 1668.

L'édifice, en forme de croix grecque, est curieusement voûté d'une belle mosaïque de pierres jaunes et blanches dessinant un réseau de nervures prismatiques. Le mobilier des 17e et 18e s. comprend des stalles et, surtout, un maître-autel surmonté d'un retable en bois sculpté et doré figurant la Passion du Christ.

Détail
Un décor en trompe-l'œil plus tardif occupe de part et d'autre l'espace entre les colonnes torses du maître-autel.

Juste au-dessus de l'église, un vaste bâtiment, la **maison Tournadour**, était le grenier à sel de la ville.

TURENNE

Anciens-Combattants (Pl. des) ... 2
Beudin (Avenue) ... 3
Charollais (R. du Cdt-) ... 5
Foirail (Pl. du) ... 6
Leymarie (R. F.-) ... 9
Rouveyrol (R. J.-) ... 10
19-Mars-1962 (Rue du) ... 12

Ancienne fonderie d'or ... B
Échoppe du 15e siècle ... D
Hôtel Sclafer ... F
Maison du Sénéchal ... L

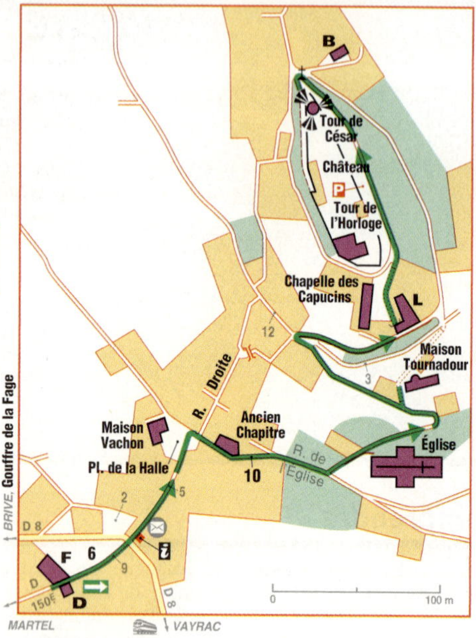

VILLE HAUTE

On pénètre dans la ville haute par la **porte fortifiée** de la deuxième des trois enceintes qui protégeaient le château. À droite, la **maison du Sénéchal** s'orne d'une élégante tour. À gauche, la **chapelle des Capucins** (1644) sert de cadre à des expositions.

En contournant le **château** *(description dans « visiter »)* par la droite, remarquez une série de manoirs recouverts de toits d'ardoises et flanqués de tours trapues.

> **INSOLITE**
> Ces solides constructions que sont les manoirs ont des noms parfois évocateurs, comme la fonderie d'or.

Redescendre vers la ville basse en empruntant la ruelle qui sépare la deuxième de la troisième enceinte, puis la **rue Droite** *(description dans la première partie du circuit)*.

visiter

Château

05 55 85 90 68 - juil.-août : 10h-19h ; avr.-juin et sept.-oct. : 10h-12h, 14h-18h ; nov.-mars : dim. et j. fériés 14h-17h - 3,20 € (10-18 ans 2,30 €, -10 ans gratuit).

Il fut démantelé par Louis XV juste après la réunion de la vicomté à la Couronne. Seules les tours de l'Horloge et de César furent épargnées, occupant chacune une extrémité du promontoire, **site★** remarquable qui était autrefois entièrement couvert par le château et ses vastes corps de logis. Une chapelle s'élevait derrière la **tour de l'Horloge**. De cet ancien donjon du 13e s., on ne visite que la salle des gardes voûtée en berceau brisé. Quelques objets évoquant le passé de Turenne y ont été rassemblés. Au-dessus se trouve la salle de la monnaie ou salle du trésor.

> **TABLE D'ORIENTATION**
> Du sommet de la tour de César, belle vue sur la région par-delà un paysage verdoyant et vallonné, les monts du Cantal vers l'Est et en plein Sud la vallée de la Dordogne.

La **tour de César** circulaire à l'appareillage irrégulier semble dater du 11e s. Un escalier permet d'accéder au sommet d'où vous pourrez contempler un superbe **panorama★★**.

Vendoire

Aux confins du Périgord et de l'Angoumois, la Lizonne constitue une frontière naturelle qui marque la limite du monde méridional : côté Périgord, on parle encore la langue d'oc avec cet accent chantant qui caractérise les parlers du Midi ; côté Angoumois, se trouve l'accent des parlers du Nord et la langue d'oïl, et au milieu : Vendoire.

La situation

Carte Michelin Local 329 C3 – Dordogne (24). À 21 km au Nord de Ribérac par la D 708 puis la D 101. Si vous projetez de visiter les tourbières de Vendoire, privilégiez les chaussures fermées qui résistent à l'eau.

Mairie, 24320 Vendoire, ☎ 05 53 90 37 78.

LE BOURG
On y découvre une demeure à fronton central en plein cintre, bâtie sous Louis XVI. À l'Est du château, la petite église romane a conservé une abside polygonale. La façade Ouest, très abîmée, a gardé son premier niveau d'arcatures d'influence saintongeaise.

Le nom

Il proviendrait de l'adjectif gaulois *vindo* (« blanc ») d'où est aussi issu le nom de la Vendée.

visiter

Écomusée de la Tourbe

3 km à l'Ouest de Vendoire (itinéraire fléché), sur les bords de la Lizonne. ☎ 05 53 90 79 56 - mai-sept. : 10h-19h ; oct.-nov. et fév.-avr. : sur demande préalable (2 j. av.) - fermé déc.-janv. - 3 € (enf. 2 €).

Une superficie d'environ 30 ha a été aménagée pour la découverte de cet écosystème singulier : observation de la faune et de la flore à l'aide d'un livret explicatif vendu sur place, promenades en barques sur des plans d'eau communicants. Dans le bâtiment, des vitrines pédagogiques permettent d'approfondir la visite.

J. Damase/MICHELIN

Dans le lit majeur de la Lizonne se sont développées de vastes tourbières de fond de vallée.

circuit

LE « PAYS DE BOURZAC »

Circuit de 45 km – compter environ une demi-journée. Quitter Vendoire par le Sud en empruntant la D 102. À la sortie du village, prendre à droite.

PAYS DE BOURZAC
Le territoire vallonné de ce « pays de Bourzac », depuis Fontaine au Nord jusqu'à St-Paul-Lizonne au Sud, se caractérise par la richesse de ses cultures, la beauté et la tranquillité de ses villages massés autour d'églises romanes souvent fortifiées.

Nanteuil-Auriac

L'**église** résulte de la superposition de bâtiments de plusieurs époques. Son origine est romane, comme l'attestent l'abside aux beaux chapiteaux et le chœur voûté d'une coupole. Dotée ensuite d'un clocher-porche et d'une abside surélevée, l'église reçut au 16ᵉ s. des bas-côtés et des voûtes d'ogives dont subsistent les culées. Le porche d'entrée est Renaissance.

Quitter Nanteuil par le Sud-Ouest en empruntant la D 100. Après 5 km, tourner à gauche dans la D 97.

Bouteilles-St-Sébastien

L'**église** illustre parfaitement la vague de fortification qui modifia, dans la région, de nombreux édifices romans pendant la guerre de Cent Ans. Ici, l'abside fut surélevée pour former avec le clocher un curieux donjon.

Faire demi-tour et quitter la D 97 à gauche, 2 km après la sortie de Bouteilles.

St-Paul-Lizonne

L'église fortifiée conserve un **plafond peint**★ et un retable de la fin du 17e s. ☎ *05 53 91 66 15 - possibilité de visite sur demande à la mairie : lun.-jeu. 14h-18h - gratuit.*

Quitter St-Paul par le Sud et rejoindre à gauche la D 97E.

Lusignac

Construit sur une crête, le village présente des maisons anciennes et un manoir des 15e et 17e s. L'**église** fut fortifiée au 15e s. sur les bases d'une nef à file de coupoles du 12e s. (retable en bois sculpté du 17e s.).

Quitter Lusignac par le Nord, en direction de Vertaillac, et suivre la D 97E.

Défensif
Autour de chacune des baies, les quatre trous permettaient aux défenseurs de fixer les étais d'un plancher en encorbellement.

St-Martial-Viveyrol

Le caractère austère de l'**église** romane à deux dômes et clocher-donjon est souligné par ses étroites baies. La chambre de défense disposée au-dessus des voûtes est percée de grandes ouvertures.

Poursuivre sur la D 97E.

Cherval

Ce village possède l'une des plus jolies **églises à coupoles** de la région, restaurée par les Monuments historiques. Quatre coupoles en file – trois sur la nef, une sur le chœur – sont portées par de grands arcs brisés qui épousent la courbure des pendentifs. La voûte du chœur est ornée d'une couronne de pointes de diamant.

Quitter Cherval par le Nord en empruntant la D 2E, puis tourner à gauche dans la D 100 en direction de Nanteuil. Après 2 km, prendre à droite.

Champagne-et-Fontaine

Église fortifiée voûtée d'ogives sur une double nef au 16e s. et précédée d'un porche à multiples voussures. Remarquez de belles maisons et le manoir de Chaumont (16e s.).

De l'église, une petite route ramène à Vendoire..

Villefranche-de-Lonchat

Le village est le centre le plus actif du pays de Gurson, région vallonnée et couverte de vignes entre Libourne et Ste-Foy-la-Grande. Et il ne s'agit pas des premières vignes venues, mais de celles qui donnent les crus de bergerac et de saint-émilion.

La situation

Carte Michelin Local 329 B6 – Dordogne (24). Gros bourg situé à 13 km à l'Ouest de Ste-Foy-la-Grande et à quelques encablures de la limite du département.

Le nom

L'expression de « villefranche » ne date que du 12e s. et désigne une ville ou une bourgade affranchie par le roi des droits seigneuriaux. Le village de Lonchat connaît des heures paisibles jusqu'à la création de Villefranche, bastide fondée à la fin du 13e s.

Les gens

786 Villafrancois. Une famille de notables du bourg, les Rouchon, fit construire une étonnante maison second Empire qui accueille toujours la mairie et un musée d'histoire locale.

circuit

LE PAYS DE GURSON

Circuit de 45 km – compter environ une demi-journée. Quitter Villefranche-de-Lonchat par l'Est en empruntant la D 32.

Château de Gurson

Campé sur une butte, le château a conservé quelques vestiges de ses fortifications. Donné par Henri III d'Angleterre, duc d'Aquitaine, à son sénéchal Jean de Grailly, il fut reconstruit au 14e s. Au pied de la butte, un plan d'eau a été aménagé.

Revenir sur la D 32 (à droite), puis prendre à gauche.

Carsac-de-Gurson

Entouré de vignobles, ce village possède une **église** dont la façade romane présente toutes les caractéristiques du style saintongeais.

Quitter Carsac par le Nord-Est en empruntant la D 33.

St-Martin-de-Gurson

L'**église** présente une belle façade (12e s.) de style saintongeais. Le portail sans tympan s'ouvre sous cinq voussures lisses retombant sur dix colonnes aux chapiteaux sculptés d'oiseaux et de monstres. Au-dessus, une arcature, composée de sept arcs en plein cintre reposant sur des colonnettes, est bordée d'une moulure décorée de têtes, surmontée d'une intéressante corniche à modillons sculptés.

Poursuivre sur la D 33, puis tourner à droite dans la D 11. Avant le bourg de Vélines, tourner à gauche, puis à droite après le gymnase.

Les jardins de Sardy*

☎ 05 53 27 51 45 - de Pâques à mi-nov. : 10h-18h - 6 € (-12 ans gratuit).

En 1956, Betty et Bertie Imbs achètent le domaine ; suivant les conseils d'un ami architecte féru d'Italie, ils font relever les murs, raccourcir la bâtisse de 4 m et ajouter un escalier reliant l'habitation au grand bassin rectangulaire. Ils créent ensuite les jardins : des cyprès structurent la verticalité et quelques topiaires forment le cadre où s'expriment les « mixed borders » (massifs mélangés) dessinés par Mme Imbs, passionnée de jardins anglais. À présent, leur fils a repris les lieux et le jardinier arrivé lors de la création continue de l'entretenir.

La visite commence par la **cour des senteurs** (sauge, citronnier, camphre...), sensibilisation à l'approche olfactive de ces jardins où les couleurs se fondent et les effluves se mêlent. La plate-forme offre une vue d'ensemble, avant de s'engager sur la pente douce bordée de vivaces aux teintes pastel qui mène à la pièce d'eau. Remarquez au passage la statue de saint Fiacre (patron des jardiniers) qui s'élève sur la racine d'un charme. Derrière, dans le sous-bois, un promontoire offre une belle perspective sur le **grand bassin** parsemé de nymphéas. Après en avoir fait le tour, on descend sous la tonnelle de rosiers, passant la fontaine alimentée par une source, pour arriver au **verger** (pommiers, abricotiers...) au-delà duquel s'étend une zone boisée. De retour au grand bassin, on emprunte l'escalier bordé d'un magnifique olivier, puis on longe la paroi rocheuse couverte de grimpantes jusqu'à l'ancien lavoir du Moyen Âge. On peut alors rejoindre la terrasse du salon de thé, mais on se laisse tenter par l'envie de rebrousser chemin pour prolonger la rêverie.

Après Vélines, prendre à droite la D 936, vers Libourne. Au lieu dit Tête Noire (3 km), tourner à droite.

Montcaret

Site gallo-romain – *☎ 05 53 58 50 18 - possibilité de visite guidée (45mn) - de fin mai à fin sept. : 9h45-12h30, 14h-18h30 (dernière entrée 1h av. fermeture) ; de déb. oct. à fin mai : tlj sf sam. 10h-12h30, 14h-17h30 - fermé 1er janv., 1er Mai, 1er et 11 Nov., 25 déc. - 4,60 € (-18 ans gratuit).*

SPORTS & LOISIRS

Base de loisirs de Gurson – *☎ 05 53 80 77 57 - www.lac-de-gurson.com - sais. : 9h-19h - 2,50 € (enf. 1,50 €).* Deux lacs : l'un de 12 ha pour la baignade et les activités de plage, l'autre de 4 ha pour pratiquer la pêche. Également sur place : pédalos, toboggan aquatique, tennis, accrobranche, centre équestre, etc. Gîtes, camping, aires de pique-nique et espaces restauration.

© Jardins de Sardy

Heureuse alliance entre influences anglaise et italienne autour d'une demeure fortifiée remaniée au 18e s., adossée à un piton rocheux.

DU NEZ ET DES PAPILLES

Le château de Sardy domine 5 ha de vignoble à flanc de coteaux. Une petite production pour un bergerac soigné. *(Visite du chai sur demande.)*

DÉCOUVERTE
Dévastée par les Barbares au temps des invasions, lieu de culte pour les premiers chrétiens et siège d'un prieuré bénédictin au Moyen Âge, la villa était depuis longtemps oubliée lorsque, en 1827, apparut fortuitement une mosaïque lors de la construction d'un lavoir. Son dégagement fut entrepris de 1921 à 1941.

À l'emplacement de Montcaret s'étendait, à l'époque gallo-romaine, une grande villa (plus de 10 ha) établie sur les premières pentes du coteau de la Dordogne. L'ensemble des vestiges, utilisés comme nécropole du 6e au 12e s., correspond à une villa à péristyle et cour intérieure, avec ses **thermes** (bains privés). Ils sont remarquables par leur système de chauffage fonctionnant grâce à des appels d'air, comme par leurs **mosaïques**★ du 4e s. En effet, le pavement intact présente seize carrés aux motifs aquatiques.

Attenante à la salle abside (350 m²), la **salle cruciforme** de 55 m² constitue le point d'orgue de la visite. Au sol, 5 tapis de mosaïques et un chauffage par hypocauste (voyez le réseau de conduits aménagés sous le sol et dans les murs). Dans la partie d'accueil du site est aménagée une **salle d'exposition** destinée à recevoir les objets découverts au cours des fouilles : fragments de marbre et de chapiteaux romains, sépultures du 6e au 12e s. avec leur mobilier funéraire.

Église – Elle dépendait de l'abbaye St-Florent-de-Saumur. Au fond de l'abside, du 11e s., quatre beaux chapiteaux romains et mérovingiens en marbre, à décor d'acanthes, ont été réemployés dans l'édifice par les bénédictins. Sur la façade Ouest, remarquez les deux bas-reliefs romans : l'un représentant Adam et Ève, l'autre saint Pierre et saint Paul.

Quitter Montcaret par le Nord vers St-Michel-de-Montaigne.

Château de Montaigne *(voir ce nom)*

Poursuivre la D 9 vers le Nord, puis tourner à droite dans la D 21, et de nouveau à droite.

Montpeyroux

De l'extrémité de la butte de Montpeyroux, une belle **vue** s'offre sur la région, les maisons basses se dispersant au milieu du vignoble. Dans le village, la maison noble des Marroux a appartenu à Bertrand Eyquem, frère cadet de Michel de Montaigne.

CORNICHE
Admirez la belle corniche à modillons sculptés courant le long de l'abside revêtue de neuf arcs d'appliques.

Entourée du cimetière, l'**église** romane présente une façade saintongeaise rappelant celle de St-Martin-de-Gurson. À côté, un élégant **château** des 17e et 18e s. s'organise autour d'un logis flanqué de deux pavillons en équerre, cantonnés de tours rondes. Chaque ouverture est surmontée d'un œil-de-bœuf.

Quitter Montpeyroux par la D 10 vers le Nord pour rejoindre Villefranche-de-Lonchat.

Index

Cahors ....Villes, curiosités et régions touristiques.
Le Roy (Eugène) ....Noms historiques et termes faisant l'objet d'une explication.

Les curiosités isolées (châteaux, abbayes, grottes...) sont répertoriées à leur propre nom.

Abadie *(Paul)* 276
Agonac 283
Ajat 199
Albas 227
Allassac 179
Allemans 292
Amadour (saint) 295
Amand (saint) 306
Anglais (défilé) 154
Anglars-Juillac 227
Ans (pays) 214
Antonin (saint) 308
Les Arques 88, 212
Artaban (pays) 266
Assier 89
Aubazine 92, 133
Aubeterre-sur-Dronne 94, 292
Augignac 260
Aurignacien 64
Autoire 315
Autoire (cirque) 315
Auvézère (vallée) 49, 187
Aveyron (gorges) 310
Ayen 322
Ayen (mont) 322
Aynac (château) 91

Badefols-d'Ans 215
Badefols-sur-Dordogne 103
Baker (Joséphine) 185
Balsac d'Entraygues (Jeanne de) 243
Bancourel (belvédère) 154, 319
Bara-Bahau (caverne) 66, 138
Bastides 84, 101
Bave (vallée) 315
Beaulieu-en-Rouergue (abbaye) 95, 311
Beaulieu-sur-Dordogne 97
Beaumont-du-Périgord 101
Beauregard 165
Bélaye 228
Belaygue 123
Belcastel (château) 183
Bellet (château) 257
Belvès 104
Bergerac 107
Bergerac (vins) 58, 109
Le Bergeracois 49
Bernifal (grotte) 66, 194, 196
Besse (église) 106
Beune (vallée) 196
Beynac-et-Cazenac 114, 185, 330
Biron (château) 117
Blanc (dolmen) 102
La Boétie (Étienne de) 324
Boisse (moulin) 287
Boisseuilh 214
Bonaguil (château) 118, 228
Bonnette (vallée) 310
Les Bories (château) 283
Born (Bertran de) 213
Borneilh (Girault de) 186
Bosc (grotte) 310
Boschaud (abbaye) 128
Boucher de Perthes (Jacques) 67
Boulouneix 123
Bourdeille (Pierre de) 124
Bourdeilles 120
Le Bourdeix 260
Le Bourg 91
Bourg-de-Visa 290
La Bouriane 51, 210
Bourseul (Charles) 312
Bourzac (pays) 339
Bout du Rocher (falaise) 205
Bouteille-St-Sébastien 340
Bouziès 154
Brantôme 124
Brantôme (Pierre de Bourdeille) 124
Brassac (château) 289
Braunhie (« désert ») 219
Brengues 204
Bretenoux 316
Breuil (abbé) 67, 222
Breuil (cabanes) 331
Breuil (rochers) 123
Brive (bassin) 49
Brive-la-Gaillarde 128
Brousse (moulin) 288
Brune (maréchal) 129
Bruzac (château) 127
Le Bugue 136
Bussière-Badil 261

Cabrerets 152
Cadiot (jardins) 269
Cadouin 103, 142
Cahors 143
Cahors (vins) 58
Cajarc 205
Cajarc (causse) 51
Calvignac 154
Cambayrac (église) 227
Campagne 139
Caniac-du-Causse 219
Cap Blanc (abri) 66, 197
Capdenac 80, 155
Carennac 156, 182
Cardaillac 203
Carlucet 270
Carlux 269
Carsac-Aillac 267
Carsac-de-Gurson 341
Cas (château) 310
Caselle 69
Castel-Merle 64, 66, 251
Castelnau-Bretenoux (château) 158, 316

Castelnau-Montratier 286
Castelnaud (château) 160, 184
Caudau (vallée) 113
Caussade 162
Caussade (château) 284
Causse (lac) 135
Causses du Quercy
(parc naturel régional) 218
Caylus 163, 310
Caylus (causse) 51
Cazals 211
Cazelle (roc) 197
Cazenac 331
Célé 152
Cénac 184
Cénevières (château) 154, 166
Cercles 123
Cère (gorges) 100
Chabans (château) 249
Le Chalard (saut) 260
Champagne-et-Fontaine 340
Champollion (Jean-François) 198, 200
Chancelade (abbaye) 168, 282
La Chapelle-aux-Saints 99
La Chapelle-Faucher 127
La Chapelle-St-Robert 261
Charles Martel 235
Chartron 289
Château-l'Évêque 283
Châtelperronien 64
Cherval 340
Cherveix-Cubas 214
Cieurac (château) 151
Cingle (aiguille) 203
Cisterciens 92
Cloup d'Aural (phosphatières) 166
Cloups 52
Coiroux (parc) 132
Colette 173
Collonges-la-Rouge 133, 169
Combarelles (grotte) 66, 194, 196
La Combe (chapelle romane) 174
Comborn (belvédère) 180
Comborn (château) 180
Commarque (château) 172
Confits 56
Copeyre (belvédère) 183
Coteaux du Quercy (vin) 59
Cornusson 310
Corrèze (basse vallée) 132
Corrézien (causse) 134
La Coste (château) 229
Cougnac (grottes) 64, 66, 210
Cougnaguet (moulin) 300
Court-Mantel (Henri) 236
Coux-et-Bigaroque 140
Couze-et-St-Front 103
Creyssac 257
Creysse 183
Cro-Magnon (abri) 194
Cro-Magnon (homme) 63
Cumond 293
Curemonte 100, 173
Cuzals 153
Cyr (saint) 317
Cyrano de Bergerac 107

D*aniel (Arnaut)* 291
Daumesnil (général) 271, 278
Delluc (Louis) 142
Des Prés (Jean et Jacques) 251
Diable (château) 152
Disques 53
Dolines 52
Domme 174, 184
Donzenac 178
Dordogne (vallée) 181
La Double (forêt) 49, 256
Douzillac 258
Dronne (val) 48, 292
Dronne (vallée) 122
Dubois (Guillaume) 129
Dufraisse (Charles) 186
Duravel 229

Eau (jardins) 268
Eaux-de-vie 59
Échourgnac 258
Edzes 52
Eidges 52
Espagnac-Ste-Eulalie 204
Excentriques 53
Excideuil 186
Eymet 188
Eyquem (Michel) 242
Eyrignac (jardins) 189
Les Eyzies-de-Tayac 191

Fage La (gouffre) 139
Fages (château) 139
Fanlac 248
Faycelles 206
Fayrac 184
Fénelon 156, 215
Fénelon (château) 269
La Ferrassie (gisement) 62, 64, 193
Figeac 198
Figeac (aiguilles) 204
Flaugnac 287
Floirac 182
Floirac (cirque) 182
Foie gras 56
Foissac (grottes) 206
Font-de-Gaume (grotte) 66, 193, 196, 223
Fontmerle 101
Forêt des singes 302
Fraise 54

Gamanson 258
Gambetta (Léon) 143
Gariottes 164
Gaubertie (château) 113
Genouillac (Galiot de) 89
Geoffroi 175
Giron (Henri) 210
Gluges 183
Gontaut-Biron (château) 152
Gouffres 52
Goujounac 211
Goumondie (magnanerie) 123
Gourdon 208
Gours 52
Gramat 302
Gramat (causse) 50, 218, 301
Gramat (parc animalier) 302
Grand Roc (grotte) 195
Grand-Brassac 122
La Grande Filolie 247
Granges-d'Ans 215
Gravettien 64
Grézels 228
Grignols (château) 257
Grottes 52
Guerres de Religion 71
Gurson (château et pays) 341

***H**abitat traditionnel* 68
Hautefort (château) 212
Hautefort (Louise de) 216
Haut-Quercy (marges) 51
L'Herm (château) 305
L'Hospitalet 301

***I**gues* 52
Imaginaire (jardins) 307
Impernal (pech) 225
Isle (vallée) 49
Issigeac 215
Issolud (puy) 80, 182

***J**arnac (coup)* 293
Javerlhac 261
Jean XXII 143, 144
La Jemaye (grand étang) 257
Jor (côte) 249
Jordan (Ramon) 308
Jugeals-Nazareth 134
Juillac 324
Jumilhac-le-Grand 216
Les Junies 211

Labastide-Murat 217
Lacapelle-Livron 165
Lacapelle-Marival 91
Lacave (grottes) 183, 220
Lacoste (château) 133
Lacypierre (château) 271
Lamonzie-Montastruc 113
Lamouroux (grottes) 135
Le Landais 49
Lanquais (château) 103, 221
Laramière (prieuré) 165
Largentié (vallée) 91
Larnagol 153
Laroque-des-Arcs 152
Larroque-Toirac 206
Lascaux (grotte) 66, 222, 247
Lasfond (château) 127
Lastours (château) 288
Laugerie-Basse (abri préhistorique) 67, 195
Laugerie-Haute (gisement) 195
Laussel (château) 172
Lauzerte 288
Laval-de-Cère 101
Léguillac-de-Cercles 123
Lemozi (abbé) 67, 264
Le Roy (Eugène) 213, 216, 246
Lherm 211
Le Limargue 51
Limeuil 140
Limeuil (cingle) 141
Limeuil (Isabeau de) 221
Limogne (causse) 51, 164
Limon (site du moulin) 183
Liqueurs 59
Lisle 122
Lissac (aiguille) 203
Lissac-sur-Couze 135
Losse (château) 248
Lostanges (parc botanique) 100
Lot (chemin de halage) 154
Loti (Pierre) 159
Loubressac 316
Lurçat (Jean) 312, 316
Lusignac 340
Luzech 225

Madeleine La (site) 67, 198, 230
Magdalénien 66, 230
Magne (croix) 151
Mai 270
Le Maillet 135
Malartrie (château) 185
Malfourat (moulin) 240
Malivert (étang) 253
Marcilhac-sur-Célé 205, 231
Mareuil (château) 232
Marot (Clément) 143
Marquay 330
Marqueyssac (jardins) 185, 233
Martel 182, 235
Martel (causse) 50
Martel (Édouard-Alfred) 262
Marthonie (château) 320
Martignac 230
Mauriac (château) 258
Maxange (grottes) 140
Mercuès (château) 151
Merlande (prieuré) 282
Meyronne 183
Meyssac 133
Michelet (Edmond) 129
La Micoque (gisement) 64, 196
Milandes (château) 185
Miramont-de-Quercy 289
Molières (Dordogne) 103
Molières (Quercy) 253
Monbazillac (château) 239
Monbazillac (vin) 58, 239
Monpazier 85, 104, 240
Montagrier 122
Montaigne (château) 242, 342
Montaigne (Michel de) 242
Montaigu-de-Quercy 290
Montal (château) 243, 315
Montbrun 205
Montcabrier 228
Montcaret 341
Montcléra (château) 211
Montcuq 287
Montferrand-du-Périgord 104
Montfort (château) 245
Montfort (cingle) 245
Montignac 224, 246
Montpeyroux 342
Montpezat-de-Quercy 251
Montravel (vin) 58
Montréal (château) 253
Mouliérat (Jean) 159
La Mounine (saut) 205
Le Moustier 62, 64, 249
Murat (Joachim) 218
Mussidan 258

Nadaillac 135
Najac 254
Nanteuil-Auriac 339
Neandertal (homme) 62, 193
Neufont (lac) 114
Neuvic 256
Noailhac 133
Noailles 135
Noix 54
Nontron 259
Notre-Dame-de-l'Île 227
Notre-Dame-de-Verdale (site) 314
Notre-Dame-des-Grâces 164
Notre-Dame-des-Misères 163
Notre-Dame-des-Neiges 210
Notre-Dame-des-Vêles 152

O'*Galop* 114
Objat 323
Observatoire astronomique 322
Orliac 106

Pacot (ferme) 258
Padirac (gouffre) 262, 302
Paléolithique supérieur 64
Parisot (lac) 310
Pataud (abri) 64, 193
Pauliac (puy) 133
Paunat 141
Paussac-et-St-Vivien 123
Payzac 187
Pech-Merle (grotte) 64, 152, 210, 264
Pécharmant (vin) 58
Peintre (rocher) 101
Périgord (architecture) 68
Périgord blanc 49, 282
Périgord noir 49, 266
Périgord pourpre 49
Périgord vert 48, 127
Périgord-Limousin (parc naturel régional) 48, 127, 260
Périgueux 271
Perpezac-le-Blanc 323
Pervillac 290
Pescalerie (fontaine) 152
Pétrocores 274
Peyre Levade (dolmen) 165
Peyrefitte (Alain) 255
Peyzac-le-Moustier 250
Pibette 174
Piégut-Pluviers 261
Pigeonniers 69, 285
Pilier 53
Planagrèze (circuit) 219
Plantagenêt (Henri) 236
Plazac 249
Poisson (abri) 64, 195
Poitiers (Alphonse de) 188
Pontbriand (Claude de) 253
Les Prades 210
Prats-du-Périgord 106
Préhistologia 221
Préhistoparc 198
Presque (grotte) 315
Proumeyssac (gouffre) 138
Puy-d'Arnac 100
Puy-l'Évêque 229
Puy-St-Front 274
Puyguilhem (château) 128, 284
Puylaroque 163
Puymartin (château) 331

Quercy (architecture) 68
Quercy (causses) 50
Quercy blanc 51, 285
Quercynoise (vallée) 50, 182
Queyssac-les-Vignes 99
Quissac 219

Rampoux 212
Redon-l'Espi (chapelle) 331
Regourdou (gisement préhistorique) 62, 64, 224
Reptiland 238
Résurgences 53
Rey (Jean) 136
Reygade 100
Ribérac 291
Richemont (château) 128
Le Roc 323
Roc Branlant 260
Roc Poperdu 260
Rocamadour 293
Roche (site) 179
Roquecor 290
Roquefeuil (Béranger de) 118
La Roque-Gageac 185, 303
La Roque-St-Christophe 250
Rosette (vin) 58
Rouffignac 66, 194, 197, 304
Rouffignac (grotte) 305
Rouffillac (château) 269
Rouillac (église) 288
Roussillon (château) 151
Rudelle 91
Russac (église) 287

Sagan (Françoise) 205
Sagnes (tour) 203
Saillac 133
Le Saillant 180
Saint-Amand-de-Coly 306
Saint-Amand-de-Vergt 114
Saint-André (église) 88, 212
Saint-Antoine (grottes) 134
Saint-Antonin-Noble-Val 308
Saint-Aquilin 257
Saint-Astier 257
Saint-Aulaye 292
Saint-Avit-Sénieur 103
Saint-Bonnet-la-Rivière 323
Saint-Céré 312
Saint-Cirq (grotte) 138
Saint-Cirq-Lapopie 154, 317
Saint-Crépin-et-Carlucet 271
Saint-Cyprien 139, 331
Saint-Cyr (mont) 151
Saint-Estèphe (étang) 260
Saint-Front-de-Colubri 103
Saint-Genest (chapelle romane) 174
Saint-Geniès 271
Saint-James (forêt) 123
Saint-Jean-de-Côle 127, 319
Saint-Julien-de-Bourdeilles 123
Saint-Laurent (tours) 316
Saint-Laurent-des-Hommes 258
Saint-Léon-sur-Vézère 251, 320
Saint-Martial-Viveyrol 340
Saint-Martin-de-Gurson 341
Saint-Martin-de-Ribérac 292
Saint-Martin-de-Vers 218
Saint-Martin-l'Astier 258
Saint-Martin-le-Redon 228
Saint-Maurice (château) 114
Saint-Pardoux-la-Rivière 260
Saint-Paul-Lizonne 340
Saint-Pierre-Toirac 206
Saint-Pompon 107
Saint-Privat-des-Prés 293
Saint-Projet (château) 165
Saint-Robert 322
Saint-Sulpice 205
Saint-Viance 180
Sainte-Croix (Dordogne) 104
Sainte-Croix (Lot) 288
Sainte-Eulalie 204
Sainte-Marguerite (chapelle) 180
Sainte-Orse 215
Salignac-Eyvigues 270
Salmière (source) 302
Salviac 211
Sardy (jardins) 341
Le Sarladais 49
Sarlat-la-Canéda 184, 324

Sauliac-sur-Célé 153
Saussignac (vin) 58
Saux (église) 253
Savignac-Lédrier 187
Segonzac 257
Sem 271
Sergeac 251
Serres (pays) 288
Siorac-de-Ribérac 257
Siorac-en-Périgord 140
Solutréen 65
Sorges 283, 332
Sotchs 52
Soufflaculs 259
Souillac 182, 333
Soulomès 219
Spéléologie (musée) 194
Stalactites 53
Stalagmites 53

T*abac* 55, 112
Tamniès 330
Tayac (église) 194
Temniac 271
Terrasson-Lavilledieu 307
Le Terrefort 51
Teyjat 67, 261
Thiviers 127
Le Thot (espace Cro-Magnon) 248
Tolerme (lac) 314
Topiaire 191
Toufailles 290
Tounens (Orélie-Antoine de) 335
La Tour (moulin) 270
La Tour d'Auvergne (famille) 336
La Tour-Blanche 123
Tourin 60
Tourtoirac 214, 335
Trarieux (Ludovic) 94
Travassac (les pans) 178
Trémolat 141
Trémolat (cingle) 141
Treyne (château) 183
Truffes 57, 332
Turenne 134, 336
Tursac 198

U*xellodunum* 155, 182

Vaillac (château) 219
Vanxains 293
Varaignes 261
Varaire 166
Varen 311
Vayrac 182
Vendoire 339
Verfeil 311
Vergt 113
Vertougit 180
Véry (Pierre) 94
Vézère (gorges) 179
Vézère (vallée) 248
Le Vigan 210
Villars (grottes) 66, 127, 223
Villefranche-de-Lonchat 340
Villefranche-du-Périgord 106
Villetoureix 292
Vins 58
Voutezac 180

Yssandon (puy) 323
L'Yssandonnais 322

Z*adkine (Ossip)* 88, 163

Notes

Manufacture française des pneumatiques Michelin
Société en commandite par actions au capital de 304 000 000 EUR
Place des Carmes-Déchaux – 63 Clermont-Ferrand (France)
R.C.S. Clermont-Fd B 855 200 507

Dépôt légal Mars 2000 – ISSN 0293-9436
Printed in Singapore 11-05/6.1-1

Le Guide Vert propose 24 guides sur les régions françaises.
Ces guides sont mis à jour tous les ans.
Toutes les informations sont alors actualisées et vérifiées sur le terrain.

ÉCRIVEZ-NOUS ! TOUTES VOS REMARQUES NOUS AIDERONT À ENRICHIR NOS GUIDES !

Merci de renvoyer ce questionnaire à l'adresse suivante :
Michelin, Questionnaire Le Guide Vert, 46 avenue de Breteuil,
75324 Paris Cedex 07

En remerciement, les auteurs des 100 premiers questionnaires recevront en cadeau la carte Local Michelin de leur choix !

Titre acheté : ....

Date d'achat (mois et année) : ....

Lieu d'achat (librairie et ville) : ....

1) Aviez-vous déjà acheté un Guide Vert Michelin ? **oui** ❑ **non** ❑

2) Quels sont les éléments qui ont motivé l'achat de ce guide ?

	Pas du tout important	Peu important	Important	Très important
Le besoin de renouveler votre ancien guide	❑	❑	❑	❑
L'attrait de la couverture	❑	❑	❑	❑
Le contenu du guide, les thèmes traités	❑	❑	❑	❑
Le fait qu'il s'agisse de la dernière parution (2004)	❑	❑	❑	❑
La recommandation de votre libraire	❑	❑	❑	❑
L'habitude d'acheter la collection Le Guide Vert	❑	❑	❑	❑

Autres : ....

....

Vos commentaires : ....

....

....

3) Avez vous apprécié ?	Pas du tout	Peu	Beaucoup	Énormément
Les conseils du guide (sites et itinéraires conseillés)	❑	❑	❑	❑
La clarté des explications	❑	❑	❑	❑
Les adresses d'hôtels et de restaurants	❑	❑	❑	❑
La présentation du guide (clarté et plaisir de lecture)	❑	❑	❑	❑
Les plans, les cartes	❑	❑	❑	❑
Le détail des informations pratiques (transport, horaires d'ouverture, prix....)	❑	❑	❑	❑

Vos commentaires : ....

....

....

4) Quelles parties avez-vous utilisées ?
Quels sites avez-vous visités ?

....

....

....

....

....

5) Renouvellerez-vous votre guide lors de sa prochaine édition ?

Oui ❑ Non ❑

Si non, pourquoi ? ....

....

....

....

6) Notez votre guide sur 20 :

7) Vos conseils, vos souhaits, vos suggestions d'amélioration :

....

....

....

....

....

....

8) Vous êtes :

Homme ❑ Femme ❑ Âge : .... ans

Nom et prénom : ....

Adresse : ....

....

Profession : ....

Quelle carte Local Michelin souhaiteriez-vous recevoir ?
(nous préciser le département de votre choix)

....

Offre proposée aux 100 premières personnes ayant renvoyé un questionnaire complet. Une seule carte offerte par foyer, dans la limite des stocks disponibles.

Les informations récoltées sur ce questionnaire sont exclusivement destinées aux services internes de Michelin, ne feront l'objet d'aucune cession à des tiers et seront utilisées pour la réalisation d'une étude. Elles seront également conservées pour créer une base de données qui pourra être utilisée pour la réalisation d'études futures. Ce questionnaire est donc soumis aux dispositions de la loi « Informatique et Liberté » du 6 janvier 1978. Vous disposez donc d'un droit d'accès, de modification, de rectification et de suppression des données qui vous concernent. Pour exercer ce droit, il vous suffit d'écrire à MICHELIN 46, avenue de Breteuil 75007 Paris.